Alvise Zorzi
Canal Grande

Alvise Zorzi

CANAL GRANDE

Biographie einer Wasserstraße

Aus dem Italienischen
von Gesa Schröder

Claassen

Gedruckt auf chlorfrei gebleichtem, säurefreiem Papier

Bildnachweis:
Die im Buch verwendeten Illustrationen
stammen aus:

Venezia. Il Canal Grande,
La Piazza San Marco,
Vianello Libri/Ezio Tedeschi Editori,
Treviso 1990

Die Deutsche Bibliothek – CIP-Einheitsaufnahme

Zorzi, Alvise:
Canal Grande : Biographie einer Wasserstraße / Alvise Zorzi.
Aus dem Ital. von Gesa Schröder. – Hildesheim : Claassen, 1993
Einheitssacht.: Canal Grande <dt.>
ISBN 3-546-00057-9

Satz: Textline GmbH, Oberursel
Gesetzt aus der Garamond Stempel der Fa. Linotype
Druck und Bindung: Friedrich Pustet, Regensburg
Papier: Schleipen, Bad Dürkheim
Printed in Germany
ISBN 3-546-00057-9

I

1.

Im Jahre des Herrn 637 (vielleicht auch 638 oder 639) erstürmte und zerstörte der langobardische König Rother die alte römische Stadt Oderzo.

Und Oderzo widerfuhr dasselbe wie den Städten Aquileia, Concordia und Altino: wer sich den Langobarden nicht unterwerfen wollte, wer Angst hatte, wer die Hoffnung auf eine Zukunft verloren hatte, ging fort, zog in den Küstenstreifen, in die Lagunen. Auch Magnus, der Bischof von Oderzo, ging fort. Er wurde der erste Bischof der Lagunenstadt Cittanova, dem späteren Eraclea, das durch den Zustrom der Flüchtlinge aus Oderzo zur Hauptstadt des Herzogtums Venetien heranwuchs und schließlich seinerseits zerstört wurde.

Überall in der endlosen Kette von Sümpfen und Lagunen, von der Mündung des Timavo bis hin zum Po-Delta, wurden alte Ansiedlungen wieder aufgebaut und neue gegründet. Auch auf den Inseln von Rialto rings um den breiten und tiefen Kanal, der ihnen den Namen gab, rio alto, *rivus altus, rivus prealtus*, tiefer Fluß: den späteren Canal Grande.

Im betriebsamen Cittanova hing Magnus seinen Gedanken an diese Inseln nach, an dieses seltsam geformte Siedlungsgebiet, das aussah wie ein großer Fisch mitten in seiner Lagune. Hier und dort, so hatte man Magnus berichtet, zwischen Schilfrohr und Schlammhügeln waren kleine Kirchen oder Kapellen errichtet worden. Die großen Kathedralen entstanden anderswo, in Grado, in Caorle, in Torcello. Der täglich wachsenden Gemeinschaft von Rialto fehlte ein Ort zum Gebet, zur Versammlung oder zum Gottesdienst, bis (vielleicht eines Nachts, im Traum) der Herr dem Bischof Magnus eine Reihe wunderbarer Erscheinungen sandte.

Als erster erschien ihm der Heilige Petrus. Der Apostelfürst befahl Magnus, ihm eine Kirche am Rivoalto zu bauen, dort, wo er Rinder und Schafe würde weiden sehen: am östlichsten Ende der Rialto-Inseln, auf der Insel Olivolo, dem späteren Castello, ließ Magnus die Basilika San Pietro errichten, die zwölf Jahrhunderte lang die Kathedrale Venedigs sein sollte. Als zweiter erschien ihm der Erzengel Raphael und verlangte, daß ihm dort eine Kirche gebaut würde, wo er viele Vögel sich sammeln sehen werde; und Magnus ließ am entgegengesetzten Ende der Stadt, im hinteren Teil von Dorsoduro die Kirche San Raffaele Arcangelo errichten. Dann sprach zu ihm unser Herr Jesus Christus: Magnus sollte in der Mitte der sich gerade herausbildenden Stadt, an der Stelle, wo er eine rosa Wolke am Himmel schweben sehen würde, eine Kirche entstehen lassen. Und so baute er mitten im späteren Venedig die Kirche San Salvador. Die vierte Erscheinung war die Heilige Jungfrau Maria, sehr schön und wohlgestaltet (*molto formoxa*). Sie wollte eine Kirche an der Stelle, wo Magnus eine weiße Wolke schweben sehen würde: für sie ließ er die Kirche Santa Maria Formosa erbauen. Nicht eine, sondern zwei Kirchen forderte Johannes der Täufer, eine für sich, eine für seinen Vater, und so entstanden die Kirchen San Giovanni in Bragora und San Zaccaria. Auch die heiligen zwölf Apostel wollten eine Kirche *in dieser neuen Stadt*, und zwar dort, wo Magnus zwölf Kraniche sehen würde. Zuletzt wurde auch der Wunsch der Märtyrerin Giustina erfüllt, die dort eine Kirche haben wollte, wo die Weinreben außerhalb der Jahreszeit Trauben tragen würden.

Diese Legende, die John Ruskin so sehr gefiel, ist von dem Dogen Andrea Dandolo in seiner Chronik Venedigs überliefert. Dandolo lebte siebenhundert Jahre nach den Visionen des Heiligen Magnus. Im dicht bevölkerten und stark bebauten Venedig des 14. Jahrhunderts brauchte man einen Gelehrten wie ihn, der ein anderes, ein frühes, irreales Venedig heraufbeschwor, einen Ort, an dem einst Schafe und Rinder grasten und der Kranichen Schutz bot. Zu Dandolos Zeit waren in Venedig weitere Kirchen aufgrund wundertätiger Visionen entstanden. Im Jahre 1226 hatte der spätere Doge Jacopo Tiepolo von einem Feld voller duftender Blumen geträumt, »und einigen weißen Tauben mit goldenen Kreuzen an der Stirn. Diese Tauben flogen über die Blumen hinweg, während zwei Engel den Ort mit Weihrauchduft aus goldenen Gefäßen besprengten«, und er hatte eine Stimme sagen hören: »Dies ist der Ort, den ich für meine Prediger erwählt habe.« Die Stimme war die des Heiligen Dominikus, und Tiepolo hatte sich eilig daran gemacht, das Gebiet, von dem er geträumt hatte, trockenzulegen und dort die große Kirche der Dominikaner, Santi Giovanni e Paolo, zu begründen. Auf Tiepolos Sarkophag neben dem Haupteingang schwingen noch heute zwei Engel aus Stein die Weihrauchgefäße.

Für den Senator Flaminio Corner, ein überragender Gelehrter und Kenner der Kirchen von Venedig (aber auch einer der drei Inquisitoren, die Giacomo Casanova unter den Bleidächern gefangen hielten) gehört diese Vision ins Reich der Fabeln. Was natürlich auch für die Legende vom Heiligen Magnus gilt. Das venezianische Mittelalter scheint jedoch in einem Klima ununterbrochener Wundertaten gelebt zu haben. Die Hauptakteure waren die Heiligen, vor allem die von den Venezianern verehrten Heiligen aus dem Orient und deren Gebeine, die sie mit allen Tricks zu erbeuten suchten, um sich so den Schutz des Heiligen zu sichern und um die eigenen Kirchen attraktiver für die Kaufleute und die Pilger zu machen, die sich auf dem Weg ins Heilige Land in Venedig in Richtung Levante einschifften. Zuweilen sehr wunderliche Reliquien, die sich eigenwillig, fordernd und anspruchsvoll gebärdeten: wie die Gebeine des Heiligen Sabbas, des Abtes und Einsiedlers aus Kappadozien, die in Konstantinopel von dem reichen Kaufmann und Reeder, dem späteren Dogen Pietro Barbolano Centranico, entwendet wurden.

Pietro Centranico hatte den heiligen Körper in seinem Palast in Castello im Bezirk von Sant'Antonin zu Grabe legen wollen. Aber als Priester und Matrosen ihn aus dem Schiff tragen wollten, schien der Leichnam wie festgenagelt, und trotz aller Anstrengungen war es nicht möglich, ihn anzuheben und an Land zu bringen. Gleichzeitig hatten die Glocken der Kirche Sant'Antonin zu läuten begonnen, ohne daß sie jemand berührt hätte: der Heilige wollte in dieser Kirche bestattet werden, wo dann auch tatsächlich, kaum hatte man seine Gebeine auf dem Altar niedergelegt, eine weiße Taube aufflog und die Glocken plötzlich schwiegen.

Flaminio Corner glaubt nicht einmal an diese Überlieferung, die er überdies für chronologisch falsch hält. Dagegen scheint er sich für ein anderes, noch seltsameres Wunder zu verbürgen, das dem Leichnam des Heiligen Johannes Eleemosynarius (Almosengeber) zugeschrieben wurde, der von den Schiffen Lorenzo Bragadins 1249 nach Venedig gebracht worden war. Der Doge Marino Morosini hatte ihn in der dem Heiligen geweihten Kirche San Giovanni di Rialto zu Grabe legen wollen, aber kaum befand sich das Schiff, das ihn transportierte, auf der Höhe der Kirche San Giovanni in Bragora, »blieb es bewegungslos stehen, und keine menschliche Kraft konnte es dazu bringen, seinen Weg fortzusetzen«. Man beschloß also, ihn dort auszuladen, wo die Galeere angehalten hatte, aber der Leichnam ließ sich nicht einmal vom Bischof anheben. Erst als der alte Gemeindepfarrer es versuchte, ließ er sich problemlos wegtragen. Man stellte sich also zur Prozession auf, um zu Fuß nach Rialto zu gelangen. Doch der Zug hatte sich kaum in Bewegung gesetzt, als ein furchtbarer Platzregen vom Himmel herabstürzte, der alle zwang, ausgerechnet in der Kirche San Giovanni in Bragora Schutz zu suchen. Dort weigerte sich die Reliquie dann hartnäckig, den Ort wieder zu verlassen. So legte man sie unter dem Hochaltar ab; am nächsten Morgen jedoch fand man sie unter einem Nebenaltar. Unter dem Hochaltar lag statt dessen eine Schriftrolle mit den Worten: »Ich überlasse diesen Platz dem Vorläufer Christi.«

Wesentlich weniger spektakulär wirkt im Vergleich dazu die Geschichte, die das Kloster Santa Chiara auf einer damals noch kleinen Insel am Anfang des Canal Grande zum Schauplatz hat. Überliefert ist sie von einer Nonne, deren demütig verhaltener Ton das Rascheln von Nonnengewändern und ein heimliches Tuscheln heraufbeschwört. »Ich, Schwester Maria Felice Dalla Vecchia, bringe in Erinnerung, was ich von den alten Madres unseres Klosters erfahren habe …«

An diesem Ort also war eines Tages im 13. Jahrhundert ein Wallfahrer vorbeigekommen und hatte darum gebeten, mit der Schwester Oberin sprechen zu dürfen. Ohne sich zu erkennen zu geben, hatte er ihr – mit der Bitte, es für ihn aufzubewahren – ein Kästchen aus Kupfer überreicht, das mit einem Band aus karminrotem Stoff verschnürt war und in einem weiteren verschnürten eisernen Kästchen lag, das seinerseits in einem dritten Kästchen steckte. Dieses war, so sagt Schwester Maria Felice, »aus echtem Holz, aber sehr gut verschlossen und vernietet«.

Die Äbtissin hatte die drei Kästchen, eins im anderen, in die Truhe gelegt, in der die Dokumente des Klosters aufbewahrt wurden. Niemand war je gekommen, um die Kästchen zurückzuverlangen. Einige Zeit später jedoch hatte ein außergewöhnliches Hochwasser das Kloster überflutet, das brackige Wasser der Lagune war in den Archivraum eingedrungen, hatte aber um Armeslänge vor der Truhe haltgemacht, in der sich die drei Kästchen befanden: es hatte, so berichtet Schwester Maria Felice, »gleichsam eine Mauer um die genannte

Truhe gebildet«, und die Truhe »hatte sich vom Boden erhoben, ohne daß irgend etwas sie berührt hatte«.

In dem Kloster dienten fünf- oder sechsjährige Mädchen als *zaghette* (Meßdiener); und diese sahen oft in dem Raum mit der Truhe Lichter brennen und hörten geheimnisvolle Gesänge. Die Äbtissin ließ den Beichtvater holen, die Kästchen wurden allesamt geöffnet, eines nach dem anderen, »und beim Öffnen breitete sich ein überaus lieblicher Duft aus«. Denn das Kupferkästchen enthielt den Nagel, mit dem die Füße Jesu ans Kreuz geschlagen waren, und der Wallfahrer war niemand anders als der Heilige Ludwig gewesen, der fromme König von Frankreich, der als Kreuzfahrer in Damietta starb: das erfuhren sie, als sie in den Kästchen Goldmünzen mit seinem Abbild darauf fanden.

Eines anderen Tages – in welchem Jahr genau, wissen wir auch diesmal nicht, aber sicherlich nach 1329 – stand Francesca Correr, die Gründerin des Hospizes von Sant'Andrea de Zirada, das am Ende des Santa-Croce-Bezirks an der Lagune lag, gegen Abend am Ufer des Canal Grande. Zu dieser späten Stunde gab es kein Boot und keine Gondel mehr, die sie hätte hinübersetzen können, und es gab damals auch keine Brücke über den Canal Grande, außer der Rialto-Brücke, die jedoch zu weit entfernt war. Also hatte die fromme Frau ihren Umhang abgenommen, ihn auf dem Wasser ausgebreitet, war »gerüstet mit dem Zeichen des Kreuzes und voller Vertrauen auf Gott« darauf gestiegen, und auf diesem Umhang hatte sie trokkenen Fußes das andere Ufer erreicht.

Derartige Wunder gab es noch öfter: die Selige Contessa Tagliapietra, geboren 1288 (Contessa war kein Adelstitel, sondern ein im venezianischen Mittelalter weit verbreiteter Name, so wie Marchesina oder wie das noch heute gebräuchliche Regina), überquerte jeden Morgen auf ihrer Schürze den Canal Grande zwischen San Maurizio und San Vio. Sie besuchte die Messe in jener Kirche, in der einmal im Jahr der

Doge an der Spitze einer Prozession einzog, um dem Heiligen, dem die Kirche geweiht war, für die Niederwerfung des Aufrührers Baiamonte Tiepolo am 15. Juni 1310 zu danken.

Aber kein Wunder ist geschehen, um die Kirche und das Kloster Santa Chiara zu retten. Beide wurden Opfer der Auflösungen und Zerstörungen von Klöstern im Königreich Italien unter Napoleon I. Im Zeitraum von nur acht Jahren wurden Dutzende von berühmten Kirchen zerstört, unter ihnen auch die Kirche San Vio. Sant'Andrea de Zirada blieb zwar verschont, wurde aber entweiht und verschandelt: ein riesiger Parkplatz und die Betonklötze des kommunalen Parkhauses schließen sie ein. Der Blick fällt von hier aus nicht mehr auf die Lagune, sondern auf ein Gewirr von Eisenbahnschienen und Straßen, mittlerweile unterbrochen von den Fabriken von Porto Marghera. Das westlichste Ende der Stadt, genau am Anfang des Canal Grande zwischen der Straße und der Eisenbahnbrücke, zwischen dem Auto-Terminal und dem Bahnhof Santa Lucia, ist bei allem Lärm und aller Betriebsamkeit, die heute dort herrschen, ein einziger Friedhof aus Kirchen, Klöstern und Palästen, aus Traditionen und Erinnerungen. Um nicht im Sumpf des Jammerns zu versinken, muß man vergessen, darf man nicht wissen wollen, muß man sich treiben lassen, so wie die jungen Leute mit ihren Schlafsäcken, die auf der breiten Bahnhofstreppe kauern und all das bestaunen, was von einer Stadt, einer Zivilisation übriggeblieben ist.

2.

Gustav Aschenbach, die Hauptfigur der Novelle *Tod in Venedig*, dachte, daß mit dem Zug, »auf dem Bahnhof in Venedig anlangen, einen Palast durch die Hintertür betreten heiße«.

Der Canal Grande, wichtigste Ader und Rückgrat Venedigs, kommt durch die Hintertür in die Stadt. Die festlich wirkende Verbreiterung des Beckens vor San Marco, hinter der Punta della Dogana da Mar (Zollstation für den Seehandel), die Farbenpracht des Dogenpalastes und der Piazzetta, der weite Horizont hinter San Giorgio Maggiore, wo die salzhaltige Luft und die kreisenden Möwen das offene Meer vorwegnehmen: so gestaltet sich der letzte Abschnitt eines Wasserlaufs, der in früheren Zeiten einmal ein Fluß gewesen sein muß. War er einer der Flußarme der Brenta, der *Medoacus*, von dem der römische Geschichtsschreiber Titus Livius spricht und mit dem ein großer Teil der ältesten Geschichte dieses Landes, dieses Volkes verknüpft ist? Oder war er das letzte Stück des Muson, eines ländlich-beschaulichen Flüßchens, das von den Hügeln um Asolo herunterkam, um sich nicht weit entfernt von der Stelle, wo heute Porto Marghera liegt, in die Lagune zu werfen? Wir haben – heute weniger denn je – keinerlei Gewißheit darüber, wie das moderne Venedig entstanden ist. Zu viele Umwälzungen hat es gegeben, zu viele geologische Erschütterungen, Überschwemmungen, über die Ufer tretende Flüsse, Strandverschiebungen und in jüngerer Zeit Eingriffe des Menschen. Die Tradition will, daß der tiefe Fluß, der Rialto den Namen gegeben haben soll, mit seinen trüben Wassern voller Sinkstoffe die Sümpfe, die Sandbänke und die aus dem Wasser ragenden Landzungen einer riesigen Lagunen-Wasserfläche gefestigt und so zur Herausbildung jener Vielzahl von Inseln und Inselchen beigetragen habe, die das heutige Venedig ausmachen. Aber es ist möglich, oder vielmehr wahrscheinlich, daß in römischer Zeit ein großer Teil der Lagune festes, kultiviertes Land war, gleichmäßig aufgeteilt in Bauernhöfe, gemäß dem Zenturien-Prinzip, nach dem Rom das Land an seine Siedler vergab.

Jedenfalls läßt der geschwungene Verlauf des heutigen Canal Grande leicht die Eigenschaften eines Flusses erkennen. Er ist ein umgedrehtes S, drei Kilometer und achthundert Meter lang, maximal siebzig, an der schmalsten Stelle dreißig

Meter breit, mit einer mittleren Tiefe von fünf Metern. Er kommt von Westen her in die Stadt, schlängelt sich gen Osten, wendet sich dann auf der Höhe von San Marcuola nach Norden, biegt bei Rialto nach Süden ab, zieht aufs neue gen Westen bis zur großen Biegung bei Ca' Foscari (*volta de canal*), um dann schwungvoll seinen Lauf nach Osten fortzusetzen, in die Himmelsrichtung, auf die Venedig seinen einträglichsten Handel und seine erfolgreichsten Routen ausgerichtet hatte.

Wenn man heute den Canal Grande betrachtet, die ungefähr hundertfünfundachtzig Paläste und Gebäude von unterschiedlichem architektonischen Wert, die seine Ufer säumen, die rund fünfzehn Kirchen und Klöster und die vielen anderen, mehr oder weniger dem Gesamtbild angepaßten Bauwerke (zu Beginn des 16. Jahrhunderts machte sich jemand die Mühe, die auf den Kanal gehenden Fenster zu zählen, und er kam auf 18.619), sowie die großen und kleinen Plätze, die Gondel-Übersetzstellen, die Gärten, die Anlegebrücken für die Dampfer und all die motorisierten Schiffe, die aus dem Kanal eine zentrale Verkehrsader machen; wenn man in den Pausen des Motorenlärms dem Quietschen der an die Pfähle gebundenen Boote lauscht oder vielleicht den Liedern, die bei Mondschein während romantischer Gondelausfahrten von den Touristen gesungen werden – dann gelingt es nur mit Mühe, sich den Kanal so vorzustellen, wie die Theorien der Historiker, die Dokumente und die archäologischen Funde ihn uns vorführen. Mit Hilfe eines alten, unbeirrbaren Gelehrten, Professor Luigi Conton, der Tausende von Scherben im flachen Wasser der Lagune gefunden hat – Zeugen unterschiedlichster Zeitstufen – und der heimlich in den tiefen, 1933 für den Bau des sogenannten Rio Novo vom Piazzale Roma zum Rio di Ca' Foscari ausgehobenen Gräben herumschnüffelte, hat die Archäologie unter dem »weichen, schwarzen Schlamm des alten Sumpfes« viele lange Pfähle entdeckt, meist aus Eichenholz, die »in einer festgelegten Anordnung, mit einer gewissen konstanten Symmetrie« von den Pfahlbautenbewohnern, die den Ort vielleicht in römischer Zeit oder kurz danach besiedelten, senkrecht in den Boden eingeschlagen worden waren. Doch sie fanden auch »viele Hörner von Wildziegen, Stoßzähne von Wildschweinen und einige Hirschgeweihe«. Mehr noch als andere, weit spektakulärere Zeugnisse erlauben uns diese Fundstücke einen Blick auf eine für Venedig mythische Zeit zu werfen, die Zeit der Anfänge.

Die reichen Einwohner der wohlhabenden römischen Stadt Altino, die sich, wie der Dichter Martial schreibt, in der fruchtbaren Ebene prachtvolle Villen gebaut hatten, führten noch ein relativ unbeschwertes Leben, als die Barbaren-Völker aus Germanien und Pannonien die Poebene zu überrennen begannen. Zehn Jahre nach der letzten Verfolgung der Christen, die in Padua wie auch in Altino zahlreich waren, hat Kaiser Konstantins Edikt von Mailand den Religionsfrieden gebracht. Aber Anzeichen für naturbedingte Störungen von unberechenbarer Tragweite – die »Hochwasser« – sorgten damals wie heute für Beunruhigung. Die Küsten wurden abgetragen, die negative Strandverschiebung hatte mindestens dreieinhalb Jahrhunderte lang spürbare Wirkungen gezeitigt, die von Livius beschriebenen ausgedehnten Weiher breiteten sich unter dem Einfluß der Gezeiten noch weiter aus, die Brenta überschwemmte häufig die Felder. Gegen Ende des vierten Jahrhunderts spricht der Heilige Ambrosius von »Überschwemmungen, die in die Ländereien eindringen«. Auch der nicht weit entfernte Po trat mit katastrophaler Wirkung aus seinem Bett.

Das folgende Jahrhundert, dem man traditionsgemäß die Geburtsstunde Venedigs (25. März 421) zuordnet, war gekennzeichnet durch eine Verschlechterung des Klimas, vor allem aber durch die ständigen Invasionen der »Barbaren«. Die Goten unter Alarich plünderten Rom, die Hunnen unter Attila verwüsteten während ihres stürmischen Streifzugs Altino.

Das wenige noch aus dem Wasser ragende Land, auf dem die ersten Flüchtlinge aus dem Hinterland vielleicht noch Zuflucht fanden, war immer stärker vom Wasser umgeben, und es verwilderte nach dem Weggang der Siedler wieder. Auch wenn es nach wie vor zahlreiche Rinder und Schafe gab, so kamen doch auch wieder Wildschweine, Hirsche und anderes Wild aus den Wäldern. Sie trafen nun in dem Gebiet aufeinander, das von einer Biegung des Flusses zur anderen reichte und später zu der großen Inselzone Luprio gehören würde, dem heutigen Stadtbezirk Santa Croce.

Es gibt einen oft reproduzierten Stich aus dem 17. Jahrhundert, der uns eine – natürlich vollkommen imaginäre – Ansicht vom Venedig der Anfänge gibt. Er zeigt uns eine Landschaft, wie man sie noch heute in den unberührten Teilen der Lagune jenseits von Torcello, in Richtung Palude della Rosa oder in der Gegend von Valle di Ca' Zane sehen kann, mit Wasser von mehr oder weniger sumpfigem Aussehen, Schilfrohr, aus dem Wasser ragenden Sandbänken, Flachwasserzonen und kleinen Inseln. Und hier und da stehen strohgedeckte Häuser wie die traditionellen Hütten der Lagune, in denen bis vor wenigen Jahren Fischer und Jäger wohnten. Nur ein Gebäude ist gemauert, in anachronistischer Weise wird es durch gotische Fenster verschönert, und es erhebt sich über die anderen. Vielleicht ist es der Sitz der mythischen Konsuln und der antiken Tribunen. In der Mitte des Stiches sehen wir mehr oder weniger in ihrer heutigen Form die Kirche San Giacometto di Rialto, nach der Überlieferung die älteste aller venezianischen Kirchen; sie soll sogar zeitgleich mit der mythischen Gründung der Stadt entstanden sein.

Der Kupferstecher hat die gängige Auffassung dargestellt, wonach auch der hier im Vordergrund zu sehende Canal Grande sich wie ein *ghebo* (Priel) gebärdet, wie eine der gewundenen Wasserrinnen des Sumpfes, sichtbar zwischen Untiefen und Sandbänken in der sogenannten »toten« Lagune, in die nur selten durch die drei Lagunen-Öffnungen etwas von der salzhaltigen Flut des Meeres eindringt. Wer diese ursprüngliche Landschaft heute nachempfinden möchte, braucht nur mit dem Auto von Mestre aus am Flughafen Marco Polo vorbei in Richtung Triest zu fahren und wird dann nahe an dem Gebiet vorbeikommen, wo früher einmal die blühende römische Stadt Altino stand. Hinter Portegrandi sollte man dann dem Lauf des Sile folgen, am Valle Lanzoni, dem Lago di Val Nova und dem Valle Dogà entlangfahren, dann hinter Caposile und Santa Maria di Piave nach rechts abbiegen und dem Canal Caligo folgen. Zwischen Valle Grassabò und Valle Fosse, Valle Basegia und Valle di Lio Mazor erreicht man schließlich die wenigen, zwischen den Sümpfen verstreuten Häuser von Lio Maggiore. Man kann auch mit dem Boot von Sant'Erasmo aus nach Lio Piccolo fahren und sich den Gaggian di San Lorenzo, den Canal Riga, den Canale del Colpo oder den Bossolaro- oder Cigola-Kanal ansehen, die sich zwischen Lago di Sant'Antonio und Valle Paleazza, zwischen der Lagune Falconera und Valle Mesola und durch Stoppelfelder schlängeln, die im Frühling plötzlich zwischen großen regungslosen Wasserflächen in voller Blüte auftauchen und im Winter in den zartesten Perlmutt-Farben schimmern. Dort läßt sich das mythische Venedig mit beeindruckender Deutlichkeit nacherleben, unterstützt noch durch das Flügelschlagen der Reiher und durch das Schreien der Wildenten. In den künstlichen Dammbauten, die den ungestümen Eifer der Ingenieure der Wasserbehörde überlebt haben, lassen sich noch die uralten Techniken der Uferbefestigung mit mehr oder weniger primitiven Pfahlbauten erkennen – Vorfahren der Anlagen, die noch heute die Ufer der venezianischen Kanäle, auch die des Canal Grande stabilisieren.

Seltsamerweise gab es letztendlich eine Übereinstimmung zwischen dem Venedig, wie es die Legenden schilderten und der Stadt, die Gegenstand gelehrter Untersuchungen war. Den sich überschlagenden Ereignissen, die das spätere Schicksal der Stadt bestimmen sollten (hauptsächlich die Ankunft der Langobarden), steht eine Reihe von Katastrophen gegenüber, aus denen das Stadtgebiet völlig verändert hervorging. Ganze drei Jahrhunderte dauerte dieses stürmische Crescendo: die schrecklichsten Momente liegen zwischen 586/587, als die Etsch ihren Lauf und ihre Mündung verlegte, und dem Jahr 589, in dem mehr Regen fiel als – so ein zeitgenössischer Text – in der Sintflut gefallen ist (»es scheint seit den Zeiten Noahs keine ähnliche Regenflut gegeben zu haben«, schreibt der langobardische Geschichtsschreiber Paulus Diaconus). Die Etsch riß die Stadtmauern von Verona ein, der Tiber überschwemmte Rom, und der Tagliamento begrub für immer die Stadt Concordia.

Vielleicht zeitgleich mit einer außergewöhnlichen Sturmflut veränderten die beiden Arme der Brenta und auch der Piave-Fluß ihren Lauf. Millionen von Tonnen Schlammwasser begruben mehr oder weniger ausgedehnte Gebiete, und im Kampf mit den »verrückt gewordenen« (das Adjektiv stammt von Wladimiro Dorigo, dem Historiker, der die Theorien über den Ursprung Venedigs revolutioniert hat) Wassermassen, die aus ihren Betten traten, fanden unsere unglückseligen Vorfahren einen schrecklichen Tod. Als die Katastrophe vorüber war, »begann eine neue Geschichte aus dem Nichts heraus«.

3.

Am Vorabend des Jahres 1000 schließlich – Venedig war mittlerweile von Stadtmauern umgeben und eine richtige Stadt geworden – trat der venezianische Mikrokosmos in seiner ganzen Außergewöhnlichkeit hervor. Auch die Bebauung eines Großteils des Stadtgebietes war nahezu abgeschlossen. Venedig hatte nun nichts mehr gemein mit den primitiven Lagunen-Ansiedlungen, die in den Gärten, im Schilfrohr und in den im

Schatten der Kathedrale stehenden Hütten von Torcello nostalgische Gefühle weckten. Der Canal Grande änderte an jedem neuen Abschnitt seinen Namen: Rio de Zirada heißt er an der Stelle, wo einst Santa Chiara war und wo der starken Bebauung wegen Sant'Andrea nicht mehr zu sehen ist, Rio Beculo oder Becullo heißt er von Santa Lucia bis zum Rio di Cannaregio, weiter vorn wird er *rivus Businiacus* genannt, dann Canale di Rialto, Canal di San Marco, vielleicht auch Canal Maggiore. Seine Ufer säumen Kirchen, Häuser, hier und da sogar wahre Paläste, wie der Palast der Foscari am Rande der großen Insel Luprio fast gegenüber dem Rio di Cannaregio.

Das nahezu ununterbrochene Defilee der Paläste auf beiden Ufern des Canal Grande sollte aber erst noch entstehen. Zwischen den Häusern gab es um das Jahr 1000 herum schon die Gondeln (*traghetti*), die von einem Ufer zum anderen übersetzen. Im 13. Jahrhundert arbeiteten bereits die heute noch bestehenden *Traghetti* von San Gregorio, San Samuele, San Tomà und daneben auch die von San Vio, San Beneto, San Felice und Santa Lucia. Aber ein großer Teil des Geländes war noch immer von Morast und Sumpf geprägt, und viele Felder waren schlammig und lagen brach. So zum Beispiel bei San Beneto, wo heute der Volpi-Palast steht und wo sich im 12. Jahrhundert eine Werft befand, in der sich der Kaufmann und Reeder Romano Mairano ein Schiff bauen ließ. Weitere Schiffswerften befanden sich in der Nähe des Dogenpalastes, zwischen den Kirchen San Provolo und Santa Scolastica. Am ganzen Canal Grande entlang standen Mühlen, die vom Lauf der Gezeiten angetrieben wurden. Im Jahr 1013 befand sich in der Nähe von San Beneto eine Mühle genau neben einem Weingarten. Bereits im Dezember 982 wurden Müller erwähnt, welche die Wassermühlen vor San Giorgio Maggiore betrieben. Zwei weitere Mühlen standen diesem Dokument zufolge in der Nähe des Dogenpalastes.

Zwischen 1000 und 1100 waren die Häuser bereits komplexe Einheiten. 1134 verfügte das Haus der Familie Basilio (Baseggio) bei San Giovanni Elemosinario am Rialto nicht nur über einen Weingarten, eine Gasse und ein Warenlager, sondern es hatte auch einen Portikus, der ihm ein palastähnliches Aussehen verlieh. Es erinnerte an den sogenannten Fondaco dei Turchi, Ca' Da Mosto, Palazzo Dandolo-Farsetti und den Corner-Piscopia-Palast, der fälschlicherweise als Ca' Loredan bekannt ist.

Das Haus der Baseggio bietet noch eine weitere, *liagó* genannte Besonderheit: einen überdachten Balkon, wie man ihn auf dem Gemälde *Das Kreuzwunder* von Vettor Carpaccio sehen kann, das eine Szene im zwei Schritte von der Rialto-Brücke entfernten Palast des Patriarchen von Grado darstellt. Die Baseggio besaßen ebenso wie die Tiberio, die letzteren schon 1048, in der Nähe von San Bortolomio Ländereien, Häuser aus Stein und Holz und einen Palast mit gemauerten Fundamenten sowie Gassen, Lagerräume und Ladekais im Erdgeschoß, Portici, eine *cavana* (Bootshaus) und auch einen Brunnen »mit seinem Brunnenaufsatz«. Außerdem verfügten sie über einen Anlegeplatz, an dem sie vor dem Haus die Schiffe vertäuen und die Waren löschen konnten, die dann in den Lagerräumen im Erdgeschoß aufbewahrt wurden. Die lange Geschichte dieser Stadt der Kaufleute, die fast ein Jahrtausend lang unermüdlich das Mittelmeer in alle Richtungen durchfurchten und dabei durch jeden auch noch so kleinen Teil der Gesellschaft unterstützt wurden, gleicht einem nicht enden wollenden Heldenepos, das den Rhythmus von Ankunft und Ausfahrt der Schiffe und Galeeren, vom Laden und Löschen der Waren widerspiegelt.

In unzähligen Texten wird dieses Treiben beschrieben, in Dokumenten, Kanzleipapieren, die peinlich genau die Zusammensetzung der Ladung und die Verteilung der Gewinne aufführen, oder in gerichtlichen Papieren, die geglückte und mißglückte Unternehmungen in fernen Meeren und noch entfernteren Ländern aufzeichnen. Außerdem haben geduldige Notare, die oft zugleich Kirchenmänner waren oder aber ein Kontor in Venedig, eines in Übersee betrieben, in Trapezunt, in Candia, an der Tana auf der fernen Krim, zahllose Testamente aufgesetzt, die Informationen über die Häuser und Warenlager, Beteiligungen an Seefahrts-Unternehmen, Juwelenhandel, Sklaven und Sklavinnen enthielten. Zwischen den Zeilen lesen wir von glücklichen oder spannungsreichen Ehen, von Töchtern, die entweder verheiratet oder ins Kloster gegangen waren, von ehrbaren und von mißratenen Söhnen. Und alles wurde letzten Endes in klingende Münze umgesetzt, in venezianische Münze, von alters her die solideste und beständigste von allen Währungen des Mittelmeers.

Mit der Zeit gewinnt diese bunte Welt dank weiterer Informationsquellen deutlichere Konturen. Die Chroniken werden geschwätziger, detailbesessener, die Tagebücher quellen über von allen möglichen Nachrichten, von der Politik bis hin zu Klatsch und Tratsch, Rechenschaftsberichte verzeichnen Debatten und geheime Anweisungen der Beamten, Prozesse und Urteilssprüche, allgemeine Informationen und Verfügungen, Briefe und Begräbnisreden. So erhalten wir ein vollständiges Bild von der Physiognomie und der Physiologie des Phantoms, das die Anwohner des Canal Grande am meisten umtreibt: ein Bild der sozialen Klasse nämlich, die direkt aus der bunten und skrupellosen Welt des mittelalterlichen venezianischen Handels hervorging, des herrschenden Patriziats.

4.

Und das Volk? Ohne das wunderbare venezianische Volk wäre die lange und ruhmreiche Seefahrer- und Kaufmannsgeschichte des reichen, freien und souveränen Venedig nicht möglich gewesen: Ohne die Handwerker und Krämer, ohne die Arbeiter und Fischer, die Schiffer und die Facharbeiter des Arsenals. Aber auch nicht ohne die Galeoten, die Galeerenruderer, die weniger durch wirkliche Ketten an die Ruder gebunden waren als durch das Verlangen, im Abenteuer des Überseehandels selbst reich zu werden, die mit ihrem Patriotismus und ihrem Mut die Bedrängnisse des Alltags meisterten. Oft wurden sie als Ersatzmänner für andere Männer aus dem Volk angeheuert, die so gut betucht waren, daß sie sich einen solchen leisten konnten. Zum Beispiel für die Angestellten der *Traghetti* und der Osterien, der übelriechenden Kneipen und stinkenden Fischbratereien, für die Leute, die sich fröhlich auf dem Campiello herumtrieben und auf der Piazza diskutierten. Das Volk gesellte sich zu den Protagonisten der Feste und Vergnügungen, mit denen die Serenissima sich in Szene setzte: das Volk der Kurtisanen und der ehrbaren Huren, der Waisenmädchen, die meist mehr oder weniger berühmte Sängerinnen wurden, das Volk der anmutigen Lebedamen, der *calère*, die zu den Lotterie-Festen kamen, und das der gefälligen Mägde; das Volk der Diener, die immer mit Schokolade oder Kaffee in der zweiten Reihe standen, mit den Schlüsseln zur Speisekammer in der Tasche, mit einem Liebesbriefchen für die Dame oder von der Dame, ein bißchen Hauslehrer, ein bißchen Kuppler, wie auf den Gemälden von Longhi und in den Komödien von Goldoni. Das arme, aus vorgeblicher oder aus wirklicher Bedürftigkeit bettelnde Lumpenvolk, das sich zum Schlafen auf die Straße legte, der Pöbel der Bravorufenden, der Halbstarken, der Häscher und der Schurken.

Zumindest bis zum Ende des neunten Jahrhunderts waren die Handwerker anscheinend fast immer Sklaven oder befreite Sklaven oder Kinder von befreiten Sklaven. Sie standen im Dienste des Dogen und der Tribunen, Vorfahren der sogenannten »case vecchie« (alte Familien) des Patriziats. Freie Handwerker gab es bereits im Jahre 1000. Damals suchte einer von ihnen, der Schmied Giovanni Sagornino mit seinen Gefährten beim Dogen Pietro Barbolano Centranico Unterstützung gegen seinen Gastalden, der sie im Hof des Dogenpalastes arbeiten lassen wollte. Sie aber argumentierten, daß sie zwar gehalten waren, für die Erfordernisse des Dogenpalastes Eisen zu verarbeiten, es aber »ebenso wie die anderen Meister« in ihren Werkstätten tun konnten (Giovanni versuchte es danach noch einmal mit dem Dogen Domenico Flabianico, und im Jahre 1043 setzte er sich endgültig durch). Später jedoch füllen Handwerker und Kaufleute mit ihren Kaufverträgen, ihren Nachlässen, ihren Investitionen und auch mit ihren Streitigkeiten Tonnen von Kanzleipapieren. In den Normenbüchern dagegen wurden ihre Tätigkeiten geregelt, ihre Preise und Löhne amtlich festgesetzt und Versuche verhindert, sich zu bereichern, Steuern zu hinterziehen oder den Kunden minderwertige Waren anzudrehen, »zur großen Schande unseres Staates«, wie es in den Gesetzen und Urteilssprüchen der verschiedenen Organe heißt, welche die Waren kontrollieren und verwalten.

Und gerade die Handwerker und Arbeiter betreten als erste die Bühne des Canal Grande, in jenem ersten, heute so verfallenen und verschandelten Abschnitt. Die Seiler (*filacánevi*) hatten ihre »Scuola« oder Bruderschaft in der Kirche Santa Croce (jedenfalls die Seiler der *arte menua*, welche die dünnen Taue spannten; die für die dicken Seile zuständigen Seiler der *arte grossa* hatten ihre »Scuola« bei San Martino in der Nähe des Arsenals). Später zogen sie in die Fremdenherberge des Klosters Santa Chiara um, in dessen Kirche sie auch begraben liegen. Die *Burchieri*, die Lastschiffer, hatten ihre »Scuola« am Campo Sant'Andrea de Zirada, in der Nähe der »Fondamenta delle Burchielle« genannten Uferstraße, an der die Lastkähne der Arbeiter, die den Schuttabtransport (*Burchieri da rovinassi*) besorgten, und die Kähne der Kanalausbaggerer (*cavacanali, cavafanghi*) anlegten, beides Mitglieder der Lastschiffer-Zunft.

Wer der Meinung ist, das Venezianische sei weich, melodiös und leicht verständlich, der wird bei der Terminologie der *Arte dei Burchieri* eines Besseren belehrt. Der Begriff übersetzt sich folgendermaßen: Beginnen wir mit der Bezeichnung *Arte* (Kunst): damit ist ein Berufsverband gemeint, der alle Angehörigen eines bestimmten Berufs zusammenschließt, es handelt sich also um eine Korporation. Jede »Arte« konstituiert sich in einer Zunft, auch Scuola (Schule) oder Bruderschaft genannt. Dabei wird jeweils der Schutzheilige angerufen (der Schutzpatron der Seiler ist Sant'Ubaldo, die Schutzpatronin der Lastschiffer ist die Jungfrau Maria). Die Scuola wird von einem Gastalden geleitet, dem eine *banca*, ein Vorstands-Rat, beisitzt. In ihr sind die Meister, die Inhaber eines selbständigen Betriebes also, mit ihren Gesellen und Lehrlingen vereint. Die Lehrlinge können nach einer Lehrzeit von fünf bis sieben Jahren zu Gesellen aufsteigen, während die Gesellen nach erfolgreichem Abschluß einer recht strengen praktischen Prüfung ihrerseits Meister werden können. Die Zunft bietet ihnen beruflichen Schutz, garantiert ihren Mitgliedern und deren Familien soziale Leistungen, und sie gewährleistet im Prinzip die Qualität der Produkte und Dienste.

Die *Burchi* sind große Lastschiffe, die man noch heute – motorisiert – die Flüsse in der Nähe der Lagune, den Brentakanal, den Sile, den Piave, auch die Etsch und den Po langsam und schwerfällig hinauffahren sehen kann. Und die *Burchieri* sind, oder vielmehr waren diejenigen, denen die *Burchi* oder die kleineren *Burchielle* gehörten und die sie ruderten. *Rovinassi* ist das venezianische Wort für Schutt, und die *Burchieri da rovinassi* transportierten Schutt und Müll sowie den von den *Cavacanali* oder *Cavafanghi* regelmäßig aus den städtischen Kanälen ausgegrabenen Schlamm, ein kluges Verfahren, das vor nicht allzu langer Zeit eingestellt wurde. Leichtere Materialien transportierten die *Burchieri da stiore*, die ihren Namen den Matten verdankten, mit denen sie das Transportgut bedeckten; die *Burchieri da legne* transportierten ausschließlich Holz.

Die Serenissima widmete dem Schutz der Lagune die gleiche Aufmerksamkeit wie der Kontrolle der Schuttkahnschiffer: Sie waren verpflichtet, ihre Schiffe in leuchtenden Farben, in rot, gelb, grün oder blau zu streichen, je nach den Materialien, die sie transportierten. Und sie durften nicht nach Sonnenuntergang auslaufen, damit sie nicht in Versuchung kämen, ihre Ladung irgendwo abzuladen, wo sie vielleicht die Lagune verschmutzen oder dem Rhythmus der Gezeiten schaden konnte. Die Zunft der Schuttkahnschiffer und die der Kanalausbaggerer hatte sich auf diese Weise zum Monopol von ungefähr dreißig Familien entwickelt, die nicht selbst arbeiteten, sondern Hunderte von Angestellten beschäftigten. Diese ruderten zum einen die Lastkähne, zum andern erledigten sie auch alle der Müllabfuhr zukommenden Arbeiten. Und wie eifersüchtig diese etwa dreißig Familien auf ihre Privilegien bedacht waren, zeigte sich, als gegen Ende des 17. Jahrhunderts ungefähr achtzig arme Schlucker aus der Gegend von Chiavenna nach Venedig kamen und, ohne Mitglied in einer Arte oder Zunft zu sein, die Schornsteine fegten und die Sickergruben leerten. Die dreißig Familien machten ein großes Geschrei und behaupteten, die Schornsteinfeger würden den Venezianern fast achttausend Dukaten an Jahreseinkommen wegschnappen. Noch mehr schrien sie auf, als im Jahre 1608 jemand eine Maschine zum Ausbaggern der Kanäle erfand und vom Senat die Genehmigung erhielt, diese Maschine in Betrieb zu nehmen. Da ließen sie sich ein noch schlimmeres Mittel einfallen: sie versenkten die Maschine, und als der Erfinder nach dem Schuldigen suchte, »wurde er windelweich geschlagen«, so daß er es vorzog, einen staatlichen Posten auf Korfu anzutreten. Der Kampf der Unternehmer gegen diesen Bagger war damit noch nicht zu Ende. Eine von dem Dominikaner-Pater Marchi erfundene Maschine erlitt das gleiche Schicksal wie die erste. Und der »Ingenieur und Professor für Maschinen« Antonio Grassino, Konzessionär eines ihm 1620 überlassenen Patents für eine »ganz und gar vollkommene« Maschine, mußte sich lange plagen, bevor der Wasser-Magistrat die Führer der Kanalausheber-Zunft, die »Vergeuder öffentlicher Gelder«, zwingen konnte, die Maschine für die Aushebung eines neuen Kanals hinter der Insel Giudecca einzusetzen.

Im Mai 1597 zelebrierte Venedig feierlich und mit einem nie zuvor gesehenen Prachtaufwand die Krönung der *Dogaressa* Morosina Morosini, der Gemahlin des Dogen Marino Grimani. An der prunkvollen Ausschmückung des Dogenpalastes waren die verschiedensten Zünfte beteiligt: die Barbiere und Schuster, die Silber- und Waffenschmiede, die Zimmerleute und Schlosser, die Kurzwarenhändler, die Kürschner, die Glasbläser und die Spiegelmacher ... Neben dem Saal der Signori di Notte (Herren der Nacht), der »mit sehr anmutigen und schönen Architraven, Pfeilern und Portalen, und mit einer Vielzahl wunderbarer Ornamente« geschmückt war, stellten die Seidentuchweber Stoffe aus Seide und Gold aus, Tücher aus gelbem Samt und karminrotem Damast, in Gold und Silber gearbeitete Schmuckbänder und ein großes Fries aus silbernem Taft und Laub aus grüner Seide und Gold, welches eine feierliche lateinische Inschrift zu Ehren der Dogaressa trug. Auch die Seidentuchweber waren am Canal Grande zu Hause: bei Sant'Andrea de Zirada standen die Wohngebäude, in denen in Armut geratene Meister und Gesellen mit ihren Familien unentgeltlich aufgenommen werden mußten. Nicht weit davon entfernt erinnert der Rio dei Tentori (Färber) an die damit verwandte Zunft der Seidenfärber, deren Scharlachrot und »venezianisches Karminrot« in der ganzen Welt berühmt waren und deren Produktionsgeheimnisse so eifersüchtig gehütet wurden, daß der Zehnerrat nachts, während die Farben hergestellt wurden, angsteinflößende, düster aussehende Personen, denen riesige breitkrempige Hüte aufgesetzt worden waren, in die Umgebung der Färbereien schickte. (In einem kleinen Volkslied, das bis ins letzte Jahrhundert hinein gesungen wurde, heißt es: »Done, vardève dal capelon/ ch'el xe un omo poco bon ...« – (Frauen, hütet euch vorm großen Hut/ denn der Mann, der ist nicht gut ...).

Die stärkste Zunft zwischen Santa Chiara und San Simon Grando war jedoch die *Arte dei laneri* (die Wollarbeiter-Zunft) mit allen in ihr zusammengeschlossenen Berufen, die laut Fernand Braudel im 16. Jahrhundert aus Venedig die wichtigste Industriestadt Italiens gemacht hatten. »Die Meister in der Herstellung von Wolltüchern« hatten sich im Juli 1268 bei den Feierlichkeiten anläßlich der Wahl von Lorenzo Tiepolo zum Dogen hervorgetan, als sie mit ihrem Banner, mit Trompeten und anderen Instrumenten, mit silbernen Kelchen und weingefüllten Amphoren einen Umzug veranstalteten, »bei dem jeder von ihnen einen Olivenzweig in der Hand und Olivengirlanden auf dem Kopf trug«. Damals war ihre Produktion noch bescheiden, die florentinischen, lombardischen und flämischen Stoffe beherrschten den Markt. Vier Jahre nach der Wahl des Dogen Tiepolo hatte man die heimische Produktion anzukurbeln versucht, indem man den Gesellen, die nach Venedig kommen wollten, kostenlose Unterkunft anbot. Mit Erfolg. Viele kamen, vor allem aus Deutschland und dem östlichen Friaul. Sie ließen sich in den Bezirken Santa Croce, San Simon Grando und San Simon Piccolo nieder, außerdem bei San Giacomo dell'Orio und San Pantalon, und sie gaben den Straßen und Plätzen ihre Namen wie Campo dei Tedeschi, Calle Gradisca ... Später trugen die Krise der florentinischen Wolle und die Kriege in Flandern und Deutschland zur Blüte der venezianischen Wollproduktion bei, die von 1310 Stücken im Jahre 1516 bis auf sage und schreibe 28.000 Stücke gegen Ende des 16. Jahrhunderts anstieg. Erst im letzten Jahrhundert der unabhängigen Republik Venedig ging die Wollproduktion wieder zurück.

5.

»Sie führten mich die Hauptstraße entlang, die sie Canal Grande nannten, und die sehr breit ist. Die Galeeren fahren dort hindurch, und ich sah ganz in der Nähe der Häuser Schiffe mit 400 und noch mehr Registertonnen; ich glaube, es ist die schönste Straße auf der ganzen Welt und die am besten bebaute, und sie durchquert die ganze Stadt. Die Häuser sind sehr groß und hoch, aus gutem Stein gebaut, und die älteren sind alle bemalt, die Fassaden der Häuser aus den letzten hundert Jahren sind aus weißem Marmor, der aus dem 100 Meilen entfernten Istrien kommt, und der große Stücke Serpentin und Porphyr enthält …« Philippe de Commynes, der Botschafter König Karls VIII. von Frankreich, hat so den Mythos von der schönsten Straße der Welt geschaffen. Wir befinden uns am Ende des 15. Jahrhunderts.

Mehr oder weniger zur gleichen Zeit beschreibt der venezianische Patrizier Marino Sanudo der Jüngere, ein Politiker und »homme de lettres«, vor allem aber ein unermüdlicher Chronist der großen und kleinen Ereignisse seiner Stadt und seiner Republik, mit ganz ähnlichen Worten, mit ganz ähnlicher Begeisterung wie Commynes den »Canal Grando«: Er sei »wirklich überaus breit« und führe vom Lido bis zu Santa Chiara, »was fast am Ende der Stadt liegt. Auf beiden Uferseiten stehen wunderschöne, von Patriziern und anderen bewohnte Häuser, mit einem Wert von bis zu 20.000 Dukaten; in einem jener Häuser lebt gegenwärtig der Erhabene Kavalier Zorzi Corner, der Bruder der Königin von Zypern …; und auch das Haus, das ehedem unserem großen Fürsten Francesco Foscari gehörte und nun von seinen Erben bewohnt wird, hat einen sehr großen Wert; und die vielen anderen, deren Aufzählung zu lange dauern würde … Die am Kanal stehenden Häuser sind sehr begehrt und mehr wert als die anderen …« Über den Mythos hinaus haben wir hier die Feststellung des höheren Wertes der am Canal Grande liegenden Wohnungen, auch wenn »abseits vom Canal Grande wunderschöne Häuser in den Stadtbezirken stehen«: »der Boden ist sehr teuer, kostet viel Geld.« Viele, oder besser »unzählige« Häuser hatten »vergoldete Zimmer«, mit einem Wert von achthundert Dukaten und mehr, Treppen aus Naturstein, Balkone oder Fenster, alle mit Glas, und viele Fensterfronten, die pausenlos repariert werden mußten, weshalb es – auch wenn das Glas in Murano hergestellt wird – in jedem Bezirk eine Glaser-Werkstatt gab. »Drinnen«, schrieb Commynes, »haben sie fast alle mindestens zwei Zimmer mit vergoldeten Decken, reichverzierte Kaminaufsätze aus gemeißeltem Marmor, vergoldete Bettgestelle und eine Unmenge an Möbeln.« Sanudo aber hielt sich als echter Venezianer an das Konkrete, auch wenn er ansonsten ein feinsinniger Humanist war, beharrte er hier auf praktischen Anmerkungen: diese Häuser würden an solche, die sie haben wollten, meistens für ein Jahr vermietet, manchmal auch bis zu fünf Jahren. Das Gesetz erlaube keine längeren Mietzeiten. Und an »Edelmänner« würden die Häuser für hundert, hundertzwanzig und mehr Dukaten pro Jahr vermietet, und nicht nur um sie zu bewohnen, sondern auch für andere Zwecke »wird recht viel vermietet«.

Der Canal Grande der Renaissance-Zeit war ein Wohngebiet, aber auch ein Ort für Büros und Betriebe, für wirtschaftliche Aktivitäten also: die Gebäude dienten als Hotels, als Lagerhäuser und als diplomatische Vertretungen. Der Kanal war – zumindest in einigen Abschnitten – eine Projektion der Tätigkeiten, die hinter den Fassaden seiner Häuser stattfanden. Die Hauptwirtschaftszweige waren Handel und Bankgeschäfte. Sie konzentrierten sich auf das Rialto-Gebiet und brachten einen ganzen Anhang von Ämtern, Gerichten und staatlichen Behörden mit sich, die mehr oder weniger direkt mit dem Finanzwesen und dem Handel verknüpft sind. Der Canal Grande hatte also alle Merkmale einer großen Straße, er war wie die Hauptgeschäftsstraße einer Großstadt, so jedenfalls finden wir Venedig bei Commynes und bei Marino Sanudo beschrieben. Der Reisende, Commynes, erfaßte von dieser Stadt vor allem die spektakulären Aspekte, das Grandiose, die Pracht der Paläste, und so würde es auch all den anderen Besuchern gehen, die nach ihm kommen sollten.

Die Paläste, insbesondere der von Michele Sanmicheli erbaute Palast des Dogen Marino Grimani, beeindruckten auch den Engländer Thomas Coryat, den Verfasser eines seltsamen Buches mit dem noch seltsameren Titel *Crudities, Fünf Monate lang auf der Reise eilig gesammelte grobe Eindrücke*, gedruckt in London im Jahre 1611. Thomas Coryat aus Odgcombe im englischen Somerset-County war ein echtes Original, der erste einer langen Reihe verschrobener britischer Reisender. Er war der Sohn eines anglikanischen Pfarrers, hatte in Oxford studiert, war Gast am Hofe und Freund der Londoner Schöngeister seiner Zeit, wie zum Beispiel des Komödienschreibers Ben Jonson, des Verfassers von *Volpone*, und des großen Architekten Inigo Jones. Er dichtete verrückte Kurzepen in neuen, von ihm erfundenen Sprachen, wie das Antipodische und das Utopische, war aber ein aufmerksamer, wenn auch wunderlicher Beobachter der italienischen Kunst und Sitten (er trug zum Beispiel nicht wenig zu der Verbreitung der Architektur von Andrea Palladio in England bei). Im Juni 1608 war er in die »ruhmreiche, unvergleichliche und jungfräuliche Stadt Venedig (ich nenne sie jungfräulich, weil sie nie erobert wurde)« gekommen. Und nachdem er pflichtbewußt die einzigartige topographische Situation dieser mitten aus dem Wasser ragenden Stadt bewundert hatte, fing er an, den »schönen großen Kanal, den sie eben Canal Grande nennen« zu beschreiben. »Gewunden in der Form eines römischen ›S‹, tausenddreihundert Schritt lang und mindestens vierzig breit«, wird der Kanal »von vielen prunkvollen und prächtigen Palästen flankiert, die direkt an das Wasser anschließen und wunderschön anzusehen sind. Viele sind sehr hoch, drei oder vier Stockwerke ... Zahlreiche Säulen und Pfeiler aus Stein oder aus istrischem Marmor verleihen ihnen ein imposantes Aussehen.« Aber die Dächer unterscheiden sich sehr von den englischen, sie sind flach und »so gebaut, daß man darauf laufen kann, wie ich es oft gesehen habe«: so hätten die Dächer von Jerusalem sein müssen, da doch Jesus, »als er seine zwölf Apostel zum Predigen nach Judäa schickte«, ihnen die Weisung gegeben hatte, »daß sie das, was sie im Ohr hörten, über den Dächern der Häuser predigen sollten ...«.

»Man sagt« – so Coryat weiter –, »daß es in der Stadt Venedig mindestens hundertzwanzig schöne Paläste gibt, von denen der größte Teil an den Ufern dieses Kanals steht. Wenn ihr also die schönsten Paläste sehen wollt, die die Stadt vorzuweisen hat, müßt ihr zum Canal Grande gehen. Ihr seht sie dann entweder von der Rialto-Brücke aus, oder indem ihr mit einem kleinen Boot, das sie Gondel nennen, den Kanal entlang fahrt ...«

Schade nur, daß manche Gondolieri, insbesondere die vom Rialto-*Traghetto*, »zu den lasterhaftesten und liederlichsten Schurken der Stadt gehören. Wenn ein Fremder eine ihrer Gondeln nimmt und nicht sofort sagt, wohin er will, fahren sie einfach los und bringen ihn von sich aus geradewegs in einen Venustempel, wo er gehörig Federn lassen muß, bevor er wieder herauskommt.« Mythos und Antimythos: der Mythos von Venedig als der Stadt der Liebe, der hier – wenn auch in äußerst negativer Weise – angesprochen wird, tritt neben das als Leitmotiv in der Weltpresse wiederkehrende Image Venedigs als der Stadt, die den Reisenden erbarmungslos schröpft.

Mit Ausnahme von Wagner – und das will etwas heißen! – hatte der Canal Grande mit Musikern wenig Glück. So zum Beispiel reagierte Charles Gounod, wie unzählige andere Reisende zwischen dem Ende des achtzehnten und der Mitte unseres Jahrhunderts, mit äußerster Empfindlichkeit auf die Aspekte des Verfalls in dieser Stadt, die von einer »schwarzen Legende« gräßlich diffamiert wurde, indem jede Maus gleich einen Elefanten gebar und indem aus Zehnerrat, Staats-Inquisitoren, Bleikammern, Kellergefängnissen und anderen finsteren Kerkern ein Horror-Cocktail gemixt wurde, auf dem das nicht umzubringende dümmste Touristenklischee schwimmt: die Seufzerbrücke. Für Gounod also »machen diese schlafenden Gewässer, deren düsteres Schweigen den Fuß all der alten Paläste umspült, ... aus Venedig eine Art Hauptstadt des Schreckens: sie hat den Eindruck einer düsteren Realität bewahrt.« Zum Glück werden die alten Paläste von der Sonne aus ihrem düsteren Dasein erlöst, vorausgesetzt natürlich, sie scheint: »welche Magie, welches Funkeln, wenn diese Wasser sich in Licht verwandeln!« Tschaikowsky jedenfalls fand die Paläste des Canal Grande »einen schöner als den anderen, aber auch schmutzig und heruntergekommen«. Die Romantik hat Venedig nicht gerade sanft behandelt; wenn auch die schwarze Legende um Zehnerrat und »Löwenmäuler« in Vergessenheit geraten ist, so wird doch immer der Verfall betont, die Traurigkeit, die Trostlosigkeit. Für den empfindsamen rumänischen Dichter Eminescu, der 1884 durch die Stadt kam, war Venedig ein Ort, an dem das Leben erloschen ist, »an dem es keine Lieder, keine Tänze mehr gibt«, die Stadt ist in Friedhofsschweigen gehüllt, und San Marco, von wo es »dumpf Mitternacht schlägt«, ist ein »gebrechlicher Priester, Überlebender des seit Jahren sich hinziehenden Schiffbruchs«.

Aber auch für diese Sänger des Todes waren die Protagonisten des Canal Grande immer sie, die Paläste. Mit gutem Grund: an welchem Fluß, entlang welcher Straße hat man je ein ähnliches Defilee von Palästen gesehen? Gewiß, so wie die alte Republik einen beträchtlichen Teil der sie noch heute verfolgenden »damnatio memoriae« ihrem aristokratischen Wesen zu verdanken hatte, so sind auch die vielen Paläste in erster Linie, ja fast ausschließlich das Abbild einer Aristokratie – mit ihren Tugenden und Lastern, mit ihren Versäumnissen und ihren Verdiensten. Die anderen sozialen Gruppen spielten folglich in den Palästen eine sehr geringe Rolle.

Was aber keineswegs bedeutet, daß die Macht und die Bedeutung der aristokratischen Familien an der Anzahl ihrer Paläste am Canal Grande abzulesen gewesen wäre. Einige große Geschlechter waren dort mehrfach vertreten, die Giustinian mit mindestens sechs Palästen, die Mocenigo mit fünf, die Grimani, die Michiel, die Loredan, die Tiepolo, die Barbarigo, die Emo mit vier (die Zahlen sagen wenig aus, weil ein großer Teil der Paläste im Laufe der Zeit des öfteren aufgrund von Erbschaft oder Verkauf den Besitzer gewechselt hat). Vor allen anderen rangieren die Contarini mit mindestens dreizehn Palästen und die Corner mit immerhin neun. Die Contarini waren die größte und am meisten verzweigte Familie unter den Patriziern. Sie stellten der Serenissima acht Dogen und vierundvierzig Prokuratoren von San Marco und haben damit, was die Dogen angeht, die Mocenigo und die Badoer um einen Punkt und, was die Prokuratoren betrifft, die Giustinian um siebzehn Punkte übertroffen. Die Corner waren so zahlreich, daß über sie ein Scherz kursierte, der auf die Nachnamen einiger Familien und ihre Mitgliederzahl anspielte: »Zusti non ghe ne xe più, Boni ghe ne xe pochi, Barbari tanti, tutti Corneri.« (Gerechte – Giustinian gibt es keine mehr, Gute – Bon gibt es nur wenige, Barbaren – Barbarigo viele, alle aber sind Gehörnte – Corner).

Auf der anderen Seite ist es sehr schwierig, die soziale Klasse zu definieren, die in Venedig offiziell fünf Jahrhunderte lang, von 1297 bis 1797, in Wirklichkeit aber wesentlich länger die Macht in Händen hielt: sie war zu disparat und zu stark verzweigt, und jede ihrer Familien war in Zweige und Seitenlinien aufgespalten, die sich, was Geld, Bedeutung und politische Ideen betraf, stark voneinander unterschieden, und meist nur durch ein Wappen und eine Namenszugehörigkeit verbunden waren, die bei bedeutenden Anlässen zum Tragen kam. Selbst für die Wissenschaftler, die sich mit Sorgfalt und Leidenschaft mit dem Thema »Patriziat« befaßt haben, blieben einige Fragen offen. Nach dem Fall der Republik, die ihre einzige Existenzberechtigung war, scheint sich diese Gesellschaftsschicht im Laufe nur weniger Jahrzehnte zum großen Teil aufgelöst und zersplittert zu haben, wobei sie aber in Dokumenten und Büchern auch weiterhin hartnäckig ihre Abgrenzung als exklusiver und auf seine Privilegien bedachter Clan behauptete.

6.

In einer Zwitterposition befand sich die ebenfalls privilegierte Gruppe der Künstler. Sie gehörten zwar nicht zu der anderen privilegierten Kaste der »Bürger von Herkunft«, aus denen sich die gehobene Verwaltung der Serenissima rekrutierte, doch standen sie weit über der Plebs. Eine Stufe unter den Malern finden wir die Architekten, ein Stand, der verhätschelt, gut bezahlt und protegiert wurde. Bis zum Ende des 16. Jahrhunderts gehörten die Architekten zu den Handwerkern und waren in einem Gewerbe, einer Scuola eingeschrieben. In den Registern trifft man auf alle großen Namen der venezianischen Malerei, einschließlich Tizian. Nach der Gründung der Akademie der Zeichenkünste durften die Maler in einen höheren sozialen Rang aufsteigen. Von Anfang an gehörten sie zu den Bauberufen und Steinmetzen und waren wie diese Mitglieder der Maurer-Zunft. Der Palast mit den klassischen Formen, der bei den Hotels gegenüber dem Bahnhof am Canal Grande steht, erinnert an eine große Persönlichkeit in der Geschichte Venedigs, an den letzten der großen »capi da Mar«, der Admiräle aus der guten alten Zeit: Angelo Emo, der letzte Vertreter dieses Zweigs innerhalb seiner Familie, die zwar nie einen Dogen gestellt hatte, die aber außer durch die von ihr einberufenen Versammlungen der Republik durch die Villa, die Leonardo Emo sich von Andrea Palladio in Fanzolo hatte bauen lassen, auch in der Kunst Spuren hinterlassen hat. Aber auch an eine andere Persönlichkeit erinnert dieser Palast, an einen Mann, der in der Architektur des letzten Jahrhunderts der Republik Venedig eine bedeutende Rolle gespielt hatte. Er hatte alle künstlerischen Strömungen der Zeit um die Wende vom 17. zum 18. Jahrhundert erlebt, vom prunkvollen Barock des Denkmals für die Dogen Valier in der Kirche Santi Giovanni e Paolo, das Fischer von Erlach, den großen Wiener Rokoko-Architekten so beeindruckt hatte, bis hin zum düsteren Klassizismus des Tympanon auf der Fassade der nur hundert Meter vom Canal Grande entfernten Tolentini-Kirche. Der Kanal, an dessen Ufer sie steht, mündet in den Canal Grande, und zwar nur wenige Schritte neben dem Palazzo, dessen Fassade eben diesem Mann zugeschrieben wurde.

Man nannte ihn den »Tyrannen«, in einem (nicht nur) scherzhaft gemeinten Wortspiel mit seinem Nachnamen Tirali oder Tiralli: Andrea Tirali, Ingenieur des Erhabenen Wasser-Magistrats, geboren in der Pfarrgemeinde San Geremia, gestorben am 28. Juni 1737 im Alter von achtzig Jahren in der Villa Duodo in Monselice. Von dem Architekten und Kritiker Tommaso Temanza, dem Schwiegersohn seiner Tochter Marina, die Giovanni Scalfurotto geheiratet hatte, ebenfalls Architekt und Schöpfer der Fassade von San Simon Piccolo am Canal Grande, knapp einen Steinwurf vom Palazzo Emo entfernt, wissen wir, daß er ein sehr kluger, aber plump aussehender Mann war, extrem dickleibig und nur mittelgroß. Im Geschäft mit Marmor aus Verona und Carrara war er sehr reich geworden. Bei seinen Arbeitern war er jedoch recht wenig beliebt (ihnen hatte er den Beinamen »Tyrann« zu verdanken) und ebensowenig bei den Architekten- und Ingenieurs-Kollegen sowie bei den Künstlern im allgemeinen. Die »Großen« dagegen behandelten ihn mit Wohlwollen und ließen ihm »viel Protektion« zukommen. Dieser »Tyrann« hatte für seine Kollegen und Mitarbeiter nur Geringschätzung übrig, und er geizte mit Geld, wann immer er konnte, das heißt er weigerte sich, die Arbeit zu bezahlen, die andere für ihn geleistet hatten. Er war daraufhin mehrmals mit dem Tode bedroht worden, denn nicht alle ließen sich sein Verhalten so ohne weiteres gefallen.

Dieser »Tyrann« hatte viele staatliche Ämter bekleidet, hatte Kirchen in Chioggia gebaut, von ihm stammen die kalte Fassade von San Vidal in Venedig, die Paläste Priuli in Cannaregio und Diedo bei San Marcilian, der Ponte dei Tre Archi bei San Giobbe über den Rio di Cannaregio, mehrere Glockentürme und Villen sowie zwei Teilabschnitte der Murazzi, die Pellestrina gegen das Meer schützen; aber auch »die zwei Behälter für Müll neben dem Ponte della Pescaria im San Marco-Viertel« gehen auf ihn zurück. Er hatte die Kuppeln von San Marco restauriert, die Pflasterung der Piazza entworfen: er war ein Ignorant, ein »Mann ohne Kultur«, und konnte gerade eben schreiben, »aber er verstand sich recht gut auf die Mechanik«. Er hatte einen schwierigen Charakter, und seinen Mitmenschen hat er manch üblen Streich gespielt. Der N.H. (nobilis homo) Francesco Grimani aus dem reichen Zweig der Servi-Familie, ein »Mann von großer Autorität und nicht weniger großem Stolz«, muß irgendeinen Grund gehabt haben, sich über den Tyrannen zu beklagen, und hatte ihm die Tür gewiesen. Rachsüchtig wie er war, hatte Tirali die Kränkung nicht verwinden können; aber er war auch eitel und unvorsichtig und hatte überall herumerzählt, daß er, um es dem hochmütigen Edelmann heimzuzahlen, den Palast, der ihm von den Patriziern Diedo im Servi-Bezirk in Auftrag gegeben worden war, so hoch bauen würde, daß er auf den Palazzo Grimani gegenüber Schatten werfen würde. Er hat Wort gehalten: das überdimensionierte Gebäude Ca' Diedo erdrückte und entwertete alle Bauwerke im Umkreis.

Ser Francesco hatte daraufhin so getan, als wäre nichts geschehen. Im Gegenteil, er hatte Tirali sogar rufen lassen und ihn mit »großer Höflichkeit und Vornehmheit« eingeladen, mit ihm zu kommen, um sich bestimmte Arbeiten anzusehen. Der Tyrann war mit vielen anderen Personen fröhlich in die *Peota* unseres Edelmannes gestiegen. Doch als die *Peota* sich in einem einsamen Teil der Lagune in der Nähe einer Sandbank befand, hatte Grimani eine Pistole gezogen und ihn mit einem herzhaften Lachen gezwungen auszusteigen, wenn er sich nicht eine Kugel in den Kopf jagen lassen wollte. »Der Bösewicht sprang voller Schrecken aus dem Boot.« Grimani nahm Kurs in eine andere Richtung, das Wasser stieg mit auflaufender Flut und hatte schon einen großen Teil der Sandbank überschwemmt; »nach viel Schreien, Weinen und Seufzen« hatte ein von Grimani selbst geschicktes Boot den Tyrannen aus dem Schlamassel befreit und ihn sicher nach Venedig zurückgebracht.

Und Angelo Emo? Man könnte sich keine gegensätzlichere Persönlichkeit vorstellen, obwohl auch er mit Architektur zu tun gehabt hatte (er war in seiner Jugend ein Schüler von Padre Lodoli gewesen, einem Franziskaner, der lebendige, ja exzentrische Kultur schätzte und ein genialer Vorläufer der funktionellen Architektur gewesen war). Mit noch nicht ganz dreißig Jahren hatte er sich bereits einen Namen als außergewöhnlich guter Seefahrer gemacht: er wurde zum *Almirante* (Admiral) der Flotte der *Naven* gewählt, hatte einen Reformplan für die Armata Veneta, die seit mindestens fünfzig Jahren untätige venezianische Flotte, ausgearbeitet und eine Abschrekkungs-Kreuzfahrt gegen die berberischen, algerischen und tunesischen Piraten kommandiert, die das Mittelmeer unsicher machten. Darüber hinaus hatte er mehrere bedeutende zivile Ämter bekleidet, war Berater des Dogen gewesen, Savio alla Mercanzia (für den Handel zuständiger Weiser) und Mitglied des Zehnerrats. Doch immer wieder war er als außerordentlicher Kapitän der Naven und als *Provveditore generale da Mar* an die hierarchische Spitze der Flotte zurückgekehrt. Und 1784-86 hatte er eine regelrechte Seekampagne gegen die Berber-Staaten des Maghreb vorbereitet und kommandiert, er hatte die verschlafene und schlappe Armata Veneta, ein blasses Abbild der früheren venezianischen Flotte, in eine perfekte Kriegsmaschine verwandelt, hatte Susa und Sfax, La Goletta und Biserta bombardiert, und er hätte Tunis erobert, wenn ihm nicht der Senat aus zwingenden Kostengründen Männer und Mittel verweigert hätte. Nach seiner Wahl zum Prokurator von San Marco, nach der Dogenwürde das zweithöchste Amt der Republik, hatte er 1792 wiederum das Flotten-Kommando übernommen. Kurze Zeit später war er ganz unerwartet an Bord seines Admiralsschiffes, der *Fama*, im Hafen von Malta gestorben. Es ging das Gerücht, er sei von seinem Fahnenadjutanten, dem Kapitän Giacomo Parma, vergiftet worden, der im Auftrag seines Unterfeldherrn Tommaso Condulmer gehandelt habe, der Emo seinen Ruhm neidete.

Angelo Emo hatte mit seinen Unternehmungen, so bescheiden sie auch waren (was für seine Geisteshaltung jedoch keineswegs galt), Venedig zehn Jahre vor dem Ende der Unabhängigkeit noch einmal die Illusion zurückgegeben, seine grandiose Vergangenheit wiederaufleben zu lassen. Wenn in den Geschichten des Tyrannen alle Zutaten für eine Novelle von Boccaccio enthalten sind, so wirken Angelo Emos Aktivitäten wie die Teile eines heroischen Volksromans, eines dieser im Mittelmeer-Raum spielenden Mantel-und-Degen-Romane, wie sie fünfzig Jahre später Alexandre Dumas Vater schreiben sollte. Zum Beispiel die düstere Intrige des neidischen Unterfeldherrn: Condulmer war es nie ganz gelungen, sich vor der öffentlichen Meinung von dem dunklen Fleck in seiner Vergangenheit reinzuwaschen (dieser unsympathische Mensch sollte in den fieberhaft-hektischen und unheilvollen letzten Tagen der Serenissima im Mai 1797 nur Unfähigkeit und Schlappheit demonstrieren). Oder die mordende Hand des Verräters, der von seinem ahnungslosen Opfer mit Wohltaten bedacht wurde: Giacomo Parma, auch wenn er eine Lobrede auf seinen Vorgesetzten hatte drucken lassen, schaffte es nie, die üble Aura des Meuchelmörders um sich herum zu zerstreuen. Und zum Schluß der großzügige und siegreiche Held, auf den sich die Hoffnungen seiner im Todeskampf liegenden Heimat richten. Ihre Lage war so verzweifelt, daß sie auf das von Angelo Emo ausgearbeitete und dem Senat vorgelegte Projekt der Trockenlegung der Sümpfe in den Valli Veronesi verzichten mußte, um den Seefeldzug gegen die Berber finanzieren zu können.

Nach seinem Tod gab seine Bestattung leider den Anstoß zu einem dummen literarischen Streit, den ein emilianischer Schreiberling auslöste, der für seine große Geschwätzigkeit, sein bescheidenes Talent und seine Arroganz bekannt war. Vincenzo Formaleoni hatte sich anerboten, die Trauerrede in der Basilika San Marco zu halten; man hatte ihm jedoch einen Latinisten vorgezogen, dessen Rede sehr langweilig ausgefallen war. Wenige Tage danach hatte Formaleoni eine Art groteske Parodie in Form einer Trauerrede für einen Hund drucken lassen, »Lobrede für den Hund Tabacchino, gestorben im Café Ponte dell'Angelo am 27. April 1792, durch Onocefalo Cinoglosa, geschmückt mit dem Porträt des Helden«. Darin hatte er mit dem Latinisten abgerechnet, aber gleichzeitig den Admiral lächerlich gemacht. Die Heftchen wurden beschlagnahmt, Formaleoni floh nach Triest und von da nach Paris. Da er in seine (nicht nur) scherzhafte Lobrede für den Hund Tabacchino Ideen und Vorstellungen eingeflochten hatte, die in gewisser Weise an die von der revolutionären Publizistik gefeierte utopische universelle Liebe anknüpften, stürzte er sich in Paris in die jakobinischen Clubs, um dort große Reden zu schwingen und über Louis Capet und die tyrannische Regierung von Venedig herzuziehen. Doch, oh, schneller als ihm lieb sein konnte, konfrontierte ihn sein Gerede mit der armseligen Realität: Formaleoni wurde Spitzel der Staatsinquisitoren von Venedig, und ein ungeschickter obendrein, denn im November 1793 ließ er sich als »aristokratischer Agent« verhaften. Die Zeiten waren schrecklich, die Guillotine köpfte unterschiedslos Aristokraten und Leute aus dem Volk, Intellektuelle und Arbeiter. Formaleoni bat beim Außenminister der Französischen Republik um seine Freilassung als »ausländischer Philosoph« und Kämpfer für die Religionsfreiheit, und während Bessere als er den tragischen Weg des Schafotts gingen, fand er Gehör. Nach seiner Entlassung aus dem Kerker floh er nach Genua, von wo aus er wieder Kontakt mit dem Sekretär der Staatsinquisitoren aufnahm, doch zwei Jahre später war er erneut in einem Kerker, dieses Mal in einem österreichischen Gefängnis in Mailand. Und als die Revolutionstruppen die Lombardei besetzten, schickten die Franzosen ihn unverzüglich nach Mantua in Festungshaft, wo er im Januar 1797 starb.

Es war kein Platz mehr für solche naiven, protestierenden Schwätzer, die doppeltes Spiel trieben. Die neue Zeit forderte andere Figuren, andere Betrügereien, eine andere Art von Zynismus. Wesentlich zwielichtigere Gestalten waren nun in allen Regimes vertreten, die alle viel erbarmungsloser und entschlossener vorgingen als das gutmütige venezianische »Ancien Régime«, das einfach nur in Ruhe hatte leben wollen.

7.

Die Ufer des Canal Grande waren schwarz von Menschenmassen am Vormittag des 26. Juli 1903, als Kardinal Giuseppe Sarto, Patriarch von Venedig, die Gondel an der *Riva* vor dem Bahnhof verließ, um in den Zug nach Rom zu steigen. Wenige Tage zuvor war nach einer sehr langen Amtszeit Papst Leo XIII. gestorben. Die Illustrierten, die kurz vorher mit Bildern von den Festlichkeiten zu seinem Jubiläum – 25 Jahre Papst, ebensoviele im Petersdom – übersät waren, hatten auch das Foto von dem traditionellen Ritual veröffentlicht, demzufolge bei jedem Tod eines Papstes der päpstliche Kardinalschatzmeister diesem drei Mal mit einem goldenen Hämmerchen auf die Stirn schlagen und ihn mit Namen rufen mußte. Jetzt wurde das Konklave eröffnet, und der Kardinal Sarto fuhr nach Rom.

Aber die Menschenmenge wollte ihn nicht gehen lassen. Frauen und Kinder waren gekommen, die hohen Würdenträger, es waren so viele, daß die Gondeln sich auf dem Kanal gegenseitig behinderten, und auch die Armen waren da, die Notleidenden, denen der Patriarch geholfen hatte, indem er angeblich (erst später stellte sich heraus, daß die Gerüchte der Wahrheit entsprachen) im Pfandleihhaus das Kreuz und den Bischofsring verpfändete, wenn die Gelder dort verbraucht waren. Für diesen Patriarchen, der mit ungewöhnlicher Einfachheit in dem klassizistischen Palast neben der Markus-Basilika lebte, der Besuchern persönlich die Tür öffnete, der Venezianisch sprach und der auch nichts gegen handfeste Witze einzuwenden hatte, der in Riese als Sohn armer Bauern geboren wurde und von sich selbst sagte: »Ich bin nur ein Land-Kardinal« – für ihn wiederholte sich die Szene, die sich 1762 am Ende der Karnevalszeit in dem Alten Theater von San Luca abgespielt hatte, als das Publikum Carlo Goldoni, der nach Paris abreisen wollte, stehend applaudierte und ihm zurief: »Kehrt bald zurück, bleibt bei uns!«

Goldoni sollte nie mehr nach Venedig zurückkehren, er sollte arm und vergessen in Paris sterben, in einem revolutionären Paris, das nichts mehr von ihm und seinem Theater wissen wollte, ja ihn sogar vergessen hatte. »Ob tot oder lebendig, ich komme wieder!« hatte der Patriarch Sarto von den Treppenstufen des Bahnhofs den Venezianern zugerufen, die ihn anflehten, sie nicht zu verlassen, nicht abzufahren. In Rom erwartete ihn das, was er selbst mehr als alles andere fürchtete: die Wahl zum Papst, zum Papst Pius X., und eine mühselige Amtszeit, die von erbitterten ideologischen Auseinandersetzungen und von dem einer regelrechten Hexenjagd gleichenden Kampf gegen die neueste Form der »Häresie«, den Modernismus, geprägt war. Wie Goldoni sollte auch er arm sterben, aber er hatte es so gewollt (»Ich bin arm geboren, ich habe arm gelebt, ich will arm sterben«, stand in seinem Testament). Später wurde er aufgrund seiner zahlreichen Wundertaten, zum großen Teil Folge seiner überaus charismatischen Ausstrahlung, heilig gesprochen. Vor allem die einfachen Leute fühlten sich von ihm verstanden, identifizierten sich mit ihm. Im Gegensatz zu Goldoni war er in seine Heimatstadt Venedig zurückgekehrt: als Toter, das Gesicht von einer Wachsmaske verdeckt, ein Privileg der Dogen. Seine Nachfolger hatten also dafür gesorgt, daß sein Wunsch, ja sein Gelübde, in Erfüllung gegangen war.

II

1.

Es ist seltsam: die auffälligsten und phantasievollsten Barockbauten am Canal Grande sind Werke von schweizer Architekten oder von venezianischen Architekten schweizerischer Abstammung. Die Scalzi-Kirche, Santa Maria di Nazareth, wurde von Baldassare Longhena begonnen, dem genialsten Architekten der venezianischen Barockzeit, der in Venedig, genauer im Bezirk von San Severo, als Sohn eines aus dem Tessin stammenden Steinmetzen geboren wurde. Die Fassade stammt von Giuseppe Sardi, geboren in Morcote am Luganer See, wo auch Domenico Rossi, der Schöpfer der Fassade von San Stae herstammte.

Baldassare Longhena war das genaue Gegenteil des Tyrannen. Er war von kleiner Statur, immer schwarz gekleidet, hatte gute Umgangsformen, beriet sich bei technischen Problemen mit seinen erfahrensten Arbeitern, und er hatte immer für alle ein offenes Ohr. Wenn er auf die Baustellen ging, »rief er die Meister zu sich, und oft auch die einfachen Tagelöhner« und diskutierte mit ihnen über den Fortgang der Arbeiten. Longhena war von Vincenzo Scamozzi ausgebildet worden, einem der brillantesten Schüler Palladios, und obwohl er kein richtiges Studium vorweisen konnte, wurde er doch sehr geschätzt und für seine Arbeit auch gut bezahlt.

Giuseppe Sardi hingegen war groß, kräftig und temperamentvoll; auch er hatte es zu Wohlstand gebracht. Als alter

Mann jedoch war er verrückt geworden und hatte Geld auf den Feldern gesät in dem Glauben, es werde Früchte tragen. 1699 war er dann im Alter von achtundsiebzig Jahren gestorben.

Fra'Giuseppe Pozzo, der die prachtvolle Innendekoration der Scalzi-Kirche geschaffen hatte, stammte aus der Gegend von Trento. Aus Holland kam der Bildhauer Heinrich Meyring oder Enrico Merengo, der Schöpfer der *Vision der Heiligen Teresa*. Aber venezianisch vom Scheitel bis zur Sohle war Giambattista Tiepolo. Dabei war er viel gereist, hatte mit seinem Sohn Giandomenico und dem treuen Quadraturmaler Girolamo Mengozzi Colonna halb Europa mit Fresken geschmückt. Von ihm stammt auch die *Glorie* der Heiligen Teresa in der Scalzi-Kirche. Sein großes Deckenfresko, das den *Transport der Santa Casa nach Loreto* darstellte, wurde bei einem österreichischen Bombenangriff in der Nacht des 27. Oktober 1915 gänzlich zerstört. Die Bombe hatte eigentlich den Bahnhof treffen sollen ...

In der Scalzi-Kirche ruhen zwei Dogen. In der Kapelle, in der Merengos Bildnis der zum Himmel auffahrenden Heiligen Teresa hängt, liegt Carlo Ruzzini, der am 2. Juni 1732 zum Dogen gewählt worden war und nur knapp drei Jahre später starb. Sein hohes Alter hatte bei seiner Wahl keine Rolle gespielt: zwei Jahrhunderte zuvor war auch der betagte Antonio Grimani, damals schon siebenundachtzig Jahre alt, Doge geworden, und Jahre später wurde Nicolò da Ponte bereits im vorgerückten Alter in dieses Amt gewählt. Von den achtzig Jahren, die zum Zeitpunkt seiner Wahl bereits hinter ihm lagen, hatte Carlo Ruzzini zwanzig fern von Venedig in aufreibender diplomatischer Mission verbracht: er mußte den unaufhaltsamen Niedergang des Staates mitansehen, dem er sein Leben gewidmet hatte. Er hatte jedoch immerhin versucht, ein Bündnis der italienischen Fürsten auf die Beine zu stellen – vergebens, der sture Partikularismus, der auch damals schon die italienische Politik bestimmte, machte den Plan zunichte. Mit der habsburgischen und osmanischen Diplomatie hatte er um die späten levantinischen Eroberungen von Francesco Morosini, um die letzten Festungen, Kreta und die Kykladen, zähe Verhandlungen geführt. Und er hatte schließlich verloren.

Der Botschafter war jedoch auch im Alter noch am politischen Leben seiner Heimat interessiert. Er las viel, Livius und Plutarch vor allem, und genoß die schöne Gemäldesammlung, die er in seinem Palast bei San Giobbe zusammengetragen hatte. Seine Wahl löste freudige Reaktionen an allen Höfen Europas aus. Der Thronfolger von Modena, Francesco Maria d'Este, war sogar in Begleitung des Kardinals von Polignac und mit einem großen Gefolge von Damen und Kavalieren in den Dogenpalast gekommen und hatte ehrerbietig das Haupt entblößt und die Gondel gegrüßt, die den »Cancellier grande« zur Wohnstätte des Gewählten brachte, damit er ihm den Dogenhut, den »Corno« (Horn), überreichte.

In der zweiten Kapelle des linken Kirchenschiffs ist der letzte Doge der unabhängigen Republik Venedig, Lodovico Manin, bestattet. Er stammte aus einer Familie florentinischer Herkunft, die es im 14. Jahrhundert ins Friaul verschlagen hatte und die im Laufe der Jahre so reich geworden war, daß sie 1651 gegen Zahlung von hunderttausend Dukaten die Aufnahme ins venezianische Patriziat beantragen konnte. Alle Familien, die Patrizier werden und somit in den exklusiven Kreis der Exekutivmacht aufgenommen werden wollten, mußten diese stattliche Summe aufbringen. Der langwierige Krieg gegen die Türken zur Verteidigung Kretas hatte die Serenissima regelrecht ausgeblutet, was dazu führte, daß alte Adelsprivilegien wieder an Ansehen gewannen. Die herrschende Klasse hatte in einem Anfall von nüchternem Patriotismus, der sie einst groß gemacht hatte, das eigene Privileg gegen die Zahlung eines namhaften Betrags in die Kriegskasse zur Disposition gestellt. Zu den drei Kategorien (die ein jeder kannte, auch wenn die Patrizier per Gesetz alle gleich waren), der »case vecchie«, der alten

Familien, die bereits die Tribunen der ersten Jahrhunderte gestellt hatten, der »case nuove«, der neuen Familien, die bis 1297 im Großen Rat zugelassen wurden, und der »case novissime«, der neuesten Familien, die aufgrund ihrer besonderen Verdienste im Krieg gegen Chioggia und während der letzten tödlichen Konfrontation mit Genua 1380 aufgenommen worden waren, gesellte sich jetzt also die Gruppe der »case fatte per soldo«, des Geldadels: reiche, ja steinreiche Familien, die allerdings nicht immer eine solch illustre Abstammung wie die Manin vorweisen konnten, die sich auf die Verdienste eines ihrer Vorfahren beriefen, der eine entscheidende Rolle bei der Kapitulation Udines gegenüber der Serenissima gespielt haben soll. Darüber hinaus jedoch konnten sie keine bedeutenderen Unternehmungen oder Vorzüge nachweisen. Nur sein Reichtum hatte es einem anderen Lodovico, dem ersten in den Großen Rat aufgenommenen Manin, ermöglicht, sich die Villa von Passariano bauen zu lassen, über die Napoleon Bonaparte gesagt haben soll, sie sei zu prunkvoll für einen »particulier« (Privatmann), selbst wenn es sich dabei um einen Dogen handle.

Auch der spätere Doge Lodovico beeindruckte vor allem durch seinen Reichtum, dem allein er es zu verdanken hatte, daß er 1762 mit nur sechsunddreißig Jahren zum Prokurator von San Marco gewählt wurde, was er mit allerlei Festen und prunkvollen Bällen in seinem prächtigen Palast am Canal Grande bei San Salvador feierte. Weil er reich war, durfte er das Amt des Sonderbeauftragten für den Empfang von Papst Pius VI. bekleiden: der Papst war nämlich als »apostolischer Pilger«, wie er selbst sich definierte, über Venedig auf dem Weg nach Wien, wo er Kaiser Joseph II. beschwören wollte, von seiner aufklärerischen, antiklerikalen und gegen den Vatikan gerichteten Politik abzulassen, die darin bestand, Abteien und religiöse Orden abzuschaffen und eine große Anzahl Kirchengüter einzuziehen. In Begleitung von zwei Beauftragten (der andere war der Prokurator Contarini) hatte der Papst das

Herrschaftsgebiet der Serenissima durchquert. Sein Rückweg nach Rom sollte noch viel feierlicher werden – und kostspieliger für die beiden Sonderbeauftragten, die auch diesmal den Papst in Venedig begleiteten. Der unfreundliche Empfang beim Kaiser hatte den Heiligen Vater gedemütigt, und in Venedig suchte er nun Erholung von dieser enttäuschenden Erfahrung. Hier wurde ihm ein triumphaler Empfang bereitet, wie unter anderem zwei Gemälde von Francesco Guardi bezeugen.

Daß allein sein Reichtum der Grund für seine Wahl zum Dogen war, wußten mehr oder weniger alle, nicht nur sein Vorgänger Paolo Renier, der auf dem Sterbebett dem bei ihm wachenden Arzt zugemurmelt hatte: »L'erario xe in sconquasso, ocore un ricon, i fará Lodovico Manin« (Die Staatskasse ist leer, wir brauchen einen Reichen, sie werden Lodovico Manin nehmen). Seine Wahl hatte den Hauptkonkurrenten Alvise Sebastiano Mocenigo von San Samuele aus dem Feld geschlagen (auch er war sehr reich und überdies ein großer Diplomat, aber er litt unter einer Leidenschaft, die ihm einige Jahre Festungshaft in Verona eingebracht und einen Witzbold veranlaßt hatte, am Hinterteil eines der beiden Giganten von Sansovino im Dogenpalast einen Schlüssel mit einem Pappschild daran zu befestigen, auf dem zu lesen war: »Haus zu vermieten, die Schlüssel befinden sich bei Seiner Exzellenz Sebastiano Mocenigo«). Die Niederlage des in diplomatischen Dingen versierten Mocenigo ließ vermuten, daß bei Manins Wahl auch der Wunsch eine Rolle gespielt hatte, Unterstützung beim »Geldadel« und beim Adel des Festlandes zu finden. Das Dogenamt war nämlich mittlerweile zu einer so großen Belastung geworden, daß nur noch ein steinreicher Mann es ausüben konnte.

Lodovico Manin selbst wußte genau, daß er seine Ausrufung zum Dogen nur seinem Geld zu verdanken hatte und daß von ihm eine gewisse Verschwendung erwartet wurde, damit das Amt »seinen früheren Glanz wiedererlange«, was er unverzüglich in die Tat umsetzte: als er, wie es das Ritual byzantinischen Ursprungs vorsah, in dem von Arsenalarbeitern getragenen »Pozzetto« (Sänfte) die Runde um die Piazza San Marco machte, warf er dem Volk Geldstücke zu, Münzen im Wert von sage und schreibe fünftausend Dukaten. Und von der Terrasse über der Kapelle San Nicolò ließ er während der drei Tage dauernden, von ihm selbst finanzierten Feuerwerke, Bälle und Bankette an die Umstehenden Brot und Geld verteilen. Aber dem Pöbel war all das noch nicht genug. Als er der Bruderschaft der Armen zehntausend Dukaten spendete, erntete er dafür nur Gehässigkeit in Form von Reimen wie diesem: »El dose Manin/ dal cuor picenin/ l'è streto de man/ l'è nato furlan« (Der Doge Manin/ hat ein kleines Herz/ und eine schmale Hand/ ein geborener Friauler eben).

In Manins erstem Amtsjahr war die Bastille gefallen. Im Jahr seiner Verwitwung hatte die Guillotine Ludwig XVI. enthauptet. Jetzt breitete sich der Krieg in Italien aus. Der Senat hatte sich zunächst für die unbewaffnete Neutralität entschieden und dann seine Meinung geändert, aber es war zu spät. Als 1796 die Armée d'Italie in Italien einmarschierte, war Venedig nicht in der Lage, seine Neutralität oder auch nur sich selbst zu verteidigen. Die französischen und kaiserlichen Heere schlugen sich gegenseitig auf venezianischem Territorium, plünderten und verwüsteten es. Die vom Senat ergriffenen Maßnahmen blieben vollkommen wirkungslos. Und der Doge zahlte, er zahlte enorme Summen – im Ganzen dreihunderttausend Dukaten –, um die Löcher im Staatshaushalt zu stopfen. Die Revolutionsarmee konnte unverhofft Sieg um Sieg verbuchen, und ihr General Bonaparte »revolutionierte« die lombardischen und venetischen Städte, er drohte ihnen, demütigte sie und benutzte jeden Zwischenfall, um sie noch mehr zu provozieren ... Unterdessen hatte er in Leoben in Kärnten mit den Österreichern schon vereinbart, daß er Venedig an das Haus Habsburg abtreten werde. In Passariano, im Hause des Dogen Manin, sollte diese Vereinbarung unterzeichnet werden.

Von diesem Moment an hörte das Dogenamt auf, rein dekorativen Charakter zu haben: Manin wurde gebeten, bei den außergewöhnlichen »Beratungen«, die in Anbetracht der drohenden Gefahr alle noch verbliebenen Regierungsmitglieder versammelten, den Vorsitz zu übernehmen. In den fieberhaft-hektischen Tagen zwischen April und Mai 1797, als die mehr als tausend Jahre alte Republik zu Ende ging, sprach der Doge häufig zu seinem Volk. Aber er war kein guter Redner: seine bigotte und zu Tränen rührende Rhetorik hat sehr zu dem übertriebenen Bild beigetragen, das man heute von ihm hat. Nachdem sie einmal der perversen Logik des Appeasement gefolgt war, gab die Republik immer nach, in allem. Defaitismus breitete sich aus, die wenigen mutigen Leute, die es gegeben hatte, waren tot oder im Exil. Der Staatschef hatte nun die schmerzliche Pflicht, den Zusammenbruch zu verwalten. Er würde am 12. Mai 1797 die Rede halten, die das Ende der elf Jahrhunderte währenden venezianischen Unabhängigkeit besiegelte. Eine Rede ohne Würde und ohne Größe: der Mann hatte keinen Stil. Aber der fehlte auch den fünfhundertzwölf Patriziern, die überstürzt der Abdankung des Großen Rats zustimmten, also den Akt billigten, der dem Volk die Macht zurückgab, die fünf Jahrhunderte lang die Patrizier innehatten. Noch weniger Stil hatten die über zweihundert Adligen, die sich sicherheitshalber aus dem Staube gemacht hatten, um an dieser letzten Sitzung nicht teilnehmen zu müssen.

Die Geschichte hat die letzten Worte des Dogen Manin, die er beim Verlassen des Dogenpalastes geäußert hatte, erbarmungslos als Anekdote überliefert (kurz vorher noch soll er die Worte ausgesprochen haben, die ihm bis heute vorgeworfen werden, obwohl niemand genau weiß, ob er sie wirklich gesagt hat: »Heute nacht werden wir nicht einmal in unserem

Bett sicher sein«). Es heißt, er habe sich die *Rensa* (das war eine Art Haube aus Reimser Leinwandweberei, die der Doge unter dem Dogenhut, dem *Corno*, trug) abgenommen und sie seinem Kammerdiener mit den Worten überreicht: »Nehmt sie, wir benutzen sie nicht mehr.« So fiel der Abschied eines alten Herrn aus, der sich die eigene Bitterkeit bei der Dienerschaft nicht anmerken lassen wollte: der arme Manin hatte gerade eine andere, eine ziemlich edle und für ihn schwierige Entscheidung getroffen, als er standhaft den Vorsitz der Provisorischen Verwaltung (Municipalità) abgelehnt hatte, die der Stadt von den französischen Bajonetten als angeblich »demokratische« Regierung auferlegt worden war. Der Rest seines Lebens – nur noch fünf Jahre blieben ihm – war eine Bürde, die er ohne Wehklagen würdevoll ertrug. Nach seinem Tode kamen seine großen Reichtümer Waisen, Findelkindern, Geisteskranken und Armen zugute. Sein Testament bleibt das einzige Monument, um das er sich wirklich verdient gemacht hat.

2.

Gegen jede Logik und Schicklichkeit verstoßend zeigt die Kirche San Geremia dem Canal Grande ihren hinteren Teil. Auf der Apsis kann man eine Inschrift lesen, in der Lucia, eine Märtyrerin aus Syrakus, um »Licht und Frieden« fleht. 1863, als die Kirche der Heiligen abgerissen wurde, damit der Bahnhof vergrößert werden konnte, wurde ihr Körper hier zur letzten Ruhe gebettet. Einige Jahre zuvor jedoch hatten unbekannte gotteslästerliche Diebe ihren Leichnam entwendet, in der trügerischen Hoffnung, viel Geld damit verdienen zu können. Sie drohten, den Leichnam zu vernichten, wenn ihre Lösegeldforderung nicht erfüllt werden würde. Vielleicht hatten sie erfahren, daß zwischen den Nonnen von Santa Lucia und den Dominikanerinnen von Corpus Domini, welche die Reliquie eine Zeitlang beherbergt hatten und nicht auf sie verzichten wollten, ein heftiger Streit entbrannt war. Das ging so weit, daß eines Nachts im Jahre 1476 ein Trupp Laienschwestern von Corpus Domini in die gegnerische Kirche eindrang, die Gebeine der Heiligen stahl und sie in einer Kammer des Klosters verbarg.

Die Episode hatte großes Aufsehen erregt, die Pfarrgemeinde von Santa Lucia hatte den Rat der Zehn um Vermittlung gebeten, eine Abordnung des gefürchteten Rats war am Tor von Corpus Domini vorstellig geworden, aber die Nonnen weigerten sich zu sagen, wo sie die Reliquie versteckt hatten. Die Zehn, die es nicht gewöhnt waren, daß man es ihnen an Respekt fehlen ließ, hatten daraufhin angeordnet, alle Türen von Corpus Domini zuzumauern, so daß weder Personen noch Dinge hineingelangen konnten, bis das unrechtmäßig erworbene Gut wieder zurückgegeben würde. Es war der 8. Juni 1476; zwei Tage später gaben die Nonnen beim Anblick der Maurer, die mit Sand, Mörtel und Ziegelsteinen heranrückten, auf und ließen den umkämpften Leichnam wegtragen.

Auch der Palazzo Labia zeigt dem Canal Grande nicht die Hauptfassade, die am Rio di Cannaregio liegt, sondern eine kurze Seitenfassade. Sie entspricht in der Breite dem sogenannten Spiegelsaal, den Giambattista Tiepolo mit Fresken ausgemalt hatte. Dem Ballsaal verlieh er mit dem außergewöhnlichen Freskenzyklus der *Geschichten von Antonius und Cleopatra* geradezu triumphierenden Glanz. Es ist eines seiner temperamentvollsten, ungewöhnlichsten Werke und zeugt gleichermaßen von seinem handwerklichen Können und seiner künstlerischen Phantasie. Vermutlich wurde der Zyklus von Paolo Antonio Labia in Auftrag gegeben. In der Gestalt mit Bauch, stolzem Gesicht und der haubenartigen Kopfbedeckung, die amüsiert beobachtet, wie Antonius und Cleopatra an Land gehen, könnte Labia wiedergegeben sein. Paolo Antonio vertrat bereits die vierte Generation der Labia-Patrizier: sein Geschlecht von überaus reichen Kaufleuten war die erste Familie, die 1646 das Angebot angenommen hatte, gegen eine Zahlung von hunderttausend Dukaten in die Staatskasse dem Großen Rat beitreten zu dürfen. Er wurde in das Patriziat hineingeboren, war der Sohn einer Patrizierin alter Abstammung, der schönen Maria Civran, hatte eine Emo geheiratet, und auf der für Patrizier obligatorischen politischen Laufbahn hatte er es bis zum hohen Rang des Dogenberaters gebracht. Vielleicht war er derjenige, von dem es hieß, er pflege am Ende eines Banketts das Goldgeschirr mit den Worten aus dem Fenster zu werfen: »L'abia o no l'abia, sarò sempre Labia« (Ob ich es habe oder nicht habe, ich werde doch immer ein Labia sein). Sicher ist, daß seine Mutter im Besitz ganz außergewöhnlicher Juwelen war. Als 1739 der junge, geistreiche französische Adlige Charles de Brosses Italien bereiste und seinen Freunden Reiseberichte in Form von Briefen nach Hause schickte, hatte Maria Labia Civran ihren Besucher noch mit ihrer Schönheit beeindrucken können, aber nicht nur damit. »... Die Hausherrin, eine Frau *sur le retour* (an der Schwelle des Alters), die sehr schön und liebreizend war, für die Franzosen schwärmte, und deshalb auch für uns, zeigte uns alle ihre Juwelen, vielleicht die schönsten im Besitz einer Privatperson in Europa. Sie hat vier vollständige Garnituren von Smaragden, Saphiren, Perlen und Brillanten; alles liegt sorgsam verschlossen in einer Truhe, weil die Ehefrauen der Adligen außer im ersten Ehejahr weder Juwelen noch farbige Kleider tragen dürfen. Ich bot ihr an, sie mit all ihren Juwelen nach Frankreich zu bringen.«

Maria Labia Civran hatte kein glückliches Leben geführt; zwischen ihrer eigenen Familie und den Labia hatte es immer Mißhelligkeiten gegeben: im Jahre 1719 war Giuseppe Civran gegenüber Zan Battista Labia beim Verlassen der Kirche der Tolentini handgreiflich geworden, und Maria Labia scheint der Grund dieser Aggression gewesen zu sein. Ihr Gatte Ser

Zan Francesco war früh gestorben. Schön muß sie wirklich gewesen sein, geradezu außergewöhnlich schön, denn König Friedrich IV. von Dänemark hatte sie immerhin in die Liste der schönen Frauen aufgenommen, deren Porträt er bei Rosalba Carriera bestellte; und alles andere als dumm, denn sie unterhielt freundschaftliche Beziehungen mit der Rosalba wie auch mit anderen Künstlern und Persönlichkeiten aus der Welt der Kultur.

Es gibt auch die Vermutung, daß vielleicht gerade sie die auffällige Dekoration des großen, zu Beginn des Jahrhunderts von Cominelli erbauten Palazzo Labia inspiriert und Giambattista Tiepolo das Thema der Fresken im Salon vorgeschlagen habe. Giambattista (so einer seiner Interpreten, Remo Schiavo) war in der Beurteilung der Persönlichkeit seiner Auftraggeber geradezu unfehlbar. Es konnte also auch er selbst gewesen sein, der der reichen und frustrierten Dame (als Tiepolo 1750 im Palazzo Labia malte, mußte sie schon ungefähr sechzig gewesen sein) ein Thema vorgeschlagen hatte, bei dem eine schöne, junge und reiche Heldin vor dem fatalen Schlangenbiß auf dem Gipfel ihrer Selbstverwirklichung in bezug auf Macht und Liebe stand. Und die fähig war, bei einem Bankett auf dem Nil eine überaus kostbare, in Wein aufgelöste orientalische Perle auf das Wohl ihres Geliebten zu trinken.

Sicher ist jedoch, daß sie nicht das Modell für die Cleopatra in Tiepolos Fresken gewesen sein kann. Ein – ich weiß nicht wie sehr fundiertes – Gerücht besagt, daß es sich hierbei um ein Mädchen aus dem Volk gehandelt habe, die Tochter eines Gondoliere, und daß unser Tiepoletto, wie er es liebte, genannt zu werden, sie zufällig in einer Gasse in der Nähe der Misericordia getroffen und sie sofort mitgenommen habe, weil er sich genauso Cleopatra vorstellte. Gewiß, der besessene Tiepolo hatte eine solche Vorliebe für die vordergründig naiven Gesichtchen, die hinter scheinbarer Zurückhaltung ihre Arglist verbargen, daß er sie auch schon einmal heimlich einer Heiligen oder Seligen seines enormen Repertoires unterschob. Aber die Szenen hier im Palazzo Labia, umrahmt von den eleganten, von Mengozzi Colonna gestalteten Architektur-Elementen und ergänzt durch Tiepolos zweites, äußerst phantasievolles Repertoire an Affen, bunten Vögeln, Mohren, Musikanten, Hunden, Dienern und Hellebardenträgern, die Veroneses Gastmähler weit hinter sich lassen, diese Szenen jedenfalls stellen ein perfektes Melodram dar, ein pompöses und üppiges Melodram, wie es Galuppi, Marcello oder sogar Vivaldi nicht besser hätten schaffen können. Sie spiegeln gleichzeitig eine Distanz wider, wie wir sie aus dem Theater kennen, sie dienen lediglich als Vorwand für die Kunst. Szenen von wahrhaft großer Kunst lassen hier statt des Scheinorchesters, das jeweils oben hinter einer *trompe-l'oeil*-Loggia sitzt, selbst all die zauberhaften Melodien aus Farbe und Licht ertönen. Die Königinnen und die männlichen Protagonisten sind reine Phantasiegeschöpfe, sie entspringen einer Phantasie, in der wie immer bei Tiepolo sehr viel Humor enthalten ist. Auch berühmte Kunstkritiker haben diese so typisch venezianische Seite des Künstlers Tiepolo lange nicht erkannt, vielleicht auch nicht erkennen wollen.

Wievielen Gefahren das Meisterwerk im Palazzo Labia ausgesetzt war, mag die Geschichte des Palastes verdeutlichen. Nach dem Fall der Republik wurde er von den Eigentümern aufgegeben und geriet in einen sehr schlimmen Zustand, als er in ein Projekt des sozialen Wohnungsbaus umgewandelt wurde. Ich selbst habe als Kind gesehen, und es ist mir noch sehr lebendig in Erinnerung, wie im ehemaligen Ballsaal die Wäsche zum Trocknen aufgehängt wurde und die Stangen, welche die Drähte hielten, gegen die Malereien gelehnt waren. Aus den Fenstern des oberen Mezzanin (Zwischenstock), wo zur Zeit, als die Labia ihre Feste feierten, die Musiker, die echten, standen, lehnten sich Megären heraus, wie es sie leider nur in Venedig gab. Heute haben sich deren Spuren glücklicherweise verloren.

Der Palast hatte die Ehre, wieder in den Klatschspalten der Sensationspresse aufzutauchen, als der neue Besitzer, der Tankerkönig Carlos de Beistegui, den Ballsaal zur Bühne für das machen wollte, was er ursprünglich auch hatte sein sollen; es war der 9. September 1951, und eine Nacht lang hüpften vor den stummen, aber ironisch blickenden Augen der Cleopatra die Berühmtheiten der Zeit herum. Heute ist der vom italienischen Fernsehen, der RAI, in beispielhafter Weise gänzlich restaurierte Palazzo Labia ein Teil der Kommunikationslandschaft, die aus der Welt ein Dorf gemacht hat.

3.

Sguazzetto a la bechera (Ragout auf Metzgerinnen Art): Zwiebeln anbraten, in Stückchen geschnittene Karotten und Sellerie dazugeben und mit zwei Löffeln Öl, ein bißchen Butter und Knochenmark vom Rind etwas dünsten, dann Hühnerklein, *Sécole* (das sind die Knorpel-Stückchen zwischen den Wirbeln des Rindes), klein geschnittenes Kalbfleisch und Rindfleisch hinzufügen, mit Brühe oder Wasser bedecken, salzen und alles kochen, bis das Fleisch gar ist. Mit ein wenig Tomatensauce Farbe geben. Sehr heiß mit Brotscheiben und viel Parmesan-Käse servieren. Mit Pfeffer nach Geschmack nachwürzen. Ein uraltes Rezept, das – nach dem Gelehrten Giuseppe Tassini aus dem 19. Jahrhundert – »beim niederen Volk, besonders bei den Arbeitern vor Beginn der täglichen Mühen« sehr beliebt war …

Von den vielen *Luganeghéri* (so nennt der venezianische Dialekt die Wurstmacher), die zu Beginn des 16. Jahrhunderts tätig waren, wurde ein gewisser Biasio, Biagio, mit Spitznamen Cargnio, vielleicht weil er aus Carnia (Friaul) stammte, am meisten geschätzt. Der Grund für seinen Erfolg war das ausgezeichnete, saftige *Sguazzetto a la bechera*, das er selbst zubereitete und verkaufte.

Zur gleichen Zeit hatte sich unter den Bewohnern der Stadt große Angst breitgemacht. Es waren nämlich auf unerklärliche Weise Kinder verschwunden, die Nachforschungen der Justiz waren ergebnislos geblieben. Wer kleine Kinder oder Enkelkinder hatte, hielt sie – so weit es ging – immer in nächster Nähe. Eines Morgens nun steckte ein Schiffer seinen Löffel in den Teller mit dem dampfenden *Sguazzetto*, das er gerade bei Biasio gekauft hatte. Zwischen den Fleischstückchen fiel ihm etwas Seltsames auf. Er guckte genauer hin: es war ein menschliches Fingerglied, ein Fingerchen mit noch einem Stückchen Fingernagel daran. Voller Entsetzen rannte der Schiffer, ohne jemandem ein Wort zu sagen, zum Dogenpalast. Sofort eilten die Schergen zu Biasios Laden, gingen hinein, suchten ... und fanden. In den hinteren Räumen entdeckten sie Knochen und andere menschliche Körperteile: Körperteile von Kindern. Die haarsträubende Wahrheit war ans Licht gekommen: um sein *Sguazzetto* zu verfeinern, hatte Biasio Stücke von Menschenfleisch hinzugegeben.

Eine gräßliche Geschichte: aber sie ist nicht wirklich passiert, sie ist erfunden, ein Märchen, eine volkstümliche Variante der Sage vom Ungeheuer, die so alt ist wie die Welt. So die Meinung der Wissenschaftler, die weder in den überaus gewissenhaft geführten Registern der Quarantia Criminal, des venezianischen Schwurgerichts im 16. Jahrhundert, noch in den peinlich genau gehaltenen *Tagebüchern* von Marino Sanudo, eines Zeitgenossen, irgendwelche Hinweise auf das Verbrechen oder auf den Prozeß, der ihm hätte folgen müssen, gefunden haben. Ebensowenig werden irgendwo Angaben über die furchtbaren Qualen gemacht, die der Wurstmacher Biasio bei seiner Hinrichtung angeblich hatte erleiden müssen: er soll nämlich an einen Pferdeschwanz gebunden durch die Gassen und über die Brücken geschleppt worden sein, von den Gefängnissen des Dogenpalastes bis hin zu seinem Laden. Dort habe man ihm die Hände abgeschnitten und ihn so auf einem Floß zum Ufer vor San Marco gebracht, mit einem Henker an Bord, der ihn mit glühenden Zangen folterte. Und schließlich sei er zwischen den beiden Säulen von San Marco und San Todaro auf der Piazzetta enthauptet und gevierteilt worden. Der Name des Ufers, das noch heute Riva de Biasio heißt, die Fondamenta (Uferstraße), die am Canal Grande gegenüber von San Geremia liegt, existierte schon fast zwei Jahrhunderte, bevor der Wurstmacher angeblich seine schauderhaften Verbrechen beging. Also ist die Untat entweder zweihundert Jahre früher geschehen (ohne registriert zu werden) oder überhaupt nicht, und dieser Biasio, der dem Ufer den Namen gegeben hat, ist eine andere Person, über die wir gar nichts wissen.

Wahr, nur zu wahr dagegen ist die furchtbare Vorgehensweise einer Justiz, die in Venedig wie im übrigen Europa an das Gesetz der Vergeltung glaubte und um so wilder wütete, je schwerer die Schuld des Verurteilten war. Und es ist auch wahr, daß ein Teil dieser grausamen Inszenierungen der Sühne (der Verbrecher mußte büßen, indem er durch seine Leiden die Opfer entschädigte, nämlich Gott und die Gemeinschaft, die er beleidigt hatte) auf der breitesten, repräsentativsten, aber auch verkehrsreichsten Straße der Stadt stattfanden, dem Canal Grande.

Der erste, von dem man mit Sicherheit weiß, daß er diese Folterungen durchgemacht hat, war der Mörder von Domenico Gaffaro, des Bischofs von Eraclea, der in der Nacht des 26. November 1370 von einem seiner Sklaven mit Namen Giovanni tödlich verletzt wurde. Haussklaven waren damals in Venedig etwas durchaus Übliches, und nicht einmal die Geistlichen sahen etwas Schlechtes darin, sich bei den Kaufleuten erworbenes Hauspersonal zu halten. Die Sklaven kamen vor allem von der Krim, es waren meistens Tartaren, Tscherkessen oder Russen, einige kamen auch aus Trapezunt und aus den arabischen Ländern. Es war üblich, daß die Sklaven beim Tode ihres Herrn ihre Freiheit erhielten. Und nicht selten hinterließ ihnen ihr Herr ein mehr oder weniger reiches Erbe, so wie es unter anderem auch von dem großen Reisenden Marco Polo überliefert ist. Aber Giovanni hatte nicht die Geduld zu warten; nachdem er seinen Herrn mit Messerstichen getötet hatte, rief er seinen Bruder Pietro, der ebenfalls Sklave war und im Haus schlief, raubte mit diesem zusammen Geld und Wertgegenstände und überredete eine friaulische Sklavin namens Caterina, mit ihnen an Bord eines vor dem Palast vertäuten Bootes des Bischofs zu fliehen. Die Flüchtlinge kamen jedoch nicht weit. Am folgenden Tag hatte man sie bereits gefaßt, ihnen den Prozeß gemacht und sie verurteilt. Und am gleichen Tag wurde Giovanni, der eigentliche Täter, an Bord eines Floßes zur Kirche Santa Croce und von dort zu Fuß bis zum Haus des Bischofs gebracht, wo ihm die rechte Hand abgeschlagen wurde. Dann hängte man ihm die Hand um den Hals und führte ihn zum Rialto, wo ihm viermal die glühende Zange Beine und Arme versengte. Danach ging es weiter zur Piazzetta, und dort wurde er wiederum viermal mit der Zange gefoltert und gemeinsam mit Pietro, dem die Folterungen erspart geblieben waren, mit Hammerschlägen auf den Hinterkopf getötet, während man Caterina brandmarkte und ihr die Nase abschnitt.

4.

Aber nicht nur die Gespenster von Mördern und Hingerichteten umgeben die Riva de Biasio. Hier befindet sich auch der große Palazzo Donà, in dem heute eine staatliche Behörde untergebracht ist. Er erinnert an den letzten Abkömmling dieses Zweigs der Familie Donà, der sich von dem anderen, heute noch existierenden, »dalle Rose« (er trug drei rote Rosen im Wappen) genannten Zweig durch den Beinamen »dalle armi d'oro« unterscheidet, denn seine Waffen trugen gold-blaue

Streifen. Der Cavalier Piero Donà war ebenso wie der Doge Manin ein Zeuge des schmerzlichen Endes der Markus-Republik. Er war Botschafter, Dogenberater und wichtiges Mitglied des Pien Collegio gewesen, des Kollegialorgans, das im Senat den Vorsitz hatte und in den letzten Jahren der Serenissima praktisch einen Großteil der Funktionen jener Versammlung übernommen hatte, bei der einstmals die Exekutivmacht lag. In den allerletzten Jahren hatte er dem Rat sogar mehrfach als Savio (Weiser) gedient, sogar als »savio grande«, dem wichtigsten Amt überhaupt unter den Funktionen im Pien Collegio. Und wie viele seiner damaligen Kollegen war er von einer tiefen Hoffnungslosigkeit und von der festen Überzeugung durchdrungen, daß man für die Serenissima absolut nichts mehr tun könne, daß man nur noch versuchen könne, so gut wie möglich zu überleben, die Probleme des Tages zu meistern und auf die göttliche Vorsehung und ein gnädiges Schicksal zu hoffen.

Doch wie immer in solchen Fällen wurden diese Hoffnungen auf tragische Weise enttäuscht. In den letzten qualvollen Tagen, in denen Venedigs Schicksal sich für immer entschied, war dem Cavalier Donà die überaus schwierige Aufgabe des »conferente« zuteil geworden, das heißt, er sollte nun als Verbindungsbeamter zwischen der venezianischen Regierung und der Abordnung der einen und unteilbaren französischen Republik, der Republik der Revolution, fungieren. Französisches Heer hatte bereits das gesamte Festland-Territorium der mit dem Tode ringenden Serenissima besetzt, geplündert und »revolutioniert«. Von einem Zeitzeugen wissen wir, daß der Cavalier Donà die leibhaftige Personifizierung der Aristokratie war, der er angehörte und die noch wenige Tage lang an der Macht war. Man stelle sich die mit Abscheu vermischte Bitterkeit vor, die er hat empfinden müssen, als er mit den Vertretern der Republik der Sansculotten und der Königsmörder verhandeln mußte, mit dem Weinhändler Villetard und mit seinen Meßdienern, den Führern der jakobinischen und revolutionären »fünften Kolonne«, einem Apotheker und einem Drogisten.

Von ihnen mußte der Cavalier Donà am 9. Mai 1797 das definitive Ultimatum des obersten Befehlshabers der Italien-Armee entgegennehmen. Das Dokument verlangte unter anderem die Freilassung der politischen Gefangenen aus den berühmten Bleikammern und den nicht minder berühmten Wasserkammern (es gab darin keinen einzigen Gefangenen mehr, aber das wußte niemand) sowie die Entlassung der stets loyalen Slawonier, der Elite-Truppen der Serenissima. Auf der Piazza San Marco sollte der Baum der Freiheit errichtet und zu dessen Füßen die Insignien des Dogen und das Goldene Buch der Patrizier verbrannt werden. Die Macht sollte einer aus 24 Mitgliedern bestehenden provisorischen Regierung übertragen werden. Aber am schwerwiegendsten war die letzte Klausel: dreitausend französische Soldaten sollten in die Stadt kommen.

Wenn man bedenkt, daß Venedig in den vielen Jahrhunderten seiner Existenz (wann die Stadt genau gegründet worden war, wird niemand je mit Sicherheit sagen können; aber wenn man das Datum von 697 für die Wahl des ersten Dogen als authentisch betrachtet, dann war Venedig genau elf Jahrhunderte lang unabhängig und souverän gewesen) auch nicht einen einzigen Tag der Besatzung durch ein fremdes Heer erlebt hatte, dann kann man sich leicht vorstellen, wie dem Cavalier Donà, ob nun Aristokrat oder nicht, zumute war, als er dieses Diktat entgegennahm und es der beratenden Versammlung unter Vorsitz des Dogen überbrachte. Und obwohl sieben der tonangebenden Mitglieder dieser Versammlung vorgeschlagen hatten, das Dokument zurückzuweisen, schickte man schließlich – nach einem ebenso alarmierenden wie unbegründeten Bericht des für die Öffentliche Ordnung zuständigen Nicolò Morosini »Foca«, der überall nur Verschwörungen und Verschwörer sah – Donà zu Villetard zurück, um einen Aufschub von einigen Tagen zu erbitten. In dieser Zeit wollte man noch einmal die souveräne Versammlung der Republik, den Großen Rat, konsultieren.

Piero Donà wohnte der letzten Sitzung des Großen Rats bei. Draußen hallten Schüsse, aber es waren nicht die Franzosen, auch nicht die fünfte Kolonne der Jakobiner, sondern es war die getreue Slawonier-Garde, die sich mit Schuß-Salven für immer von »la nostra bona Mare«, von unserer guten Mutter, verabschiedete. In großer Eile stimmten die Rats-Mitglieder für das Ende der aristokratischen Ära, ohne zu wissen, oder ohne es sich bewußt machen zu wollen, daß sie damit auch für das Ende der Unabhängigkeit Venedigs votiert hatten.

Und Donà persönlich mußte nun den Bürger Villetard beruhigen, dem die kriegerische Stimmung des venezianischen Volkes große Angst eingejagt hatte. Als die Nachricht von der Abdankung des Großen Rats durchgesickert war und ein alter General mit revolutionären Ideen sich auf dem Balkon zeigte und »Es lebe die Freiheit!« rief, bekam er von der Menge, die dort stumm und desorientiert ausgeharrt hatte, die ungestüme, spontane Antwort: »Es lebe San Marco!« Der alte Kriegsruf donnerte stürmisch über den Platz, während das Löwenbanner die Fahnenstangen der Piazza erklomm und überall die roten Standarten mit den sieben Schwänzen flatterten. Leute aus dem Volk, Arsenal-Arbeiter, Gondolieri und dalmatinische Soldaten hatten lange auf der Piazza demonstriert, dann machte sich die Menge auf die Jagd nach denen, die man für Anhänger der französischen Ideen hielt, und plünderte ihre Häuser. Erst in der Nacht bereiteten zwei von der Rialto-Brücke abgegebene Kanonenschüsse dem Aufruhr ein Ende.

Der Cavalier Donà verfaßte keine Verteidigungsschrift zur Rechtfertigung seiner Handlungen. Der Doge Manin hingegen und andere Protagonisten und Zeugen dieses unglücklichen Finales taten es. Und auch einige von denen, die der Provisorischen Stadtregierung in gutem Glauben und in vollem Vertrauen auf eine Zukunft gedient hatten, in der die Serenissima hätte weiter existieren können, zwar nicht mehr in aristokratischer Form, aber demokratisch, unabhängig und befreit von einer anachronistischen Struktur und einer mittlerweile verbrauchten Führungsschicht. Mehr noch als die Adligen waren sie die eigentlichen Opfer des monumentalen Betrugs, den der junge, dynamische, skrupellose General inszeniert hatte, der – ohne auf die Schmeicheleien derjenigen etwas zu geben, die ihn als Befreier Italiens beweihräucherten – die in Leoben begonnenen Verhandlungen eilig abschloß, bei denen die Abtretung Venedigs und Venetiens mit Istrien und Dalmatien an den österreichischen Kaiser besiegelt wurde.

In seinem stillen Palast am Canal Grande überlebte der Cavalier Donà das Ende seiner Welt nur kurze Zeit. Mit ihm ging auch seine ganze Familie unter. Venedig war um die Jahrhundertwende und insbesondere in den ersten Jahren des 19. Jahrhunderts voll von solchen alten Männern, den letzten Vertretern ihrer Zeit und ihrer Familien, ohne direkte Erben, denen sie hinterlassen konnten, was von ihrem Reichtum und ihrer Größe übriggeblieben war. Sie waren umgeben von gleichaltrigen Hausangestellten, manchmal auch von bejahrten Freundinnen, die manch altmodisches Juwel als Vermächtnis erhielten, als Zeugnis von Dankbarkeit und Zuneigung. Es gab auch welche, die sich weniger grämten und vielleicht gerade deshalb länger lebten: wie Zaccaria Valaresso, Staatsinquisitor, Mitglied des Zehnerrats und Weiser des Rats, der Hauptverfechter der unbewaffneten Neutralität, und somit der eigentliche Totengräber der Serenissima. Ein kluger, gebildeter Mann, ein Theaterautor und Musikkenner, der bis zu seinem Tod am 20. Mai 1828 regelmäßig die Aufführungen im Theater La Fenice besucht hatte.

5.

An andere Zeiten, andere, stürmische Ereignisse erinnerte ein weiterer Palast an der Riva de Biasio, der im Sommer 1849 durch eine österreichische Bombe getroffen und in seiner Struktur völlig verändert wurde. Gut ein halbes Jahrhundert nach der Katastrophe von 1797 erhob sich Venedig unter der Führung eines anderen Manin, Daniele, der mit dem letzten Dogen lediglich den Familiennamen gemeinsam hatte. Einer seiner Vorfahren, ein konvertierter Jude, hatte – wie es damals üblich war – den Namen des Patriziers, der ihn über das Taufbecken gehalten hatte, angenommen, und dieser Mann stammte aus dem Hause Manin. Die Venezianer verjagten die Österreicher, proklamierten mit dem Ruf »Viva San Marco« die Republik und hielten ohne Mittel, ohne Hilfe und ohne jegliches Bündnis dem gut gerüsteten kaiserlichen Heer lange Zeit stand. Österreich hatte – der Zeit vorauseilend – zum Schaden der aufrührerischen Stadt ein raffiniertes System der Bombardierung aus der Luft entwickelt: an mit einem Holzring versehenen Heißluftballons hing eine dreißig Pfund schwere Bombe, die von Zeitraketen gezündet und gelöst wurde. Das Experiment blieb jedoch erfolglos, denn Venedig wurde schließlich doch von der zu Lande und zu Wasser operierenden Artillerie flächendeckend vierundzwanzig Tage ununterbrochen beschossen, ein Trommelfeuer mit dreiundzwanzigtausend Geschossen, das Verletzte und Tote forderte, den Palazzo Zeno (oder Zen), den Palazzo Albrizzi, die Scuola San Rocco, die Rialto-Brücke, Kirchen und Häuser beschädigte. Den Kampfgeist der Venezianer jedoch konnte es nicht bezwingen, diese waren mehr denn je zum Widerstand entschlossen. Am Ende aber mußte Daniele Manin doch um Waffenstillstand bitten: der Druck des Hungers und der Cholera, der schrecklichen *cholera morbus*, die an die Stelle der großen Pestepidemien vergangener Jahrhunderte getreten war, war einfach zu groß.

Im Palazzo Zen hatte einer der kühnsten Vertreter dieser großen Familie, Zen oder Zeno, gelebt. Sie gehörte zu den »Case vecchie«, den alten Familien, und konnte ihre Ursprünge bis zu den alten Römern zurückverfolgen. Die Zen waren ein Geschlecht von Kriegern und Seefahrern, das auch einen Dogen gestellt hatte, Renier (Ranieri) Zen, der von 1253 bis 1268 im Amt war. Auch der Mann, der hier an der Riva de Biasio wohnte, hieß Renier. Er hatte in der spektakulärsten Schlacht, die das venezianische Parlament im stürmischen 17. Jahrhundert erlebte, die Hauptrolle gespielt: mit Unterstützung des ärmeren Adels hatte er sich damals gegen die Übermacht der steinreichen Familie des Dogen Giovanni Corner erhoben. Eine Geschichte, die (natürlich in abgewandelter Form) an gewisse amerikanische Hollywood-Filme erinnert, in denen sich amerikanische Politiker innerhalb und außerhalb des Parlaments einem gnadenlosen Kampf gegen die Lobbys, die Machtgruppierungen, die Parteien-, Kapital- und Familien-Mafia ausliefern. Oder auch an so manche im Mafia- oder Anti-Mafia-Milieu spielende Geschichte, wie wir sie aus der heutigen Presse kennen.

Renier Zen war Botschafter in Rom gewesen und hatte von dort aus einen Kreuzzug gegen die Vetternwirtschaft der reichsten Patrizier begonnen, die sich die höchsten Ämter und die einträglichsten Prälaturen gegenseitig zuspielten (sie waren fast alle miteinander verwandt, und in einem parlamentarischen Staat wie Venedig konnten diese reichen und mächtigen Sippschaften ganz ausschlaggebend die Politik beeinflussen). Renier Zen also griff von Rom aus den Dogen Antonio Priuli an, dessen Sohn Matteo, ein Kardinal, von Papst Gregor XV. zum Bischof von Brescia ernannt worden war: aufgrund fein gesponnener Intrigen und des väterlichen Einflusses, behauptete Zen; aufgrund eigener Verdienste, sagten der Doge, seine Freunde und Verwandten. Was zu einem unerfreulichen Zwischenfall im Collegio führte, wo der Doge seinen Sohn verteidigen wollte, die drei Vorsitzenden des Zehnerrats ihm jedoch befohlen hatten, zu schweigen und wegen Befangenheit zu gehen. Der Doge hatte sich daraufhin in der Senatsdebatte so sehr aufgeregt, daß ihm unwohl geworden war. Erst nach einer langen Diskussion hatte der Senat schließlich entschieden, daß Matteo auf das Bischofsamt verzichten und unverzüglich in den Venetischen Staat zurückkehren solle.

1625 wurde Giovanni Corner zum Dogen gewählt. Er stammte aus dem Zweig der großen, unter dem italienisierten Namen bekannt gewordenen Familie Cornaro, deren Palast am Rio di San Polo stand. Im Laufe der Zeit waren Kardinalshüte und Bischofsmützen in dieser Familie geradezu zur Tradition geworden. Er war nicht ehrgeizig, dafür hatte er auch keinen Grund, denn seine Familie war bereits auf dem Höhepunkt ihrer gesellschaftlichen und ökonomischen Macht angelangt. Er war ein milder, guter und aufrichtig religiöser Mann, und seine Söhne Francesco, Alvise, Federico, Giorgio und Marc'Antonio waren nicht sehr glücklich über diese Wahl, da sie hohe Kosten mit sich brachte und ihre eigenen Karrieremöglichkeiten auf politischem wie auf kirchlichem Gebiet beschränken würde. Aber die Familie hatte eine große Anhängerschaft, vor allem im konservativeren Flügel des souveränen Patriziats. Und wie mächtig die Mafia des Hauses Cornaro war, zeigte sich sehr schnell: als der Doge kurz nach seiner Wahl verlangte, daß seine Söhne – entgegen dem Gesetz – weiter Mitglieder des Senats und des Erhabenen Rats der Pregadi blieben (der Name des Rates erklärt sich daraus, daß seine Mitglieder aus uralter Tradition gebeten – »pregati« – wurden, an den Sitzungen teilzunehmen). Die Staatsspitze, die Serenissima Signoria – das heißt der Doge, die sechs Dogenberater, die drei Vorsteher der Vierzig, die Vertreter der Justiz – hatte diesem Verlangen stattgegeben und auch dem Wunsch des Dogen entsprochen, daß sich seine Söhne nach Ablauf ihres Mandats wiederum zur Wahl stellen dürften. Kurz darauf hatte der Papst

Federico, den dritten Sohn des Dogen, zum Kardinal ernannt, und das Collegio, das sich aus der Signoria, den Weisen des Rats, des Festlandes und der Ordnungsgewalt zusammensetzte, hatte Federico Corner entgegen jeder gesetzlichen Vorschrift die Ernennung anzunehmen erlaubt. Und einige Monate später hatte er sich auch ganz ungeniert über die Einwände seines juristischen Beraters hinweggesetzt und Federico das reiche Bistum von Vicenza zuerkannt.

Zu diesem Zeitpunkt wurde Renier Zen, der sich schon eine Rüge eingehandelt hatte, weil er einen Beamten beleidigt und im Collegio bei seiner Verteidigung ärmerer Adliger, die mit der Zahlung der Steuern im Rückstand waren, aufrührerische Reden geschwungen hatte, in den mächtigen und gefürchteten Rat der Zehn gewählt. Und der Zehnerrat hatte ihn im Oktober 1627 zu seinem Vorsteher gemacht. Zen hatte das Amt nur einen Monat inne, aber er nutzte es gründlich aus: Er ging zum Dogen und verlas ihm nach einem recht peinlichen Wortwechsel in Anwesenheit der Signoria eine feierliche Ermahnung, die besagte, daß er bei der Wahl seiner Söhne Francesco und Alvise in die Pregadi das Gesetz nicht respektiert habe. Er leierte ihm die einzelnen Paragraphen herunter, die diese Wahl untersagten, und informierte ihn darüber, daß er bereits die drei für das Strafrecht verantwortlichen Avogadori di Comun mit dieser Frage betraut habe. Dem so in die Enge getriebenen Dogen blieb nichts anderes übrig, als dem Senat den Rücktritt seiner Söhne mitzuteilen und für die Wahl zweier anderer Senatoren an ihrer Stelle zu sorgen.

Der Zwischenfall war jedoch damit nicht beendet. Zen verlangte, daß die Maßregelung des Dogen offiziell gemacht und von der Cancelleria Ducale registriert würde. In der Überzeugung, daß eine Veröffentlichung ein Affront gegen seine Person und seine Würde darstelle, widersetzte sich der Doge aufs heftigste. Das Collegio versuchte, den Ball dem Zehnerrat zurückzuspielen, aber Zen stieg auf die Tribüne und startete einen Angriff nach allen Regeln der Kunst. Er sagte, der von ihm begangene Akt müsse registriert werden, nicht wegen des Dogen und seiner Kinder, »die Engel sind«, sondern um in Zukunft einen Mißbrauch zu vermeiden. Und dies sei nur möglich, wenn das Gesetz auch angewandt würde, das mit gutem Grund die Möglichkeiten der Kinder des Dogen einschränke, kirchliche Pfründe, Benefizien und Ämter zu erhalten, die sie in Abhängigkeit von »fremdländischen Fürsten« bringen würden (eine Anspielung auf den Papst, den Herrscher über den größten italienischen Staat). Das Gesetz verbot ihnen, eine Stimme im Senat zu haben, und untersagte allen Verwandten des Dogen, Handel zu treiben, denn die Vorteile, die sie aus ihrer Position bezüglich der Zollabgaben und Zollrechte ziehen könnten, lagen nur zu deutlich auf der Hand.

Damit hatte er den »Olymp« in flagranti ertappt: die »Engel« gingen nämlich sehr einträglichen Geschäften nach: Giorgio Corner, der jüngste Sohn des Dogen, importierte Rinder aus Zara, und im Palast von San Polo wurden florentinische Stoffe verkauft, deren Import aufs schärfste verboten war. Die Angelegenheit sollte im Großen Rat und im Zehnerrat noch ein schlimmes Nachspiel haben. Aber die schwerwiegendste Folge war, daß Giorgio Corner und vermutlich auch Michele Priuli, der Sohn des Dogen Antonio Priuli und Schwager des ältesten Sohnes des Dogen Corner, die Nerven verloren. Denn in der Nacht des 30. Dezember 1627 geschah folgendes: Als Renier Zen gemeinsam mit seinem Kollegen Pietro Sagredo aus einer Sitzung des Zehnerrats kam und zur Riva des Dogenpalastes gehen wollte, um die Gondel zu besteigen, wurde er unter der Treppe der Giganten von fünf Unbekannten mit Beilhieben angegriffen, und wenn ihn sein Diener, der ihm die Laterne trug, nicht »mit größtem Einsatz« verteidigt hätte, »wäre er an jenem Abend in Stücke zerteilt worden«. Mehr tot als lebendig gelang es Zen, sich in eine vorbeifahrende Gondel zu werfen. Die Angreifer waren verschwunden. Alle waren davon überzeugt, daß sie in den Räumen des Dogen Zuflucht gesucht hatten und daß einer von ihnen Giorgio Corner war.

Der Skandal war groß. Renier Zens Sohn ging zum Zehnerrat, verlangte Rache und zeigte das blutverschmierte Hemd und die Toga seines Vaters – »es war wirklich ein gräßlicher Anblick«. Eine Untersuchungskommission wurde eingerichtet und ein Kopfgeld ausgesetzt. Dann wurde Giorgio Corner, der mit zweien seiner Leute die Flucht ergriffen hatte, verbannt, der Adelstitel wurde ihm entzogen, und seine Güter wurden konfisziert. Bevor er ging, hatte er allerdings voller Umsicht dafür gesorgt, daß er auch nicht einen Dukaten herausrücken mußte. In Ferrara, wo er Zuflucht genommen hatte, begann er sofort wieder, in aller Ruhe Handel zu treiben und Geld zu machen.

Die Empörung des Volkes und des niederen Adels war noch nicht erloschen, was zur Folge hatte, daß Zens Popularität weiter anstieg. Der englische Botschafter schrieb mit etwas Übertreibung nach London, daß in Venedig ein regelrechter Bürgerkrieg ausgebrochen sei. Als Renier Zen für den Monat Juli 1628 wiederum zum Vorsitzenden der Zehn gewählt wurde, nutzte er die Situation, um einen weiteren Sturm zu entfesseln: er verlangte den Ausschluß des Dogen aus der Sitzung des Großen Rats, in der er die ihn betreffenden Fragen aufwerfen wollte. Nach einem heftigen Rededuell zwischen Zen und dem Dogenberater Basadonna wollte der Doge zu seiner Verteidigung selbst das Wort ergreifen. Zen versuchte, die Avogadori zur Intervention zu überreden und ihn am Reden zu hindern. Der Doge schrie voller Empörung: »Was also, wir dürfen nicht sprechen?« Seine Parteigänger lärmten und trampelten mit den Füßen auf die Bänke, Zen schrie »Oh Freiheit!«, der Lärm wurde immer stärker, und die Sitzung mußte schließlich unterbrochen werden. Der Zehnerrat versammelte sich in der Dogenwohnung, verfügte Zens Verhaftung und schickte den Polizeichef zu ihm, der die Anweisung hatte, »mit Respekt vorzugehen«. Zen war zu Hause und plauderte mit Freunden, aber der Polizeichef suchte ihn gar nicht auf, sondern begnügte sich damit, den Tribun zu »proklamieren«, das heißt, ihn aufzufordern, sich binnen drei Tagen bei den Gefängnissen des Zehnerrats zu melden. Wie man sich leicht vorstellen kann, meldete sich der Tribun keineswegs und wurde in Abwesenheit zum Exil verurteilt.

Dieses Vorgehen fand allgemeine Mißbilligung, die Verurteilung wurde als ungerecht angesehen, als Mißbrauch und Provokation. Der Schwiegervater des Verurteilten, Bertucci Contarini, Avogador di Comun, »schaltete sich ein« und suspendierte den Urteilsspruch, wie es sein Recht war. Der niedere Adel zählte die vielen Ungerechtigkeiten auf, die in der Regel die Reichen und Mächtigen begünstigten. Die Verhaftung eines linksgerichteten Schriftstellers, wie wir heute sagen würden, des Patriziers Girolamo Donà, mit der vagen Anklage »aufwieglerische Äußerungen« gemacht zu haben, stiftete noch mehr Unruhe. Und der Große Rat rächte sich, indem er sich weigerte, die Bewerber um die vakanten Sitze im Zehnerrat zu wählen, und statt dessen den Ratsherrn Basadonna, einen Erzfeind von Zen, auf den unbedeutenden und abgelegenen Posten des Provveditore für die Grabuse zu wählen, eine kleine Insel in der Nähe von Candia, wo er mit Sicherheit freiwillig nicht hingegangen wäre (doch bei einer Weigerung hätte er mit einer beachtlichen Geldstrafe und anderen Sanktionen rechnen müssen).

Die Frage sollte noch lange ungelöst bleiben: sie führte aber immerhin zu einer ernsten Revision der Machtbefugnisse der Zehn und ging insofern weit über die Probleme hinaus, die Zen aufgeworfen hatte. Da er zu theatralischen Gesten neigte und über eine weitschweifige Rhetorik sowie eine übermäßige Wertschätzung seiner selbst verfügte, sank seine Popularität, und er sollte bald sein Charisma verlieren. Was allerdings nicht verhinderte, daß er von der Verbannung freigesprochen und zum Prokurator von San Marco gewählt wurde, »zur großen Freude des ganzen Volkes«. Das erhoffte Ziel des Dogenthrones erreichte er jedoch nicht.

6.

Da es nur wenige *Fondamente* am Canal Grande gibt (so nennen die Venezianer die Straßen, die an Kanälen entlanglaufen), vollzogen sich früher einmal vier Fünftel des Verkehrs auf dem Wasserweg. Das ist auch heute noch so: aber als der Canal Grande nicht nur die Hauptwasserstraße der Stadt war, sondern Venedigs Hauptstraße überhaupt, herrschte ein ganz anderes Verkehrsgewühl. Damals gab es nur wenige kollektive Transportmittel. Die Waren wurden von Schiffen aller Art transportiert, von denen einige bis heute überlebt haben, für den Personentransport waren fast ausschließlich die Gondeln zuständig.

Um den Namen dieses alten, durch und durch venezianischen Bootes zu erklären, dessen wenige Exemplare heute fast nur noch touristischen Zwecken dienen, mußten die kompliziertesten griechischen und lateinischen Etymologien herhalten. Zum erstenmal wurde die Gondel in einem Freibrief des Dogen Vitale Falier erwähnt, der im Jahre 1094 die Einwohner des Städtchens Loreo davon entband, sie für ihn zu bauen, und es handelte sich offensichtlich um ein etwa zehn Meter langes Boot, einen Meter kürzer als die Gondel, die wir heute kennen. Es wurde aber von zwölf Ruderern gerudert, war deshalb überaus schnell und dank des Flachbodens, den es immer beibehalten hat, konnte es sich in den sumpfigen Gewässern und in den Kanälen hervorragend bewegen. Vermutlich wurde es für den Fährbetrieb zwischen der Stadt und den Inseln der Lagune sowie dem Festland benutzt. Daß es im übrigen bereits in den ersten Jahrhunderten sehr viele Ruderboote gegeben haben muß, liegt auf der Hand: wie anders hätten die Venezianer sich damals fortbewegen sollen, als es nur sehr wenige Brücken gab und Kanäle, Seen, Sümpfe und Fischteiche sich zwischen die Häusergruppen schoben? Es ist sehr häufig ein Dokument aus dem Jahre 1180 zitiert worden, in dem das Haus eines Leonardo Moro erwähnt wird, das nur vom Kanal aus betreten werden konnte, so daß seine Mutter mit Namen Bella zum Kirchgang keine andere Möglichkeit hatte, als an Bord einer *Scaula* auf dem Wasser zu fahren. Die *Scaula* ist ein Ruderboot, vielleicht ein Vorläufer der Gondel, vielleicht auch jenes anderen sehr wendigen Bootes mit Flachrumpf, auf dem wir älteren Venezianer gelernt haben, auf venezianische Art zu rudern, nämlich stehend, mit nur einem Ruder, das in einer einzigen *Forcola*, der Dolle, ruht: mit unserem sympathischen, bequemen *Sàndolo*.

Wir befinden uns am Ende des 15. Jahrhunderts. Auf dem Canalazzo (so nannten die Venezianer den Canal Grande) sehen wir Gondeln in Hülle und Fülle. Diese Szene stellt eine der lebendigsten Kompositionen von Vettor Carpaccio dar, die *Heilung eines Besessenen durch die Kreuzreliquie am Rialto*, die in den Galerien der Accademia hängt. Das Bild zeigt Gondeln mit ehrwürdigen Edelmännern an Bord, einem Hündchen am Bug und einem schwarzen Gondoliere am Heck. Das gleiche Bild überliefert uns auch der Chronist Marino Sanudo, dem wir die erste detaillierte Beschreibung dieser »formschönen verpichten Boote« verdanken, die von »sarazenischen Negern« gerudert wurden, oder »von anderen Familien, die venezianisch rudern können«, das heißt von schwarzen Sklaven oder anderen Hausangestellten, den Vorläufern der Gondolieri.

Die Gondeln, so Sanudo, werden normalerweise nur mit einem Ruder gerudert, das heißt von einem einzigen Ruderer, zuweilen aber auch mit zweien, wie diejenigen der Patrizier, der Senatoren oder der patrizischen Damen. Sie haben einen

Felze (Kabine), der im Sommer »hochgestellt ist, wegen der Sonne«, im Winter »ausgebreitet, wegen des Regens«. In noch früheren Zeiten gab es für den Sommer ein *Tendalin*, ein Sonnensegel aus Leinwand, und für den Winter einen schwarz ausgekleideten *Felze*, eine regelrechte Luxuskabine. Zu Sanudos Zeiten war das sommerliche Tendalin aus Samt und der winterliche Felze aus grünem oder violettem Stoff. In jedem Boot konnten bequem vier Personen Platz finden. Es gab so viele Boote, daß man sie gar nicht zählen konnte, man brauchte nur zuzusehen, wie sie pausenlos durch die Stadt fuhren und wie sie zur Nacht ausgeräumt und am eigenen Ufer festgemacht wurden. In der Tat gab es keinen Edelmann und keinen Bürger, der nicht mindestens ein oder zwei Boote hielt, je nach Familie; und doch waren sie teuer, ein neues Boot kostete nicht weniger als fünfzehn Dukaten (das Jahresgehalt eines Facharbeiters im Arsenal betrug ungefähr zwanzig Dukaten), und es mußte ständig gepflegt und gewartet werden. Hinzu kam die Ausstattung, die *Dolfini* und anderes: ein Boot brachte also hohe Kosten mit sich, mehr als ein Pferd. Das Gehalt und der Unterhalt der Gondolieri nicht mitgerechnet, sofern sie keine Sklaven waren.

Der Delphin (Dolfino), von dem Sanudo spricht, ist der Schnabel am Bug der Gondel. Er ist aus weichem Eisen, und charakteristisch für ihn sind die sechs Zähne oder Sprossen, soviele wie die sechs Sestieri (Sechstel), die sechs Bezirke der Stadt. Dieses dekorative Element wiegt zwischen zwölf und zwanzig Kilo und dient auch dem Gleichgewicht des Rumpfes, der so, wie er uns überliefert wurde, ein wahres Wunder an Fügsamkeit und Wendigkeit ist. Seit Sanudo oder der etwas späteren Zeit, in der ein französischer Dichter den literarischen Mythos der Gondel einläutete, indem er den »vaillant barquerolle« (beherzten Bootsmann) aufforderte, seine leichte Gondel dem Pegasus gleich fliegen zu lassen, hat sich die Gondel in ihrer äußerst komplizierten Bautechnik nicht sehr verändert. Ungefähr 280 Stücke aus unterschiedlichem Holz, aus Eiche, Ulme, Lärche, Kirsche, Linde, Zeder und Nußbaum sind nötig, um den sehr schlanken Rumpf zu bauen, der sonderbar leicht gekrümmt, asymmetrisch ist, so daß das Gewicht des Gondoliere am Heck ausgeglichen wird. Dieser steht hoch auf seinem Podest und bewegt von dort aus das lange Ruder aus Buchenholz, das in der Forcola aus gutabgelagertem Nußbaumholz liegt und in dreifacher Funktion als Antrieb, Steuer und Bremse dient. Äußerlich jedoch hat sich die Gondel ziemlich verändert. Francesco Sansovino berichtet 1581 in seiner *Venetia Città nobilissima*, daß damals in Venedig mindestens zehntausend Gondeln in Betrieb waren, daß die großen Familien vier bis fünf davon hatten, die Kaufleute und die Vertreter der angesehensten Berufe auch zwei oder drei, und daß sogar die Kurtisanen sich Gondeln hielten. Der Staat war bereits eingeschritten, um den übertriebenen Luxus auch auf diesem Gebiet zu bremsen, und hatte zunächst die Verwendung von Seide und kostbaren Tüchern für die Kabine und von Gobelins für die Sitze verboten, dann auch »die Boots-Stoffe aus echtem Samt mit Spitzen oder ohne, verfeinert oder nicht«. 1633 und 1746 schließlich wurde das Aussehen festgelegt, mit dem die Gondel endgültig in die Legende eingehen sollte: schwarz, für alle gleich mit Ausnahme des Dogen und des Patriarchen, die scharlachfarbene Teppiche benutzen durften, und der ausländischen Botschafter, die ihre Ausstattung nach Gutdünken wählen konnten. Dieses Aussehen hat die Phantasie von Dichtern und Romanschriftstellern stark beschäftigt und auch immer wieder zur Äußerung von Gemeinplätzen geführt. Selbst Goethe war nicht frei davon: »Die Gondel vergleich ich der sanft einschaukelnden Wiege, / Und das Kästchen darauf scheint ein geräumiger Sarg.«

»Recht so!«, schloß Goethe. »Zwischen der Wieg' und dem Sarg wir schwanken und schweben/ Auf dem großen Kanal sorglos durchs Leben dahin.« Aber nicht alle sahen im Canal

Grande eine Art Metapher für das menschliche Schicksal und in der Gondel eine Wiege oder einen Sarg. In der Literatur der Romantik, aber auch in gewissen Opern-Libretti, über die wir heute lächeln mögen, die aber unsere Urgroßeltern anrührten – *La Gioconda, I due Foscari, Marino Faliero* –, wurde die Gondel zu einem Symbol für dunkle Intrigen, düstere Dolchstöße und Liebeshändel, für niederträchtige Tyrannei und hochherziges, aber gewaltsam unterdrücktes Freiheitsstreben.

Die Popularität und die Tragweite der »schwarzen Legende« von Venedig, dieses seit der Romantik festverwurzelten und weit verbreiteten Mythos', der sich aus geheimnisvollen Geschehnissen nährte, die von der Serenissima selbst unbewußt gespeist wurden, ist heute nur noch schwer vorstellbar: ein Mythos, bestehend aus anonymen Anzeigen, versteckten Gefängnissen und Ertrunkenen im Canal Orfano. Das schwarze und schweigsame Boot, das im Schatten der Kanäle dahingleitet, schien für die Verkörperung dieses Mythos wie geschaffen.

Noch dauerhafter jedoch sollte die andere, ebenso oberflächliche, wenn auch nicht mit den Attributen eines bösen Omens besetzte Interpretation sein, die in der Gondel ein schwimmendes Brautgemach, einen wandelnden Tabernakel der romantischen oder weniger romantischen Liebe sieht. Dieser Mythos ist heute noch lebendig und wird sogar von einer der populärsten literarischen Gattungen, dem Comic, wieder propagiert.

In der Gondel, so lautete eine Vorschrift aus der Zeit der verleumdeten Republik, soll man sich noch sicherer als im eigenen Haus fühlen. Das Gesetz überließ denn auch den gefürchteten Zehn die Rechtsprechung über im Boot begangene Verbrechen, und einer anderen hohen Behörde, den Zensoren, die Bestrafung von Streitigkeiten unter den Bootsleuten, wenn sie »die Herrschaften im Boot« hatten. Das zeigt, daß in den Gondeln viel gestritten wurde und daß im Gegensatz zum Inhalt gewisser Legenden Verbrechen in der Gondel relativ selten verübt wurden.

Charles de Brosses gab, wie zuvor schon angedeutet, 1739 eine begeisterte Schilderung der Gondel ab: »Es gibt auf der Welt kein an Bequemlichkeit und Annehmlichkeit vergleichbares Gefährt ... Es ist ein Schiff, lang und schmal wie ein Fisch, etwa wie ein Hai ... Es finden darin zwei Personen im Fond Platz und zwei weitere an den Seiten auf einem kleinen dort befindlichen Divan, der aber fast nie zu etwas anderem dient, als den hinten Sitzenden zu erlauben, die Beine auszustrecken ... Man fühlt sich darin wie in einem Zimmer, man liest, schreibt, unterhält sich, streichelt die Geliebte, ißt, trinkt usw. Zwei zuverlässige und bewährte Männer, einer am Bug, einer am Heck, transportieren euch, ohne euch zu sehen, wenn ihr nicht gesehen werden wollt.«

Diese »zuverlässigen und bewährten Männer« waren natürlich die Gondolieri. In Venedig gab es laut de Brosses nicht weniger als sechzigtausend Personen, die ihren Lebensunterhalt durch Rudern verdienten. Die Gondolieri machten nur einen Teil dieses Berufsstandes aus, aber sie waren sicherlich die schillerndste, berühmteste und umstrittenste Gruppe. Denn nicht alle sahen es so wie de Brosses. Thomas Coryat zum Beispiel beharrte auf der Schurkerei der »Gondolieri, der Abschlepper und Verführer von der Rialto-Brücke«: »... wir entdecken, daß die Unbilligkeit jener so groß ist, daß, wenn jemand ihnen aufträgt, ihn an einen bestimmten Ort zu bringen, wo seine Anwesenheit aufgrund ernster und dringender Angelegenheiten erforderlich ist, die er nicht vernachlässigen darf, ohne Schaden davonzutragen, diese ruchlosen Schurken alles daran setzen, um ihn gegen seinen Willen an einen Ort des Verderbens zu schleppen, wo er nicht hin wollte, oder daß sie es zumindest mit ihren teuflischen Schmeicheleien versuchen.« Wir wüßten sehr gern die Gründe für die Verbitterung des »berühmten Oscombianers, oder besser Polypoliten Thomas Coryat« (»Tom, der alles über das Reisen weiß«, nannte ihn sein Freund Ben Jonson). Sicher ist, daß es auch in der guten alten Zeit unter den Gondolieri Gute und Schlechte gab. Das jedenfalls vermitteln die Texte von einem, der sie gut kannte: Carlo Goldoni. In seinen Komödien *La putta onorata* (Das brave Mädchen) und *La buona moglie* (Die wackere Frau) tauchen Gondolieri jeder Schattierung auf.

Zwischen 1493 und 1503 hatte Marino Sanudo die *Traghetti* gezählt, an denen Gondeln den Canal Grande überquerten. Es waren fünfzehn, von dem Traghetto zwischen der Piazzetta San Marco, dort, wo noch heute die beiden Säulen von Markus und Todaro stehen, und der Punta della Dogana, bis zu dem Traghetto, das zwischen Santa Lucia und San Simon Piccolo über den Kanal fuhr. Von diesen fünfzehn haben nur fünf oder sechs Traghetti überlebt. Sie wurden durch die Vaporetti (Linienschiffe) ersetzt. Auch diejenigen, die Rialto mit anderen Teilen der Stadt, mit San Pietro, San Domenico di Castello, dem Ponte della Paglia verbunden hatten, die »traghetti in rio«, welche die Giudecca und Murano an die Stadt koppelten, sowie die »traghetti de viazi«, die bis nach Marghera, Mestre, Chioggia und noch weiter, nach Ferrara und Dalmatien fuhren, sind alle verschwunden. Die zuletzt genannten Überfahrten wurden natürlich nicht den Gondeln anvertraut, aber wer zum Festland wollte, konnte sie am Rialto oder in Cannaregio neben den größeren Schiffen finden, welche die Reisenden vom Rialto nach Treviso, Padua, Monselice, Este und Vicenza brachten.

Sanudos fünfzehn Traghetti vom Canal Grande, die pro Passagier einen *bagatin* kosteten, eine kleine Kupfermünze, auch Piccolo genannt, haben fast das gesamte letzte Jahrhundert unermüdlich gearbeitet, auch wenn sie nicht mehr, wie vor dem Ende der Republik, als Treffpunkte für die Leute aus dem Volk fungierten. Damals ließ jeder Doge und jeder Prokurator von San Marco nach seiner Wahl an den Traghetti unverzüglich Brot, Wein und Mehl verteilen. Und das düstere Gefährt mit den wegen grausamer Verbrechen zum Tode Verurteilten hielt vor den wichtigsten Traghetti für die rituelle Folter mit der glühenden Zange oder zumindest für die weithin hörbare Verlesung der Urteilsbegründung an.

Die Gondolieri der Traghetti hatten sich damals wie alle Gewerbe in Bruderschaften zusammengeschlossen, die ihre *Mariegole* (Statutenbücher) immer auf dem neuesten Stand hielten. Darin waren die Rechte und Pflichten der Mitglieder, ihre sozialen Ämter und auch die Aufgaben der Lehrlinge aufgeführt, die alle unter der Aufsicht der Eccellentissimi Provveditori di Comun (der Erhabenen Stadtinspektoren) und des Magistrato della Milizia da Mar (des Schiffahrtsamts) standen. Und jedes Traghetto hatte sein eigenes schönes *Capitello*, den Bildstock, der so oft von Genre-Malern wie Favretto, Nono, Milesi um die Wende vom 19. zum 20. Jahrhundert als Hintergrund für die Szenen, die sie malten, benutzt wurde: Familienszenen, Szenen, in denen galante Abenteuer dargestellt waren oder in denen schöne Frauen aus dem Volk im Vordergrund standen, die noch den Schal trugen, wie man ihn aus den Stükken Goldonis kennt.

III

1.

Gegenüber der Riva de Biasio zweigt der Rio de Cannaregio ab und führt dann zum Ponte delle Guglie, zum Ponte dei Tre Archi und zur Lagune. Auch wenn er, was seine Länge und Breite, seine Bedeutung sowie die Anzahl und die Schönheit der an ihn grenzenden Kirchen und Paläste betrifft, einem Vergleich mit dem Canal Grande nicht standhält, so ist er doch zweifellos der berühmteste unter den Zuflüssen des uralten Wasserlaufs, dem heutigen Kanal par excellence, dem Canalazzo oder Canal Grande. Der Rio de Cannaregio hat einem der Sestieri, dem ausgedehntesten und gemeinsam mit Castello volkstümlichsten Stadtbezirk, den Namen gegeben. An seinen Ufern, an den beiden sehr langen Fondamente stehen zum Teil noch heute Paläste wie der Palazzo Labia oder der von Andrea Tirali für die Venier gebaute Palast, den diese gegen Ende der Serenissima an den Grafen Girolamo Manfrin, einen regelrechten Abenteurer, verkauft hatten.

Manfrin war ein abenteuerlicher Finanzier. Bei der Vergabe des Tabakmonopols, das 1769 einer Gesellschaft unter der Leitung des Grafen Giuseppe Mangili gegen die enorme Summe von einer Million siebenhundertsechsundzwanzigtausend Dukaten zugesprochen wurde, war er als Konkurrent in Erscheinung getreten. Da Manfrins Angebot höher war, hatte das Pien Collegio gemeinsam mit den Fünf Weisen der Handelskammer letztendlich doch ihm das Monopol übertragen.

Doch sofort danach waren große Zweifel an seiner Zahlungsfähigkeit aufgekommen, man witterte sogar Betrug, und es wurde ein Haftbefehl erlassen. Manfrin eilte schnell in die Lista di Spagna und bat um Asyl, aber die spanische Botschaft verweigerte es ihm, und so landete er zunächst in den Gefängniszellen des Zehnerrats. Später wurde er aus Venedig verbannt und in seine Heimatstadt Zara zurückgeschickt. Jahre später, als er von den Staatsinquisitoren die Erlaubnis zur Rückkehr erhalten hatte, beteiligte er sich an dem Wettbewerb um den Zuschlag des Tabakmonopols, das er auch erhielt, weil er achtundsechzigtausend Dukaten mehr als die Mitkonkurrenten geboten hatte. Nun war er im Besitz des Privilegs, in Istrien auf dreitausend Hektar Tabak anzubauen. Für die Konzession bezahlte er vier Millionen Dukaten. Innerhalb kurzer Zeit erwarb er das Exklusivrecht für den Anbau und Verkauf von Tabak für das gesamte Territorium der Republik. Er verkaufte ihn zu willkürlich festgesetzten Preisen, aber er zahlte jährlich immerhin die stolze Summe von sechshunderttausend Dukaten in die Staatskasse. »Er ließ sich das Vergnügen, Tabak zu schnupfen, recht teuer bezahlen«, schreibt sein Biograph (zu der Zeit schnupften alle Tabak, die Damen und die Edelmänner, die Priester und die Senatoren; es war sogar ein Handbuch erschienen über die Art und Weise, wie man die Tabakdose öffnete, sie weiterreichte, die Finger hineinsteckte, sie wieder zumachte, den Tabak zur Nase führte, nieste, sich die Nase schnaubte, und es trug den malerischen Titel *Militärische Übung mit der Tabakdose*), »und wem es an Barem mangelte, mußte unter dem Druck der Abstinenz gewisse Schachteln aus feinstem Leinen kaufen, durch deren Poren er den Tabak schnupfte.« Den Schmugglern und vor allem den Bauern gegenüber, die ihr Einkommen etwas aufbessern wollten, indem sie auf eigene Faust die kostbaren Pflänzchen anbauten, verteidigte Manfrin sein Monopol mit gezücktem Schwert: die venetischen Chroniken wimmeln geradezu von Berichten über die kriminellen und weniger kriminellen Handlungen der »Haudegen vom Tabakmonopol«, das eine Art verschworene und skrupellose Privat-Garde darstellte. Diese Leute veranstalteten Razzien und gingen so brutal gegen die armen Bauern vor, daß es Proteste bei den Adligen und Regierenden Venedigs hagelte und die Staatsinquisitoren mit aller Härte eingreifen mußten.

»Auf diese Art«, fährt der Biograph fort, »wurde Manfrin steinreich.« Er besaß zwei Villen und fuhr mit einer »in römischem Luxus« gehaltenen Kutsche mit sechs Rössern, die silbernes Zaumzeug und silberne Hufeisen hatten. Das brachte ihm ein Verbot der Inspektoren der Luxusbehörde ein, denn silberne Hufeisen waren ausschließliches Privileg der in der Serenissima akkreditierten Botschafter. Daraufhin hatte er sich den Palast in Cannaregio gekauft, hatte ihn von Giambattista Mingardi und Giuseppe Zais ausmalen lassen und mit deren Hilfe eine beachtliche Kunstsammlung erstellt. Daraus sind später Werke von Rogier Van der Weyden, Buonconsiglio, Moretto und Pordenone in die Galerien der Accademia gelangt, während der bessere Teil (darunter angeblich Werke von Vivarini, Bellini, Giorgione, Sebastiano del Piombo und Tizian) wie die meisten Kunstwerke aus venezianischen Sammlungen andere Wege genommen hat.

Mitten im Bezirk Cannaregio, jenseits der eleganten, ebenfalls von Andrea Tirali gebauten Brücke, überragt der hohe Palast, der ehemals den Patriziern Surian gehörte, die kleine unvollendete Kirche der Penitenti. Hier hat Jean-Jacques Rousseau als Sekretär des französischen Botschafters Monsieur de Montaigu sein kurzes venezianisches Abenteuer gelebt, das in ihm eine unheilbare Aversion gegen die Republik und eine ebenso unheilbare Bewunderung für die Kurtisanen hinterlassen hatte. Eine von diesen hatte ihm den lobenswerten Rat gegeben, die Frauen zu lassen und Mathematik zu studieren.

Weiter in Richtung Canal Grande markieren eine alte Bogenleiste und eine Inschrift den Eingang zum Ghetto: es war das erste ausschließlich den Juden »vorbehaltene« Viertel, das diese Bezeichnung trug.

Am 29. März 1516 legte der Doge Leonardo Loredan gemeinsam mit der Signoria, den drei Weisen des Festlandes und einem Weisen aus dem Rat dem Senat folgenden Gesetzentwurf vor: in Anbetracht der Tatsache, daß die Juden sich in Venedig seßhaft niederließen, »mit Christen in einem Haus lebten« und Tag und Nacht dorthin gingen, wo es ihnen gefiele – »zur schweren Kränkung der Herrlichkeit Gottes« –, und daß sie hinwiederum alle zusammen wohnten, solle zu ihrem Wohnsitz die »Häuser im Ghetto bei San Hieronymos« bestimmt werden. Dieser Bereich sei sehr leicht zu isolieren und zu bewachen. Es handelte sich um den Standort einer ehemaligen Gießerei, der »geto nuovo« genannt wurde, das heißt ein Ort, an dem die Kanonen gegossen (gettare) wurden. Diese Bezeichnung handwerklichen Ursprungs, über die viel gegrübelt und phantasiert worden ist, sollte von nun an für die verhaßten Viertel stehen, in denen unwillkommene, gefürchtete oder aus welchen Gründen auch immer abgelehnte Minderheiten isoliert wurden. Seltsamerweise hieß dieses erste Ghetto *Ghetto Nuovo*, das zweite, fünfundzwanzig Jahre später, *Ghetto Vecchio*. In diesem zweiten Ghetto wurden vorrangig levantinische Juden von der übrigen Gesellschaft getrennt.

Keines der Ghettos liegt am Canal Grande. Ihre historisch wertvollen Kunstschätze, die reich ausgestatteten Synagogen, die von den Meistern der venezianischen Architektur vom 16. bis zum Ende des 17. Jahrhunderts gebaut worden waren (eine stammt von Baldassare Longhena), die kostbaren liturgischen Gegenstände und vor allem die Erinnerung an eine Gemeinschaft, die trotz jahrhundertelanger Unterdrückung aufgrund ihres Zusammenlebens mit der venezianischen Zivilisation stärker werden konnte als andere jüdische Gemeinden in

Europa, all dies verbirgt sich in den alten Häusern, die immer höher gebaut wurden, weil die Bevölkerung rapide anwuchs und der beschränkte Raum maximal ausgenutzt werden mußte. Nachdem ein Beschluß der Provisorischen Stadtregierung im Mai 1797 den Juden die Freizügigkeit gewährt hatte, wohnten auch am Canal Grande venezianische Juden, Antiquitätenhändler, Geschäftsleute und Ärzte. Einer uralten Tradition zufolge durften die bedeutenden jüdischen Ärzte – ein äußerst selten zugestandenes Privileg – nachts ihr Haus verlassen, sofern sie nachweisen konnten, daß sie dringend gebraucht wurden, und anstelle der demütigenden gelben Kopfbedeckung, welche die männlichen Juden tragen mußten, durften sie einen schwarzen Hut aufsetzen. Später gesellten sich auch Advokaten, Reeder und manch hochrangiger Politiker zu den Juden am Canal Grande. Viele von ihnen gaben den von den alten Besitzern aufgegebenen und verfallenen Palästen ihren einstigen Glanz zurück.

2.

Die zwei Häuser der Familie Correr stehen am Canal Grande einander fast gegenüber. Aus dieser Familie war Angelo Correr hervorgegangen, der zunächst Bischof von Castello, also von Venedig war, dann Patriarch von Konstantinopel und Kardinal, und schließlich am 30. November 1406 zum Papst gewählt wurde und den Namen Gregor XII. annahm. Die Kirche befand sich damals in einer Krise, das große Schisma hatte zur Zerreißprobe geführt. Und die Serenissima, die zu der Zeit noch auf dem Gipfel ihrer Macht stand, unterstützte ihren Papst keineswegs in dem großen Aufruhr, der die Christenheit und Italien erschütterte. Sie hatte in jenen Jahren mehr mit den Kapitulationen der venetischen Städte Vicenza, Feltre, Belluno und Verona zu tun, damit, die Herrschaft der Familie

Carrara in Padua endgültig zu zerschlagen, ihr Protektorat auf Ravenna auszudehnen und sich Zara und alle Herrschaftsrechte über Dalmatien zurückzuholen.

Auf dem Konzil von Konstanz wurde die Legitimität von Papst Gregor gegenüber den beiden Gegenpäpsten Alexander V. und Benedikt XIII. anerkannt. Aber er dankte ab, wurde wieder Kardinal und ist in diesem Amt gestorben. Seine Neffen jedoch begründeten eine regelrechte Dynastie von venezianischen Päpsten, mit Eugen IV. Condulmer und Paul II. Barbo. Alle waren sie von vielen Kardinälen umgeben, unter ihnen so herausragende Persönlichkeiten wie Giovanni Battista Zeno, dessen prächtiges bronzenes Grabmal wir noch heute in der San-Marco-Basilika bewundern können, oder wie der Selige Antonio Correr. Aber der schöne Palast aus dem 18. Jahrhundert, der kurz hinter der Einmündung des Rio di Cannaregio am Canal Grande liegt und im Volksmund Ca' dei Cuori (Haus der Herzen) heißt – die schmiedeeisernen Wappen an den beiden Portalen sind herzförmig –, erinnert in nichts an jene mystischen Gestalten. Man erzählt sich statt dessen, daß hier am 7. Januar 1757 nach venezianischer Zählung, also 1758 (für die Venezianer begann das Jahr ab incarnatione Domini, also am 25. März und nicht am 1. Januar) der N.H. (nobilis homo: Edelmann) Antonio Correr, Sohn des verstorbenen Pietro gestorben sei, der letzte unter den Patriziern, der sich weigerte, eine Perücke zu tragen.

Das Perücken-Problem mag uns heute lächerlich erscheinen, aber im Venedig des 18. Jahrhunderts hatte es die Gemüter sehr stark beschäftigt. Der Ratsherr Giovanni Rossi, ein sympathischer Gelehrter, der um die Wende zum 19. Jahrhundert lebte, hat uns in seiner monumentalen, bisher unveröffentlichten *Geschichte der Gesetze und der Sitten und Gebräuche der Venezianer* einige Seiten über dieses Thema hinterlassen, die belegen, daß in der zweiten Hälfte des 18. Jahrhunderts die Personen, die keine Perücke trugen, als wenig seriös und noch weniger vertrauenswürdig galten. »Ein Arzt ohne Perücke wäre wie das in der Poetik des Horaz beschriebene Monster gewesen«, schreibt Rossi und berichtet ein Erlebnis seines Vaters. Als dieser sich verlobt hatte und eine gute Arbeitsstelle brauchte, hatte er bei einem äußerst wichtigen hohen Herrn vorgesprochen, der ihm eine solche hätte besorgen können. Die hochgestellte Persönlichkeit musterte ihn von oben bis unten und gab ihm dann zu verstehen, daß es für ihn äußerst schwierig sein werde, den gewünschten Posten zu erhalten. »Wißt Ihr eigentlich«, hatte er ihn gefragt, »wie bedeutend das von Euch angestrebte Amt ist? Reife und ernsthafte Männer braucht es, um sich mit Anstand zu behaupten, und keine jungen Schnösel, keine, die ein Toupet aus den eigenen Haaren tragen. Schon Seneca sagt im Brief 105, daß man von solchen jungen Leuten nichts Solides erwarten kann!« »Was muß ich also tun?« hatte der junge Mann erwidert. »Mein Herr! Was tun? Sich sofort die Haare schneiden lassen und eine Perücke aufsetzen, wie sie die Edelleute tragen!« »Wäre dann die, die ich dort sehe, die Eure, mein Herr?« »Genau, das ist die meine«, hatte der Edelmann geantwortet, »aber laßt sie Euch nicht so platt anfertigen, spitz muß sie sein, die platten sind für das Greisenalter; junge Männer müssen eine andere Perücke tragen, dürfen sich nicht an den Perücken der Alten vergreifen. Dafür muß man erst mein Alter erreicht haben, dafür muß man arbeiten, versteht Ihr?« Ohne sich um die Proteste seiner Verlobten zu kümmern, ließ sich der junge Rossi also die Haare schneiden und sich eine Perücke mit der erforderlichen Anzahl von Locken an den Seiten und dem spitzen Toupet in Zuckerhutform auf den Kopf setzen, wie es ihm der hohe Herr geraten hatte. Daraufhin präsentierte er sich mit der neuen Frisur erneut »vor dem Satrapen«. Sogleich wurde er wiedererkannt. »Sehr gut, bravo! Kommt her und reiht Euch in die Linie der Edelmänner ein! Pietro, bring dem jungen Herrn das Frühstück …«

Der angestrebte Posten wurde Rossi innerhalb kurzer Zeit übertragen.

Und doch war der Perücke anfangs kein leichtes Leben beschert. 1665 hatte sie der Graf Vinciguerra di Collalto aus Frankreich importiert; der Zehnerrat hatte sie verboten, aber ohne Erfolg. Fünfzig Jahre nach dem Verbot sollte die Perücke mit dem 1709 gewählten Giovanni Corner II. sogar den Thron des Dogen besteigen, und von da an trugen alle Dogen bis zu Lodovico Manin eine Perücke. Giovanni Rossi berichtet uns, daß die weißen Perücken viel teurer waren als die grauen, und daß er eine solche auf dem Kopf eines alten Foscari, eines alten Donà und des geschätzten Advokaten Sartori gesehen hatte. Mustergültig aber waren die Perücken des Prokurators von San Marco, Andrea Tron, und des Edelmannes Piero Mocenigo aus der genannten »casa vecchia«; sie bestanden aus schneeweißen Haaren (hergestellt in Venedig, später auch in Parma und in der Toskana) und hatten ganze siebzig Zechinen gekostet.

Weniger banale Erinnerungen beherbergt das einfache und bescheidene Haus Correr auf der anderen Seite des Canal Grande, im Bezirk von San Zan Degolà. Dort wurde am 12. Dezember 1750 der Edelmann Teodoro Correr als Sohn von Giacomo Correr und einer neapoletanischen Dame, Anna Maria Pettagno aus der Familie der Fürsten von Trebisano, geboren.

Als galant und banal kann man Teodoro Correr absolut nicht bezeichnen. Im Gegenteil, er war von einer tiefverwurzelten Leidenschaft, der Sammelleidenschaft, besessen. Dieser Obsession verdanken wir den Kern der Städtischen Museen Venedigs, der kostbaren Bestände, die sich heute in dem nach dem Gründer benannten Museo Correr befinden, aber auch im Museum der Ca' Rezzonico, im Glasmuseum von Murano, im Goldoni-Haus, im Museum des Risorgimento, im Museum für Naturgeschichte und in der Bibliothek, die im obersten Stock der Neuen Prokuratien an der Piazza San Marco unter anderem die reichhaltige Sammlung der Codices und Dokumente birgt, die vom Doyen der venezianischen Gelehrten des letzten Jahrhunderts, von Emanuel Antonio Cicogna, zusammengestellt wurde.

Nachdem er mit fünfundzwanzig Jahren als Savio agli Ordini (Leiter des Ordnungsamtes) seine Karriere recht vielversprechend begonnen hatte, verzichtete Teodoro Correr aufgrund seiner nichterfolgten Wahl zum Podestà und Capitano von Treviso auf die obligatorische Laufbahn eines Patriziers und wurde Abt. Er empfing also die niederen Weihen, die ihn in der kirchlichen Welt verankerten, ihn jedoch auch automatisch vom Großen Rat ausschlossen. Geld hatte er nicht viel, aber seine Leidenschaft war um so größer; und jetzt verfügte er auch über die notwendige Zeit, um zu suchen und zu stöbern, um Kunstwerke und -gegenstände aufzuspüren, Erinnerungsstücke, historische Kuriositäten und Dokumente. Als sich nach dem Fall der Republik in der venezianischen Gesellschaft die Institutionen und Besitztümer auflösten, als der materielle Niedergang aufgrund der Zerstörungen, Verwüstungen und Verschwendungen der kurzen napoleonischen und der österreichischen Ära nicht mehr aufzuhalten war, erwies sich diese Arbeit vor allem deshalb als schwierig, weil es zuviel Material zu sammeln gab. Während Emanuel Cicogna, ein Gelehrter von Rang, sich auf Bücher, Manuskripte und Dokumente spezialisierte, sammelte Correr weiterhin Gegenstände aller Art, darunter auch Manuskripte.

Sicher waren nicht alle von Correr getätigten Ankäufe gleichermaßen glücklich. Aber in höchstem Maße bewundernswert war schon allein die Tatsache, daß es in diesen fünfzig Jahren, in denen viele der schönsten venezianischen Museen, das Museum der Tiepolo bei Sant'Aponal, das Museum Nani bei San Trovaso und etliche andere auf dramatische und traurige Weise aufgelöst wurden und ihre Objekte weggeben mußten, einen Mann gab, der ein neues Museum auf die Beine stellen wollte, indem er rettete, was aus dieser Zerstückelung zu retten war, deren Tragweite wir heute kaum ermessen können. In der Correr-Sammlung gab es immerhin Objekte, die den Reichtum eines unter dem Namen seines Gründers weltberühmten Museums belegen konnten, angefangen bei den siebzehn von Nicolò da Urbino bemalten Majolika-Tellern aus der Zeit um 1515. Correr hielt es nicht für opportun, die Frucht seines an Forschung und Opfern reichen Lebens Erben zu hinterlassen, die sich nicht dafür interessierten und die höchstwahrscheinlich alles so schnell wie möglich in klingende Münze verwandelt hätten. Deshalb hatte er sich entschlossen, sein Haus und seine Sammlungen der Stadt zu vermachen, mit der Auflage, das Haus für die Öffentlichkeit zu öffnen und mit dem Ertrag aus den anderen der Kommune überlassenen Gütern alle Kosten zur Erhaltung der Sammlung sowie weitere Ankäufe zu finanzieren.

Teodoro Correr scheint kein Mann von Welt und nicht einmal besonders sympathisch gewesen zu sein. Aber mag er auch starrköpfig und kleinlich gewirkt haben, was macht das schon angesichts seiner Sammler-Leistung? Nach seinem Tode galt er vielen als ansteckendes Beispiel: Viele Förderer trugen mit ihren teils umfangreichen, teils auch bescheidenen Spenden dazu bei, daß das Bild von der verlorengegangenen venezianischen Kultur nicht ganz verwischt wurde, einer Kultur, die heute nur noch in den Dokumenten und Gegenständen der Correr-Sammlung weiterlebt.

3.

Wir dürfen einen Mann nicht übergehen, der fast zum Dogen gewählt worden wäre, es aber als Sohn einer liberaleren Zeit vorzog, seinem Freund und Lehrer Giacomo Casanova zu folgen und den Schürzen nachzulaufen. Ich meine den Edelmann

Andrea Memmo, Prokurator von San Marco, dessen Palast auch am Canal Grande steht. Eine Fassade ist dem Canal zugewandt, die andere dem Campo San Marcuola, wenige Schritte nur von der unvollendet gebliebenen Fassade der Kirche San Marcuola entfernt. Wir kommen nicht umhin, dem Haus eines Sammlers wie Teodoro Correr das Haus eines anderen Sammlers gegenüberzustellen, der 150 Jahre nach ihm gelebt hat. Er war ein feinsinniger und geduldiger Mann, und er hatte im Alter von achtzehn Jahren begonnen, seltene und kostbare Gegenstände zu sammeln. Auslöser dieser Leidenschaft war eine Silbermünze, die ihm sein Vater zu diesem Geburtstag geschenkt hatte, damit er mit seinen Freunden ausgehen und feiern könne. Das rot verputzte Haus hatte zuvor Giuseppe Gatti Casazza gehört, und es steht am Canal Grande direkt hinter der Vaporetto-Anlegestelle, dem Haus Correr fast gegenüber. Es ist vier Stockwerke hoch und besitzt eine Altana, eine hölzerne Dachterrasse, auf der früher einmal zur allgemeinen Verblüffung eine stattliche Kiefer gewachsen war.

Das gotische Haus wurde im 18. Jahrhundert hier und da etwas verschönert, es erhielt zwei Bullaugen-Fenster, ein Gitter, einen Balkon im dritten Stock. Das 18. Jahrhundert war für Beppino Gatti Casazza geradezu eine Manie. Seine Hausangestellten wußten ein Lied davon zu singen und, wenn sie unter tausenderlei Vorsichtsmaßnahmen das kostbare Porzellan und das Murano-Glas ihres Herrn abstauben mußten, schimpften sie mit einem klassischen Ausdruck aus der Romagna: »boia d'un Settzènt!« (Henker von einem 18. Jahrhundert).

Mit nicht weniger als siebzig Jahren wurde Beppino Gatti Casazza im Haus immer noch »Signorino« genannt. Er war ein erfolgreicher Architekt gewesen, hatte Hotels, Paläste und Messe-Pavillons gebaut und bedeutende Ausstellungssäle ausgestattet. Aber in seiner Familie, die aus dem alten und soliden Bürgertum von Ferrara stammte, war er im Vergleich zu seinem älteren Bruder doch immer der Kadett geblieben. Der

Bruder hatte als Intendant der Metropolitan Opera in New York ebenfalls Karriere gemacht. Beppino Gatti Casazza gab alles, was er als Architekt und Raumausstatter verdiente, für sein geliebtes 18. Jahrhundert aus. Und da er kultiviert und gut informiert war, bewies er bei der Auswahl seiner Objekte eine glückliche Hand.

So hatte er eine beeindruckende Menge äußerst seltener, geradezu einzigartiger Dinge gesammelt: Möbel, kleine Gegenstände, Gemälde, Silber und kostbarste Nippesfiguren, um die ihn die Museen beneideten. Turmuhren, lackierte Uhren, Spieluhren, die sich alle fünfzehn Minuten zu einem Tanz fingergroßer Püppchen öffneten; ganze Saucieren-Familien aus Majolika in Entenform, mit einem gebogenen Löffel, in allen Größen, vom riesigen Großvater bis zum winzig kleinen Enkel; Mönchstaschen aus geflochtenem Stroh, aus geprägtem Leder oder aus ziseliertem Silber, die adlige Familien ihren Söhnen oder Töchtern schenkten, die ins Kloster gingen; echte Arlecchino-, Pantalone- und Pulcinella-Masken; *Baùte* aus gewachstem Pergament, wie man sie auf den Bildern von Guardi sieht; Stücke aus Glas, Porzellan, Schildpatt, Spazierstöcke mit Tabaksdose, Bonbonniere, Schächtelchen oder Ührchen; bemalte und bestickte Fächer; Tassen und Täßchen aus den ältesten venezianischen Manufakturen Hewelcke, Cozzi und Vezzi (äußerst selten die letzteren, denn der Vater des Grafen Vezzi, des unverstandenen Pioniers des venezianischen Porzellans, hatte vor lauter Wut über erlittene Verluste die gesamte Produktion des Sohnes in den Kanal geworfen); und schließlich eine Reihe kleiner Porzellan-Masken, seltene frühe Stücke aus Capodimonte und Venedig. Er besaß zwei kleine Gemälde von Magnasco und eines von Liotard, das aufgrund der Farbnuancierungen für einen Manet gehalten wurde; es war auch ein Giandomenico Tiepolo darunter, so schön wie ein Goya. Des weiteren hatte er im Chinoiserie-Stil lackierte Kommoden und »falsche« Lackmöbel, bei denen

Drucke von Remondini auf das Holz geklebt und zwei- oder dreimal lackiert worden waren. Sie sind noch seltener als die echten Lackmöbel. Außerdem vergoldete und vom fähigsten venezianischen Schnitzer des 18. Jahrhunderts, Antonio Corradini, mit Schnitzwerk verzierte Möbel. Schließlich gab es da auch noch eine Krippe, ganz aus Wachs, die in einem lackierten Kästchen aufbewahrt wurde, das für sich allein schon ein Meisterwerk war.

Und nur er, »il signorino«, ließ diese Dinge lebendig werden, indem er sie ohne die übertriebene Vorsicht behandelte, die manche Museen so leblos macht. Bei ihm hatten alle Gegenstände eine Funktion für das Haus und für das Leben, das sich darin abspielte. Er führte ein einfaches und ruhiges Leben, das allerdings oft durch Besuche von berühmten Wissenschaftlern unterbrochen wurde, die etwas von diesem außergewöhnlichen Sammler erfahren wollten. Der »Signorino« bat seine Gäste, auf den mit Brokatelle bezogenen Rundsofas Platz zu nehmen, um schweigend die überall verteilten Gegenstände zu betrachten, dann stand er auf, um ein Stück in die Hand zu nehmen, eine kleine Statue, ein Täßchen, ein Schächtelchen. Er sprach über diese Objekte wie über eine Person, und er schmückte ihre Geschichte mit Anekdoten und Kuriositäten aus, die einem Stück Leben aus jenem Jahrhundert gleichkamen, das für ihn und viele andere eine große Zeit gewesen war. Ein Stück von diesem Jahrhundert steckte auch in ihm: auch er bevorzugte einen gewissen exzentrischen Lebensstil, der jene dem Diesseits zugewandte Epoche so heiter gemacht hatte. Und er genoß die Bewunderung und die Freude derjenigen, die mit ihm an seinen Sammlungen Gefallen fanden.

Als er im Frühjahr 1948 starb, schien es, als wolle das Schicksal ihm den Abschied erleichtern, indem es ihn zuletzt noch einmal seine »Kreaturen« erleben ließ. Er glaubte, die kostbaren Stoffe aus Damast, Seide und Brokat zu berühren, die er in die Koffer aus silberbeschlagenem Leder gelegt hatte, welche für die Mitgift der Patrizier-Bräute aus seinem Jahrhundert bestimmt waren. Er streichelte sie, bewunderte sie, wollte sie denjenigen schenken, die ihm in seiner letzten Stunde beistanden. Seinem Tod ging der Drang voraus, das zu verschenken, was der tiefste Grund seiner Existenz gewesen war.

(Es fehlt dieser Geschichte das glückliche Ende, das sie verdient hätte. Die Sammlung ist in alle Winde zerstreut, das Haus verkauft worden. Nichts in diesem Abschnitt des Canal Grande erinnert mehr an den Sammler. Unter den Fenstern seines ehemaligen Hauses wird tausend Mal am Tag das trübe Wasser durch die Schrauben der Vaporetti und der Motorboote aufgeschäumt, welche die Urlauber zum Bahnhof und die Spieler zum nahen Städtischen Kasino bringen.)

4.

Wenn wir dem Canale nicht weiter in Richtung Rialto folgen, sondern einen kleinen Schritt zurück machen würden, bräuchten wir nicht das Thema zu wechseln. Der Palazzo Memmo führt uns mitten ins 18. Jahrhundert hinein, ja geradezu ins Herz der Widersprüche dieses großen Jahrhunderts. In der gängigen Vorstellung sind von dieser Zeit nur die frivolsten und ambivalentesten Bilder erhalten geblieben. Doch auch in Venedig, selbst in jenem Venedig, das keine große Macht mehr war und – um die Worte des vorletzten Dogen Paolo Renier zu zitieren – »auf gut Glück und dem Zufall überlassen« vor sich hinlebte, konnten noch Ideen heranwachsen und kluge Köpfe sich entfalten. Nicht unbedingt alle beschränkten sich auf die drei Beschäftigungen, die der damals führenden Schicht von bösen Zungen zugeschrieben wurden: »messeta, basseta, doneta« (Meßlein, Bassetta = Kartenspiel, Frauen), also oberflächliche religiöse Frömmigkeit, Glücksspiel und hemmungslose Sittenlosigkeit.

Einer dieser klugen Köpfe war der schon erwähnte Andrea Memmo, der trotz seiner betont libertinären Lebenshaltung und seiner zur Schau gestellten Gleichgültigkeit dem Dogenamt gegenüber in Wirklichkeit nichts anderes wollte, als selbst Doge zu werden, und sich als Kandidat ins Spiel gebracht hatte. Der Große Rat machte seine Hoffnungen jedoch zunichte, und zwar sehr schnell: als die einundvierzig Wahlmänner für den Nachfolger des verstorbenen Paolo Renier bestimmt worden waren, die mit einer Mehrheit von fünfundzwanzig Stimmen den Dogen wählen mußten, hatte Memmo auch nicht eine einzige Stimme bekommen, was ihn dermaßen erschütterte, daß er sich – wie ein Zeuge berichtete – beim Verlassen des Saals stützen lassen mußte. Memmo war in seiner Jugend ein Freund des Mannes gewesen, der als Inbegriff für das frivole und freizügige Leben dieses Jahrhunderts schlechthin galt, und zwar in ganz Europa: Giacomo Casanova. Dieser landete schließlich durch eigenes Verschulden in den Bleikammern, denen er nur mit waghalsiger Kühnheit und einer Portion geradezu unverschämten Glücks entfliehen konnte. In seinem Buch *Histoire de ma fuite des prisons d'Etat de la République de Venise* schildert er dieses Erlebnis, das so verblüffend ist, daß man es lange zu Unrecht für erfunden hielt.

An der Verhaftung Casanovas trug Andrea Memmo keinerlei Schuld, auch nicht seine beiden Brüder Bernardo und Lorenzo, die wie er mit dem ebenso brillanten wie umstrittenen Abenteurer verkehrten und sich so den Ruf von »großen Epikureern« erworben hatten, um die Worte eines Spitzels der Staatsinquisitoren zu zitieren. Die Mutter der drei Memmo-Brüder, die fromme und gottesfürchtige Lucia Pisani, hatte den Cavaliere Antonio Mocenigo (nach Aussage Casanovas) überredet, dafür zu sorgen, daß der Oberste Gerichtshof der Staatsinquisitoren ihn verhaften ließ. Denn sie war überzeugt, daß er ihre Söhne verderbe und sie zum Atheismus verführe. Nach Ansicht Casanovas eine lächerliche Anklage, weil die drei Memmos »vor Geist sprühten und eher dazu geeignet waren, zu verführen, als selbst verführt zu werden«. Tatsache war jedoch, daß Casanova, der 1750 in Lyon der Freimaurerloge beigetreten war, freimaurerisches Denken propagierte und wahrscheinlich dafür gesorgt hatte, daß Bernardo Memmo in die mächtige geheime Bruderschaft aufgenommen wurde, deren Entmythologisierung der gute Goldoni in seinen *Donne curiose* vergeblich versucht hatte.

Memmo hatte dann mit Casanova die Gunst einer Dame geteilt, die in der venezianischen Gesellschaft des 18. Jahrhunderts angeblich viel galt. Sie war die uneheliche Tochter eines englischen Edelmanns und einer wunderschönen Griechin. Auch sie, Giustiniana Wynne, war schön, von einer schmachtenden und exotischen Schönheit, die sie anscheinend außergewöhnlich verführerisch machte. Sie war frei und hemmungslos in Geist und Charakter und hatte sich rettungslos in Memmo verliebt. Auch wenn es hieß, sie habe sich ihm in der Hoffnung hingegeben, geheiratet zu werden, empfand sie zweifellos eine große Leidenschaft für ihn, die Casanova gefördert hatte, um dann seinerseits von Giustinianas Liebesdramen zu profitieren und selbst einige Blüten von ihrer unbefangenen und lebenslustigen Jugend zu pflücken.

Aber so sehr Memmo auch an Liebesabenteuern Gefallen fand (und angeblich war das bei ihm noch über das Alter hinaus der Fall, in dem ein Galan Gefahr läuft, als obszön und lächerlich zu gelten: Giuseppe Gorani, der ihn in Rom als Botschafter der Republik traf, schildert ihn als alten Ganymed, der immer nur darauf warte, »ohne Scham und in Anwesenheit der achtbarsten Prälaten und der ehrenhaftesten Frauen schlüpfrige Witze« zu erzählen), so sprach er doch genauso oder mehr noch den Abenteuern des Geistes zu. Wie Angelo Emo war er ein Schüler von Padre Carlo Lodoli gewesen, dem genialen Franziskaner, der eine ganze Generation von Patriziern, die besten ihrer Zeit, zu intellektueller Unabhängigkeit und souveräner Argumentation erzogen hatte. Der sonderbare Mönch, dessen Aussehen (nach Memmos Worten) »wenig geeignet war, um galant zu erscheinen«, mit seinem von Hämatomen übersäten Gesicht, seinen ungepflegten Haaren, »seinem buntgescheckten und fast struppigen Bart und mit seinen feurigen, durch und durch funkelnden Augen«, war ein Mann von universeller Bildung, der die erstaunliche Fähigkeit besaß, diese Bildung seinen Schülern zu vermitteln und sie dafür zu begeistern. Viele reiche Patrizier wurden Erziehern anvertraut, die ausgesprochen mittelmäßig und ungeeignet waren angesichts der großen Verantwortung den Vertretern einer Klasse gegenüber, die das Monopol der politischen Macht in Händen hatte (besser ging es den verarmten Patriziern, die auf Staatskosten in der Akademie der Adligen auf der Giudecca erzogen wurden). Doch Andrea Memmo wuchs mit einer angemessenen Ausbildung für die Laufbahn auf, die in seiner Familie niemand je zu umgehen versucht hätte, etwa um Abt zu werden wie Teodoro Correr.

Andrea Memmo war also 1759 als *Savio agli ordini* (Weiser der Ordnungsbehörde) ins Collegio gekommen (Casanova war mittlerweile weit weg, auf der Suche nach neuen Abenteuern). In der parlamentarischen Schlacht, die ein guter Freund der Giustiniana Wynne, Angelo Querini, gegen die gefürchteten Staatsinquisitoren entfesselt hatte, fühlten sich auch hochrangige Persönlichkeiten auf den Plan gerufen, wie Paolo Renier und Francesco Lorenzo Morosini, und auf der gegnerischen Seite Marco Foscarini. Bernardo Memmo, den die Spitzel der Inquisitoren als Revolutionär entlarvt zu haben glaubten, hatte auch daran teilgenommen, nicht aber Andrea. Dieser hatte es vorgezogen, sich um eine innere Reform der Institutionen zu bemühen, vor allem um die Reform der Arti, der Korporationen, die wie Fossilien in ihren restriktiven, verknöcherten Strukturen steckengeblieben waren und nun nach Jahrhunderten des Reichtums zu einem immer beunruhigenderen wirtschaftlichen Niedergang beitrugen. Vergeblich, alles war vergeblich, trotz der Unterstützung durch beherzte und hervorragende Kollegen. Sein Talent sollte sich bei wesentlich spezielleren Unternehmungen entfalten: als er Provveditore in Padua wurde, setzte er die Theorien von Padre Lodoli in die Praxis um, indem er einen Sumpf am Stadtrand in den berühmten Prato della Valle, ein Messezentrum mit öffentlichem Park, Bürgerforum und Geschäftszone verwandelte, ein Werk, das von den einen bewundert, von den anderen als futuristisch und utopisch bekämpft wurde, das aber immerhin bis heute überlebt hat.

Schließlich kam die Diplomatie, die echte Diplomatie als *Bailo* in Konstantinopel, als Botschafter und Gouverneur der venezianischen Kolonie, aber vor allem als Träger eines Amtes, das ihm die Möglichkeit gab, direkte Kontakte mit der neuen Großmacht zwischen Europa und Asien, mit Rußland zu pflegen. Giustiniana Wynnes Geliebter war mit seiner Überzeugung, daß das Osmanische Reich der Vergangenheit angehörte, seiner Zeit weit voraus. Die Zukunft dagegen sah er in den Händen Rußlands, das sich als orthodoxe Macht zum Beschützer der Griechen erklärt hatte, deren Volksaufstand er fast vierzig Jahre bevor er stattfand, vorausgesehen hatte. Rußland drängte zum offenen Meer, zum Mittelmeer, und konnte durch das Bündnis mit der Serenissima, so gebrechlich und schwach sie auch sein mochte, diesem Ziel näherkommen, während die Serenissima in Rußland eine mächtige, sehr mächtige Stütze gegen den wachsenden Druck der Habsburger zu finden hoffte.

Während Memmo nach Venedig schrieb, hatte Joseph II. von Habsburg der Zarin Katharina den Vorschlag unterbreitet, die Territorien der Republik aufzuteilen. Aber auch Katharina die Große war davon überzeugt, daß Venedig ihr am Tage der Abrechnung mit den Türken von Nutzen sein konnte, und so nahm ihr Minister in Konstantinopel Kontakt auf mit

Memmo, der den Beginn regulärer diplomatischer Beziehungen zwischen Venedig und Petersburg vorbereitete.

Von Konstantinopel kehrte Memmo nach Venedig zurück, reiste aber bald darauf als Botschafter nach Rom weiter. Dort erwartete ihn eine vollkommen andere Mission: eher bescheidene Verhandlungen über die Ernennung eines Kardinals zum Beispiel, nichts Besonderes jedenfalls. Er hätte sich eine lebendigere Botschaft gewünscht, Paris oder Petersburg. Aber in Venedig ließ er sich, obwohl er um seine gerade verstorbene Frau trauerte, mit einer Hartnäckigkeit, die seine Biographen empörte, bei allen möglichen mondänen Eitelkeiten, Bällen und Intrigen sehen, vermischte intellektuelle Studien und Meditationen »mit boccacciohaften Abenteuern voller pathetischer und oft aufreizender Frivolität«.

Das ist die Kehrseite des Jahrhunderts, die Seite Casanovas. Und der alte Freund war auch wieder in Venedig, hatte sich – um in seine Stadt zurückkehren zu dürfen – den Staatsinquisitoren als Spitzel zur Verfügung gestellt und bat Memmo um Geld. Memmo gab es ihm, ohne viel darüber nachzudenken. Er ahnte nicht, daß er ihm durch diese finanzielle Unterstützung den Weg in die zweite Katastrophe bahnte, in das zweite, dieses Mal ständige und endgültige Exil. Denn mit jenem Geld ließ Casanova eine Schmähschrift mit dem Titel *Né amori, né donne* (Weder Liebesaffären noch Frauen) drukken, in der er den Patrizier Gian Carlo Grimani von Santa Maria Formosa böse beleidigte, ihn beschuldigte, ein Bastard, ja sogar sein eigener Bruder zu sein, da er selbst sich damit brüstete, seinerseits ein Bastard der Familie Grimani zu sein ... Das war des Guten zuviel, und während Memmo nach Rom ging, um den Palazzo Venezia zu übernehmen, verließ Casanova Venedig zum letzten Mal. Er sollte die Stadt nie wieder sehen.

Als sein Auftrag in Rom beendet war, machte Memmo sich eilig daran – als dränge es ihn, die eigenen intellektuellen

Ursprünge zu erforschen –, die Papiere seines geliebten Padre Lodoli zusammenzusuchen, um sie zu katalogisieren und das Publizierbare zu veröffentlichen. Aber leider waren jene Papiere, die beim Tod des Mönchs von den Staatsinquisitoren beschlagnahmt worden waren, in einer der Bleikammern gelandet. Und als ein Staatsinquisitor, der ein Bewunderer von Padre Lodoli war, sie suchen ließ, stellte sich heraus, daß man sie mittlerweile vernichtet hatte, da sie von dem durch das Dach eindringenden Regen durchnäßt, verschimmelt und völlig unleserlich geworden waren. Übriggeblieben waren nur die Schriften zur Architektur. Memmo gab sie mit einem Vorwort heraus, das an die schönen Zeiten der gebildeten Diskussionen mit dem Mathematiker Giovanni Poleni, mit dem Literaturwissenschaftler und zukünftigen Dogen Marco Foscarini, mit Francesco Algarotti und anderen verstorbenen Schöngeistern erinnerte. Und es offenbarte eine tiefgründige, geradezu moderne Bildung, eine Intelligenz, die fähig war, das Lebendige, Neue und Revolutionäre im Denken des »großen Frate« zu begreifen, der gegen Vitruv polemisierte, der den Klassizismus und den Neo-Klassizismus in der Architektur heftig kritisierte, der über die Materialien diskutierte, die sich am besten für eine Architektur eigneten, wie er sie verstand, nämlich integriert in die Natur und komplementär zu ihr.

Mit dem scherzenden Understatement eines Grandseigneur stellte der Mann, der all dies so gut zu verstehen und zu erläutern vermochte, ein totales Desinteresse an der Politik zur Schau.

Nach eigener Aussage habe er die hohe Würde eines Prokuratoren von San Marco lediglich aus Gründen der Bequemlichkeit akzeptiert, um über »ein schönes mietfreies Haus an der Piazza« zu verfügen (die Prokuratoren hatten ihren offiziellen Wohnsitz in den Prokuratien). Doch während er in einem Brief an den Freund Casanova mit seiner Verachtung für das »elende, unbrauchbare Leben eines venezianischen Dogen« kokettierte, dachte Memmo doch an die Notwendigkeit einer »Korrektur«, einer Reform der Funktionen und Machtbefugnisse des Dogen und machte davon eine persönliche Kandidatur für dieses Amt abhängig.

Dann starb mitten im Karneval der Doge Renier. Sein Tod wurde geheimgehalten, um nicht auf die enormen Einnahmen der touristischen Hochsaison verzichten zu müssen. Aber es gab bereits Anstrengungen, Memmos Kandidatur zu verhindern. Ein Plakat wurde aufgehängt mit einem Almosen-Kästchen, das den Dogen-Hut und einen Schriftzug trug: »Almosen für den armen Prokurator Andrea Memmo.« Um diese Kandidatur zu verhindern (das fehlte uns gerade noch, dachte der konservativste und unbeweglichste Teil des Patriziats, noch ein politischer Doge, nach Renier!), trat auch der steinreiche Alvise Sebastiano Mocenigo auf den Plan. Die Tatsache, daß sein Sohn mit Lucietta Memmo, Andreas Tochter, verheiratet war, bereitete ihm dabei keinerlei Skrupel. Es wurde also Manin gewählt. Ein anderer, ebenfalls unterlegener Konkurrent, Pierazzo Gradenigo, kommentierte bitter: »Die Republik ist tot.«

Nachdem sich das Dogenamt für ihn als Chimäre erwiesen hatte, machte sich Memmo beim Kampf um die Wiederbelebung eines vitalen Teils des »Dominio da Mar« (Herrschaft über die See) der Serenissima verdient, Dalmatiens nämlich. Durch Nachlässigkeit, schlechte Regierung, Notlagen und administrative Unfähigkeit war diese Region in eine beklagenswerte Lage geraten. Memmo legte dem Senat zwei Schriften vor, in denen er die Situation rigoros analysierte und eine Reihe von konstruktiven Vorschlägen für eine Neubelebung Dalmatiens machte. Es war eine Genugtuung für ihn, daß seine Vorschläge gebilligt wurden und ihre Realisierung in Angriff genommen wurde.

Kurz zuvor hatte Giustiniana Wynne ein erfolgreiches Buch über die Morlaken, die stolzen, pittoresken, bettelarmen

Einwohner des venezianischen Dalmatien veröffentlicht. Wir wissen nicht, ob Memmo es jemals gelesen hat, aber es ist doch erstaunlich, daß die beiden Protagonisten einer so intensiven Liebesgeschichte sich, wenn auch auf Distanz, im gemeinsamen Interesse für das gleiche Volk wiederfanden. Memmo setzte zum Nutzen der Dalmatiner auch die Veröffentlichung eines Agrar-Katechismus auf Staatskosten durch, der den armen Bauern, die größtenteils Analphabeten waren, eine Berufsausbildung ermöglichen sollte.

Andrea Memmo hatte einerseits immer eine zynische Freizügigkeit zur Schau getragen (auch darin war er ein Sohn seines Jahrhunderts), andererseits jedoch war er mit aller Kraft in idealistischen politischen und sozialen Kampagnen engagiert. Er war ein Sohn seiner Zeit, verkörperte deren Tugenden und Laster. 1793 ist er in seinem Palast am Canal Grande gestorben. Er wurde in der Kirche San Marcuola bestattet.

IV

1.

Die Rialto-Brücke, schrieb Sanudo 1493, ist so gebaut, daß man sie in der Mitte öffnen kann, um den Bucintoro (das Paradeboot des Dogen) passieren zu lassen, wenn der Doge und die Signoria einen Gast der Republik zum Palast des Herzogs von Ferrara begleiten. Dieser Palast ist ein prächtiges Beispiel der venezianischen Architektur der ersten Jahrhunderte nach dem Jahr 1000 und wurde in Anlehnung an die Bauweise von Viollet-le-Duc restauriert. Das heißt, man machte neu, was nicht mehr da war, und zwar möglichst besser, als es die ursprünglichen Architekten gemacht hatten. Der Palast ist heute unter dem Namen *Fondaco dei Turchi* (türkische Handelsniederlassung) bekannt. Aber die turbantragenden Türken, die auf den Gemälden von Gentile Bellini und Jacopo Tintoretto als Zuschauer auftreten, wohnten hier gar nicht. Sie sind erst viel später, zu Beginn des 17. Jahrhunderts, hier eingezogen, als der Palast im Besitz des späteren Dogen Antonio Priuli war. Vorher, seit der Grundsteinlegung, die man im 13. Jahrhundert vermutet, war er Eigentum einer großen Familie von adligen Kaufleuten, der Pesaro oder da Pesaro gewesen. Sie trieben Handel in der Levante, aber auch im Westen, insbesondere in England. Der Palast war wie für adlige Kaufleute geschaffen: Er nahm zwar Vorbilder aus der späten römischen Kaiserzeit wieder auf, schien aber doch für Leute gebaut zu sein, die mit großen Galeeren vor dem Portikus anlegten. Commynes hatte diese

Galeeren noch auf dem Canale herumfahren und an den Kais der Häuser vertäut liegen sehen. Die Waren aus dem Orient oder aus dem Abendland – die wohlriechenden Säcke voller Pfeffer und Ingwer, die Ballen chinesischer Seide, Leinen aus Flandern und Wolle aus England, die in den großen Lagerräumen des Erdgeschosses aufbewahrt wurden – wurden unter den aufmerksamen Blicken des Hausherrn entladen, der auf das Ertönen der Glocke von San Marco, der »Trottiera«, wartete, die zur Sitzung des Großen Rats rief.

Die Türken haben sich in dem Palast etwa zu Beginn des 17. Jahrhunderts niedergelassen. Schon seit geraumer Zeit hatte man versucht, die türkischen Kaufleute, Händler und Schacherer an einem Platz zu sammeln. Sie kamen nicht nur aus der Türkei, sondern aus allen Gebieten Asiens und Europas, die dem in Konstantinopel herrschenden Sultan unterstanden: es waren also Türken, nach der Eroberung Ägyptens auch Ägypter, außerdem Albaner, Epiroten, Makedonier, Bosnier und Serben. Sie lebten verstreut in den meist verrufenen Gasthöfen und Tavernen um den Rialto herum. Obwohl sie von den gestrengen Beamten der Justizbehörde beaufsichtigt wurden, waren sie den Betrügereien der Schankwirte und Gastwirte ausgeliefert, die dabei noch durch die Vorurteile gegenüber diesen Untertanen eines Herrschers unterstützt wurden, der in regelmäßigen Abständen Krieg gegen Venedig führte und der Republik Kolonien und Herrschaftsgebiete abnahm. Den Türken wurde sexuelle Zügellosigkeit unterstellt, sie seien nur hinter den Frauen (und das war schon schlimm genug: härteste Strafen trafen die Frauen, selbst Prostituierte niederen Ranges, die sich zu Türken oder Juden »legten«) und auch hinter jungen Männern her: die Neigung der Muselmanen zur Knabenliebe war nicht nur in Venedig zum Klischee geraten, sie war eine Legende, die sich ebenso hartnäckig am Leben hielt wie die Überzeugung, daß alle Anhänger des Propheten amoralisch seien.

So hatten die Türken nach einigen mißlungenen Versuchen endlich unter staatlicher Aufsicht geeignete Lagerräume für ihre Waren, passende Räume für ihre Versammlungen und Unterkünfte gefunden, in denen sie wohnen konnten. Die Fondaci hatten diese logistische und merkantile Basis jedoch ursprünglich als Zwangswohnsitz konzipiert: im Prinzip mußten nämlich alle Türken mit Ausnahme der Diplomaten dort wohnen. Im großen und ganzen scheinen sie sich dort auch recht wohl gefühlt zu haben, obwohl das Gebäude aufgrund seiner zunehmenden Baufälligkeit Probleme bereitete. Denn als die Erben der Pesaro, in deren Besitz der Palast zurückgekehrt war, ihn 1838 zum Verkauf stellten, wohnte darin noch ein Türke mit Namen Saddo Drisdi, der nicht daran dachte, auszuziehen, und der, als man ihn dazu zwang, derart erbost war, daß er Venedig endgültig verließ.

Die große Zeit des Palastes, dessen zwei Türme die Serenissima 1627 hatte abtragen lassen und die der Ingenieur Federico Berchet 1869 gewissenhaft wieder aufgebaut hat, lag jedoch weit zurück. Die Republik hatte ihn 1381 dem Marchese von Ferrara, Nicolò d'Este, geschenkt, zum Zeichen der Dankbarkeit für dessen Unterstützung während des Krieges gegen Genua, in dem ein großer Teil der italienischen und europäischen Fürsten sich gegen Venedig verbündet hatte. Aber die idyllische Beziehung zwischen Venedig und dem Marchese dauerte nicht lange. Dreiundzwanzig Jahre später hatte sich die Republik das Geschenk zurückgeholt und begonnen, das große und schöne Gebäude als luxuriöses Gästehaus zu nutzen, um dort ausländische Gäste mit ihrem Gefolge unterzubringen, das zahlenmäßig mit der Bedeutung des Gastes wuchs. In der Folgezeit übernachteten hier die Kaiser aus dem Orient, Emmanuel II. und Johannes VIII. Palaiologos, und zweimal auch der Kaiser des Heiligen Römischen Reiches deutscher Nation, Friedrich III. von Habsburg. Weitere Gäste waren der ungewöhnliche König von Dazien, der eher einem

Mönch als einem Herrscher ähnelte und der die Republik um eine Galeere für eine Wallfahrt ins Heilige Land gebeten hatte, sowie der Infant Dom Pedro von Portugal, ein fröhlicher Lebemann, der sich auf einem schönen, vom Dogen bezahlten Fest mit mehr als dreihundert in Gold, Seide und Samt gekleideten Damen amüsierte und jeden Tag mit Pfeifern und Trompetern durch die Stadt zog, um die Frauen auf die Balkone herauszulocken. Und viele andere mehr, wie René d'Anjou, »le roi René«, der pathetisch und hoffnungslos den Thron für das Königreich Neapel beanspruchte, das seine Familie vor über einem Jahrhundert verloren hatte.

Später hatte die Serenissima den Palast der Familie d'Este wieder zurückgegeben, ihn aber weiterhin als Gästehaus benutzt. Ein Fest und eine Persönlichkeit jagte dort die andere: die Königin von Ungarn wohnte darin und die Königin von Polen, die Königin von Dänemark und der Herzog von Sachsen, der Graf von Pitigliano Nicolò Orsini mit einem Gefolge von hundertfünfzig Personen, und Johannes Corvinus, Sohn des Königs Matthias von Ungarn, mit hundert Personen ... In fünfundzwanzig Jahren bis zum Jahre 1509, als die Republik sich das Geschenk ein weiteres Mal zurückholte – der Beitritt der Familie d'Este zur x-ten antivenezianischen Liga, der Liga von Cambrai, hatte sie gekränkt –, hatten sich dort mindestens zwanzig Fürsten, Könige, Königinnen, Gesandtschaften und Botschafter aufgehalten. Und die Gäste wurden auch nicht weniger, als die Republik das Haus dem Papst geschenkt und dieser es 1527 der Familie d'Este zurückgegeben hatte. Die d'Este behielten es bis 1602 und wohnten darin bei ihren häufigen Besuchen in Venedig, die unter dem Vorwand wichtiger Staatsgeschäfte stattfanden, in Wirklichkeit jedoch vor allem, um sich zu amüsieren. Denn auch für einen so eleganten und erlesenen Hofstaat wie den von Ferrara und später von Modena war Venedig doch immer noch die Metropole nicht nur der Politik und der Geschäfte, sondern auch des Vergnügens.

2.

An den üppigen Empfängen, die die Republik all ihren Gästen bereitete, an den Zeremonien, die deren Ankunft und Abschied begleiteten, nahm die ganze Stadt, die Adligen und das Volk in großen Massen teil. Hunderte von Gondeln geleiteten bei jeder Ausfahrt den Bucintoro und die *Piati* des Dogen, große Boote, die ähnlich geschmückt waren wie die *Bissone*, die heute den Zug der Regata Storica eröffnen, und die gerudert werden wie der Bucintoro. (Bis vor wenigen Jahren wurden alle Regierenden bei ihrer Ankunft von einer Gondel geleitet – mit Ausnahme Mussolinis, der ihr – darin seiner Zeit voraus – ein Motorboot vorzog.)

Die Gäste der Serenissima kamen natürlich nicht am Bahnhof an. Ercole d'Este, der Marchese von Ferrara, wurde am Nachmittag des 17. März 1499 auf der Insel Sant'Antonio empfangen – heute befinden sich dort die Grünanlagen der Giardini von Castello. Der Doge Agostino Barbarigo mit wallendem weißem Bart war in Begleitung der Botschafter des Königs von Neapel, des Herzogs von Mailand, des Marchese von Monferrato, der Stadtherren von Rimini und vieler Patrizier bei ihm erschienen, aber niemand war in Gold gekleidet, alle trugen nur Scharlachrot. Der Besuch war der Bürgerschaft nicht sehr willkommen, der Doge begleitete den Marchese zwar mit großem Respekt bis in seine Gemächer, aber jedes Mal wenn der Marchese durch den Canal Grande fuhr, wurde er vom Pöbel, vom einfachen Volk der *Traghetti*, der Boote und der *Fondamente* mit Pfiffen und Rufen »Schmarotzer, Schmarotzer« überhäuft.

Wesentlich harmonischer verlief am 31. Juli 1502 der Besuch der Königin Anna von Ungarn, die vom Dogen Leonardo Loredan zusammen mit der Signoria und dem vollzählig versammelten Collegio empfangen wurde. Auch die Schwiegertochter des Dogen war zur Begrüßung gekommen, sie war ganz in Gold gekleidet und hatte dreiundfünfzig mit »wunderschönen und reich verzierten Edelsteinen« geschmückte Damen bei sich. Alle geleiteten den Gast in den Bucintoro, wo auf Tellern aus antikem Silber ein Imbiß für hundertfünfzig Personen gereicht wurde. Dann begannen die scharlachrot gekleideten Mitglieder der *Compagnia della Calza degli Eletti* mit den Damen zu tanzen, und so fuhr der Bucintoro mit musikalischer Begleitung zum Haus des Marchese von Ferrara, dessen Ausstattung dem Gast zu höchster Ehre gereichte.

Die Königin war »eine sehr würdevolle und tugendhafte Frau«, eben erst siebzehn Jahre alt, »schön, klein und mit sanfter Stimme«, sie amüsierte sich fabelhaft in Venedig und machte keinerlei Anstalten wieder abzureisen. Nachdem sie die Regatta erlebt hatte, äußerte sie den Wunsch, auch ein Karussell aus Booten auf dem Canal Grande zu sehen. Dieser Wunsch wurde ihr umgehend erfüllt. Dann organisierten die *Eletti* im Dogenpalast einen großen Ball mit hundertzehn Geladenen und einem Essen, das mehr als dreihundert Dukaten gekostet hatte, und die Königin tanzte mit Galeazzo Visconti. Als sie sich am 19. August endlich auf einer Galeere nach Signa an der kroatischen Küste einschiffte, atmete die Signoria auf.

Die Königin hatte in ihrem Gefolge sechshundert Münder – Franzosen, Ungarn und Mailänder –, die alle auf Kosten der Republik ernährt wurden, hinzu kamen die Festlichkeiten, Konzerte und Geschenke: viertausendfünfhundert Dukaten kosteten allein die ersten acht Tage. Aber die guten Beziehungen zu Ungarn waren für Venedig lebenswichtig, und die Königin, die schweren Herzens im heimatlichen Frankreich zu ihrer Reise aufgebrochen war (sie sollte die Gattin eines völlig Unbekannten werden, nachdem sie einen keuschen, aber leidenschaftlichen Flirt mit dem schönen Grafen von Dunois hinter sich hatte), reiste in bester Stimmung aus Venedig ab und sagte dem Dogen, daß sie sich erst bei ihrer

Ankunft in der Lagune bewußt geworden sei, wirklich eine Königin zu sein.

Für Anna von Ungarn waren die *Compagni Eletti* aufgetreten, für Francesco II. Sforza, den Herzog von Mailand, die *Reali*. Die Feste, Regatten, Umzüge und Naumachien auf dem Canal Grande wurden fast immer von diesen Compagnien organisiert, die sich »della Calza« (mit dem Strumpf) nannten, weil sie sich ursprünglich – um die Mitte des 15. Jahrhunderts – durch die Farbe ihrer Beinkleider voneinander unterschieden, damals wichtiger Bestandteil der männlichen Kleidung. Die Compagnien waren von jungen Männern, vor allem von Patriziern gegründete Vereine, deren Zweck in der Organisation von Festen, Bällen, Banketten, aber auch von Schauspielen und Theatervorführungen bestand. Ihnen anzugehören, galt als elegant, und viele ausländische Fürsten und Herren waren gerne auf das Angebot der Mitgliedschaft eingegangen, hatte diese sogar zuweilen angeregt. Lionello Venturi hat zwischen 1487 und 1565 dreiundzwanzig dieser Vereinigungen gezählt, der Chronist Marino Sanudo nennt sogar vierunddreißig. Alle gaben sich phantasievolle, scherzhafte oder auch feierliche Namen: es gab die Ewigen, die Königlichen, die Mächtigen, die Bescheidenen, die Hartnäckigen, die Unsterblichen, es gab die Gemüsegärtner und die Ziergärtner, die Puppen und die Unbehosten, die Feierlichen und die Treuen, die Schönen, die Großzügigen, die Glücklichen, die Höflichen, die Leidenschaftlichen, die Immerwährenden … Weise wie immer hatte es die Regierung der Republik zu einem bestimmten Zeitpunkt für sinnvoll gehalten, diesen Clubs die Organisation der Festlichkeiten zu Ehren wichtiger Gäste anzuvertrauen. Sie zahlten gepfefferte Mitgliedsbeiträge und verpflichteten sich, bei ihrer Hochzeit die Vereinskollegen zu zwei schönen Festessen einzuladen. Nach dem Charakter der Veranstaltungen zu urteilen, die sie »pour le plaisir« organisierten, mußten sie Leute mit gutem Geschmack und oft auch mit großer Kultur sein. So wurde am 3. Juli 1524 die sonntägliche Sitzung des Großen Rats ausgesetzt, um den Patriziern die Möglichkeit zu geben, an den Festlichkeiten teilzunehmen, die von den jungen Mitgliedern der *Compagnia dei Valorosi* (der Tapferen) zu Ehren des Herzogs von Urbino, dem obersten Befehlshaber des venezianischen Heeres, auf dem Canal Grande veranstaltet wurden. Auf zwei großen, miteinander vertäuten Schiffen, die mit Sonnensegel, Fahnen und eleganten Wandteppichen herausgeputzt waren, kamen die »sehr gut gekleideten und mit Goldketten und Juwelen geschmückten« Damen gemeinsam mit den ein Wams tragenden Compagni und holten den Herzog ab, der sie in Begleitung des Botschafters von Mailand, des Prokurators Pesaro und des Messer Domenico Zorzi erwartete. Als alle an Bord waren, wurde der Tanz eröffnet. Eine kurze Tanzpause wurde eingelegt, als die beiden Boote sich teilen mußten, um unter der Rialto-Brücke durchzufahren. Dann ging es weiter bis zur Höhe von Ca' Foscari, wo die Gäste dem Finale einer Regatta mit Vierer-Gondeln beiwohnten. Von dort fuhren die *Burchioni* weiter, immer noch mit Musik, bis zur Punta della Dogana, wo auf einigen *Peate* der Tisch für das Festessen hergerichtet war, dem wiederum Tanz bis in die tiefe Nacht folgte. Der Chronist Sanudo berichtet, daß »unzählige Boote« unterwegs waren und daß »die Häuser am Canal Grande den ganzen Tag festlich geschmückt waren«. Am nächsten Tag gab es weitere große Spektakel: zwei provisorische Brücken führten über den Canal Grande bei Ca' Foscari und bei Corpus Domini, wo eine Pantomime aufgeführt, auf silbernem Geschirr ein Imbiß für fünfhundert Personen gereicht und eine Regatta für Frauen veranstaltet wurde. Alles in allem gaben die zwanzig Compagni, zuzüglich der beiden Neulinge Vincenzo Pasqualigo und Antonio Grimani, mehr als tausend Dukaten aus.

3.

»Stelio glaubte an der Schwelle seines Hauses, auf der Fondamenta Sanudo die Gestalt von Daniele Gláuro zu erkennen.

– Ach, Stelio, ich habe auf dich gewartet! rief die kummervolle Stimme ihm zu, in das Getöse der Glocken hinein. – Richard Wagner ist tot!

Die Welt schien verarmt.«

Das sind Zeilen aus dem Roman *Das Feuer* von Gabriele D'Annunzio. Und von Gabriele D'Annunzio stammt auch der Gedenkstein an dem Mäuerchen direkt neben dem großen Palazzo Vendramin Calergi: »In questo palagio/ l'ultimo spiro di Riccardo Wagner/ odono le anime/ perpetuarsi/ come la marea che lambe i marmi«.(In diesem Palast/ hören die Seelen/ den letzten Atemzug von Richard Wagner/ fortleben/ wie die Fluten, die den Marmor umspülen).

Die von D'Annunzio verfaßte Inschrift ist integraler Bestandteil der Geschichte eines Mythos und der Geschichte des Palastes, in dem am 13. Februar 1883 mit dem Beistand seiner Frau Cosima Liszt und seines Gondoliere Luigi (venezianisch Gigio) Trevisan, genannt Ganassete, der Maestro nach einem Herzanfall sein Leben aushauchte. Ich weiß nicht, wie ernstgemeint der von vielen ausgedrückte Wunsch ist, an einem bestimmten Ort zu sterben. Aber Wagner scheint tatsächlich des öfteren gesagt zu haben, daß er in Venedig sterben wolle. Er fühlte sich sicherlich wohl in dieser Stadt, die ihm von der ersten Begegnung an gefallen hatte, als er im Café auf der Piazzetta sitzend das venezianische Leben betrachtete, das sich vor seinen Augen abspielte, und es ihm schien, als wohne er einer ganz außergewöhnlichen Theatervorstellung bei. Und trotz mancher Klage über die Kälte fühlte er sich im Palazzo Vendramin Calergi wohl, dessen Mezzanin-Geschoß er gemietet hatte. In dieser Wohnung hatten nach dem Verkauf des Palastes die letzten Abkömmlinge der Familie Vendramin gelebt.

Wagner hatte sie auf seine Weise mit üppigen karminroten Veloursstoffen und Vorhängen geschmückt, ein Kitsch, der ganz der Mode jenes Vierteljahrhunderts entsprach, das in überladene Interieurs und Plüschsofas verliebt war.

Wie es zu jener Zeit alle zu tun pflegten, die sich in Venedig niederließen, hatte auch Wagner eine Gondel gekauft und einen persönlichen Gondoliere in seinen Dienst genommen. Und der treue »Ganassete«, der ihm auch bei Tisch servierte und ihm beim Ankleiden half, brachte ihn jeden Tag zum Ufer der Piazzetta, vielleicht nach einem kurzen Halt bei den Gallerie dell' Accademia, um Tizians *Mariä Himmelfahrt* zu bewundern. Es geht das Gerücht, daß er ihn beim Rudern auch hin und wieder mit einigen Oktaven von Torquato Tasso erfreute, die er nach dem alten Brauch des 16. Jahrhunderts »alla barcarola«, in einer eintönigen Melodie sang, die der Maestro ganz besonders liebte. Wenn er an der Piazzetta ausgestiegen war, wandte er sich ruhigen Schritts dem Café zu, wo er bei schönem Wetter gern im Freien saß. Und wenn dort die städtische Kapelle spielte – deren Konzerte bei den Venezianern einst sehr beliebt waren – (normalerweise spielten sie am Sonntagnachmittag, bei verschiedenen Anlässen aber auch abends nach dem Essen), dann hörte er gerne auch ein paar eigene Kompositionen in der Bearbeitung für diese Musiker, deren Instrumente so gar nicht der herkömmlichen Kapelle entsprachen. Manchmal kam es vor, daß der Kapellmeister in der Menge, die sich um die Tische des »Lavena« oder des »Quadri« drängte, das berühmte runzelige Gesicht erkannte (viele Jahrzehnte später erzählte der Dichter Benno Geiger, der Wagner als Kind gesehen hatte, daß dieses im Alter gelblich gewordene und von einem dichten Netz von Falten gezeichnete Gesicht ihn an die *stracaganasse* erinnerte, jene getrockneten Kastanien, die bei den venezianischen Jugendlichen einmal so beliebt waren). Dann stieg er von der Bühne herab, näherte sich dem Maestro und bat ihn, ihnen die Ehre zu erweisen, selbst zu dirigieren. Und der Maestro stand unter Beifall des Publikums auf, das ihn an seiner charakteristischen Kopfbedeckung, einer großen samtenen Baskenmütze erkannt hatte, stieg langsam auf das Dirigentenpult, nahm den Taktstock in die Hand und dirigierte den »Einzug der Götter in die Walhalla«, die Ouvertüre des Tannhäuser oder ein anderes Stück, dem die Menge auf der Piazza in andächtigem Schweigen lauschte.

Mit dem Palast, in dem Wagner lebte und starb, bricht die Epoche der feierlichen Monumentalität, der erhabenen Grandiosität am Ufer des Kanals an. Die zweimal wiederholte Inschrift auf dem Sockel des Gebäudes – »Non nobis, domine, non nobis« – ist nicht, wie man glauben machen wollte, ein Akt der Demut, im Gegenteil: der hier eingemeißelte Psalm-Vers ist das Motto des Tempelritterordens, des mächtigsten und stolzesten aller seit den Kreuzzügen entstandenen militärischen und religiösen Orden, und nur aus maßlosem Hochmut hatte der Ordensgründer diesen Vers ausgewählt.

Nicht um uns zu rühmen, oh Herr, sondern Deinen Namen, lautet der vollständige Vers, was unausgesprochen auf irgendeine erhabene Heldentat anzuspielen scheint. Gewiß, Andrea Loredan war nach Aussage des Ahnenforschers Capellari Vivaro als stolzer, kluger und eigenwilliger Mann bekannt. Diese Eigenschaften schienen in der Familie zu liegen: auch einige seiner nächsten Verwandten waren zur Zeit der größten Machtentfaltung der Serenissima stolze und überaus kluge Persönlichkeiten. Andrea Loredan war der Sohn von Messer Niccolò aus dem Bezirk von Santa Maria Formosa und gehörte der gleichen Familie an wie Pietro Loredan, ein hervorragender Krieger und Seefahrer. Im Dogen-Konklave von 1423 hatten die Wahlmänner ihm Francesco Foscari vorgezogen, und dies und andere Widrigkeiten konnte der stolze Admiral nicht verkraften. So hat er sich nach seinem Tod in der Kirche von Sant'Elena mit nackten Füßen und mit einem Stein unter dem

Kopf bestatten lassen. Das Grabmal für ihn und seinen Sohn Jacopo, der nicht weniger streng und hochmütig war als sein Vater, zeigte die beiden Krieger in ihrer Rüstung nebeneinander ausgestreckt. Es war aus hart und abweisend wirkendem Marmor und bildete die Toten so ab, wie sie zu Lebzeiten gewesen waren.

Trotz seines schwierigen Charakters war Andrea Loredan ein Kunstkenner und als solcher hatte er Mauro Codussi protegiert und unterstützt, den Architekten aus Bergamo, der die neuen Renaissance-Harmonien durchgesetzt hatte und für ihn die Kapelle auf der Insel San Michele gebaut hatte, in der er auch bestattet werden sollte. Codussi bekam von Andrea Loredan den Auftrag, das bis dahin höchste Gebäude am gesamten Canal Grande zu bauen.

Wann der große Bau begonnen wurde, ist nicht ganz sicher. Im Jahre 1500, als Jacopo de' Barbari den Stich des großartigen perspektivischen Stadtplans von Venedig anfertigte, auf dem wir andere Werke von Mauro Codussi bereits erkennen können, war der Palast noch nicht da. Er scheint jedoch schon neun Jahre danach bewohnt gewesen zu sein. Da Andrea Loredan kinderlos starb, hatte er ihn seinen Neffen Antonio, Alvise und Domenico als Fideikommiß »zu treuen Händen überlassen«. Diese aber hatten ihn zunächst an verschiedene Personen vermietet (1566 wohnten im ersten Stock zwei Patrizier Donà, die zweihundert Scudi Miete zahlten, im zweiten Stock Ser Pietro Badoer für hundertdreiundvierzig Scudi) und verkauften ihn schließlich für fünftausend Dukaten an den Herzog von Brunswick, der ihn für fünfundneunzigtausend Dukaten wiederum an den Marchese von Mantua, Guglielmo III. von Gonzaga, weiterverkaufte. Aber der Gonzaga zahlte nicht, es kam zum Rechtsstreit, und Caterina von Brunswick brachte den Palast zur Versteigerung. Für nur sechsunddreißigtausend Dukaten erstand ihn ein Edelmann aus Candia (Kreta), Vettor Calergi.

Calergi, Calerghi oder Kallerghis: »eine der zwölf großen Familien der kretischen Archonten«, sagt Fürst Michail-Demeter in seinem *Dictionnaire historique et généalogique des grandes familles de Grèce, d'Albanie et de Constantinople.* Eine schreckliche Familie, sagen wir: denn ein großer Teil der andauernden Unruhen, die die große, seit 1205 zu Venedig gehörende Insel Kreta erschüttert haben, ist auf sie und ihren verletzten Stolz (schon wieder der Stolz!) zurückzuführen. Die Republik hatte sie nicht im Großen Rat von Candia zugelassen, der in kleinerem Maßstab das Versammlungsorgan des Mutterlandes widerspiegelte, aber ausschließlich den venezianischen Patriziern vorbehalten war, die auf die Insel übergesiedelt waren, um sie zu kolonisieren. Die Familie Calergi saß lediglich im Feudal-Rat, in der weniger bedeutenden Versammlung der Feudalherren der Insel. Die 1283 von ihnen angestachelte Revolte dauerte nahezu siebzehn Jahre, dann hatte Venedig nachgegeben und die Calergi ins Patriziat aufgenommen. Doch 1341 und 1363 hatten sie erneut rebelliert; der letzte Aufruhr hatte sich gegen den massiven Steuerdruck und die maßlose Ausbeutung der Insel durch die Venezianer gerichtet und auch viele kretische Feudalherren venezianischer Herkunft miteinbezogen. Die aufrührerischen Feudalherren planten, die venezianische Herrschaft durch die Signoria eines Calergi, nämlich Giovanni, zu ersetzen.

Die Erhebung wurde durch einen militärischen Eingriff niedergeschlagen. Francesco Petrarca, der sich zu der Zeit gerade in Venedig aufhielt, konnte von den Fenstern seiner Unterkunft an der Riva degli Schiavoni aus sehen, wie die Galeere von Pietro Soranzo in den Hafen einlief. Die Ruderer waren zum Zeichen des Sieges mit Lorbeerkränzen geschmückt. Aber schon bald kam es zu neuem Aufruhr, und dieses Mal war die Niederwerfung schrecklich: einige Mitglieder der Familie Calergi wurden enthauptet, andere als Gefangene nach Venedig gebracht. Vettor Calergi, der Käufer des Loredan-Palastes, stammte von einem Giorgio ab, der wegen seiner im Krieg gegen Genua geleisteten Dienste wieder in den Adel aufgenommen worden war. Aber sein Vater Matteo wurde, obwohl er in erster Ehe mit einer Donà und in zweiter mit einer Emo verheiratet war, für so wenig vertrauenswürdig gehalten, daß der venezianische Generalinspektor in Kreta, Marin Cavalli, ihn sogar töten ließ.

Die sturmbewegte Familie der kretischen Archonten sollte nicht lange am Ufer des Canal Grande bleiben. Aus seiner Ehe mit Isabetta Gritti hatte Vettor Calergi nur eine Tochter, Marina, und sie brachte bei ihrer Heirat mit N.H. Vincenzo Grimani von Santa Maria Formosa den von ihr bewohnten Palast »Non Nobis Domine« mitsamt allen Gütern in Candia und in Venetien in die Familie Grimani ein. Entsprechend dem am 6. November 1634 aufgesetzten Testament wurde der Besitz nach dem Erstgeburtsrecht vererbt, aber mit der Verpflichtung für den jeweiligen neuen Besitzer, dem eigenen Namen den Namen Calergi und dem eigenen Wappen das Calergi-Wappen hinzuzufügen.

Doch auch wenn Vincenzo die kriegerischen Traditionen des Hauses Calergi durch die prunkvollen Neigungen des Hauses Grimani ersetzte, indem er von Vincenzo Scamozzi einen neuen Palastflügel errichten ließ, der auf den am Canal Grande liegenden Garten ging, waren der rebellische Geist und die Grausamkeit der Calergi mit Marina nicht erloschen. Was sich sehr bald zeigen sollte.

Mit Vincenzo Grimani hatte Marina Calergi vier Söhne, Vettor, Antonio, Giovanni und Piero. Das Erstgeburtsrecht war zunächst an den früh verstorbenen Antonio und von ihm auf Giovanni übergegangen, der 1648 Maria Loredan heiratete, die vielleicht aus einer dem Gründer des Palastes nahen Seitenlinie stammte. Der Erstgeborene Vettor war Priester geworden und daher vom Erbrecht ausgeschlossen, was ihn wenig gereut haben wird, da es ihm gelungen war, sich die Renditen von drei sehr reichen Abteien zu sichern, von Moggio und Rosazzo im Friaul und von San Zeno in Verona.

Ein Jahr vor der Hochzeit von Giovanni Grimani Calergi und Maria Loredan war der Abate Vettor zum ständigen Exil verurteilt worden, weil er Büchsenschüsse auf einen Polizeibeamten hatte abgeben lassen, als dieser an ihn gerichtete Schmuggelware beschlagnahmt hatte. Er hatte sich das Urteil nicht sehr zu Herzen genommen. Der Krieg gegen die Türken, die Kreta erobern wollten, war in vollem Gange, und sein Angebot, einen Monat lang auf eigene Kosten zweihundert Soldaten zu unterhalten, war mehr als genug, um die Annullierung des Urteilsspruchs zu erwirken. Im übrigen, so merkte der Abate in einem kleinen Gedicht an, waren in dem Zehnerrat, der ihn verurteilt hatte, lauter Männer, junge und alte, denen er es ausgiebig heimgezahlt hatte, indem er »ihnen Hörner aufsetzte.« Die Situation als Geistlicher verhinderte natürlich keineswegs Liebesabenteuer. Ein Abate Corner, Sohn eines Dogen, war nach dem Raub eines Mädchens sehr billig davongekommen (er soll einige Jahre später sogar Bischof von Padua geworden sein), und Vettor Grimani Calergi war nicht der einzige Priester, der unentwegt die Theater aufsuchte, weil er auf Liebesaffären aus war. Im Theater hatte er sich eine Anna Maria Santelli, genannt die Campaspe, geangelt, die ihm sehr gefallen hatte.

Die Schauspieler der Commedia dell'arte, Männer wie Frauen, waren alles andere als Moralapostel, aber der Lebenslauf der Campaspe sprengte sogar in dieser abenteuerlichen Gruppe von umherziehenden Schauspielern den Rahmen des Üblichen. Sie war Kurtisane in Rom und in Florenz gewesen (in Rom war sie öffentlich ausgepeitscht worden, weil sie etwas besonders Schlimmes angestellt hatte), und in Venedig stand sie weniger auf der Bühne, sondern übte im wesentlichen das älteste Gewerbe der Welt aus. Aber der stolze Abate, der mit offenen Händen sein Geld für sie ausgab, ließ keine Untreue zu, und das sollte die arme Campaspe eines Abends im Mai am eigenen Leibe zu spüren bekommen. Sie stand in Begleitung eines Verehrers auf dem Balkon eines Hauses am Canal Grande in der Nähe des Palazzo Balbi »in volta de Canal« (in der Kanalbiegung), um etwas frische Luft zu schnappen, als aus einer Gondel, die unten auf und ab fuhr, von einem der Haudegen Vettors Büchsenschüsse abgegeben wurden, die sie zwar nicht töteten, ihr aber das Gesicht verunstalteten.

Eine solche Missetat mitten auf dem Canal Grande konnte nicht ungestraft bleiben. Die Zehn traten auf den Plan, »proklamierten« den Abate und verurteilten ihn zu fünf Jahren Dunkelhaft. Doch da zeigten die Calergi, was an Aufrührertum und Kühnheit in ihnen steckte: Giovanni und Piero Grimani postierten sich mit einer großen Zahl Bravos in einer Gondel unter dem Ponte della Paglia, und als der Abate, der zuvor instruiert worden war, schreiend auf den Kerkermeister loszugehen begann, der ihn wieder in die Zelle sperren wollte, stürmten sie den Palast der Gefängnisse, brachen die Eingangstüren auf, töteten den Garde-Hauptmann des Zehnerrats, sprangen schließlich allesamt in die Gondel und flüchteten mit heftigem Ruderschlag.

Aber über diesem gewalttätigen Leben schwebte drohend die Tragödie. Die Brüder Grimani Calergi besaßen gemeinsam mit den Grimani vom Zweig Santa Maria Formosa das Theater San Giovanni Crisostomo und kümmerten sich voller Leidenschaft um die Ausstattung der Inszenierungen. Und wegen einer Loge in diesem Theater entbrannte eine wilde Feindschaft zwischen ihnen und einer anderen reichen und mächtigen Familie, deren Beiname sich auf die Dodekanische Insel Stampalia bezog, die sie 350 Jahre lang als Lehen besessen hatte. Auch die beiden Brüder Polo und Francesco Querini waren anmaßend und selbstherrlich, sie erpreßten und terrorisierten die Bewohner ihrer Ländereien, vor allem Francesco, der sogar eine Art *jus primae noctis* über die Mädchen aus seinen Besitztümern geltend machte. Aber vielleicht waren sie dennoch nicht ganz so schlimm wie die Grimani Calergi. Polo, der Erstgeborene, hatte sich zum Prokurator von San Marco wählen lassen, indem er dem Staat zwanzigtausend Dukaten zur Bestreitung der Kriegskosten anbot. Francesco, ein mutiger Mann, hatte in der Schlacht um Candia unter dem Befehl des Provveditore generale Leonardo Foscolo eine Galeere kommandiert.

Der Zehnerrat wußte um die Feindschaft zwischen den beiden Familien und überlegte, wie er dieses beunruhigende Problem lösen könne. Letztlich wurde beschlossen, die Mitglieder beider Familien – die Grimani und die Querini – unter Hausarrest zu stellen (nur der Abate hielt sich nicht daran, da er die Premiere einer Oper von Francesco Cavalli, *Statira principessa di Persia*, zu der Gian Francesco Busenello das Libretto geschrieben hatte, nicht versäumen wollte). Da die Spannung wuchs, wurden die Grimani nach Korfu und die Querini nach Zara verbannt, aber das Exil dauerte nur kurze Zeit. Am 15. Januar 1659 waren die drei Brüder Grimani im Theater Santi Giovanni e Paolo bei der Generalprobe einer anderen, von G.B. Rovettino komponierten Oper, *La costanza di Rosmunda*, deren Libretto von Aurelio Aureli stammte. Und als Giovanni und Piero in tiefster Nacht mit der Gondel nach Hause fuhren, traf eine Salve von Gewehrschüssen das Boot und durchlöcherte es.

Der Abate, der im Theater geblieben war, um mit den Sängern zu plaudern, hatte die Schüsse gehört. Seine Bravos durchkämmten wie Spürhunde das ganze Gebiet, und ihre Suche war erfolgreich.

Francesco Querini war allein in der Nähe des Theaters zurückgeblieben, um eine Pistole zu suchen, die ihm aus der Tasche gefallen war; seine Truppe hatte sich nach den Schüssen auf die Flucht gemacht. Die Haudegen des Abate faßten ihn.

In der Zwischenzeit war Vettor Grimani zu Hause angekommen, wo er seine Brüder antraf, die vor Schreck noch in heller Aufregung waren. Wenige Minuten später wurde ein bleicher, verstörter Francesco Querini von den Bravos herbeigeschleppt.

Was wirklich geschehen war, wird man niemals erfahren. Nach Aussage der Brüder Grimani hatten die wild gewordenen Bravos Querini getötet; andere erklärten, es sei Giovanni Grimani gewesen, der noch unter dem Einfluß äußerster Erregung einen Pistolenschuß auf den Unglückseligen abgegeben und so die Wut der Bravos angepeitscht habe. In einer anderen Version, der etwas Legendäres anhaftet, heißt es, daß der Abate ihn von einem Tiger, den er im Garten gehalten habe, habe zerfleischen lassen. Der diplomatische Beauftragte der Medici schrieb nach Florenz, daß die Leiche Querinis ins Meer geworfen worden sei, damit man nicht die vielen gräßlichen Wunden sähe, die seinen ganzen Körper entstellten. Nach Aussage des Abgesandten des Herzogs von Parma hatte man ihn hingegen in den tiefen Canal Orfano geworfen, und wie der Herzog von Modena wiederum berichtete, war der Leichnam verbrannt worden. Die Grimani flohen, die öffentliche Meinung der Stadt war gespalten: viele rechtfertigten das Verbrechen als eine Vergeltung für das zuvor von Querini verübte Attentat. Die Herzöge von Modena und Parma und auch der Fürstbischof von Trient ergriffen die Partei der drei Grimani-Brüder. Was den Zehnerrat nur noch mehr beunruhigte, so daß er sie zum lebenslänglichen Exil verurteilte und ihnen ihren Adelstitel wegnahm, ohne die Möglichkeit der Berufung oder der Revision. Im Falle der Zuwiderhandlung müßten sie mit dem Tode rechnen: auf ihre Tötung oder Gefangennahme würde ein hohes Kopfgeld ausgesetzt. Der Palast sollte vermietet werden, die Mieteinnahmen flössen dem Zehnerrat zu, der von Scamozzi gebaute Flügel sollte abgerissen und ein Schandpfahl errichtet werden mit der Inschrift: »Der Abate Vettor, Zuanne und Piero, die Brüder Grimani wurden verbannt, weil sie entgegen der öffentlichen Freiheit Ser Francesco Querini, den Sohn des verstorbenen Zan Francesco auf barbarische Weise in ihr Haus gebracht und ihn mit vielen Büchsenschüssen getötet haben.« Ende Januar 1659 waren hundert Arsenal-Arbeiter bereits mit den Abrißarbeiten beschäftigt.

Darauf begann eine regelrechte Kampagne für die Rehabilitierung der drei Missetäter. Anfangs ohne Erfolg: das Bittgesuch, in dem sie anboten, tausend unter Waffen stehende Männer einen Monat lang zu unterhalten, wurde zurückgewiesen (»alle Cavalieri und der Stand der wahren Herren fühlen sich von diesem Unrecht mit verletzt«, schreibt ein Zeitgenosse). Aber kurz darauf wurde es dem Zehnerrat nochmals vorgelegt und – gebilligt: die Grimani erhielten ihren Adelstitel wieder und kehrten triumphierend nach Venedig zurück.

Die Geschichte war damit jedoch noch nicht zu Ende. Vier Jahre nach der Ermordung von Francesco Querini besuchte Maria Loredan, Giovanni Grimani Calergis Frau, jeden Tag in der Fastenzeit die Franziskaner-Kirche San Giobbe am Ende des Rio di Cannaregio. In San Giobbe fanden wie in den anderen Kirchen der Stadt während der Fastenzeit die traditionellen Predigten statt. Maria wurde von zwei Hausangestellten begleitet; die Gondolieri warteten am Ufer. Als die Fastenzeit vorüber war, besuchte die fromme Dame weiterhin diese Kirche, in welcher der Doge Cristoforo Moro ruht, ein guter Freund des heiligen Bernhard von Siena.

Ostern war eben vorüber, als ein Mönch im Palazzo Grimani Calergi vorsprach und um eine Unterredung mit Ser Giovanni bat, um ein Gespräch unter vier Augen. Als der Mönch fortging, fiel einigen auf, daß Giovanni verändert, ja verstört wirkte.

Am Nachmittag des Weißen Sonntags war Maria Loredan wieder in San Giobbe, sie kniete vor dem Hochaltar. Die beiden Hausangestellten saßen hinter ihr auf einer Bank. Kurz darauf trat ein sehr junger und schöner Edelmann ein und nahm nicht weit entfernt von Maria Platz.

Nach und nach leerte sich die Kirche, und im sich ausbreitenden Dunkel stand Maria Loredan auf und ging in eine der Seitenkapellen. Der junge Patrizier folgte ihr wenig später. Kurz darauf sprang eine der Hausangestellten auf und eilte erregt zu der Kapelle. Der junge Mann kam unverzüglich heraus und floh durch eine Seitentür. Durch den Haupteingang trat Giovanni Grimani Calergi in Begleitung des Mönchs.

Die traurige Geschichte kam vor den Zehnerrat. Der junge Herr war Ser Polo Nani aus dem reichen und mächtigen Zweig von San Trovaso. Die Zehn befanden ihn für schuldig, »sich in die Kirche von San Giobbe begeben zu haben, dort stundenlang verweilt und mit einer Person, die ihn dort eigens erwartete, abscheuliche und gotteslästerliche Akte hemmungsloser Wollust verübt zu haben«. Zu seiner Verteidigung erschien er nicht. Er wurde verbannt, sollte er zurückkehren, drohte ihm die Todesstrafe, und die Konfiszierung seiner Güter wurde angeordnet. Die Familie Grimani jedoch griff zur Selbstjustiz: nach zwanzig Tage währenden, grausamen Schmerzen, »zerfleischt von anhaltendem Fieber und einer inneren Entzündung«, starb Maria Loredan Grimani im Alter von neunundzwanzig Jahren. Allem Anschein nach hatte der Abate Vettor ihr tropfenweise ein äußerst langsam wirkendes Gift verabreicht und sie unter Krämpfen sterben lassen. Innerhalb kürzester Zeit traten in aller Stille auch der denunzierende Mönch, die beiden Hausangestellten und die beiden Gondolieri von der Bühne des Lebens ab. Die Rache war vollzogen, gründlich und erbarmungslos. Aber auch Giovanni Grimani sollte seine Frau nicht sehr lange überleben: er starb knapp ein Jahr später an einem Fieber, ohne sich je wieder von seiner düsteren Niedergeschlagenheit erholt zu haben. Noch ein Jahr, dann war der Abate Vettor an der Reihe: er starb, so erzählt Andrea da Mosto, an »der Krankheit des kalten Kräfteverfalls«, ohne Fieber und ohne andere Symptome an einer Art fortschreitender Auszehrung. Nur Piero überlebte. Er wurde Statthalter im Friaul, Gouverneur jenes schönen venezianischen Besitztums. Und Polo Nani? Er erreichte die Revision seines Prozesses und wurde im Februar 1664 freigesprochen. Viele Jahre später würde er als Dogenberater ein Kollege von Vincenzo Grimani Calergi sein, dem Sohn der Frau, die ihn geliebt hatte und für ihn gestorben war.

4.

Vettor Grimani Calergi, der Sohn von Giovanni und Maria Loredan und somit Neffe des grausamen Abate, war ganz anders als dieser. Er war ein ruhiger venezianischer Senator, der die Literatur der Politik vorzog und eine schöne Bibliothek zusammengestellt hatte. Sein Bruder Vincenzo hatte Karriere gemacht, war auch Mitglied des Zehnerrats und Staatsinquisitor gewesen, Mitglied des Organs also, das im Laufe des 17. und vor allem des 18. Jahrhunderts die ursprünglich dem Zehnerrat zustehende Funktion der obersten Polizeibehörde zum großen Teil übernommen hatte. Unter seinen Nachkommen waren nur zwei Enkelinnen, Chiara und Cecilia, von denen die eine mit Nicolò Tron, die andere mit Girardo Sagredo verheiratet war. So war das Erstgeburtsrecht zum einzigen männlichen Nachkommen, zu Vettor, zurückgekehrt. Und der mittlerweile achtzigjährige Junggeselle Vettor bestimmte zu seinem Erben den Cousin Nicolò Vendramin, natürlich wiederum mit der Verpflichtung, Namen und Wappen der Calergi dem eigenen hinzuzufügen. In seinem Testament verfügte Vettor Grimani unter anderem über zwei sehr bedeutende Kunstwerke: die *Darstellung im Tempel* von Giovanni Bellini, das er dem Erstgeburtsrecht unterstellte, und das *Urteil des Sa-*

lomon von Giorgione, das er dem Ehemann seiner Großnichte Chiara, dem Cavaliere Nicolò Tron hinterließ. Heute hängt das Giorgione-Gemälde in den Uffizien.

Die Familie Vendramin gehörte zu den »case novissime«, sie war 1381 ins Patriziat aufgenommen worden, hatte auch einen Dogen gestellt. Berühmt wurde sie jedoch vor allem durch ihre Sammelleidenschaft und ihre Funktion als Kunstmäzene. Im 16. Jahrhundert hatte Gabriele Vendramin unter anderem das weltberühmte *Gewitter* von Giorgione und ein Skizzenbuch von Jacopo Bellini besessen. Nicolò Vendramin Calergi brachte zwei Kunstwerke in den »Palazzo Non Nobis Domine«: die Statuen von Adam und Eva, die Antonio Rizzo für das Denkmal des Dogen Andrea geschaffen hatte und die zuvor von den Mönchen von Santa Maria dei Servi wegen ihrer Nacktheit abgelehnt worden waren, und die beiden vielleicht aus dem Artemis-Tempel in Ephesos stammenden Säulen aus Jaspis, die Caterina Cornaro, die Königin von Zypern, ihrer mit einem Vendramin verheirateten Schwester Cornelia geschenkt hatte.

Das Jahrhundert verlief ruhig, die düsteren Erinnerungen waren in die Ferne gerückt, nahezu erloschen. Nach dem Ende der Serenissima wohnten noch zwei Abkömmlinge der Familie im Palast, die Grafen Nicolò Gasparo und Gasparo Francesco Vendramin Calergi.

Doch am 23. März 1844 wurde der Palast von anderen Erinnerungen, anderen Nachklängen einer tragischen und grandiosen Vergangenheit heimgesucht, in der Tragweite nicht vergleichbar mit den Schurkereien des Abbé Vettor. An jenem Tag ging der Palast über den Notar Paolino Comincioli für 160.000 österreichische Lire in den Besitz Ihrer Königlichen Hoheit Maria Carolina Ferdinanda Luisa von Bourbon über, Herzogin von Berry. Sie war die Schwiegertochter des letzten französischen Königs, Karl X. aus dem Zweig der Bourbonen, und dieser war wiederum der Bruder von Ludwig XVI. und Schwager der Marie Antoinette, die der Revolution zum Opfer fielen. Ludwig XVI., damals noch Graf von Artois, hatte als junger, reicher und gänzlich unbedarfter Mann der Herzogin von Berry den Hof gemacht und sie dabei kompromittiert. Sie war die Witwe von Charles Ferdinand, Herzog von Berry, der am Eingang der Pariser Oper von einem Mann erdolcht worden war, der »die Rasse der Bourbonen vernichten« wollte. Die Herzogin trug damals die letzte Hoffnung der Nachkommen Ludwigs XV., die letzte Hoffnung des monarchistischen und legitimistischen Frankreich in ihrem Schoß, Henri, der posthum geboren und als »Sohn des Wunders« gefeiert wurde.

Sie war eine ganz außergewöhnliche Persönlichkeit. Ihr Vater war Franz I., König der beiden Sizilien, und sie war die Stiefschwester von Ferdinand II., dem »Kanonenkönig«, der von der Propaganda des Risorgimento (italienische Bewegung für Unabhängigkeit und Einheit im 19. Jahrhundert) heftigst beschimpft wurde. Stiefschwester deshalb, weil ihre Mutter, Tochter von Kaiser Leopold II., dem Bruder von Marie Antoinette, drei Jahre nach ihrer Geburt starb: sie war also mütterlicherseits eine Enkelin von Kaiserin Maria Theresia, von der sie aber auch väterlicherseits abstammte, denn ihre Großmutter war die furchtbare Königin Maria Carolina, die Seele des bourbonischen Widerstands gegen das republikanische Frankreich und gegen Napoleon, die Seele der Reaktion von 1799 und vieler anderer Ereignisse. Dieses Durcheinander an Familienbeziehungen hat eine leidenschaftliche, launenhafte und exaltierte Frau hervorgebracht, die sich nur mit großer Mühe in das schmerzliche, traurige Schicksal der unglückseligen letzten Bourbonen von Frankreich fügte. Sie war, ungeachtet ihrer kleinen Statur und der Asymmetrie ihrer Augen, eine schöne Frau: feurig und temperamentvoll war sie in den Augen ihrer Bewunderer, laut und aufdringlich wurde sie von denen empfunden, die nur zähneknirschend das Eindringen der »Napoletanerin« am Hofe der Restauration ertrugen.

Aber als die Restauration 1830 zu Ende ging, und ein intriganter Cousin, Louis Philippe d'Orléans, die frei gewordene Krone heimtückisch an sich riß, war sie es, die »Napoletanerin«, die sich trotz der verächtlichen Mißbilligung des alten Karl X. ins Abenteuer stürzte. Die Vendée war die letzte Hoffnung für die legitimistische Sache, die leidenschaftliche Treue der Vendée-Bewohner, kleine Landadlige, kleine Grundbesitzer, vor allem aber arme Bauern, Leute vom Feld, die glauben und nicht fragen, die kämpfen und für Gott und den König sterben. Carolina ging heimlich in Marseille an Land und reiste weiter in die Vendée, wo sie die Kinder derjenigen um sich sammelte, die von der Revolution massakriert oder in Hunger und Armut getrieben worden waren. Aber die Zeiten hatten sich geändert. Auf der anderen Seite standen nicht mehr die wütenden Prokonsuln der Konvention, die Leute ertränkt, erschossen und gefoltert hatten, und auch nicht mehr die *bleus*, die Soldaten der »höllischen Kolonnen«, die füsiliert, gebrandschatzt und alles verwüstet hatten. Der Gegner war jetzt eine friedfertige und wachsame Regierung, die der Repression die Korruption vorzog und nicht Schlächter, sondern Informanten ausbildete. Maria Carolina fand Unterstützung bei einem Verwandten des populärsten Helden des Vendée-Epos, des Baron de Charette; es gelang ihr, das eine oder andere Dorf aufzuwiegeln, in dem Ruhm und Infamien des Partisanen-Krieges noch lebendig waren. Aber die Erhebung war alles andere als einmütig, die Polizei von Louis Philippe war stets wachsam, und im übrigen war die Vendée nicht mehr die rebellische, mißhandelte und unterdrückte Region von 1793. Die Bevölkerung der Vendée fühlte sich nicht mehr beleidigt und gekränkt, der wachsende Wohlstand hatte sie schläfrig gemacht. Die Herzogin wurde gehetzt und verfolgt (mittlerweile machte sich in Paris Königin Marie Amélie, die Gattin von Louis Philippe und Tante der Rebellin, große Sorgen um sie) und konnte sich schließlich in einem Bürgerhaus in Nantes verstecken: in einer

Kammer hinter der drehbaren Wand eines Kamins. Jemand, der davon erfuhr, verkaufte sie an die Truppen des General Bugeaud, und die besiegte, aber nicht gezähmte »Napoletanerin« wurde gefangen genommen und inhaftiert.

Bis hierhin erstrahlte ihr Leben im Ruhm. Die öffentliche Meinung, und nicht nur die der Königstreuen, hielt den Atem an. Aber mit einem Schlag verwandelte sich das Heldenepos in eine Schmierenkomödie. Die Gefangene ließ nämlich dem General Bugeaud eine Nachricht zukommen, die die französische Regierung unverzüglich veröffentlichte: »Herr General, unter dem Druck der Umstände und trotz schwerwiegender Gründe, das Geheimnis um meine Heirat zu bewahren, fühle ich mir und meinen Kindern gegenüber die Pflicht, zu erklären, daß ich mich während meines Aufenthaltes in Italien heimlich verheiratet habe.« Verheiratet! Halb so schlimm, auch wenn der heimliche Gatte kein königlicher Prinz, sondern nur ein napoletanischer Edelmann war, der Graf Ettore Lucchesi Palli, Sohn des Fürsten von Campofranco, Minister des Königs der beiden Sizilien. Aber das eigentliche Problem war ein anderes: Carolina war schwanger. Und da seit ihrem Landgang in Marseille einige Zeit vergangen war, streute die Orléans-Propaganda Zweifel daran aus, daß das Kind vom Grafen Lucchesi Palli sei. »Der Engel der Monarchie«, wie die legitimistischen Königstreuen sie nannten, hatte hundertfünfzig Tage in einer engen Mansarde in Nantes verbracht, als Gast eines jungen Advokaten namens Guibourg, eines glühenden Verfechters ihrer Sache, und – wie André Castelot, der Biograph der Herzogin vermerkt – bei dem geringsten verdächtigen Geräusch flüchteten Carolina und Guibourg, die beiden ganz allein, in die vier Wände jener Kammer, wo sie sich versteckt hielten. Die Herzogin war einunddreißig, seit zwölf Jahren Witwe; die Enthüllung der Heirat mit Lucchesi wurde als Alibi herangezogen, um die bei dem unglückseligen Vendée-Abenteuer begonnene Schwangerschaft ins Reine zu bringen.

Die Reaktion der Öffentlichkeit läßt sich leicht vorstellen: es hagelte Vorwürfe, oder – noch schlimmer – die Herzogin wurde ausgelacht. Mit dem enttrohnten König Karl X. kam es zu einer unangenehmen Szene; das Geschrei der »Napoletanerin« versetzte ein ganzes Hotel in Leoben/Kärnten in Aufruhr, wo der König sich mit seiner Schwiegertochter traf und mit deutlichen Worten seine Verstimmtheit zum Ausdruck brachte (aber noch mehr Aufsehen hatte die Tatsache erregt, daß Lucchesi, als die wieder befreite Herzogin in Palermo an Land ging, ostentativ das Neugeborene ignorierte, das Carolina mit sich brachte). Kurz danach starb der alte König im Exil in Görz. Châteaubriand hatte ihn als »mittelmäßig in normalen Zeiten, katastrophal in ungewöhnlichen Zeiten« definiert. Auch sein erstgeborener Sohn, Louis d'Angoulême, starb. Henri, der Sohn des Wunders, den das legitimistische Frankreich Henri V. nannte, war der einzige lebende Nachkomme des Hauses von Frankreich und der einzige Thronprätendent. Und die Herzogin kaufte einen Palast in Venedig.

Mit der Herzogin von Berry kam wieder Leben in den Palast. Auch wenn sie inzwischen dicker und älter geworden war, hatte Carolina mit dreiundvierzig noch nichts von ihrem Temperament und ihrem Elan verloren. In ihrer Residenz traf sich die königstreue Gesellschaft ganz Europas. Man vergnügte sich nach Kräften mit Bällen, Salon-Gesellschaften, Theateraufführungen (Carolina ließ sich sogar ein kleines Hoftheater bauen) und intelligenter Konversation. Denn Ihre Königliche Hoheit liebte und pflegte die Künste und hatte in dem auf eigene Kosten restaurierten und verschönerten Ca' Vendramin Calergi eine stattliche Pinakothek zusammengetragen. Der Sammelband *Venezia e le sue lagune* (Venedig und seine Lagunen), veröffentlicht 1847 anläßlich des Kongresses der italienischen Wissenschaftler, zählt in begeisterten Worten auf, was die Herzogin zu ihrem Besitz zählte: drei Tafelbilder von Giovanni Bellini, ein *Heiliger Joseph* von Tizian, Werke von Pordenone, Bassano, Paris Bordon, Andrea Schiavone und »sehr viele« von Jacopo Palma dem Jüngeren, eine *Heilige Familie* von Andrea del Sarto und »Tafelbilder und Leinwände« von Perugino, ein Guido Reni, ein Garofalo, eine *Anbetung der drei Heiligen Könige* von Rubens, und viele andere mehr. Auch zahlreiche Werke der französischen Schule, Rigaud, Van Loo, und viele zeitgenössische Maler waren darunter.

All das erforderte zweifellos große Geldsummen, und die Herzogin gab ihr Geld frohen Herzens aus. 1865 mußte der »Sohn des Wunders«, Henri, Herzog von Bordeaux und Graf von Chambord, der jetzt ein Edelmann mittleren Alters geworden war, übergewichtig und höflich wie sein Großonkel Ludwig XVI., aber praktischer und vernünftiger, zur Beruhigung der Gläubiger intervenieren. Die reichhaltige Pinakothek wurde versteigert, den Palast wies Henri dem unabhängigen Malteser-Orden zu, der ihn in eigener Initiative in eine Erbpacht zugunsten des Herzogs Adinolfo della Grazia verwandelte, Sohn von Carolina und Enrico Lucchesi Palli. Die feurige »Napoletanerin« mußte Venedig verlassen und nach Brunnsee in der Steiermark ziehen, wo der gute Henri ihr vom Ertrag der Versteigerung der Sammlung einen Landsitz gekauft hatte. Der Traum war zu Ende. Carolina sollte nie mehr nach Venedig zurückkehren.

V

1.

Die Brüder Grimani Calergi hatten dem Canal Grande das finsterste Gesicht des 17. Jahrhunderts offenbart, eine Epoche, die – wenn auch in anderem Zusammenhang – Alessandro Manzoni untersucht und in seinen Romanen beschrieben hat. Unmittelbar neben dem Flügel ihres Palastes, der nach ihrer Verbannung dem Erdboden gleich gemacht, nach ihrer Rehabilitierung und Wiedereinbürgerung aber wieder aufgebaut worden war, steht der Palazzo Marcello, der an die heroische Seite des Jahrhunderts erinnert. Mögen die Venezianer im 18. Jahrhundert eine grundsätzlich intelligente, für ihre Stadt, ihre Republik und ihre Zivilisation jedoch tödliche Entscheidung getroffen haben – heute würde man sagen, sie seien mit dem Slogan »Make love not war« einem kollektiven Selbstmord zum Opfer gefallen –, so zeichneten sich die Bewohner der Stadt im 17. Jahrhundert durch hochgradigen Patriotismus aus. Allein in dem langen und kräfteverzehrenden Krieg um Candia, den sie von 1645 bis 1669 ohne Unterbrechung gegen das riesige Osmanische Reich geführt hatten, waren zweihundertachtzig Patrizier im Kampf gefallen: ein Viertel des Großen Rats. Und in einer der brillantesten unter den zahllosen Episoden, von denen diese lange Geschichte mit all ihren Helden aus Patriziat und Volk, den Admiralen und den Matrosen, geradezu wimmelte, spielte Lorenzo Marcello, Capitano generale da Mar, sozusagen der Oberbefehlshaber der venezianischen Flotte, die Hauptrolle.

Bei seiner Wahl zum Capitano generale war Lorenzo Marcello schon zweiundfünfzig, und er hatte den größten Teil seines Lebens auf dem Meer verbracht. Seine Lebensgeschichte war ganz und gar außergewöhnlich: er hatte gegen die Türken und gegen den Papst gekämpft, als Provveditore d'Armata hatte er Senigallia beschossen, als außerordentlicher Provveditore den Hafen von Cesme bezwungen, und ungeachtet des Artilleriefeuers der Osmanen, hatte er fünfundzwanzig Schiffe mit Nachschub für die türkischen Truppen, die Candia belagerten, gekapert. Kurz nach seiner Wahl faßte er einen tollkühnen Plan: er wollte den Angriff auf das Herz des Feindes lenken, die Dardanellen, das Tor zu Konstantinopel durchbrechen und in die türkische Hauptstadt einfallen, um dann Candia von der türkischen Belagerung zu befreien. Im März 1656 legte die venezianische Flotte von Kreta aus ab: vierundzwanzig Galeeren, sieben Maone, die größer und schwerer, aber sehr stark bewaffnet waren, fünfundzwanzig Dreimaster und sieben Galeeren vom Malteserorden (Papst Alexander VII. hatte seine Unterstützung versagt, weil die Serenissima die 1606 vertriebenen Jesuiten nicht wieder in die venetischen Staaten aufgenommen hatte). In Konstantinopel wartete die osmanische Flotte mit sechzig Galeeren, acht *Maone* (Galeassen) und achtundzwanzig Dreimastern auf den Angriff. Am 26. Juni hatte sich die venezianische Armada halbmondförmig vor den Dardanellen postiert, mit Marcello im Mittelteil und dem Provveditore d'Armata Badoer an der gegen die asiatische Küste gerichteten Seite. Die Galeeren von Malta und sieben venezianische Dreimaster bildeten die Vorhut.

Am frühen Nachmittag griffen die Türken an: sie hatten Rückenwind und während die Küstenbataillone das Feuer eröffneten, versuchten sie den Durchbruch am schwächsten Punkt, an der asiatischen Küste. Flottenkapitän Marco Bembo ließ bei seinen neunzehn Dreimastern die Ankertrossen kappen und eilte zum bedrohten Punkt an der Spitze der Formation. Ihm folgte Lazzaro Mocenigo, sein Vorgänger, dessen Amtszeit zwar abgelaufen war, der aber als »Söldner« im Heer hatte verbleiben wollen.

In diesem Moment drehte der Wind auf Westnordwest und begünstigte Bembos Manöver. Um freizukommen, befahl der türkische Admiral seinen Galeeren, die Dreimaster ins Schlepptau zu nehmen. Aber es gelang den Venezianern, die Galeeren von den Segelschiffen abzuspalten. Diese versuchten, in die Meerenge zurückzukehren, doch Marcello hatte seinen Leuten befohlen, auf keinen Fall irgendeine feindliche Einheit entkommen zu lassen. Und so tobte die Schlacht, Galeere gegen Galeere, Segelschiff gegen Segelschiff. Der Generalkapitän hatte eine türkische Galeere genommen und machte sich gerade daran, eine weitere zu entern, als er von einer Kanonenkugel getroffen wurde. Er starb auf der Stelle. Sein Sohn Giovanni, der auch an Bord war, verhinderte, daß die Nachricht sich ausbreitete und gab Befehl, den Provveditore Badoer davon zu unterrichten, damit dieser das Kommando übernehme.

Es wurde trotz allem ein großer Sieg. Der türkische Admiral machte sich schnell mit vierzehn Galeeren aus dem Staub, der ganze Rest seiner Flotte ergab sich, einige Einheiten warfen sich auf die Küste. Die Türken zählten zehntausend Tote, die Venezianer dreihundert; lediglich drei venezianische Einheiten waren verloren. Fünftausend christliche Gefangene, die auf den türkischen Galeeren ruderten, wurden befreit, dreizehn Galeeren, sechs Dreimaster und fünf *Maone* wurden als Kriegsbeute genommen. In Konstantinopel tobte der Sultan vor Zorn, die überlebenden Türken wurden auf seinen Befehl hin der Klinge des Schwerts überantwortet, man bereitete sich auf die Verteidigung vor. Aber (und dies ist eine weitere, eine unbegreifliche Seite des 17. Jahrhunderts: ein geradezu übertriebener Formalismus) das Kontingent von Malta zog sich zurück und fuhr ab, weil der Kommandant, Prior Carafa di Roccella, Anweisung von seinem »Großmeister« erhalten hatte, nur von einem Generalkapitän Befehle entgegenzunehmen.

Lazzaro Mocenigo wurde nach Venedig geschickt, um die Nachricht vom Sieg zu überbringen. Im Kampf hatte er sein rechtes Auge verloren, was ihn aber nicht daran hinderte, unterwegs ein Schiff mit Berber-Piraten gefangenzunehmen. Er ließ das Schiff abschleppen und brachte es als zusätzliche Trophäe mit, neben den Fahnen, Schiffslaternen und Pferdeschweifen, lauter Kommando-Insignien der vernichteten oder eroberten türkischen Schiffe. Marcellos Tod jedoch verhinderte die Fortführung der Kampfhandlungen. Anstatt dem belagerten Candia sofort zu Hilfe zu eilen, hielt sich die venezianische Flotte bei lokalen Operationen auf, nahm die Inseln Tenedo und Lemnos ein und beendete damit ihren Feldzug.

2.

Ein Familienphantom ganz anderer Art schwebt über dem Palazzo Marcello. Dreißig Jahre nach der Dardanellen-Schlacht wurde dort als Sohn von Agostino und Paola Cappello, Witwe des Francesco Basadonna, Benedetto Marcello geboren. Die Zeiten hatten sich geändert: als Benedetto fünfundzwanzig wurde und damit das Recht erwarb, »die Patrizier-Toga anzulegen« und dem Großen Rat beizutreten, waren zwölf Jahre seit dem Vertrag von Karlowitz vergangen, in dem der Serenissima ein Großteil der Eroberungen anerkannt wurde, die der große Doge Francesco Morosini den Türken abgetrotzt hatte. Es war sehr kalt, die Lagune war zugefroren, der Staatsbesuch Friedrichs IV., König von Dänemark und Norwegen, gab Anlaß für denkwürdige Festlichkeiten. Nur fünf Jahre später brach wieder Krieg aus, ein unheilvoller Krieg diesmal, in dem die Republik alles verlieren sollte, was Morosini erobert hatte. Lediglich der Verlust Korfus, das von dem Generalkapitän Andrea Pisani und einem deutschen Feldmarschall in venezianischen Diensten, dem Grafen von der Schulenburg, mutig verteidigt wurde, konnte durch die Siege Eugens von Savoyen verhindert werden. Noch zwei weitere Jahre Krieg standen bevor, in griechischen Gewässern konnte Lodovico Frangini wie damals Lorenzo Marcello die türkische Flotte schlagen, und wie Marcello sollte er im Kampfe sterben. Ein vergebliches Opfer, denn ein neuer Vertrag wies Venedig endgültig in die Schranken: es wurde zu einem der bedeutungslosen Staaten Europas degradiert. Kriege gegen die Türken sollte es nicht mehr geben, der Abstieg, der zur Katastrophe von 1797 führte, hatte bereits begonnen.

Aber dieser Abstieg war begleitet von einem wunderbaren Aufblühen aller Kunstrichtungen. Benedetto Marcello war nicht nur ein guter Zeuge für diese Blütezeit, er war sogar einer der Protagonisten. Im Palazzo Marcello wurde die Musik bevorzugt: Benedettos älterer Bruder Alessandro war Musiker, und Musiker war eigentlich auch Benedetto selbst, ein *full-time*-Musiker, auch wenn seine Position als Patrizier ihn als »adligen Laien« definierte und ihn zwang, die vorgeschriebene Karriere zu durchlaufen: Provveditore in Pola, Richter der Quarantia, Kämmerer in Brescia.

Er hatte Violine bei Francesco Gasparini studiert, Komposition bei Antonio Lotti, und er hatte selbst Konzerte, Sonaten für Cello, Cembalo und Flöte, Serenaden, Lieder und Kammerarien komponiert; er hatte Messen und Motetten, Oratorien und Melodramen, Sonette und Opernlibretti und Traktate geschrieben. Seine berühmteste Schrift, *Il teatro alla moda* (Das Theater nach der neuesten Mode) macht sich in Form von Ratschlägen und Vorschlägen über die Launen und Schrullen der Sänger, über die Verschrobenheiten, Übertreibungen und barocken Schwülstigkeiten der Libretti und der Inszenierungen seiner Zeit lustig. Ser Benedetto war ein Mann voller Esprit, voller Begabung, die über reines Talent hinausging.

Er stand so sehr unter dem Zauber der Musik, daß er schließlich ein Mädchen aus dem Volk, Rosanna Scalfi, heiratete, die er eines Abends in der Gondel hatte singen hören, als er vom Balkon aus einer Serenade mit Booten auf dem Canal Grande lauschte. Er, der so virtuos über die ehrgeizigen, fanatischen, klatschsüchtigen, gierigen, intriganten Sängerinnen, über die Diven und die Stümper geschrieben hatte, hatte sich in Rosannas Frische und Naivität, vor allem aber in ihre Stimme verliebt. Er wurde glücklich mit ihr, auch wenn der Familienstolz ihn zwang, die Hochzeit geheim zu halten.

Das Haus Marcello war gewiß keine Ausnahme am Canal Grande, in vielen Häusern wurde die Kunst der Musik gepflegt. Die Republik, so hieß es, läßt sich auf ihrem letzten Weg von Musik begleiten. Andererseits hatte in Venedig die Leidenschaft für die Musik schon Tradition. Wir haben erlebt, wie drei unverschämte und wilde Streithähne, die Brüder Grimani Calergi, sich über Verbannungen und Dekrete des Zehnerrats hinwegsetzten, um ja keine Premiere oder Generalprobe zu versäumen. Im 18. Jahrhundert entwickelte sich die Leidenschaft für Oper, Konzert und Kammermusik allerdings zu einer wahren Manie. De Brosses spricht davon in seinen *Lettres d'Italie* (wir schreiben das Jahr 1739), als er den langen venezianischen Karneval schildert, der am 5. Oktober begann und zum Himmelfahrtsfest erneut zwei Wochen gefeiert wurde, insgesamt also fast sechs Monate dauerte. Alle, so schreibt er, liefen maskiert herum, einschließlich des apostolischen Nuntius und des Pater Guardian der Kapuziner. »Es fehlt mir sicherlich nicht an Musik, es gibt nahezu keinen Abend, an dem nicht irgendwo *accademia* wäre; das Volk sammelt sich auf dem Canale und hört mit so viel Leidenschaft zu, als sei es das erste Mal. Die frenetische Begeisterung der Nation für diese Kunst ist unfaßbar ...« Womit er die Wahrheit sagte, denn die

»accademie«, die Konzerte, waren durchaus etwas Alltägliches, die Herren hielten die Fenster ihrer Paläste geöffnet, damit die nicht Geladenen von der Gondel, vom *Sàndolo*, vom Boot aus zuhören konnten; dieser Brauch wurde bis kurz nach dem Fall der Republik beibehalten.

Das 19. Jahrhundert war nicht weniger musikbesessen und hatte außerdem eine Tradition institutionalisiert, die nicht regelmäßig oder nach einem festen Kalender stattfand: die alte Tradition des abendlichen »fresco«, einer Erfrischung in der Abendkühle. Einst hatte sie im vorderen Teil des Canal Grande stattgefunden, nun wurde sie von dem Stadtvorsteher Graf Correr wieder neu belebt und jeweils mit einem Konzert verbunden. Anfangs – zu Zeiten der Republik – drängten sich zur Zeit des sommerlichen »fresco« auf dem Canal Grande so viele Gondeln, daß die Gondolieri mit ihren »Vorsicht«-Rufen schon einmal die zarten »Harmonien einer Violine« übertönten; so der Dichter Gian Francesco Busenello. Doch jetzt war die Musik vorherrschend, insbesondere unter der Regierung von Franz I. von Österreich, der eine außergewöhnliche »Institution« einweihte, die den Zweiten Weltkrieg überdauerte: die »Galleggiante« (der schwimmende Saal). Sie wurde am 28. Juli 1825 für das heute nicht mehr gefeierte Kirchweihfest von Santa Marta ins Leben gerufen. Die »Galleggiante« sollte den Erzherzog Franz Karl mit seiner Gemahlin Sophie von Bayern (die Eltern des zukünftigen Kaisers Franz Joseph) und weitere Persönlichkeiten aufnehmen. Es handelte sich dabei um einen achteckigen Saal mit Säulen und Friesen, mit Giebeln, Kuppeln und Baldachinen aus rotem Seidenstoff, verziert mit Schleifen und üppigen Silberfransen. Damals hatte die Galleggiante nicht den Canal Grande, sondern den Canale della Giudecca durchquert. Später beherbergte sie nicht mehr Fürsten und Erzherzöge, sondern die Städtische Musikkapelle, Orchester und Chöre. So auch in der Nacht des 23. Juli 1865: »mitten in einem brennenden Dornbusch aus Flammen,

Leuchtraketen und Feuerwerkskörpern verließ das schwimmende Orchester, das aus sage und schreibe neunzig Musikern und Sängern bestand, die Piazzetta«. Der Chronist schreibt: »Die klare Nacht, das ungewohnte Schauspiel, die Lieblichkeit der Musik ... führten zu einem außergewöhnlichen Gedränge auf dem Meer und an Land, und ein Schwarm von Booten drängte sich um das harmonische Holz, welches prächtig geschmückt und von Lampions erleuchtet war, von denen einige himmelblau zu Girlanden, zu festlichen Ketten aufgezogen waren, andere eine glutrote Palme oder große Blumensträuße darstellten, die sich zu einer Krone formten um einen weißen Lüster aus unzähligen Fackeln, der über allem thronte ... man hätte meinen können, der König des Kanals zöge seinen Mantel hinter sich her.«

3.

Wagner hatte seine Räumlichkeiten im Palazzo Vendramin Calergi mit karminroten Stoffen ausgekleidet. Frederick William Rolfe, den die Nachwelt als Baron Corvo kennt, hatte beschlossen, seinen Raum im vierten Stock des Palazzo Marcello mit Vorhängen aus einem leuchtend roten Seidenstoff zu schmücken, wie er für die zeremoniellen Kardinalsgewänder benutzt wurde. Um sich die notwendige Menge davon zu besorgen, war er bis nach Rom gefahren. Und hier, vor dieser über dem Canal Grande schwebenden unwirklichen Szenerie aus Kardinalsrot, wurde Baron Corvo am 25. Oktober 1913 mittags tot aufgefunden. Er war einem Herzanfall erlegen.

Baron Corvo war in der Hoffnung, einer langen Reihe von Demütigungen und immer wieder neuen Anpassungsversuchen zu entkommen, knapp fünf Jahre zuvor im Gefolge eines Archäologen in Venedig gelandet. Dieser sollte ihn jedoch sehr schnell verlassen, denn er hatte bemerkt, daß Corvo fest entschlossen war, auf seine Kosten zu leben, und zwar ausgesprochen großzügig. In Venedig hatte er bereits die tiefsten Abgründe der Armut und der Verworfenheit kennengelernt, was ihn zum letzten seiner extravaganten und genialen Romane *Das Verlangen und die Suche nach dem Ganzen*, Untertitel »Der Roman des modernen Venedig«, inspiriert hatte. Um zu vermeiden, daß die Personen, die sich in seinen Figuren leicht wiedererkennen konnten, ihn in einen Prozeß wegen persönlicher Diffamierung verwickelten, sollte das Werk erst 1936 erscheinen.

Frederick William Rolfe wurde 1860 in England geboren, war wie Coryat Student in Oxford gewesen, dann Lehrer, Maler, Fotograf. Mit sechsundzwanzig war er zum Katholizismus konvertiert und in ein Priesterseminar eingetreten, wo er sich aber bald so extravagant benahm, daß er sofort wieder entlassen wurde. Dieses Erlebnis hatte seine ohnehin bedrückende Paranoia nur noch verschlimmert. Rolfe fühlte sich verfolgt, gedemütigt und beleidigt, und diese Gefühle nährten seine üppige Prosa mit den vielen Neologismen, die er aus einer ungeheuren, am Ideal der Klassik und der Renaissance orientierten Bildung entlieh. Seine Prosa, die Romane und andere literarische Schriften, war sehr anspruchsvoll, seine sehr umfangreiche Privatkorrespondenz, die geradezu manische Ausmaße angenommen hatte, zeugte von seinen vielen ohnmächtigen Zornesausbrüchen. Er war im übrigen unfähig, einem rationalen Lebensplan zu folgen oder eine Freundschaft zu pflegen. Und doch tauchten nach jeder privaten Katastrophe neue Personen auf, die willens waren, ihm zu helfen. Er war sicherlich nicht geschaffen für die englische Gesellschaft seiner Zeit, die über Oscar Wilde, einen Mythos zu Lebzeiten, herfiel, sowohl als Mann wie auch als Schriftsteller (denn Wilde erwarb mit seinen zu Lebzeiten veröffentlichten Arbeiten nur wenige Pfund Sterling, der Erfolg kam erst etwa zwanzig Jahre nach seinem Tod). Baron Corvo war wie Oscar Wilde homosexuell, aber im Gegensatz zu jenem empfand er die Homosexualität als einen Fluch, als eine Fäulnis, die er unter allen Umständen zu bezwingen, zu verstecken und zu ignorieren suchte. Der Priesterberuf war ihm als einzige Möglichkeit erschienen, diese Verdammnis zu sublimieren. Durch ihre Ablehnung hatten die Priester ihn in die Hölle zurückgestoßen, in der er sie voller Groll am liebsten zerfleischt hätte. Doch war letztendlich seine Nostalgie stärker als sein Zorn, und beides zusammen brachte eine Verzweiflung hervor, die ebenso irrational wie schmerzhaft und erbarmungswürdig war.

In Venedig führte Rolfe ein unstetes und provisorisches Leben. Er lebte in Hotels, deren Rechnungen er nicht bezahlte (er verbrenne sie, sagte er, um sich ihrer nicht zu schämen), und vor allem im Boot. Hin und wieder schickten ihm Freunde und Landsleute etwas Geld, sei es weil sie von seinem Talent fasziniert oder seiner brieflichen Nachstellungen überdrüssig waren, und Baron Corvo gab dieses Geld jeweils unverzüglich aus. Immerhin aber schaffte er es, sich einen *Sàndolo* zu kaufen, eine kleinere Version der Gondel, die wie sie gerudert wird. In seinen nicht allzu seltenen mageren Zeiten war der Sàndolo seine einzige Behausung, in der er las, schrieb, haßte und liebte. Er liebte schöne Jünglinge, junge Gondolieri, die mit ihm in der Lagune ruderten, badeten, mit ihm auf dem Boot übernachteten, in jener »Welt der Abenddämmerung mit wolkenlosem Himmel und spiegelglattem Wasser, einem Meer aus Sonnenblumen, Veilchen und Lavendel, mit Bändern aus glühendem Kupfer, das auf der anderen Seite in das bodenlose Blau der Augen auf den Federn des Pfauenrades stürzt, während der Mond aufgeht, rosig wie Perlmutt«. In dieser Welt gelang es dem Schriftsteller hin und wieder, den Würgegriff aus Groll und unbewußten Gewissensbissen zu vergessen. Aber sein Sàndolo war nicht nur ein Ort des Vergnügens und Vergessens, er war die Wohnstätte eines Enterbten, der seinen Hunger nicht zu stillen vermochte und der vor Kälte zitterte (er holte sich eine Lungenentzündung, aufgrund derer er im englischen Hospital auf der Giudecca die Letzte Ölung und ein Almosen von zehn Pfund Sterling von seiten der englischen Königin Alexandra erhielt). Und er schrieb wie ein Besessener, schrieb Manuskripte in sonderbarem Format, die er in prächtiger Schönschrift mit zinnoberroter Tinte mit einem Füllfederhalter von kolossaler Größe kopierte, er schrieb verzweifelte, beißende Briefe, Hilferufe und Verwünschungen.

Hier auf dem Canal Grande erlebte Corvo ein Abenteuer, das ihm die Ernennung zum Ehrenmitglied des Rudervereins Bucintoro einbrachte, eine Ernennung, die ihn während eines harten Winters retten sollte, da er sich in den geheizten Vereinsräumen aufhalten durfte. Er ruderte mit seinem Sàndolo natürlich auf venezianische Art, am Heck und im Stehen also, wie die Gondolieri. Doch einmal verlor er in einer zu eng genommenen Biegung das Gleichgewicht und fiel ins Wasser. Er ging unter, umklammerte mit den Zähnen das Mundstück der Pfeife, die er gerade geraucht hatte und tauchte wieder auf, immer noch mit der Pfeife im Mund, weit weg vom Boot, das die Strömung weitergetrieben hatte. Er schwamm zum Boot, kletterte hinein, setzte sich, klopfte die Pfeife an der Mauer aus, um sie von dem durchnäßten Tabak zu befreien, fischte einen Beutel aus der Tasche, nahm sich etwas trockenen Tabak und stopfte die Pfeife erneut. Von den Bootsleuten, die sich um ihn versammelt hatten, gab ihm einer ein Streichholz. Er zündete die Pfeife an, ging wieder zum Heck, griff zum Ruder, rief »Avanti! Vorwärts«! und ruderte weiter. Die Bootsleute waren natürlich voller Bewunderung; einer bemerkte anerkennend, jener Engländer habe wohl »eine Leidenschaft fürs Wasser«.

Der Engländer mit den kurzen rötlichen Haaren, mit dem Kneifer auf der Nase und dem silbernen Kruzifix um den Hals, wurde zu einer stadtbekannten Figur. Aber in der Tiefe dieses exzentrischen und genialen Geistes schwelte so etwas wie eine unüberwindliche Neigung zur Verworfenheit. Die freundlichen Herrschaften Van Someren, die ihm im Palazzo Corner Mocenigo in San Polo Gastfreundschaft gewährten, hielten die unerfreulichen Nachrichten, die irgendein alter Gondoliere ihnen über ihren Gast zukommen ließ, zwar für Verleumdungen, denn ihr Gast war doch den ganzen Tag über in die Abfassung seines letzten Romans vertieft. Doch neben seiner literarischen Arbeit ging Baron Corvo einer emsigen Beschäftigung als Zuhälter nach, als Vermittler von Jünglingen für reiche homosexuelle Engländer. Nach Aussage seines Biographen Symons, der einen Brief Corvos an einen dieser Kunden in die Finger bekam, schien der Text eine Mischung zu sein aus Casanova und Aretino, natürlich in homosexueller Variante. Die Anmietung der genannten Wohnung im Palazzo Marcello hatte er der Freigebigkeit eines großzügigen Bewunderers seiner Literatur zu verdanken (mit dessen Geld Corvo sich auch weitere Träume verwirklicht hatte, zum Beispiel eine Gondel mit vier Rudern, wie der König von Italien eine besaß, oder ein wunderschönes rotes Tuch, das er seinem Hund um den Hals band). Als Rolfe starb, hatte der Konsul Ihrer Britannischen Majestät einiges damit zu tun, die Notizbücher, die Zeichnungen und Fotografien, alles Beweise für sein unfeines Gewerbe, in den Kanal zu werfen, bevor sie jemand sähe.

4.

Ein seltsames Manuskript, das einem der bedeutendsten Ahnenforscher des venezianischen 18. Jahrhunderts, Girolamo Alessandro Capellari Vivaro aus Vicenza, zu verdanken ist, liegt in der Nationalbibliothek Marciana und trägt den ungewöhnlichen Titel: *Le macchie nelle stelle, o vero La Nobilità ecclissata in alcuni personaggi delle famiglie Patrizie di Venezia* (Flecken auf den Sternen, oder: Der beschmutzte Adel in einigen Persönlichkeiten der venezianischen Patrizierfamilien). Es handelt sich um eine Sammlung von adligen Missetaten, die von Mord bis hin zur Heirat mit unehelich geborenen Frauen reichten (was die liberalere Renaissance dagegen absolut nicht unschicklich fand, sofern der leibliche Vater gut betucht war und die Töchter reichlich versorgte). Die Sammlung beinhaltete Versäumnisse gegenüber Vaterland und Religion, schmachvolle Kapitulationen von Schiffen und Festungen, Abtrünnigkeiten, Ungehorsam gegenüber dem Senat, Veruntreuungen und Streithändel. Der große, von Longhena gebaute, trist aussehende Palast gegenüber dem Palazzo Vendramin Calergi und neben den Magazzini del Megio, in denen unter staatlicher Aufsicht das Getreide lagerte, das bei Hungersnöten auf den Markt gebracht werden sollte, gehörte der Familie Battagia. Zu ihnen vermerkt unser Kodex: »Ein Verrat hat dieser Familie den Patrizier-Titel in Venedig eingebracht, da Pietr'Antonio Battagia in den Diensten des Herzogs von Mailand Burgvogt von Cremona war, mit den Provveditori von Venedig die Kapitulation aushandelte und deshalb mit seiner Nachkommenschaft in den Adel aufgenommen wurde …«

Erwähnt wird auch das alte Geschlecht der Tron, das sich damit brüstete, von zwei Dogen abzustammen: von Pietro Tribuno, der zwischen 888 und 910 geherrscht hatte, und außerdem von Nicolò, dessen prächtiges Grabmal mit den Skulpturen von Antonio Rizzo man noch heute im Presbyterium der Kirche Santa Maria dei Frari bewundern kann. Die *»Flecken auf den Sternen«* beziehen sich auf einen Pietro, der 1584 zu zehn Jahren Verbannung verurteilt worden war, »weil er in Friedenszeiten eine türkische Galeere geentert und alle getötet hat, die an Bord waren.« Eine grausame, cholerische und unsinnige Tat, die in einem der seltenen Momente der Waffenruhe den Zorn des Sultans gegen Venedig hätte entfesseln können. Der Palast der Tron steht am Canal Grande genau gegenüber dem Palazzo Marcello und ist mit dem Andenken an ganz andere Persönlichkeiten verknüpft. Am bedeutendsten ist zweifellos Andrea Tron, Cavaliere und Prokurator von San Marco, der zwischen den fünfziger und achtziger Jahren des 18. Jahrhunderts in leichter Abänderung seines Namens von allen »el Paron«, il Padrone, der Herr, genannt wurde. Er kontrollierte das politische und gesellschaftliche, das wirtschaftliche und gesetzgeberische Leben der Republik; und er war verheiratet mit einer der beherrschenden Gestalten am weiblichen Firmament des letzten Jahrhunderts der Serenissima, mit Caterina Dolfin Tron.

Daß die Republik allen Widrigkeiten zum Trotz bis zum unmittelbaren Vorabend des vergangenen Jahrhunderts überlebt hat, war das Verdienst einiger weniger Personen, unter ihnen in erster Linie Andrea Tron. Die Senats-Aristokratie, die das Machtmonopol in Händen hielt, war eine untergehende, in ihrer Macht angeschlagene Schicht. Die geringste Erschütterung hätte gereicht, sie zu Fall zu bringen, ganz besonders natürlich das Beben, das der General Bonaparte verursachte. Doch diese Aristokratie bestand eben nicht nur aus Verzichtspolitikern, aus gedankenlosen Genießern, aus blinden und rückständigen Konservativen. Genußmensch ja, aber nicht blind und antiquiert war Andrea Memmo, den wir in einem anderen Kapitel schon kennengelernt haben. Genießer waren sie alle, auch Tron; der Zeitgeist bestärkte nur eine traditionelle Neigung der Venezianer, und nicht nur der Adligen. Die Griesgräme, wenn es sie überhaupt gab, waren die immer unzufriedenen verarmten Patrizier, und der ganz arme Adel, die sogenannten *Barnabotti*, die ihre Stimme verkauften und eine Blasiertheit zur Schau stellten, die die Großen zu ihrer Behauptung absolut nicht nötig hatten.

Wenn es einen in jeder Beziehung »Großen« in Venedig gab, dann war es eben jener Andrea Tron, Sohn des reichsten Zweigs einer ohnehin reichen Familie, ältester Sohn eines Vaters, der seiner Zeit durch seinen Unternehmergeist voraus war – eine bei den damaligen Patriziern recht seltene Gabe. Er ließ Trockenlegungsmaßnahmen am Rande der Lagune durchführen und baute in Schio eine blühende Wollindustrie auf. Um seinem Sohn eine gute Ausbildung zu ermöglichen und ihm neue Horizonte zu öffnen, hatte er ihn bei seinen diplomatischen Missionen mitgenommen. Andrea Tron sprach daher nicht nur fließend Französisch, die offizielle Sprache der Diplomatie und der kultivierten Gesellschaft, sondern auch Englisch, Deutsch und Spanisch. Diese Sprachkenntnisse hatten ihm als Botschafter in Paris, Wien, Den Haag, Rom und Madrid gute Dienste geleistet, ihm darüber hinaus aber auch bei den diplomatischen Verhandlungen genutzt, die er in Venedig als Dogenberater und als Savio des Rats zu führen hatte. Und als ein Mann von Kultur las er viel und war von daher immer gut informiert, was seinen Ruf als feinsinnigen Kenner der Regierungen und der Regierten, aber auch des zeitgenössischen Denkens festigte.

Seine Karriere war so erfolgreich verlaufen, daß er sich vom Kuchen der Macht bald ein dickes Stück abschneiden konnte. Wie immer bei solchen Anlässen traten die Lästermäuler bald in Aktion. In Epigrammen machten sie Andrea Tron mit einiger Übertreibung sogar zum König von Venedig: »Serenissima Signoria / la Republica la xe finìa. / Volèu saver perché? / Perché un Savio vol far da re. / Andreas Tronus Venetiarum Rex.« (Serenissima Signoria / die Republik ist am Ende. / Wollt ihr wissen, warum? / Weil ein Weiser König sein will. / Andrea Tronus, König der Venezianer). Er war konservativ, aber ein aufgeklärter Konservativer. Sein politisches Handeln hatte zum Ziel, die altehrwürdige Republik – soweit es noch möglich war – wiederzubeleben, dem niedergehenden Handel, der in Depression befindlichen Industrie, der Landwirtschaft und dem Schulwesen neuen Aufschwung zu geben. Gerade die Förderung des Schulwesens hielt er für eine Aufgabe des Staates. Er war ein unermüdlicher Arbeiter und empfand einen gewissen Widerwillen gegen diejenigen, die keine Gelegenheit versäumten, um die vergangenen Ruhmestaten der Serenissima zu feiern und damit der Realität auszuweichen. In seinem Realismus wurzelte auch sein Sinn für die Rangordnung der anstehenden Probleme. Was nützte es, eine diplomatische Schlacht gegen den Papst zu entfesseln, weil dieser das sich auf österreichischem Territorium befindliche Erzdiakonat von Görz aus der venezianischen Diözese von Aquileia herausgenommen hatte, wenn es doch viel wichtiger war, die Trockenlegungsarbeiten zu intensivieren, die immer noch mittelalterlichen Regelungen unterworfenen Zünfte zu modernisieren oder – um bei der Kirchenpolitik zu bleiben – zahllose Ordensangehörigkeiten abzuschaffen, den Numerus clausus in den Klöstern einzuführen, unveräußerliche Güter einzuziehen und die religiösen Orden am Kapitalexport zu hindern? Seine Exzellenz hatte Voltaire kennengelernt und ihn überhaupt nicht sympathisch gefunden, aber im Grunde war auch er ein Mensch der Aufklärung. Ganz sicher waren seine Ideen fortschrittlicher als die der sogenannten Neuerer wie Giorgio Pisani, ein populärer Führer des verarmten Adels, der mit seiner Demagogie nur darauf aus war, den gierigen *Barnabotti*, die reich an Kindern, Dünkel und Elend waren, Raum und Macht zurückzugeben.

Aber auch große Männer haben ihre Schwächen. Als nicht mehr ganz junger Mann hatte Andrea Tron sich verliebt. Anfangs war er nur »Kavalier« der jungen Dame, ihr Begleiter bei gesellschaftlichen Anlässen, Abendvergnügungen und Konversationen gewesen und später dann ihr Liebhaber. Die Dame hieß Caterina Dolfin und war eine verarmte Patrizierin, die mit einem auch nicht sehr begüterten Patrizier, einem Tiepolo, verheiratet war. Sie war charmant, voller Esprit und vor allem furchtbar ehrgeizig, dabei alles andere als dumm. Sie schrieb auch Verse, und sie unterhielt eine äußerst liebevolle, von ihrer Seite nahezu töchterliche Beziehung zu einem der modernsten und klügsten Schriftsteller des damaligen Venedig, mit Gasparo Gozzi, der Dichter, Moralist, Förderer kultureller Initiativen und Journalist war oder eigentlich eher der Begründer dessen, was wir heute unter Journalismus verstehen.

Die Liebe und Zuneigung des »Paron« hatten Caterina Dolfin großes Ansehen verschafft, und sie hatte ihre Beziehung zu ihm genutzt, um vielen Intellektuellen zu helfen, die aus irgendeinem Grund einen einflußreichen Gönner brauchen konnten. Das damalige Venedig wimmelte nicht nur von Abenteurern und Spielern. Es war nicht nur die Hauptstadt der Bildenden Kunst, sondern auch ein überaus lebendiges Zentrum der literarischen Kultur und des Theaters, im Verlagswesen sogar das wichtigste Zentrum Europas. Als Tron zum Prokurator von San Marco gewählt wurde und gegen den Widerstand seiner Brüder Caterina geheiratet hatte, nachdem deren erste Ehe annulliert worden war, hatte die literarische Welt Venedigs eine äußerst mächtige Gönnerin gewonnen. Und sie, die als gute Venezianerin ihrer Zeit neben der Kultur auch die elegante Gesellschaft liebte, strahlte vor Freude darüber, den Gipfel der sozialen Leiter erklommen und bei einem außergewöhnlichen Ereignis, von dem man noch lange sprechen sollte, im Palazzo Tron das Sagen zu haben:

Joseph II., Kaiser des Heiligen Römischen Reiches und Sohn von Kaiserin Maria Theresia, war schon einmal von Andrea Tron in Venedig empfangen worden. Jetzt, 1775, war er erneut nach Venedig gekommen und hatte vorher wissen lassen, daß er gern gemeinsam mit seinen Brüdern, den Erzherzögen, an einem Ball in einem venezianischen Palast teilnehmen würde, »falls es einen geben sollte«. Eine Gelegenheit für das Ehepaar Tron, dem Kaiser und der Öffentlichkeit ihren Reichtum und ihren guten Geschmack vorzuführen.

Der Palast war eigens für diesen Ball neu hergerichtet worden, befreundete Familien hatten Wandteppiche und Dekorationen beigesteuert, der Glasbläser Briati hatte eine Unmenge prächtiger Leuchter geliefert und der Silberschmied Zambelli ein wahres Heer von Kandelabern. Am Ballabend erleuchteten »taghell strahlende Lichter« den alten Palast, zu dem damals noch ein Ballsaal mit Fresken von Giacomo Guarana und Louis Dorigny gehörte. Die Erzherzöge hatten bis zum Morgengrauen getanzt, aber Joseph hatte sich die Wut der Damen und den Ärger der Herren zugezogen, weil er, exzentrisch wie immer, den ganzen Abend die schöne und geistreiche Contarina Barbarigo Zorzi in Beschlag genommen hatte, die er auf seiner letzten Venedigreise kennengelernt hatte. Alle anderen Anwesenden hatte er ihretwegen ignoriert.

Aus diesem Fest und aus den daran anschließenden politischen Gesprächen hatte Tron einen für ihn äußerst bitteren Schluß gezogen, nämlich die Überzeugung, daß das Haus Habsburg alles tun würde, um sich Venedig und seine Herrschaftsgebiete anzueignen, und daß ihm dies letzten Endes auch gelingen würde. Weitere Bitterkeiten sollte seine Frau ihm zufügen, wenn auch völlig ungewollt. Der Grund dafür war Gasparo Gozzis Bruder, Carlo Gozzi, den die Prokuratorin Caterina, die entfernt mit beiden verwandt war, ganz vertraulich mit »lieber Onkel« ansprach, so wie sie den guten Gasparo auf venezianisch immer »pare« (Vater) nannte.

Gasparo war ganz freundschaftlich, ohne Hintergedanken auf privater Ebene von Caterina beschützt worden. Die Prokuratorin hatte die Löcher in Gozzis Privathaushalt gestopft, die der katastrophalen Haushaltsführung seiner Frau, der Schriftstellerin Luisa Bergalli, zu verdanken waren. Sie hatte sogar die französische Schneiderin der Gozzis zu sich ins Haus genommen und ihr Arbeit vermittelt. Nach dem Tod seiner Frau hatte Gasparo diese Schneiderin geheiratet. Carlo, »der Bär«, der für das Theater schrieb und versucht hatte, mit seiner *Marfisa bizzarra* den *Giorno* von Parini zu imitieren, hielt sich viel weniger als sein Bruder Gasparo bei Caterina auf. Aber auch er, obwohl bereits fünfzig, besaß ein Herz und hatte sich recht unbedacht in eine Schauspielerin, Teodora Ricci, verliebt. Die Ricci war alles andere als schön (sie war voller Pockennarben), aber – so schreibt Gino Damerini – »sie faszinierte durch ihre Eleganz und Frechheit«. Sie hatte es akzeptiert, daß ein Schriftsteller en vogue wie Gozzi ihr den Hof machte, ohne jedoch auf eine alte Liaison mit Sacchi, dem Leiter ihrer Schauspieltruppe, zu verzichten. Dabei war sie verheiratet, und ihr Ehemann war über alles im Bilde und drückte verständnisvoll beide Augen zu.

Zu dieser bereits komplizierten Szenerie stieß nun eine ganz besondere Gestalt, der »umsichtige« Pietro Antonio Gratarol. Mit »Umsichtiger« wurden die Sekretäre des Senats tituliert, eine äußerst wichtige Kaste, aus der sich die hohe Bürokratie der Republik rekrutierte. Auf Gratarol jedoch paßte dieser Titel überhaupt nicht: er war nämlich affektiert, vergnügungssüchtig, mondän und verschwenderisch, und allein diese Eigenschaften hatten ihn in Venedig fast so bekannt gemacht wie Gozzi und die Ricci. Gratarol war ein Scharlatan, immer auf der Suche nach Schwierigkeiten: erst lieferte er einem politischen Gegner Trons die Argumente für die Ablehnung eines Gesetzesvorschlags, den dieser eingebracht hatte, dann umgarnte er Caterina mit beharrlichen Schmeicheleien, bis ihr Mann sich nach außen hin beruhigt hatte. Und schließlich hatte er in großem Staat und parfümiert bei der Ricci vorgesprochen und ihr und allen Anwesenden »Diavoloni«, schöne große Pralinen, angeboten, die er angeblich eigens aus Neapel hatte kommen lassen. Die Ricci hatte sie gerne angenommen, süßlich mit ihm gesäuselt und ihm unverblümt zu verstehen gegeben, daß sie wesentlich direkteren, intimeren Annäherungsversuchen nicht abgeneigt war. Sie hatte vor, Sacchis Kompagnie zu verlassen. Doch wenn sie ging, hätte sie eine Strafe von fünfhundert Dukaten zahlen müssen. Vielleicht, wer weiß, hätte der »Umsichtige« ihr dieses Geld besorgen können …

Im Theater und in den Salons wurde über Carlo Gozzi gelacht, der überdies der Ricci zu Gefallen Sacchi gratis die Stücke gab, die er eigens für sie geschrieben hatte. Dadurch fühlte Gozzi sich beleidigt, und in einem Wutanfall schrieb er eine Komödie mit dem Titel *Le droghe d'amore* (Die Liebesdrogen), in der die Hauptperson Adone, ein professioneller Verführer, die unangenehmsten Eigenschaften in sich vereinte. Er konnte den Ruf der Frauen ruinieren. Gozzi las das Werk den Schauspielern vor, nahm es jedoch wieder mit nach Hause.

Inzwischen tobte sich Teodora Ricci mit Gratarol aus, sie verbrachte die Nächte bei ihm, versprach, ihm nach Neapel zu folgen, wo er das Amt des Ministerresidenten, des bevollmächtigten Ministers der Republik, anstrebte. In Neapel erwartete sie angeblich ein phantastischer Vertrag. Sie hatte Sacchi sogar schon ihre Absicht verkündet, seine Truppe zu verlassen. Und Gozzi gab dem Drängen Sacchis nach und erlaubte ihm, die *Liebesdrogen* zur Aufführung zu bringen. In diesem Moment trat mit ihrer ganzen Großzügigkeit, ihrem Einfluß und ihrer Leichtsinnigkeit Caterina Dolfin Tron auf den Plan.

»El Paron« besprach in jenen Tagen mit den Kollegen der Weisen die Ernennung der Sekretäre, die als Ministerresidenten an die unbedeutenderen Höfe Europas geschickt werden sollten. Er schien Gratarol zu favorisieren, aber Gratarol stellte der Ricci nach, was seine Frau veranlaßt hatte, Caterina aufzusuchen, vielmehr, sich »ihr zu Füßen zu werfen« und sie um Hilfe zu bitten. Und Caterina hatte – sei es aus Mitleid mit der armen Frau, die durch das unwürdige Liebesverhältnis ihres Gatten dem Gespött der Leute ausgesetzt war, sei es aus Liebe zum »Onkel« Carlo, der Herzensqualen litt – Gratarol rufen lassen und ihn aufgefordert, die unschickliche Beziehung abzubrechen. Gratarol hatte sich (nach seinen eigenen Worten) diesem »lächerlichen Ansinnen« widersetzt, was Caterina zutiefst mißfiel.

Kurz darauf kam Sacchi mit dem Textbuch der *Liebesdrogen* zu ihr. Er war am Ende, der Konkurrenz der neuen Theater in Venedig konnte er nicht mehr standhalten. Die Zensur hatte die neue Komödie zunächst gebilligt, doch dann hatte der Oberste Richter der Behörde, die sich mit dem Fluchen beschäftigte, es erneut prüfen wollen, und zwar infolge eines Antrags von Gratarol, der vermutete, daß diese Komödie ihn bloßstellen könne, und daß ausgerechnet in dem Moment, in dem er endlich die Nominierung für Neapel erreicht hatte. Die Tron nahm das Manuskript an sich, Sacchi ging zu Gozzi, und Gozzi raufte sich die Haare und rief: »Morgen wird ganz Venedig sich über mich und Gratarol das Maul zerreißen!«

Und das war nur allzu wahr. Caterina hatte die Komödie »bei ihrer gut besuchten Konversationsgesellschaft« vorgelesen, die sich dabei sehr amüsiert hatte, was einen ungeheuren Klatsch auslöste. Gozzi erschien völlig aufgelöst bei Gasparo und bat ihn, mit der Prokuratorin zu sprechen. Diese aber hatte sich, »vergnügt, launisch und starrsinnig« wie sie war, geweigert, die Lesung abzubrechen, da sie damit Sacchi eine sichere Einnahmequelle genommen hätte. Und während die Zensur das Textbuch als harmlos freigab, hatte sie Sacchi kommen lassen und ihm befohlen, die Rolle des Adone dem Schauspieler Vitalba zu geben. Dieser solle sich in einer bestimmten Weise kleiden, die Perücke nach einer bestimmten Mode tragen und sich auf eine bestimmte Art bewegen, mit einem Wort, das genaue Porträt von Pietro Antonio Gratarol darstellen.

Am Abend des 10. Januar 1777 war das Theater Vendramin bei San Luca bis auf den letzten Platz ausverkauft, auf der Straße riefen die Bediensteten: »Wer keine Loge oder Bank hat, möge bitte wieder gehen!« Die Schwarzhändler machten das Geschäft ihres Lebens, sogar auf der Bühne saßen noch Leute. Gozzi hatte sich in einer Loge im dritten Rang eingeschlossen. Er befürchtete das Schlimmste. Caterina Dolfin

Tron, so erzählt Damerini, »hatte in einer nicht numerierten Loge zwischen der Acht und der Neun im ersten Rang Platz genommen, und ihr Gefolge in einer Loge daneben«. Der erste Teil des ersten Aktes war einigermaßen amüsant, aber als zu Beginn der sechzehnten Szene Adone auftrat, »wurde das Theater von einem unaufhaltsamen Gelächter geschüttelt«. Vitalba interpretierte einen Gratarol, der echter war als der echte, selbst die »Diavoloni« waren nicht vergessen. Gelächter und Applaus waren auf dem Höhepunkt.

Auch die folgenden Vorstellungen waren gänzlich ausverkauft, das Publikum applaudierte und lachte über Gratarol noch auf der Straße. Dieser sah sich gezwungen, sich zu Hause zu verkriechen, noch einmal zu versuchen, die Zensur zum Einschreiten zu bewegen, der Ricci einen Sturz vorzutäuschen, damit sie nicht ins Theater ginge, und Gozzi zu bitten, die Komödie zurückzuziehen.

Was Gozzi auch getan hätte – er hatte sogar schon eine Rechtfertigungsrede vorbereitet –, aber angesichts des Widerstands, auf den er beim Leiter des Ensembles und beim Theaterbesitzer stieß, hatte er um eine Audienz bei der Prokuratorin gebeten. Vergebens: zwei Tage später schickte der Bote der Staatsinquisitoren die Ricci ins Theater, ob sie nun wollte oder nicht. Sacchi war glücklich, daß er die Repliken vervielfachen konnte. Gratarol war überzeugt, daß Gozzi ihn verhöhnte und forderte ihn mit einem beleidigenden Billet heraus. Immer verwirrter, kehrte Gozzi zu Caterina zurück, beschwerte sich bei ihr, weil sich Gratarol im Grunde zu Recht von ihm provoziert fühlte. Doch die unversöhnliche Prokuratorin ließ sich das kränkende Billet aushändigen und gab es ihrem Gatten weiter. Dieser übergab es den Staatsinquisitoren, und der Sekretär der Inquisitoren diktierte Gratarol einen totalen Widerruf, den dieser unterzeichnen mußte.

Von da an nahmen die Dinge einen äußerst unangenehmen Verlauf. Gratarol äußerte schreckliche Dinge über den

»Paron«, die Prokuratorin, über alle, und er hatte sein verletzendes Billet in Umlauf gebracht. Alle konnten es nun selbst lesen, auch den von Gozzi verbreiteten Widerruf. Gratarol blieb weiterhin zu Hause, er ging nicht einmal in sein Büro, und als die *Liebesdrogen* endlich vom Spielplan genommen wurden, verbreitete er in Venedig Infamien über Caterina. Er sagte, sie sei die Ursache aller Übel der Republik, »el Paron« sei unter ihrem Einfluß kindisch geworden, und sie sei böse auf ihn, Gratarol, weil er ihr nicht den Hof gemacht habe. Da ihn die unzähligen Feinde der Tron (und wer hat keine, wenn er an der Macht ist?) ermutigten und sich mit ihm solidarisierten, konnte Gratarol sich als oberster Moralhüter des Staates, als Führer einer Partei aufspielen.

Die Tron jedoch waren stärker als er. Im Kollegium riet man ihm, auf den Posten des Residenten in Neapel zu verzichten und zu seinen Papieren in den Ämtern der Stadt zurückzukehren: das war der Ruin seiner Karriere. Außerdem hatte ein Unbekannter versucht, den Schauspieler Vitalba zu verunstalten, und ihm eine Flasche Tinte ins Gesicht geschüttet. Es wurde vermutet, daß das Attentat von Gratarol organisiert worden war. Anstatt Frieden zu schließen, beging dieser eine nicht wiedergutzumachende Kurzschlußhandlung: er floh. Er floh ins Ausland und verstieß damit gegen das Gesetz, das lautete: wer ohne Genehmigung auswandert, wird bei Todesstrafe verbannt, und seine Güter werden konfisziert.

In Stockholm ließ der unglückselige, in Abwesenheit Verurteilte eine *Narrazione apologetica* (Apologetische Erzählung) drucken, die voller Angriffe gegen Caterina war. Er schilderte sie als ein Weib, das im Dreck wühlt, Liebhaber aushält und sich anmaßt, »an allem teilzuhaben, sich überall als Schiedsrichter einzumischen und sogar über das Gefolge der Galans zu verfügen«. Und er wetterte gegen Andrea Tron, gegen die Republik, gegen ihre Vorschriften und Gesetze. In Venedig fand das Büchlein reißenden Absatz. Für die einen war es ein revolutionäres Manifest, für die anderen pikanter Klatsch, auf jeden Fall aber war es ein Verkaufsschlager.

Mittlerweile hatte Andrea Tron eine schwere Niederlage erlitten: beim Tode des Dogen Alvise IV. Mocenigo hatte er sich um die Nachfolge beworben und war gescheitert. Geschlagen hatte ihn Paolo Renier, ein äußerst geschickter Intrigant. Der Gewählte war – und das hatte ihm die Satire oft vorgeworfen – gewinnsüchtig und seine Vergangenheit wimmelte von geschickten politischen Seitenwechseln. Doch Tron hatte die tödlichste aller Kränkungen noch vor sich. Es war ein Epigramm in lateinischer Sprache in Umlauf, das in etwa folgenden Inhalt hatte: der Prokurator Tron möge sich trösten, wenn die Heimat ihm den »Corno« (Horn) des Dogen verweigert habe, ohnehin würde sich seine Frau darum kümmern, ihm Hörner aufzusetzen. Und jetzt spuckte eine zweite Auflage der *Narrazione* Gift und Galle gegen ihn und vor allem gegen Caterina.

All diese Ereignisse hatten sich zwischen 1778 und 1780 abgespielt. Sie hinterließen zwei Opfer: Gratarol und Caterina. Gratarol hatte alle Brücken nach Venedig abgebrochen, er war mittlerweile ein Exilierter ohne Hoffnung auf Rückkehr, und wie es hieß, hatte er als ein durch die Welt Irrender seine Tage in einem weit entfernten Land beschlossen, nämlich in Madagaskar. Es war leicht, ihn als etwas zu schildern, was er war und auch wieder nicht war: als ein Opfer des Absolutismus, des alten Regimes, der Launen einer eigensinnigen Dame und eines mißgünstigen Komödienschreibers, auch wenn er vor allem Opfer seiner eigenen dummen Eitelkeit war. Caterina starb jung, mit siebenundfünfzig im Jahre 1792 (Andrea Tron war acht Jahre vorher gestorben). Die verhängnisvollen Ereignisse haben der Nachwelt auch von ihr ein Bild hinterlassen, das ihr entsprach und doch wieder nicht gleichkam: eine ehrgeizige, eigensinnige, launische Frau. Obwohl der strenge Niccolò Tommaseo sie immerhin heftig verteidigt hatte, gerät bei all den Ereignissen um die *Liebesdrogen* herum, die auch heute in Romanen und Fernsehserien breiten Raum einnehmen, leicht die andere Seite ihrer Persönlichkeit in Vergessenheit, die der großzügigen, wohltätigen, gebildeten und weitblickenden Frau. Sie hat sich unter anderem aktiv um die Gleichstellung der Frauen in der Gesellschaft gekümmert und schien auch die Katastrophe vorhergesehen zu haben, die Tron bis zum äußersten Ende seines Lebens beschwörend abzuwehren versucht hatte. Mit dem stolzen Bewußtsein einer starken Frau, das sie den vielen ängstlichen und geschwätzigen Politiker jener unglücklichen Zeit weit überlegen machte, hatte sie geahnt – und ein ihr zugeschriebenes Sonett legt Zeugnis davon ab –, daß Venedig Schlimmes bevorstand. Insbesondere die beiden letzten Strophen des Sonetts drücken ihre Vorahnungen aus: »der große Bau von Pierazzo«, der fallen wird, war die aristokratische Republik, begründet von Pierazzo Gradenigo, dem Dogen, der 1297 die »Schließung« des Großen Rats vollzogen hatte:

> Ja, es wird fallen Pierazzos großer Bau,
> denn eine Gans ist geworden der Löwe,
> und im Feuer schmilzt das Eis.
> Aber ich, Tochter eines Dolfin, Frau eines Tron,
> biete die Stirn, bei Gott, ich bring mich nicht um,
> und wenn ich falle, dann nicht auf die Knie.

5.

Der posthume Ruhm von Cecilia Zen Tron, Caterinas Schwägerin, die sie um fünfunddreißig Jahre überlebt hat, ist mit einer wesentlich kürzeren und ganz anderen Dichtung verknüpft, mit der flammenden Entgegnung auf ein beleidigendes Epigramm. Cecilia hatte eine in ihrem Besitz befindliche Loge im Theater San Beneto zum Verkauf angeboten, und ein alberner Kerl hatte drei Verse in Umlauf gebracht: »Tüchtig die Tronin/ sie verkauft ihre Loge/ teurer als ihre Möse.«

Und Cecilia schlägt zurück: »La Trona/ la mona/ la dona«. (Die Tronin/ die Möse/ die schenkt sie).

In diesem, nennen wir es ruhig poetischen Wettgesang, tritt der ganze Charakter von Cecilia und ihr Unterschied zu Caterina zutage. Sie war mit siebzehn als Braut eines fünfzigjährigen Mannes in den Palazzo Tron gekommen: von den vier Söhnen des Cavaliere Nicolò Tron und der Chiara Grimani Calergi hatte Andrea, der mit sechzig heiratete, als einziger keine Kinder bekommen, Giovanni war Benediktinermönch, Vincenzo hatte jung geheiratet und einen Sohn, Nicolò, aber der Junge war gestorben, und er selbst war nach seiner Verwitwung Priester geworden. Um das Geschlecht weiterzuführen, blieb nur Francesco übrig. Francesco, geboren 1723, nahm zu diesem Zweck 1772 die jugendliche Cecilia zur Frau, die Tochter von Ser Renier Zen, dem Urenkel jenes anderen Renier Zen, der den parlamentarischen Spektakel von 1626 – 1628 gegen den Dogen Corner und seine Söhne ausgelöst hatte. War Caterina anmutig, so war Cecilia schön, war Caterina lebhaft, so war Cecilia geradezu ein Erdbeben an Temperament, was Francesco, der vierunddreißig Jahre älter war als seine Frau, bald merken sollte. Als er als Podestà (Stadtvorsteher) nach Brescia ging, ließ Cecilia dort das Theater rekonstruieren, beleuchten und beheizen, stellte die dahinsiechende Accademia degli Erranti wieder auf die Füße, entsetzte die Brescianer, nicht nur weil sie mit viel Talent Klavier spielte, sondern weil sie wie eine Besessene tanzte, sich auf tausend Arten maskierte, wie ein Jockey ritt und fechten konnte wie ein Haudegen. Und – das hatte man noch nie gesehen! – sie trug oft und gern Männerkleidung.

Als Cecilia nach Francescos Tod nach Venedig zurückkehrte, richtete sie sich als Hausherrin im Palast ein und bat die unbequeme Schwägerin auszuziehen. Und sie gab sich alle Mühe, Caterinas Ruf und Autorität in den Schatten zu stellen. Caterina besaß wie alle Damen und Herren aus dem Adel und dem gehobenen Bürgertum eine sehr elegante, zentral gelegene kleine Wohnung, die wesentlich bequemer und gemütlicher war als die feierlichen großen Räume im Ca' Tron. Cecilia hatte sogar zwei solche Wohnungen. Führte Caterina in ihrer Wohnung einen gut und gern besuchten Salon im Zeichen der Kultur der Aufklärung, so wurde Cecilias »Konversationskreis« ein Treffpunkt, der von unzähligen Ausländern auf der Durchreise aufgesucht wurde. 1755 tauchte auch Cagliostro bei ihr auf. Caterina hatte die *Liebesdrogen*-»Affäre« im Theater San Luca aufgebauscht. Cecilia organisierte eine Claque für die Ballerina Baccelli, die »plump und ohne Manieren« war und gehörig ausgepfiffen wurde. Doch Cecilia ließ sie beklatschen, überhäufte sie mit kostspieligen Geschenken und machte aus ihr eine unangefochtene Diva. Dagegen organisierte sie ein feierliches Pfeifkonzert für den berühmten Sänger Pacchierotti, der ihr nicht zusagte: man sah sie in Männerkleidung mit großen Stiefeln aus dem Theater San Samuele herauskommen und zufrieden sagen »Wir haben es geschafft«.

Auch wenn sie absolut nicht dumm war, hatte Cecilia einfach zuviel Lebensgier. Sie war sechsunddreißig, als sie in Mailand im Hause Serbelloni den achtundfünfzigjährigen Giuseppe Parini traf. Sie machte ihm mit höflichen Schmeicheleien den Hof, aber vor allem verdrehte sie ihm den Kopf mit dem ganz und gar irdischen und sinnlichen Reiz ihrer entblößten Brüste, die den Dichter zu der Ode *Il pericolo* (Die Gefahr) inspirierten. Sie war achtunddreißig, als aus Treviso Kaiser Leopold II., der König und die Königin von Neapel und die Großherzöge der Toscana ankamen und sie in Männerkleidung zu Pferde auf dem Damm vorpreschte und sich schnurstracks an die Spitze des Zuges der Kutschen setzte. Die Staatsinquisitoren forderten Francesco endgültig auf, »die Dame, seine Gattin, in die Grenzen einer dezenten Mäßigung zu weisen«, aber sie war ganz zufrieden, Eindruck auf die Gäste gemacht zu haben, und kümmerte sich wenig um das »widerliche Schweigen«, mit dem ihr fast siebzigjähriger Ehemann sie zu strafen gedachte. Dann starb Francesco. Bei Vincenzos Tod würde somit Cecilias Tochter Chiara Maria, die einen Donà dalle Rose heiraten würde, Universalerbin. Und Cecilia würde vor Gericht über die entfernten Verwandten Tron von San Beneto, die das Erbe anfochten, den Sieg davontragen. Seit dem Tode der Schwägerin war nunmehr sie die Hauptperson. Die Leute wiederholten ihre Sprüche, wie zum Beispiel ihre Entgegnung auf die Bemerkung eines Gondoliere, der ihr bezüglich ihres sorgfältigen Make-ups, das ihre zunehmenden Falten verdecken sollte, sagte: »Was für ein schönes Wachs Sie haben, Exzellenz.« Sie: »Ich weiß, Herr Tölpel, es ist auch recht teuer.«

Die Republik fiel, und Cecilia reagierte genau umgekehrt, als Caterina es getan hätte. Sie war franzosenfreundlich und jakobinisch eingestellt. Im September 1797 gab sie ein großes »demokratisches« Fest im Palast am Canal Grande. Sie fuhr nach Mestre, um Bonapartes Frau Josephine in Empfang zu nehmen, begleitete sie in der Gondel und sang ihr sogar das berühmte, damals bereits abgeschmackte Liedchen von Antonio Lamberti und Simone Mayr *La biondina in gondoleta* vor, das ihr Gast so gern hören wollte. Als die Österreicher die Franzosen in Venedig ablösten, stand sie im Verdacht revolutionärer Umtriebe und wurde mehrfach unter Hausarrest gestellt. Sie aber führte ihr gewohntes Leben weiter, hielt einen noch glänzenderen Salon als vorher, heiratete ihren beflissenen Kavalier, den Grafen Giorgio Ricchi (nannte sich aber weiterhin Zen Tron), und sie behielt mit zunehmendem Alter ihren diabolischen Geist, den sie auch bei den alltäglichsten Gelegenheiten versprühen konnte. So begann sie einen Brief an einen Professor aus Padua mit »Liebster und seligster …« und beschloß ihn mit »Eure? Niemals! Cecilia Tron«.

VI

1.

Die Fassade der Kirche San Stae, so steht es in den Führern, wurde 1709 auf einen Erlaß des Dogen Alvise II. Mocenigo hin von Domenico Rossi errichtet, der aus Morcote im Kanton Tessin stammte.

An der *Salizada* di San Stae steht selbstgefällig und fern vom Lärm des Canal Grande der stolze Palast der Mocenigo aus dem 17. Jahrhundert. Diesem Zweig der großen Familie Mocenigo, aus der insgesamt sieben Dogen hervorgegangen waren, entstammte auch der drittletzte Doge, Alvise IV., ein vornehmer Diplomat. Er war verheiratet mit Pisana Corner, einer hochgebildeten Frau, deren Leidenschaft die Astronomie war. In diesem Palast war auch Alvise II. geboren worden: ein außergewöhnlicher Mensch, der, so hieß es, – obwohl er keine Gelübde abgelegt hatte – sich immer seine Jungfräulichkeit bewahrt habe und der Sexualität gegenüber so feindlich eingestellt gewesen sei, daß in seiner Gegenwart nicht einmal von Frauen gesprochen werden durfte. Er ruht in der Kirche San Stae unter einer Platte aus weißem Marmor mit einem Rahmen aus Chalzedon und Intarsien: der Dogenhut hängt über zwei gekreuzten Beinknochen, die Samtmütze bedeckt einen Schädel, und zwei Skelette aus weißem Marmor schwenken die Sicheln, während in den Ecken eine Eule, eine Sanduhr, eine Fackel, ein versiegelter Umschlag und eine Feder auf bizarre Weise an den Tod und das Testament des Verstorbenen erinnern.

Auch der unmittelbare Vorgänger von Alvise IV. ruht in San Stae, genauer in der Foscarini-Kapelle. Über seinem Grab prangt ein Werk von Toretti: es zeigt den Gekreuzigten vor einem grünen Kreuz auf schwarzem Grund. An Marco Foscarini erinnert nicht einmal eine Inschrift, die Büsten stellen andere Personen aus dem Zweig der Foscarini dar. Dieser Zweig wohnte bei Sant'Agnese und hatte den unmittelbar hinter der Kirche am Canal Grande gelegenen Palast von der Drucker- und Verlegerfamilie Giunti geerbt, die aus Florenz nach Venedig übergesiedelt war. Die Foscarini waren Prokuratoren von San Marco, Generalkapitäne »zur See«, Doktoren und Cavaliere. Und einer von ihnen, der Cavalier Antonio, war Botschafter. Berühmtheit hatte er durch eine Reihe von tragischen Mißgeschicken erlangt, die darin gipfelten, daß er wegen Verrats zum Tode verurteilt und erst posthum rehabilitiert wurde.

Marco Foscarini gibt heute einem venezianischen Gymnasium seinen Namen. Das ist wenig für einen liebenswürdigen, redegewandten, anerkannten und hochgebildeten Politiker, einen Mann, der im Leben und in der Kultur seiner Zeit in und auch außerhalb Venedigs eine wichtige Rolle gespielt hatte. Obwohl alle ihn zum Dogen haben wollten, hatte er Angst, die Wahl zu verfehlen, und gab sein Vermögen hin, um Wähler zu bestechen. Er war ein schöner (Messandro Longhis Porträt von ihm belegt es), sehr gebildeter Mann, und er wurde auch als Wissenschaftler geschätzt. Seine Bibliothek bestand aus seltenen Manuskripten und Büchern, und Papst Benedikt XIV. hatte ihm für seine Abhandlung über die venezianische Literatur sogar mit einem persönlichen Schreiben gedankt. Foscarini war ein Diplomat, der sich an allen Höfen Europas großer Wertschätzung erfreute, ein faszinierender Redner – im Großen Rat hatte er einen so gerissenen Parlamentarier wie Paolo Renier allein mit seiner Beredsamkeit besiegt –, kurzum er war ein faszinierender Mensch und hatte sich als solcher die Zuneigung Gasparo Gozzis und auch seines steinreichen Cousins, des Prokurators Piero, erworben. Dieser hatte ihm einen kleinen Palast für seine Bibliothek errichten lassen und ihn zum Universalerben seines Vermögens und seines prunkvollen Palastes bei den Carmini gemacht.

Wo viel Licht ist, ist jedoch auch viel Schatten. Zum Beispiel seine Manie, um jeden Preis Doge zu werden, dann seine Leidenschaft für das Kartenspiel. De Brosses persönlich war Zeuge dieser Passion geworden, als er ihn in Rom im Palazzo Borghese spielen sah (natürlich unterlag auch de Brosses dem Charme dieser Persönlichkeit »plein de feu et d'esprit«). Foscarini hatte auch wenig Skrupel, wenn es darum ging, sich seltene Bücher auf sehr unorthodoxe Weise zu beschaffen. Eine übelnehmerische Empfindlichkeit machte ihn intolerant gegenüber jeder Kritik. Und schließlich war er nicht frei von Pedanterie: Gozzi, sein guter Freund und ständiger Gast während der Sommerfrische schrieb 1756, praktisch würde er gar nicht mehr existieren, weil Foscarini gerade ein Epos über Korallen dichte, und man deshalb von nichts anderem mehr als von Korallen spreche, man esse Korallen, und man trinke Korallen. »Wenn ich wieder in Venedig bin, werde ich keine anderen Wörter mehr im Mund haben.« Außerdem, was für ein Verschwender! Er hatte so viele Schulden, daß die Gläubiger ihm angedroht hatten, seinen Leichnam mit den Insignien der zahlungsunfähigen Schuldner brandmarken zu lassen. Mit einem Wort, er war eine lebendige und geniale Synthese seines Jahrhunderts, ähnlich wie Andrea Memmo, auch wenn er nie ein so fanatischer Schürzenjäger wie jener gewesen war.

Marco Foscarinis persönliche Geschichte ist also vom Erfolg gezeichnet. Die Geschichte des Cavalier Antonio, einem Großonkel seines Vaters, dagegen scheint eine Synthese der dunklen Seiten des geschundenen 17. Jahrhunderts gewesen zu sein. Dessen Erlebnissen kam ein würdiger Platz in einer Familiengeschichte zu, die – so vermerkt ein Manuskript der Bibliothek Marciana mit dem Titel *Casi infelici, fini e Morte di Nobili*

Veneti (Unglücksfälle, Ende und Tod venetischer Adliger) – aus einer Unmenge von Mißgeschicken bestand. Sein Urgroßvater starb beim Sturz von einer Treppe, sein Urenkel Alvise wurde verbannt, weil er einen Goldschmied töten ließ. Und Antonios Mutter, Maria Barbarigo, starb durch Selbstmord.

In der Romantik war Antonio Foscarini eine sehr populäre Figur. Ein Theaterautor, der im letzten Jahrhundert sehr in Mode war und heute glücklicherweise vergessen ist, Gian Battista Niccolini, hat ihm eine Tragödie voller tränenreicher Absurditäten gewidmet. Sie basiert auf einem Mythos, der Antonio Foscarini bis zum Jahr 1622 umgab, als die Venezianer eines Morgens auf der Piazzetta von seinem gräßlichen Anblick überrascht wurden. Der Senator, ehemaliger Savio des Festlandes, einstmals Botschafter am Hof von Frankreich und England, hing mit einem Fuß am Galgen zwischen den beiden Säulen auf der Piazzetta. Es ging das beharrliche Gerücht, daß der Cavaliere sich geopfert habe, um seine Geliebte, die Gräfin Alathea von Arundel and Surrey, Gemahlin des Earl Marshal von England, nicht zu kompromittieren. Sie wohnte im Palast Mocenigo bei San Samuele, und Foscarini hatte sich laut Anklage bei Nacht, heimlich, allein, bewaffnet und »auf extravagante Weise« gekleidet zu ihr begeben.

Die Anklage war allerdings über die sentimentalen Motive dieser heimlichen Besuche hinausgegangen. Die Gräfin hielt sich nach eigener Aussage in Italien, abwechselnd in Padua und Venedig auf, um ihren Kindern »auf italienische Art« eine umfassendere Erziehung zukommen zu lassen. Es ging jedoch das Gerücht, daß sie nur deshalb in Italien war, weil sie heimlich weiterhin der »papistischen« Religion, wie die Engländer es nannten, anhing. Das Gericht hatte also davon erfahren, daß in ihrem Hause noch andere Personen verkehrten, wie zum Beispiel der Bevollmächtigte der Medici, der Sekretär des kaiserlichen Botschafters, aber auch eine angesichts der gespannten Beziehungen zu Spanien wesentlich beunruhigendere Person, der Sekretär des spanischen Botschafters nämlich. Dieser nun schickte dem spanischen Gouverneur von Mailand regelmäßig die Protokolle der geheimen Senatssitzungen.

Foscarini war also verhaftet worden, weil er im Verdacht stand, geheimdienstliche Beziehungen mit den Vertretern feindlicher Mächte zu unterhalten. Er wurde fünf Stunden lang ununterbrochen verhört, wobei ihm schwerwiegende Indizien und erdrückende Zeugenaussagen vorgehalten wurden. Er hätte seine Unschuld beweisen können (angeblich), wenn er nur zugegeben hätte, daß seine von soviel Geheimnis umwitterten Besuche bei der Gräfin keinen politischen Zweck hatten, sondern sich aus einem Liebesverhältnis erklärten. Weil er es unterlassen hatte, war er im Kerker erdrosselt worden, als Märtyrer der Ehre und einer heroischen Ergebenheit gegenüber der geliebten Frau.

Ein so spektakuläres Ereignis – ein Senator ersten Ranges am Galgen wie ein Übeltäter, eine hohe Dame aus dem Ausland, mit engen Bindungen an den Hof Jakobs I., an den Pranger gestellt und in eine dunkle Spionageaffäre verwickelt – mußte natürlich einen Haufen Gerüchte auslösen. Dabei gingen dem britischen Botschafter, Sir Henry Wotton, die Nerven durch – nicht aber der Gräfin. Sie hatte Himmel und Hölle in Bewegung gesetzt, voller Wut auf Sir Henry, der es gewagt hatte, ihr vorzuschlagen, sofort Venedig und die venetischen Staaten zu verlassen, wo doch eine Flucht einem unausgesprochenen Eingeständnis gleichgekommen wäre. Lady Alathea wollte im Collegio vom Dogen mit der ganzen Signoria und allen Weisen empfangen werden, und hatte ein öffentliches Dementi bezüglich irgendeiner, auch nur entfernten Beziehung ihrer Person zu dem unglückseligen Botschafter Foscarini verlangt. Foscarini erhielt einen ordnungsgemäßen Prozeß im Zehnerrat mit allen möglichen Garantien. Die Gewährleistungen bestanden in einer äußerst strengen Handhabung der Mehrheiten, die für eine Anzeige erforderlich waren, damit der Prozeß gegen den Angeklagten eröffnet und er verurteilt werden konnte. Außerdem war im Rat der Zehn, der genaugenommen aus siebzehn Mitgliedern bestand (auch der Doge und die sechs Dogenberater gehörten dazu), und in dem der Staatschef persönlich den Vorsitz führte, eine qualifizierte Mehrheit auch für den Strafantrag (*parte*) und für die Änderungsanträge (*scontri*) erforderlich. Die Abstimmung führte zu klaren Mehrheitsverhältnissen: dreizehn Stimmen gegen vier Enthaltungen ohne Gegenstimme für das Procedere. Und als über seine Verurteilung abgestimmt wurde, stimmten zehn für den Strafantrag des Dogen Antonio Priuli, der dann ja auch ausgeführt wurde, fünf für lebenslängliche Kerkerhaft und einer für Tod im Kerker ohne Zurschaustellung des Hingerichteten. Ein einziger hatte sich der Stimme enthalten und keiner für Freispruch plädiert, keiner auch für die Wiederaufnahme des Verfahrens ex novo, das jeder der siebzehn Mitglieder des Zehnerrats und die drei Avogadori di Comun, die der Sitzung ohne Stimmrecht beiwohnten, von Rechts wegen hätte beantragen können, wenn ihm irgendein Zweifel gekommen wäre.

Armer Cavalier Antonio! Nach seinem Tod waren gerade die Vertreter der mutigsten und – wie wir heute sagen würden – der fortschrittlichsten Fraktion der Patrizier gegen ihn, die Freunde von Fra Paolo Sarpi, zu denen auch er gehört hatte. Fra Paolo, der mutige Serviten-Mönch, hatte der Republik die schärfsten juristischen und theologischen Waffen geliefert, um gegen die Ansprüche von Papst Paul V. in der langen und dramatischen politischen und diplomatischen Schlacht von 1606 zu Felde zu ziehen, als der Papst die Unabhängigkeit der Geistlichen von den zivilen Gerichten verlangte und die Serenissima mit dem Interdikt belegte, das diese als ungültig, weil illegitim zurückgewiesen hatte. Fra Paolo hatte, als die Schergen des Kardinals Borghese ihm den Degen ins Gesicht gestoßen hatten, sarkastisch kommentiert: »Ich erkenne den Stil der römischen Kurie.« Und Fra Paolo, der für Foscarini mehr ein

Freund als ein Lehrer war, hatte das Vermächtnis von hundert Dukaten abgelehnt, das der Verurteilte ihm in dem Testament hinterlassen hatte, das er vor seinem Tode in aller Eile dem Kerkermeister diktiert hatte.

Es hatte also keine Zweifel diesem Mann gegenüber gegeben, der als sonderbar geschildert wurde, als »launisch und schrullenhaft in unwichtigen Dingen, aber ernsthaft dann in allem Wichtigen« (so ein savoyischer Diplomat). Er war schon einmal, damals war er Botschafter in London, in die Fänge der Staatsinquisitoren geraten, und zwar wegen einer unerfreulichen Geschichte, die auf einem Konflikt mit seinem ebenfalls extravaganten Botschaftssekretär Giulio Muscorno basierte. Dieser war ein Intrigant und Geschäftemacher, der ihm alle möglichen Scherereien mit dem Hof König Jakobs verschafft und ihn unter anderem beschuldigt hatte, die vertraulichen, an den Senat gerichteten Briefe Dritten zu lesen gegeben zu haben. Damals hatte Foscarini zum erstenmal die Zellen des Zehnerrats kennengelernt, aber die Staatsinquisitoren hatten ihre Untersuchung in London diskret durchgeführt. Und Lionello, der die Untersuchung leitete, hatte entdeckt, daß die geheimen Berichte des Botschafters tatsächlich von einem Spion abgeschrieben und von seinem Kammerdiener weitergegeben worden waren. Der Kammerdiener wurde sofort gefaßt und zu zwanzig Jahren Kerker verurteilt. Lionellos Untersuchungsbericht stellte weiterhin fest, daß Muscorno sich äußerst schlecht benommen hatte, daß er dem Ansehen der Republik und des Botschafters großen Schaden zugefügt hatte, indem er ihn diffamiert, die Leute mit unschicklichen Imitationen seiner Person unterhalten und ihn öffentlich bei Hofe verspottet hatte. Der Zehnerrat hatte Foscarini freigesprochen und Muscorno zu zwei Jahren Verbannung auf der Festung Palmanova verurteilt. Nicht zum ersten Mal jedoch hatte Foscarini Zwist und Ärger mit den Sekretären. Er war offensichtlich ein schwieriger

Mensch. Und ungeachtet all seiner Qualitäten, gab es etwas Verdächtiges an ihm.

Foscarini starb am 20. April 1622. Am 10. Juni hatte König Jakob I. von England dem Dogen dafür gedankt, daß die Republik das Ansehen des Vereinigten Königreichs mit der Erklärung, daß Lady Arundel an der Spionage-Affäre nicht beteiligt gewesen war, gerettet hatte. Am 21. Juli wurde Sir Henry Wotton in die Heimat zurückbeordert und als Botschafter durch Sir Isaac Wake ersetzt. Aber am 22. August kam es zu einem überraschenden Coup. Der Zehnerrat verfügte die Verhaftung eines gewissen Girolamo Vano und zweier seiner Kumpanen. Vano war von Berufs wegen Spitzel der Staatsinquisitoren und der Hauptbelastungszeuge gegen Foscarini gewesen. Dann blieb wieder alles ruhig. Im Januar 1623 gingen neue Gerüchte um: Vano und einer seiner Gefährten, ein gewisser Domenico da Venezia, waren im Kerker erdrosselt worden. Auch Giulio Cazzari, ein Verwandter des Sekretärs des kaiserlichen Botschafters, sollte sterben. Ihm hatte der Spitzel die geheimen, Foscarini zur Last gelegten Informationen geliefert. Und am 16. Januar 1623 erklärte der Zehnerrat mit einer für die damalige Zeit völlig unüblichen Zivilcourage feierlich seinen Irrtum und beteuerte die Unschuld von Antonio Foscarini. Alle Regierungen Europas wurden davon offiziell in Kenntnis gesetzt.

Hundertfünfzig Jahre später, bevor er Doge war, beschwor Marco Foscarini in einer denkwürdigen parlamentarischen Debatte die schöne Erinnerung an den Tag herauf, an dem der Große Rat die feierliche Botschaft der Zehn erhalten hatte und sein »armes Geschlecht« eine »wunderbare« Anzahl von Patriziern empfangen hatte, die herbeigeeilt waren, um der Familie ihre tiefbewegten Glückwünsche zu übermitteln. Die Prozeßakten Foscarini, die beim Fall der Republik noch vollständig im Schrank der Staatsinquisitoren lagen, sind von der demokratischen Stadtregierung törichterweise vernichtet worden. Girolamo Ascanio Molin, ein gebildeter Politiker, hatte sie gegen Ende des 18. Jahrhunderts noch einsehen können und bezeugte, die Beweise gegen Foscarini seien so erdrükkend gewesen, daß der Zehnerrat ihn nur noch verurteilen konnte. Aber wer hatte sie fabriziert, diese so konkreten, so unantastbaren Beweise? Der Verdacht, daß Muscorno daran beteiligt war, verhärtet sich immer mehr zur Gewißheit. Nur ein Sekretär des Senats konnte genau wissen, was nötig war, um über jeden legitimen Zweifel erhaben zunächst die Staatsinquisitoren und dann ein Tribunal von siebzehn welterfahrenen Edelmännern zu überzeugen. Aber war es Muscorno allein? Wie hätte er, der so in Mißkredit gefallen war, die Beweise manipulieren und den niederträchtigen Spitzel Vano und seine Komplizen dirigieren können? Beim Gedanken an die vielen Streitigkeiten zwischen Foscarini und seinen Sekretären ist der Verdacht begründet, daß die Solidarität der Sekretäre, einer mächtigen Berufsgruppe, zur Aufbauschung einer Affäre wesentlich beigetragen hatte, die noch heute die Gemüter erregt.

2.

Über die Tätigkeit der *Tiraoro* (Goldzieher) und der *Battioro* (Goldschläger), deren Scuola sich genau neben der Kirche San Stae befand (sie existiert noch heute, es ist ein kleines, elegantes, Giacomo Gaspari zugeschriebenes Gebäude) wissen wir nicht viel mehr, als was uns die Namen vermitteln: sie zogen das Gold zu Bändern und schlugen es zu Blattgold. Die beiden respektablen Handwerkervereinigungen hatten sich gemeinsam von der umfassenderen traditionellen Zunft der Goldschmiede getrennt. Die *Arte* der Goldschmiede hatte ihre Bruderschaft auf dem Campo di Rialto Novo, und ihre Läden reihten sich entlang der Straße auf, die noch heute Ruga dei Oresi (Straße der Goldschmiede) heißt und von der Rialto-brücke hinunterführt. Heute noch gibt es Goldschmiede unter dem Portikus der alten *Drapperia,* der parallel zur Ruga dei Oresi verläuft. Aber das sind nur die kümmerlichen Überreste eines einstmals so berühmten Gewerbes, daß König Heinrich III. von Frankreich 1574 bei seinem Staatsbesuch einige Stunden in den Läden und Werkstätten hatte verbringen wollen. Er hatte sechsundzwanzigtausend Gold-Scudi für ein bestimmtes, mit eingefaßten Edelsteinen geschmücktes Szepter geboten, das er in der Vitrine der Dalla Vecchia gesehen hatte: doch diesen war sein Angebot zu gering, und so hatten sie es nicht akzeptiert.

Der französische König hatte dabei womöglich an das Kreuz mit achtunddreißig in Goldtafeln »à la façon de Venise« eingelegten Saphiren gedacht, das in der Basilika von Saint Denis hing, wo all seine berühmten Vorgänger aus dem Geschlecht der Kapetinger unter prächtigen Grabmälern in ihrem ewigen Schlaf liegen.

Sicherlich hatte der König, der schöne Juwelen liebte, begeistert reagiert, als er den Schatz von San Marco sah, der vor der funkelnden byzantinischen *Pala d'oro* (Goldene Altartafel) ausgestellt war, während die San-Marco-Kapelle das von Zarlino eigens für ihn, den König, komponierte *Te Deum* spielte. Mit den Reliquienschreinen, den Evangeliaren und den anderen kostbaren Dingen, welche Enrico Dandolos Kreuzfahrer 1205 aus Konstantinopel mitgebracht hatten, ein Querschnitt durch die Gesamtbeute der Plünderung, und mit den im Laufe der Jahrhunderte von der Signoria selbst bestellten Stücken stellte der Schatz von San Marco eine der bedeutendsten Sammlungen der Christenheit dar. Es waren nicht nur heilige Gegenstände, sondern, wie Francesco Sansovino in seinem *Venetia Città nobilissima & singolare* betont, auch Brustpanzer »aus reinstem und massivem Gold« darunter, »auf allen Seiten besetzt mit den feinsten Juwelen, mit Smaragden, Topasen, Rubinen, Chrysolithen, mit Perlen von außerordentlicher

Größe«. Darunter auch der »riesige Rubin«, den Kardinal Domenico Grimani der Republik hinterlassen hatte, die Kronen der Königreiche von Zypern und Candia, die *Zogia* (Juwel) und der mit Edelsteinen besetzte »Corno«, mit dem der Doge nach seiner Wahl gekrönt wurde und mit dem er jedes Jahr feierlich das uralte Kloster San Zaccaria besuchte.

Auf der anderen Seite des Canal Grande windet sich die Reihe der Paläste in einen Bogen, eine erste »volta de Canal« (Kanalbiegung), und kurz hinter dem Rio della Maddalena sind (oder waren?) bei einem Barbarigo-Palast noch die Reste einer Fresko-Dekoration von Camillo Ballini erhalten (der Gefahr durch Verwitterung hat sich vor etwa sechzig Jahren eine wesentlich heimtückischere Bedrohung hinzugesellt: die petrochemischen Anlagen von Marghera. Wir haben erlebt, wie jahrhundertealter Marmor und istrischer Stein zerbrökkelten und Freskos immer schneller von den Wänden abplatzten und herabfielen: wie zum Beispiel die Freskos von Pordenone aus dem Kreuzgang von Santo Stefano, die phantasievollen Dekorationen, die in meiner Erinnerung in den dreißiger Jahren noch recht farbintensiv waren, nun aber völlig verblaßt sind).

Heute kommt ein großer Teil der Palastfassaden des Canal Grande, wenn sie nicht mit Marmor oder istrischem Stein verkleidet sind, in fahlen, gräulichen Acryl-Farben daher, die dem venezianischen Geschmack und der Tradition so gar nicht entsprechen. Daher ist es schwierig, sich vorzustellen, wie schön das Defilee der mit Fresken in den lebhaftesten Farben bemalten Wände einmal gewesen war. Die beherrschende Farbe war rot, »die beste Farbe, die es gibt auf der Welt«. Die in Venedig bis zum Ende des 15. Jahrhunderts andauernde Gotik gab sich jedoch nicht mit einem einfachen farbigen Putz zufrieden. Wenn man damals schon nicht berühmte Maler beauftragen konnte, so ließ man die Fassaden doch wenigstens mit Fresken schmücken, mit ornamentalen

Motiven, mit Blätterwerk, Rankenwerk und Girlanden, oder – so Jakob Burkhardt – man ließ sie »wie Teppiche« malen.

Aber nicht nur die Fassaden waren bemalt: bei genauerem Hinsehen erkennen wir, daß auch die Mauern, die Höfe und Gemüsegärten umgaben, mit Gemälden von Carpaccio oder Gentile Bellini dekoriert waren. Die ersten Architekten der Renaissance, Codussi und Lombardo, hatten ihre Gebäude mit Intarsien aus farbigem Marmor geschmückt, damit sie ein Ensemble mit den Häusern der Nachbarschaft bildeten. Nicht einmal das verarmte, mißhandelte, in Trümmern und Schutt liegende Venedig der napoleonischen und österreichischen Zeit vernachlässigte den lebhaften Farbenputz seiner Häuser, was Alfred de Musset zur ersten Zeile seines berühmten Gedichtes inspirierte: »Dans Venise la rouge ...«, Venedig, die Rote.

Und in der Renaissance, die den strengen, majestätischen istrischen Stein bevorzugte, liebte man es vielleicht noch mehr, daß die Maler ihrer Phantasie auf den Fassaden Ausdruck gaben. Giorgione, der die Fassade seines Hauses bei San Silvestro mit Fresken geschmückt hatte, wurde beauftragt, am Canal Grande die Fassade der berühmtesten aller ausländischen Handelsniederlassungen, des Fondaco dei Tedeschi, zu dekorieren. Bei seiner Arbeit wurde er von dem damals etwa achtzehnjährigen Tizian unterstützt. Auf der Höhe seines Erfolgs hatte der Maestro aus Castelfranco die Fassade des Palazzo Soranzo am Campo San Polo mit Fresken bemalt und war danach mit der Dekoration des Palazzo Pisani, dann auch mit der des Palazzo Gritti am Canal Grande bei Santa Maria Zobenigo beauftragt worden. Leider ist all das ebenso verloren gegangen wie die Fresken des Pordenone an der Front des zu Beginn des letzten Jahrhunderts abgerissenen Palazzo Morosini »dalla tressa« bei San Geremia, und wie die Fresken an der Fassade des Palazzo d'Anna, dem späteren Palazzo Viaro, Martinengo und heutigen Volpi di Misurata. Wie überhaupt all die anderen Malerei-Zyklen von Meistern des 16. Jahrhunderts, die am Canal Grande zu sehen waren: Tintoretto am Palazzo Gussoni bei San Felice, Veronese am Palazzo Coccina, dem späteren Palazzo Foscarini bei San Stae, und am Palazzo Cappello bei San Polo, wo auch sein Rivale Zelotti Fresken gemalt hatte; Schiavone am Palazzo Ca' Zane-Tiepolo bei San Tomà, Salviati am Palazzo Loredan, heute Palazzo Cini bei San Vio, Sante Zago am Palazzo Barbaro, Benedetto Caliari am Palazzo Mocenigo bei San Samuele. Venedig wurde immer grauer, dieses Venedig, in dem selbst die phantasievollen, in Form eines umgestülpten Kegels gestalteten Schornsteine einen bunten Anstrich erhielten (Gemälde von Carpaccio und Gentile Bellini belegen dies). Diese Schornsteine werden heute immer seltener, ganz zu schweigen von den *paline* (dünne Pfähle), die einst am Uferkai eines jeden Palastes die Farben des Wappens der Eigentümer trugen.

3.

Am 18. Dezember 1731 erstattete die N.D. (nobilis dama) Faustina Lazari, die Gemahlin des N.H. (nobilis homo) Giulio Gussoni, eine Anzeige beim Tribunal des Vorstands des Erlauchten Zehnerrats. Dieser N.H. Giulio war offensichtlich nicht gerade ein Heiliger. Gussoni war damals kurz nach seiner Amtszeit als Podestà von Bergamo Statthalter in Udine geworden, das heißt Gouverneur seiner Heimat im Friaul. Er wurde nach Venedig in die Kerker des Zehnerrats beordert, weil er angeklagt war, einen seiner Untergebenen, den Grafen Francesco d'Arcano, umgebracht oder seine Ermordung veranlaßt zu haben. Da ihm nichts nachgewiesen werden konnte, wurde Giulio Gussoni schließlich doch freigesprochen, durfte am 10. September 1727 den Kerker verlassen und kehrte dem Anschein nach in seinen Palast am Canal Grande zurück, an der Ecke des Rio di Noale (auf der Fassade hatte der junge Jacopo Tintoretto ein Fresko mit Adam und Eva, Kain und Abel, und zwei anderen Figuren gemalt, die an die von Michelangelo für die Medici-Gräber gemeißelten Skulpturen der Morgen- und Abenddämmerung erinnerten).

Der Ahnentafel nach war Ser Giulio Gussoni im Jahre 1730 gestorben. In den Papieren des Zehnerrats dagegen lebte er länger. Offensichtlich handelte es sich um jemand anderen, denn es wäre doch recht ungewöhnlich gewesen, daß seine Frau und nicht er selbst in folgender, recht schwerwiegender Familienangelegenheit die Initiative ergriff: Die N.D. Faustina brachte nämlich vor, daß ihre einzige, einem Patrizier versprochene Tochter Giustiniana von dem Grafen Francesco Tassis, Sohn des verstorbenen Flaminio aus Bergamo, geraubt worden war. Abgesehen von anderen Überlegungen ging es auch darum, daß Giustiniana einzige Tochter war und als solche ein enormes Vermögen erben würde, darunter auch den Palast der Familie Gussoni.

Gesagt getan, die Zehn baten die Avogadori di Comun um Feststellung der näheren Umstände und um Ausstellung der »Proklamation«, wie es damals hieß, für den Grafen Tassis. Nach Abschluß der Untersuchung wurde dieser am 9. Januar 1732 unter Anklage gestellt. Laut Anklage hatte man ihm »in gutem Glauben in dem Patrizierhaus und in der adligen Konversationsgesellschaft«, die von Faustina Lazari Gussoni und ihrer Tochter besucht wurde, Einlaß gewährt, und hatte »in mangelnder Beachtung des vielfältigen Respekts«, den er einem bereits verlobten Mädchen schuldete, oder vielmehr einem Mädchen, das »mit rechtmäßig unterzeichnetem Vertrag einem patrizischen Bräutigam zur Ehe versprochen« war, versucht, »mit verdammenswerten Zielen eine hinterhältige Vertraulichkeit mit ihr« herzustellen. Und da »dieser boshafte Plan sich hinter frommen Äußerungen verbarg«, hatte er es sogar geschafft, im Hause Gussoni empfangen zu werden,

»mit dem Ziel, den Kontakt zu verstärken und sich mit jenen Künsten in die zarte Seele der Jungfrau einzuschleichen, die in seinem durchaus reifen Alter erfolgversprechend waren.« Daraus können wir entnehmen, daß der Graf aus Bergamo ein nicht mehr ganz junger Mann und zweifellos erfahren in der Kunst der Verführung war. Er stellte »unter den Augen der Öffentlichkeit sehr geschickt eine künstliche und simulierte Gleichgültigkeit zur Schau, ohne die er das Verhältnis nicht so lange hätte geheimhalten können«. Und er nutzte jede Gelegenheit, um heimlich mit dem Mädchen zu sprechen, »unter infamer Inanspruchnahme der Gastfreundschaft, unter Mißbrauch der adligen Konversationsgesellschaft und mit verabscheuungswürdiger Hinterhältigkeit«.

Trotz seiner Verstellungskünste war das »verräterische Verhalten« des Grafen Tassis »durchgesickert«, die Mutter des Mädchens hatte seine Manöver durchschaut. Aber dennoch war es ihm gelungen, »das schwache Mädchen auf verfängliche Weise zu heimlicher Korrespondenz zu veranlassen«, und ihr mit seinen Briefen »mit immer tückischerer und dreisterer Beharrlichkeit« nachzustellen. Die Mutter Gussoni hatte ihn öffentlich getadelt und ihm Hausverbot erteilt. Sie hatte ihm »religiöse Personen« geschickt, die ihm mit »ernsten Ermahnungen« ausrichten sollten, er solle sich bloß nicht mehr sehen lassen. Vergebens, im Gegenteil: der Graf hatte mit viel List und unbemerkt die Kontakte zu Giustiniana aufrechterhalten und sie dazu gebracht, »heimlich eine schuldhafte, skandalöse und schimpfliche Flucht zu verabreden.«

So hatte er am Sonntag, dem 16. Dezember 1731 eine Gondel mit vier Rudern bestellt und sich einen »bollettone di posta«, zwei Sitze in einer sehr schnellen Kutsche, reserviert, unter dem Vorwand eines Jagdausflugs mit Freunden. Inzwischen hatte Giustiniana, die sich mit ihrer Mutter im Haus der Verwandten Lazari aufhielt, spät abends »unversehens und ganz allein« das Haus verlassen, war in eine von Tassis geschickte Gondel mit zwei Ruderern gestiegen, die sie zu der Gondel brachten, in der Tassis gemeinsam mit einem Hausangestellten auf sie wartete. Um keine Zeugen zurückzulassen, hatte Tassis die Person, die ihm die Gondel besorgt hatte, mit auf das Boot geladen, und so waren sie zu dritt in großer Eile nach Fusina aufgebrochen, wo die beiden Plätze in der Kutsche reserviert waren. Die Reise dauerte die ganze Nacht. Unterhalb der Stadtmauern von Padua erwartete sie eine Kalesche, die gleich wieder in rasendem Tempo davonfuhr. Dem Grafen war es gelungen, »mit der geraubten Beute« die Grenzen des venezianischen Staates zu überschreiten.

Von dort (das lange Verbrechensregister des Zehnerrats nennt keinen genauen Ort) hatte der unternehmungsfreudige Bergamaske in vielen Briefen seine Hochzeit mit Giustiniana angekündigt, die am selben Abend noch in Anwesenheit des Pfarrers und der Zeugen »zelebriert werden würde«. Die Zehn glaubten an eine Farce: sie hielten das nur für einen weiteren Trick, »den Himmel, die Welt, die Adelsfamilien, die Gastfreundschaft« und die Ehre zu beleidigen. Deshalb befahlen sie, Tassis in Anbetracht der von ihm begangenen Verbrechen, der »hinterhältig geplanten und vorsätzlich ausgeführten Entführung« zu verhaften. Da sie seinen Aufenthaltsort nicht kannten, forderten sie ihn auf, sich innerhalb von vierundzwanzig Stunden beim Gefängnis zu melden, »um sich zu verteidigen und sich zu entlasten«. Andernfalls würde er in Abwesenheit verurteilt werden. Die Sentenz des Urteilsaufschubs wurde mit dreizehn Stimmen ohne Gegenstimme bei zwei Enthaltungen angenommen.

Die Prozeßakte ist wie viele andere Dokumente des Zehnerrats verlorengegangen. Wir wissen also nicht, wie der Prozeß im einzelnen verlaufen ist. Was wir jedoch wissen, ist, daß der Graf Tassis im Januar 1732 in Abwesenheit verbannt wurde, und daß Giustiniana in den Schoß ihrer Familie zurückkehrte und 1736 den N.H. Piero Maria Curti heiratete. Unter heraldischem Aspekt war das keine bedeutende Eheschließung: die Gussoni gehörten zu den »case novissime«, wurden 1310 in den Großen Rat aufgenommen, und die Curti waren seit 1688 eine »casa fatta per soldo«. Nach einem der vielen »Adelsbücher«, die zu Beginn des 18. Jahrhunderts verfaßt wurden, stammten sie aus Mailand und waren Abkömmlinge von »Abdeckern oder Metzgern«, die zu Reichtum gekommen waren, indem sie ungarische Ochsen nach Venedig importierten. Aber auch die Lazari gingen nicht gerade bis auf die Zeiten von König Artus zurück, sie kamen aus Vicenza und waren »Kaufleute von einigem Betracht, obwohl ihre Vorfahren den Beruf des Drechslers und Schnitzers ausgeübt hatten und folglich von niederem Rang waren«.

Und schließlich war vielleicht auch Giustiniana keine Heilige, so jedenfalls schienen auch die Zehn zu urteilen. Und eine anständige Heirat mit einem Patrizier konnte eine romantische und abenteuerliche Affäre vergessen machen, die wesentlich schlimmer hätte ausgehen können. Die arme Giustiniana lebte jedoch nicht lange: 1740 ist sie noch gemeinsam mit der Mutter als Eigentümerin des Palastes am Canal Grande aufgeführt; sie hatte zwei Söhne zur Welt gebracht, 1741 Lodovico und 1746 Leopoldo, aber 1747 wurde sie als verstorben gemeldet. Der Palast, der danach an einen Zweig der Familie Grimani übergegangen ist, wurde in der ersten Hälfte des letzten Jahrhunderts Eigentum eines jüdischen Geschäftsmannes, Cesare della Vida, dessen Namen er noch heute trägt.

4.

Ca' Pesaro ist der grandioseste der grandiosen Paläste des venezianischen Barocks, der bedeutendste unter den weltlichen Bauten von Baldassare Longhena, dem größten venezianischen Architekten seiner Zeit (wie bereits erwähnt, war er in Venedig als Sohn eines Schweizers aus dem Tessin geboren worden). Der Palast wirkt durch das starke Bossenwerk des Sokkels stark und grundsolide, und seine Baumasse beherrscht ein gutes Stück des Canal Grande. Überdies ist er einer der wenigen venezianischen Paläste, die ihre Grandiosität nicht auf die Fassade beschränken, er ist nicht nur – wie Sergio Bettini schrieb – prachtvolle Kulisse. Seine Flanke am Rio delle Due Torri, so genannt in Erinnerung an die Türmchen an den Seiten des älteren Pesaro-Palastes aus dem 14. Jahrhundert, der dem Neubau einverleibt wurde, ist von einem hervorragenden Schüler Longhenas, von Antonio Gaspari, zu Ende geführt worden. Diese effektvolle Flanke entfaltet sich in einer langen Kurve am Kanal entlang und unterstreicht die theatralische Wirkung der stolzen Front am Canal Grande.

Nicht weniger stolz war die Familie, die den Palast erbauen ließ. Es waren die überaus stolzen Nachkommen der Pesaro, denen der Palast einst gehört hatte, der später in den Besitz des Herzogs von Ferrara übergegangen war und heute als Fondaco dei Turchi bekannt ist. Sie besaßen auch den späteren Fortuny-Palast am Campo San Beneto, das riesige düstere Gebäude bester venezianischer Gotik.

Spätere schmeichlerische Ahnenforscher ließen die Familie über eine Reihe von Kaisern und Königen sogar bis auf Zeus zurückgehen. Eine solidere Tradition sah sie als Nachkommen einer Familie Palmieri aus Pesaro, die aufgrund von Rivalitäten zwischen verschiedenen Fraktionen aus dieser Stadt vertrieben wurde, nach Venedig umsiedelte und dort den Namen Pesaro annahm, oder da Pesaro, oder (wie sie zum Ärger der anderen großen Geschlechter häufig genannt wurden) *da ca'da Pesaro*, des Hauses da Pesaro. Mit diesem *da ca'* sollte die Zugehörigkeit zu einer großen, mächtigen und vor allem steinreichen Familie unterstrichen werden. In der goldenen Epoche zwischen dem 14. und 16. Jahrhundert trieben die Pesaro überall Handel, insbesondere in England. Sie besaßen große Schiffe, verwalteten enorme Kapitalien, und da sie sich stark im politischen Leben engagierten, bekleideten sie auch zivile und militärische Ämter wie jener Benedetto, den wir an der Innenwand der Hauptfassade der Frari-Kirche die goldene Standarte des Capitano generale da Mar schwingen sehen. Und als Herren von Welt waren sie auch als Mäzene aktiv: Jacopo Pesaro (oder besser: da ca' da Pesaro), Bischof von Pafo, aber eher ein Mann des Meeres und des Krieges als der Kirche, war der Abgesandte von Papst Alexander VI. im Krieg gegen die Türken, hatte sich von Tizian porträtieren lassen, mit dem Kirchenbanner in der Hand vor dem Heiligen Petrus kniend, mit dem gefürchteten spanischen Pontifex im Rücken. Und später hatte er Tizian das herrliche Altarbild in Auftrag gegeben, das noch heute den Familienaltar in der Frari-Kirche schmückt und auf dem neben dem Bischof in prunkvollen Gewändern die Mitglieder des mächtigen Pesaro-Geschlechtes zu sehen sind.

Den Neubau des Palastes durch Longhena hatte der Prokurator von San Marco, Leonardo Pesaro, in Auftrag gegeben, der Enkel des Dogen Giovanni, der 1659 gestorben und auch in der Frari-Kirche bestattet ist. Sein Grabmal, das von Longhena entworfen und von dem deutschen Bildhauer Melchior Barthel angefertigt wurde, wirkt emphatisch und anmaßend und ist mit seinem geradezu theatralischen Gehabe noch heute den Gegnern des schwülstigen Barocks ein Dorn im Auge.

Die gegen Giovanni Pesaro vorgebrachten Anklagen – damals war er noch Generalissimus gegen die Papisten – hatten ihn mehrfach daran gehindert, Doge zu werden. Den größten Schaden jedoch hatte ihm sein Bruder Leonardo zugefügt, ein gewalttätiger und aufbrausender Haudegen, der seine »Karriere« früh begonnen hatte. Mit achtzehn wurde er in die Verbannung geschickt, weil er bei einer Abrechnung einen ahnungslosen Passanten mit einer Pistole getötet hatte. Mit einem Grüppchen junger Patrizier, Ganoven wie er, hatte er angefangen, den Bezirk von Santa Maria Mater Domini, wo sein Palast stand, und die Gegend von Mirano, wo er eine Villa besaß, unsicher zu machen. Um seine Gärten zu verschönern, hatte er einem Gutsbesitzer aus Santa Maria di Sala mit der Waffe in der Hand ungefähr vierzig Pflanzen in Kübeln, Orangenbäume, Jasmin und Myrten geraubt. Anders als die Grimani war Leonardo Pesaro auf Gewinn aus, er war eine Art Gangster, der sich seine Ware gratis besorgte, indem er die Verkäufer einschüchterte, die jüdischen Trödler aus dem Ghetto und die Händler aus der Gegend von Mirano erpreßte, sich von den besten Schneidern in aller Eile die Kleider für sich und seine Bravos umsonst anfertigen ließ. Er tauchte mit seiner Truppe im Haus von diesem oder jenem reichen Mann auf und blieb dort tage- und nächtelang, um in Saus und Braus zu leben (wer Entschädigung von ihm forderte, bekam einen Tritt in den Hintern mit den Worten »Hau ab, jetzt hab ich dich bezahlt!«). Er entführte junge Mädchen und stellte ein ganzes Dorf auf den Kopf, um sich einen Jagdhund zu besorgen, der ihm gefiel, schlug Bauern und Bäuerinnen mit dem Stock blutig, und auch den Pfarrer, der sie zu verteidigen suchte. Er war ein Bluthund, der ohne Grund tötete und dem menschlichen Leben keinerlei Wert beimaß. Um ein Unrecht, das seinem Freund Ser Gabriel Morosini angeblich zugefügt worden war, zu rächen, hatte er mit dem Boot eine Gondel verfolgt, in der eine französische Kurtisane mit Namen Margherita ausgefahren war, um mit ihrem Freier, dem deutschen Corrado, und zwei weiteren, ebenfalls deutschen Freunden die Abendkühle zu genießen. Weiß gekleidet und die Gesichter mit weißen Tüchern halb verdeckt, hatten Pesaro und seine Bravos die Gondel geentert, die Gondel war umgekippt, Margherita und Corrado konnten sich schwimmend in Sicherheit bringen, aber die beiden Deutschen waren im Canal Grande vor den Augen von Ser Leonardo ertrunken, dem es nicht im Traum einfiel, ihnen zu Hilfe zu kommen.

Die Zehn, die wie so oft während jenes brutalen Fin de Siècle vor sich hin dösten, wurden schließlich durch eine Schandtat von solchem Ausmaß wachgerüttelt. Es wäre nicht möglich gewesen, sie zu ignorieren, auch nicht aus Rücksicht auf das reiche und mächtige Haus da Pesaro. Am 28. Februar 1601 tauchte im Haus der Kurtisane Lucrezia Baglioni (die Kurtisanen, so berichtet uns Andrea da Mosto, dem wir diese düstere Geschichte verdanken, nahmen gern leihweise die Nachnamen großer Familien an) ein Grüppchen von eleganten jungen Leuten auf, die sie aufforderten, eine gute Flasche aus ihrem Keller mit ihnen zu kosten. Lucrezia war gerade mit ihrer Toilette beschäftigt, weil sie mit ihrem offiziellen Freier Ser Polo Lion ausgehen wollte: sie wurden auf einem Hochzeitsfest im Palazzo Minotto bei San Pantalon erwartet. Daher antwortete sie dem jungen Mann, der sie angesprochen hatte, etwas brüsk und sagte ihm, daß sie weder ihn noch seine Bande zufriedenzustellen gedächte.

Der junge Mann hatte zunächst scherzhaft weiter auf ihrer Gesellschaft beharrt und dann noch hinzugefügt, daß Lucrezia aufpassen solle, was sie tue, denn sie habe einen Bravo vor sich. Lucrezia hatte begriffen, wer er war, doch furchtlos nannte sie ihn bei seinem Namen, Ser Leonardo, und sagte ihm, sie wisse sehr wohl, daß sie es mit einem Bravo zu tun habe, aber dennoch werde sie ihn nicht hereinlassen. Diese vor den Freunden erlittene Schlappe empfand Leonardo als tödliche Kränkung. Lucrezia sollte das im Hause Minotto zu spüren bekommen, als sie nach dem Tanz auf das Festessen wartete und ein maskierter Mann, der sich neben sie gesetzt hatte, ihr ins Ohr zischte: »Signora, der Bravo ist hier!« Sie antwortete nicht, so daß der »Bravo« seinen Satz schreiend wiederholte und sie fragte, ob sie taub sei. Lion, ein reifer und ruhiger Mann, schritt ein und sagte: »Was willst du, du Verrückter?« »Ich trotze dem, der trotzen will«, antwortete Pesaro in drohendem Ton. Dann ging er wutentbrannt in einen weiten Mantel gehüllt hinaus und suchte seine Kumpanen der Gewalt zusammen: Ser Camillo Trevisan, Ser Gabriele Morosini, Ser Piero Pisani und Girolamo Badoer, der uneheliche Sohn eines Patriziers, und viele andere maskierte, bewaffnete, in Umhänge gehüllte Banditen. Um Mitternacht kamen sie beim Palast Minotti an und trafen im Atrium auf Lion und die Baglioni, die auf ihre Gondel warteten. Als Lion sie erblickte, zerrte er seine Dame die Treppe hinauf, Pesaro folgte ihnen und holte sie ein. Ein Schlag ins Gesicht mit einer Eisenplatte warf die Frau zu Boden, die Schwerter wurden gezogen. Lion fiel, von Gabrieli mit sechs tödlichen Degenstichen getroffen. Während sich Lion aufgeschlitzt zu einem Bett schleppte und stöhnte: »Was hab ich dir getan?«, suchte jemand nach einem Wundarzt, der ihn versorgen könnte, aber die Bravos versperrten ihm den Weg. Erst später gelang es einem Edelmann, heimlich einen Arzt einzuschleusen. Inzwischen plünderten Pesaro und die Seinen im allgemeinen Tumult die Mäntel in der Garderobe, dann rannten sie mit den Waffen in der Hand durch den Saal, zuerst paarweise, dann zu viert, dann alle in einer Reihe, eine absurde Quadrille, und schlugen auf alle, die ihnen zwischen die Finger kamen, mit großem Geschrei ein: »Auf sie! Auf sie! Macht sie kalt, macht sie alle kalt!« Da hatte einer von ihnen eine brillante Idee: »Machen wir ganze Arbeit! Nehmen wir der Braut und den anderen die Perlen ab.« Woraufhin sie die Treppen versperrten und mit Degenstreichen alle Fackeln löschten. Braut und Bräutigam konnten sich retten, weil der Bräutigam es geschafft hatte, eine Fackel angezündet zu halten, und mit dieser und einem Stuhl herumfuchtelte. Mit der Hilfe eines beherzten ausländischen Soldaten gelang es ihm, sich mit der Braut und vielen Mädchen und Damen in einem Zimmer einzuschließen, dessen einzige Tür er verrammelte und verbarrikadierte.

Nach einem Monat verbannten die Zehn Leonardo Pesaro auf Lebenszeit. Sollte er die Verbannung verletzen und gefaßt werden (es war ein hohes Kopfgeld auf ihn ausgesetzt), würde ihm der Kopf abgeschlagen werden. Adelstitel und Vermögen abzüglich dreihundert Dukaten für die Mitgift eines armen, von ihm entführten und vergewaltigten Mädchens wurden ihm genommen. Pesaro blieb fünfzehn Jahre im Exil. Dann, 1616, wurde er begnadigt unter der Bedingung, daß er auf seine Kosten hundert Soldaten anwarb, bewaffnete und sechs Monate lang unterhielt. Unter dem Befehl des Provveditore Generale Franceso Erizzo zog er in den Krieg. Er lebte noch dreißig Jahre, ohne daß die Sensationspresse sich mit ihm befaßte. Der arme Polo Lion dagegen war unter grausamen Schmerzen wenige Stunden nach dem Überfall gestorben.

In jüngerer Zeit, in den extremen Jahren der Serenissima, hatte Francesco Pesaro, Prokurator von San Marco und ein Freund von Andrea Tron und Andrea Memmo, die Partei des Machens, des Versuchens, der Verteidigung verkörpert. Er hatte mit allen ihm zur Verfügung stehenden Mitteln die fatale Politik des Appeasement um jeden Preis, der unbewaffneten Neutralität, der Angst und des Sich-Heraushaltens bekämpft.

Nur wenige wissen heute noch, daß auf Francesco Pesaro das erste aeronautische Experiment in der Lagune zurückgeht, oder besser gesagt, das erste von Erfolg gekrönte Experiment dieser Art. Einen ersten Versuch hatte der Edelmann Farsetti unternommen: Caterina Dolfin Tron hatte bereits in einem Brief an den Herzog von Mailand, Gian Galeazzo Serbelloni, berichtet, daß im Garten von San Giorgio Maggiore »die ganze Welt sich versammelt hatte«, um den aerostatischen Ball, den Heißluftballon, fliegen zu sehen. »Nachdem es vier Stunden gedauert hatte, ihn mit unentzündbarer Luft zu füllen, war er endlich schön, groß und rund, geschmückt mit Bändern etc.« Der Ballon hatte es sich aber in den Kopf gesetzt, »auf der Erde zu bleiben, und wollte nicht aufsteigen«. Am 15. April 1784 jedoch glückte es, der Heißluftballon, den Francesco Pesaro von den Brüdern Zanchi hatte bauen lassen, » hatte sich auf dem Canal

Grande erhoben«, vor der Piazzetta. Zur Feier des Ereignisses wurde eine Medaille geprägt; es wurde ein Stich gedruckt, der das elegante Schiffchen des Ballons zeigt, das mit Blumenornamenten lackiert war und zwei Fahnen mit dem Markuslöwen trug. Und Francesco Guardi, ein ungewöhnlich guter Reporter, hat uns die komplette Szene, eingerahmt von den Säulen des Portikus der Bibliothek Marciana hinterlassen, mit dem Gedränge der beflaggten Boote vor der Piazzetta, mit dem in der Luft schwebenden Ballon vor den mit Tabarro (langer Mantel) und Bauta (Maske) bekleideten Menschen, die ihre Nase in die Luft streckten: der Ballon ging, von den Lüften geschaukelt, auf eine Reise von ganzen zehn Meilen.

5.

Am Canale treten nun großspurig die Corner auf die Bühne. Der Palazzo Corner della Regina erhebt sich in seiner ganzen Größe über dem Wasser, denn aufgrund von ordinären Eigentums- und Nachbarschaftsproblemen war man gezwungen gewesen, ihn in die Höhe und die Tiefe statt in die Breite zu bauen. Domenico Rossi, der ihn zwischen 1725 und 1727 errichtet hatte, mußte sich mit einem vorgegebenen Grundriß herumschlagen. Um dem Palast einen zentralen Saal (einen *Portego*, wie man in Venedig sagt) von angemessener Festlichkeit zu verschaffen, mußte er auf eine Reihe von in Venedig ganz unüblichen Flachbogen zurückgreifen, die den Eindruck der im Vergleich zur Breite überproportionierten Länge verwischten. Die Fresken aus dem späten 18. Jahrhundert an den Wänden des Salons mischen Szenen aus der Mythologie mit der Glorifizierung der Familie.

Der Palast gehörte einer der größten, einer der vier alten Familien (»case vecchie«) Venedigs, die den Beinamen »Evangelisten« trug: die Bembo, Bragadin, Corner und Giustinian, eine

Familie, in der vier Dogen, zweiundzwanzig Prokuratoren von San Marco und eine Königin vertreten sind, die ihrerseits dem Palast und dem Zweig der Familie, die ihn bewohnte, den Namen gegeben hat. Zuvor jedoch stoßen wir wenige Schritte entfernt, ebenfalls am Canal Grande, auf einen weiteren Palast aus dem 18. Jahrhundert. Dieser Palast erinnert an eine andere Familie, eine der neureichen Familien, denen die dramatischen Bedrängnisse des Krieges gegen die Türken den Zugang zum Großen Rat gegen eine saftige Geldsumme eröffnet hatten: der Palast der Correggio. Sie hatten nichts mit den Signori von Correggio zu tun, einer Renaissance-Dynastie von emilianischen Potentaten, aber viel mit jener Spezies von Ware, die im alten Mailand *corde e bindéi* (Kordeln und Borten) hieß, und die das boshafte »Adelsbuch« (und nicht nur das) »Schnürkram« nannte.

Die Correggio stammten aus Bergamo, und sie hatten einen Laden mit »Schnürkram« in der Mitte der Gasse, die hinter dem Fondaco dei Tedeschi von San Bartolomio zu San Giovanni Crisostomo führt. Orazio Correggio hatte das Geschäft vergrößert und zwei weitere Läden eröffnet, hatte dort die Insignien des Betriebes, drei Gürtel oder Riemen ausgehängt, die dann später auch in ihrem Wappen auftauchten.

Anscheinend war die Aufnahme in das Patriziat den Correggio zu Kopf gestiegen, die im übrigen – selbst wenn sie es gewollt hätten – die drei Familiengeschäfte nicht direkt hätten leiten können. Während das von Orazio dem Alten emsig zusammengetragene Geld für gesellschaftliche Zwecke verschwendet wurde, übergab man die Sorge um den Betrieb einem gewissen Anzolo Sabbioni, von dem es hieß, er wende mit äußerster Gewissenhaftigkeit die Maxime an, die dann zum Sprichwort wurde: »Laß mich ein Jahr Verwalter sein/ wenn ich dann nicht reich bin/ soll es mein Schaden sein.« 1738 hatte der Betrieb aufgehört zu existieren. Die Ländereien, die erworben wurden, als Geld für Investitionen da war, waren verkauft worden. Der N.H. Zandonà (Giandonato) Correggio junior lief in pathetischer Einsamkeit in den Sälen des Palastes herum.

Zu seinem Unglück frönte er dem Hauptlaster der Venezianer seiner Zeit, dem Glücksspiel. Und in der Nacht des 24. Juni jenes Jahres hatte er im *Ridotto* (Casino) auf sein Ehrenwort an den N.H. Girolamo Bonlini tausendfünfhundert Dukaten verloren, die er nicht besaß und die ihm auch niemand geliehen hätte.

Am Morgen des 25. Juni ließ Zandonà im Ghetto einen alten Juden namens Davide holen, der wie viele seiner Religionsgenossen damals den Beruf des Trödlers ausübte und Ankauf und Verkauf von Möbeln, Hausrat und Altwaren betrieb. An diesen verkaufte er die komplette Einrichtung von vier Sälen des Palastes, einige Orientteppiche und zwei noch vorhandene Juwelen seiner Mutter. Er schickte Bonlini seine tausendfünfhundert Dukaten. Es blieben ihm noch achtzig: gerade soviel, wie für ein fröhliches Abendessen mit Freunden nötig war. Und die Freunde kamen am Abend: alles Patrizier, alle aus den Familien des Geldadels (»case fatte per soldo«), Ser Agostin Zolio, Ser Alvise Raspi, Ser Prospero Curti, der N.H. Graf Angelo Semenzi. Auch drei oder vier Mädchen mit viel Lebenslust und wenig Tugend waren dabei. Das Abendessen wurde ein voller Erfolg, alle waren sehr fröhlich und amüsierten sich köstlich, erst um Mitternacht gingen die Gäste nach Hause. Eine Stunde später wurde die Stille des Canal Grande von einem Schuß unterbrochen: Ser Zandonà Correggio hatte sich eine Kugel in den Kopf geschossen.

Die Geschichte ist von dem Gelehrten Giuseppe Tassini bezeugt, mit einer Einschränkung jedoch: in den venezianischen Almanachen taucht kein Zandonà Correggio auf, der zur Zeit des Unglücks dreißig Jahre alt gewesen wäre. Es gab nur einen Agostino, den Sohn von Agostino von Orazio junior, seinerseits Sohn von Zandonà von Orazio senior. Und mit diesem Agostino, der in San Geremia wohnte, einem gebildeten Mann ohne gefährliche Phantasien, ist angeblich die Familie ausgestorben. Nun, auch Gelehrte können einmal irren.

Diesen melancholischen Ereignissen, pathetischen Geschichten von Frauen, Champagner und Unglück im Spiel, die an die Unterhaltungsliteratur der »belle époque« oder die frühen Stummfilme erinnern, setzen die Corner die Saga einer Gewinner-Familie gegenüber. Unnötig, ihre vielleicht nicht ganz unbegründete Behauptung, von der römischen *gens Cornelia* abzustammen, hervorzuheben, oder ihren anderen Anspruch, Felice Cornicola als Ahnherrn zu haben, den »Soldaten-Meister« aus dem 8. Jahrhundert, als das Dogenamt vakant war. Denn Hochachtung genossen die Corner wirklich, das zeigen die Dokumente, und das belegt die historische Realität. Sie residierten ursprünglich bei Sant'Aponal, wo zur Zeit des Krieges gegen Chioggia ein Giovanni Corner als Eigentümer eines imposanten Vermögens von ganzen zwanzigtausend Lire erwähnt wird. Damals bedeutete die Lira noch *libbra*, also Pfund, Pfund in Münzen und zwar in Silbermünzen, und der reichste Mann von Venedig war damals ebenfalls ein Corner, Federico von San Luca. Marco Corner, Capitano Generale zur See, Prokurator von San Marco und seit 1315 Doge, war der Großvater von Giorgio, im venezianischen Dialekt Zorzi, dem der Palast bei San Cassiano zu Beginn des 15. Jahrhunderts gehört hatte. Als dessen Sohn Marco 1444 Fiorenza Crispo heiratete, die Tochter des Herzogs des Archipels, »des ersten Herzogs der Christenheit« und einer Tochter des Kaisers Johannes IV. Komnenos, schien eine so bedeutende Verwandtschaft selbstverständlich zu sein für einen jungen Mann von so vorbildlichem Adel und so ansehnlichem Vermögen.

Seit Urzeiten verfolgten die Corner dieser Linie, wie auch die aus Federicos Zweig, große wirtschaftliche Interessen auf der Insel Zypern. Zypern war damals ein Königreich, dessen König, der zur Dynastie der Lusignan gehörte, aus dem Poitou stammende Kreuzfahrer, auch den Titel König von Jerusalem trug. Ein Überbleibsel des von Gottfried von Bouillon gegründeten und mittlerweile in der muselmanischen Welt integrierten Reiches.

Im Jahre 1467 war Jakob II. von Lusignan König von Zypern, Jakob, der Bastard: er war der uneheliche Sohn von König Johannes II. und hatte den Thron der rechtmäßigen Thronfolgerin Carlotta entrissen, der Frau von Ludwig von Savoyen. Wodurch er sich die Feindschaft der Republik Genua zugezogen hatte (es war ihm zudem gelungen, die Genuesen zu vertreiben, die sich seit fast einem Jahrhundert in Famagosta festgesetzt hatten), aber auch die des Herzogs von Savoyen und des mächtigen Herzogs von Mailand. Zu der Gefahr von Vergeltungsakten der Entmachteten kamen die Sorgen um eine offensive Rückkehr der Türken hinzu, die sechzehn Jahre zuvor Konstantinopel eingenommen hatten und deutlich zu erkennen gaben, daß sie den Weg der Eroberungen fortsetzen wollten. Die Freundschaft mit der Serenissima war für ihn also eine existentielle Notwendigkeit. Zu jener Zeit hatten Eheschließungen normalerweise den Zweck, Bündnisse herzustellen oder zu festigen. König Jakob suchte also eine venezianische Gemahlin. In Zypern lebte und wirkte damals Andrea Corner von San Cassiano.

Für seinen Bruder Marco Corner, den Gatten Fiorenza Crispos, der sehr aufmerksam auf seine eigenen wirtschaftlichen Interessen in Zypern bedacht war, war die Situation ideal: er hatte eine dreizehnjährige Tochter, ein im Mittelalter und in der Renaissance heiratsfähiges Alter. Man erzählte sich, daß er unverzüglich ein Porträt des Mädchens Caterina an Andrea schickte, damit dieser es dem König zeige, und daß der König sich bei ihrem Anblick rettungslos in sie verliebte. Die Geschichte klingt wie ein romantisches Märchen. Die Corner zögerten jedenfalls nicht, diese Gelegenheit zu nutzen, denn sie konnten dadurch ihr Ansehen enorm steigern und lukrative Geschäfte erwarten. Auch für den König war die Verbindung mit dieser Familie des venezianischen Patriziats ein exzellentes Geschäft: sie war sehr reich, hatte eine angesehene Verwandtschaft und saß politisch fest im Sattel. So wurde am 31. Juli 1468 in Venedig die feierliche Hochzeit zelebriert, und zwar in Form einer Ferntrauung, weil der König Zypern nicht verlassen konnte. Auch die Republik war zufrieden über diese prächtige Gelegenheit, auf Gegenwart und Zukunft der großen Mittelmeerinsel Einfluß zu nehmen, und sie feierte nach Kräften diese Verbindung. Caterina wurde von der Serenissima als Tochter adoptiert, eine Ehre, die vor ihr keiner Frau zugekommen war. Der Staat beteiligte sich an der Zusammenstellung der Mitgift, die ganz und gar außergewöhnlich ausfiel: hunderttausend Golddukaten, die es dem König erlaubten, all seine Schulden zu begleichen (und die Königin erhielt als Gegengabe die Städte Famagosta und Kyrenia). Die Republik nahm den König unter ihren Schutz und überließ ihm dafür die volle Verfügbarkeit über ihre Flotte (die als Gegenleistung wiederum freien Zugang zu allen Häfen des Reiches hatte). Die Corner von San Cassiano erhielten neue Lehen und neue Privilegien in Zypern und da ihre Tochter nun Königin geworden war, hatten sie den Gipfel der sozialen Leiter erreicht und standen nun auf gleicher Stufe wie die Morosini, deren Tochter Königin von Ungarn geworden war, und wie die Dandolo, die sich einer Königin von Serbien rühmten.

Erst vier Jahre nach der Ferntrauung konnte die Königin Caterina endlich mit einem prächtigen Geleitzug von Venedig aus in ihr Königreich aufbrechen. Dort wurde sie in der gotischen Kathedrale von Famagosta zur Königin von Zypern, Jerusalem und Armenien gekrönt. Wie die Brautleute privat lebten, erzählt uns keine Chronik. Caterina war mittlerweile achtzehn, und der dreißigjährige König Jakob, der ein abenteuerliches Leben hinter sich hatte, entsprach zweifellos einem gewissen ritterlichen und männlichen Ideal. Am Hofe hatte Caterina drei uneheliche Kinder ihres Gatten vorgefunden; aber das war nicht ungewöhnlich in den Königshäusern jener Zeit, und »König Zaco«, wie ihn die Venezianer nannten (Zaco kommt von Jacques, die Lusignan hatten die französische Sprache beibehalten) hatte nach der Hochzeit seinen traditionell ungeregelten Lebenswandel ziemlich korrigiert.

Doch das Schicksal wollte es, daß die königliche Verbindung nur kurze Zeit dauern sollte. Im Juli 1473 starb »König Zaco« nach einer kurzen, durch Überanstrengung bei der Jagd verursachten Krankheit. Wer die Konstitution und Kondition des dreiunddreißigjährigen Monarchen kannte, mußte dies als seltsam empfinden, zumal dieser Tod den Interessen Venedigs sehr gelegen kam. Denn als der König im Sterben lag, aber noch im Vollbesitz seiner geistigen Kräfte war, hinterließ er in Erwartung des Sohnes und Thronfolgers, den Caterina in ihrem Schoß trug, seiner Frau das gesamte Vermögen der Lusignan und verfügte, daß sie, Caterina, mit Unterstützung eines Regentschaftsrats – bestehend aus dem Onkel Andrea Corner und zwei Cousins – die Regentschaft übernehmen sollte. Falls das Kind nicht geboren werden sollte, oder falls es ein Mädchen würde, sollte die Thronfolge auf eines seiner unehelichen Kinder übergehen.

Jakob starb in der Nacht vom 6. auf den 7. Juli 1473. Am 14. November drang eine Gruppe katalanischer Adliger (sie waren Jakobs wichtigste Bündnispartner beim Kampf um die Macht gewesen) mit dem Erzbischof von Nikosia an der Spitze in den Königspalast ein und tötete im Zimmer der Königin den Onkel Andrea, den Cousin Marco Bembo, den Arzt und einen Domestiken der Königin.

Das »arme Mädchen«, wie ein venezianischer Botschafter schrieb, war Verschwörern in die Hände gefallen. Sie wurde eingesperrt und überwacht, nachdem man sie gezwungen hatte, den Staatsschatz, die Juwelen und das Siegel des Staates herauszurücken. Die Aufrührer wollten die kleine Zarla (Carlotta), eine uneheliche Tochter von König Jakob, mit Alfons d'Aragon, dem Sohn von Ferdinand, König von Neapel, verheiraten und Caterina zwingen, ihre Rechte und die des neugeborenen Sohnes Jakob III. an den König in Neapel abzutreten.

Aber Venedig war wachsam und reagierte schnell. Gerade noch rechtzeitig: am 23. November bereits waren zehn Galeeren unter dem Kommando des Provveditore Vettor Soranzo in Famagosta, und die Flotte unter dem Kommando des Capitano generale Pietro Mocenigo war in Alarmbereitschaft versetzt. Die ausgeschifften venezianischen Truppen nahmen die Stadt schnell in Besitz, die Verschwörer ergriffen die Flucht. Der Senat hatte angeordnet, daß die Königin von nun an von einem Provveditore und zwei venezianischen Patriziern beraten werden sollte, daß die Truppen der Insel unter dem Kommando des Provveditore stehen und daß venezianische Garnisonen in Famagosta und Kyrenia eingerichtet werden sollten. Keine Entscheidung jedoch durfte ohne die Zustimmung der Königin getroffen werden, nur ihre Standarten würden auf den Festungen wehen, die örtlichen Gebräuche dürften nicht geändert werden und den zypriotischen Adligen sollte das Gefühl gegeben werden, an der Macht beteiligt zu sein.

Dann starb der kleine König Jakob III., der noch in den Windeln lag, an Malaria. Weder Caterina noch die Republik dachten im entferntesten daran, die Bastarde von »König Zaco« auf den Thron zu setzen. Während die venezianische Diplomatie geschickt beim Sultan von Ägypten tätig wurde, bei dem die Thronprätendentin Carlotta von Savoyen Hilfe suchte, um ihren Anspruch als einzige legitime Thronerbin zu verteidigen, wurden die drei Kinder von Jakob II., unter ihnen auch Zarla, mit sicherem Geleit nach Venedig geschickt.

De jure war die arme Caterina Corner weiterhin Königin, doch faktisch war sie es immer weniger. Es fehlte ihr nicht an Ehrbezeigungen, aber ihre Position war mittlerweile rein repräsentativ, so wir wir es von der heutigen Monarchie her kennen. Zudem war sie isoliert, denn Marco Corner, der ihr in Zypern noch zur Seite stand, war in Venedig gestorben, und auch ihre Mutter, Fiorenza Crispo, hatte Zypern verlassen.

Seit die Pläne des neuen türkischen Sultans Bayezit II. bekannt wurden, aus Zypern den Brückenkopf für eine Operation gegen den Sultan von Ägypten zu machen, war die Insel ein wesentliches Element der venezianischen Politik geworden. Ägypten war die wichtigste Zwischenstation für den Orienthandel. In Alexandria kamen die kostbaren Gewürze an, deren Handel Monopol der Serenissima war, die nach den Worten eines Dogen »Herrin über das Gold der Christenheit« war. So beschloß der Senat am 21. Februar 1487, das Königreich Zypern den Herrschaftsgebieten der Serenissima einzugliedern und den Zehnerrat mit der Ausführung des Beschlusses zu beauftragen. Die ständigen Machenschaften von Alfons d'Aragon, der seine Hoffnungen noch nicht aufgegeben hatte, beunruhigten den Rat allerdings: es durfte kein Risiko eingegangen werden, dafür war der Einsatz zu hoch. Am 28. Oktober 1488 bekräftigten die Zehn den Befehl an den Capitano generale, Caterina nach Venedig zurückzubringen. Sie sollte mit »sanftesten, menschlichsten, beruhigendsten und respektvollsten Worten« zur Abreise überredet werden. Im Falle ihrer Weigerung sollte man ihr drohen, ihr die Apanage zu streichen und sie wie eine Aufrührerin zu behandeln. Zur gleichen Zeit beorderten sie Giorgio (»Zorzi« Corner, Caterinas Bruder) zum General von Zypern, wo er all seinen Einfluß auf die Schwester geltend machen sollte, um sie zu veranlassen, zugunsten der Serenissima abzudanken.

Giorgio fand jedoch keine zum Gehorsam bereite Caterina vor. Auch wenn sie wußte, daß ihre Möglichkeiten, den Thron zu behalten, gering waren, beharrte die Königin weiterhin darauf, daß die Abdankung überflüssig sei, wenn sie doch unter venezianischem Protektorat weiter regieren und später das Reich der Republik als Erbe hinterlassen könne. Giorgio insistierte, berief sich auf das Familieninteresse, auf die großen Vorteile, die die Republik der Familie Corner versprochen hatte. Angesichts der Hartnäckigkeit der Schwester ging er schließlich zu Drohungen über: »Wenn Ihr nicht kommen wollt, dann wisset, daß die Signoria den General mit seiner Flotte hat«, die werden Euch mit Gewalt fortbringen, Ihr werdet »die Dankbarkeit der Signoria verlieren, und wir werden ruiniert sein«.

Angesichts derart überzeugender Argumente gab die arme Königin nach. Am 26. Februar 1489 wurde in Famagosta nach einem feierlichen *Te Deum* die Fahne der Lusignan eingezogen, und das Banner mit den sieben Schwänzen und dem Löwen von San Marco wurde an der Fahnenstange der Piazza Maggiore gehißt. Die Königin war anwesend, sie würde auch in Nikosia dabei sein, wo die Zeremonie wiederholt wurde, und in allen wichtigen zypriotischen Städten. Am 19. März verließ Caterina Cornaro schwarz gekleidet in Begleitung ihres Bruders und ihres kleinen persönlichen Hofstaats Zypern. Für immer.

6.

Jetzt zeigte sich die Serenissima im selben Maße großzügig, wie sie vorher streng gewesen war. Am 6. Juni 1489 wurde der Königin von Zypern ein denkwürdiger Empfang zuteil. Bei San Nicolò di Lido erwartete sie der Doge Agostino Barbarigo höchstpersönlich, die Signoria war außerdem da, der Zehnerrat und die Senatoren, alle in Festgewändern, und eine Schar von mit Juwelen geschmückten Damen. Sie waren in Begleitung von reichverzierten *Piati* und einer Flut von Gondeln mit dem Paradeschiff des Dogen, dem Bucintoro. Hier nahm nach den üblichen Höflichkeitsbezeigungen die Königin zur rechten Hand des Dogen Platz, und im Takt der Ruderschläge des Bucintoro setzte sich der Zug in Richtung San Marco in Bewegung.

Kaum hatte er sich jedoch von der Stelle gerührt, hielt er sogleich wieder an: was war geschehen? Das Wetter hatte sich verschlechtert, die Lagune schien anzuschwellen, und die Damen einschließlich der Königin waren der Angst und der Seekrankheit zum Opfer gefallen. Der Doge hatte unverzüglich befohlen, wieder anzulegen und am Ufer das Ende des Unwetters abzuwarten. Aber als es sich wieder aufgeheitert hatte, erreichte der Zug unter anhaltendem Glockengeläut und Salutschüssen der Artillerie die Mole der Piazzetta. Dort gingen alle an Land, um sich in einer Prozession in die Markus-Basilika zu begeben, wo ein feierliches Pontifikalamt zelebriert wurde und wo Caterina erneut ihren Verzicht auf die Krone von Zypern zugunsten der Serenissima erklärte. Dann ging es wieder an Bord: die Königin, die ein Gewand aus schwarzem Samt »in zypriotischem Stil« mit einem von Edelsteinen besetzten Schleier trug, wurde mit großem Prunk durch den Canal Grande bis zum Palast des Herzogs von Ferrara begleitet, der ihr als offizielle Residenz zugewiesen worden war. Vor dem Palazzo Corner bei San Cassiano ehrte der Doge Giorgio mit der Ritterwürde der Goldenen Stola, eine bei den Patriziern sehr begehrte Auszeichnung, die das Recht verlieh, zusätzlich zur Patrizier-Toga diese Stola tragen zu dürfen. Es war die Belohnung für die Überzeugungsarbeit, die Giorgio gegenüber seiner Schwester geleistet hatte, aber das war noch nicht alles. Der Familie wurde gemäß der Erbfolge des Erstgeborenenrechts die reiche zypriotische Kommende des Ritterordens von Rhodos auf immer zuerkannt. Im Palast der Este-Familie fanden daraufhin drei volle Tage lang prächtige Bankette statt.

Die Dankbarkeit der Serenissima ging jedoch über diese Äußerlichkeiten weit hinaus. Am 20. Juni übertrug ein Erlaß des Dogen Agostino Barbarigo Caterina die Signoria von Asolo. Es war eine kleine Signoria: ein Städtchen und dreiunddreißig Dörfer, aber in einer lieblichen Gegend, kultiviert und heiter, einem der bezauberndsten Winkel der Region um Treviso, mit einer kulturellen Tradition und einer guten Gesellschaft, die sich durch den Erlaß, dem eine Senatsentscheidung vorausgegangen war, geehrt fühlte und ihre Herrin – eine Königin! – mit Begeisterung aufnahm. Politische oder administrative Probleme gab es nicht: ein venezianischer Podestà, den die Königin sich aussuchen konnte, würde sich um alles kümmern. Und Venedig war ganz in der Nähe, Venedig, eine reiche, strahlende, genußfreudige Stadt, wo es einer Königin, einer Corner, an nichts gefehlt hätte.

Über Asolo herrschte Caterina zwanzig Jahre. Zwanzig heitere Jahre, verschönert durch einen kleinen, aber erlesenen Hofstaat, der lange von dem eleganten Dichter Pietro Bembo beseelt wurde, der die Königin und ihren Hof in einem kleinen, erfolgreichen Werk als Mythos verewigt hat, dem Dialog *Gli Asolani*. Caterina war mittlerweile eine wirkliche »first lady« der venezianischen Gesellschaft geworden. Sie hatte sich in der Umgebung von Asolo, in Altivole, eine große Villa bauen lassen, die Bembo mit einem Hauch von Snobismus *Barco* getauft hatte. Unter Barco versteht man im Venezianischen eine Scheune, einen Heuschober. Als Giorgio Podestà (Stadtvorsteher) von Brescia geworden war, hatte sie ihn besucht, und dieser Besuch war Vorwand für eine triumphale Reise geworden. Nach Venedig kam sie oft, und sie hielt jeweils prächtige Empfänge in dem Palast am Canal Grande ab, den Giorgio ihr nach dem Tode der Mutter ganz zur Verfügung gestellt hatte, oder in dem anderen wunderschönen Palast, den Giorgio in Murano besaß. In Murano empfing sie 1493 Isabella d'Este, die Gemahlin des Marchese von Mantua, und kaum war Isabella abgereist, kam Beatrice Sforza, die Herzogin von Mailand. 1503 war Isabella d'Este, mit der sie eine herzliche, auf intensivem Briefwechsel basierende Freundschaft verband, wiederum bei ihr zu Gast, im Palast bei San

Cassiano. Und dann gab es eine ganze Reihe von Hochzeiten: ein Neffe Cappello heiratete Andriana Marcello (bei dieser Gelegenheit wurde im Palast bei San Cassiano eine Komödie von Plautus mit dem berühmtesten Schauspieler jener Zeit, Francesco de'Nobili, genannt Cherea, aufgeführt); eine Nichte Venier heiratete den Graf von Valmareno, die Cousine Querina Gradenigo ehelichte Carlo Malatesta, den Bruder von Pandolfo, des entmachteten Thronfolgers der Stadtherren von Rimini und ständiger Besucher des asolanischen Hofes.

Caterina kümmerte sich also um Asolo, wo sich in ihrem Gefolge einige venezianische Adlige niedergelassen hatten, die Contarini, die Zeno, die Lippomano. Sie achtete insbesondere auf die Bedürfnisse der Bevölkerung, und wenn Nahrungsmittel knapp waren, machte sie ihren Einfluß geltend, um Korn aus Zypern kommen zu lassen. Sie sorgte dafür, daß die unbewirtschafteten Güter der Gemeinden auf die verdienstvollsten und fleißigsten Bürger verteilt wurden. Im Jahre 1500 erhielt Gentile Bellini den Auftrag, ein Gemälde für die Scuola Grande di San Giovanni Evangelista anzufertigen. Er ergriff die Gelegenheit und fügte in die Szene des Rio und der Fondamenta di San Lorenzo die gesamte Familie Corner ein. An der Spitze der Frauen und Mädchen sehen wir Caterina, eine Frau mittleren Alters, ein bißchen dick geworden, weder häßlich noch schön, von gutmütigem, jedoch stolzem Aussehen. Es ist eines der beiden einzigen authentischen Porträts, die von ihr bekannt sind. Das andere, ebenfalls Gentile zugeschriebene Porträt befindet sich heute im Museum von Budapest.

Im Jahre 1509 zwang dann die Invasion der Truppen, die in der antivenezianischen Liga von Cambrai verbündet waren, die Königin, Asolo zu verlassen. Aber nicht für lange: schon 1510, als die deutschen und spanischen Besatzer vertrieben waren, kehrte sie wieder zurück und wurde von der Bevölkerung mit aufrichtiger Begeisterung und von dem Poeten Adamo Colbertaldo mit einer Pastorelle begrüßt, die den »Hinterhalt, die Verschleppungen und die vielen Quälereien der Wölfe« beklagte, der die friedliebende Herde der Asolaner ausgesetzt war. Aber leider dauerte das Idyll nur kurze Zeit, der Vorbeimarsch der auf dem Rückzug befindlichen deutschen Truppen ließ eine sofortige Rückkehr nach Venedig ratsam erscheinen. Und dort beschloß die Königin Cornaro in der Nacht zwischen dem 9. und 10. Juli nach drei Tagen Krankheit im Palast am Canal Grande ihr irdisches Geschick.

7.

Das Martyrium von Paolo Erizzo, dem *Bailo* (Botschafter) in Negroponte (Euböa), der den Mut gehabt hatte, Mehmet II., dem Eroberer, die Stirn zu bieten, und dem auf Mehmets Befehl bei lebendigem Leibe der Körper in zwei Hälften zersägt wurde, ist auf einem der beiden großen Gemälde dargestellt, die einen Saal des Palazzo Erizzo schmückten, den Giulio Lorenzetti 1926 in seinem berühmten Venedig-Führer beschrieben hat. Der Palazzo Erizzo mit der eleganten gotischen Fensterfront folgt auf den Palast von Benedetto Marcello.

Die beiden erwähnten Gemälde hängen heute nicht mehr im Palazzo Erizzo, und man weiß auch nicht, wo sie letztendlich geblieben sind. Sie stammen von Andrea Celesti, einem überaus fruchtbaren Maler des venezianischen 17. Jahrhunderts, der zu Beginn der zwanziger Jahre des 18. Jahrhunderts starb. Um ihn rankt sich eine Legende mit einem Hauch von Caravaggio. Eine Version der Legende besagt, er sei aus Venedig verbannt worden und habe wegen einer Mordtat einige Zeit im Exil am Gardasee gelebt. Nach der anderen Version dagegen war er spontan an den Gardasee geflohen, um sich vor dem Zorn des Dogen Alvise Contarini in Sicherheit zu bringen, den er angeblich auf einem großen Gemälde porträtiert hatte, das verlorengegangen ist – wenn es überhaupt je existiert hat. Als der Doge das auf der Piazza San Marco am Himmelfahrtstag ausgestellte Werk sah, soll er sich in äußerst negativer Weise über das Werk und das Porträt geäußert haben. Es heißt, Celesti habe sich daraufhin die Leinwand zurückgeholt, das Dogen-Porträt mit zwei großen Eselsohren verziert und es wieder auf die Piazza bringen lassen.

Außer Paolo Erizzo selbst befand sich zur Zeit der osmanischen Erorberung angeblich auch seine Tochter Anna in Negroponte, die von Mehmet II. angeblich getötet worden war, weil sie seine Aufmerksamkeiten abgewiesen hatte. Ihre Ermordung war das Thema des zweiten Gemäldes von Celesti, auch wenn die Person einer reinen Legende entsprang, da Paolo Junggeselle war und gar keine Kinder hatte. Die arme Anna, ob sie nun existiert hat oder nicht, wird oft als Beispiel heroischer Tugend zitiert. Auch von G. A. Capellari Vivaro in seinem Werk *Flecken auf den Sternen*, und zwar im Zusammenhang mit einer anderen Venezianerin, einer Baffo, die 1568 mit ihrem Vater nach Korfu gereist und dort angeblich von muselmanischen Korsaren gefangengenommen und nach Konstantinopel in den Serail gebracht worden war. »Und als sie dem Genius des Sultans Amurat III. begegnete, weigerte sie sich nicht, sich mit ihm zu paaren, woraufhin sie schwanger wurde und gebar.« »Sie ließ sich von den Ehren und Reichtümern blenden, so daß sie lieber die Konkubine eines Ungläubigen war als den schönen Ruhm zu ernten, der ihr zuteil geworden wäre, wenn sie der schmutzigen Lüsternheit des Sultans standgehalten und der tugendhaften Anna Erizzo nachgeeifert hätte«, die hochherzig König- und Kaiserreiche ausgeschlagen habe und »selbstlos in den Tod gegangen sei, um auf ewig unsterblich in der Erinnerung der Nachwelt zu leben.«

Die wahre Geschichte der Baffo klingt etwas anders. Sie hieß Cecilia Venier Baffo, wurde um 1525 als uneheliche Tochter eines venezianischen Patriziers auf Paros geboren und war mit knapp zwölf Jahren von dem berühmten Korsaren Khair ad Din »Barbarossa« gefangen worden, der sie Suleiman dem Prächtigen zum Geschenk machte. Im Serail in Istanbul trat sie zum Islam über. Suleimans Sohn Selim – auch er wurde später als Selim II. ein großer Sultan – war auf sie aufmerksam geworden. Sie hatte ihm gefallen und ihm einen Sohn geschenkt, den zukünftigen Murad III. So war sie unter dem Namen Nûr Banû, die Frau des Lichts, zum Grad der Kadin, Mutter eines Erben des Sultans, aufgestiegen. Als Sultanin Validè, das heißt als Sultansmutter – und zwar als heißgeliebte Mutter Murads III. – hatte sie dann später (das haben wir schwarz auf weiß) eine regelrechte venedigfreundliche Lobby geleitet. Sie hatte eine Hofdame, die jüdische Sklavin Esther, genannt Kira, welche die Verbindung zu den Dragomanen und den »jungen Leuten der Sprache« unterhielt, den Dolmetschern der venezianischen Botschaft. Diese nahmen die von Nûr Banû der Kammerjungfer diktierten Botschaften entgegen und übersetzten sie dem Botschafter. Viele dieser Briefe der Licht-Frau sind bis heute unter den Dokumenten der *Baili* in den venezianischen Archiven erhalten. Sie handeln von wichtigen Dingen (1582 schickte die Sultanin eine Botschaft an den Dogen Da Ponte, in der sie bekannte, die Erinnerung an ihre Heimat sei so stark, daß sie gern zu jedem Gefallen bereit sei), aber auch von Forderungen, von banalen und seltsamen Wünschen. Die Republik versuchte selbstverständlich, all ihre Wünsche und Forderungen sofort zu erfüllen, so wichtig war Nûr Banûs Einfluß auf die guten Beziehungen mit der Hohen Pforte. An den *Bailo* Morosini schrieb Nûr Banû, daß ihr zwei Hunde aus Venedig geschickt worden seien, »aber solche Art Hunde brauche ich nicht, weil sie groß sind, und weil ich schon einen Spürhund habe, ich möchte lieber weiße und kleine Hunde ...« Dann verlangte sie eine Anzahl »Kissen aus goldgewirktem Tuch, geschmückt und auffällig« aus Seide und aus Wolle, »und als Bezug Samt oder Damast, oder Brokatseide« und andere aus Wolltuch »von doppelter Höhe ...« Wie wir von G. Bellingeri erfahren, war es Nûr Banû nicht mehr vergönnt, mit den Hündchen in den Gärten von Top Kapì spazierenzugehen oder sich auf geflammt gemaserten Kissen aus Venedig auszustrecken: sie starb in dem Jahr, in dem sie sie angefordert hatte, beweint von allen, von Türken und Venezianern. Sie hatte sich in Skutari in Asien eine schöne Moschee errichten lassen: laut einer Inschrift, die dort noch heute zu sehen ist, war sie eine »sittsame und wohltätige Frau«.

Im Fall der Nûr Banû erkannten die Diplomaten – Leute, die mit beiden Füßen auf der Erde stehen – implizit die Verdienste der venezianischen Sultanin an und ließen es nicht daran fehlen, ihr bei jeder Gelegenheit zu danken. Aber abgesehen von der verständlichen Ablehnung, die der wie auch immer gerechtfertigte Abfall vom Glauben auslöste, wurde die Übernahme der türkischen Lebensweise, die Heirat mit einem Türken, die Integration in die türkische Gesellschaft unter dem Gesichtspunkt der Moral und vom allgemeinen gesunden Menschenverstand her als ein echtes Überlaufen zum Feind betrachtet. Der »Renegat« war grundsätzlich eine verwerfliche, verhaßte Person. Und Capellari Vivaro kann nicht umhin, drei besonders gravierende Fälle zu zitieren, die für ihn die größten, ja die allergrößten »Flecken auf den Sternen« verursachten, schwärzer und besudelter als alle anderen.

Zwei dieser Fälle betreffen Frauen, zwei patrizische Schwestern aus der adligen Familie Barbaro, Elisabetta und Nicolosa. Beide waren in Negroponte, als Mehmet II. die Insel eroberte und die gesamte Bevölkerung niedermetzelte oder zu Sklaven machte. Elisabetta, sagt Capellari, »wurde wegen ihrer großen Schönheit, die den Herrscher Bayezid überaus beeindruckte, von ihm zur Frau genommen, sofern man die Verbindung mit einem Ungläubigen, der ihr zudem noch den Vater getötet hatte, als Heirat bezeichnen kann«. Aus dieser Ehe sollte der große Sultan Selim I. hervorgehen. Nicolosa, »die in der Hand der Türken geblieben war, vereinigte sich mit Mehmet Bassà«. Beide sind zu tadeln, weil sie es vorgezogen hatten, »Beute von gekrönten Lüstlingen zu werden, statt kostbares Juwel gewahrter Reinheit.«

Anders lag der Fall bei Miraelino Michiel. Er gibt seinen Taufnamen nicht preis, nur den Namen, den er erhielt, nachdem er als junger Mann in Dalmatien von den Türken gefangengenommen, nach Konstantinopel gebracht und gezwungen wurde, seinem Glauben abzuschwören. Miraelino war eine Mischung aus »adligem Blut, gesittetem Benehmen und Schönheit«. Er stand »in der Gunst Mustafas, des Sohns des Herrschers Suleiman, in dessen Diensten er war, und wurde mit militärischen Insignien geehrt und zu seinem Herold ernannt«. Sein Leben nahm ein trauriges Ende: »als Suleiman Mustafa aus Eifersucht unter Männern hatte töten lassen, wurde auch er enthauptet.« Die »Männer-Eifersucht« war eine pure Verleumdung: wie der persönliche Gesandte von Kaiser Ferdinand von Habsburg, Ogier Ghislain des Beusbecq, berichtet, der Suleiman II. persönlich kennengelernt hatte, war dieser absolut kein Anhänger der Knabenliebe, »die doch eigentlich bei den Türken sehr beliebt ist«, und daß man ihm im Gegenteil vorwarf, zu sehr Sklave seiner Frau zu sein, deren Eifersucht die Tötung des armen Mustafa zugeschrieben worden ist. Miraelino war jedenfalls gezwungen worden, Moslem zu werden, im Gegensatz zu jenem anderen Michiel, Pietr'Antonio, der 1646 bei Candia in einem Hinterhalt von den Türken gefangengenommen wurde und in Konstantinopel gestorben ist, nachdem er »allem Anschein nach Mohammedaner geworden war«. Dasselbe gilt für seinen Neffen Agostino, der »den Glauben der Türken sic und simpliciter mit offenen Armen angenommen hatte«.

Über diesen Glauben herrschte in der venezianischen Welt, auch in der gebildeten und kultivierten Schicht, oft eine abgrundtiefe Unkenntnis, die von der leidenschaftlichen Verachtung der »schmutzigen Türken« als Verkörperung des Lasters schlechthin noch genährt wurde. Eine ebenso oberflächliche Sichtweise wie die optimistische Auffassung, die mit einer alten Tradition Schluß macht und im Verlaufe des 18. Jahrhunderts den Mythos vom »guten Türken«, vom einfachen Leben, von der naiven Aufrichtigkeit und Gutmütigkeit dieser Menschen in Mode brachte. Der gute Türke empfing gastfreundlich in seinem Garten am Bosporus die Hauptpersonen von Voltaires *Candide* und wußte nichts von den Hinterhältigkeiten, von der Rivalität und der Geziertheit der Theaterleute, so daß er Gefahr lief, sich von ihnen im *Impresario delle Smirne* narren zu lassen, dem Werk Carlo Goldonis, der die gängigen Ideen der Gesellschaft seiner Zeit so feinsinnig interpretiert hat.

Was Miraelino Michiels Schicksal angeht, so hatte sein »adliges Blut« wahrscheinlich recht wenig Bedeutung für seine Geschicke. Jenseits der religiösen Vorurteile und der politischen Antagonismen empörte sich die Öffentlichkeit Venedigs, wo die Gesellschaft streng in Schichten unterteilt war, insbesondere über die Tatsache, daß in der Türkei kein Adel existierte, und daß man der Geburt keinerlei Gewicht beimaß, daß alles vom Herrscher, nur vom Herrscher kam und nichts vom Recht des Blutes abgeleitet wurde. Im Vergleich zur westeuropäischen Gesellschaft stellt sich die Gesellschaft der osmanischen Welt gewissermaßen dar wie der reale Sozialismus, mit einer gleichmacherischen Diktatur, in der alles, nicht von einem Sultan, aber von der Partei kam. Deshalb gab es Leute, die diese Gesellschaft verabscheuten, und andere, die sie aus Widerspruchsgeist, aus Rache und Rebellion heraus bewunderten.

Wie weit haben sie uns vom Canal Grande entfernt, die Geschichten von Paolo und Anna Erizzo! Am Campo della Maddalena, nur wenige Schritte vom gleichnamigen Rio, der in den Canalazzo mündet, war ein heute nicht mehr vorhandener alter Glockenturm, bis zum Beginn des letzten Jahrhunderts die einzige Erinnerung an einen uralten Festungsbau, der ganz früher einmal der Obhut der Familie Baffo übergeben werden sollte. Und am Canal Grande sind die Barbaro und die Michiel zu Hause: wir werden beiden bald wieder begegnen.

8.

Der heiße trockene Juli 1510 verhinderte, daß Caterina Cornaros Begräbnis mit dem Prunk stattfinden konnte, den sie, die so an den äußerlichen Privilegien der Königswürde hing, sich wahrscheinlich gewünscht hätte. Nicht daß die Republik und das Haus Cornaro nicht alles getan hätten, um ihre Bestattung feierlich zu gestalten: die goldbeschlagene Bahre, auf dem Sarg eine der goldenen Kronen aus dem Schatz von San Marco, der Patriarch von Venedig und viele Bischöfe, die die Messe sangen und die Absolution erteilten, und eine Brücke aus Booten über dem Canal Grande, damit der Leichnam nach der Messe in der Kirche San Cassiano in einer Prozession zur Kirche Santi Apostoli gebracht werden konnte, wo sich die Grabstätte der Familie befand. Unzählige Bruderschaften und Zünfte waren anwesend, aber der Doge Leonardo Loredan fehlte, er fühlte sich indisponiert. Und auch wenn die Trauerrede von dem damals modischen Schriftsteller Bernardo Navagero gehalten wurde, waren nicht alle Honoratioren vertreten, die hätten anwesend sein müssen und können. Die Schenkung Zyperns gehörte nunmehr der Vergangenheit an, und es fanden sich nicht viele hochrangige Persönlichkeiten ein, die dem scharlachrot gekleideten stellvertretenden Dogen Alvise Priuli an der Spitze der Signoria folgen wollten, um der letzten Königin von Zypern das Geleit zu geben.

Diese hatte zehn Jahre zuvor ihr Testament gemacht und es danach nicht mehr geändert. Die durchlebten Ereignisse hatten sie noch stärker an ihre Stammfamilie gebunden. Zu ihrem

Universalerben hatte sie daher ihren Bruder Giorgio ernannt, den Familienvorstand, und Giorgio erhielt auch den Barco und alle gegenwärtigen und zukünftigen Güter der Königin.

Während der qualvollen Geschehnisse um die Übergabe Zyperns hatte sich zwischen den beiden Geschwistern ein tiefes und aufrichtiges Einverständnis entwickelt. Es mag vielleicht nicht in den Chroniken registriert sein, geht aber aus dem einzigartigen Dokument des Testaments deutlich hervor.

Nach Caterinas Tod ging es für Giorgio weiter aufwärts in seiner privaten, politischen und finanziellen Karriere. Er sollte ein großer Herr werden. Zunächst wurde er Prokurator von San Marco und kaufte sich für zwanzigtausend Dukaten den riesigen gotischen Palast der Malombra, ein Geschlecht mit den Insignien von Juristen, am Canal Grande bei San Maurizio. Der Palast wurde später von Sansovino umgebaut. Giorgio verheiratete seine Töchter mit recht guten Partien; dem Sohn Marco kaufte er den Kardinalshut, der zwar ziemlich teuer war, aber wesentlich mehr einbrachte als er ursprünglich gekostet hatte (Marco war eben erst achtzehn: bei seiner Rückkehr nach Venedig, nach dem Konsistorium, in dem er den angestrebten Hut erhalten hatte, wurde er feierlich im Dogenpalast empfangen. Man wies ihm im Saal des Collegio einen Platz zur Rechten des Dogen an, und er richtete an die hohe Versammlung »eine kurze und zusammenhanglose Rede«. Dann wurde er zum Studium nach Padua geschickt. »Das hat er dringend nötig«, bemerkt der Chronist Sanudo). Giorgio benahm sich immer sehr großzügig. Anläßlich der Hochzeit seiner Tochter Cataruzza mit Ser Giovanni Soranzo hatte er in seinen reich geschmückten Palast bei San Maurizio tagelang mehr als hundert Adlige auf einmal geladen, in einer wahren Phantasmagorie von Empfängen (der Chronist Malipiero vermutet, daß er sich damit eine Klientel schaffen wollte, die leichter »seinen Anträgen zustimmt«). Als er starb, bestimmte er eine Summe von tausend Dukaten im Jahr, um die Grabmäler für seine Schwester, die Königin, und für seinen Sohn, den Kardinal, in der Kirche San Salvador fertigzustellen. Sein Riesenvermögen wurde zu gleichen Teilen unter seinen Kindern aufgeteilt; hinzu kam der Barco in Altivole, der an den Erstgeborenen Giovanni und an dessen Erben im Erstgeborenenrecht ging. Und bei seinem sehr feierlichen Begräbnis war auch der amtierende Doge Andrea Gritti, sein alter Jugendfreund, zugegen. Neun Prokuratoren von San Marco waren anwesend sowie die Botschafter des Papstes, des Königs von England, aus Mailand, Florenz und Ferrara.

Auch zwei der Söhne von Giorgio wurden Prokuratoren von San Marco; einer von ihnen, Francesco, wurde dann 1527 Kardinal und Bischof von Brescia. Die Linie der Erstgeborenen, die von Giovanni ausging, der mit Andriana Pisani, der Tochter eines anderen Reichen, des Prokuratoren Alvise, verheiratet war, bewohnte zunächst den Palast am Canal Grande bei Sant'Angelo, der heute als Corner Spinelli bekannt ist, von Codussi begonnen und von Sanmicheli beendet wurde, und zog dann um in den großen, »del Cagnon« genannten Palast am Rio di San Polo, wo der Feldherr Erasmo da Narni, genannt Gattamelata, gelebt hatte. Diesen hat Donatello in gebieterischer Haltung zu Pferde in einer Skulptur wiedergegeben, die heute auf der Piazza del Santo in Padua zu sehen ist. Michele Sanmicheli sollte den Palast für Giovanni umbauen, und von Giovanni stammten in direkter Linie drei Dogen und fünf Kardinäle ab.

Die Ca' Granda bei San Maurizio, der wir weiter vorn am Canalazzo wiederbegegnen werden, ging später an Giovannis zweitgeborenen Sohn Giacomo, Prokurator von San Marco, über. Dessen Nachkommenschaft hatte drei weitere Prokuratoren und zwei Kardinäle aufzuweisen und starb zu Beginn der letzten Jahrhunderts aus. Der Palast bei San Cassiano dagegen ging an den jüngsten Sohn, an Girolamo, Podestà von Padua und Provveditore in Candia, wo er 1510 Francesca Muazzo aus einer alten venezianischen Familie heiratete. Ein Zweig dieser Familie war nach Kreta auf ein Territorium übergesiedelt, das von der Republik kolonialisiert werden sollte. Girolamo wurde ein weiterer Giorgio geboren, genannt Zorzon, Giorgione, um ihn von Giacomos Sohn, genannt Zorzetto, zu unterscheiden. Und Zorzon ließ sich von Palladio die Villa von Piombino Dese bauen, die noch heute existiert und in deren Atrium seine Statue und die seiner Frau, einer Contarini, zu sehen sind. Als Mann des Meeres und des Krieges – er war neunmal Galeeren-Kapitän – starb Zorzon in Lepanto, und seine militärische Berufung bestimmte die Richtung, in die der Zweig von San Cassiano gehen sollte. Da dieser Zweig den Palast bewohnte, in dem die Königin Caterina geboren wurde, gelebt hatte und gestorben war, erhielt er sofort den Beinamen »Corner della Regina«. Auch sein Neffe Andrea sollte im Krieg in Retimo auf der Insel Kreta sterben, wo er Provveditore generale war, und Andreas Söhne Girolamo und Cattarin, Caterino (das war eine posthume Hommage an das Andenken der mittlerweile fernen Großtante), erwiesen sich als fähige Kapitäne in den endlosen Kriegen gegen die Türken.

Das Grabmal von Cattarin Corner ist das Werk eines interessanten Bildhauers aus dem Barock, des Flamen Justus Le Court. Es befindet sich nicht in Venedig, sondern in Padua, in der Basilica del Santo. Getragen von zwei türkischen Sklaven und umgeben von Militär-Trophäen hebt der Krieger den Kommandostab, wie er es als Provveditore generale »da Mar« tat, als er am 13. Mai 1669 im Würgegriff der osmanischen Belagerung auf der Festung von Candia fiel. Sein Bruder Girolamo war Provveditore generale in Dalmatien gewesen, hatte Knin und Castelnuovo erobert (deshalb war er zum Prokurator von San Marco gewählt worden) und andere von den Türken gehaltene Festungsstädte, dann war er Nachfolger des Dogen Francesco Morosini als Capitano generale geworden, hatte die Festung von Malvasia an der Spitze des Peloponnes gestürmt und Valona in Albanien genommen. Er starb an Malaria, als er die Eroberung von Durazzo vorbereitete. Mit zwei Generalkapitänen und vier Prokuratoren von San Marco hielten die Corner della Regina das Ansehen der Familie auf hohem Niveau, bereichert noch durch Pisana, die Frau von Alvise IV. Mocenigo und somit Dogaressa.

Keiner der vier Brüder der Dogaressa schaffte es, das Geschlecht weiterzuführen. Mit Ausnahme von Cattarin, dem letzten Überlebenden, der als Priester starb, nachdem er Podestà von Padua, Provveditore generale der Terraferma und in Dalmatien sowie Staatsinquisitor gewesen war – einer der letzten drei Inquisitoren, für die Bonaparte die Einkerkerung gefordert hatte –, hatten alle geheiratet, um einen Sohn zu bekommen: Girolamo 1747, Andrea 1759, Alvise mit siebenundvierzig 1769. Vergeblich: Girolamo hatte keine Kinder bekommen, Andrea und Alvise hatten jeweils eine Tochter.

Und der Palast? Cattarin Corner, der allem Anschein nach recht bigott war, vielleicht auch ein Mann von zutiefst klerikalen – mehr als religiösen – Gefühlen, hatte den Palast dem Papst vermacht. Der Papst wiederum hatte ihn zwei Priestern gegeben, Antonangelo und Marcantonio Cavanis, Söhne einer alten Familie »von Ur-Bürgern« mit Grafentitel, die sich mit altruistischem Enthusiasmus und mit fortschrittlichen Ideen auf sozialem Gebiet der Erziehung weniger wohlhabender Jugendlicher widmeten. Die beiden hatten eine noch heute bestehende Gemeinschaft von Priestern gegründet, deren wichtigste Mission die Erziehung der Jugend sein sollte; sie sollten selig gesprochen werden. Aber als echte Venezianer fanden sie eine heitere Herzlichkeit absolut nicht unschicklich für ihre Mission und ihre Frömmigkeit. So hatten sie einen Dithyrambus über den Kürbis geschrieben, diese leuchtend gelbe Frucht, die in Chioggia ankam, eine solche Delikatesse, daß das einfache venezianische Volk ihn als »vedelo de Ciosa«, das Kalb von Chioggia, bezeichnete. Der einzige Schönheitsfleck auf ihrem unbefleckten Wappen war die von einigen frommen Biographen bejubelte Zerstörung gewisser »unbescheidener« Gemälde, die sie im Palazzo Corner vorgefunden hatten. Beim Gedanken an die traditionelle Großzügigkeit der Künstleraufträge und des Mäzenatentums der Cornaro, kann es einem dabei kalt den Rücken herunterlaufen.

VII

1.

Hinter dem Rio di Noale und dem Rio di San Felice, hinter dem Palast, der ehemals den Fontani, Sekretären des Senats, gehörte und in dem Carlo Rezzonico, der spätere Papst Clemens XII., das Licht der Welt erblickte, und hinter dem mißhandelten Palazzetto Giusti (ehemals Duodo), der um 1776 herum von dem Maler und Architekten Antonio Visentini gebaut wurde, dessen Name unauflöslich mit dem Canalettos und seinen Veduten verknüpft ist, die er in Stiche umgesetzt hatte, steht die Ca' d'Oro. Dieser Palast erzählt eine lange Geschichte von aufgeklärtem Mäzenatentum und stumpfem Vandalismus, von leidenschaftlicher Liebe und dümmlicher Lieblosigkeit. Er ist einer der berühmtesten Paläste nicht nur am Canal Grande, sondern in ganz Venedig, eines der typischsten Monumente der Gotik, jener langen und strahlenden Epoche, die mit der ebenso langen Goldenen Zeit Venedigs zusammenfallen sollte. Einer wirklich großen Zeit, noch unberührt von den Folgen des Exzesses, des übertriebenen Pomps, der das großartige, triumphale 16. Jahrhundert einer überreifen Frucht ähnlich machte, die allein durch ihren intensiven, halb sinnesbetörenden, halb widerlichen Duft den beginnenden Fäulnisprozeß erahnen läßt. Kein anderes weltliches Gebäude hält dem Vergleich mit der Ca' d'Oro stand, es sei denn der Dogenpalast, dessen Fensterfronten mit dem kostbaren Maßwerk der Palast in kleinerem Maßstab übernimmt, wie es sich für den Wohnsitz eines Bürgers gegenüber dem Sitz des Staates gehört. Aber gerade die thematische Wiederaufnahme, wenn auch in bescheidenerem Ausmaß, unterstreicht die Identifizierung der Bürger mit dem Staat, der so oft mit bewußtem Stolz »unser« (»Dominium nostrum«, »nostrum Comune«) genannt wurde, und zwar sowohl von den Untertanen als auch von den politisch Verantwortlichen. Einer von ihnen war Ser Marino Contarini, Sohn des Prokurators Messer Antonio, der im Alter von zwanzig Jahren 1406 Soradamor Zen geheiratet hatte, Tochter von Ser Baccalario aus dem Bezirk von Santa Sofia. Und 1412 hatte er gemeinsam mit seiner Frau ein Gebäude bei Santa Sofia »am Canal Grande« erworben, das ehemals Teil eines »großen« Besitzes der Familie Zen war.

Wie die beiden Eheleute waren, wissen wir leider nicht. Aber ihre Namen Marino und Soradamor lassen sie uns in der Vorstellung nicht nur jung, sondern auch sehr schön erscheinen. Die Namen der Venezianerinnen des 14. und 15. Jahrhunderts rufen oft Bilder von schönen Frauen wach, schön und anmutig wie Salomé und Herodias auf den Mosaiken der Markus-Basilika mit in ihrer luxuriösen Einfachheit überraschend modernen Kleidern, umsäumt von seltenen Pelzen, die aus fernen Städten am Rande der russischen und asiatischen Wälder importiert wurden.

Nach ihrer Hochzeit lebte Soradamor nur noch elf Jahre. Sie war bereits seit fünf Jahren tot, als im Jahre 1421 der Bau des Hauses im Gang war und Marino eine erste Marmor-Lieferung bezahlte. Im Jahr darauf wurde ein Vertrag mit dem Mailänder Steinhauer-Meister Matteo Raverti aufgesetzt. Aus dem Jahre 1422 stammt der Vertrag mit dem *Tajapiera* (Steinschneider) Giovanni Bon und seinem Sohn Bartolomeo. Die beiden venezianischen Meister machten sich erst am 4. August 1424 an die Arbeit, und zu ihnen und zu Raverti gesellten sich in untergeordneter Position noch viele andere *Tajapiera*.

In den Jahren 1431 und 1432 wurde dann die ganze Fassade mit Marmor verkleidet. Und von 1431 bis 1434 schuf Giovanni Charlier, »Zuanne de Franza«, ein zumindest seit 1405 nach Venedig umgesiedelter französischer Maler, der mit Franceschina verheiratet war, der Tochter des venezianischen Malers Marco Cortese, die malerische Dekoration der Fassade: mit Öl angerührtes Bleiweiß auf die Zinnen aus istrischem Kalkstein, auf die kleinen Bögen und das Abschlußgesims; Schwarz als jeweiliger Hintergrund; Zinnober auf den Zahnschnitt und die anderen Außendekorationen aus Brokatmarmor. Und Gold: Gold auf die Steinkugeln, welche die Blätter der Zinnen ergänzten, Gold auf die Rosen des Streifens unter dem Gesims, unter den Deckplatten und dem Laubwerk der Eckkapitelle, deren Hintergrund dagegen jeweils in Ultramarinblau gemalt wurde; Gold für die von den Bon aus Stein gehauenen Löwen auf den Kapitellen, Gold für den Helmschmuck der Fensterbögen, Gold für die Blumen aus Marmor. Die »große Waffe« der Contarini wurde in Gold und Ultramarinblau gemalt. Charlier und andere Maler bemalten auch viele Innenräume mit Gold, in denen die Hochzeit von Marino Contarinis Sohn Leonardo mit Franceschina Morosini gefeiert wurde, und später, 1439, auch die Hochzeit des verwitweten Marin mit Lucia Corner, der Witwe von Giovanni Foscari, die ihm am 8. Mai 1440 einen weiteren Sohn gebar, Pietro. Die Arbeiten, die Marino mit großer Aufmerksamkeit Schritt für Schritt verfolgte und minuziös notierte, haben mindestens zwanzig Jahre gedauert.

Der Palazzo Contarini wurde sofort unter dem Namen Ca' d'Oro (Goldenes Haus) bekannt. Selbst in einer Zeit, in der die Häuserfassaden eine heitere Farbenfreudigkeit widerspiegelten, stellte die Fassade des Palastes von Marino Contarini eine Ausnahme dar. Der Chronist Marino Sanudo berichtet von einem großen Empfang am 30. August 1531, als die Tochter von Daniel Trevisan einen Edelmann aus demselben Geschlecht heiratete. Der Gastgeber war ein Onkel der Braut, Marco Antonio Priuli. In weniger als einem Jahrhundert hatte sich die Nachkommenschaft des Mannes, der mit soviel Leidenschaft und Beharrlichkeit seinen Traum aus Stein und Ziegelstein verwirklicht hatte, vermehrt und gleichzeitig verstreut. Im 18. Jahrhundert war der Besitz in 24 Parzellen aufgeteilt und an die Familien Marcello, Grimani, Zeno, Donà und Venier übergeben worden. 1791 stellte ein Gutachten den beklagenswerten Zustand des Palastes fest: zerbrochene Schwellen, Risse in den Mauern, morsche Balken, »zerbrochene und baufällige« Steinbalkone, wacklige Säulen. Durch die Fenster ohne Glas und ohne Fensterläden kamen Regen und Wind herein, kurzum, es war ein »von jedermann verlassenes Gebäude«. Und 1802 erwarb ein Geschäftsmann, ein gewisser Giacomo Pezzi, die Ca' d'Oro als »baufälliges Gut«.

1846 verkaufte Moisè Conegliano, Sohn des verstorbenen Beniamino, den Palast an den russischen Fürsten Alexander Trubetzkoi. Es sollte ein Geschenk des Fürsten für Maria Taglioni sein, die »göttliche« Tänzerin, die europäische Königin des Balletts. »Welch eine Leichtigkeit! welche Kraft! welch eine Fülle von Schritten!« schrieb der Kritiker der »Gazzetta di Venezia« am 25. April 1845 nach der Aufführung des Balletts »La figlia del Danubio«, das von der Taglioni im Theater Gallo bei San Beneto getanzt wurde. »Diese Kunst, diese Perfektion der Schritte ist beispiellos ... Man möchte meinen, daß sie mit den Füßen zeichnet; was für eine Musik, der Rhythmus ist perfekt wie ihr Tanz. Es ist, als flöge sie, von Flügeln getragen, so leicht bewegt sie sich ... Was man am meisten an ihr bewundert, ist die spontane Grazie ihrer Schritte ... Darin liegt ihre große Meisterschaft.« Es war ein außergewöhnlicher Erfolg gewesen, »die Leute waren wie von Sinnen«, sie hatten nicht einfach applaudiert, sie hatten begonnen, rhythmisch auf die Brüstungen ihrer Logen zu schlagen. Drei Tage später, als die Diva »La caccia di Diana« tanzte, brach im Theater »Tumult, Furore aus. Die Zuschauer schrien vor Begeisterung, schlugen mit Händen, Füßen und Stöcken, schwenkten Tücher.« Die Tänzerin mußte nicht eine, sondern drei Zugaben gewähren. Und diese Begeisterung war überall spürbar, wo die Taglioni getanzt hatte. Es hieß, Trubetzkoi wolle ihr die Ca' d'Oro aus Dankbarkeit schenken, weil selbst Zar Nikolaus I., ein unnachgiebiger und strenger Despot, Maria nicht hatte widerstehen können, als sie ihn um die Begnadigung des jungen Fürsten gebeten hatte, der als Liberaler nach Sibirien verbannt worden war.

Die Taglioni wurde eine regelrechte Sammlerin von Palästen am Canal Grande, sie besaß auch den venetisch-romanischen Palazzo Busenello bei Sant'Aponal, den Renaissance-Palast Corner Spinelli bei Sant'Angelo und den barocken Palazzo Giustinian Lolin bei San Samuele. Die Ca' d'Oro war ein steinernes Juwel mehr, das sie ihren berühmten Diademen und Colliers hinzufügen konnte. Aber für die Ca' d'Oro war dieser Verkauf keine Wiedergeburt, im Gegenteil. Da der Zustand des Palastes immer noch katastrophal war, wandte sich Trubetzkoi an einen Architekten, der damals gerade sehr in Mode war: Giovanni Battista Meduna aus Ravenna. Er war bei der guten Gesellschaft sehr beliebt, weil er das von einem Brand verwüstete Theater La Fenice so schnell restauriert hatte und Fassade und Innenräume des Palazzo Giovanelli am Rio di Noale wiederhergestellt und neu gestaltet hatte. Dort ist von ihm eine neogotische Wendeltreppe erhalten, die noch heute die Anhänger der Architektur des letzten Jahrhunderts ins Schwärmen geraten läßt. Meduna war (sagen wir es ruhig so respektlos) ein Vandale: ein Vierteljahrhundert später sollte er mit einer unbesonnenen Restaurierung die Flanke der Basilica San Marco ruinieren. Meduna wollte alles neu machen, und um neu zu machen, zerstörte er. Ein wahrer Tornado ging auf den baufälligen Palast von Marino Contarini nieder. Der prächtige Brunnenaufsatz von Bon wurde aus dem Weg geräumt, die von Raverti gebaute offene Treppe im Hof wurde in Stücke geschlagen und fortgeschafft, Marmor, Steine, Kapitelle wurden entfernt, neue Fenster wurden in die Fassade gebrochen ... Dann jedoch zerbrach die Bindung zwischen der Ballerina und Trubetzkoi mit einem recht ungewöhnlichen Finale, denn der Fürst heiratete die Tochter seiner Freundin und ihres rechtmäßigen Gatten, des Grafen de Voisin. Der Palast ging in die Hände des Bankiers Errera über und dann, nachdem er eine weitere Restaurierung über sich ergehen lassen mußte, an den Marchese Tacoli. Dieser vermietete die Wohnungen des Palastes: in den neunziger Jahren des vorigen Jahrhunderts befanden sich unter den Mietern zwei Persönlichkeiten, die für das venezianische Leben von großer Bedeutung waren, der Historiker Pompeo Molmenti und eine andere Diva, die Contessa Annina Morosini.

Molmenti ist noch heute durch sein hervorragendes und erfolgreiches Werk, die monumentale »Storia di Venezia nella vita privata« (Geschichte Venedigs im Privatleben) bekannt. Damals war er vor allem durch seine wutschnaubenden Polemiken im Gemeinderat von Venedig und in der nationalen Presse hervorgetreten, in denen er gegen die Projekte der Kahlschlag-Abrisse und der Demolierungen wetterte, welche die Stadtregierung unter dem Vorsitz des Grafen Dante di Serego Alighieri (ein Abkömmling des großen Poeten über die mütterliche Linie) zur Modernisierung der Stadt plante, damit sie (so die Stadtherren) den unumgänglichen Notwendigkeiten des Lebens angepaßt werde.

Die von Molmenti ausgelöste vehemente Kritik hatte breite internationale Resonanz gefunden, der Historiker wurde zum Senator des Königreichs ernannt und sollte bis zu seinem Tode der angesehenste Verteidiger seiner Stadt bleiben (und der meistgehaßte bei denjenigen, die in gutem oder schlechtem Glauben das Aussehen Venedigs unwiderruflich hatten verändern wollen). Annina Morosini war zweifellos eine der schönsten und meistbewunderten Damen der großen Welt; unter ihren Verehrern war auch der deutsche Kaiser Wilhelm II. Beiden, der Contessa und dem Historiker, wurde im Frühling 1894 die Wohnung gekündigt: die Ca' d'Oro hatte einen neuen Besitzer.

Viele Jahre später freute sich Molmenti in einem Brief an Gabriele D'Annunzio noch nachträglich über diesen Hinauswurf. Denn er war von einem Mann angeordnet worden, der für einen Anhänger der Theorie der Seelenwanderung die Reinkarnation von Marino Contarini hätte sein können: mit soviel Liebe, mit soviel Leidenschaft und tätigem Enthusiasmus widmete er sich, ohne Kosten oder persönliche Opfer zu scheuen, der Wiedergeburt des schönen und so schlecht behandelten Palastes. Giorgio Franchetti war ein Mann von umfassender Kultur und vielen Interessen, und er hatte im Wiederaufbau der Ca' d'Oro seinen Lebenssinn gefunden. Mit hartnäckigem Willen, aufgeklärter Intelligenz und einem instinktiven guten Geschmack gab er sich dieser Aufgabe hin. D'Annunzio, der ihm ein Freund war und ihn sehr schätzte, hat die nahezu heroischen Aspekte der von Franchetti geleiteten Rettungsaktion geschildert. Er wollte alles Häßliche, alles zu Üppige und Überflüssige am Original-Bau entfernen lassen, wollte sich aber nicht auf willkürliche Rekonstruktionen einlassen und hatte deshalb den Palast geräumt und sich selbst an den Restaurierungsarbeiten beteiligt. Vornübergeneigt, mit zwei an die Knie gebundenen Schuhsohlen, um länger durchhalten und auf dem Boden rutschen zu können, arbeitete er jeden Tag »triefend von Schweiß und Zementstaub« stundenlang am Fußbodenmosaik im Erdgeschoß, das er ähnlich dem in der Markus-Basilika haben wollte. Und er bezog in die Arbeit auch Freunde mit ein, die ihn besuchen kamen, wie eben Gabriele D'Annunzio, der Jahre später sich noch erinnert, daß auch er neben Franchetti »auf den Knien wie ein Arbeiter Porphyr und Serpentin in die Mörtelmasse verlegt« hatte.

Giorgio Franchetti wollte seine beträchtliche Kunstsammmlung in die Ca' d'Oro bringen. Bereits als der Palast noch ein Skelett war, »mit einsturzgefährdeten Brettern, aufgerauhten Wänden, Türen ohne Läden«, hatte er in »einer Art glorreichem Tabernakel, ganz aus gemasertem und rosenrotem Marmor« das Juwel seiner Sammlung aufgestellt, den wunderbaren *Heiligen Sebastian* von Mantegna. Er hatte aber noch ganz anderes getan: mit starrsinniger Entschlossenheit hatte er bei den Antiquitätenhändlern der ganzen Welt einen Großteil dessen, was Meduna weggeworfen hatte, zurückgeholt, angefangen bei dem großen Brunnenaufsatz, »dem großen rötlichen Brunnen«, wie D'Annunzio ihn nennt. Mit Original-Fragmenten hatte er die Treppe von Raverti rekonstruiert und ebenso das große Portal zur Gasse hin mit der »Blume« des Romanello, dem ebenfalls von Raverti gemeißelten Wappen der Contarini. Er hatte die verstümmelten Zinnen erneuert, das Atrium rekonstruiert und die von dem »Vandalen« willkürlich eingesetzten Fenster wieder geschlossen. Franchetti beabsichtigte, die Ca' d'Oro und die Kunstsammlung, die sie beherbergen sollte, dem italienischen Staat zu vermachen. Als er die grausamen Schmerzen seiner schweren Krankheit nicht mehr zu ertragen vermochte, nahm er sich in der Nacht des 18. Dezember 1922 das Leben. Der Palast und alle in ihm enthaltenen Kunstwerke gingen, wie er es gewollt hatte, in das Eigentum des Staates über. Die Galerie Giorgio Franchetti, in der heute auch die Reste der Fresken von Giorgione und Tizian von der Fassade des Fondaco dei Tedeschi (Handelsniederlassung der Deutschen) und die Fresken von Pordenone aus dem Kreuzgang von Santo Stefano untergebracht sind, hat seinen Namen unsterblich gemacht. Seine Asche ruht unter einer Säulentrommel aus Porphyr im restaurierten *Portego* im Erdgeschoß *seines* Palastes.

2.

Den gotischen Palast, der auf die Ca' d'Oro und den ebenfalls gotischen (ehemals) Pesaro-Palast folgt und dessen eine Flanke am Campo di Santa Sofia entlang verläuft, gäbe es nicht, wenn die testamentarischen Verfügungen des Eigentümers N.H. Girardo Sagredo, Prokurator von San Marco, ausgeführt worden wären. Laut diesem Testament vom 6. Juli 1738 hätte nämlich »die baufällige Fassade« ex novo »gemäß dem von Signor Zendrini, dem Staatl. Professor, gebilligten und von dem Gelehrten Temanza angefertigten Entwurf« umgebaut werden sollen. Der Mathematiker und Wasserbauingenieur Bernardino Zendrini, den der N.H.Sagredo so sehr schätzte, daß er im Vertrauen auf dessen Urteil das Projekt des damals noch unbekannten Temanza akzeptierte, sollte den Venezianern als maßgeblicher Planer der Murazzi in Erinnerung bleiben, jenes großartigen Verteidigungswerks zum Schutze des Küstenstreifens von Malamocco und Pellestrina, das noch heute den Angriffen des Meeres und den Wetterunbilden standhält. Das Vertrauen des reichen Edelmannes in Zendrini war sicherlich dadurch verstärkt worden, daß dieser auch ein Medizinexamen abgelegt hatte und ihm während seiner Krankheit aufopferungsvoll Beistand geleistet hatte. Damals war der Wunsch in ihm entstanden, ein Testament aufzusetzen, gerade noch rechtzeitig, denn kurz darauf starb er an den Folgen seiner Krankheit. Jedenfalls sollte das Werk, bei dessen Auftragserteilung der junge Temanza Tirali aus dem Felde geschlagen hatte, von dem der grandiose Salon des Palastes stammte, nie realisiert werden. Und so hat der Palast seine gotische Fassade bewahrt, auch wenn das 18. Jahrhundert im Innern seine Spuren mit der Stuck-Dekoration hinterlassen hat, die zwei Stukkateurmeistern zu verdanken ist, Abbondio Stazio und Carpoforo Mazzetti-Tencalla. Auch die berühmte Freitreppe stammt aus dem 18. Jahrhundert. Dort ist – mittlerweile verschmutzt und durch die Feuchtigkeit schwarz geworden – das einzige heroische Werk eines Malers zu sehen, der gerade in dem der Chronik und dem Privatleben entgegengesetzten Genre großen Erfolg haben sollte: *Der Sturz der Giganten* von Pietro Falca, genannt Pietro Longhi. Diese Darstellung sollte denn auch eine Ausnahme innerhalb seines Gesamtwerks bleiben.

Als Maler für das Haus Sagredo – auch für andere patrizische Familien hatte er reichlich zu tun (seine einfallsreichsten Bilder, *Das Rhinozeros, Der Brief des Mohren, Der Riese Magrat,* malte er für N.H. Giovanni Grimani aus dem Servi-Bezirk) – hat uns Longhi ein ganz wunderbares Porträt der Familie hinterlassen, oder vielmehr von dem, was von der Familie übriggeblieben war. Denn der Prokurator Girardo war ohne Sohn gestorben, und in dem schönen, mit reicher Tapisserie ausgekleideten Saal waren nur seine Witwe Cecilia Grimani Calergi, die Töchter Marina, Ehefrau des N.H. Andrea Pisani von Santo Stefano, und Caterina, Witwe von Antonio Pesaro und in zweiter Ehe vermählt mit N.H. Gregorio Barbarigo von Santa Maria Zobenigo, sowie zwei in Weiß gekleidete Enkelinnen zu sehen, Cecilia und Contarina Barbarigo, sowie der wie ein kleiner Ungar gekleidete Enkel Almorò Pisani, mit viel Schnurbesatz, Stiefeln und Krummsäbel, auf dem Köpfchen eine gepuderte Perücke.

Der kleine Pisani, den Longhi mit so viel Pomp im Familienkreis porträtiert hatte, sollte nur knapp zwanzig Jahre leben. Ein wesentlich längeres Leben war einem der beiden weißgekleideten Mädchen beschieden, Contarina Barbarigo, die später die Bewunderung des strengen, frauenfeindlichen Kaisers Joseph II. hervorrufen sollte. Sie war verheiratet mit einem Zorzi, Marin I., dem einzigen Erben des reichen San-Severo-Zweigs seiner alteingesessenen Familie, und ließ die Ehe »wegen Untauglichkeit des Ehegatten«, der Priester wurde, annullieren. Sie sollte bis in die ersten Jahre des neuen Jahrhunderts leben und ihren gesamten Besitz, den Palast bei Santa

Maria Zobenigo am Canal Grande und die Villa von Valsanzibio mit dem wunderbaren Garten in den Euganischen Hügeln, ihrem Cousin Marcantonio Michiel hinterlassen, der auch einen Teil des Besitztums der Corner della Regina geerbt hatte. Von der Mutter Caterina Sagredo ist ein anmutiges Porträt in Pastellfarben von Rosalba Carriera erhalten, das Haupt kapriziös von einem Dreispitz umrahmt, das Gesicht sanft und klug, eine zarte venezianische Schönheit, ganz ohne den formellen Ausdruck, den ihr die Anwesenheit der Mutter Prokuratorin im Porträt von Longhi aufzwingt.

Als Longhi dieses Familienbild malte, eines seiner Meisterwerke, hatte gerade die juristische Schlacht um die Hinterlassenschaft des Prokurators Girardo begonnen. Er hatte seine Güter seiner Ehefrau und seinen Töchtern vererbt, den Palast aber dem reichsten Zweig seines Geschlechtes hinterlassen. Eine Schrulle, aber nichts ganz und gar Außergewöhnliches. Es kam in der Tat hin und wieder vor, daß der letzte Erbe eines reichen Zweiges eines Geschlechts den eigenen Wohnsitz dem ärmsten Zweig hinterließ, so daß dieser seine Lage verbessern und die Würde, die dem Namen gebührte, wiederherstellen konnte, oder aber dem reichsten Zweig, damit dieser den mit dem Namen verknüpften Palast in angemessener Weise benutzen und erhalten konnte. Der Prokurator Girardo hatte sich für die zweite Lösung entschieden, was einen langwierigen Streit auslöste, voller mit Gebührenmarken versehener Papiere und beglaubigter Kopien der Besitz»verhältnisse«, die den Zehn Weisen der Steuerbehörde und den Einkommenssteuerbeamten vorgelegt wurden, damit diese feststellen konnten, wer das Recht habe, sich in den Sälen von Ca' Sagredo über den ruhigen Wassern des Canalazzo gegenüber den ersten Ausläufern des großen Rialto-Markts, den Beccarie (Fleischmarkt) und der Pescaria (Fischmarkt), niederzulassen. Sieger wurde der Zweig, der ehemals bei Santa Ternita gewohnt hatte und bereits einige Zeit zuvor an die Riva di Biasio umgezogen war. Dieser Zweig hatte die lebhafte Bühne des 17. Jahrhunderts mit einer bedeutenden Persönlichkeit bereichert, mit dem Prokurator Giovanni Sagredo, der sich als Dichter das Pseudonym Ginnesio Gavardo Vacalerio zugelegt hatte.

Ohne uns von der Familie Sagredo zu entfernen, machen wir einen kleinen Schritt zurück. Aus dem Zweig der Eigentümer des Palastes von Santa Sofia, die sich den Ruhm des Heiligen Gerardo Sagredo mit den anderen Sagredo teilten, – Gerardo war Mönch und Abt von San Giorgio Maggiore, dann missionierte er Ungarn, wo er am 24. September 1047 den Märtyrertod starb – war einer, Nicolò, am 2. Februar 1675 zum Dogen gewählt worden. Er hatte im Kampf gegen die Türken zwei Brüder verloren, ein weiterer Bruder, Alvise, war Savio des Rats und Mitglied des Zehnerrats gewesen und beschloß seine Karriere als Patriarch von Venedig. Er war eine Persönlichkeit von einzigartigem Talent und hatte viel Geld im Handel mit Holz aus dem Cadore verdient, wodurch er seine bereits reiche Familie noch reicher gemacht hat. Seine Betriebe in den Bergen hatte er persönlich geleitet, bevor er zur Diplomatie und dann in den Klerus überwechselte.

Auch der Doge war ein brillanter Diplomat und leidenschaftlicher Kunstsammler gewesen, »vollendet galant, ein Ehrenmann und Kavalier, ... von gebeugter und kleiner Statur, mit blassem Gesicht und weißem Haar«, »großer Ehrenmann und liebenswürdiger Freund«, aber zu sehr den Genüssen des Lebens zugeneigt, was schließlich seine Gesundheit ruiniert hatte. Er war ein brillanter, aber oberflächlicher Redner, ein außergewöhnlich »subtiler und intriganter Höfling«, äußerst gewandt in politischen Manövern, so daß es ihm gelungen war, nach einem einzigen Wahlgang gewählt zu werden. Ein einstimmiges Wahlergebnis verfehlte er nur, weil nach dem Gesetz sein Bruder Alvise von der Abstimmung ausgeschlossen war.

Ein prunkliebender Mann, der seine Wohnung im Dogenpalast auf eigene Kosten prächtig ausgeschmückt hatte und in der Öffentlichkeit mit Kleidern erschien, die »nicht nur aus goldgewirktem Tuch, sondern auch noch mit leuchtenden Sternen« übersät waren. Nicolò Sagredo war bei wohltätigen Anlässen überaus freigiebig und hatte sich so eine breite Popularität erworben. Es gab Epigramme über ihn, die aus seinem Namen und Nachnamen ein Anagramm machten, Nicolò Sagredo – Dose con gloria (Ruhmreicher Doge).

Kein Dogenkandidat nach ihm konnte sich so großer Sympathie in der Bevölkerung rühmen. Auch Battista Nani war ein sehr geschickter Politiker, umfassend gebildet und mit einem beispielhaften Lebenslauf. Und Giovanni Sagredo hatte ebenfalls eine ganz außergewöhnliche Karriere gemacht: er war siebenmal zum Savio des Rats gewählt worden, hatte die Serenissima in London zur Zeit Cromwells, in Paris während der Fronde-Unruhen vertreten. In Paris hatte er sich die Zuneigung des jungen Ludwig XIV., der Königin-Mutter Anna von Österreich und des Kardinals Mazarin erworben, der ihm ein sehr wertvolles Geschenk machte, eine Uhr mit diamantenbesetztem Gehäuse. In der Heimat war Giovanni Sagredo in dem Moment hervorgetreten, als Francesco Morosini, Capitano generale in Candia, der Fortsetzung einer bereits zwanzig Jahre währenden Verteidigung keine Erfolgschancen mehr gab und mit den Türken einen Waffenstillstand ausgehandelt hatte, der in Wirklichkeit eine Kapitulation war. Woraufhin ihn der Avogador di Comun (Staatsanwalt) Antonio Correr angeklagt hatte, sich zu weit von den vom Senat erhaltenen Instruktionen entfernt zu haben, die Streitkräfte schlecht geführt und die ihm zur Verfügung stehenden Mittel verschleudert zu haben. Sagredos Rede hatte dazu beigetragen, daß das Problem nochmals durch einen neutralen Inquisitor untersucht wurde, mit dem Resultat eines völligen Freispruchs für Morosini.

Zwischen Nani und Sagredo herrschte allem Anschein nach eine heftige Rivalität, vielleicht auch ein gewisser persönlicher Groll. Tatsache ist, daß trotz der komplizierten Vorwahlen, die der Benennung der 41 Wahlmänner des Dogen vorausgingen, und die zum Teil durch Stimmzettel, zum Teil durch das Los erfolgten, die Anhänger von Battista Nani fast vollständig eliminiert waren und die der beiden anderen Mitbewerber Alvise Mocenigo und Antonio Grimani – so hieß es – einen »beträchtlichen Einbruch« verbuchen mußten, so daß im »erhabenen Einundvierziger« ganze neunundzwanzig Parteigänger von Sagredo saßen, vier mehr als die fünfundzwanzig Stimmen, die notwendig waren, um den Dogen im ersten Wahlgang zu wählen. In diesem Moment begann eine Menschenmenge, zum großen Teil Bootsleute und »Barone von der Straße«, das heißt Nichtstuer, auf der Piazzetta zu schreien, daß sie Sagredo nicht wollten. Sie warfen aus dem Pflaster gerissene Steine gegen die Boote der Traghetti-Gondolieri, die »Viva Sagredo« brüllten. Im Saal des Großen Rats, wo in Erwartung der Sitzung, die die Liste der einundvierzig Wahlmänner billigen sollte, gerade eine Pause stattfand, liefen in der Zwischenzeit Anhänger der Rivalen von Sagredo herum und teilten ihm mit, daß er »vom Volk verabscheut würde«. Jemand war ans Fenster getreten und wedelte mit dem Tuch, um die protestierende Menge anzuheizen. Es waren nicht mehr als »hundert Barfüßige, denen zwei in einen leichten Überwurf gehüllte Personen Geld gaben«, aber die Propaganda hatte den gewünschten Erfolg erreicht. In der dann folgenden Abstimmung erhielt das »Einundvierziger«-Gremium weniger als die Hälfte der Stimmen und war damit nicht bestätigt. Die vorher ausgelosten elf, die die einundvierzig zu benennen hatten, waren also gezwungen, neue Wahlmänner zu bestimmen, und so hatte keiner der Konkurrenten Erfolg, und Alvise Contarini wurde Doge.

Von diesem mühseligen Konklave war eine schöne Spur erhalten geblieben, bis irgendein übereifriger Beamter beschloß, die Innenwände des langen Eingangskorridors zum Dogenpalast von der Porta della Carta gründlich reinigen zu lassen: die Spur war ein Schriftzug in schwarzer Farbe mit einem kleinen Dogenhut (corno) darüber gewesen. »W W Battista Nani K. Proc. per merito«, Viva viva Messer Battista Nani, Cavaliere und Prokurator aus Verdienst – das Wahlplakat des anderen Konkurrenten, der den Dogenthron verfehlt hatte.

3.

»Ich bin ein venezianischer Edelmann und habe mich weder je als Gelehrten bezeichnet, denen ich doch viel Zuneigung entgegengebracht und die ich immer gefördert habe; noch beabsichtige ich, meine Reichtümer zu vergrößern, Lob und Reputation zu erwerben durch den Ruhm der philosophischen und mathematischen Intelligenz, sondern vielmehr strebe ich nach Anerkennung durch die gute Administration meiner Ämter und durch meine Arbeit in der Regierung der Republik, der ich mich in meiner Jugend widmete und damit dem Brauch meiner Vorfahren folgte, die alle in ihr alt geworden sind und sich ihr aufgeopfert haben. Meine Studien handeln von der Erkenntnis jener Dinge, die ich als Christ Gott schulde, als Bürger der Heimat, als Adliger meinem Geschlecht, als soziales Wesen meinen Freunden, und als Ehrenmann und wahrer Philosoph mir selbst. Ich verbringe meine Zeit damit, Gott und der Heimat zu dienen, und da ich frei von familiären Verpflichtungen bin, verwende ich einen guten Teil davon in Konversationskreisen im Dienste und zur Zufriedenheit der Freunde, und den ganzen Rest widme ich der Bequemlichkeit und meinen Vorlieben; und wenn ich mich manchmal der Spekulation der Wissenschaften verschreibe, dann glauben Euer Gnaden bloß nicht, daß ich mir anmaße, ein Konkurrent der Professoren dieser Wissenschaften zu sein, da ich ganz frei forsche, bar jeder Verpflichtung und Neigung ...« Dieses Selbstporträt stammt von Gian Francesco Sagredo, dem Onkel des Dogen Nicolò. Und die Persönlichkeit, die es erkennen läßt, angefangen beim glühenden Patriotismus, Kennzeichen eines großen Teils, wenn nicht geradezu aller Patrizier seiner Zeit, scheint so etwas wie ein Stereotyp des humanistischen Grandseigneur zu sein, der sich in der Gesellschaft ausgewählter Freunde bewegt und sich zum Vergnügen ehrenhaften Studien widmet. Das wiederholte Understatement jedoch liefert den wahren Schlüssel für seine Persönlichkeit und für seine wirkliche Bedeutung. Um ihn richtig einzuschätzen, mag die Tatsache genügen, daß der *Dialogo de i massimi sistemi* von Galileo Galilei eben ihm gewidmet ist, und daß er selbst eine Hauptrolle darin spielt. Galileo war nicht der Mann, der sich leichtfertigen Schmeicheleien hingab, jedenfalls nicht in den Werken, die ihm wirklich am Herzen lagen, wie eben jener verflixte *Dialog*, der ihm soviel Sorgen und Schwierigkeiten einbringen sollte.

Niemandem sonst war Galileo während seines langen Aufenthalts in Venedig und Padua als Professor in dem alten *Studio patavino*, der Universität des venetischen Staates (die besten achtzehn Jahre seines Lebens, wie er im Alter anmerken sollte) so innig und tief verbunden. Was sehr gut zu verstehen ist. Galileo war mit allen Ehren in den Gesprächskreis eingeführt worden, der sich am Canal Grande im Hause des Historikers Andrea Morosini bei San Luca traf, wo auch Fra Paolo Sarpi und sein Lieblingsschüler und künftiger Biograph Fra Fulgenzio Micanzio sowie viele andere prominente Politiker verkehrten, darunter auch zwei spätere Dogen, Leonardo Donà und Nicolò Contarini, die Wortführer der Partei der »Jungen«, Verfechter einer dynamischen, unabhängigen und weltlichen Politik. Lauter hochrangige Persönlichkeiten, in jeder Hinsicht sehr engagiert und angesehen, voller Ehren, aber auch Pflichten, wie Pietro Duodo, der die wissenschaftliche Erziehung seiner Kinder Galileo anvertraute und ihm als Reformer der Universität von Padua große Unterstützung gewährte. Auch Gian Francesco Sagredo und Benedetto Zorzi standen Fra Paolo und den »Jungen« sehr nahe, letzterer bereits seit dessen Anfängen in Padua. Gian Francesco Sagredo hatte zwei Eigenschaften, die Galileo ganz besonders gefielen: seine Jugend und seine nicht nur materielle und politische, sondern auch intellektuelle Unabhängigkeit, seine Gedankenfreiheit, durch die er ihm selbst äußerst wesensnah war.

So wurde Sagredo Galileos Partner nicht nur bei den wissenschaftlichen Diskussionen, sondern auch bei den fröhlichen Tafelfreuden, begossen mit den »schön gefüllten Tassen voller guter kalter und moussierender Spirituosen«, die dem Meister sehr gefielen, ja vielleicht etwas zu sehr. Und sie verfaßten gemeinsam immer wieder böse Briefe, in denen sie sich auf Kosten gewisser anmaßender Pseudo-Mathematiker und der Ehrwürdigen Padres der Gesellschaft Jesu amüsierten, für die weder der Meister noch der Freund und Schüler große Sympathie hegten. Als Galileo dann die Angebote der Medici, nach Florenz zu kommen, akzeptierte und bei der Paduanischen Kathedra seinen Abschied einreichte, legte Sagredo ihm in freundschaftlicher Offenheit dar, daß er seiner Meinung nach einen schweren Fehler begehe: ja, in der Tat, die Republiken sind unbequem, wie Galileo selbst geschrieben hatte, auch wenn sie wunderbar und großzügig sind, weil sie nicht nur einen Fürsten als Bezugspunkt haben, aber in Venedig »hattet Ihr das Kommando über diejenigen, welche die anderen kommandieren und regieren, und Ihr hattet niemandem zu dienen außer Euch selbst.« Und die Fürsten »finden eine Zeitlang Gefallen an einigen Kuriositäten; doch oft ruft sie dann das Interesse für größere Dinge zur Ordnung, und sie wenden ihr Herz anderem zu ...« Als die Medici ihn den Verfolgungen durch das Heilige Offizium preisgaben, das nichts von seinen heliozentrischen Theorien wissen wollte, und gegen Logik und Vernunft in buchstabengetreuer Auslegung der Heiligen Schrift durchsetzen wollte, daß die Erde sich nicht dreht, wird Galileo sich gewiß voller Bitterkeit an die Ratschläge seines Freundes erinnert haben. Die Geschichte wird bekanntlich nicht mit »Wenn's« gemacht, aber es ist doch sehr wahrscheinlich, daß, wenn Galileo in Padua geblieben wäre, die Serenissima ihn mit der gleichen Hartnäckigkeit verteidigt hätte, mit der sie eine Persönlichkeit unterstützt hatte, die Galileo ziemlich unsympathisch war, nämlich seinen Kollegen Cesare Cremonini aus Cento, dem man vorwarf, er habe die Unsterblichkeit der Seele verleugnet. Es war für die Serenissima eine Ehrensache, um jeden Preis die Mitglieder des Lehrkörpers des *Studio patavino* zu schützen.

Bei der berühmten Vorführung des von Galileo erfundenen Fernrohrs in Anwesenheit des Dogen Donà in der Glokkenstube von San Marco am 21. August 1609 war Gian Francesco nicht dabei. Er war als Konsul der Republik weit weg in Aleppo. Zugegen war in seiner Funktion als Reformer der Universität von Padua, sozusagen als Kulturminister, Antonio Priuli, der später auch Doge werden sollte und uns eine lebendige Schilderung des Experiments hinterlassen hat.

4.

Intuition und psychologisches Einfühlungsvermögen hatte der Porträtmaler Pietro Longhi nicht nur bei der Familie Sagredo unter Beweis gestellt. Unter den Gruppen-Porträts des Malers stellt eines eine andere Familie dar, die Nachbarn der Sagredo am Canal Grande. Sie bewohnten dort einen großen Palast wahrscheinlich romanisch-venetischen Ursprungs, der in der Folgezeit grundlegend umgebaut wurde: den Palazzo Michiel dalle Colonne. Longhis »Pinsel, der die Wahrheit sucht« (die

Definition stammt von Carlo Goldoni, der in seiner eigenen Muse die »Schwester« der Kunst Longhis sah) malte dort den N.H. Marcantonio Michiel mit seiner Frau Giustina Renier, der Tochter des erstgeborenen Sohns des vorletzten Dogen, und ihren beiden Töchtern, von denen später die eine einen Martinengo da Barco heiratete, der aus einer aus Brescia stammenden, doch seit langem zum venezianischen Patriziat gehörenden Familie kam. Die andere ehelichte einen Bernardo.

Das Porträt der Familie Michiel, das heute in der Gemäldegalerie Querini Stampalia neben dem Bild der Familie Sagredo hängt, hat mit letzterem nichts gemein. Das Sagredo-Porträt ist pompös, das Michiel-Porträt familiär und schlicht. Marcantonio sitzt hemdsärmelig neben Giustina, die das gleiche einfache und häusliche Gewand trägt wie die Kinderfrau, die die beiden ebenfalls schlicht gekleideten Mädchen nach vorn schiebt. Im Vergleich zu den Sagredo waren die Michiel eine moderne Familie: trotz ihres Reichtums und ihrer überaus hohen sozialen Position waren Marcantonio und Giustina lebendige, aktive Leute mit vielerlei Interessen. Marcantonio war ein intelligenter Politiker und ein gewissenhafter Parlamentarier: in den nicht mehr fernen, traurigen Tagen des Endes der Republik würde er einer der wenigen sein, die mutig im Senat ihre Stimme erheben und – wenn auch ohne Erfolg – den Zusammenbruch abzuwenden versuchen. Giustina war eine gebildete, aufmerksame und gut informierte Frau: ungefähr dreißig Jahre später erwarb sie sich einen äußerst verdienten Ruf als Schriftstellerin. Damals wurde ihr sehr lebendig geschriebenes, von großer Gelehrtheit zeugendes Werk über den *Ursprung der venezianischen Feste* veröffentlicht, das eine Fülle von Informationen aus erster Hand über die weltlichen und religiösen Feste aus der Zeit der Serenissima liefert.

Der verwitwete Doge Renier hatte wieder geheiratet, aber die neue Frau, die wunderschöne Margherita Dalmet, war sicherlich nicht vom Schlage einer Dogaressa, auch wenn sie, wie böswillige Zungen unterstellten, keine ehemalige akrobatische Tänzerin war. So sah sich die blutjunge Giustina gezwungen, jahrelang neben dem Großvater bei den unzähligen, mehr oder weniger feierlichen Zeremonien, die das offizielle Jahr ausfüllten, die Funktionen der »dosetta« zu übernehmen, das heißt die Aufgaben, die der Gemahlin des Dogen zugekommen wären. Auf diese Weise hatte sie einen Großteil der Festlichkeiten selbst als Hauptperson erlebt, die sie dann viele Jahre später zu beschreiben beschloß. Das Buch hatte Erfolg und trug ganz beträchtlich zur Wiederaufwertung der untergegangenen Republik bei, die von der französischen Propaganda, vom jakobinischen Eifer der neuen Bourgeoisie und von den Predigern der finsteren Romantik zu einer ungerechten »damnatio memoriae« verurteilt worden war. Diese Wiederaufwertung hatte vor allem die wissenschaftliche Welt betroffen; und es ist bezeichnend, daß einer derjenigen, die sie mit größtem Enthusiasmus förderten, Daniele Manin war, der patriotische Advokat, der die Revolution von 1848 und den erbitterten Widerstand gegen die Österreicher zwischen 1848 und 1849 anführen sollte. Doch in den ersten Jahrzehnten des vergangenen Jahrhunderts beherrschte die »schwarze Legende« das Feld. Unter skrupelloser Verwendung von Dokumenten von mehr als zweifelhafter Echtheit und mit einer äußerst geschickten Dialektik war sie von einem französischen Historiker, dem Grafen Daru, interpretiert worden. Verständlich, daß die Enkelin eines Dogen, die einst Marco Foscarini, der berühmteste Doge des 18. Jahrhunderts, über das Taufbecken hielt, die Frau eines venezianischen Senators, dessen uralte Familie sich dreier Dogen rühmte, daß diese Frau also die von berühmten und weniger berühmten Schriftstellern mit Inbrunst verfaßten und verbreiteten Verleumdungen als Schmach empfinden mußte.

Giustina Renier Michiel war in ihrer Jugend eine schöne Frau gewesen. Aber auch nachdem ihre Schönheit verblüht war und sich Gebrechen wie Taubheit einstellten, verlor sie nichts von ihrer Faszination. Sie hatte ihre Empörung über die vielen Verleumdungen nicht für sich behalten und auch nicht auf die vielen Besucher von Rang beschränkt, die ihre Konversationsabende in ihrem schönen »casino di compagnia« (Wohnung für gesellschaftliche Zusammenkünfte) bei San Moisè besuchten, wo noch heute die wunderbaren allegorischen Malereien zu sehen sind, die sie selbst Giovanni Scajaro in Auftrag gegeben hatte. Das hatte auch Châteaubriand zu spüren bekommen, dessen Behauptung, Venedig sei eine »widernatürliche Stadt« von ihr in perfektem Französisch gekontert wurde; woraufhin er öffentlich Abbitte leistete.

5.

Hinter einem weiteren Palazzo Michiel, den 1774 ein Brand »durch die Unachtsamkeit einer Magd« fast vollständig zerstört hätte und dem deshalb der Beiname »dal Brusà« (des Brandes) geblieben ist, taucht hinter dem Zufluß des Rio dei Santi Apostoli der Palast auf, der einst Valmarana hieß und den wir heute unter dem Namen Palazzo Guillon Mangili kennen. Er wurde 1784 durch den Grafen Mangili erweitert, der Giannantonio Selva, den Architekten des Fenice-Theaters, beauftragt hatte, sich um Einrichtung und Innenausbau zu kümmern.

Es war ein ehemaliger Balbi-Palast. Seine Fassade wurde mit klassizistischen Formen von Antonio Visentini neu gestaltet, dessen Name mit einer Serie von Canaletto-Stichen verknüpft ist, der stolzen Sammlung von Canal-Grande-Veduten, *Prospectus Magni Canalis Venetiarum*, gedruckt im Jahre 1742unter Aufsicht und auf Kosten desselben Mannes, der sich den Palast hatte umbauen lassen: Joseph Smith, Konsul Ihrer Majestät Britanniens in Venedig, Bankier und Kunsthändler, dem die angesehensten englischen Sammlungen, allen voran die Königliche, viele ihrer schönsten Gemälde verdanken.

Joseph Smith wurde um 1674 herum geboren und war zu Beginn des 18. Jahrhunderts nach Venedig gekommen, um bei der Firma Williams Erfahrungen im Bankwesen zu sammeln. Es gab damals noch einige englische Geschäftsleute, die neben den Bankgeschäften Handel mit Wein, Getreide, Stockfisch und vor allem mit Sultaninen trieben, der für die Zubereitung des traditionellen Weihnachts-Puddings so heiß begehrten Zutat. Die Firma Williams & Smith war sehr aktiv gewesen; unter anderem hatten sie die enorme Finanzierung von 250.000Pfund für den Prinzen Eugen von Savoyen zum Abschluß gebracht. Als Smith alleiniger Firmeninhaber wurde, hatte er schließlich begonnen, sich für Geschäfte auf dem Kunstmarkt zu interessieren, anfangs als Vermittler für englische Sammler von seltenen Büchern, dann auf eigene Rechnung als Vermittler von und Händler mit Kunstwerken. 1744 war es ihm gelungen, Nachfolger von Mr. Neil Brown als Konsul Ihrer Majestät von Britannien zu werden, und er hatte sich in großem Pomp vom Collegio empfangen lassen, um die Ernennungspatente vorzulegen. Vergeblich hatte er das Amt des diplomatischen Residenten, das heißt eines bevollmächtigten Ministers des Vereinigten Königreiches angestrebt. Aber das Konsulat, auch wenn es geringeren Ruhm verschaffte, brachte ihm doch eine Menge Vorteile ein. Im übrigen heiratete er gewissermaßen als Trost für das Nicht-Erreichen jener hohen Funktion, die er ad interim wenige Monate lang kurz vor seinem Tod bekleiden sollte, als Achtzigjähriger in zweiter Ehe die Schwester des amtierenden Ministerresidenten John Murray (nach den Worten von Lady Mary Wortley-Montagu ein »infames Individuum«, dem man nicht trauen konnte, »nicht einmal, um einen Zecchino zu wechseln«. Auch Casanova kannte Murray gut und hat uns detaillierte Informationen über seine sexuellen Gewohnheiten hinterlassen). Die Schwester war »eine schöne Jungfrau um die vierzig herum«, und böse Zungen behaupteten, Murray, der den Konsul Smith absolut nicht leiden konnte, habe sie ihm in der Hoffnung gegeben, sich auf diese Weise einen recht ansehnlichen Besitz zu sichern.

In erster Ehe war der Konsul mit der Sängerin Catherine Tofts verheiratet gewesen, die in den Londoner Opernhäusern große Erfolge gefeiert und viel Geld verdient hatte. Und als diese Dame, die beim venezianischen Bürgertum als Konzertistin sehr geschätzt war, das Zeitliche segnete, hatte der Witwer ihr mit einem Zug von fünfundzwanzig Gondeln, die jeweils vier große brennende Fackeln an Bord hatten, das letzte Geleit zum prostestantischen Friedhof auf dem Lido gegeben und dann seine Aufmerksamkeit jener Giustiniana Wynne zugewandt, die wir bereits als rettungslos in Andrea Memmo verliebt kennengelernt haben, ebenfalls ein Stammkunde der Bibliothek Smith. Giustiniana selbst erzählt, daß der Konsul sich mindestens zehn Jahre jünger zu machen pflegte, und daß er bei einem Besuch in der Villa Wynne wie ein Jüngling mit den Kindern im Zielscheibenschießen wetteiferte. Schon seit einiger Zeit befand er sich in finanziellen Schwierigkeiten, aber die Ressourcen seiner Besitztümer waren beträchtlich, umfaßten sie doch neben einer Bibliothek von enormem Wert und einer bedeutenden Kunstsammlung auch die berühmte Druckerei und Buchhandlung Pasquali.

Die Bibliothek, zu der es einen luxuriösen, natürlich bei Pasquali unter dem lateinischen Titel *Bibliotheca Smithiana* erschienenen Katalog gibt, wurde 1762 von König Georg III. gekauft (sie bildet heute im Britischen Museum den Grundbestand der King's Library). Sie umfaßte Miniatur-Codices und kostbare Ausgaben. Das Kapital des Verlags Pasquali war derartig solide, daß der alte Konsul, als er es verkaufte, dafür die schöne Summe von neunzigtausend Dukaten erhielt. Unter Smith' Leitung hatten die Pasquali-Editionen eine Unmenge wichtiger Texte veröffentlicht, deren Bedeutung zum einen im Inhalt, zum andern in der Eleganz des Druckes und der Stiche lag. Darunter waren bedeutende Werke humanistischer oder wissenschaftlicher Natur (unter den Freunden des Konsuls war auch der international berühmte Wissenschaftler Giovanni Poleni), enzyklopädische Texte und Werke, denen es bestimmt war, die Zeiten zu überdauern, wie die *Annalen Italiens* von Ludovico Antonio Muratori. Aber auch Bücher von Mode-Schriftstellern wie Francesco Algarotti und Apostolo Zeno, Werke auf französisch (die internationale Sprache damals) wie das *Grand Dictionnaire Historique et Critique* von La Martinière, in neun Folio-Bänden, und sogar das Gesamtwerk von Dante Alighieri, einschließlich der *Göttlichen Komödie* in drei Bänden: sechs Bände insgesamt, wunderbar illustriert von Antonio Visentini. Die Freundschafts- und Geschäftsbeziehungen zwischen Smith und Visentini hatten zu einer dauerhaften Zusammenarbeit des Künstlers mit der Druckerei Pasquali geführt. Das war dem Konsul, der sich auch der Künstler Piazzetta und Novelli erfolgreich bedient hatte, nur recht, denn Venedig besaß ein so blühendes Verlagswesen, daß man sich die Rechte am Werk eines Künstlers kaum anders als mit einem regelrechten Exklusiv-Vertrag sichern konnte.

Was die Kunstsammlungen angeht, so waren sie nicht nur dem Spürsinn und dem Verhandlungsgeschick des Kenners zu verdanken, sondern auch den Beziehungen, die er zu einigen Künstlern unterhielt, für die er als Agent tätig gewesen war oder – wie man heute sagen würde – für die er die PR-Arbeit gemacht hatte. Der wichtigste unter ihnen war zweifellos Canaletto, Giovanni Antonio Canal, dem der Konsul die großartige Serie der Veduten vom Canal Grande in Auftrag gegeben hatte, die er von Visentini in Kupferstiche übertragen ließ. Von Canaletto hatte er in den Villen und Palästen der reichen Engländer, die ihn weit mehr schätzten als Giambattista Tiepolo, Dutzende von Gemälden untergebracht, angefangen bei den vierundzwanzig Veduten von Venedig, die man noch heute in der Residenz des Herzogs von Bedford, Woburn Abbey, bewundern kann. Aber bereits viele Jahre vorher hatte Smith zu der internationalen Karriere einer erfolgreichen Künstlerin beigetragen, Rosalba Carriera. Und er hatte Leinwände von Marco und Sebastiano Ricci, mit denen ihn eine alte Freundschaft verband, ins Ausland verkauft, desgleichen Bilder von Francesco Zuccarelli, der auf seinen Rat hin zum Arbeiten nach England ging, außerdem Gemälde von Gregorio Lazzarini, von Cignaroli, von Giambattista Piazzetta, von dem Fragonard in seinem Haus eine *Madonna mit Heiligen beim Gebet* gesehen und kopiert hatte, und von vielen anderen.

Was jedoch nicht heißt, daß der Konsul lediglich Werke von befreundeten Künstlern sammelte, oder von denen, mit denen er sich als Händler befaßt hatte. Aus den Verkäufen anderer Sammlungen, wie der von Zaccaria Sagredo, die überaus reich an flämischen Werken war, hatte er Gemälde aus jeder Schule und aus jeder Epoche gekauft (darunter sogar einen Vermeer, *Frau am Spinett*, das heute im Buckingham Palace hängt). Was erst zutage kam, als er im fortgeschrittenen Alter sich und seiner Frau noch ein paar ruhige Jahre sichern wollte und es ihm mit der Hilfe seines treuen Kunden Lord Bute, mittlerweile Premierminister, gelungen war, König Georg III. für zwanzigtausend Pfund einen Großteil seiner Sammlung zu verkaufen. Dieser Ankauf hat jemanden zu der Äußerung veranlaßt, daß sich Georg III. trotz seiner Verrücktheit und seinen politischen Fehlentscheidungen, welche die Sezession der amerikanischen Kolonien und die Entstehung der Vereinigten Staaten nach sich zogen, schließlich doch einiger wirklicher Verdienste gegenüber der britischen Nation rühmen kann.

Der Verkauf hatte unter anderem dreiundfünfzig Gemälde und hundertzweiundvierzig Zeichnungen von Canaletto, das Album der Karikaturen von Ricci und von Anton Maria Zanetti, das Selbstporträt und den *Winter* von Rosalba Carriera, aber auch einen Giambellino und zwei wunderschöne Longhi nach Windsor und nach London gebracht. Danach blieben an den Wänden des Palastes am Canal Grande, den der Konsul 1740 gekauft hatte, noch so viele Leinwände, Bronzeskulpturen, Miniaturen und »objets d'art«, daß sie nach seinem Tod auf der Versteigerung bei Christie's zugunsten der Witwe zwei volle Verkaufstage in Anspruch nahmen.

Wer Lust hat, am Canal Grande auf die Jagd nach Gespenstern zu gehen, dem hätte der kleine Palast des Konsul Smith einiges zu bieten. Vor allem Engländer würden fündig werden, angefangen bei den jungen Leuten aus aristokratischen oder großbürgerlichen Familien, die mit unterschiedlicher Begeisterung die »grand tour« durch Kontinentaleuropa absolvierten und schließlich als Auftraggeber der venezianischen, aber nicht nur venezianischen Vedutenmaler endeten, die ihnen Reiseerinnerungen für zu Hause besorgten.

Im Jahre 1707 war ein außergewöhnlicher englischer Botschafter in der Person des Grafen von Manchester nach Venedig gekommen. Sein feierlicher Einzug in den Dogenpalast ist von dem großen Vedutenmaler Luca Carlevarijs verewigt worden, der bei den britischen Sammlern sofort auf größtes Interesse stieß. Als der Graf von seinem Botschafterposten zurückkehrte, hatte er zwei venezianische Maler mit nach London gebracht, Giovanni Antonio Pellegrini und Marco Ricci, und damit eine lange Reihe von Reisen venezianischer Künstler nach England in Gang gesetzt.

Die boomende Nachfrage nach italienischen Künstlern hatte eine neue Berufsgruppe hervorgebracht, die Agenten und die Vermittler von Kunstwerken und Künstlern. Im Hause Smith war auch jener Owen McSwinny aufgetaucht, ein gescheiterter Theaterdirektor, der Kunstmakler und -händler geworden war und verschiedene Werke von Canaletto nach England geschickt hatte, unter anderem die beiden von dem Grafen von March und späteren Herzog von Richmond erworbenen Veduten, die sich noch heute in den Sammlungen der Familie March in Goodwood befinden.

Doch man kann sich leicht vorstellen, wie in dem Palast an der Ecke des Rio dei Santi Apostoli ständig Persönlichkeiten der venezianischen Kultur ein und aus gingen, um sich von der Druckerei Pasquali veröffentlichen zu lassen oder in der gleichnamigen Buchhandlung Bücher zu kaufen. Der Konsul hatte sich darauf versteift, möglichst brandneue Werke und vielleicht von der venezianischen Zensur ungern gesehene Schriften zu verkaufen, auch wenn die Zensur harmlos war und zu ihren Revisoren Persönlichkeiten zählten, die sicherlich nicht im Verdacht der Frömmelei standen, wie Padre Lodoli und Gaspare Gozzi. Unter den Künstlern, die im Palast gesehen wurden, war vor allem Rosalba Carriera, die sich auf die Pastellmalerei spezialisierte, mit der sie dann eine regelrechte Mode auslöste und unübertroffene Berühmtheit erlangte. Angeblich hatte Christian Cole sie dazu angeregt, der Sekretär von Lord Manchester, selber ein recht bekannter Pastellmaler. Er war gerade britischer Resident in Venedig geworden und hatte sich im Hause Smith heimlich mit Andrea Tron getroffen, der im Begriff stand, als Botschafter der Serenissima nach London abzureisen.

Und Canaletto? Er, dessen Gesichtszüge wir vor allem dank Visentini kennen, der sie auf dem Titelblatt der Veduten vom Canal Grande wiedergegeben hat, sollte für die englische Welt eine Art Legende zu Lebzeiten werden. Als er während seines ersten Aufenthaltes in London 1746-50 die Veduten von London für den Herzog von Northumberland und für Fürst Lobkowitz und die Serie von Badminton Hall für den Herzog von Beaufort malte, hatte sich aufgrund von Klatschereien über eine angeblich nachlassende Qualität im Vergleich zu den venezianischen Veduten das Gerücht verbreitet, er sei nicht der »echte Canaletti von Venedig«, sondern ein Hochstapler, der sich für ihn ausgab. Woraufhin er eine Annonce in die Zeitung setzen ließ, in der er das Publikum einlud, sich die »von ihm gemalte« Vedute vom St. James' Park anzusehen, täglich von neun Uhr morgens bis drei oder von vier bis sieben in seiner Wohnung bei Herrn Wiggan in der Silver Street, Golden Square (das Haus existiert noch heute, unter der Nr. 41 Beak Street, in der Nähe der Regent Street). Noch im Jahre 1750 kam es vor, daß John Hinchliffe, der spätere Bischof von Peterborough, beim Anblick eines kleinen Mannes (»a little man«), der eine Skizze vom Campanile von San Marco zeichnete, »Canaletti!« rief, als handelte es sich um eine Offenbarung. Gewiß, man kann Canaletto nicht gerade eine übermäßige Bescheidenheit vorwerfen. Bereits im Jahre 1727 schrieb McSwinny, daß er »ein exzentrischer Typ« sei, der jeden Tag den Preis seiner Bilder ändere, und daß man vorsichtig sein müsse und es ihm nicht zeigen dürfe, wenn man sie unbedingt haben wolle. Denn dann brachte er es fertig, die Preise noch zu erhöhen oder einem Bilder von niederer Qualität anzudrehen. Angesichts der großen Einkünfte, die man ihm zuschreibt und die zum Teil dokumentiert sind, überrascht die armselige Inventurliste der Dinge aus seinem Haus, die nach seinem Tod abgefaßt und von Constable veröffentlicht wurde: ein Bettgestell mit zwei Matratzen, ein Strohsack und zwei Decken, sechs Paar Baumwollstrümpfe, fünf Nachtmützen, ein »uralter scharlachroter Mantel« und wenig mehr, plus ein Kapital von 1666 Dukaten im Münzamt und weitere 1222 Dukaten zu fünf Prozent angelegt, neben der Mitgift für die Schwestern. Das ist wenig, sehr wenig für einen »tüchtigen und berühmten Professor«, einen »Maler voller Anstand und Tugend«, so das Protokoll, in dem seine Wahl zum Mitglied der Akademie der Bildhauerei und Malerei von Venedig am 11. September 1763 mit zehn Stimmen gegen vier festgehalten ist (acht Monate zuvor noch hatte er eine vernichtende Niederlage gegen Francesco Zuccarelli, Pietro Gradizzi und Francesco Pavona erlitten).

6.

John Ruskin liebte ihn und hielt ihn für das »originellste und perfekteste« venezianische Gebäude des 13. Jahrhunderts. Mehr noch wurde der Palazzo Da Mosto von den Anhängern des dekadenten Ästhetizismus zu Beginn unseres Jahrhunderts geliebt. Ein Gedenkstein erinnert daran, daß hier im Jahre 1432 Alvise da Ca'Da Mosto als Sohn von Giovanni Paolo Da Mosto und Zanetta Querini geboren wurde. Die Da Mosto aus seiner Linie bewohnten den Palast bis zum Ende des 16. Jahrhunderts. Danach, seit 1661, war die Locanda (Gaststätte) »Al Lion Bianco« (Zum weißen Löwen) darin untergebracht, die von einem Zuanne Giarin geführt wurde, der eine höchst ansehnliche Miete, 456 Dukaten im Jahr, an die Besitzer Contarini und Dolfin zahlte. 1712 wurde die Locanda von Giovanni Dumas übernommen (und die Miete kletterte auf 610 Dukaten). Dumas führte es auch noch im Jahre 1740, als das Gasthaus mittlerweile einen so soliden Ruf hatte, daß Joseph II., der Sohn Maria Theresias von Österreich und Kaiser des Heiligen Römischen Reiches, zweimal, 1769 und 1775, dort logierte und eine offizielle Unterbringung durch die Republik ablehnte.

Eine Statistik von 1773 registrierte achtundvierzig »Zimmervermieter« und achtundvierzig Gastwirte in Venedig. 1785führte ein Almanach dreizehn »locande principali« auf, gewissermaßen Hotels erster Kategorie, und von diesen befanden sich sechs am Canal Grande. Bei San Polo lag das Albergo Reale, wo »viele Fürsten« logiert hatten, und auch Ihre Majestät, der König von Schweden: es war »ein schöner Palast am Canal Grande, mit viel Komfort«. Das »Scudo di Francia« und das »Imperator« befanden sich an der Riva del Carbon, und das erstere rühmte sich ebenfalls vieler fürstlicher Kunden. Bei »Monsieur Petrillo« bei Santi Apostoli stiegen vor allem die Engländer ab. Es war ein Gasthaus, das »verdientermaßen zu den ersten« zählte, wie auch das »San Giuseppe« beim Traghetto von San Felice, »ein schöner Palast, wo die Fremden gut behandelt werden«. Aber das »Lion Bianco« bei Santi Apostoli war renommiert »wegen der vielen Herrscher, die dort logiert hatten«.

Daß Könige die venezianischen Hotels aufsuchten, erzählt uns Voltaire in einem Kapitel seines *Candide, ou l'Optimisme* aus dem Jahre 1759: Die Hauptfigur des Buches ißt gemeinsam mit dem befreundeten Philosophen Martin bei der »table d'hôte« mit sechs Unbekannten, die nach Venedig gekommen waren, um den Karneval zu erleben. Als er hört, daß deren Domestiken sie alle »Majestät« nennen, glaubt er an einen Karnevalsscherz, aber die sechs stellen sich einer nach dem anderen vor. Es sind lauter entthronte Monarchen: der türkische große Sultan Achmet III., der Zar Ivan, der Thronprätendent von England Charles Edward Stuart, zwei ehemalige Könige von Polen (einer ist Stanislaus Lesczinski, der dann Herzog von Lothringen wurde), und der sechste ist ein korsischer Abenteurer, der sich König Teodoro nennen läßt. Aber auch amtierende Herrscher kamen ununterbrochen in die venezianischen Hotels, nicht nur in die am Canal Grande (einen sehr guten Ruf hatte auch die Locanda »Alla Regina d'Inghilterra« am Ponte dei Fuseri, die dann umgebaut wurde und bis in unsere Tage als Hotel Vittoria erhalten blieb). Diese Locandas scheinen nicht teuer gewesen zu sein: einem Brief von Caterina Dolfin Tron an Gian Galeazzo Serbelloni von 1784 können wir entnehmen, daß der »Scudo di Francia« sechzehn Lire am Tag verlangte, während man in einer Locanda gegenüber, die dem Wirt der »Regina d'Inghilterra« gehörte, eine »wunderschöne, luxuriöse Wohnung, mit vielen Zimmern, Betten, Wäsche und allem für die Benutzung der Zimmer Notwendigen« für zwölf Zechinen im Monat haben konnte. Wer wollte, konnte auch selbst kochen, ansonsten sorgte »mit einer ehrlichen Vereinbarung« das Gasthaus dafür.

Vielleicht war das Echo der beiden Aufenthalte von Kaiser Joseph bis nach Petersburg gedrungen und hatte den Großherzog Paul Petrovic, Zarewitsch und Thronerbe für alle russischen Länder und erstgeborener Sohn von Katharina der Großen, veranlaßt, gemeinsam mit seiner Frau, der Zarewna Maria Feodorowna, im »Lion Bianco« abzusteigen (er sollte beim Tod seiner Mutter Zar Paul I. werden, und seine erste Amtshandlung war die Anordnung der Exhumierung des Leichnams seines Vaters Peter III., den Katharina hatte umbringen lassen, und die Krönung des väterlichen Schädels mit der Zarenkrone). Die beiden reisten unter dem Namen der Grafen des Nordens, aber das war ein ebenso relatives Inkognito wie das von König Gustav III. von Schweden, der sich zwar einfach Graf von Haga nennen ließ, aber mit außergewöhnlicher Pracht gefeiert wurde. So wurden auch sie am 18. Januar 1782 an Bord der *Peota* des Prokurators Francesco Pesaro bei ihrer Ankunft von Marghera aus von unzähligen Gondeln und anderen Booten umringt, und die vielen Menschen auf den Booten, die sich durch den Canal Grande hindurchschlängelten, erregten bei ihnen Erstaunen und Bewunderung.

Pesaro und ein anderer hochrangiger Edelmann, Giovanni Grimani von San Polo, begleiteten das Paar am gleichen Abend durch den Canale bis zum sogenannten Casino der Philharmoniker, einem Teil der Neuen Prokuratien, der seit einiger Zeit in ein luxuriöses Clubhaus verwandelt worden war, wo Bälle und musikalische Veranstaltungen stattfanden: Und dort wartete mit zweihundert Domestiken im Galaanzug aus blau-goldenem Samt die Crème de la crème des Patriziats, achtzig Damen mit ebenso vielen Kavalieren in traditioneller Kleidung, »in Tabarro und Bauta« (Umhang und Maske), aber mit entblößtem Gesicht. Den Grafen war gesagt worden, daß man sie begleiten würde, »um den Adel zu überraschen, der sich in den Sälen der Philharmonie versammelt hätte und darauf wartete, ins Theater zu gehen«. Es mußte eine gelungene Überraschung gewesen sein, denn die schönsten Frauen und die schönsten Juwelen Venedigs waren dort versammelt. Unter den adligen Gästen tauchten jedoch sogleich Mißhelligkeiten und Empfindlichkeiten auf, vor allem weil die Großherzogin, kaum war sie eingetreten, fragte, wo die berühmte Contarina Barbarigo Zorzi sei (Joseph II. hatte ihr von ihr erzählt). Diese – welch ein Zufall – war abwesend, auf Reisen, und die anderen Damen fühlten sich recht unangenehm berührt. Und dann war die N.D. Andriana Foscarini beauftragt worden, die Honneurs zu machen und die Gäste willkommen zu heißen, was viele Damen kränkte, die diese Aufgabe auch gerne übernommen hätten. Am aufgebrachtesten waren Bettina Michiel, geborene Gradenigo, die Prokuratorin Giovanelli, Lucrezia Morosini von San Tomà, geborene Michiel, und ihre Schwester Elisabetta, Gattin des Grafen Silvio Martinengo, Giustiniana Pisani und die beiden Schwestern Pesaro, verheiratete Gradenigo und Manin: alle wunderschön und einige so tief empört, daß sie mir nichts dir nichts einfach fortgingen.

Wir wollen hier nicht die Chronik jener festlichen Tage wiedergeben: das hat schon (und wir treffen sie jetzt zum dritten Mal) Giustiniana Wynne getan, als sie sie in einem Gelegenheitsbuch, einem *instant book*, zur richtigen Zeit veröffentlichte. Unter anderem gab es ein prächtiges Abendessen im Theater San Beneto, im Schein »phantastisch erleuchteter« Kerzen und mit Tischschmuck in himmelblauer Seide mit Silberfransen. Und es fand ein großer Ball statt, bei dem die Zarin das Menuett mit dem Prokurator Pesaro tanzte und ihm anvertraute, daß sie vorher erst zweimal getanzt habe, mit dem König von Polen und mit Kaiser Joseph II. Die Grafen des Nordens besichtigten das Arsenal unter der Führung von Angelo Emo, von dem Joseph II. mit großer Hochachtung gesprochen hatte. Sie besuchten die Glasbläsereien in Murano und das »Restaurierungs-Studio«, das die Republik unter der Obhut des »Direktors der öffentlichen Gemäldesammlung« Pietro Edwards eingerichtet hatte. Sie wohnten einem Ballett und einer Komödie bei und – wiederum im Casino der Philharmoniker – einer »Kantate« der Mädchen der Konservatorien, der Wohltätigkeitseinrichtungen, in denen Waisenmädchen und Findelkinder von Meistern wie Vivaldi, Porpora oder Galuppi im Musizieren und im Gesang unterwiesen wurden. Die »Cantata« wie auch das Festessen im Theater hat der Maler-Chronist Gabriel Bella auf zwei seiner in der Pinakothek Querini Stampalia ausgestellten Leinwände illustriert. Und Francesco Guardi hat die »Cantata« meisterhaft auf einem Gemälde festgehalten, das sich heute in der Alten Pinakothek München befindet. Aber die beiden »Clous« des Besuchs waren das große Fest auf der Piazza San Marco mit der »Jagd auf den Stier« und dem Aufmarsch der allegorischen Wagen und die Regatta auf dem Canal Grande. An dem Umzug auf dem Canal Grande nahmen dreizehn prachtvoll geschmückte *Bissone* und vier ebenfalls mit Geschmack und Phantasie dekorierte *Malgarotte* teil, eine schlankere Abart der Bissona. Die Zarewna zog die Startnummern der Regattateilnehmer, und in der zweiten Runde, bei der Zweier-Regatta, sah sie von den Fenstern des Palazzo Mocenigo »Casa Nuova« aus als Gast des Cavaliere Alvise II. Zuanne und seiner Frau Cattina (Caterina) Loredan zu, der Universalerbin der großen Dogen-Familie Loredan von Santo Stefano. Und sie geizte nicht mit Lob über die Ohrringe und Ketten der Hausherrin und sagte, sie selbst habe viele Juwelen, aber so außergewöhnliche Perlen habe sie noch nie gesehen. Der Zarewitsch dagegen stiftete einen Sonderpreis für einen Regattateilnehmer, der kurz vor dem Ziel in den Kanal gefallen war.

Nach dem großen Fest auf der Piazza waren die Grafen des Nordens in den »Lion Bianco« zurückgekehrt, wo sie Francesco Pesaro und Giovanni Grimani gegenüber ihre Dankbarkeit zum Ausdruck brachten und dem ersten ein brillantenbesetztes goldenes Kästchen, dem zweiten »ein Kästchen von etwas geringerem Wert« schenkten. Baldassarre Galuppi aus

Burano, ein Komponist und Orchesterdirigent, erhielt ebenfalls ein »kostbares goldenes Kästchen«. Dann reisten sie mit Gepränge durch den Canal Grande ab und ließen ein Wespennest an Kommentaren, Geschwätz, Sensationsberichten und Tratschereien hinter sich. Man klatschte über den Großherzog, der »ganz häßlich und durch und durch ein Junge, ohne jede Erfahrung und Weltgewandtheit« war (er sollte später von einer Offiziers-Verschwörung stranguliert werden, nach einigen Jahren seiner von wildester Verrücktheit gezeichneten Herrschaft). Über die Großherzogin wurde gesagt, daß sie »eine schöne Taille, viel Fleisch und sehr pralle Brüste,« eine urdeutsche Physiognomie, schlechte Zähne habe und außerdem kurzsichtig sei, daneben auch »viel Gefühl und auch Talent« bewiesen habe. Über jene gerissene Contarina Barbarigo hieß es, sie sei absichtlich aus Venedig abgereist, um die Befriedigung zu erleben, zurückgerufen zu werden, was ja auch geschehen war, weil die Großherzogin rundheraus gesagt hatte, daß sie sie unbedingt sehen wolle. Der Gala-Ball sei zu überfüllt gewesen, weil »aus politischen Gründen« die Einladung auf alle Mitglieder des Großen Rats ausgedehnt worden war. Und so war dort eine Flut von maskierten, verarmten Adligen (*Barnabotti*) eingefallen, die es kaum fassen konnten, an diesem Ereignis teilnehmen und davon profitieren zu dürfen. Es wurde über den Fürst Saltikow getratscht, einen der vielen Liebhaber von Katharina der Großen, der das großherzögliche Paar begleitet und die lebhafteste Zufriedenheit seiner Regierung sowie die herzlichsten Wünsche für eine zukünftige russisch-venezianische Zusammenarbeit zum Ausdruck gebracht hatte ... Als gegen Ende des Festes auf der Piazza die Absperrungsseile durchbrochen wurden, die Menge auf den Platz drängte und nur durch ein paar Arsenalotti in Schach gehalten wurde, hatte einer aus dem Gefolge kommentiert, daß man in Rußland zur Wiederherstellung der Ordnung jetzt wohl die Artillerie gerufen hätte.

VIII

1.

Vom Fenster des Hauses, das Messer Domenico Bollani gehörte, ein Stückchen hinter dem Palazzo Da Mosto, genoß Pietro Aretino »die Aussicht auf die würdigste Seite, die der Canal Grande nur zeigen kann«. Vom Fenster ging der Blick nach rechts bis zu den Beccarie (Fleischmarkt) und zur Pescaria (Fischmarkt), nach links bis zum Fondaco dei Tedeschi und zur Brücke. Und genau gegenüber ist der Rialto-Markt, wo es von »Geschäftsleuten« wimmelt. Dort, sagt Aretino, habe ich »die Weinreben auf den Lastkähnen, Wild und Geflügel in den Läden und die Gemüsegärten im Freien«: das ist die *Erbaria*, wo im Morgengrauen die Boote ankommen und den Kanal bedecken mit »allem, was die Jahreszeit hergibt«. Es ist ein herrlicher Anblick, wenn »die vielen Früchte und all das Gemüse« entladen und an die Stände transportiert werden, wo die Ware verkauft werden soll. Außerdem »das Spektakel der zwanzig oder fünfundzwanzig Segelboote, mit Melonen beladen, die sich fast zu einer Insel zusammendrängen. Die Menge kommt herbeigelaufen, um den Preis zu erfahren, sie zu riechen und zu wiegen«. Es fahren »schöne, stolz auf der Bootsbank sitzende Bräute vorbei, in glänzende Seide, Gold und Juwelen gehüllt«: das sind die *novizze*, die versprochenen Bräute. Sie sitzen auf dem *Trasto*, auf der Gondelbank, und lassen sich durch die Kanäle der Stadt fahren, damit alle sie bewundern können. Und das Volk klatscht Beifall, außer wenn die Gondolieri vergessen haben, die rituellen roten Strümpfe anzuziehen. Dann lacht Aretino sich krumm und schief, »weil die Bootsleute hinter denen her schreien, pfeifen und poltern, die sich von Gondolieri ohne die scharlachroten Strümpfe rudern lassen«. Noch mehr wird gelacht, als im Verkehrsgewühl »ein Boot, voll mit Deutschen, die gerade aus der Taverne gekommen sind«, umkippt, »mitten ins kalte Wasser«. »Um den Augenschmaus perfekt zu machen«, fährt Messer Pietro fort, »liebäugele ich auf der anderen Seite mit den Orangen, die den Fuß des Palastes der Camerlenghi vergolden«: es ist die Naranzeria, der Markt der Orangen und exotischen Früchte, an den schönen Renaissance-Palast gedrängt, in dem die Finanzbeamten, die Stadtkämmerer und die Steuerbeamten ihre Büros haben.

Um das Gelärme, das Durcheinander und die Fröhlichkeit dieses Abschnitts des Canal Grande zu beschreiben, braucht es einen redegewandten Wirrkopf wie Aretino. Im Jahre 1537 wohnte Aretino bereits seit acht Jahren im Hause Bollani. Er sollte noch weitere vierzehn Jahre dort leben, und als er 1551 die Wohnung wechselte, zog er nur wenig entfernt an die Riva del Carbon hinter der Rialto-Brücke, ebenfalls am Canal Grande. An dem er sich natürlich nie satt sehen konnte; das Schauspiel, das sich ihm dort bot, ist ohnehin immer neu und immer anders: im Mai 1544 schrieb er einen Brief an Tizian, der ihm Freund, »Kamerad, und mehr als ein Bruder« war. Es war ein für ihn ungewöhnlicher, fast lyrischer Brief. Der Schriftsteller war krank, er hatte allein zu Abend gegessen, war deprimiert und lehnte sich auf die Fensterbank, »um sich das bewundernswerte Schauspiel der unzähligen Boote anzusehen, die mit ebensovielen Fremden wie Landsleuten besetzt waren und die nicht nur die Zuschauer erheiterten, sondern auch den Canal Grande selbst, ein Genuß für jeden, der ihn durchfährt«. Auch eine kleine Regatta wurde veranstaltet, und die Menschen blieben stehen, um zuzusehen: auf der Rialto-Brücke, am

Ufer des Palazzo dei Camerlenghi (Kämmerer), am Fischmarkt, am Traghetto von Santa Sofia, beim Palazzo Da Mosto. Der müde Schriftsteller blickte nach oben und entdeckte ein wunderbares Spiel von Licht und Schatten, von Farben und Wolken: unter der untergehenden Sonne schienen die nahen Dächer »mit den Flammen des Sonnenfeuers« zu brennen, während die anderen schon grau bis schwarz waren; die entferntesten schimmerten rötlich »in nicht ganz so brennendem Zinnoberrot«. »An manchen Stellen taucht ein Grün-blau auf, an anderen ein Blau-grün, die Bizarrheiten der Natur widerspiegelnd, der Lehrherrin der Meister.« Angesichts solch eines Festes an Farben, mußte Aretino Tizian beschwören: »Oh Tizian, wo seid Ihr denn? Bei meiner Treu, wenn Ihr das, was ich Euch erzähle, gemalt hättet, hättet Ihr die Menschen auch in das Erstaunen versetzt, das mich so verwirrt hat ...«

Das Schauspiel auf dem Canal Grande war also ein Anlaß, um einmal mehr die Malerei, die große Kunst des berühmten Freundes zu loben. Zwischen Aretino, Tizian und Jacopo Sansovino, der nach der Katastrophe der Brandschatzung Roms ebenfalls für immer nach Venedig gekommen war, bildete sich ein unzerstörbarer Freundschaftsbund, der bis zum Tode Aretinos dauern sollte, den seine Freunde um viele Jahre überlebten. In der *Promotion* der Freunde war Aretino geradezu unermüdlich: es war sein Verdienst, als sich Tizian in Bologna, wo die Versöhnung zwischen Clemens VII. und Karl V. gefeiert wurde, dem Kaiser nähern und ihn zum erstenmal porträtieren konnte. Später wurde er sein offizieller Porträtist, bevor er seinem Sohn Philipp II. zahllose Gemälde lieferte. Und als das Gewölbe der Markus-Bibliothek zusammenbrach und Sansovino, der sie gebaut hatte, wegen dieser Katastrophe unter Anklage stand, war es sein Verdienst, daß große Persönlichkeiten, angefangen beim Kaiser höchstpersönlich, sich bei der Signoria für ihn einsetzten. Aber es gibt gute Gründe anzunehmen, daß in dem schönen Haus Bollani am Canal Grande

Aretino, Tizian und Sansovino bei zahllosen Mittagessen auch über Erfolg und Mißerfolg vieler bekannter Künstler des 16. Jahrhunderts entschieden.

Im Hause Bollani hatte Aretino sich knapp zwei Jahre, nachdem er von Rom über Mantua nach Venedig übergesiedelt war, niedergelassen. In Rom hatte er trotz vieler Erfolge nicht das erhoffte Glück gefunden. Seine Anfänge waren jedoch vielversprechend, er pflegte vertrauten Umgang mit prominenten Künstlern wie Raffael und Sebastiano del Piombo, aber sein gefürchtetes Talent als Verfasser von beißenden Spottschriften hatte ihm auch viele Feinde eingebracht. Und selbst nachdem sein Förderer, der Kardinal Giulio de' Medici, Papst Clemens VII. geworden war, gab es noch Leute, die etwas gegen ihn hatten, angefangen bei Monsignor Giovanni Maria Giberti, der die Bemühungen um eine katholische Reform anführte und als Bischof von Verona diese Reform in beispielhafter Weise umsetzen sollte. In der Zwischenzeit jedoch hatte er versucht, Aretino umbringen zu lassen.

Zu Aretinos Bravourstücken gehörten die sechzehn unanständigen Sonette, mit denen er die erotischen Zeichnungen von Giulio Romano kommentierte, die dann von Marcantonio Raimondi in Kupfer gestochen wurden. Dieser wurde deswegen vom Papst ins Gefängnis geworfen, auf Aretinos Fürsprache hin aber wieder freigelassen. Trotz des Schadens, die ihm diese Gedichte zugefügt hatten, war er doch zu einer brisanten Berühmtheit gelangt, die seinen neuen Beschützern, dem von ihm so verehrten Giovanni dalle Bande Nere und Federico Gonzaga, nicht einmal übermäßig mißfiel. Aber Giovanni war tot, und zu Gonzaga hatte er nicht das vollste Vertrauen, auch wenn er nicht wußte, daß dieser gerade mit dem Papst über seine Beseitigung verhandelte. Und Venedig war die einzige europäische Macht, die es sich erlauben konnte, auf den Papst und auf die Monsignori der Kurie zu pfeifen, und die sich bei Gonzaga den nötigen Respekt zu verschaffen wußte. Außerdem war Venedig das Zentrum des europäischen Verlagswesens, was für einen Mann, der von seiner Feder lebte und sich damit Reichtum zu erwerben hoffte, von nicht geringer Bedeutung war. So konnte er im April 1530 ausgerechnet an Gonzaga schreiben: »Es gibt wenig anständig lebende Fremde wie mich hier; ich habe ein bequem ausgestattetes Haus am Canal Grande, gebe fünfzig Dienern Brot und kleide sie ähnlich wie mich selbst ...« Er sollte nicht mehr von dort weichen.

Und hier im Haus Bollani schrieb der furchtbare Pietro seine religiösen und weltlichen Werke. Hier verfaßte er seine Flut von Briefen an alle Mächtigen dieser Erde, um sie zu besänftigen, sie anzuschnauzen, zu erpressen oder auch mit ihnen Themen der hohen Diplomatie zu bereden. Alle waren vertreten: Kaiser Karl und Franz I. von Frankreich, Papst Clemens, der Herzog von Mantua und der Marchese von Monferrato, der Herzog von Ferrara und der Herzog von Urbino, der Kardinal von Lothringen und der Kardinal Ippolito de' Medici, der Fürst von Bisignano und der Herzog von Bracciano, der Marchese von Vasto und der Konstabler von Montmorency. Und Pietro, der immer dicker, aufbrausender und bärtiger wurde – das zeigen die beiden von seinem Freund Tizian gemalten prächtigen Porträts – erhielt von allen Briefe und goldene Ketten, Börsen mit Goldmünzen, Pensionen und Ämter, die ihn entschädigen, ihn bei Laune halten, ihn zum Sprechen oder zum Schweigen bringen sollten.

Natürlich fanden in Aretinos Korrespondenz und in seinen Freundschaften auch die Größen der venezianischen und venetischen Kultur Platz, angefangen bei Pietro Bembo. Dieser verkörperte in der venezianischen Welt ein den Gedanken Aretinos völlig entgegengesetztes politisches Ideal, nämlich die große Tradition in der Nachfolge Petrarcas: die edle, gebildete, hochstehende, verfeinerte Muse. Aretino dagegen, Poet, Prosaschriftsteller und Theaterautor, gab sich gern dem ungeniertesten Frohsinn hin und versammelte um sich einen Kreis von venezianischen Adligen, die zu Skurrilitäten, Lausbubenstreichen und obszönen Scherzen neigten und deren Wortführer Ser Lorenzo Venier war, Bruder des Senators Domenico und berühmtester Vertreter des hohen Genres in der Nachfolge Bembos und Petrarcas.

Die ehrwürdigen venezianischen Senatoren kamen, um seine lasterhaften, respektlosen und vom tiefsten Toskanisch gewürzten Plaudereien zu genießen, aber auch um den Klatsch und Tratsch und die Kommentare über die Welt der Mächtigen zu erfahren, mit denen er korrespondierte. Daneben verkehrten im Haus Bollani als ständige Besucher auch die prominentesten Vertreterinnen der aufblühenden Berufsgruppe der Kurtisanen: ein Menschenschlag, der in Italien zwischen Rom und Venedig, bedingt durch die heitere Sinnlichkeit der Renaissance, einen beispiellosen Aufschwung erlebte, und in Venedig den Gipfel an Ruhm und Eleganz erreichte. Aretinos Haus war nach seinen eigenen Worten zu einem Hafen im Meer geworden, »zu mir kommen Türken, Juden, Inder, Franzosen, Deutsche und Spanier ... es scheint mir, als sei ich das Orakel der Wahrheit geworden, alle kommen zu mir, um mir das Unrecht zu berichten, das ihnen von diesem Fürsten oder von jenem Prälaten angetan wurde, so daß ich der Sekretär der Welt bin ...«, schrieb er 1537. So führte ein ernsthafter Gelehrter in Toga wie der Paduaner Sperone Speroni den Vorsitz bei einer feierlichen Lesung seines *Dialogo d'Amore*. Doch ein fröhliches, intimes Abendessen, bei dem es »ein paar Fasane und noch allerlei anderes« gab, teilten Pietro und Tizian mit der Signora Angela Zaffetta, einer Kurtisane von bestem Ruf, die Opfer einer Satire von Lorenzo Venier wurde, der sich brüstete, sie (vielleicht nur mit Worten) gezwungen zu haben, zum Spaß mit einunddreißig Kunden in einer einzigen Nacht sexuell zu verkehren. Sie war auch die Adressatin einer Eloge von Aretino, in der er die weiblichen Tugenden und die Tugenden der Kurtisanen auf die gleiche Ebene stellte und sie mit gleicher Begeisterung verherrlichte: »Ich verleihe Euch die Siegespalme unter allen, die es jemals gegeben hat, da Ihr es besser als jede andere verstanden habt, das Antlitz der Laszivität mit der Maske der Anständigkeit zu bedecken, und Euch so mit Weisheit und Diskretion Reichtum und Lob verschafft habt ... Ihr verteilt Eure Küsse, die Berührung mit Euren Händen, Euer Lachen und Euren Schlummer so gut, daß noch nie jemand gestritten, geflucht oder sich beklagt hat ... Ihr streichelt die Tugenden und ehrt die Tugendhaften ...«

2.

Wenn Aretino sich ein bißchen aus dem Fenster gelehnt und auf das gegenüberliegende Ufer zu seiner Rechten geblickt hätte, dann hätte er von seiner Wohnung aus gleich hinter der Pescaria vielleicht das überfüllte Ufer der Riva dell'Olio sehen können, wo die für den Öltransport bestimmten Schiffe ihre Waren ausluden. Die Riva dell'Olio unterbrach also die lange aristokratische Parade der Paläste und gab mit ihrer geschäftigen und plebejischen Lebendigkeit einen Vorgeschmack auf das überwältigende Gewirr vom Rialto, an dem unser Aretino sich nie hat satt sehen können. Aber wenn sein Blick noch über die Riva dell'Olio hinaus, bis ans Ende der Calle dei Botteri gereicht hätte, wäre er wohl an einer Szene haften geblieben, in der er sich als Experte fühlte: denn er hatte ja schließlich neben den »heiteren Komödien«, den »freien Christenmenschen« und den moralisierenden Schriften auch »die pikanten Kurtisanengespräche« und die »Betrachtungen« geschrieben, in denen unter anderem die Nanna ihre Tochter Pippa »im Hurenberuf unterrichtete«. Die Calle dei Botteri endet nämlich bei den *Carampane*. Das sind die Häuser (Ca'), die früher einmal der (mittlerweile ausgestorbenen) Patrizierfamilie Rampani gehörten und in denen die meisten Prostituierten wohnten.

Die meisten, nicht alle. Die Statistik weist für Venedig kurz vor Aretinos Zeiten nicht weniger als elftausend »leichte Mädchen« aus, und es ist nicht anzunehmen, daß diese Zahl sich während der stürmischen Kriegsjahre zu Beginn des 16. Jahrhunderts verringert hatte. Die Freudenmädchen breiteten sich in der ganzen Stadt aus, und die Anstrengungen des Staates, sie in einem abgeschlossenen Viertel, im sogenannten Castelletto in der Gegend von Rialto zusammenzufassen, blieben leider immer wieder vergeblich. Auf der anderen Seite war die Republik Venedig auch in den Jahren ihres größten Reichtums und ihrer höchsten Blüte – ja sogar hauptsächlich in diesen Jahren – einer der stärksten Anziehungspunkte der westlichen Welt. Und der ständige Zustrom von Kaufleuten, Pilgern auf dem Weg ins Heilige Land und Händlern jeder Art (außer dem Rialto-Markt gab es noch ein weiteres wichtiges Geschäftszentrum mit einem großen Kornspeicher, einer Fischhalle und einem Fleischmarkt bei San Marco) hatte unweigerlich Seeleute, Abenteurer, Neugierige, Touristen und Gauner im Schlepptau. Was natürlich allen Bereichen des Fremdenverkehrs zugute kam, einschließlich der Prostitution.

Gewiß, in den Carampane hätte man nicht jene Frauen angetroffen, die die Tafel Pietro Aretinos und seiner illustren Tischgenossen zierten, die Zaffetta und Pierina Riccia, Caterina Sandella und Angela Sarra oder die anderen zweihundertzehn Frauen, die alle aufgeführt waren im »Katalog sämtlicher bedeutender & höchst ehrbarer Kurtisanen Venedigs: ihre Namen, der Name ihrer Bürgin (Kupplerin) und die Stuben, in welchen sie wohnen, ... außerdem die Anzahl der Geldstücke, welche Edelmänner und andere zu zahlen haben, wenn sie ihre Gunst zu erlangen wünschen«. Dieser Katalog war der »erlauchten und liebenswürdigen Signora Livia Azalina, der Königin aller venezianischen Kurtisanen« gewidmet. In den Carampane waren auch nicht jene aus dem wahrscheinlich von Lorenzo Venier in Versform geschriebenen »Tarifbuch der Huren von Venedig« vertreten, nämlich Tullia Lombardo, »mit Gold und reichen Ländereien«, Lucrezia Squarcia, die sich als Dichterin gebärdete und »oft einen kleinen Petrarca in der Hand hielt«, oder Tullia d'Aragona, die berühmte Tullia, die in Rom soviel Erfolg gehabt hatte und eine wirkliche Dichterin geworden war. So viele Damen, für die man – sofern man die »Freundschaft aller wollte« – nicht weniger als tausendzweihundert Goldstücke aufbringen mußte, Damen, die für die größten Maler nackt Modell standen (wer weiß, wie oft man in diesen Katalogen auf eine Venus, eine Magdalena oder Susanna stoßen könnte). Manche von ihnen heiratete am Ende ihrer Karriere womöglich einen Patrizier, wie Cornelia Grifo, »eine herrliche und wunderschöne Dirne«, die für jede Leistung vierzig Scudi nahm (das »Tarifbuch« kommentierte abfällig: »Aber das ist wahrhaft ein schamloser Preis / und in den Bordellen bekommt besseres / vielleicht für zwei Soldi ein Lastenträger«). Sie besaß ein Vermögen von Tausenden von Dukaten und feierte in der Kirche San Giovanni von Torcello ihre Hochzeit mit dem Adligen Andrea Michiel, »was eine große Schande für den venetischen Adel war«.

Nein, nein, in den Carampane traf man keine der »ehrbaren« Kurtisanen, die nicht nur Liebe verkauften, sondern auch angenehme Gesellschaft, und zuweilen Musik, Kultur und Poesie wie Veronica Franco, die mit unverfälschter Sinnlichkeit Liebe und Lust besang, ganz anders als Tullia d'Aragona mit ihren erbaulichen Reimen. Nein, dort lebten die gewöhnlichen Freudenmädchen, solche, die sich – laut Cesare Vecellio, dem Verfasser eines Buches über die *Habiti antichi et moderni* (Alte und moderne Gebräuche), erschienen 1590 – »an verruchten Orten« aufhielten, sich eher wie Männer als wie Frauen kleideten, da sie ein »Männerhemd« auf dem Leib trugen und oft auch »Pumphosen nach Männerart«. Sie stellten sich vor die Tür, »um die vorbeikommenden großen Fische in ihre Netze zu locken«, sangen dabei »Liebeslieder, aber wenig anmutig«

und mit rauher Stimme. Es war ihnen (den Kurtisanen allerdings auch) untersagt, mit Gold, Silber oder Seide durchwirkte Kleider oder auch Juwelen zu tragen und sich den Kopf mit einem weißen Tuch zu bedecken (sie sollten statt dessen gelbe Tücher und gelbe Strümpfe tragen). Kurzum, sie durften sich nicht wie anständige Mädchen, verheiratete Frauen oder Witwen kleiden und auch nicht in den Stunden des größten Andranges der Gläubigen die Kirche aufsuchen. Während es den Kurtisanen allerdings oft gelang, die Anordnungen der Aufsichtsbehörde gegen den Prunk zu umgehen. Insbesondere was die Juwelen anging, kamen die gewöhnlichen Prostituierten, Anzoletta und Camilletta, Marina und Lucieta, Franceschina und Zanetta, die »Friaulerinnen« und die »Albanerinnen«, die »Türkinnen«, die »Römerinnen« und die »Paduanerinnen« häufig mit dem Gesetz in Konflikt und wurden immer wieder mit Bußgeldern bestraft. Was sie jedoch nicht daran hinderte, sofort danach erneut das Gesetz zu brechen, insbesondere die Bestimmungen zum Thema Juwelen.

Das Gesetz versuchte auch, die Freudenmädchen vom Canal Grande fernzuhalten. Es war ihnen zum Beispiel untersagt, dort zu wohnen, »sowohl im eigenen Haus als auch zur Miete«, oder »zur Zeit der Abendkühle, sowohl in Gondeln mit zweien, als auch in Gondeln mit einem Ruder« spazieren zu fahren. Das Gesetz verpflichtete die Prostituierten jeder Kategorie – jedenfalls wenn sie in Begleitung waren – in der Gondel ohne *batticopo* herumzufahren, das heißt ohne jenes Tuch, das die Gondelkajüte im hinteren Teil elegant abschloß, und zwar um zu vermeiden, daß die Kabine ein gemütliches Schlafzimmer würde. Eben dies war ihnen nämlich im Jahre 1578 gelungen, als sie in dem Kanal Rio della Misericordia mit vorn und hinten zugezogenem *batticopo* auf und ab fuhren, zu welchem Zweck, ist nicht schwer zu erraten. So trübsinnig und gefährlich ihre Lage (mit den »bertoni«, den Zuhältern und Ausbeutern ging die Serenissima allerdings ziemlich hart um) in einer so lebendigen und gewalttätigen Stadt auch war, in der Raufereien unter jungen Männern vor allem wegen der schönen Augen dieser oder jener Hure an der Tagesordnung waren, so kann man doch vielen dieser Mädchen, auch wenn sie nicht bis zu den Gipfeln der Kurtisanenkunst vorgedrungen sind, einen »betörend hemmungslosen« und »liebenswert betörenden« Geist nicht absprechen, den ihnen Giovanni Scarabello in einem seiner Aufsätze zuschreibt. Eine durch und durch genußfreudige Persönlichkeit, die auch dem ausschweifendsten Aretino Ehre gemacht hatte, war die unverfrorene kleine Hure von Murano, Lucieta »die Griechin«, von der Scarabello erzählt, daß sie sich im Jahre 1610 als Mönch verkleidete, noch dazu als Dominikaner – das war der Orden der Inquisition –, daß sie sodann über die Insel zog und die Männer, denen sie begegnete, fragte, ob sie nicht zu ihr zur Beichte kommen wollten, um von ihr die Absolution zu erhalten: und »sie erteilte ihnen die Absolution, indem sie mit den Fingern Hörner zeigte«.

3.

Hinter dem Rio delle Beccarie beginnt der Rialto-Bezirk: das Herz des venezianischen Handels, die Wall Street von Venedig. Wo zu Zeiten der Serenissima in konfuser, lärmender, verlotterter Harmonie die großen, mittelmäßigen und ganz bescheidenen ökonomischen Aktivitäten nebeneinander existierten: die Banken und die *Gallineri* (die Geflügelhändler), der Gemüsemarkt und die Schiffahrts-Versicherer, der Mehlspeicher und das Lagerhaus des Dreierrats für den Ölzoll, der nach Käse stinkende Käsemarkt (Casaria) und der Tuchmarkt (Drapperia) mit den kostbarsten Tüchern, für die Giovanni Bellini die dekorativen Motive malte. Da funkelten die Juwelen in der Ruga dei Oresi (Goldschmiedestraße), und in der

Ruga dei Spezieri (Gewürzhändler) verkaufte man Gewürze und die tausend abstrusen Medikamente der guten alten Zeit. Es gab die Calle Occhialera (Brillenmacher) und die Calle dei Barileri (Faßbauer), die Scuola dei Mastellari (Böttcher) und die Scuola dei Mandoleri (Mandelverkäufer), die Panateria (Bäckerei), die Corderia (Seilerei) und die Naranzeria (Orangenmarkt). Und in der Calle della Stadera stand die öffentliche Waage wie auch der Palazzo dei Camerlenghi, der Palast der Zehn Savi der Steuerbehörde, und das Gebäude, in dem die Cinque alla pase (Fünf Friedensrichter) ihren Sitz hatten, zuständig für die Schlichtung von Zwist und Streit. Und am Ufer des Canal Grande standen die von Sansovino gebauten kalten, monotonen und langen Fabbriche Nuove, die verschiedene Büros und Ämter, aber auch Läden und Lagerräume beherbergten und in denen sich heute das Schwurgericht befindet.

Im Rialto-Bezirk drängeln sich Gassen und Gäßchen mit ganz besonderen Namen, Calle della Scimia (des Affen) und Calle dei Do Mori (der zwei Mohren), Calle del Bo (des Ochsen) und Calle del Sturion (des Stör), Calle del Sol (der Sonne) und Calle della Madonna, Calle della Vienna (Wien), Calle della Donzella (der Jungfrau), Calle delle Spade (der Schwerter), Calle della Campana (der Glocke) ... Es sind Namen von Tavernen und Osterien, und es ist für uns schwierig, die Bedeutung der beiden Bezeichnungen zu unterscheiden, die auf jeden Fall eher Gasthäuser und Herbergen waren als Weinschenken. Sie hatten, so erfahren wir, meistens einen Saal und eine Küche im Erdgeschoß, und zwischen zehn und vierzig Zimmer in den oberen Stockwerken. Im Rialto-Bezirk gab es im Jahre 1320 sieben solcher Wirtshäuser, eines im Staatsbesitz, vier gehörten Adligen, zwei den Klöstern von San Servolo und San Lorenzo. Ebenfalls im 14. Jahrhundert gab es am Rialto die Tavernen della Colonna, della Zucca, dell'Orso, del Cammello, del Gambero. Von der Osteria della Campana wird in einem Dokument von 1341 gesprochen, von der Cerva

1360 (interessant ist, daß das Albergo Cavalletto bei San Marco, das noch heute existiert, seit 1370 erwähnt wird). Die Ausleger der venezianischen Locandas stammten aus dem Tierreich (Affe, Hirschkuh, Schlange, Löwe, Pferd, Pfau, Hahn, Ochse, Kamel, Krebs), aus der Himmelswelt (Stern, Mond), aus dem Reich der Dinge (Schwert, Hut, Melone, Kürbis, Krug), der Personen (Wallfahrer, Jungfer), der Heiligen (Agnus Dei, Engel) und aus dem Reich der Phantasie (der Wilde). Sicherlich überwogen am Rialto in den Jahrhunderten hoher Bevölkerungsdichte die verrufenen Tavernen, aber nicht alle gehörten zu dieser Kategorie. Und die Kunden waren so zahlreich, daß auch damals schon das Hotelgewerbe eine recht einträgliche Sparte war. Marino Sanudo der Jüngere, der unermüdliche Chronist, der in achtundfünfzig Folio-Bänden alle Ereignisse der Politik und des Alltagslebens von Venedig vierzig Jahre lang, vom Ende des 15. Jahrhunderts bis 1536 gesammelt hat, berichtet, daß er und seine Familie eine Osteria *Alla Campana* am Rialto in der Pescaria Nova mit zahlreichen Läden im Erdgeschoß besaßen: »eine kleine Örtlichkeit«, aber sie brachte mehr als achthundert Dukaten an Miete ein, von denen allein die Osteria zweihundertfünfzig zahlte, »mehr als der erste Palast auf dem Festland«.

Auf dem Campo di San Giacometto, wo sich vor dem furchtbaren Brand in der Nacht vom 9. auf den 10. Januar 1514, der die gesamte Rialto-*Insula* verwüstet hatte, die Loggia dei Mercanti befand, trafen sich weiterhin die Geschäftsleute. Und bevor die Serenissima eine Staatsbank, die Banco Giro, ins Leben rief, saßen dort auf ihren Bänken die Inhaber der zahlreichen »banchi da scritta«. Trotz zahlloser, oft durch den übermäßigen Steuerdruck entstandenen Bankrotte sprachen dort viele große Firmen und bedeutende ausländische Fürsten wegen eines Darlehens oder einer Geldanlage vor. Die Bankgeschäfte leisteten auch ihren Beitrag zu den Spektakeln des Alltagslebens, denn die Eröffnung und Schließung der Banken, Liquidationen und andere wichtige Operationen waren in der Regel Vorwand für alle möglichen Inszenierungen. Als aufgrund der Einrichtung der Girobank und des Gesetzes vom 24. Januar 1568, demzufolge die »Banchi da scritta« innerhalb von drei Jahren schließen mußten, die Bank von Vettor Correr, dem Sohn des verstorbenen Angelo von der Riva de Biasio, am 17. Oktober 1569 beschloß, zu saldieren und zu schließen, wurde in der Kirche San Giacometto in Anwesenheit der Serenissima Signoria eine feierliche Messe gesungen, und »den ganzen Vormittag waren Flötenspieler zu hören«. Die Bank war mit Wandteppichen und Tapisserien aus Seide geschmückt; es folgte ein Festessen mit dreihundert Gedecken, »bei dem viele Goldmünzen gezeigt wurden«.

Der Brand vom Januar 1514 hatte unzählige Geschäfte und kleine Läden, Häuser und Baracken zerstört, die sich dort mit der Dichte einer orientalischen *Kasba* angesammelt hatten. Das diente als Vorwand für einen Wiederaufbau, der dem ganzen Gebiet mehr Würde verleihen sollte. Es wurde ein Wettbewerb ausgeschrieben, den Antonio Abbondi, genannt Scarpagnino, gewann. Ihm verdanken wir das große Gebäude der sogenannten Fabbriche Vecchie, das vom Canal Grande bis zur Ruga di San Giovanni reicht, wo die Kirche San Giovanni Elemosinario mit ihrem schönen Altarbild von Tizian steht. Das Gebäude ist hundertdreizehn Meter lang und hat einen langen Portikus für den Tuchmarkt. Auch das Gebiet vom Campo San Giacomo war neu angelegt und verschönert worden, bevor Sansovinos Beitrag ihm das gegenwärtige Aussehen gab. Aber als es darum ging, die alte Holzbrücke mit dem beweglichen Teil in der Mitte – der gehoben werden konnte, um den Segelschiffen und Galeeren mit den hohen Masten die Durchfahrt zu ermöglichen – aus Stein neu zu errichten, hatte Andrea Palladio einen Entwurf für eine Brücke mit drei Bögen vorgelegt. Dieser Entwurf wird in einem *Capriccio* des Canaletto – heute in der Nationalgalerie von Parma – in allen Einzelheiten dargestellt. Palladio hatte auch eine symmetrische Neuordnung der Gebiete diesseits, also Campo San Bartolomio und angrenzende Flächen, und jenseits des Canal Grande geplant: ein Projekt, von dem man nicht einmal weiß, ob der Verfasser es wirklich zu realisieren gedachte. Durch die lange Verzögerung des Wiederaufbaus der Brücke und schließlich durch die endgültige Entscheidung wurde das Projekt vereitelt. Die Brücke sollte wiederaufgebaut werden, aus Stein, aber nur mit einem Bogen: auf der Grundlage des Entwurfs von Antonio da Ponte, dem »Proto«, das heißt dem Architekten der Erlauchten *Provveditori al Sal* (Salz-Inspektoren), denen die statische und ästhetische Pflege der öffentlichen Gebäude am Rialto und der Umgebung oblag.

Am Ufer des Canal Grande, knapp hinter dem Rio delle Beccarie, steht heute das 1907 von Domenico Rupolo und Cesare Laurenti in neugotischem Stil gebaute Gebäude. Ursprünglich hatte die berühmt-berüchtigte Regierung unter Serego Allighieri dort eine Halle für den Fischmarkt geplant. Dahinter, am Campo delle Beccarie, steht das Gebäude, in dem heute ein kleiner Fischmarkt untergebracht ist. Dort, am Campo delle Beccarie, feierten Fischverkäufer und Großhändler handfeste Trinkgelage, aber auch in den angrenzenden kleinen Gassen, Reste eines alten Rialto, der mit seinen Sackgassen, mit seinen vorspringenden Dächern (Barbacani), mit dem Knäuel von Gäßchen mit Namen, die an verschwundene Werkstätten, an vergessene Freveltaten erinnern, hie und da noch etwas von der Atmosphäre vergangener Zeiten bewahrt hat.

Der ehemalige Palazzotto delle Beccarie am Campo ist ein Überrest der »Ca' Granda« der Querini, der bis zum Canal Grande reicht. Die Querini waren eine große, bekannte Kaufmannsfamilie, die selbst Fürsten und Königen Kredite gewähren konnte. Ein Ereignis, das moderne Historiker unterschiedlich interpretieren, das jedoch die politische und kulturelle Entwicklung Venedigs ganz entscheidend geprägt hat, machte ihrer Laufbahn ein Ende: die Verschwörung und der Aufstand von 1310, angeführt von »dem großen Kavalier« Baiamonte Tiepolo, Enkel und Urenkel zweier großer Dogen, und von dem mächtigen Clan der Querini »de casa mazor«.

Bei diesem Ereignis spielte der Canal Grande eine ähnliche Rolle wie der Rubikon einstmals für die Geschicke eines anderen aristokratischen Feldherrn, der eine absolute und totale Macht anstrebte, Julius Cäsar. Nur der Ehrgeiz scheint jedoch den »gran cavaliere« mit Cäsar verbunden zu haben. Was genau er durchsetzen wollte, als er sich bewaffnet am Fuße der Rialto-Brücke präsentierte und Durchlaß verlangte, ist bis heute ungeklärt: ob gewaltsam wieder ein demokratisches System einführen, das seit Jahrhunderten verfälscht und entstellt war, oder – was glaubwürdiger ist – sich den Weg für eine persönliche Herrschaft bahnen. Jedenfalls hoffte er, wie es bei vergleichbaren Ereignissen in anderen Städten Italiens geschehen war, auf die Unterstützung der aufsteigenden Berufsgruppen der Handwerker, der kleinen Industriellen, der nicht-adligen Kaufleute. Der Adel hatte sich in jenen Jahren gewissermaßen in sein Privileg der erblichen Zugehörigkeit zum Großen Rat, der souveränen Versammlung, eingesponnen. Rein formal, denn faktisch war die »serrata«, die Schließung des Großen Rats, wie dieser Akt in der venezianischen Geschichte seither bezeichnet wird, bereits seit geraumer Zeit wirksam. Die Unterstützung der Adligen blieb allerdings aus, obwohl Baiamonte seinen Aufstand gerade am Rialto begonnen hatte, wo seine adligen Freunde und Komplizen, die Querini »de casa mazor«, beheimatet waren.

»Im Jahr dreizehnhundertzehn / mitten im Monat der Kirschen / überschritt Baiamonte die Brücke«: mit Waffen und Bewaffneten, zu Fuß und zu Pferde überquerten die Aufständischen den Canal Grande in Richtung San Marco, wo der Palast des Dogen stand. Die Rebellen stürmten in die sich wie ein Bandwurm hinziehenden Räume der Mercerie. Das Schicksal wollte es, daß sie zum einen Zeit verloren hatten, als sie auf dem Campo di San Zulian anhielten und einen Holunderstrauch bewunderten, zum andern, als eine durch den Lärm aufmerksam gewordene Alte namens Giustina Rossi plötzlich das Fenster öffnete und dabei einen schweren Steinmörser herunterstieß, der den Kopf des Fahnenträgers der Rebellen traf. Eine Legende? Vielleicht doch nicht, denn bis zum Ende der Republik fast fünfhundert Jahre später bewohnten Giustinas Nachkommen noch immer das besagte Haus und hißten alljährlich am Tag des Ereignisses das Banner, das sich heute im Städtischen Museum Correr befindet. Die Rebellion wurde jedenfalls niedergeschlagen, Baiamonte und viele Querini gingen ins Exil, andere Verschwörer wurden gehängt, und aus der provisorischen, aus zehn Mitgliedern bestehenden Behörde, die gegründet worden war, um die Begleitumstände der Verschwörung zu untersuchen, die Verantwortlichen und deren Komplizen zu bestrafen und ein gefährliches Wiederaufleben des Aufstands zu verhindern, entstand der Rat der Zehn, der bis 1797 bestehen sollte.

Und die Brücke? Die Brücke war bis zur Mitte des vergangenen Jahrhunderts die einzige, die den Canal Grande überquerte. Wie wir von einem Chronisten erfahren, hatte bereits 1488 der damals noch junge Provveditore di Comun, Ser Luca Tron, ein begabter und intelligenter Politiker, im Großen Rat vorgeschlagen, zwei weitere Brücken über den Canal Grande zu bauen, eine bei der Carità, wo heute die Accademia-Brücke ist, und eine bei Santa Sofia auf der Höhe des heutigen Fischmarkts. »Aber der ganze Rat lachte darüber«, der Vorschlag kam nicht einmal zur Abstimmung.

Was die langen Diskussionen und Streitreden angeht, die den Bau der gegenwärtigen Rialto-Brücke begleiteten, so ist es erwähnenswert, daß eines der stärksten Argumente gegen die Lösung mit mehreren Bögen in den Schäden begründet war, die ein oder zwei zusätzliche Pfeiler dem ungehinderten Wasserfluß, der lebensspendenden Bewegung der Strömungen und somit dem Gleichgewicht nicht nur des Canal Grande, sondern der ganzen Lagune hätten zufügen können. Zum Schutz dieser Lagune, lebenswichtig für die Existenz der Stadt und gleichzeitig Hafen, Bollwerk, Nahrungsquelle und Sanitätskordon, war die Serenissima während ihres ganzen langen Lebens pausenlos auf den Plan gerufen. Die unterschiedlichsten Behörden waren damit beschäftigt, von den *Giudici del Piovego* (Richter der öffentlichen Ordnung) bis zu den Salzinspektoren, den Weisen und den Exekutivbeamten der Wasserbehörde. Im 16. Jahrhundert wurde dann eine Art Super-Kommission gebildet, die in ihrem Namen ihre ganze Autorität und Bedeutung zum Ausdruck brachte: das *Collegio Solenne alle Acque* (das Erlauchte Wasser-Kollegium), dem sogar die Staatsspitze, also der Doge und die Signoria angehörten. Weiter setzte es sich zusammen aus den sechs Weisen des Großen Rats, den fünf Weisen der Terraferma, den drei Vorsitzenden des Zehnerrats, den drei Weisen der Wasserbehörde und einer bestimmten Anzahl gewählter Senatoren sowie zumindest in der ersten Zeit aus allen Prokuratoren von San Marco, die in der Stadt verfügbar waren. Während die Rechtsprechung über das städtische Verkehrssystem, die Gassen, Brücken und Kanäle den *Provveditori di Comun* oblag, hatte sich das Erlauchte Kollegium die Rechtsprechung über den Canal Grande vorbehalten, der in der Folgezeit im Verantwortungsbereich der Weisen der Wasserbehörde bleiben sollte.

4.

Wieviel Sorgen hatte er der Republik bereitet, dieser verflixte Canal Grande, an dessen Ufern hin und wieder kleine Strände sichtbar wurden. Und es hatte nicht genügt, noch im fernen 14. Jahrhundert die Mündung der Brenta von Lizza Fusina umzuleiten, der man die Schuld an diesen Versandungen gab. Das Ausbaggern war eine dauernde Notwendigkeit und wurde in regelmäßigen Abständen bis zum Ende der venezianischen Unabhängigkeit wiederholt. Zur Bestreitung der Kosten war 1541 eine Steuer für alle Eigentümer von Immobilien am Canal Grande, an den Kanälen, die in ihn münden, und an den Gassen, die an ihn grenzen, eingeführt worden. Später wurde diese Pflichtabgabe auf die Besitzer von Wasserfahrzeugen ausgedehnt, die normalerweise im Canal Grande festmachten, wie auch auf die Traghetti und die Flöße der Färber und Köhler, die dort ihrer Arbeit nachgingen.

Getreu dem Spruch »Palo fa palùo« (Pfahl macht Sumpf), was bedeutet, daß ein Pfahl reicht, um ein Stück Lagune versumpfen zu lassen, erklärte die Serenissima den Pfählen und Pfahlbauten den Krieg, und machte dabei vor niemandem halt, nicht einmal vor dem steinreichen Patrizier Andrea Corner und dem nicht weniger reichen Bürger Riccardo Malombra, die 1450 ganz brüsk aufgefordert wurden, die im Canal Grande eingerammten Pfahlbauten zu entfernen, da sie für den Bau der Fundamente der dort geplanten großen Paläste benötigt wurden. Die Anlieger wurden wiederholt aufgefordert, alle Pfähle zum Festmachen der Boote, die mehr als einen halben Fuß von der Häuserfront entfernt stehen, zu beseitigen. Gegen Anlegestege, Pfähle, Bootshäuser und andere Konstruktionen auf Pfahlbauten hagelte es Bußgelder. Und da viele sich dagegen auflehnten, wurden Zwangsabrisse angeordnet. Wer sich weigerte, dem drohte, wenn er Adliger war, für ein Jahr der Ausschluß aus dem Großen Rat, und wenn er kein Adliger war, eine Gefängnisstrafe von sechs Monaten.

Ebenso streng wurde gegenüber denjenigen verfahren, die Schutt und andere »Schweinereien« in den Canal Grande warfen. Der Schutt mußte auf die Motta di Sant'Antonio gebracht werden, dort, wo sich heute die *Giardini* (die öffentlichen Gärten) befinden und wo man Landgewinnung betrieb, und der

Müll kam in die *Calli sporche*, die schmutzigen Gassen, oder in die *scoazzere*, die Müllbehälter, aus denen die Müllschiffer ihn abholten. Bei Verstößen gab es ein Bußgeld von mindestens einem Dukaten, in schlimmeren Fällen die Peitsche: die bekam 1538 eine *Massera* (Hausangestellte) aus dem Hause Priuli zu spüren, da sie einen ganzen Korb voll Schweinereien in den Rio di Santa Sofia in der Nähe der Einmündung in den Canal Grande gekippt hatte. Die Müllmänner der Sestieri und die Polizei beobachteten solche Verstöße sehr aufmerksam.

Im Auftrag des Erlauchten Collegio verfaßte der Weise Nicolò Zen 1551 einen detaillierten Bericht über den Zustand des Canal Grande. Er stellte fest, daß er sehr verlandet sei, aber daß vor allem das Verkehrsgewühl ihm schade: »unsere Stadt, die Gott sei Dank so sehr gewachsen ist ..., hat die Boote, Schiffe und Gondeln in einem Ausmaß vervielfacht, daß der ganze Kanal dadurch behindert wird«. Der Verkehr mußte eingeschränkt, die Endstationen für die von Fusina, von Chioggia, vom Friaul und aus dem Gebiet von Treviso kommenden Boote verlegt werden. Die großen Schiffe sollten sich von der Mole der Piazzetta fernhalten und dürften in den Canal Grande nur noch mit einer schriftlichen Erlaubnis der Wasserbehörde hineinfahren. Die Hauptschuld an einem großen Teil dieser Schwierigkeiten trug der Rialto. Im 16. Jahrhundert gab es eine Flut von Verwaltungsvorschriften zur Sicherheit derjenigen, die an den Ufern arbeiteten: Gemüsehändler, Obstverkäufer, Holzhändler und die Kaufleute, welche die *stimarie* (Schätzstellen) für Wein und Öl und die Dogana da Terra (das Land-Zollamt) aufsuchten. Für die großen Schiffe, für die *Burchi, Peate, Gripi, Marciliane, Burchielle, Zattere* wurde mehrfach das Verbot wiederholt, quer anzulegen. Es wurden Parkstellen auf Zeit eingeführt, mit kräftigen Bußgeldern für den, der über die Zeit hinaus dort liegen blieb. Beim Rialto hielten die Boote und Kähne in doppelter oder dreifacher Reihe, auch wenn die vielen großen, aus Istrien und Dalmatien kommenden Schiffe an der Riva degli Schiavoni anlegten oder die *Burchi* aus der Lombardei und die *Burchi da molin* (Mühlenkähne), die sich aber in erster Linie vor den Mehlspeichern bei San Marco oder wiederum bei Rialto drängelten. In der Nähe der Brücke, wo die Boote aus Padua lagen, gaben die Weisen der Wasserbehörde 1622 die Liegeplatz-Genehmigung für zwölf *Peoten*, große Lastkähne, und schickten die anderen zum Anlegen auf die gegenüberliegende Seite zwischen dem Traghetto von Ca' Da Mosto und dem von Santa Sofia. Zwischen 1623 und 1729 wurden die Liegeplätze neu verteilt, das galt für die Peaten (nicht die Peoten, sondern die Peaten: riesige Ruderboote, die bis zur allgemeinen Motorisierung der fünfziger Jahre benutzt wurden, um sperrige Lasten zu transportieren) wie auch für die zahllosen, aus allen Teilen des venetischen Territoriums kommenden Boote, aus Vicenza und aus Portogruaro, von der Scuola di San Pietro in Chioggia und von der Scuola de' Marinari in Capodistria, für die Boote der »Nationen« von Cattaro und Sebenico und für die Boote aus Este und aus Portobuffolè, von der Insel Pago und aus Pordenone, aus Split und aus Biancade, von der Insel Istrien und aus Piove di Sacco … Eine regelrechte Flut, die den Senat schon 1730 zwang, der Wasserbehörde zu empfehlen, etwas zu unternehmen, um die »Menge der Boote, … die den Canal Grande verstopfen und damit die freie Durchfahrt der Gondeln des Staates behindern«, zu beschränken. Auch wenn der Rialto-Markt inzwischen an Bedeutung verloren hatte, bot er immer noch ein dicht bevölkertes Bild. In der *Putta onorata* schildert Goldoni in einer sehr eindrucksvollen Szenerie, wie – vor dem Morgengrauen – die Boote der Gemüsebauern von Pellestrina und Chioggia ankommen, deren Erzeugnisse heute noch, wenn auch an wesentlich weniger Ständen des Gemüsemarktes, verkauft werden.

5.

Wie die alten Halles, bevor der Bauch von Paris fern vom Zentrum nach Rungis verlegt wurde, führte auch der Gemüsemarkt ein paralleles Leben zu dem betriebsamen und mühsamen Dasein der Bootsführer und Ladearbeiter, der Verkäufer und Käufer im Groß- und Einzelhandel. Ein Mann, den wir bereits kurz gestreift haben, und dem man, auch wenn er einen großen Teil seines Lebens fern von Venedig, auf Reisen durch Europa verbracht hat, sein venezianisches Wesen nicht absprechen kann, hat dort zwischen *Zucca barucca* (Kürbis) aus Chioggia, Artischocken vom Lido und Gemüse aus San Piero in Volta einen entscheidenden Moment seiner abenteuerlichen Existenz erlebt. »Wer dort zu so früher Stunde spazieren geht, behauptet, er tue das wegen des unschuldigen Vergnügens, in zwei- oder dreihundert Booten aller Art alles ankommen zu sehen, was die Bewohner der kleinen Inseln rings um die Hauptstadt an Gemüse, Früchten aller Art und Blumen der Jahreszeit hereinbringen ... Aber es ist nicht wahr, daß die Jugend von Venedig vor Sonnenaufgang zur Erberia kommt, um dieses Vergnügen zu haben; das dient ihnen nur als Vorwand. Die dorthin kommen, sind Lebemänner und Frauen, die die Nacht mit Vergnügungen der Venus oder ausschweifenden Tafelfreuden verbracht haben, oder die aus Verzweiflung über ein mißgünstiges Schicksal und als Opfer ihrer Unvorsichtigkeit die letzten Hoffnungen beim Spiel verloren haben, und die ein bißchen freie Luft atmen und ihre Erregtheit beruhigen wollen ... Die Männer, die in Gesellschaft von Frauen dorthin gehen, wollen den Neid von ihresgleichen dadurch erwecken, daß sie ihr Glück zur Schau tragen. Wer ganz allein hingeht, sucht Eroberungen zu machen oder Eifersucht zu erwecken; und die Frauen erscheinen dort mehr, um sich sehen zu lassen, als um selbst etwas zu sehen. Es macht ihnen Vergnügen, wenn alle Welt erfährt, daß sie sich keinen Zwang antun. Die Putzsucht hat dort keinen Platz, weil die abendliche Aufmachung dahin ist. Es hat im Gegenteil den Anschein, als wollten die Frauen sich an diesem Ort unter der Devise der Unordnung zeigen, und als wollten sie, daß alle, die sie sehen, darüber reden. Die Männer, die sie am Arm führen, müssen die Unlust nach zu häufiger Willfährigkeit zeigen und so tun, als sei es ihnen gleichgültig, wenn man aus den Resten der Aufmachung vom Abend vorher, die ihre Schönen zur Schau tragen, die Anzeichen ihres Triumphes errät. Alle auf dieser Promenade müssen sehr erschöpft aussehen und den Wunsch erkennen lassen, zu Bett zu gehen.«

Giacomo Casanova hatte in jener Nacht auf sein Ehrenwort hin fünfhundert Zechinen verloren. Er war erregt und brauchte einen Ort, um sich zu beruhigen. Nachdem er eine halbe Stunde über den Gemüsemarkt geschlendert war, kehrte er nach Hause zurück und fand die Tür offen, das Schloß aufgebrochen. Im Hause waren alle auf den Beinen, ganz aufgelöst. Der »Missier grande«, der Polizeichef, war persönlich mit einer Schar von Schergen gekommen, hatte die Eingangstür aufgebrochen, das Haus durchsucht und erklärt, er suche eine Kiste mit Schmuggelware ... Der Abenteurer legte sich ins Bett, doch die Aufregung hinderte ihn am Einschlafen. So ging er zum Palast seines Gönners Matteo Giovanni Bragadin, der ihm riet, so schnell wie möglich die Stadt zu verlassen. »Vielleicht«, so sagte er, »war diese unter einem Vorwand durchgeführte nächtliche Durchsuchung, und im Bewußtsein, daß Du nicht zu Hause warst, nur eine Warnung, um Dir die Zeit zur Flucht zu geben. Aber Casanova floh nicht, er bat um Stundung seiner Spielschuld, kehrte nach Hause zurück und ging zu Bett ... Am nächsten Morgen stand der Missier Grande in seinem Zimmer: er war gekommen, um ihn auf Befehl des Obersten Gerichtshofs der Staatsinquisitoren in die Bleikammern zu bringen.

Venedig und dem Gemüsemarkt sollte Casanova viele Jahre lang fern bleiben, vom 1. November 1756, dem Tag seines kühnen Ausbruchs aus den Bleikammern, bis zum 18. November 1774. Seine *Memoiren* verraten uns nicht, ob er jemals wieder einen Fuß auf den Rialto-Markt gesetzt hat, bevor er ein weiteres Mal – und diesmal für immer – sein Bündel schnüren mußte. Weiter vorn am Canal Grande werden wir die Personen und die Gründe kennenlernen, denen unser Giacomo Schuld gibt an seiner Verhaftung und an seinem verhängnisvollen Aufenthalt in den Dachkammern des Dogenpalastes.

Daß die feinen Leute sich gern und häufig am Rialto austobten, ist altbekannt. Nicht nur wegen der vielen Tavernen, in die alle abends zum Essen gingen, die Reichen und die Armen. Marino Sanudo, der in dem besonders genußfreudigen 16. Jahrhundert lebte und schrieb, erzählt unzählige recht bewegte Episoden. Am Abend des 16. Februar 1533 zum Beispiel gingen die »Compagni della Calza«, nachdem sie im Palazzo Corner bei San Polo auf der Hochzeit von Piero Morosini von San Cassiano allesamt mit der Tochter des reichen Giovanni Corner getanzt hatten, mit fünfzig Damen der besseren Gesellschaft, die auch am Ball teilgenommen hatten, auf die Straße und liefen mit ihnen unter Possen und Scherzen bis zum Rialto. Manch eine fiel dabei langgestreckt auf den Boden, eine andere verlor die Haube und »stand in Haaren da«, anderen kamen die Medaillons abhanden, die sie auf die Haube genäht hatten, kurzum, »die eine hatte diesen Schaden, die andere jenen«. Was die fröhliche und lärmende Schar jedoch nicht daran hinderte, mit Pfeifen und Trompeten in die Ca' Corner zurückzukehren und sich heiter an den mittlerweile für das Abendessen gedeckten Tisch zu setzen.

Casanova und die Bande von Rowdys, der er sich mit zwanzig angeschlossen hatte, als er das Leben eines Müßiggängers führte und sich etwas Geld mit Geigenspiel verdiente, vertrieben sich die Zeit mit viel weniger harmlosen Dingen. Er selbst erzählt uns, wie die Bande unter der Führung des Patriziers Giorgio Balbi von Santa Giustina, der schließlich aus wesentlich handfesteren Gründen, als später für Giacomos Verhaftung vorlagen, in den Fängen der Justiz landen sollte, eine junge Frau in ihre Gewalt gebracht habe. Sie hatten sie in einer Trattoria bei Santa Croce getroffen, den Ehegatten mit einem Trick nach San Giorgio Maggiore geschickt und sie zum Rialto, genauer in die Locanda »Do Spade« gebracht. Dort hatten sie sich einer nach dem anderen an ihr gütlich getan, allesamt mit Ausnahme von Francesco Casanova, Giacomos Bruder, der erklärt hatte, er fühle sich nicht wohl.

Die Locanda »Do Spade« hatte mehr als eine Missetat auf ihrem Konto, und die schlimmste hatte 1681 die Besitzerin Camilla Perazzo, eine schöne dreißigjährige Witwe, das Leben gekostet. Sie wurde von einem Napoletaner, einem gewissen Griffini, einem Komplizen des Patriziers Benedetto Contarini, erwürgt, um sie am Schreien zu hindern, als der letztere, der rasend in sie verliebt war, sie zu vergewaltigen versuchte. Der Patrizier konnte fliehen und wurde in Abwesenheit verurteilt. Doch zwei Jahre später hatte der Podestà von Bergamo die Signoria darüber informiert, daß im Wasser des Lago d'Iseo Sier Beneto Contarini tot aufgefunden worden sei, »ertrunken aus Armut«: er trug weder eine *Velada* (Wams) noch ein Hemd am Leib, wer weiß, wie lange er sich wie ein gehetztes Tier herumgetrieben hatte.

In den Chroniken ist die Osteria della Campana in der Nähe des beim Canal Grande gelegenen Fischmarkts wegen wesentlich weniger dramatischer Ereignisse erwähnt. Am 26. Januar 1508 war die Compagnia della Calza der »Eterni« eingeladen worden, im Hause von Messer Lunardo Grimani anläßlich der Verlobung seiner Tochter mit Sier Alvise Morosini zu speisen. Dieser war Mitglied der Compagnia und seine Pflicht, die Compagni statutengemäß zum Essen einladen zu müssen, war ihm lästig geworden. Weil das Essen, das sie bei ihm erhielten, dürftig war, kamen die »schlecht behandelten« Compagni in großem Staat abends um dreiundzwanzig Uhr zum Rialto, nachdem sie schon im Hause Grimani allerhand Scherereien angestellt und von dort zwei Silberschalen mitgenommen hatten: die Schalen wurden von zwei berühmten Possenreißern, Stefano und Domenico Tagliacalze, in einer burlesken Prozession getragen. Mitten im Rialto-Bezirk ließen die Compagni durch Ausrufer öffentlich verkünden, daß sie beim Essen schlecht behandelt wurden und keine einzige Dame eingeladen worden war, und daß sie die zwei Schalen mitgenommen hätten, um auf eigene Faust gut speisen zu können. Worauf sie sie als Pfand dem Wirt der Campana übergaben, »wo sie ein schönes Abendessen erhielten«.

Francesco Sansovino, der Sohn von Jacopo, gerät in seiner *Venetia città nobilissima & singolare* bei der Beschreibung der Feste am Rialto anläßlich des Sieges von Lepanto ins Schwelgen. Ein »Himmel voller türkisfarbener Tücher« war von einem zum anderen Ende des Portikus der Drapperia gespannt, die Läden mit reichverzierten Tapisserien behängt, die Fabbriche Nuove waren »von der Brücke bis zur Ruga« mit feinen scharlachroten Tüchern geschmückt, mit Gemälden, Spruchbändern und Porträts. Die Läden der Waffenschmiede stellten Bilder von Giambellino, Giorgione, Raffael, Sebastiano del Piombo, Michelangelo, Tizian und Pordenone aus. In der Kirche San Giacomo di Rialto wurde »mit wundervoller Musik« die Messe zelebriert, eine Prozession mit Pfeifenmusik, »schrillen Trompeten« und Trommeln fand statt, angeführt von »einer Schar von Priestern, Sängern und Kaufleuten«. Und er schildert die prächtige nächtliche Lichterflut und die anderen Festlichkeiten, die tagelang andauerten. Im Jahr von Lepanto waren die *Mude* abgeschafft worden, die eskortierten Konvois von Handelsgaleeren, die seit Jahrhunderten über die Meere in die Levante fuhren, nach Konstantinopel, nach Trapezunt, nach Syrien, Ägypten, in die Länder des

Maghreb, und im Westen bis nach London, Southampton und Brügge. Bis dahin war Rialto die Bühne für eine andere Zeremonie gewesen, die in bestimmten Abständen stattfand und wesentlich mehr unmittelbare und materielle Bedeutung hatte: die Auktion der Galeeren. Der Staat als Eigentümer versteigerte die Verpachtung seiner Schiffe. Und sogleich danach eröffneten die *Patroni*, die den Zuschlag bekommen hatten, ihren Stand, um Ruderer und Matrosen anzuwerben. Wenn der Sieg von Lepanto jedoch vor allem den venezianischen Galeeren und Galeassen zu verdanken war, so hatten die Handelsgaleeren zugunsten der Rundschiffe mittlerweile an Erfolg eingebüßt. Diese Rundschiffe wurden nicht verpachtet, sie waren in der Regel Privatbesitz.

Das Verschwinden der Handelsgaleeren aus dem Canal Grande sollte den Bau der geplanten Steinbrücke wesentlich beschleunigen. In der Folgezeit nahm die venezianische Handelsmarine immer mehr an Bedeutung ab, während die notwendige Verteidigung gegen immer mächtigere und besser gerüstete Feinde bis zum Beginn des 18. Jahrhunderts eine schlagkräftige Kriegsmarine am Leben erhielt.

6.

Vom Haus Bollani aus hat man einen sehr guten Blick auf die Fassade des Fondaco dei Tedeschi. Das war der obligatorische und privilegierte Aufenthaltsort für Kaufleute aus Deutschland, Österreich, Böhmen, Flandern oder aus Ländern, die der Majestät des Kaisers des Heiligen Römischen Reiches Deutscher Nation unterstanden. Das Gebäude diente als Warenlager, als Finanzzentrum, aber auch als Herberge und Treffpunkt für Handwerker und Künstler wie den großen Maler Albrecht Dürer. Auch wenn dieser sich über die Meister der venezianischen Malerei beklagte, die ihm mit einer guten Portion

Eifersucht und mafiaähnlichem Verhalten begegneten, so wußte er doch das Privileg zu schätzen, in einer Stadt verweilen zu können, wo man einen Maler als Künstler betrachtete und nicht als Schmarotzer, wie es zuweilen jenseits der Alpen der Fall war.

Das Fondaco wurde zwischen dem 27. und 28. Januar 1505durch einen Brand vollkommen zerstört, aber bereits wenige Tage danach traf die Signoria die Entscheidung, es »schnell und wunderschön« wieder aufzubauen. 1508 war das neue Gebäude schon fertiggestellt, und mit der Dekoration der Fassade wurde ein großer Meister, Giorgione, beauftragt, der nach der einmütigen Meinung der drei von Giovanni Bellini benannten Schiedsrichter (einer der drei war Vettor Carpaccio) von den *Provveditori al Sal* als angemessenes Entgelt hundertfünfzig Dukaten erhalten sollte. Giorgione arbeitete damals mit Tizian, der vielleicht eben achtzehn war, mit Sicherheit noch ein blutiger Anfänger. Das großartige Gebäude war kaum fertiggestellt, als Marino Sanudo im Hof bereits die Lehrlinge der überaus geschäftigen deutschen Kaufleute Warenballen verschnüren sah.

Das Fondaco dei Tedeschi war eine der Festungen des großen venezianischen Handels: denn die deutsche Welt war einer der wichtigsten, wenn nicht der wichtigste Kunde überhaupt. In den Büros des Fondaco (zweihundert Räume waren es laut Francesco Sansovino) waren alle großen Handelsfirmen und Finanzhäuser des Reichs vertreten, angefangen bei den bedeutenden Fuggern, von denen einer, Cristopher, die Reise Dürers nach Venedig finanziert hatte, damit er das Altarbild *Das Rosenkranzfest* für die Kirche San Bartolomio malen konnte (das Bild befindet sich heute nicht mehr dort, da Kaiser Rudolf II. es nach Prag bringen ließ; es wurde durch eine *Verkündigung* von Hans Rottenhammer ersetzt). Deutsche gab es allerdings in allen Teilen der Stadt: Goldschmiede, Juweliere, Drucker, Schuhmacher (die *Calegheri tedeschi* bildeten sogar einen *Co-*

lonnello, das heißt eine Untergruppe der großen Zunft der Schuhmacher) und Buchhändler. Oft machten diese Leute ihr Glück, einigen gelang es am Ende sogar, in den Olymp der venezianischen Gesellschaft, in den Großen Rat, in den Adel aufzusteigen: wie die Widmann, Kärntner aus Villach, deren Stammvater Giovanni 1586 nach Venedig gekommen war, um im Fondaco zu arbeiten und der sich so gut auf seine Geschäfte verstand, daß er bei seinem Tod ein riesiges Vermögen – eine Million und zweihunderttausend Dukaten – hinterlassen konnte. Was seinen Kindern die Möglichkeit gab, 1646 gegen Zahlung von hunderttausend Dukaten die Aufnahme in den Adel zu erwerben. Beim Zusammenbruch der Republik bekleidete ein Widmann das hohe Amt des Provveditore Generale da Mar, des Oberbefehlshabers der venezianischen Flotte. Aber es war nicht allein seine Schuld, daß diese ohne Kommando, Waffen und Geld operierende Flotte im Handumdrehen der französischen Flotte einverleibt werden konnte und unter anderem Bonaparte die Fregatte lieferte, mit der er nach dem Ägypten-Feldzug, dem Präludium für viele weitere erfolgreiche Unternehmungen, blitzschnell in die Heimat zurückkehren sollte.

Nicht weit hinter dem Fondaco dei Tedeschi und der Rialto-Brücke schien die Riva del Carbon die Handelsfunktionen des nahen Rialto weiterzuführen, und ebenso die davor liegende Riva del Ferro. Heute ist dort ein unbeschreibliches Sammelsurium von Vaporetto-Anlegestellen, Trattorien und Bierstuben.

Vor dem schönen gotischen Haus des Messer Leonardo Dandolo, das noch heute an der Riva del Carbon über dem alten Caffè degli Omnibus zu sehen ist und das an Aretino für sechzig Scudi im Jahr vermietet wurde, die der Herzog von Florenz pünktlich für ihn bezahlte, steht der große gotische Palast der Familie Bembo. Es erstaunt, daß an dieser Uferstraße, wo sich kaum hundert Jahre zuvor noch die Läden der Köhler befanden, die beiden prominentesten Gestalten der literarischen Welt des 16. Jahrhunderts gewissermaßen Seite an Seite zu Hause waren: Aretino, der berühmtere, und Pietro Bembo. Aretino gegenüber fühlte sich auch ein professioneller Ehrabschneider wie Pietro Bembo verpflichtet, vor Ergebenheits- und Achtungsbezeugungen geradezu überzufließen.

Der Dichter-Fürst war hier weder geboren, noch wohnte er hier, er gehörte zu einem anderen Zweig seiner alten Familie, einer der vier »Evangelisten«, die unter den »case vecchie« des Patriziats dem Alter nach gleich hinter den zwölf »Aposteln« kamen, die nach der Legende die Wahl des ersten Dogen beeinflußt hatten. Der Zweig von San Salvador, dem der Palast zumindest teilweise seit dem 14. Jahrhundert gehörte, wird im Markus-Kodex mit dem Titel *Casi infelici, fini e Morte di Nobili Veneti* (Unglücksfälle, Ende und Tod von Venetischen Adligen) mit einer Art düsterer Beharrlichkeit erwähnt: es beginnt mit Lorenzo, der 1585 gehängt wurde, weil er »die Kasse des Weinzolls angerührt hatte«, und seinem Neffen Francesco, der 1599 enthauptet wurde, »weil er Geheimnisse der Republik enthüllt hatte«. Im darauffolgenden Jahrhundert geriet ein Pietro Bembo von der Riva del Carbon, ein Urenkel der Vorgenannten, seinerseits in die Netze der Justiz »wegen der großen Erpressungen«, die er in Santa Maura begangen hatte, wo er Provveditore war. Er hatte mehr Glück als die beiden anderen: nach dem Prozeß vor dem Senat wurde er nach langer Haft wider Erwarten mit nur einer Stimme Mehrheit freigesprochen.

Diese Linie der Bembo scheint in erblicher Hinsicht recht vorbelastet gewesen zu sein. Denn – wiederum nach Aussage des unbekannten Verfassers der *Unglücksfälle* – zählte man zwischen dem Beginn des 16. Jahrhunderts und der Mitte des folgenden sage und schreibe fünf mißgestaltete Bembos: Lorenzo, Francesco und Zuanne Maria hinkten von Geburt an, Domenico hatte einen Buckel, Piero war »spindeldürr«. Eine

Szenerie von *fin de race*, wie man sie trotz ständiger Heiraten zwischen Blutsverwandten in keiner anderen Familie des Patriziats findet.

In der Ca' Dandolo gelangten die Rufe der Köhler, die mühsam die Flöße an ihrem Ufer festmachten, nicht zu den Ohren des alten Aretino. Dabei waren sie ebenso fröhlich und lebhaft wie die Rufe der Obst- und Gemüseverkäufer, die ihn über den Canal Grande herüber in der Ca' Bollani erreichten. Die Nachbarschaft war jedoch nicht weniger vornehm und angenehm wie die bei San Giovanni Crisostomo, denn die Paläste großer Herren wie der Corner Piscopia und der Dandolo befanden sich ganz in der Nähe. Auf der anderen Seite des Wassers herrschte das bunte Durcheinander der *Burchi da molin*, die das Mehl am Fondaco di Rialto ausluden, dem Mehl- und Kornmarkt, der unter der direkten Aufsicht der Getreide-Beamten und unter der hohen Leitung des *Magistrato alle Biave* (Getreidebehörde) stand. Messer Pietro erfreute sich immer noch allgemeiner Gunst: Papst Julius III. hatte ihn mit großer Hochachtung behandelt, und als sein Freund Tizian 1550 in Augsburg erwähnte, daß Aretino sich einen Kardinalshut wünsche, hat Kaiser Karl V. nicht nur nicht gelacht, sondern sogar durchblicken lassen, daß vielleicht, wer weiß ... Doch fünf Jahre nach Aretinos Umzug trat der Kaiser, der ihm sogar die Ehre erwiesen hatte, an seiner rechten Seite reiten zu dürfen, ganz unversehens von der politischen Bühne ab und zog sich, »tot eher in der Öffentlichkeit als auf dem Friedhof«, in das in der hintersten Ecke der Estremadura gelegene Kloster von Yuste zurück. Und König Franz I. von Frankreich, der »höfliche König«, den er mehr »verehrt« als ihm gedient hatte, war bereits seit geraumer Zeit tot.

In Ca' Dandolo witterte Aretino den neuen Wind. Sein Spürsinn war sprichwörtlich; er hatte sogar die Brandschatzung Roms vorausgesehen. Und mit dem in Trient versammelten ökumenischen Konzil, das die Grundlage für die Katholische Gegenreformation schaffen sollte, mit Papst Paul IV. Carafa, dem strengen und unbeugsamen Verfechter der Heiligen Inquisition, spürte er Zeiten anbrechen, die seinen Beinamen »göttlich«, den ihm immerhin ein Dichter wie Lodovico Ariosto verliehen hatte, Lügen strafen sollten.

Kurzum, es entstand eine feindselige Legende, die nicht einmal vor den Umständen seines Todes haltmachte. Darüber sollte der Wind der Gegenreformation infame Geschichten ausspinnen, passend zu dem neuen Mythos. Es hieß, er sei dabei vom Stuhl gefallen und mit dem Hinterkopf auf den Fußboden aufgeschlagen, während er ausgelassen über die Schilderung der Liebeshändel seiner Schwestern lachte, die in einem Bordell in Arezzo Prostituierte waren. Und er habe nach dem Empfang des Sakraments der Letzten Ölung dieses spöttisch mit einem Vers kommentiert: »Beschützt mich vor den Ratten, jetzt wo ich so fettig bin!« Gewiß, es war seine Gewohnheit, sich beim Lachen nach hinten zu schmeißen, das hatte er selbst in einem Brief an Giovanni Bollani erzählt. Aber seine Schwestern, die mittlerweile so alt waren wie er, hatten absolut nichts mit dem »plötzlichen Tod von einem Stuhl herunter« zu tun. Der Pfarrer von San Luca schildert seinen Tod als den »Kanonenschuß eines Schlaganfalls«, der ihn am 21. Oktober 1556 hinwegraffte, nachdem er (das bescheinigte feierlich der Pfarrer) am Gründonnerstag desselben Jahres – endlich – die Beichte abgelegt und die Kommunion erhalten hatte, »während er stark weinte«. Und an Stelle der schönen Sünderinnen, die seine Bankette im Haus Bollani erheitert hatten, leistete ihm jetzt eine seiner Töchter, Adria, Beistand und Gesellschaft. Die Tochter hatte er von einer Kurtisane, von Caterina Sandella, und er liebte sie mit einer Zärtlichkeit, die ihn zu seinen poetischsten und aufrichtigsten Briefen inspirierte. Er hatte sie mit tausend Dukaten Mitgift verheiratet, sie war aber – nach unglücklicher Ehe – zurückgekehrt, um bei ihm zu leben, und pflegte ihn jetzt liebevoll. Er hatte noch eine

Tochter bekommen, Austria, von der besagten Zaffetta, und auch sie hatte er voller Zärtlichkeit geliebt. Die skrupellose »Fürstengeißel« hegte im Grunde ihres Herzens eine zarte väterliche Berufung.

Kaum war Aretino tot, als die Schakale losheulten. Sofort hieß es, er habe »bei keinem anständigen Mann Sehnsucht und Schmerz« hinterlassen: ausgerechnet er, um den sich alle als Tischgenosse und Briefpartner gerissen hatten, er, der ein Freund der großen Schriftsteller seiner Zeit wie Navagero, Speroni, Varchi, Firenzuola und Bernardo Tasso gewesen war, ein Freund der sanften Veronica Gambara und der virtuosen Vittoria Colonna. Später würde man schreiben, daß er als Gehängter starb. In der Erinnerung würden seine Komödien, Tragödien und religiösen Dichtungen allmählich verblassen; am Leben blieben lediglich die *Ragionamenti* (Überlegungen), die freizügigen Reime und jene verflixten »unzüchtigen Sonnette«. Und zu guter Letzt die poetischen Kommentare zu den Bildtafeln von Raimondi mit den Stellungen, die Schwester M.M., eine der munteren, kleinen Nonnen von Murano, die Casanova geliebt hatte, »unausführbar und fade« fand, und die der athletische, unersättliche Casanova für den Gipfel an erotischer Phantasie hielt.

IX

1.

Aretino hätte sich in seinem Grab wahrscheinlich mit seinem ansteckenden homerischen Gelächter nach hinten gebogen, wenn er hätte lesen können, was die Chroniken über die Liebesaffären des Prokurators Giovanni Battista Corner Piscopia erzählen. Er war der Erbe jenes Familienzweiges, der im 14. Jahrhundert den heute als Ca' Loredan bekannten venetisch-byzantinischen Palast am Canal Grande bei San Luca dem reichsten Mann Venedigs, Federico Corner, abgekauft hatte. Nach der Schätzung von 1379 belief sich Federicos beeindrukkendes Vermögen auf sechzigtausend Lire, zwanzigtausend mehr als der steinreiche Cousin Federico von Sant'Aponal besaß, und zweiundzwanzigtausend mehr als der spätere Doge Michele Morosini besaß, der zuvor ein bedeutender Immobilienbesitzer und -spekulant gewesen war.

Gemeinsam mit seinen Geschwistern leitete Federico Corner große Handels- und Industrieunternehmen, und er hatte 1366 zusammen mit Messer Vido Lion von Santi Apostoli dem König von Zypern, Peter III. von Lusignan, ein enormes Darlehen verschafft. Der König wurde in dem Palast an der Riva del Carbon fürstlich empfangen und gab Federico Corner als Gegenleistung das Lehen von Piscopi oder Piscopia, eine der wenigen Ländereien von Zypern, die keine Probleme mit Süßwasser hatten. Und dort hatten die Corner ihrerseits große Summen in Zuckerrohr-Pflanzungen und in die Anlagen zur Raffinade des Produktes investiert, das damals auch als Medikament sehr begehrt war. Außerdem hatte König Peter III. Federico Corner zum Ritter des damals sehr geschätzten Schwerter-Ordens gemacht, woraufhin sich Federico auf die Fassade seines Palastes die heraldisch-allegorische Dekoration hatte meißeln lassen, die dort noch heute zu sehen ist: die Justitia und die Stärke, David und Goliath, das gevierte Wappen der Lusignan von Zypern, Jerusalem und Armenien sowie sein eigenes Wappen mit dem aufrecht gestellten Ordens-Schwert und dem Spruchband »Pro tuenda integritate«.

Einer seiner direkten Nachkommen, der genannte Giovanni Battista, wurde 1649, weil er dankenswerterweise fünfundzwanzigtausend Dukaten an die Kriegskasse gezahlt hatte, Prokurator von San Marco. Er brachte seine hohe soziale Position, die er im Laufe der Zeit durch Bündnisse aufgebaut hatte, durch eine absolut unmögliche Heirat in Gefahr. Die Braut kam nämlich aus Valsabbia, aus der Gegend von Bergamo, einem entlegenen und unwegsamen Landesteil des venetischen Herrschaftsgebiets in der Lombardei. Und sie hatte natürlich den Weg vieler »paysannes perverties« eingeschlagen. Denn – wie der Gelehrte Emanuel Cicogna am Rand des Kodex der patrizischen Stammbäume von Marco Barbaro anführt –, »zu ihrer Zeit wurde sie zwischen Bordellen und den infamsten Kurtisanen hin- und hergeschoben«. Sie hieß Zanetta Boni, oder Bonis, und nach einem anderen Kodex der Bibliothek Correr besaß sie »viel natürliche oder vielmehr übernatürliche Kunstfertigkeit«, mit der sie den »im übrigen stolzen und entschlossenen« Herrn Prokurator so lange an der Nase herumgeführt hatte (er muß ganz schön selbstherrlich gewesen sein, wenn die Wasserbehörde ihn 1656 »wegen Unverschämtheit« ins Gefängnis schickte), bis er sie schließlich heiratete. Nach der Hochzeit ließ sie sich Procuratessa nennen und war eifersüchtig auf ihren Rang bedacht, obwohl keine Dame der guten Gesellschaft mit ihr verkehrte. Sie war außerdem »extravagant und stolz« und »malträtierte alle«. Alle Arroganz und Macht des Prokurators hatten jedoch nicht gereicht, um die Avogadori di Comun, die Wächter des Goldenen Buchs der Patrizier, zu veranlassen, diese Heirat darin einzutragen. Somit waren die beiden Söhne des Paares, Francesco und Girolamo, vom Großen Rat, folglich auch vom Patriziat ausgeschlossen.

Für die Gesellschaft jener Zeit stellte dies ein großes Problem dar, das der Prokurator durch Geld, »per soldo«, zu lösen versuchte, ein Weg, der seit 1646 möglich war, um die Kosten für den Krieg gegen die Türken tragen zu können. Aber Senat und Großer Rat, die normalerweise bei der Annahme von Gesuchen und Angeboten eher zu großzügig verfuhren, zeigten sich gegenüber den Söhnen der Zanetta Boni sehr abweisend. Zum erstenmal wies der Große Rat im August 1659 den Antrag des Prokurators mit einer regelrechten Lawine von Stimmen zurück, kurz darauf wurde der Antrag wiederholt und erneut abgelehnt, und auch noch fünf Jahre später fiel ein neues, mit pathetischen Worten aufgesetztes Gesuch mit Ach und Krach im Senat durch. Endlich, am 1. März 1664 wurden die beiden jungen Corner Piscopia gegen ein Gebot von hundertfünfzigtausend Dukaten als Patrizier akzeptiert, aber mit einer nicht sehr schmeichelhaften Mehrheit.

Seine Tochter Elena Lucrezia war dem Prokurator in dieser schmerzlichen Situation ein Trost, sie stellte die Ehre der Familie wieder her. Es muß gesagt werden, daß der Prokurator nicht die Vorurteile teilte, die zu seiner Zeit die Frauen von Studium und Kultur ausschlossen. Er selbst war ein gebildeter Mann, hatte den Palast am Canal Grande mit einer bedeutenden Bibliothek bereichert. Don Giustiniano Martinioni, der die *Venetia* des Sansovino fortführte, beschreibt sie als »ansehnlich ... was ihren Umfang, ihre Themen, insbesondere im Bereich Geschichte und Politik betrifft, worin dieser Herr äußerst gelehrt ist«. Als der Hauspfarrer Giambattista Fabris, ein Gräzist, Philosoph und Aristoteles-Forscher, ihn darauf aufmerksam machte, daß die kleine Lucrezia sehr begabt für die klassischen Studien zu sein schien, ließ er sie in Latein und Griechisch unterrichten und vertraute sie nach einiger Zeit dem Kreter Alvise Ambrogio Gradenigo an, der »Kustos« bei der Markus-Bibliothek und ein weithin bekannter Wissenschaftler war.

Als würden die klassischen Sprachen nicht reichen, studierte Elena auch Musik und Mathematik. Der Mathematiker Carlo Rinaldini, der in Pisa gelehrt hatte und nun in Padua war, diskutierte mit ihr über das Werk des Archimedes und war äußerst verwundert über ihre perfekte Kenntnis nicht nur seiner Disziplin, sondern auch des Französischen und des Spanischen, der Dialektik, der Philosophie, der Theologie und sogar der Astronomie (ihr Biograph Antonio Lupis, der im Stil eines Manzoni-Epigonen schreibt, kommentierte: »ihr Geist, ganz Licht, fand in diesen souveränen und leuchtenden Juwelen des Firmaments sein ganz eigenes Haus«). Sie diskutierte auf Hebräisch mit den Rabbis des Ghetto. Mit siebzehn Jahren war sie bereits eine Berühmtheit, bewundert und begehrt bei den bekanntesten Schriftstellern, nicht nur den italienischen, sondern sogar aus Genf und Zürich kamen Lob und Widmungen gelehrter Werke.

Mit einunddreißig hatte Elena im Palazzo Corner Piscopia eine feierliche philosophische Disputation auf Latein und Griechisch vor einem großen und ausgewählten Publikum gehalten. Es waren auch viele Damen da, die offensichtlich die unangenehme Anwesenheit der Zanetta Boni vergessen hatten, und ebenso viele Senatoren. Nach der Disputation hatte Elena auf allgemeines Bitten hin gesungen, »tugendreich, liebreizend und bescheiden«, zur Bewunderung aller in sechs Sprachen, altgriechisch, neugriechisch, französisch, spanisch, lateinisch und italienisch. Es war nicht das erste Mal; aber trotz des Erfolges, den diese Vorführungen inzwischen kannten, hatte sie in ihren schriftlichen Äußerungen und in ihrer Korrespondenz, die sie mit den unterschiedlichsten Persönlichkeiten unterhielt, das Gelübde der Keuschheit erneuert, das sie in früher Kindheit abgelegt hatte. Sie wurde benediktinische Oblatin und bekräftigte, daß sie ihr religiöses Leben zu Hause führen wolle, da es ihr nicht erlaubt worden war, es in einem Kloster zu leben.

Allem Anschein nach – und das zeigt vor allem die komplexe Geschichte ihrer Promotion – war die arme Frau wirklich eine begeisterte Freundin der Kultur und der Forschung, die spektakulären Exhibitionen, zu denen ihr Vater, der sehr stolz auf sie war, sie praktisch zwang, lehnte sie jedoch ab. Von Natur aus war sie bescheiden, ja sogar schüchtern, errötete leicht in der Öffentlichkeit (was Zanetta Boni ihr vorwarf). Die vom Prokurator so sehr gewünschten öffentlichen Vorführungen erregten ihren »extremen Widerwillen«, sie sagte, daß sie ihr das Leben verkürzten. Und so geschah es, daß am 18. November 1677 die reformatorischen Magnifizenzen der Universität von Padua den venezianischen Rektoren der Stadt die entsprechenden Instruktionen erteilten, damit die von Elena angestrebte »Promotion zum Doktor in der Heiligen Theologie in der öffentlichen Bibliothek oder in einem anderen bequemeren Raum« gefeiert würde, da wegen der Einzigartigkeit des Ereignisses mit einem außergewöhnlich starken Publikumsinteresse zu rechnen wäre.

Strebte sie wirklich danach, Elena? Oder war das alles nur ein ehrgeiziger Plan ihres Vaters? Es muß auf jeden Fall ein »Aber« gegeben haben. Der Bischof von Padua und Kanzler der theologischen Fakultät, Kardinal Gregorio Barbarigo, der heute als Heiliger verehrt wird (Papst Johannes XXIII. hat ihn heiliggesprochen), brachte es auf den Punkt. Obwohl er ein Mann von umfassender Kultur und weltoffen war, hatte ihn der von Elenas Vater gestellte Antrag einfach verblüfft. Nichts gegen ein Examen in Philosophie, schrieb der Bischof. Aber daß eine Frau den Titel eines Doktors und Meisters in der Heiligen Theologie erwerben und zu diesem Zweck unterrichtet werden wollte, das war etwas Unvorstellbares. Der zweite Vorschlag des Prokurators Corner, die Tochter promovieren zu lassen, »sie Maestra zu nennen, und ihr nicht die Lehrbefugnis zu geben, ja es ihr sogar ausdrücklich zu untersagen«, sei wirklich lächerlich. Jedenfalls hätte eine Universität, die Frauen in Theologie promovieren ließ, »alle Universitäten zum Lachen und die Universität Padua um ihren Ruf gebracht.« »Heute vormittag«, schrieb Barbarigo an seinen Vater, »habe ich einen französischen Bischof, einen Freund von mir, getroffen, und ich habe ihn darüber befragt: er hat erbarmungslos zu lachen begonnen.« Nicht daß Elena nicht jede Anerkennung verdiente, fuhr Barbarigo fort, sie sei »eines jeden Examens würdig, wenn nicht ihr Geschlecht dem entgegenstünde, das allein den Zugang zur Kathedra behindere ...« Der Bischof schlug einen Kompromiß vor: man solle Elena den Titel verleihen, den das Konzil von Trient »auch den Männern gibt, damit sie Bischof werden können«, den Titel des »licenziato« (Absolvent) also, der die Fähigkeit einschloß, »die Doktorwürde zu erlangen«.

Doch der Prokurator Corner bombardierte den Kardinal geradezu mit Briefen, und mit unverschämten obendrein: »Sie erhitzen und versteifen sich immer mehr«, schreibt Barbarigo. Die Antwort des Kardinals lautete: nicht er, sondern der Heilige Paulus sage, daß Frauen nicht Theologie unterrichten dürfen. Die Signora Elena solle ruhig eine schöne Disputation machen, »einen öffentlichen Auftritt, dem die Universität beiwohnen und ihr daraufhin die Bescheinigung ihrer großen Fähigkeiten geben möge, sie ausgiebig loben und ihr sagen möge, daß nichts anderes als ihr weibliches Geschlecht der Verleihung des Titels *Maestra* entgegenstehe«. Der Prokurator wütete und wütete. Elena hätte es lieber gehabt, daß über das Theologie-Examen nicht mehr gesprochen würde. Doch auch der Mathematiker Rinaldini war sehr rührig: er hatte eine positive Stellungnahme der Sorbonne besorgt und hatte von einem paduanischen Theologen eine gelehrte Denkschrift zugunsten der Promotion von Frauen verfassen lassen, in der auch das Argument vom Heiligen Paulus auseinandergenommen wurde. Am Ende entschieden die Reformer: Elena würde in Philosophie promovieren, die Rektoren sollten für »Anstand und Würde« der Zeremonie Sorge tragen.

So trug am 25. Juni 1678 in der bis zum Bersten gefüllten Kathedrale von Padua die erschreckte, verängstigte und verstörte Elena Corner Piscopia ihre Dissertation über einen Passus bei Aristoteles vor. Und Rinaldini übergab ihr nach einer ausführlichen Rede in lateinischer Sprache feierlich die Insignien der Doktorwürde: das Buch, den Ring, die Hermelin-Mozetta und den Lorbeerkranz. Einige Tage später wurde sie als »Magistra et Doctrix« eingeladen, an der Examens-Kommission für zwei junge Männer teilzunehmen. Von allen Seiten regnete es Glückwünsche, Gelegenheitsdichtungen und Drucke mit dem Bildnis der Doktorin; die Akademien von Padua organisierten Tagungen und Zeremonien. Aber es gab auch welche, die darüber murrten, wie ein Professor Gaspare Ottaviano Cantù, der auf einem Zettel, der zwei Jahrhunderte später von Padre de Santi aufgestöbert wurde, behauptete, daß Elena »ihren Vortrag in der Kapelle der Madonna im Dom mit einer zuvor nie gehörten Konfusion vorbrachte, ... sie verlor Faden und Schärfe, ... kurzum, sie hat nach ihrem eigenen Belieben promoviert ... sie wurde mit Blumen bekränzt ... und sie begab sich triumphierend in der Kutsche zu ihrem Palast, zum Heiligen.«

Wie auch immer die Dinge sich abgespielt haben mögen, so hatte doch zum erstenmal in der Geschichte eine Frau den Doktortitel verliehen bekommen. Das war nicht wenig, auch wenn der Prokurator Corner Piscopia wenige Monate später an Rinaldini einen sehr langen Brief schrieb, indem er sich hochfahrend der Bewerbung einer anderen Frau widersetzte, einer jungen Französin, Carla Gabriella Patino, Tochter eines berühmten Dozenten für Medizin an der Universität von Padua, die ebenfalls in Philosophie promovieren wollte. Aus väterlicher Eitelkeit wollte er, daß Elena weltweit ein Einzelfall blieb. Mit Sicherheit war dem Prokurator letztendlich die Lage der Frauen absolut nicht wichtig.

2.

Es gibt einen Abschnitt in den *Drei Musketieren* von Alexandre Dumas Vater, in dem Athos, der geheimnisvollste der drei, bei der Erzählung der tragischen Geschichte des Grafen de La Fère, die eigentlich seine eigene ist, mit Nachdruck den sehr hohen gesellschaftlichen Rang und den außergewöhnlichen Bluts-Adel dieser Persönlichkeit unterstreichen will: »Il était noble comme un Dandolo, comme un Montmorency...« (Er war adlig wie ein Dandolo, wie ein Montmorency ...). Und Kaiser Franz I., der sich in der Heraldik zweifellos besser auskannte als Dumas und der eine sehr hohe Meinung von seiner Person und seiner Familie hatte, hieß gewisse Höflinge schweigen, die über den Admiral Silvestro Dandolo feixten, der klein von Statur war und wie viele alte venezianische Patrizier eine große Nase hatte. Er sagte ihnen: »Laßt ihn in Ruhe, ich glaube, daß von uns beiden er der adligere ist.«

Der Ruf der großen Familie der Dandolo hat also Jahrhunderte und Grenzen überschritten. Was vor allem ein Verdienst des Dogen Enrico war: des Feldherrn des Vierten Kreuzzugs, des Eroberers von Konstantinopel, des Mannes, der die Krone des byzantinischen Reiches in der Überzeugung abgelehnt hatte, daß sein Rang an der Spitze der Supermacht des Mittelmeers jeder Kaiserkrone weit überlegen sei.

Venedig befand sich seit einiger Zeit in einer Phase außergewöhnlicher Größe. Seit um das schicksalhafte Jahr 1000 herum Pietro Orseolo II. Istrien und Dalmatien unterworfen, die Sarazenen aus Apulien verjagt und sich eine »Goldene Bulle« der Herrscher von Byzanz gesichert hatte, die den Venezianern besondere Konditionen und Privilegien im Gebiet des Reiches garantierte, war die Serenissima in einem unaufhörlichen Aufstieg begriffen. 1177 hatte Venedig unter Führung des Dogen Sebastiano Ziani die Rolle des Vermittlers und Friedensstifters in dem langen Konflikt zwischen den beiden größten Mächten der westlichen Welt gespielt, zwischen dem Papst und dem Kaiser des Heiligen Römischen Reiches Deutscher Nation. In Konstantinopel – so hieß es – gab es mehr Venezianer als in Venedig. Ihre Anwesenheit dort war so beherrschend und übermächtig, zumal sie durch die vielen Kreuzfahrten der venezianischen Flotte, der stärksten im Mittelmeer, noch verstärkt wurde, daß der Kaiser Manuel 1171 eine Kurzschlußhandlung beging und alle im Reich weilenden venezianischen Bürger verhaften ließ.

Zu Beginn des neuen Jahrhunderts nun wandten sich die westlichen Fürsten, die das Kreuz ergreifen und damit das seit einiger Zeit in islamischer Hand befindliche Heilige Land befreien wollten, an Venedig, damit es sie mit Waffen übers Meer zu diesen fernen und ungläubigen Zielen führe. Aber angesichts der Zahlungsunfähigkeit der Kreuzfahrer wandelten die Venezianer den Ausrüstungsvertrag um in ein Abkommen über Mitbeteiligung. So erhielten sie von den Kreuzfahrern militärische Hilfe bei der Wiedereroberung des christlichen Zara, wo ein Aufstand stattgefunden hatte. Schließlich stimmten sie – auch wenn dieser Vorschlag nicht von ihnen kam – der Umleitung des Kreuzzuges zu einem Ziel zu, das nichts mit dem ursprünglichen Zweck dieses Unternehmens zu tun hatte. Es ging nach Konstantinopel, wo eine dynastische Fehde den jungen Thronprätendenten Alexios Komnenos dazu getrieben hatte, die Kreuzfahrer mit der Aussicht auf große Gewinne um Hilfe zu bitten, damit er wieder den Thron besteigen könne.

Der eigentliche Kopf dieser Operation war, so hieß es, der Doge. Enrico Dandolo war schon sehr alt und blind, aber in dieser ganzen Geschichte legte er eine beispiellose Kühnheit, Autorität und Entschlußkraft an den Tag. Auch wenn Venedig den Umweg über Konstantinopel nicht vorgeschlagen hatte, so war er es doch, der ihn letztendlich leitete. Und als die Kaiserstadt sich gegen die Kreuzfahrer und gegen den von ihnen unterstützten Herrscher auflehnte, war es wiederum ihm zu verdanken, daß Venedig aus der schrecklichen Plünderung der reichsten Metropole Europas und aus der nachfolgenden Teilung des Byzantinischen Reiches sich die größten Vorteile sicherte.

Die grenzenlose Bewunderung der Chronisten und Historiker des Kreuzzugs haben eine mythische Person entstehen lassen, der das hohe Alter und die Blindheit legendäre Größe verliehen haben. In Wirklichkeit war Enrico Dandolo ein ganz anderer Monarch als Pietro Orseolo II. Der Marschall von Champagne, Geoffroi de Villehardouin, einer der Führer des Kreuzzugs und später dessen wichtigster Chronist, führt aus, daß er bei den verschiedensten Begegnungen mit ihm im Dogenpalast immer von seinen Beratern, dem Kleinen Rat, umgeben war, der die Befugnisse des Dogen einschränkte und gemeinsam mit ihm die *Serenissima Signoria* bildete. Aber zweifellos war er ein Doge, der es verstand, sich bis zum Äußersten der ihm zur Verfügung stehenden konstitutionellen Mittel zu bedienen. In den heißen Phasen des Konflikts war er es dann, der kommandierte, indem er das Markus-Banner schwenkte, die Verkörperung der allseits gefürchteten und respektierten Eigenschaften der hohen mittelalterlichen Kavallerie.

Und hier bei San Luca stand angeblich der Palast des Dogen Enrico am Canal Grande. Eine Theorie besagt, daß der gegenwärtige Theaterhof, der heute durch die hohe graue Mauer des neuen Theaters Goldoni verschandelt ist, ein Rest des alten Hofes sein könnte. Wenn ihn nicht mit dreiundneunzig Jahren der Tod überrascht hätte, als er mit dem kaiserlichen Heer von Adrianopolis nach Rodosto am Marmara-Meer ritt, unter dem Druck der Truppen des bulgarischen Zars, die Kaiser Balduin gefangengenommen hatten, dann hätte dieser herausragende Mann zum Ruhm seiner Nachkommen vielleicht seinen Teil der Beute aus der »Stadt, die über jeder anderen stand« hier abgelegt. Wieviel Kriegsbeute er nach Venedig geschickt hat, erfährt man, wenn man den Schatz von San Marco und in den Sälen der Basilika die berühmte Bronze-Quadriga besichtigt, die ins Innere gestellt wurde, um sie vor den atmosphärischen Belastungen zu schützen.

Der Tradition folgend gehörte ihm der schöne, etwas dahinter stehende venetisch-byzantinische Palast, der unter dem Namen der späteren Besitzer als Ca' Farsetti bekannt ist. Diese Zuschreibung wird jedoch von einem anderen Dogen aus der Familie Dandolo, Andrea, dementiert, der über diesen Palast zugunsten seines Sohns Fantino verfügte, ihn selbst gekauft hatte und erklärte, »er stehe nicht weit entfernt« vom Palast des Dogen Enrico.

Andrea, der Doge Andrea, der letzte Doge, der in der Markus-Basilika bestattet wurde, wo man ihn auf seinem schönen gotischen Sarkophag im Baptisterium abgebildet sehen kann, war – so sehr er sich auch von seinem großen Vorgänger unterschied – alles andere als ein unbedeutender Mann. Er wurde 1306 geboren, hatte in Padua studiert und eine steile Karriere gemacht: mit etwas mehr als dreißig Jahren war er bereits Prokurator von San Marco, nicht mit Hilfe von Geld, sondern aufgrund von Verdiensten, und mit knapp siebenunddreißig bestieg er den Dogenthron, nachdem er einen erstrangigen und ehrgeizigen Politiker wie seinen späteren glücklosen Nachfolger Marino Falier eindeutig besiegt hatte. Es hieß, das große Ansehen seiner Familie habe für ihn gesprochen, aus der außer Enrico schon zwei weitere Dogen,

Giovanni und Francesco, hervorgegangen waren, die jedoch aus anderen Zweigen dieses uralten, zu den zwölf »apostolischen« Familien gehörenden Geschlechts stammten. Aber nur wenige Persönlichkeiten seiner Zeit erfreuten sich so großer Wertschätzung und Sympathie: »er war gerecht, liebte das Vaterland, dem er bedeutende Freunde verschafft hatte, ein brillanter Geist, dessen Worte großen Einfluß hatten«, so definierte ihn Francesco Petrarca, der ihn gut kannte. Das Volk nannte ihn »contesin«, den kleinen Grafen, oder auch »cortesan«, ein Ausdruck, der im Venezianischen eine höfliche und sympathische Person bezeichnete, oder sogar »conte di virtù« (Tugendgraf). Angeblich hatte sich Isabella Fieschi, die Frau von Luchino Visconti, dem Herrn von Mailand, 1347 bei einem Besuch in Venedig rettungslos in ihn verliebt. Sicherlich war er ein Mann von großer Kultur, ein Humanist, der Beziehungen zu den größten Schriftstellern und Juristen Europas unterhielt, ein Gelehrter, der mit Hingabe die venezianischen Chroniken und Dokumente studierte und der mit Leidenschaft und Kompetenz die Geschichte Venedigs in zwei Werken erzählte, zwei Chroniken, die zwar sehr umstritten, aber immer noch grundlegend sind. Zu seinem Unglück war er in schwierigen Zeiten Doge geworden. Im Jahr seiner Wahl herrschte noch Hochstimmung, der Marktpreis der Staatsschatzbriefe übertraf sogar den Ausgabepreis. Doch knapp zwei Jahre später rebellierte zum siebten Mal Zara, angestiftet durch den ungarischen König, und dann brach nach einem verheerenden Erdbeben die schreckliche Epidemie der »schwarzen Pest« aus, die drei Fünftel der Bevölkerung hinwegraffte. Die ewige Rivalin Genua hatte Venedig erneut in einen langen Krieg verwickelt und diesmal die Visconti, die mächtigen Herrscher von Mailand, mit einbezogen. Der Seefeldzug, der die Adria und das Jonische Meer in Brand steckte, hatte sehr schlecht begonnen. Es geschah, was in solchen Situationen geschehen mußte: die durch so viele Katastrophen erschöpfte Bevölkerung war dem Dogen gram. Dieser war zu Recht gegen einen Frieden um jeden Preis – übrigens ein sehr edel formulierter Vorschlag seines Freundes Petrarca – und mußte sich vorwerfen lassen, ein Kriegstreiber zu sein. Andrea Dandolo starb voller Bitterkeit mit nur achtundvierzig Jahren im Jahre 1354, beweint von Freunden und den vielen gebildeten Menschen, mit denen er sich umgeben hatte.

Er selbst war mit einer Morosini verheiratet, Francesca, und eine recht mittellose Morosini aus dem Zweig des Dogen Marino (sie brachte nur einundfünfzig Lire und sechs Soldi in Hartgeld als Mitgift in die Ehe) hatte seinen Zweitgeborenen Sohn Leonardo geehelicht, dem der Doge in seinem Testament tausend Golddukaten hinterließ. Fantino, der Erstgeborene, der Erbe des Palastes, hatte dagegen Beriola Falier geheiratet, die Nichte des Nachfolgers seines Vaters im Dogenamt, die ihm eine Mitgift von dreitausend Lire in Hartgeld eingebracht hatte. Alle beide sollten sie Karriere machen, Fantino als Schriftsteller und als Mann von Geist, Leonardo als außergewöhnlicher Diplomat, der mehrfach bei der Dogenwahl kandidierte. Leonardos Sohn Fantino wurde Bischof von Padua und Legat von Papst Eugen IV. Aber die Kultur war das Schicksal des Palastes. Er brannte in der Nacht zum 3. Dezember 1524 teilweise ab (es gab keine Opfer, auch wenn es sehr mühsam war, einen Dandolo in Sicherheit zu bringen, der »das Haus partout nicht verlassen wollte«), war um die Mitte des 16. Jahrhunderts noch im Besitz einer Seitenlinie der Familie und wurde im Jahre 1669 von Anton Francesco Farsetti gekauft, dem Oberhaupt einer toskanischen Familie, die vier Jahre zuvor »per soldo« ins Patriziat aufgenommen worden war. Diese Familie war also wesentlich weniger alt und berühmt als die Familie Dandolo, aber sehr reich und im Bereich der Kultur und der Künste genauso engagiert wie jene.

Die Farsetti hatten sich voller Engagement der Sammelleidenschaft und dem Mäzenatentum gewidmet. Filippo Vincenzo Farsetti, der Priester geworden war, um dem Ärger mit der Politik zu entgehen, hatte halb Europa bereist, war lange in Paris gewesen und hatte eine Sammlung von Abgüssen und Reproduktionen zusammengestellt, die häufig von bedeutenden Künstlern stammten, aber auch viele antike, vor allem griechische und römische, und ein paar moderne Statuen waren darunter. In seinem Palast am Canal Grande hatte er sie den jungen Leuten zur Verfügung gestellt, die Bildhauerei studierten, und sogar Bildhauer engagiert, die die besten Studenten fördern sollten. Unter ihnen war auch Antonio Canova gewesen. Der Abate ließ sich bei Santa Maria di Sala im unmittelbaren venetischen Hinterland auch eine grandiose Villa bauen, in der er römische Säulen aus Ausgrabungen verwendete, die er eigens aus Rom kommen ließ. Mit diesen beiden Unternehmungen hatte er eine Million Dukaten durchgebracht, heute wären das einige Milliarden Lire. Sein Cousin und Erbe Daniele Filippo, Musikkenner und Mäzen von Malern, hatte selbst auch Maler werden wollen und sich bei Giuseppe Angeli ausbilden lassen. Er war dann letzten Endes ein gar nicht so schlechter Maler geworden. Und sein Bruder Tommaso Giuseppe, der ebenfalls viel gereist war, sich lange in Paris aufgehalten hatte, dann in den Malteser Orden eintrat und Bailli wurde, war Dichter und Tragödienautor, vor allem aber ein großer Liebhaber bibliophiler Ausgaben. Bei seinem Tod 1791 hinterließ er der Bibliothek Marciana 1650 Bände von größtem Wert, die sich dort noch heute befinden.

Daniele Farsetti, ein guter Freund von Gasparo und Carlo Gozzi, gehörte mit ihnen zu den Gründern einer burlesken Akademie, der Accademia dei Granelleschi. Diese Akademie war erklärtermaßen von satirischen und kulinarischen Absichten ausgegangen, wurde dagegen eine »ernsthafte Sache und Gelegenheit für gute Literatur«. Das väterliche Talent schien er an seinen Sohn und Erben weitergegeben zu haben, an Antonio Francesco, Botaniker und auch er Gründer einer literarischen Akademie. Doch als er sich 1787 mit siebenundzwanzig Jahren an der Spitze eines enormen Vermögens sah, stellte er eine Verschwendungssucht zur Schau, wie sie selbst im ausschweifenden 18. Jahrhundert ungewöhnlich gewesen wäre.

Sein Onkel, der Bailli, hatte alles versucht, um eine Katastrophe zu vermeiden, welche die Bibliothek, die Pinakothek und all die schönen, liebevoll in Ca' Dandolo und in Santa Maria di Sala zusammengetragenen Dinge mit sich gerissen hätte. Er bat die Staatsinquisitoren einzuschreiten, und heiratete sogar, nachdem er vom Gelübde dispensiert worden war, aber er blieb ohne Nachkommen. Als er dann sein Ende nahen fühlte, überließ er seinen Besitz dem Consiglio Nobile der Stadt Padua, der einen Erben auswählen sollte, und dieser Designierte sollte verpflichtet werden, den Nachnamen Farsetti anzunehmen. Alles vergebens. Antonio Francesco Farsetti verramschte die Bibliothek; darauf versuchte er, auch das Familien-Museum zu verkaufen, was ihm aufgrund der Intervention der Behörden nicht gelang. Aber nach dem Fall der Republik, als ein großer Teil dessen, was von seinem einst riesigen Vermögen noch übriggeblieben war, vom Niedergang der Wirtschaft in jener Zeit in Mitleidenschaft gezogen wurde, mußte er die besten Gemälde der Pinakothek unter Wert verkaufen. Seine Statuen schenkte er dem Zaren Paul I., als dieser in der Hoffnung, dort sein Glück zu machen, nach Sankt Petersburg zog, wo er jedoch 1808 arm und verschuldet starb. Im Palazzo Farsetti blieben nur die Gips-Abgüsse, die dann später vom österreichischen Kaiser für die Akademie der Schönen Künste angekauft wurden.

3.

Im September 1557 war mit allem Prachtaufwand die Amtseinsetzung der Dogaressa Zilia Dandolo, der Gattin des am 14. Juli 1556 gewählten Dogen Lorenzo Priuli, gefeiert worden.

Zweiundzwanzig Jahre später, am 26. April 1595 wurde nach einem Konklave von vierundzwanzig Tagen, einundsiebzig Abstimmungen und zwei feierlichen Ermahnungen von seiten der Signoria an die Wahlmänner der Prokurator von San Marco, Marino Grimani, zum Dogen gewählt. Es war das zweite Mal in dem Jahrhundert, daß ein Grimani den Dogenthron bestieg. Der erste war der steinreiche Kaufmann Antonio Grimani gewesen, den man vor allem deshalb zum Capitano generale da Mar gewählt hatte, weil er in der Lage war, die enormen, zur Bezahlung der Rudermannschaften notwendigen Summen vorzustrecken. Er hatte in den Gewässern des südlichen Peloponnes einige katastrophale Niederlagen gegen die Türken einstecken müssen. Deshalb wurde ihm der Prozeß gemacht, er wurde verurteilt und verbannt, nachdem etwas Zeit verstrichen war, kehrte er jedoch in die Heimat zurück und wurde im Alter von siebenundachtzig Jahren in das höchste Amt des Staates gewählt.

Nach den in den Gewässern von Zonchio und Sapienza erlittenen Niederlagen schlug Antonio Grimani eine Welle heftiger Unbeliebtheit entgegen. Marino Grimani dagegen war, noch bevor er von den widerwilligen Wahlmännern zum Dogen gewählt wurde, vom Volk bereits lauthals erkoren worden, das während des Konklaves Fahnen schwenkend durch die Straßen lief und »Viva Grimani« rief. Kaum wurde seine Wahl bekannt, begann eine verrückt gewordene Menge die eben erst für die traditionelle Himmelfahrts-Messe auf der Piazza San Marco errichteten Buden in Stücke zu schlagen, und während sie aus vollem Hals schrieen: »Es lebe Grimani, der die Brote dikker machen wird!« hatten sie alles in Brand gesteckt.

Während der gesamten Renaissance-Zeit wetteiferten die Grimani mit den Corner darum, wer reicher sei. Nur wenige Familien jedoch konnten ihnen auch nur im entferntesten als Mäzene und Kunstkenner Konkurrenz machen. Ihr Reichtum ist am stolzen Pathos ihres Palastes abzulesen, den der Vater des Dogen Marino, der Prokurator Girolamo, sich am Canal Grande bei San Luca von Michele Sanmicheli, dem genialen Festungsbauer aus Verona, hatte errichten lassen: eine grandiose Masse, feierlich, beinahe beängstigend in ihrer Kolossalität, ungewöhnlich jedenfalls für Venedig und für den Canal Grande. Ein anderer Palazzo Grimani, dessen Eingang sich in einer Seitengasse der volkstümlichen Ruga Giuffa in Castello bei Santa Maria Formosa versteckt, legt jedoch viel mehr als der gerade beschriebene Palast Zeugnis ab von der intensiven, mit Intelligenz und Geschmack betriebenen Sammelleidenschaft seiner herrschaftlichen Bewohner und von einem Reichtum gepaart mit Phantasie und Raffinement. Dieser Palast wurde zu einem großen Teil von einem Prälaten gebaut, der in der Architektur sehr bewandert war, von Giovanni Grimani, einem Neffen des Dogen Antonio und des außergewöhnlichen Kardinals Domenico, dem Begründer der Sammlungen des Archäologischen Museums von San Marco.

Hatte wirklich »die ganze Stadt« – wie der Kanonikus Stringa, der die *Venetia* von Sansovino fortgesetzt hat, behauptet – darauf gedrängt, daß der Doge Marino »sich nunmehr entschlösse«, zwei Jahre nach seiner Wahl »seine Frau krönen zu lassen«? Oder war es die Dogaressa Morosini, selbst Mitglied einer uralten Dogenfamilie, die es verlangte? Wie auch immer, einem Dogen, der am Tag seiner Wahl einen Sack Mehl und einen Bottich Wein an alle Armen verteilen ließ, die bei den *Traghetti* des Canalazzo auftauchten, und der auf der Piazza drei Schüsseln voller Silbermünzen unters Volk geworfen hatte, dürfte die Gelegenheit nicht mißfallen haben, die eigene Freigebigkeit und die Größe seines Geschlechts zur Schau zu stellen. Und die Feste zu Ehren der Morosina Grimani Morosini waren ein so großer Erfolg, daß weder vorher noch nachher jemals wieder Ähnliches gesehen wurde: »paroxystisch«, schrieb ein Historiker. Es war im Mai 1597, ganz genau zwei Jahrhunderte vor dem Fall der Republik und dem Ende von allem.

Am 4. Mai also gegen 18 Uhr traten die Signoria und sechzig Senatoren in Begleitung der *Comandadori* mit scharlachroter Mütze, der Sekretäre und Dogen-Kanzler mit dem Cancellier Grande an der Spitze, und der Schildknappen des Dogen aus der Porta della Carta des Dogenpalastes heraus und gingen unter den Säulengängen der Alten Bibliothek hindurch, um sich auf dem Bucintoro einzuschiffen. Der Bucintoro setzte sich mit zwei *Ducali Peatoni*, den großen, reich geschmückten Booten des Staates, in Richtung Canal Grande in Bewegung, und begleitet von den üblichen Artillerie-Salven und den Klängen von Trompeten und Trommeln ging es zum Palazzo Grimani.

Dort ging der offizielle Zug an Land, stieg die Freitreppe hoch und trat in den *Portego* des *Piano Nobile*, des ersten Stocks ein, wo die Dogaressa wartete. Sie war in Begleitung der Frau des kaiserlichen Botschafters, der Gemahlinnen der Prokuratoren von San Marco, Soranzo, von Lezze, Paruta und Nani und der Gattin des Cancellier Grande. Auch Morosinas Schwester Angela war da, die Almorò Grimani, den jüngeren Bruder des Dogen, Cavalier und Prokurator von San Marco geheiratet hatte, außerdem die Töchter Laura, verheiratet mit Nicolò Corner »de la ca' granda«, Beatrice, die Nonne, Maria, Witwe von Alvise Grimani und von Nicolò Molin und in dritter Ehe verheiratet mit Onfré Giustinian, sowie Donata Tiepolo. Auch die Enkel waren anwesend. Und alle bewegten sich auf den *Cavalier del Dose* zu, den großen Dogenkämmerer, der beauftragt war, mit seinem Gefolge von Schildknappen die Dogaressa abzuholen. Vor der Gruppe der Damen schritten sechs Jungfern »col Nano & la Nana«, dem Zwergenpaar Lucieta und Lorenzo di Savi, die an allen Festen in vorderster Reihe teilnahmen, und von der Dogaressa in ihrem Testament gut bedacht wurden.

»In schönster Ordnung« nahm der Zug, dem sich jetzt die Dogaressa mit ihrem Gefolge angeschlossen hatte, im Bucintoro Platz, mit Ausnahme der Senatoren und der Schildknappen, die sich in die *Ducali Peatoni* bequemten. So setzte sich der Bucintoro wieder in Bewegung, begleitet von den Booten der Korporationen und von einem »Schiff, wie niemals ein wunderbareres gesehen wurde«, gebaut von einer Gruppe von vierzig Adligen, die jetzt darin Platz genommen hatten. Zwei Galeeren fuhren voran, unzählige Gondeln und andere Boote folgten, und eine Menge »Männer, Frauen, Jungen und Mädchen« drängten sich auf den Balkonen, an den Fenstern, in den Dachkammern und auf den Terrassen den gesamten Canal Grande entlang. In der Nähe der Säule mit dem geflügelten Löwen an der Mole der Piazzetta ging die Dogaressa mit dem Zug über eine Brücke aus Flößen an Land. Die Zunft der Metzger hatte einen prächtig geschmückten Triumphbogen errichten lassen. Wer diese Dekorationen und die verschiedenen Phasen des mehrtägigen Festes bewundern will, dem vermitteln – wenn auch wesentlich blasser im Vergleich zur Wirklichkeit – die Bilder von Andrea Vicentino und der anderen Maler eine Vorstellung davon. Sie sind unter anderem in den Sammlungen des Städtischen Museums Correr ausgestellt.

Die Beschreibung der Festlichkeiten für Morosina Grimani hat dem sorgfältigen Kanonikus Stringa vierundzwanzig engbeschriebene Oktav-Seiten abverlangt. Es mag genügen zu erwähnen, daß es neben der Krönungszeremonie auch die feierliche Übergabe der Goldenen Rose gab, eine Auszeichnung von großer Bedeutung, mit der Papst Clemens VIII. die Dogaressa ehrte. Nach dem anschließenden Bankett fand »ein feierliches Fest mit dem Schiffskrieg der Engländer« im Becken vor

San Marco statt, sowie einige Regatten, die vor allem den Zuschauern aus dem Volk viel Freude machten.

Sowohl Marino als auch Morosina sind immer wieder von Malern und Bildhauern porträtiert worden. Im Dogenpalast gibt es unter anderem ein Gemälde von Gabriele Caliari, das den Dogen beim Empfang der Gesandtschaft des Schahs von Persien, Abbas des Großen, zeigt, die im Jahr des größten Erfolgs der Morosina nach Venedig gekommen war. Morosina liegt reglos im Marmor des Grabmals, das sie mit ihrem Gatten teilt, in der Kirche San Giuseppe di Castello. Aber das genaueste Porträt von ihr ist zweifellos das Jacopo Palma, dem Jüngeren, zugeschriebene Bild im Museum Correr: eine Frau mittleren Alters, mit unter der Dogenmütze gerafftem Haar, dem etwas dicklichen Gesicht einer Hausfrau, ein wenig mißtrauischen Augen und einer leicht platten Nase, mit kurzen und dicken Fingern, ein gutes Weib kurzum, das man sich schwerlich im Mittelpunkt einer der außergewöhnlichsten Festlichkeiten, die jemals für eine Frau, für eine Prinzessin, veranstaltet wurden, vorstellen kann.

Man weiß viel von ihr, aber wenig oder nichts von ihrer Privatsphäre, ihren Gefühlen, kurz, ihrem Leben: es gibt nur das Testament und die Grabrede, die im Januar 1613 von Giovanni de' Conti gehalten wurde, eine Anhäufung von Banalitäten, die sich auf den Kontrast zwischen den früheren Festlichkeiten und der Trauer bei der Bestattung stützten. Von dem Dogen weiß man etwas mehr, zum Beispiel, daß er für Morosina eine aufrichtige und tiefe Liebe empfand: in seinem Testament nennt er sie »heißgeliebte und herzlichste Schwester«, »die uns in all unserer Mühsal immer höchster Trost, Erquikkung und Hilfe gewesen ist« (sie war also weder eine mittelmäßige, noch eine egoistische Frau). Er hatte für sich selbst und für Morosina (die einiges an eigenem Vermögen besaß; überdies hatte sie zum Andenken an ihre Krönung eine besondere *Osella*, eine Silbermünze mit ihrem Abbild, prägen lassen, die

PROSPETTO

del

Canal Grande

di

VENEZIA

Lato Sinistro

* *Isola di S. Giorgio Maggiore e Porto Franco* * *Dogana di Mare o di Transito* *

1

* *Seminario Patriarcale* * *Tempio di S. M.ª della Salute* * * *Traghetto di S. Gregorio*

2

3 * Dario * Venier * Da Mula Barbarigo * Traghetto di S. Vio 3

Loredan Balbi-Valier Manzoni Brandolin * I. R. Accademia delle Belle Arti T.to della Carità Querini 4

Gambara Contarini dagli Scrigni Cozzi Y.to a S. Barnaba Rezzonico 5

Giustiniani Giustiniani Giustiniani ora Schiavoni Foscari Balbi in volta di Canale Angarani Grimani 6

Y.to di S. Toma
Persico
Tiepolo
Pisani
Barbarigo della Terrazza
Cappello

7

Grimani
Dubois
Bernardo
Y.to della Madonnetta
I. R. Com.to Sup.mo di Pol.a del Ses.re S. Polo
Donà
Tiepolo
Businello

8

* Scala verso la Riva del Carbon
Scala verso il T.º del Buso *

Barbarigo — Ala delle Fabbriche Vecchie di Rialto — Ponte di Rialto (da S. Bortolammeo) — Palazzo Camerlinghi ora dell' I. R. Trib. d' Appello — Fabbriche Vecchie di Rialto* in Erbaria ora Residenze degli II. RR. Tribunali Civili, e Mercantile — Fabbriche dette Nuove — Traghetto alle* 10

Corner della Regina Pugnalin* — Pesaro* — Foscarini — *Chiesa e T.to di S. Stae (S. Eustachio) — *Contarini 12

Duodo Balbi Valier Tron Capovilla Fondaco de' Turchi e Traghetto Correr 13

T.to sulla Riva di Biasio. Todarini Zen I. R. Com.o Sup.re di Pol.a del Sest. di S. Croce Balbi 14

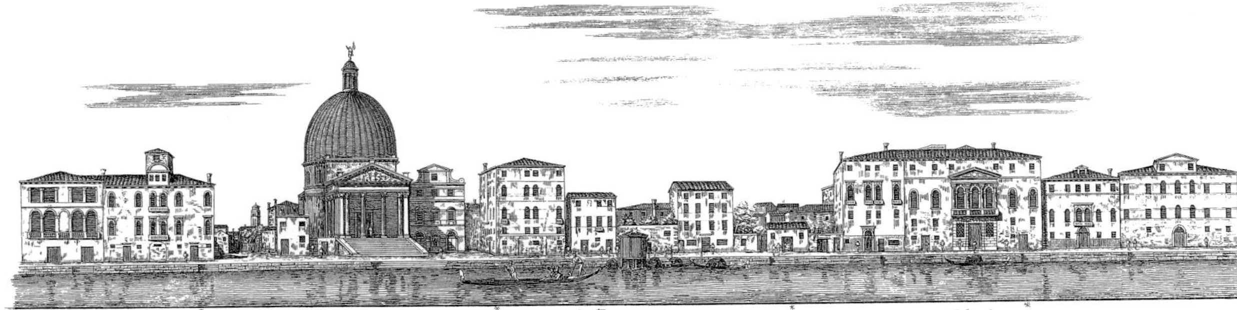

S.S. Simeone e Giuda (S. Simeon Piccolo) — Y.to a S. Simeon Piccolo — Diedo — 16

Traghetto e Ponte della Croce — 17.

ESTREMITA'

del

Lato Sinistro

sul

Canal Grande

di

VENEZIA

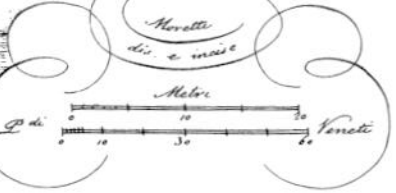

Isola di S.ta Chiara ora Ospitale Militare — *Laguna verso Fusina* — 19

Traghetto al Corpus Domini — *Scuola de' Nobili* — *Lion Cavazza* — *Traghetto e Chiesa di S.a Lucia* — *Barzisa ora Calbo-Crotta* — *Bragadin ora Vescovi* — 21

Chiesa degli Scalzi — T^to agli Scalzi — Calbo – Crotta — 22

Flangini — Chiesa di S. Geremia e Traghetto — Imboccatura di Cannareggio — 23.

Contarini Gritti Martinengo Chiesa e Traghetto di S. Marcuola
(S.S. Ermagora e Fortunato)

24

Vendramin Calergi Marcello Erizzo Piovene Traghetto alla Maddalena Barbarigo Cataneo
Emo Molin ora Querini

25

Grimani
ora Dalla Vida
Boldu
T.to a S. Felise
Rech
Contarini
Cà Doro
ora Conegliano

26

Sagredo
T.to di S. Sofia
Micheli dalle Colonne
Micheli
del Brusà
Mangilli
Valmarana
Traghetto del Leon bianco

27

Corte Remera Civran Fondaco de Tedeschi ora I. R. Dogana 28

T.^o del Buso Scala verso il Palazzo Camerlinghi Scala verso la Riva del Vin Manin Bembo Riva del Carbon 29

Ponte di Rialto (da S. Jacopo)

Enrico Dandolo ora Albergo dello Scudo di Francia — Y.to del Carbon — Loredan ora L'Apollinea — Farsetti ora Residenza Municipale — Albergo R. del Leon Bianco — Grimani ora I. R. Direzione delle Poste — Cavalli — Martinengo — Y.to a — 30

Y.to a S. Benedetto — Benzon — Curti — Corner-Spinelli — Y.to Garzoni — 31

Correr Palazzi della Famiglia Mocenigo Charmet Contarini Moro-Lin 32

Grassi Chiesa e T.^{re} di S. Samuele Malipiero Cà del Duca Giustinian Lolin 33

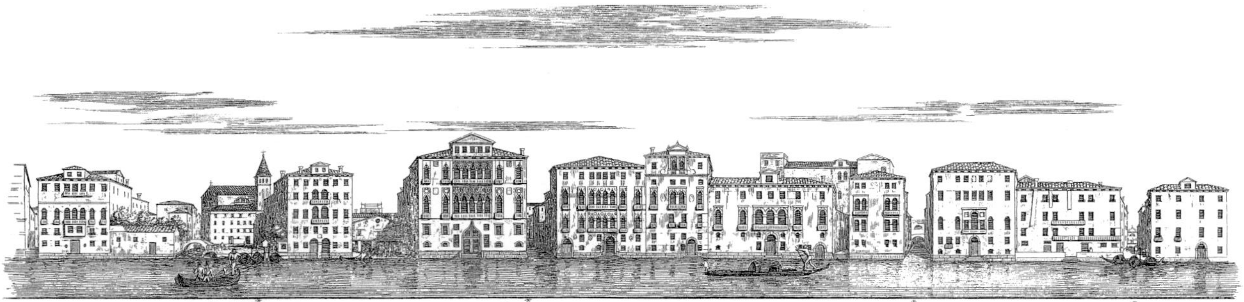

T.^to S. Vidal (S. Vitale) — Cavalli — Barbaro — Pisani e Foscolo — Stecchini — T.^to S. Maurizio alla Calle del Doge

34

Corner della Ca Grande ora I. R. Delegazione Provinciale — Barbarigo — T.^to S.^a M.ª Zobenigo (S.^a M.^a del Giglio) — Gritti — Fini

35

Manolesso-Ferro ora Armano | Contarini-Fasan | Micheli ora Alvisi | T.to S. Moisè | Tiepolo ora Zucchelli | Emo ora Treves

36

Giustiniani ora Grande Albergo l'Europa | T.to del Ridotto | Erizzo | I. R. Magistrato di Sanità Marittima | Giardino del Palazzo Reale

37

an alle Patrizier des Großen Rats verteilt wurde), für die prunkvollen Bankette, für die er berühmt war, und für sein Mäzenatentum gegenüber Bildhauern und Malern, insbesondere Leandro Bassano, riesige Summen ausgegeben, die seinen immerhin stattlichen Besitz mit der Zeit schmälerten. Er besaß unter anderem die alte Osteria dello Storione am Rialto sowie eine schöne Villa an der Brenta in der Nähe von Padua, und er hatte von der Signoria die Erlaubnis erhalten, sich dort zwei- bis dreimal im Jahr einige Tage aufzuhalten. Von Morosina hatte er keine Söhne, und sein Familienzweig, der noch heute existiert und dem in diesem Jahrhundert Filippo Grimani, der verdiente Bürgermeister von Venedig während des Ersten Weltkriegs, neuen Glanz verlieh, wurde durch den Neffen Piero, Almoròs Sohn, weitergeführt. Im großen und ganzen wissen wir also von den beiden so sehr gefeierten und zu ihrer Zeit so berühmten Persönlichkeiten recht wenig. Zu wenig, was auch für viele andere mehr oder weniger illustre Anwohner des Canal Grande gilt.

4.

Weitere Dogen treffen wir auf dieser Seite des Canal Grande bis zum Palazzo Mocenigo bei San Samuele nicht mehr, wenn auch in gewisser Weise Giuseppe Volpi di Misurata den Typ des Dogen verkörperte. Er war der Eigentümer des Palastes, der ehemals d'Anna, dann Viaro, dann Martinengo hieß und dessen lange Fassade am Canal Grande direkt hinter dem Traghetto von San Beneto entlangführt. Volpi hatte auch die Statur eines Dogen: die füllige Figur verlieh ihm einen würdevollen, ein wenig feierlichen Gang, der schneeweiße Spitzbart à la Pantalon der Bedürftigen ähnelte dem Bart vieler echter Dogen, ob sie nun wie er große Kaufleute gewesen waren oder nicht. Und wie die Dogen der Serenissima war er zu Lebzeiten und noch heute – vierundvierzig Jahre nach seinem Tod – üblen Verleumdungen, Diskussionen und Polemiken ausgesetzt, doch gleichzeitig lobte man ihn und trauerte ihm nach. Das war nicht mehr als recht für den Protagonisten, die Hauptfigur einer außergewöhnlichen wirtschaftlichen Hochsaison, die Venedig zwischen dem Ende des letzten Jahrhunderts und dem Zweiten Weltkrieg erlebte – eine Ausnahme im unaufhörlichen ökonomischen Niedergang, der mit dem Fall der Republik eingesetzt hatte.

Giuseppe Volpi di Misurata wurde am 17. November 1877 in Venedig geboren und sollte genau siebzig Jahre später am gleichen Tag, am 17. November 1947, in Rom sterben. Sein Vater, ein tüchtiger Ingenieur, der im Bezirk von Santa Maria dei Frari wohnte, war ein leidenschaftlicher Liebhaber der venezianischen Kultur. Aber er, »Bepi« Volpi, hatte eben erst das Abitur am humanistischen Gymnasium gemacht und war schon Direktor einer Versicherungsgesellschaft. Mit zweiundzwanzig beriet er die ungarische Regierung in Sachen Außenhandel. Und er war noch ein junger Mann zwischen sechsundzwanzig und zweiunddreißig, als er mit der Unterstützung einiger Honoratioren, die sein Talent erkannt hatten, eine Reihe von Initiativen in Gang setzte, die von der Errichtung des Tabakmonopols im Königreich Montenegro bis hin zur Gründung einer Gesellschaft für die Ausbeutung der Erzlagerstätten im Balkan ging, vom Bau des Hafens von Antivari bis zur Gründung der Adriatischen Elektrizitätsgesellschaft. Im Geburtsjahr dieses künftigen hydroelektrischen Giganten war er gerade eben achtundzwanzig Jahre alt.

Soviel Unternehmergeist hatte ihm im mißgünstigen venezianischen Mikrokosmos wütende Verleumdungen eingebracht: es hieß, er verkaufe faule Eier an die Albaner, verdorbenes Schweinefleisch an die Serben. Aber er hatte auch die Aufmerksamkeit Giovanni Giolittis erregt, des Regierungschefs, der den Krieg gegen die Türken von 1911 geführt und vorangetrieben hatte. Als praktisch denkender Mann hatte Giolitti für die Verhandlungen mit den Türken jemanden gesucht, der diese von Grund auf kannte. Und wenn ihm jemand die Verleumdungen entgegenhielt, die Volpi einen gewissen Leichtsinn in den Geschäften nachsagten, hatte er lächelnd geantwortet: »Das mag sein, aber es handelt sich um Türken.« So hatte sich Volpi zunächst in Istanbul, dann am Verhandlungstisch, an dem der Vertrag von Ouchy geschlossen werden sollte, mit der Sicherheit eines Venezianers aus den Zeiten der Serenissima bewegt, das heißt er war als geschickter Diplomat aufgetreten und gleichzeitig als Kaufmann von feinem Gespür. Das Ergebnis war, daß Italien mit dem von ihm ausgehandelten Vertrag Libyen und die Dodekanes erhielt. Giolitti hatte richtig gesehen.

So hatte Giolitti ihn 1921 dann zum Gouverneur von Libyen gemacht. Und auch dieses Mal hatte sich die Wahl als richtig erwiesen. Der König, der Volpi bereits 1920 zum Grafen ernannt hatte, verlieh ihm das Prädikat »di Misurata«, das neue Gehässigkeiten zwischen Café Florian und Café Lavena auslöste. Das Prädikat zeichnete ihn für die von ihm persönlich geleitete, mutige Besetzung von Misurata Marina aus.

Dann brach die Zeit des Faschismus an. Volpi war wie alle hohen Vertreter der Finanz- und Unternehmerwelt Parteigänger der Faschisten gewesen, hatte als Finanzminister die Lira verteidigt und schließlich erfolgreich für die Tilgung der Kriegsschulden Italiens gekämpft. Das Urteil der Historiker über seine Finanzpolitik ist absolut nicht negativ. Nach seiner Zeit als Minister blieb er die ganze Zeit über ein hoher Notabel des zwanzig Jahre währenden Regimes, ein Prominenter ersten Ranges, und viele wunderten sich, daß ein so welterfahrener und so gut unterrichteter Mann wie er nichts versuchte, um etwas zu bremsen, was sich immer mehr als ein Erdrutsch entpuppte: das Bündnis mit dem nationalsozialistischen Deutschland, den Kriegseintritt, die absurde Herausforderung an Amerika, dessen übermächtiges Potential er sehr gut hätte kennen müssen. Ein vorsorgliches Eingreifen des Schicksals wollte es, daß er in der Präsidentschaft der Confederazione dell'Industria (Industrieverband), die er seit vielen Jahren innehatte, genau am Vorabend des 25. Juli 1943 abgelöst wurde, dem Tag der Abstimmung des Großen Rats gegen Mussolini: sein Nachfolger wurde wegen dieser Abstimmung im Prozeß von Verona zum Tode verurteilt und entging der Erschießung nur, weil es ihm gelungen war, sich zu verstecken und zu fliehen. Aber wenn Volpi auch von der Rache der Faschisten von Salò verschont geblieben war, so konnte er es nicht verhindern, der SS des Oberst Kappler in die Hände zu fallen, die ihn für einige Zeit im düsteren Kerker der Via Tasso gefangenhielt. Darauf wurde ihm von der schweizerischen Regierung die Einreise als politischer Flüchtling in die Helvetische Eidgenossenschaft verwehrt. Der Wind hatte sich gedreht: in der Nachkriegszeit wurde er schwerer Vergehen beschuldigt, vor allem, das faschistische Regime unterstützt und aus dem Regime Gewinne gezogen zu haben. Er wurde mit gleicher Vehemenz von Faschisten wie von Antifaschisten beschimpft. Aber mittlerweile war er nur noch der Schatten seiner selbst, er war krank, sehr krank. Gegen die innere Logik der Persönlichkeit, die er siebzig Jahre seines Lebens gewesen war, vollzog sich sein Ende in aller Stille, er war vergessen oder fast vergessen, fern von Venedig und fern von seinem Palast am Canal Grande.

Heute wird ihm als schwerste Schuld, mehr noch als die Unterstützung des Faschismus, das vorgeworfen, was man ihm einst als größtes Verdienst anrechnete: die Schaffung von Porto Marghera, des berüchtigten Porto Marghera, auf das man – wenn nicht alle – so doch drei Viertel aller Übel zurückführt, die Venedig heimsuchen und seine Existenz bedrohen: die Luftverschmutzung, das Ungleichgewicht des Ökosystems der Lagune, die ökologische und bevölkerungspolitische Katastrophe. Doch auch wenn man die dummen Beweihräucherungen der Journalisten des faschistischen Regimes beiseite läßt, die den Industriehafen als das Unternehmen präsentierten, das Entwicklung und Zukunft der Stadt sicherstellen würde, muß der Tatsache Rechnung getragen werden, daß Volpi sich nach eigener Aussage mit dieser Initiative vorgenommen hatte, die Industrie von Venedig fernzuhalten und so dem Organismus der Stadt die Verwüstungen zu ersparen, die das vorige Jahrhundert und die ersten Jahre unseres Jahrhunderts bereits ausgiebig vorgeführt hatten – ohne allerdings auf die Industrie ganz zu verzichten.

Vielleicht hatte nicht einmal ein erfahrener Mann wie er die Folgen voraussehen können (im übrigen war die petrochemische Industrie, die Hauptschuldige für die Verschmutzung, damals noch nicht das, was sie später werden sollte: der neue Komplex der Erdölchemie stammt aus dem Jahre 1973). Und die Verantwortung dafür und für die Irrtümer der Folgezeit, aufgrund derer Venedigs Anhängsel auf dem Festland Marghera und Mestre eine Ansammlung von verpaßten Gelegenheiten und nicht nachahmenswerten Beispielen darstellen, wurden auf jeden Fall in großem Maße von der lokalen Verwaltung mitgetragen. Es stimmt zwar, daß bis zum Fall des Faschismus in dieser Verwaltung immer Volpis Geschöpfe saßen. Aber danach waren es andere, und sie taten wesentlich Schlimmeres.

Eine weitere, zweifellos verzeihliche Schuld wird ihm, der von seinem Hauspersonal und seinen engsten Mitarbeitern »Seine Exzellenz der Graf« genannt wurde, noch heute vorgeworfen: das triumphale Gehabe, die »Selbst-Inszenierung«, der Kult der Äußerlichkeit, der sich unter anderem in der überraschenden Vielfalt seiner Kleidung widerspiegelte. In unserer eigenen Erinnerung ist er ein prunkvoller Verwandlungskünstler: einmal in Paradeuniform mit Großkordon des Mauritius-Ordens, einmal in Galauniform als Staatsminister, dann in der Kleidung eines Yachtbesitzers, weiße Hose und blaue Jacke mit goldenen Knöpfen, dann in der Tracht eines Botschafters und mit Straußenfeder geschmückter Feluke, in Hut und Zylinder, in faschistischer Uniform, Wollstoff, schwarzes Hemd, Fes und Stiefel. All das verblüffte viele, die ihn privat als einen Mann von gesundem Menschenverstand und weisem Ratschlag kannten. Seine Persönlichkeit hatte durchaus etwas Widersprüchliches, er war eine Mischung aus Sympathie erwekkendem Charme und gewissen herrschaftlichen Verhaltensweisen, die er vor allem in Venedig zur Schau trug, wo sich kein Blatt rührte, wenn er es nicht wollte. Das paßte nicht zu der gutmütigen, lächelnden und jovialen Person, die selbst den schroffen Wirtschaftsminister Amerikas entzückt hatte, als er die Tilgung der Kriegsschulden erreichte. Vielleicht ist es aus der Zeit heraus zu beurteilen, schien damals weniger absurd als heute. Vielleicht war es auch eine Folge der vielen Verhandlungen mit Menschen aus dem Mittleren Orient, die sich von Äußerlichkeiten sehr beeindrucken ließen.

Aber wie war der Mensch Giuseppe Volpi di Misurata? Der Verfasser erinnert sich an Eigenschaften, die einer intelligenten Person anhaften: die aufgeweckte, scharfe Auffassungsgabe und die aufrichtige Achtung des Gesprächspartners, von welchem Schlag und welcher Bedeutung auch immer er sein mochte, selbst wenn es, wie in meinem Fall, ein achtzehnjähriger Junge war. Auf der anderen Seite besaß Volpi die Fähigkeit zu verführen und zu beherrschen, mit einem Wort, Macht über die Menschen. Man schrieb ihm auch große Menschenkenntnis zu, er spürte es, wenn er jemandem Vertrauen schenken konnte. So hatte er, seitdem er Präsident der Biennale von Venedig war, im vollen Bewußtsein, kein Kunstkenner zu sein, immer seinen Generalsekretär Antonio Maraini gestützt und unterstützt – auch bei den Entscheidungen, die auf dem Höhepunkt des faschistischen Regimes waghalsig erscheinen konnten, von ihm jedoch verteidigt wurden, wie die denkwürdigen Ausstellungen von Modigliani und den sowjetischen Malern, die Stalin verboten hätte. In gleicher Weise hatte er die Einrichtung der Mostra Internazionale d'Arte Cinematografica (Filmbiennale) und des Festival di Musica Contemporanea (Festival für zeitgenössische Musik) unterstützt.

Er besaß zwei Villen auf dem Land, zwei Villen nach Art eines Dogen. Die eine, die Villa von Marocco, hatte wirklich einem Dogen gehört, Francesco Morosini, dem Peloponnesier. Die andere hatte Andrea Palladio in Maser für zwei große Persönlichkeiten aus der Politik und der Kultur gebaut. Sie waren keine Dogen, auch wenn zumindest einer von ihnen es verdient hätte: Marc'Antonio Barbaro und sein Bruder Daniele, Patriarch von Aquileia. Paolo Veronese hatte die Villa Barbaro mit einem außergewöhnlichen Fresken-Zyklus geschmückt, und die Tatsache, daß Volpi sie ungeachtet der Kosten hat restaurieren lassen, war eine Geste großen Mäzenatentums. Insbesondere da er nicht der Typ für Ferien auf dem Lande war. Obwohl er sich als Weltbürger überall wohl fühlte, empfand er unheilbar venezianisch, und wirklich zu Hause fühlte er sich nur in dem Palast am Canal Grande. Dort hatte er sein Arbeitszimmer, den *Mezzà*, wie er es mit einem Wort aus den Zeiten nannte, als das Erdgeschoß Warenlager war, die Wohn- und Repräsentationsräume im Piano nobile, im ersten Stock, lagen und das Zwischengeschoß, das Mezzanin, den Verwaltungsbüros vorbehalten war. Und dort – natürlich im Piano nobile – war der Ballsaal, wo er einem damals gerade modischen Maler von der Akademie Italiens, Ettore Tito, ein Deckengemälde in Auftrag gab. Es sollte so aussehen, wie Giambattista Tiepolo es für die Patrizier seiner Zeit gemalt hatte, zum Ruhm der Familie und ihrer herausragenden Persönlichkeiten.

Als echter, traditionsverbundener Venezianer hatte er nicht nur eine Vorliebe für den Dialekt, den er ausgezeichnet sprach, sondern auch eine Leidenschaft für Empfänge: Festessen an Bord des Schoners *Misurata*, der normalerweise an der Kreuzung zwischen Canal Grande und Canale della Giudecca, an der Punta della Dogana lag, Empfänge und Bälle im Palast; als formvollendeter *cortesan* (Mann von Welt) empfing er persönlich an der *Riva* des Kanals Gäste von höchstem Rang, häufig ausländische Herrscher, sehr oft auch königliche Prinzen, die anderen Gäste begrüßte er auf der höchsten Stufe der Freitreppe, wo er für jeden die passenden Worte bereithielt. Am landseitigen Eingang in der Calle del Traghetto standen in Krisenzeiten die Armen Schlange, an die er Wohltätigkeiten und warme Suppe austeilen ließ. Denn im Venedig jener Zeit, an das sich viele voller Sehnsucht erinnern, war der Unterschied zwischen reich und arm noch riesig. Der Autor erinnert sich an gewisse Arten von Armut, die man heute nur noch in der Dritten Welt antrifft, angefangen bei den Schulkameraden aus der Grundschule mit kurzgeschorenem Schädel, mit Füßen, die in den von Caritas gelieferten Holzpantoffeln hin- und herrutschten, mit mageren Körperchen, die wie verloren in verschlissenen Soldatenjacken steckten ... Nicht allem in der Vergangenheit soll man nachtrauern: in diesem Venedig sahen wir noch in den vierziger Jahren, wenn wir durch die Stadt zum Bahnhof gingen, damit uns der Zug im Morgengrauen zum Studium in der Universität Padua brachte, auf den Booten, die an den Fondamenta der Kanäle auf dem Wasser lagen, Dutzende von armen Teufeln – ähnlich den sterblichen Hüllen am Tag des Jüngsten Gerichts – hervorkriechen, nachdem sie die Nacht im Boot unter freiem Himmel verbracht hatten, weil sie nicht gewußt hätten, wo sie sie sonst hätten verbringen sollen.

Die Zeit hat die extremen Unterschiede verwischt. Volpi ruht in der Frari-Kirche, nicht weit entfernt von dem Altar, auf dem die Pesaro, adlige Kaufleute, die vierhundert Jahre früher gelebt hatten, das wunderbare Altarbild von Tizian hatten aufstellen lassen, das noch immer ihren Ruhm und ihren Reichtum bejubelt. Die Armut hat ihr Gesicht verändert, sie tritt nach außen weniger in Erscheinung: die Exzesse auf der einen wie auf der anderen Seite finden im Verborgenen statt. Auch die große Zeit des venezianischen Unternehmertums, von der wir vorhin sprachen, ist zu Ende. Marghera überlebt in der postindustriellen Ära fast wie ein grandioses Fossil. Es gibt Stimmen, die es beseitigen wollen, andere wollen den Industriehafenbetrieb als eine neue Form der Zukunft wieder aufleben lassen. Doch wessen Zukunft wird es sein? Sicher nicht die Zukunft des Insel-Venedig, das immer mehr von der Monokultur des Tourismus überrannt wird. Und dem wurden bisher keine brauchbaren Alternativen – weder für heute noch für die Zukunft – entgegengestellt.

X

1.

Hinter dem heute aufgeschütteten Rio del Fontego, der einst an der Rialto-*Insel* entlanglief, neben der uralten Kirche San Silvestro, die zu Beginn des letzten Jahrhunderts durch eine Modernisierung verunstaltet wurde, dort, wo jetzt hinter einem Garten ein neugotisches Gebäude steht, befand sich früher der Palast der Patriarchen von Grado. Diesen Palast hat Vettor Carpaccio auf einem seiner Gemälde mit der Darstellung der Kreuzwunder abgebildet: im Hintergrund der Canal Grande, auf dem reges Treiben herrscht, davor die Schilderung eines Wunders, das sich zwischen 1367 und 1372 ereignet hatte und bei dem der fromme Patriarch Francesco Querini die Hauptrolle spielte, dem bereits zu Lebzeiten der Ruf eines Heiligen vorausging.

Die Geschichte des Patriarchats von Grado fällt zusammen mit der Geschichte von den Ursprüngen Venedigs. Will man unbedingt ein exaktes Datum für das Geburtsjahr Venedigs als historische Einheit festlegen, so sollte man sich, wie schon gesagt, für das Jahr 568 nach Christus entscheiden. In diesem Jahr verließ Paolino, der Patriarch von Aquileia, die von den Langobarden bedrängte alte Metropole des Reichs und suchte Zuflucht in Grado, einem Seestädtchen und Flottenstützpunkt, vom Festland durch ein kurzes, aber unüberschreitbares Stück Lagune getrennt.

Paolino hatte die Reliquien der Heiligen und Märtyrer von Aquileia mitgebracht. In seiner Begleitung war die geistige

Elite der römisch-venetischen Christen, die ebenfalls aus Furcht vor der »barbarischen« Invasion der Langobarden in die Lagunen zogen. Zehn Jahre später weihte der Patriarch Elia an einem stürmischen Tag feierlich die neue, der Heiligen Eufemia gewidmete Kathedrale von Grado ein. Die große Basilika mit ihrem Mosaik-Fußboden, für dessen Kosten die Gläubigen aufgekommen waren, existiert noch heute. Dieser Fußboden mit Votiv-Inschriften der Subskribenten ermöglicht uns die Kenntnis darüber, wer die frühesten Urahnen der Helden waren, welche die tausendjährige Geschichte der Stadt und der Löwen-Republik prägen sollten. Menschen, die durch die langobardische Invasion in den Schutz der Lagune getrieben wurden, und die in der Kirche den für die Beibehaltung ihrer Identität und Einheit notwendigen Bezugspunkt fanden.

Zwischen dieser Stadt, die sich selbst als das neue Aquileia bezeichnete, und dem anderen, dem wahren Aquileia, sollte eine jahrhundertelange Kontroverse toben. Das alte Aquileia war in den Händen der Langobarden geblieben, und bis zur Abschaffung seines Patriarchats um die Mitte des 18. Jahrhunderts sollte es die kirchliche Hauptstadt des friaulischen und venetischen Festlandes bleiben. Die neue Stadt Aquileia verteidigte aufs heftigste ihre sich selbst angemaßte Legitimität als einzige wahre Erbin des alten Aquileia und berief sich dabei hartnäckig auf die Gründung der Stadt durch den Heiligen Markus, den Evangelisten, den die Gemeinschaft in der Lagune gleich zu ihrem Schutzpatron erkoren hatte. Das alte Aquileia jedoch setzte alles daran, die neue Stadt gleichen Namens zu beseitigen, mit juristischen Mitteln, aber auch mit Mitteln der Gewalt. Mehrfach wurde der Palast der Grado überfallen und so sehr verwüstet, daß seine weitere Existenz auf dem Spiel stand. Aus diesem Grund hielten sich bereits in jenen fernen Zeiten die Patriarchen von Grado immer häufiger in Venedig auf. Außerdem war der Patriarch von Grado in den ersten Jahrhunderten der Serenissima eine wichtige Figur beim politischen Aufbau der Gemeinschaft, er nahm gemeinsam mit dem Dux und der Volksversammlung an den feierlichen Regierungsakten teil. Und auch nachdem die venezianische Verfassung die radikale Trennung von Staat und Kirche festgeschrieben hatte, blieb der Patriarch die wichtigste kirchliche Instanz der Stadt und der Republik.

In Venedig zelebrierten die Patriarchen also das Pontifikalamt und wohnten in dem Palast am Canal Grande, von Enrico Dandolo, dem Onkel des Eroberers von Konstantinopel, bis Benedetto Falier, den der venezianische Stadtvorsteher in Konstantinopel mit vielen Gütern in jener Stadt bedacht hatte, vom streitsüchtigen Angelo Barozzi bis zu dem gelehrten Dominikaner Angelo Maltraverso und dem anderen Dominikaner Egidio, der dann als päpstlicher Legat nach Rußland zum Großfürsten Yuri von Moskau gehen sollte. Nach Francesco Querini, dem Protagonisten des von Carpaccio dargestellten Wunders, lösten unterschiedliche Persönlichkeiten einander ab, venezianische Patrizier und Fratres aus Modena, Perugia, Mantua und Limoges. Bis 1451 Papst Nikolaus V. das Patriarchat von Grado auflöste, es mit dem Bistum von Castello, also Venedig, vereinte und den Bischof Lorenzo Zustinian zum ersten Patriarchen von Venedig ernannte.

Um zu verstehen, wer Lorenzo Zustinian, der Heilige Lorenzo Giustiniani war, der von Papst Alexander VIII. heilig gesprochen wurde, würde ein Porträt reichen, das Gentile Bellini von ihm gemalt hat: ein wie Alabaster wirkendes, hieratisches Bild, ohne eine andere ersichtliche Dimension als die einer intensiven Spiritualität, die sich in der segnenden Bewegung der langen aristokratischen Finger der rechten Hand, in der hohen Gestalt, die durch die feinen Falten des Meßhemds noch gestreckter wirkt, in dem fein erleuchteten Antlitz mit den eingefallenen Gesichtszügen, der langen patrizischen Nase, dem hohen Jochbein über den durch das Fasten ausgehöhlten Wangen, den schweren Lidern über den in Meditation versunkenen und vom vielen Wachen gezeichneten Augen. Auch wenn es nach Lorenzos Tod gemalt wurde, ist es doch ein Porträt von seltener psychologischer Deutlichkeit, auch was die Komposition betrifft. Der Heilige (er war ja für die Venezianer schon zu Lebzeiten ein Heiliger, und Gentile hat denn auch seinen Kopf mit dem Glorienschein umgeben) überragt bei weitem die knienden, von Engeln umgebenen Priester auf dem Bild. Über ihm ist nur noch das Kreuz.

Lorenzo Zustinian wurde in eine Familie hineingeboren, die sich kaiserlicher Ursprünge rühmt (die späteren Ahnenforscher wetteifern darin, die Abstammung der Zustinians von Cäsar unter Beweis zu stellen). Zu Lorenzos Zeit waren alle Zweige dieser Familie sehr reich und beteiligten sich aktiv an den Staatsgeschäften. Von seinen Brüdern, wie er Söhne des reichen Bernardo und der frommen Quirina Querini, sollte einer, Marco, jung sterben, gerade nachdem er es geschafft hatte, in seiner Funktion als Stadtvorsteher von Verona, Bergamo und Padua einen großen Beitrag zur Festigung der venezianischen Herrschaft auf dem Festland zu leisten. Sein anderer Bruder, Leonardo, ein Humanist und feinsinniger Poet, sollte Vorsteher des Zehnerrats, Savio des Rats, Cavaliere und Prokurator von San Marco werden. Lorenzo selbst hatte die Askese, das Klosterleben vorgezogen: kaum älter als zwanzig trat er in die religiöse Gemeinschaft ein, die sich im Palast des Kardinals Angelo Correr, dem späteren Papst Gregor XII., an der Riva de Biasio gebildet hatte und die dann auf die Insel San Giorgio in Alega umgesiedelt war. Die Mitglieder dieser Gemeinschaft trugen blaue Kleidung (weshalb sie allgemein Zölestiner, »Celestini«, die Himmelblauen genannt wurden). Unter ihnen war auch Gabriele Condulmer, der spätere Papst Eugen IV. In Venetien und in der Lombardei schossen neue Zweige dieser Gemeinschaft wie Pilze aus dem Boden, was damit zusammenhängt, daß sich in jenen Jahren die Städte Venetiens, der Lombardei, des Friauls und Dalmatiens einer nach der anderen Venedig ergaben oder ihre Ergebenheit bekräftigten und das Territorium der Republik nun die Form annahm, die es bis 1797 beibehalten sollte.

Es war die Zeit, da die Republik immer weltlicher wurde und Priester und Mönche endgültig aus dem Großen Rat ausgeschlossen wurden. Ein neues Gesetz legte fest, daß, wenn Fragen diskutiert würden, die den Vatikanstaat oder die Römische Kurie betrafen, die Verwandten all derjenigen aus den konstitutionellen Versammlungen ausgeschlossen würden, die im Genuß von Gehältern oder Benefizien aus Mitteln der Kurie waren. Lorenzo Giustiniani und seine Freunde jedoch setzten einen Prozeß der Forschung und der Bewußtseinsbildung in Gang, der im darauffolgenden Jahrhundert Persönlichkeiten von hohem geistigen Rang hervorbringen sollte: wie Paolo Giustiniani, Vincenzo Querini und Gasparo Contarini, welche einen Großteil der Themen des vier Jahrhunderte später stattfindenden II. Vatikanischen Konzils in genialer Weise vorweggenommen hatten.

Der erste Patriarch von Venedig genoß aufgrund eigenen Verdienstes, weniger wegen seiner Familienzugehörigkeit, unumstrittenes Ansehen. Sein Neffe Bernardo berichtet von einem seiner Auftritte im Collegio, wo er sich in der Diskussion mit einem stolzen Verfechter des Primats der Rechte des Staates gegenüber denen der Kirche, dem großen Dogen Francesco Foscari, auseinandersetzen mußte. Foscari, ein kraftvoller Redner von ungestümem Temperament, hatte seine Ansichten sehr vehement verteidigt. Der Patriarch hatte, wie es seine Art war, in friedlichem und heiterem Ton geantwortet, doch mit einem Höchstmaß an Wirkung und Autorität, so daß der kämpferische Doge in Tränen ausbrach und rief: »Ein Engel hat gesprochen. Geht, Padre, und tut das, was Ihr zu tun gedenkt.« Dann hatte er sich den Anwesenden zugewandt und gesagt, daß, wenn er seine Seele gegen die eines anderen hätte tauschen können, er sich für die des Patriarchen entschieden hätte.

Als echter Venezianer verkörperte Lorenzo eine gemäßigte Form der Askese, und er vertrat seine Überzeugungen mit einer Gutmütigkeit, die voller Verständnis war für die Alltagsprobleme der Bewohner unseres irdischen Tals der Tränen. Den Familienpalast, der seiner Meinung nach zu prunkvoll für einen Priester war, betrat er nur, wenn er um etwas Geld für die Ärmsten der Armen bitten mußte, die ihn verehrten. Und gegenüber seinen Brüdern, die ihn bei seinen zahlreichen Fürsorge-Initiativen großzügig unterstützten, machte er aus seiner Dankbarkeit kein Hehl. Mit den Brüdern verstand er sich im übrigen gut, er sah sie mehr oder weniger jeden Tag und teilte gern geistliche, aber auch praktische Ratschläge aus. So riet er ihnen davon ab, eine bestimmte Handelsgaleere ins Schwarze Meer zu schicken. Doch leider hatten Marco und Leonardo nicht auf ihn gehört, und die Galeere versank in jenen unsicheren Gewässern mit allen Waren, die sie geladen hatte. Lorenzo war auch als Verfasser religiöser Texte hervorgetreten, kurzum, er war ein beliebter Redner, ein bei all seiner Großzügigkeit energischer Patriarch und darüber hinaus ein echter Venezianer seiner Zeit, auch was seinen Patriotismus anging, der ihn trotz seines apostolischen Geistes dazu bewegte, für die Sicherheit Venedigs und für die Behauptung der Serenissima über ihre Feinde zu beten.

Als Bischof von Castello hatte Lorenzo seine Kathedrale im Bezirk von San Pietro; sein Palast, der von seinen Nachfolgern umgebaut wurde, existiert noch heute. Er steht neben der Kirche mit der Palladianischen Fassade und dem von einem Meister der venezianischen Renaissance, von Mauro Codussi, gebauten Campanile. Der Palast bei San Silvestro hatte also keine Existenzberechtigung mehr. Mit seinen Zinnen und Türmen sehen wir ihn nur noch auf dem perspektivischen Plan von Jacopo de' Barbari aus dem Jahre 1500. Von da an erinnert am Canal Grande nichts mehr an die Patriarchen von Grado.

2.

Den architektonischen Stil des venetisch-byzantinischen Mittelalters setzen in diesem Abschnitt des Canal Grande zwei nicht weit voneinander entfernte Paläste fort, die Paläste Barzizza und Busenello. Sie zeigen elegante Fluchten von Maßwerkfenstern, Fassaden mit runden Marmor-Inkrustationen und von edlen romanischen Bogenfriesen umrahmte Portale. Der Palazzo Busenello gehörte zur Kollektion der »göttlichen« Maria Taglioni. Effie Ruskin hatte beobachtet, wie der Feldmarschall Graf Radetzky dort etwas beschwerlich aus der Gondel stieg, um der berühmten Tänzerin seine Aufwartung zu machen (sein hohes Alter, er war ungefähr fünfundachtzig, hatte der zeremoniellen Galanterie des *Ancien régime* keinen Abbruch getan). Die österreichischen Soldaten nannten ihn »Papa Radetzky«, den Gewinner von Novara, der nach den stürmischen Ereignissen von 1848-49 ziviler und militärischer Generalgouverneur des Lombardo-Venetischen Reichs geworden war.

Unter den wenigen Palästen am Canal Grande, die nicht Patrizier-Familien gehörten, sondern Familien aus der Gruppe der »Ur-Bürger«, ist der Palazzo Busenello einer der stattlichsten. Und stattlich war auch die Familie Busenello oder Businello, die sich rühmte, von den Torriani aus Mailand abzustammen. Ein Kodex der Marciana mit dem Titel *Arbori e Croniche delli Cittadini Veneti* (Stammbäume und Chroniken der venetischen Bürger) bestätigt, daß die Busenello ursprünglich zum Großen Rat gehört hatten (einer von ihnen soll unter den Wahlmännern des Dogen Ranieri Zeno gewesen sein). Von der »Schließung« im Jahre 1297 waren sie jedoch auch betroffen und mußten sich nun der privilegierten Schicht innerhalb des Volkes zuordnen (»Gentilhuomini di secondo ordine«, Edelmänner zweiten Ranges, nennt sie ein anderer Kodex). Aus dieser Schicht wurden die Mitglieder der Dogenkanzlei rekrutiert: die Notare des Dogen, Sekretäre des Senats, Sekretäre des Zehnerrats, und an ihrer Spitze stand der Cancellier Grande, der Großkanzler, der mit den höchsten Ehraufgaben betraut war und größte Verantwortung innehatte.

3.

Nach einer weit verbreiteten Legende sollen die Obelisken, die auf manchen Palästen zu sehen sind, ein Zeichen dafür sein, daß der Besitzer des jeweiligen Palastes ein Prokurator von San Marco oder ein Capitano generale da Mar gewesen war. Ihren eigentlichen Grund haben sie jedoch in der Laune ihrer Eigentümer: die Obelisken auf dem Palazzo Papadopoli aus dem 16. Jahrhundert, benannt nach den Grafen, denen der Palast im 19. bis zum Beginn des 20. Jahrhunderts gehört hatte, waren zusammen mit dem Palast errichtet worden, und zwar auf Veranlassung einer Familie, aus der weder Prokuratoren noch Capitani da Mar hervorgegangen waren, der Familie Cuccina oder Cucina oder besser Coccina, Bürger ältesten Ursprungs und begüterte Kaufleute, deren Andenken durch ihre umfangreichen und freundschaftlichen Aufträge an Paolo Veronese bewahrt ist.

Wer die Familie Coccina mit dem großen Palast im Hintergrund sehen will, muß nach Dresden gehen, wo ihr von Paolo Veronese gemaltes Porträt seit 1746 hängt, als Francesco III. d'Este, Herzog von Modena, es an den Kurfürsten von Sachsen verkaufte. Die Familie Este selbst hatte das Gemälde wahrscheinlich direkt von den Coccina 1645 gemeinsam mit drei weiteren Gemälden von Veronese erworben, die heute ebenfalls in Dresden zu sehen sind, eine *Anbetung der Könige*, ein *Gang zum Kalvarienberg* und *Die Hochzeit von Kanaan*: Gerade die zuletzt genannten Gemälde sind wunderschön, ganz besonders typisch für Veronese ist *Die Hochzeit von Ka-*

naan mit einem schönen römischen Bogen im Hintergrund, vor dem sich die Hausangestellten zu schaffen machen, Zwerge und Kinder herumtänzeln, Katzen und Windhunde herumtollen.

Auf allen drei Gemälden sind, wie es damals üblich war, die Personen der Familie Coccina in unterschiedlicher Zahl vertreten. Nur auf dem schon erwähnten riesigen Porträt – ein Meter siebenundsechzig mal vier Meter vierzehn – ist die Familie vollzählig. Eine der dort dargestellten Kardinaltugenden, der »Glaube«, hält Zan Antonio Coccina an der Hand, dessen Brüder Antonio und Alvise sind darauf zu sehen, Alvises Frau Giovanna und die Kinder, vom ältesten, Marietta, bis zum kleinsten, Zan Battista, den in einer Ecke des Bildes eine anmutige Gouvernante oder Amme im Arm hält. Das Porträt ist als eine Dokumentation des Reichtums und des gesellschaftlichen Ansehens einer Familie aus dem besten Bürgertum zu verstehen. Alvise Coccina wurde »Guardian grande« der reichen und mächtigen Scuola Grande di San Rocco, der kleine Zan Battista sollte Richter der Heiligen Rota in Rom werden, wo er 1642 starb.

Von den Coccina ist der Palast an einen Zweig der Tiepolo übergegangen, Patrizier einer »apostolischen« Familie, aus der zwei Dogen hervorgegangen waren. Der eine, Jacopo, war 1229 gewählt worden, nachdem er acht Jahre lang Duca, das heißt Generalgouverneur in Kreta und zweimal Podestà (Stadtvorsteher) der Venezianer in Konstantinopel gewesen war. Er war eine der wichtigsten, einflußreichsten Persönlichkeiten in der Geschichte der Republik gewesen. Wie im Fall des Palazzo Dandolo-Farsetti scheint auch hier das Schicksal eine weitere kultur- und kunstliebende Familie favorisiert zu haben. Das Museum, das die Tiepolo in diesem Palast begründeten, war eines der schönsten in ganz Venedig. 1736 wurde ein dicker Band lediglich zur Illustration der Münzsammlungen veröffentlicht, aber es waren auch viele Gemälde und historisch wertvolle Gegenstände darunter. Außerdem umfaßte dieses Museum eine Bibliothek, die durch die Erbschaft die Bibliothek der Contarini »London« von Santa Ternita noch an Bedeutung gewann. Doch leider mußte am 31. Januar 1830 der Gelehrte Emanuel Cicogna in seinem Tagebuch vermerken, daß der N.H. Domenico Almorò Tiepolo, Eigentümer so vieler schöner Dinge, ein kultivierter, äußerst wohlhabender Herr, ehemaliger Savio der Terraferma und Gesundheitsinspektor (der die Serenissima mit sorgfältigen und fundierten Randbemerkungen zu der lügenhaften *Storia* des Daru verteidigt hatte), von heute auf morgen in den Ruin geraten war. Das Museum, die Bücher, die Gemälde, alles wurde in Windeseile zu Schleuderpreisen verkauft, und die Hausangestellten wurden entlassen, »auch die alten, der Padre Bibliothekar usw.« Der Palast sollte ebenfalls veräußert werden. Einige Jahre später verkauften ihn Tiepolos Söhne an einen steinreichen Getreidehändler, Valentino Comello: ein Mann, der – so hieß es – fast in ganz Venetien Ländereien besaß.

4.

Die Mutter von Angelo Comello, Valentinos Sohn, war eine geborene Papadopoli. Und eben diese Papadopoli, Unternehmer und Finanziers, die von der venezianischen Insel Korfu gekommen waren, hatten den Palast erworben, nachdem ihn Valentino an einen österreichischen General, den Feldmarschall Stürmer, verkaufen mußte, der ihn seinerseits an den Grafen Alfred Pourtalès weiterverkauft hatte. Nicolò Papadopoli Aldobrandini war Aktionär und Präsident einer Unmenge von Gesellschaften, Graf des österreichischen Kaiserreichs und Offizier der italienischen Kavallerie, dann Senator des Königreichs Italien und prominenter Vertreter des gemäßigten, aufgeklärten Flügels der liberalen Partei, außerdem Sammler und

Numismatiker, Kenner vor allem der Münzen der Serenissima. Er war als einer der ersten von den Fähigkeiten Giuseppe Volpis überzeugt und hatte sich an der Subskription des Stammkapitals der Adriatischen Elektrizitätsgesellschaft beteiligt.

Mit den Comello, den Reali und den Della Vida gehörte Papadopoli zur ersten Welle reicher Geschäftsleute, die sich am Canal Grande ansiedelten (die Papadopoli besaßen anfangs einen Palast und einen Garten im Bezirk Santa Croce). Sie zogen in die Paläste der alten Patrizier-Familien, die entweder ausgestorben waren, Bankrott gemacht hatten oder einfach weggezogen waren. Unter den ersten waren auch die Treves de' Bonfili, sehr bedeutende jüdische Finanziers und Reeder, denen Napoleon und Österreich Auszeichnungen und Adelstitel verliehen hatten. Sie hatten von Monsignore Giorgio Emo den schönen Palast bei San Moisè gekauft, den Kaiser Franz höchstpersönlich mit seinem treuen Kanzler Clemens Metternich aufgesucht hatte, um zwei riesige Skulpturen von Antonio Canova, *Hektor* und *Ajax*, zu bewundern. Die anderen, die Ceresa, die Stucky, die Barnabò, die Gaggia, die Cini sollten nach ihnen kommen. Sie befreiten die Paläste endlich von den überflüssigen Emblemen der Hotels, Antiquitätenhändler und jedweder Krämer, von Barbini, dem bedeutenden Kunsthändler, der die größten Staatsgalerien Europas beliefert und im Palazzo Manin gewohnt hatte, bis hin zu Zen, der den Palazzo Tron gemietet hatte, und zu Consiglio Richetti, der den Palazzo Marcello, Benedettos Geburtsstätte, in ein großes Gemischtwarenhaus verwandelt hatte.

Als 1922 der Senator Papadopoli starb, waren noch einige Paläste im Besitz der alten Eigentümer oder ihrer direkten Nachkommen. Die Tron, die Pesaro, die Sagredo, die Corner gab es nicht mehr, aber im Palazzo Mocenigo »Casa Nuova« bei San Samuele lebte noch die letzte Erbin jenes großen Zweiges eines großen Geschlechts. Sie war verheiratet mit einem Piemonteser Adligen, dem Grafen von Robilant. Im Palazzo Michiel dalle Colonne, den Marcantonio Michiel seinem Neffen Leopardo Martinengo hinterlassen hatte, lebten noch dessen Erben, die Donà dalle Rose. In der Nähe des Palazzo Papadopoli residierte zusammen mit ihrem Gatten, dem Patrizier Marcello, die letzte Erbin des schönen Renaissance-Palastes, der einst dem Dogen Andrea Vendramin, dann den Grimani Giustinian aus dem Zweig »mit dem goldenen Baum« gehört hatte (auch der Doge Pietro stammte aus diesem Zweig). Zwischen dem Palazzo Papadopoli und dem Palazzo Grimani Giustinian stand der große gotische Palazzo Bernardo mit seiner prächtigen Fensterfront. Dort war 1868 im Alter von achtundachtzig Jahren der N.H. Marco Alvise Bernardo einsam gestorben, der letzte Vertreter seiner Familie, die zu den »neuen« und im 15. und 16. Jahrhundert zu den reichsten gehört hatte, unter anderem aufgrund von Bankgeschäften, durch die sie große Kapitalien anhäufen konnten. Die Familie Bernardo hatte den Palast der Serenissima mehrfach als Unterkunft für hochrangige Persönlichkeiten zur Verfügung gestellt: wie Francesco Sforza und seine Frau Bianca, Tochter des mailändischen Herzogs Filippo Maria Visconti, die der Doge Francesco Foscari mit der Dogaressa und zweihundert festlich herausgeputzten Edeldamen an Bord des Bucintoro am 3. Mai 1442 zu diesem Palast begleitet hatte.

In Ermangelung direkter Nachkommen hatte der alte Alvise ein Mädchen adoptiert, von dem wir nur den Nachnamen Italiano und den Nachnamen des Mannes, den sie dann heiratete, Gionna, kennen. Ihr hatte er sein gesamtes Vermögen vererbt, und kaum war er gestorben, hatte sich die Signora Italiano Gionna beeilt, alles zu verkaufen. Eine Geschichte, die sich oft wiederholte. Dasselbe Schicksal widerfuhr auch einem der berühmtesten Paläste am Canal Grande, dem Palazzo Barbarigo della Terrazza, der seine Hauptfassade dem Rio San

Polo zuwendet und dem Canal Grande eine riesige Terrasse oder einen hängenden Garten präsentiert, was den Namen erklärt, unter dem er bekannt ist.

Auch das Ende der berühmten Kunstsammlungen des Palazzo Barbarigo nimmt sich wie eine Wiederholung aus, wie ein Stück, das den Spielplan dieser Bühne beherrscht. Gewiß, die Geschichte der stattlichen Gemäldesammlung des Sir Henry Austen Layard, des Entdeckers von Ninive, ein ausgezeichneter Archäologe und Diplomat, der sich im Palazzo Cappello niedergelassen hatte (dieser Palast befindet sich am Rio di San Polo gegenüber vom Palazzo Barbarigo und war früher einmal mit Fresken ausgemalt, die von Paolo Veronese und seinem Rivalen Zelotti stammten), verlief etwas anders. Aber das Finale ist immer das gleiche: 1915, beim Tod von Lady Layard, der »Königin von England in Venedig«, wie Baron Corvo sie getauft hatte (der, sonderlich wie er war, davon geträumt hatte, bei ihrem Begräbnis in der Gondel Selbstmord zu begehen, um Aufmerksamkeit zu erregen), verließ die gesamte Sammlung Venedig und ging in die National Gallery nach London. So wie 1850 hundertzwei Gemälde aus der Sammlung Barbarigo della Terrazza Venedig den Rücken gekehrt hatten, um nach Sankt Petersburg gebracht zu werden, nachdem sie en bloque für fünfhundertzweiundsechzigtausend österreichische Lire von Graf Nicolò Antonio Giustinian Barbarigo, dem Universalerben des am 24. November 1843 verstorbenen Giovanni Barbarigo, an den Zaren von Großrußland verkauft worden waren.

»Witwer, ohne Nachkommen, ohne Vorfahren, das letzte Individuum der ehemaligen Patrizischen Venetischen Familie Barbarigo von San Polo ...« Mit diesen trostlosen Worten beginnt das am 26. Oktober 1843 aufgesetzte Testament von Giovanni Barbarigo, Sohn des verstorbenen Alvise.

Er wurde am 28. Juni 1773 geboren. Seine Mutter war Chiara Maria Michiel, Schwester von Marcantonio. Trotz aller Anstrengungen der Genealogen des 17. Jahrhunderts, die behaupteten, ihre Ursprünge bis zu den alten Römern zurückverfolgen zu können, begnügte sich die Tradition damit, die Familie Barbarigo aus Triest stammen zu lassen, von wo aus sie nach Aussage des Ahnenforschers Marco Barbaro im Jahre 734 nach Venedig gekommen war. Um die sechs Bärte auf dem Familienwappen zu erklären, hatte man ein Gefecht erfunden, bei dem ein Barbarigo sich angeblich aus den Bärten der gefallenen Sarazenen eine Kette angefertigt hatte.

Sicherlich war sie unter den »case nuove« eine der bedeutendsten und eine der am weitesten verzweigten Familien. Bei allen politischen Ereignissen, bei allen Abenteuern auf See, im Handel und in den Finanzen war sie mit von der Partie. In den von der Republik geführten Kriegen hatte auch sie Blut vergossen und Kommandos verantwortet: das Beispiel Agostino Barbarigo mag genügen, des Provveditore der Flotte bei Lepanto und potentiellen Kommandants des venezianischen Kontingents. In Lepanto ist er auch gestorben, von einem türkischen Pfeil ins Auge getroffen. Zwei Dogen waren aus der Familie Barbarigo hervorgegangen, Marco, der nur kurz amtiert hatte, und sein Bruder Agostino, dessen schneeweißer Bart und gebieterische Gesichtszüge auf einem Altarbild von Giovanni Bellini auffallen. Agostino Barbarigo war sehr reich und prunkliebend, autoritär und willensstark, und er hatte so ziemlich alle Verhaltensregeln eines Dogen verletzt. Er hatte den Besuchern erlaubt, vor ihm niederzuknien und ihm die Hand zu küssen, er hatte gern wertvolle Geschenke entgegengenommen, sich wie ein großer Renaissance-Fürst aufgeführt und – wie es scheint – oft ganz hochherrschaftlich vergessen, seine Schulden zu bezahlen. Bei den Versammlungen hatte er keinen Widerspruch geduldet, und nie hätte es jemand gewagt, ihm zu widersprechen. Als er gestorben war, so der Chronist Sanudo, »war es wundervoll, all die Flüche zu hören, die jeder über ihn ausstieß«. Den Korrektoren des »Dogeneides« hatte der Große Rat empfohlen, Richtlinien hinzuzufügen, die verhindern sollten, daß wieder ein Doge so »allmächtig« werden könne wie er.

Weder die beiden Dogen noch der tüchtige Admiral gehörten zu der Linie der Barbarigo von San Polo, die von einem Andrea, genannt »dal Banco« abstammte, den bereits um die Mitte des 16. Jahrhunderts die Akten als Bewohner des Palastes an der Ecke von Rio di San Polo und Canal Grande verzeichnen, gemeinsam mit den Kindern von Daniele Barbarigo, der *Bailo* in Konstantinopel gewesen war, und seiner Frau Lucietta, eine Barbarigo auch sie. Von Danieles und Luciettas sieben Söhnen war einer, Andrea, bei Lepanto gestorben. Auch Giovanni Francesco und Cristoforo hatten gegen die Türken gekämpft, aber Cristoforo hatte noch etwas ganz anderes getan: am 27. Oktober 1581 hatte er von Pomponio Vecellio, Tizians Sohn, das große Atelier-Wohnhaus in Biri bei San Canciano gekauft, wo der Meister 1576 gemeinsam mit seinem anderen Sohn Orazio, ebenfalls Maler, an der Pest gestorben war.

Der Verkauf hatte Pomponio dreihundert Dukaten eingebracht, von denen hundertvierundfünfzig sogleich von einem Gläubiger eingezogen wurden. Pomponio war nicht gerade ein Heiliger gewesen, er war arbeitsscheu und genußsüchtig und hatte seinem berühmten Erzeuger eine Menge Verdruß bereitet. Mit dem Haus hatte Pomponio alles, was dort noch an Gemälden und Zeichnungen von Tizian geblieben war, an Cristoforo Barbarigo veräußert. So hatte dieser in seinem Testament über acht Leinwände des großen Malers aus dem Cadore verfügen können.

Jenes Testament war der Ursprung einer der berühmtesten venezianischen Privatsammlungen: die Galleria Barbarigo della Terrazza, die nach dem Erstgeborenenrecht von dem Nachkommen Domenico Barbarigo weitervererbt wurde, dem einzigen Bruder von Cristoforo, der geheiratet und Kinder hatte (Cristoforo selbst hatte nur einen unehelichen Sohn,

Andrea, dessen Tochter Chiara noch 1645 Eigentümerin von Tizians Haus war, in dem damals ein anderer Maler, Leonardo Corona, lebte und arbeitete).

Und von Domenico Barbarigo stammte unser Giovanni in direkter Linie ab. Er hatte beste Verwandtschaft, auch wenn der Bruder Nicolò eine Liebesehe einging, und noch besser war er mit Vermögen ausgestattet, 2200 Felder besaß er allein auf dem Gut von Merlara in der Gegend von Montagnana, plus andere Güter in Crea, in Biancade und anderswo. Mithin war er prädestiniert für eine große Heirat. Und tatsächlich ehelichte er am 23. März 1793 Chiara Pisani, die Erbin der beiden Zweige »dal Banco« und »Moretta«, die seit der Heirat ihres Großvaters Girolamo »dal Banco« mit einer anderen Chiara, der letzten der Linie mit dem Beinamen »Moretta«, miteinander verbunden waren. Chiara Pisani Moretta war Eigentümerin des benachbarten und an den Palast von Giovanni Barbarigo grenzenden Palastes: Palazzo Pisani Moretta, der dem Canal Grande eine der schönsten gotischen Fassaden mit prächtigen Vierpaßfenstern zeigt.

Eine glückliche Ehe? Nein, auch wenn die Harmonie zwischen den beiden Ehegatten bis zum Ende dauern sollte, bis zum Tode Chiaras, die drei Jahre vor ihrem Mann gestorben war. Eine betrübliche Erinnerung, ein unheilbarer Schmerz, eine brennende Trauer hatte jedoch ihr Leben belastet: Am 10. Juli 1794 wurde ihnen ein Junge geboren, Alvise. Die schuldhafte Nachlässigkeit einer Hausangestellten hatte ihn im Alter von weniger als einem Jahr zu einem grausamen Tod verurteilt: er starb durch Verbrennung. Die beiden wollten oder konnten keine weiteren Kinder mehr bekommen. Der Schatten des toten Kindes hatte Chiara für immer in eine schweigende Melancholie getaucht. Sie zog sich immer mehr aus dem städtischen Leben zurück, trat nur noch ganz selten öffentlich in Erscheinung: einmal, 1807, als Napoleon, Kaiser der Franzosen und König von Italien, zu einem feierlichen Besuch nach

Venedig kam. Alle hatten ihr Bestes gegeben, und die Feiern hatten mit ihren Triumphbögen, Regatten, Umzügen und Willkommensgrüßen alle bis dahin veranstalteten Festlichkeiten übertroffen. Auf dem Ball der Kommune am 3. Dezember im Gran Teatro La Fenice war Chiara gemeinsam mit Caterina Contarini dal Zaffo, geborene Civran, mit Elisabetta Widmann Foscarini, mit Maddalena Pisani Michiel, mit Marina Gradenigo Loredan und Chiara Contarini Piovene erschienen. Es war vielleicht nicht ihr einziger öffentlicher Auftritt, auf jeden Fall aber ihr letzter. Obwohl sie zur Edeldame des Hohen Frauenordens des Sternenkreuzes ernannt worden war, hatte sie partout nicht dabeisein wollen, als die Kaiserin von Österreich die berühmten Sammlungen ihres Mannes besichtigte. Es war im Dezember 1822, Chiara war mittlerweile achtundvierzig, sie war lieber in ihrer einsam auf dem Land liegenden Palladio-Villa von Bagnolo und in ihrer anderen Villa von Stra geblieben, die ihr zu Ehren »La Barbariga« genannt wurde. Früher einmal wurden dort fröhliche Hasenjagden veranstaltet, jetzt dagegen versammelte Chiara jedes Jahr am 9. August in dieser Villa die Priester und Mönche aus ihren Besitzungen.

Nach ihrem Tod hatte Giovanni dem Erben seiner Wahl seine Besitzungen und vor allem die bedeutende Gemäldesammlung hinterlassen, bei deren Erwähnung jeder ins Schwärmen geriet. Zwei Jahre nach Giovannis Tod verfaßte der Maler Carlo Bevilacqua zu der Sammlung einen Katalog voller übertriebener Kommentare (damals nichts ungewöhnliches). Er sprach darin von zwei Giambellino's, von dreizehn Giorgione's, und von Tizian sollten sogar siebzehn Bilder in der Sammlung vertreten sein. Giovanni Barbarigo hatte seinen Vetter Graf Nicolò Giustinian zum Gesamterben bestimmt, den Sohn seiner Tante mütterlicherseits, Cecilia Michiel, und Sebastiano Giulio Giustinians, Prokurator von San Marco. Bedingung war, daß dieser Erbe den Nachnamen Barbarigo annehme und als »frommer und großzügiger« Mann »durch wiederholte Ausübung religiöser Werke« für seine Seele Fürbitte leiste.

Der Graf Giustinian Barbarigo war eher für das Solide (er hatte ohne zu zögern das Wappen verkauft, das nach venezianischem Brauch den Eingang des Palastes schmückte, den seine Frau, eine Cavalli von San Vidal, geerbt hatte, eine »prachtvolle, großartige Schnitzarbeit« mit drei Laternen einer Galeere und ganzen dreiunddreißig geschnitzten Pferden) und wartete sieben Jahre mit dem Verkauf. Dann verkaufte er alles. Aus dem vom russischen Zaren erworbenen Anteil sind sieben Tizian-Gemälde in Sankt Petersburg geblieben: der *Heilige Sebastian*, ein meisterhaftes Alterswerk, *Christus mit dem Kreuz*, *Ecce Homo*, *Magdalena*, ein Porträt von Papst Paul III. und die *Madonna mit dem Kind und Magdalena*. Die sowjetische Regierung hatte, als sie Bargeld brauchte, die herrliche *Venus im Spiegel* an den amerikanischen Milliardär Mellon verkauft. Heute befindet sich dieses Gemälde in der National Gallery in Washington. Andere Tizian-Bilder aus dem Barbarigo-Palast sind auf die unterschiedlichsten Orte verteilt. Ein schönes Porträt von Philipp II. hängt in Cincinnati, ein Porträt des Dogen Andrea Gritti im Metropolitan Museum in New York, ein Porträt von Franz I. von Frankreich ist in der Sammlung des Grafen von Harewood in England. Von einem Porträt des Dogen Antonio Grimani, das Nicolò Giustinian für sich behalten hatte, gibt es keine Spuren mehr. Zu den vielen verlorengegangenen Dingen gehören auch die Bibliothek und die Papiere von Caterina Dolfin Tron, die diese ihrem Enkel, Giovanni Barbarigos Vater, vererbt hatte. Ein Stapel Bücher, der sich ehemals in der Sammlung eines Gelehrten aus Padua befand, stand vor kurzem zum Verkauf.

5.

Das Problem, mit dem sich Chiara Barbarigo Pisani in Strafanträgen, Prozessen und Schiedssprüchen hat herumschlagen müssen, führt uns in eine regelrechte Seifenoper, die sich im Hause Pisani von San Polo abgespielt hat. Diese Geschichte erregte zu ihrer Zeit enormes Aufsehen und machte einige berühmte Advokaten reicher, darunter jenen Carlo Cordellina, der sich eine prächtige Villa zu Füßen der sanften Hügel von Vicenza bauen und sie von Giambattista Tiepolo so herrlich mit Fresken ausmalen ließ. Und sie brachte die Mädchen zum Seufzen, die der Abate Chiari mit seinen Romanen kurz zuvor in die *larmoyante* Literatur eingeführt hatte.

Wie wir gesehen haben, hatte der Prokurator Pietro Francesco Pisani, der letzte des Zweiges mit dem Beinamen »Moretta«, seine Tochter Chiara, Erbin eines ansehnlichen Vermögens, mit Girolamo Pisani »dal Banco« verheiratet. Dieser Girolamo stammte aus einer ebenfalls reichen Familie mit schönen Besitztümern, die aber aufgrund der Verschwendungssucht seines Großvaters, auch er ein Girolamo mit dem Beinamen »Girolamon«, ziemlich verschuldet war.

Der Prokurator hatte diese Ehe angebahnt, um Chiaras Erbe zu retten: denn viele Güter der »Moretta« waren an einen Fideikommiß gebunden, der sie männlichen Erben vorbehielt, die »für den Großen Rat tauglich« waren. Die Heirat mit einem Pisani brachte also bedeutende Besitztümer wie die Güter von Montagnana und die dort von Palladio gebaute Villa vor den Ambitionen der anderen Familienzweige in Sicherheit. Die Familie rühmte sich zu Unrecht, mit Vettor Pisani einen Helden in ihren Reihen zu haben. Der kühne Admiral, Sieger gegen die Genuesen im Krieg von Chioggia, gehörte zu einer sehr viel älteren Familie gleichen Namens, in deren Wappen ein Wiesel eingezeichnet war, während die Pisani von San Polo ebenso wie die aus dem großen und mächtigen Zweig von Santo Stefano einen Löwen in ihrem Wappen hatten. Aber auch wenn sie nicht, wie die Genealogen des 17. Jahrhunderts immer wieder glauben machen wollten, von den Calpurni Pisoni aus dem alten Rom abstammte, so war die Familie doch im Laufe der Jahrhunderte zu beträchtlichem Reichtum gekommen. Um die Mitte des 18. Jahrhunderts stiegen die Renditen der Pisani »Moretta« und der »dal Banco« zusammen sogar auf fünfzigtausend Dukaten an. Zu der Zeit galten (das wissen wir von Giuseppe Gullino) tausend Dukaten im Jahr für ausreichend, um den Lebensstandard eines Patriziers zu halten.

Chiara Pisana hatte ihren Mann früh verloren; er war mit dreiunddreißig Jahren gestorben. Den vereinten Besitz hatte sie mit Standfestigkeit und Intelligenz verwaltet, hatte ihn saniert und große Summen in die Restaurierung und Verschönerung des herrlichen gotischen Palastes am Canal Grande investiert. Andrea Tirali hatte sie mit dem Bau der Freitreppe beauftragt, eine der schönsten von ganz Venedig. Von Giambattista Tiepolo stammen Fresken und von Piazzetta ein großes Gemälde mit der Darstellung des Todes des Darius. Es sollte das Pendant zu dem berühmten Meisterwerk von Paole Veronese werden, *Die Familie des Darius zu Alexanders Füßen*, das bereits im Palast hing. Chiara hatte ihre Töchter gut verheiratet, die eine mit Vincenzo Tron, dem Bruder von Andrea, »El Paron«, die andere mit Girolamo Ascanio Giustinian, und ihren erstgeborenen Sohn Piero Vettor mit Caterina Grimani von San Polo, Enkelin des Dogen Pietro. Aber das schwarze Schaf der Familie war der andere Sohn, Vettor.

Es geschah an einem Tag im Dezember 1753. Man war mitten in den Festlichkeiten für den feierlichen Amtsantritt des neuen Prokurators von San Marco, Anzolo Contarini. Vettor Pisani war auch dabei. Und dort – inmitten der Böllerschüsse, der Aufmärsche und Empfänge, lernte er ein Mädchen aus dem Bürgertum, Teresa Vedova oder Dalla Vedova kennen, die Tochter eines geschätzten Kupfer- und Spiegelgraveurs. Pietro Vedova verdiente seinen Lebensunterhalt recht gut, und seine vier Töchter verkehrten in der besten Gesellschaft, »Kirchenleute, Militärs, Patrizier von hoher Geburt und großem Vermögen, Angestellte aus gehobenen Kreisen ...« Die schönste, die geistreichste aber war Teresa.

Vettor Pisani war zweiundzwanzig. Heute wäre er in diesem Alter durchaus reif zu nennen, doch er – zumindest behauptet das einer seiner Advokaten – war eben erst aus dem Kolleg entlassen worden, lief noch immer mit seinem Hauslehrer herum, trat zum ersten Mal »in das große Theater der Welt ein ...«. Um es kurz zu machen: er verliebte sich sofort in Teresa.

Nach der entscheidenden Begegnung verkehrte Vettor Pisani auch weiterhin im Hause Vedova und schickte Teresa immer wieder glühende, aber nicht signierte Briefchen. Bis schließlich Signor Vedova, verärgert über seine Beharrlichkeit, die dem Ruf seiner Tochter hätte schaden können, ihm verbot, sich jemals wieder blicken zu lassen. Und in diesem Moment trat »der Unglückliche, von dem Ihr sehr wohl wißt, wer er ist« – so lautete Vettors Unterschrift – nach Zornausbrüchen und Verzweiflungsanfällen vor Pietro Vedova hin und bat ihn kurzerhand um Teresas Hand.

Der Spiegelgraveur war kein Dummkopf. Er wußte nur zu gut, daß ein Sohn aus einer großen Patrizier-Familie für ihn als Schwiegersohn nicht in Frage kam, daß daraus eine Staatsaffäre entstehen könnte und daß die Familie Pisani im Zehnerrat und bei den Staatsinquisitoren Himmel und Hölle in Bewegung setzen würde. Oder wußte Vettor etwa nicht, daß die Kinder aus seiner Ehe Gefahr liefen, aus dem Großen Rat, das heißt aus dem Patriziat und damit auch aus den Erbgütern Pisani »dal Banco« und »Moretta« ausgeschlossen zu werden? Da Vettor nicht zur Vernunft kam, schickte Vedova Teresa »zur Erziehung« ins Kloster San Giacomo auf Murano.

Armer Pietro Vedova! Wenn er gewußt hätte (aber wie konnte er das wissen?), daß gerade im Kloster San Giacomo von Murano just in jenen Jahren eine der Nonnen die Schwester M.M. war (Maria Maddalena Pasini, wenn die Listen der Ordensschwestern stimmten). Sie war niemand anders als die hemmungslose und freizügige Geliebte von Giacomo Casanova, die Hauptperson der Orgien, die sie zu dritt (und zu viert, denn – wie es scheint – hat der französische Botschafter Monsieur de Bernis sich daran ergötzt, dem Schauspiel ungesehen beizuwohnen) mit der schönen C.C. im prunkvollen geheimen Häuschen, dem »casino«, feierten, das nach Rosenwasser duftete, ein Geschenk von Madame Pompadour ... Aber Vedova wußte nichts. Er wußte nicht einmal, daß die Äbtissin, die Edeldame Maria Arcangela Diedo, die über Teresas Fall informiert worden war, diese von Anfang an schützte und ihre Treffen mit Vettor begünstigte, welcher »der stürmischsten Leidenschaft und der maßlosesten Liebe verfallen« zu sein schien.

Die Oberin Diedo selbst gab Vettor den Rat, in Rom einen Erlaß der apostolischen Pönitentiarie zu beantragen, der ihm Befreiung von der Veröffentlichung und den äußeren Formalitäten der Hochzeit gewähren sollte, wie es in extremen Fällen zugestanden wurde. Als er den Dispens erhalten hatte, fand sich auch ein Priester, ein Theologe, der nach der Lektüre der Verfügung erklärte, daß er *Roma locuta* sie für Mann und Frau ansehe. So kehrte Teresa zu ihrer Familie zurück, und wurde in ihrem Haus von Vettor besucht, während die reguläre Hochzeit vorbereitet wurde, deren Datum immer näher rückte.

Doch eines bösen Tages kam Vettor Pisani angerannt, »mit zerzaustem Haar und zu Tode betrübt«, und erzählte der versammelten und bestürzten Familie Vedova, daß wenige Minuten zuvor, als er noch im Bett lag, seine Mutter und sein Bruder in sein Zimmer gestürzt seien und ihn »voller Sorgen und unter Tränen« gefragt hätten, welche Verpflichtungen er denn

Teresa gegenüber eingegangen sei. Und daß er, »bestürzt vor Angst«, geantwortet habe, keine.

Es war geschehen, was der arme Pietro Vedova vorhergesehen hatte. Die Staatsinquisitoren hatten alles erfahren. Einer von ihnen, Andrea Tron, war der Schwager der Tochter von Chiara Pisani und hatte diese sofort darüber informiert. Aber das Schlimmste sollte der armen Teresa Vedova erst noch bevorstehen; es kam in Gestalt eines Dieners der Inquisitoren, der sie in Begleitung einiger Wächter in das Kloster della Croce auf der Giudecca brachte, wo sie eingesperrt wurde.

Das Opfer dieser absurden Situation war eben gerade sie, Teresa. Im finsteren Kloster auf der Giudecca blieb sie einige Monate, Monate voller Trostlosigkeit, in denen sie schließlich so weit war, daß sie an Vettor schrieb, er solle sie befreien und nach Hause zurückkehren lassen, sie werde ihm »keinen Verdruß« mehr bereiten. Von Vettor seinerseits kamen Briefe voller Selbstmitleid, Bigotterie und ekelhaftem Egoismus bei ihr an, in einem Stil, der als lächerlich hätte bezeichnet werden können, wenn es nicht so traurig gewesen wäre. Die Dinge zogen sich in die Länge, die Staatsinquisitoren bedrängten Chiara Pisani, das Problem, ein Privatproblem des Hauses Pisani, zu lösen, indem sie Teresa überredete, Nonne zu werden oder einen anderen zu heiraten. Das arme Mädchen setzte dem einen erbitterten Widerstand entgegen, sie wollte nichts davon wissen, sich »aus Verzweiflung im Kloster« einzuschließen oder sich »als Frau ohne Gesetz, ohne Glauben und ohne Religion« »aus Berechnung oder aus einer Laune heraus« an einen anderen Mann zu binden. Um so mehr als sie von Vettor Pisani schwanger war.

Als die Staatsinquisitoren das erfuhren, wurde Teresa sofort aus dem Kloster genommen und in das Haus einer Hebamme gesteckt, wo sie am 5. März 1759 ein Kind männlichen Geschlechts zur Welt brachte, dem sie den Namen Pietro gab. Vettor war in der Villa von Stra, wo sein Bruder ihn wissen ließ, daß seine Mutter (die natürlich in einem »beklagenswerten« Zustand war) sich verpflichtet hatte, Teresa ein Unterhaltsgeld auf Lebenszeit zu entrichten, und wenn sie »unter die Haube« käme, eine Mitgift von dreitausend Dukaten zu zahlen. Aber »was die Kreatur« angehe, so wolle sie absolut nichts damit zu tun haben und sich nicht im geringsten dafür interessieren. Darum solle er, wenn er meine, sich selbst kümmern. Da es nun ihm überlassen war, die Scherben wieder zu kitten, holte Vettor das Kind, brachte es zu einer Amme und suchte einen neuen Mann für Teresa. Er fand ihn in der Person eines gewissen Santo Plebani.

Aber Teresa war nicht einverstanden. Am für die Hochzeit mit Plebani festgelegten Termin ließ sie die Zeremonie unter dem Vorwand verschieben, daß sie sich etwas indisponiert fühle. Sie gewann damit so lange Zeit, bis die Inquisitoren, da die Familie Pisani eine Lösung des Problems nicht erreicht hatte, erklärten, sie hätten sich bereits zuviel mit der Frage befaßt, und Teresa wieder nach Hause bringen ließen.

Die Liebesgeschichte war damit zu Ende gegangen, in einer sehr schlechten Weise. Teresa appellierte jetzt an die Gerechtigkeit des Zehnerrats und beantragte, daß Vettor Pisani, ihr rechtmäßiger Ehegatte, aufgefordert werde, seinen Pflichten ihr gegenüber nachzukommen. Die Pisani umgingen das Hindernis. Sie wandten sich an den Patriarchen, dem Vettor Pisani, feiger als je zuvor, eine Denkschrift vorlegte, in der er beklagte, von Teresa Vedova »diffamiert« worden zu sein, da sie sich als seine Frau »aufspiele«, während er, von den Theologen nunmehr aufgeklärt, den »gräßlichen Betrug« des Priesters aufgedeckt habe, der ihn im Glauben gelassen hatte, sich aufgrund des Breve der Pönitentiarie mit ihr verheiratet fühlen zu müssen. Und er bat den Patriarchen, verbindlich zu erklären, daß die Ehe nie bestanden habe. In der patriarchalischen Kurie, an die Teresa appelliert hatte, fand auch eine peinliche Gegenüberstellung zwischen den beiden ehemals Verliebten statt.

Die Macht der Pisani, die Chiara vermutlich noch durch ein großes Darlehen an den Patriarchen Monsignor Bragadin unterstützte, war der Familie Vedova haushoch überlegen. Am 29. Februar 1760 sprach die Patriarchenkurie das Urteil aus, daß zwischen Vettor und Teresa Vedova niemals irgendeine eheliche Bindung bestanden habe. Auf dieser Grundlage erhielt Vettor von den Staatsinquisitoren den Befehl, »völliges Stillschweigen über die Angelegenheit zu wahren«, und verbot Pietro Vedova, irgendein weiteres Verfahren anzustrengen. Um Teresa gegenüber »den Anstand zu wahren«, sanktionierte der Oberste Gerichtshof Vettors Angebot, im Münzamt ein Kapital von 11.428 Dukaten für dreieinhalb Prozent anzulegen, dessen Zinsen, 365 Dukaten im Jahr, ihr ausgezahlt werden sollten, bis sie Nonne werden oder heiraten würde: in diesen Fällen sollte ihr das gesamte Kapital ausgezahlt werden.

Die Jahre vergingen. 1767 starb Chiara Pisani, die beiden Besitztümer »Moretta« und »dal Banco« verschmolzen endgültig miteinander, und da die Pocken den dritten Bruder Nicolò hinweggerafft hatten, gehörte all dieser Überfluß Piero Vettor und Vettor Pisani. Diese hatten jedoch keine Erben: Piero Vettor hatte von seiner Frau Grimani keine Kinder bekommen, und Vettor lebte nach dem stürmischen Abenteuer allein, meistens auf dem Land, und hatte das Abenteuer der Ehe nicht ein zweites Mal versucht. Doch sechs Jahre nach dem Tod der Mutter entschloß er sich, den vom Familieninteresse geforderten Schritt zu vollziehen: er heiratete – dieses Mal mit dem offiziellen Segen der Kirche – ein Mädchen Grimani aus dem Zweig von San Boldo. Die Hochzeit fand in ganz privatem Rahmen in der Kirche der Insel San Giorgio in Alega statt, die Braut war zwar aus adligem Hause, aber arm. Einige große Familien, an die Piero Vettor Pisani auf der Suche nach einer Frau für seinen Bruder herangetreten war, hatten die Nase gerümpft. Die Geschichte von Vettor und Teresa Vedova hatte niemandem gefallen.

1774 brachte Cornelia Pisani Grimani ein Mädchen zur Welt, Chiara junior, die später Giovanni Barbarigo della Terrazza heiraten sollte. Erst jetzt gab die unbeugsame Teresa Vedova auf und heiratete endlich auch, einen gewissen Biagio Zara. 1775 wurde Piero Vettor, der ältere Bruder, Prokurator von San Marco. Und im Juli desselben Jahres starb »im Würgegriff eines bösartigen Faulfiebers« Vettor im Alter von vierundvierzig Jahren nach einem schrecklichen, drei Tage währenden Todeskampf.

Bevor er starb, hatte er sein Testament gemacht. An Pietro, Teresas Sohn, den er voll und ganz als leiblichen Sohn anerkannt hatte, ging eine Rendite von viertausend Dukaten jährlich bis zum fünfundzwanzigsten Lebensjahr, in dem er die Summe von zehntausend Dukaten erhalten sollte. Ein großer Teil der Besitztümer der Pisani »dal Banco« war an einen Fideikommiß zugunsten der männlichen Nachkommen gebunden und ging daher an den Prokurator Piero Vettor zuzüglich der Hälfte des Besitzes »Moretta«; die andere Hälfte und einen kleineren Teil des anderen Besitzes erhielt Chiara, die Universalerbin ihres Vaters.

Aber ... Eine Frage blieb immer noch offen. Was war aus Pietro geworden, dem Sohn der Liebe, dem Sohn von Teresa Vedova? Zu Vettors Ehrenrettung muß gesagt werden, daß er bei allem Unrecht hier zumindest gut gehandelt hatte. Der Junge hatte eine ausgezeichnete Ausbildung bei den Piaristen-Patres von Capodistria erhalten, dann war er nach Rom geschickt worden, wo er den letzten Schliff erhielt, und dort hatte er den Theologen kennengelernt, der die Ehe seiner Eltern rechtskräftig bestätigt hatte und den die Staatsinquisitoren nach dem Urteilsspruch des Patriarchen für immer aus Venedig verbannt hatten. Diese Freundschaft sowie die Mittel, über die er verfügte, hatten ihm viele einflußreiche Beziehungen verschafft. So hatte er sich im Alter von vierundzwanzig Jahren entschlossen, sein Recht auf die Erbschaft des Vaters geltend zu machen. Und im Juli 1783 eröffneten seine Advokaten, zwei der berühmtesten und am meisten geschätzten Juristen am venezianischen Gericht, Salvatore Marconi und Giuseppe Alcaini, das Verfahren mit einem Memorandum an die Adresse der Petitions-Richter, um »in Anbetracht des guten ehelichen Glaubens«, in dem er gezeugt worden war, die Anerkennung als legitimer Sohn zu erreichen.

Die Sache war Anlaß zu einer eleganten Rechtsfrage und zu einem riesigen Klatsch. Die venezianische Öffentlichkeit stand Kopf: »das ganze Land diskutierte wie wild das Problem«. Und die Mehrheit stand auf Pietros Seite: »Der junge Mann ist voller Talent, hat gute Manieren, und er ist nicht nur beim Adel, sondern auch beim Volk gut angesehen. Alle wollen ihn als Pisani, adlig und reich. Scharenweise laufen die Leute herbei, um ihn zu sehen.«

Auch sein Onkel, der Prokurator, hatte ihn gesehen, denn Pietro hatte ihm umsichtigerweise als erstem einen Besuch abgestattet, damit kein Gedanke an Arroganz oder Mangel an Respekt gegenüber dem Familienoberhaupt aufkäme. Der Prokurator hatte sich zwei anderen Stars des Zivilgerichts anvertraut, Tommaso Gallino und Carlo Cordellina. Aber er hatte die Dinge zu sehr von oben herab behandelt: indem er das Urteil der Petitionsrichter nicht beachtete und direkt die nächsthöhere Instanz anrief, das heißt den Rat der Vierzig, hatte er einen schwerwiegenden Fehler begangen. Denn die Zeiten hatten sich geändert, es hatte gewaltige parlamentarische Spannungen zwischen den armen und den reichen Adligen gegeben, die 1780 erneut im Großen Rat, angeführt von Giorgio Pisani und Carlo Contarini, ausgebrochen waren. Schließlich hatten die Staatsinquisitoren die beiden Tribunen verhaften lassen und dadurch eine Welle des Hasses beim armen Patriziat ausgelöst …, und auch beim Patriziat der mittleren Ränge, zu dem Giorgio Pisani wie auch der größte Teil der Richter des Vierzigerrats gehörten. Kurzum, wie ein Informant dem Patrizier

Andrea Dolfin Valier, Botschafter in Paris, schrieb, das Verdikt des Vierzigerrats war »eher ein demokratisches als ein von einem Organ der aristokratischen Republik ausgesprochenes Urteil.«

Am Tag der Gerichtsverhandlung waren mehr als viertausend Personen in den Dogenpalast und in den Saal des Großen Rats eingedrungen. Und sie kommentierten mit lauter Stimme »die in jenen Zeiten begangenen Gewalttätigkeiten, welche die Advokaten mit Zurückhaltung benannten«, das heißt, die Willkürakte der Staatsinquisitoren und die Pflichtverletzungen des Hauses Pisani. Vor Schreck versagten dem Advokaten Gallino und einem anderen Star des Gerichts, dem Advokaten Santonini, seinem Partner, ihre große Redegewandtheit, während Alcaini (der ein Honorar von fünfundzwanzigtausend Dukaten einsteckte) sich als »ein unglaublicher Demosthenes erwies, klug und vernünftig«, und ebenso auch sein Partner, der Advokat Stefani. Im Moment der Urteilsverkündung mußte der Prokurator Piero Vettor sich im angrenzenden Saal des Strafgerichts einschließen, »aus Angst vor einer Invasion des Volkes«. »Der ruhmreiche junge Mann wurde in einem Geleitzug von lorbeergeschmückten Booten wie ein Doge nach Hause gebracht«: er hatte gewonnen. »Welch großer Tag!« kommentierte der Agent von Dolfin Valier. »Reichtum, Legitimität und Adelstitel, alles in einem. Man spricht von nichts anderem ...«

Nachdem er als ein echter Pisani anerkannt war, erhielt Pietro sofort eine Unmenge von Vorteilen. Die Behörde der *Auditori Vecchi* annullierte das Testament seines Vaters. Der Prokurator Piero Vettor sah sich gezwungen, ihm die Güter von Montagnana zu übereignen, sowie zwanzig Häuser in Venedig, zweihunderttausend im Münzamt und anderswo angelegte Dukaten, Juwelen, Bargeld, Theater-Logen, kurzum ein Vermögen von mehr als einer halben Million Dukaten. Der Doge machte ihn zum Grafen von Bagnolo, was für sich genommen nicht viel bedeutete (der Grafentitel war nicht sehr angesehen in Venedig, wie uns der Ratsherr Rossi in seinen unveröffentlichten Memoiren mitteilt), aber es eröffnete ihm den Zugang zum Großen Rat, zum Patriziat. Ein Gesetz von 1775 ermöglichte nämlich die Aufnahme von vierzig Familien von der Terraferma, wenn sie über ein angemessenes Vermögen verfügten und einen Fideikommiß von mindestens zehntausend Dukaten schufen, und Pietro befand sich dank der Grafschaft in der geforderten Lage. Am 4. Juni 1785 stimmte der Große Rat also mit fliegenden Fahnen für seine Aufnahme ex novo, und von dem Moment an wurde der Sohn Teresa Vedovas voll und ganz der N.H. Ser Pietro Pisani. Tausende hatten sich im Hof des Dogenpalastes versammelt und beklatschten die Entscheidung, der eine präzise politische Absicht zugrunde lag, nämlich auf jeden Fall das Aussterben einer großen patrizischen Familie und die Zerstückelung ihres Vermögens zu verhindern. »Der Fanatismus geht weiter«, vermerkte Dolfins Gewährsmann, »bestärkt durch den Widerstand des Herrn Onkel Prokurator, oder besser gesagt durch die Bösartigkeit seiner Frau Gemahlin, die ihn zum Schandfleck des Landes machte und die aus diesem Anlaß wollte, daß er immer auf dem Land bleibe.«

Die Seifenoper war damit noch nicht zu Ende. Im Oktober 1785 heiratete der N.H. Pietro die N.D. Laura Zusto, die letzte ihrer alten Familie. Die Braut war wunderschön, die Hochzeit prachtvoll wie das Leben des »ruhmreichen Jünglings«, der weltmännisch, aber auch gebildet war. Er liebte die Chemie und war ein Flöten-Virtuose, nach den besten Regeln der guten Gesellschaft des *ancien régime* erzogen. Und die Arbeit der Advokaten ging auch weiter. Jetzt wo er N.H. war, versuchte Pietro, auf einen Teil der Pisani-Güter »dal Banco« Anspruch zu erheben; es kam zu einem für ihn günstigen Kompromiß. Aber sein Triumphzug wurde durch einen neuen Umstand jäh gebremst, nämlich durch die Volljährigkeit von Chiara, seiner Stiefschwester, die als würdige Enkelin jener anderen Chiara ihrerseits das Testament des Vaters anfocht und sich anschickte, dem Stiefbruder das neue Leben schwer zu machen.

Im Dezember 1792 mußte Pietro an Chiara hunderttausend Dukaten zahlen, plus sechstausend im Jahr als Leibrente, Summen, die ihr die Heirat mit Giovanni Barbarigo ermöglichten. Dann starb 1801 der Onkel Prokurator, und um die Güter »dal Banco« entbrannte ein gewaltiger Streit. Pietro hätte sie gern der Stiefschwester genommen, konnte aber nichts gegen die Fideikommisse ausrichten, die nicht nur verlangten, daß der Erbe ein legitimer Sohn sei, sondern auch, daß er von einer »Frau aus patrizischer Familie« geboren sei. Deshalb bestätigten die österreichischen Gerichte, die an die Stelle der Gerichte der untergegangenen Republik getreten waren, daß sie in Chiaras Besitz bleiben würden. Pietro war ein sehr schlechter Verwalter (er übergab die gesamte Leitung seiner Frau), aber er wußte sich geschickt in den Labyrinthen der Macht zu bewegen. So wurde er in Rom vorstellig, um ein Dekret zu beantragen, das den Urteilsspruch des Patriarchen endgültig annullierte, der die Ehe seiner Eltern für nicht-existent erklärt hatte. Er erreichte dies bei einem Monsignore der Staatskanzlei, der in einem heiklen Kommentar die Großmutter Chiara als ruhmsüchtig und den Vater Vettor als Dummkopf bezeichnete. Aber Österreich akzeptierte das Dokument nicht, und Pietro, der sich mehr denn je Chiaras Güter anzueignen wünschte, ließ seinen Sohn Vettor mündigsprechen, der als legitimer Sohn von zwei Patriziern alle notwendigen Bedingungen erfüllte, um in den Genuß der Fideikommisse zu kommen.

Doch leider verließen die Österreicher Venedig, Napoleon kam, die Fideikommisse wurden abgeschafft und Pietros ganze Mühe war umsonst. Er mußte zu einer Übereinkunft mit Chiara kommen, derzufolge er einen Teil der Güter »dal Banco« bekommen würde, sie ihr aber gleichzeitig wieder für achtzigtausend Dukaten verkaufen mußte. Die Jahre vergingen, 1813 starb Vettor Pisanis zweite Frau, Cornelia Grimani; 1827 ging auch die arme Teresa Vedova: sie war dreiundneunzig und hatte ihren Ehemann Zara nur um wenige Monate überlebt. Pietro sollte 1847 sterben, als Graf des Österreichischen Reiches mit dem Adelsprädikat von Bagnolo, nachdem er sieben Jahre vorher beim Tod von Chiara Barbarigo endlich alle Güter der Pisani »dal Banco« und »Moretta« in seiner Hand vereinigt hatte, die mit Strenge und Geschicklichkeit von seinem Sohn Vettor verwaltet wurden, dem letzten des Geschlechts. Dieser ließ sich 1857 die Gelegenheit nicht entgehen, wie Nicolò Giustinian Barbarigo zu handeln, indem er für 13.650 Sovereigns *Die Familie des Darius zu Alexanders Füßen* von Paolo Veronese an die Londoner National Gallery verkaufte.

XI

1.

Die venezianische Saga von George Gordon, Lord Byron, kreuzt unsere Wege am Canal Grande kurz hinter dem Palazzo Volpi, im Palazzo Benzon. Dort, im Palazzo Benzon, hatte sie ihren Abschluß gefunden. Denn im Salon von Marina Querini Benzon, der Ex-Belladonna, der galanten Dame, welcher der Dichter Antonio Lamberti das berühmte, von Simone Mayr vertonte Lied *La biondina in gondoleta* gewidmet hatte, begegnete der ungestüme Dichter Teresa Guiccioli, deretwegen er für immer seine größte poetische und literarische Liebe verlassen sollte, eine Liebe, von der er seit seiner Jugend geträumt und die er vergöttert hatte: Venedig.

Marina Querini Benzon sollte noch bis 1839 leben, als lebendes Relikt jener wilden Jahre, jener hemmungslosen Karnevalstage, die dem Fall der Republik vorausgingen, und jener patriotischen, von einer flüchtigen Demokratie veranstalteten Karnevalsfeste. Mitten in der Romantik wurde ihr Salon von einem Mann von Geist wie Stendhal als das beste, was in Venedig zu finden sei, bezeichnet. Das schöne wohlgestaltete Mädchen »von hohem Wuchs«, wie ein Dichter sie beschrieb (es hieß, daß sie ihren Ehemann »turmhoch überragte«), mit blauen Augen und weißer Haut hatte das patrizische, sicherlich nicht einfach zu schockierende Venedig in Empörung versetzt, als sie 1797 halbnackt gemeinsam mit dem Dichter Ugo Foscolo und einem ehemaligen Prediger en vogue, Padre Lojano, um den Baum der Freiheit getanzt war. Und die schöne imposante Dame genierte sich den Gerüchten zufolge auch im reiferen Alter (sie war 1757 geboren) nicht, hin und wieder ein Auge auf einen schönen Jüngling zu werfen und ihm ein Billet zu schicken, mit dem sie ihn zu sich nach Hause einlud. In ihren letzten Jahren war sie jedoch geradezu korpulent geworden, und die Venezianer verglichen sie bald mit einer aus den Nähten geplatzten Matratze, ein im Volksmund häufig benutztes Bild.

Der bösartige venezianische Mikrokosmos, der um so beschränkter wurde, je mehr die alte kosmopolitische Hauptstadt in Verfall geriet, hatte nicht nur unter den Skandalen zu leiden, die durch exzessives Verhalten verursacht wurden, sondern auch unter den vielen Gerüchten und Klatschgeschichten, die der perversen Phantasie der Kaffeehausbesucher entsprangen. Man hatte Marina Querini Benzon sogar inzestuöse Beziehungen mit ihrem Sohn Vittore unterstellt, einem schüchternen, gebildeten und wohlerzogenen jungen Mann, der sich sehr für Poesie interessierte und dem die literarische Gesellschaft außergewöhnliche Erfolge vorhergesagt hatte. Vittore war jedoch ziemlich früh an Schwindsucht gestorben, und es hieß, daß seine Mutter, die Contessa, ihren Salon nicht einmal am Tag seines Todes geschlossen hätte. Sie war dem *ancien régime* treu geblieben, auch in der Angewohnheit, sich einen Kavalier zu ihren Diensten zu halten, einen Hausfreund in der Person des Cavalier Rangoni, den sie schließlich mit sechzig Jahren heiraten sollte. Und ebenso blieb sie der Liebe zur Polenta treu, mit der früher das kleine Volk die verarmten Patrizier, die sogenannten *Barnabotti* auf den Arm nahm. Es hieß nämlich, die Barnabotti würden die beim *Fritolin* (Imbißstube) gekaufte heiße Polenta in den weiten Ärmeln der Patrizier-Toga verstecken, so daß die Gondolieri zum Scherz, wenn sie den Dampf aus der Toga heraustreten sahen, riefen: »Exzellenz haben Feuer im Ärmel!« Marina versteckte die Polenta im

Ausschnitt, um sie noch heiß in der Gondel zu verputzen: und da die Gondolieri den Dampf der Polenta zwischen ihren Brüsten herauskommen sahen, hatten sie ihr den Spitznamen *el fumeto*, die Rauchwolke, gegeben.

Marina war zu spät geboren, um in den Genuß der Goldoni-Premieren im Theater Sant'Angelo zu kommen, das sich direkt hinter dem Palazzo Corner Spinelli (eines der Häuser des steinreichen Giovanni Corner, Enkel der Königin von Zypern, und eines der kostbarsten »Stücke« aus der Palast-Sammlung von Madama Taglioni) am Canal Grande befand. Heute ist an der Stelle ein Gebäude mit den Büros der städtischen Verkehrsgesellschaft. Auch auf die Gefahr hin, Lord Byron warten zu lassen, der es gar nicht ertrug, wenn man es ihm an Respekt fehlen ließ, und der einen Höllenspektakel veranstaltet hatte, als man ihn in Konstantinopel hinter dem Sekretär der englischen Botschaft eingereiht hatte, müssen wir doch vor dem Gespenst dieses alten Theaters etwas verweilen, das wie viele andere venezianische Theater im letzten Jahrhundert abgerissen wurde.

Es war noch im 17. Jahrhundert von einem Bühnenbild-Architekten, der sich in einen Theaterdirektor verwandelt hatte, von Francesco Santurini, gemeinsam mit der Familie Marcello gegründet worden. Und während des Karnevals 1677 wurde es mit einem Melodram von Aurelio Aureli eingeweiht, musikalisch untermalt von Domenico Freschi: *Helenas Raub durch Paris*.

Das Theater hatte fünf Reihen von jeweils neunundzwanzig Logen, die mit vergoldeten Relief-Medaillons geschmückt waren, damit das Publikum sich wohl fühlte, das die neuen Werke von Marc'Antonio Ziani, Tommaso Albinoni und Antonio Lotti hören wollte. Und damit das skorbutische und großnasige Profil einer Persönlichkeit zur Geltung kam, welche die Bühne von Sant'Angelo mindestens fünfundzwanzig Jahre lang beherrrschte – als Theaterdirektor, Co-Direktor und »Direktor für die Musikalischen Werke«, immer skrupellos, gierig und käuflich, wie man es denjenigen nachsagte, die in der von Benedetto Marcello in seinem *Teatro alla moda* mit treffsicherem Humor beschriebenen Welt überleben wollten. Ein Priester mit roten Haaren, ein »sehr berühmter Geiger, bekannt für seine Sonaten, insbesondere für die mit dem Titel *Vier Jahreszeiten*, komponierte auch Opern; und wenn auch die Kenner sagten, daß es ihm am Kontrapunkt fehle und daß er die Bässe nicht richtig setze, ließ er die Partituren gut singen, und meistens hatten seine Opern Erfolg« (die Worte sind von Carlo Goldoni).

Für das Theater Sant'Angelo hatte Vivaldi zwischen 1714 und 1739 achtzehn Opern komponiert, ganz zu schweigen von den Bearbeitungen und Umarbeitungen der Opern anderer. Die erste war *Orlando finto pazzo* mit dem Libretto von Braccioli gewesen, die letzte sollte *Feraspe* sein, zu der Silvani das Libretto geschrieben hatte. Charles de Brosses war begeistert: »Es gibt da einen Alten, der mit einer erstaunlichen Raserei komponiert«; und er wunderte sich darüber, daß die Venezianer ihn nicht allzusehr zu schätzen schienen, vielleicht weil sie seine Musik (er schrieb 1739) bereits seit zu langer Zeit hörten.

Geschätzter und beliebter, so de Brosses, war »der berühmte Sachse«, der Maestro Johann Adolf Hasse aus Hamburg, der in Neapel bei Porpora studiert hatte und seit 1727 musikalischer Direktor des Konservatoriums der *Incurabili* (der Unheilbaren) war, eines der Hospize, in denen traditionell Waisen und Findelkinder in den musikalischen Künsten ausgebildet wurden. Er hatte eine sehr berühmte Virtuosin des Belcanto geheiratet, Faustina Bordoni, die die Geliebte von Alessandro Marcello gewesen war, dem Bruder Benedettos, der ebenfalls Musiker war und im Melodrama Erfolg hatte, seit er sechzehn war. (Ungefähr zwanzig Jahre zuvor hatte ein anderer deutscher Musiker in Venedig Furore gemacht: Georg Friedrich Händel. Als im Theater Grimani bei San Giovanni

Crisostomo seine *Agrippina* aufgeführt wurde, hatte die begeisterte Menge aus vollem Halse geschrien: »Viva unser geliebter Sachse!« Die familiäre Zuneigung zu den Stars des Augenblicks war typisch für das damalige venezianische Theaterleben).

Eben dahin, ins Theater Sant'Angelo, war ein anderer Reisender gekommen, um Vivaldi zu hören und zu treffen, ein Liebhaber Italiens und der Musik, Johann Friedrich Armand von Uffenbach, späterer Senator und Bürgermeister von Frankfurt am Main. Es war im Jahre 1715, am 2. Februar, im Karneval: ein Karneval voller Lärm und Spektakel, aber auch reich an musikalischen Angeboten. Und der gute Uffenbach war kurz nach seiner Ankunft in das Theater Santi Giovanni e Paolo geraten. Dort hatte er einer auf verblüffende Weise inszenierten Oper beigewohnt, mit von innen beleuchteten Säulen aus Glas, mit Kamelen, Elefanten und Pferden auf der Bühne, und das Ganze in einer verwirrenden Atmosphäre: die Zuschauer in den Logen rauchten während der Vorstellung, sie aßen und spielten Karten, spuckten und warfen Obstschalen auf das Parkett. Zwei Tage später war er ins Sant'Angelo gegangen, wo »der berühmte Geiger« auftrat, der »entrepreneur« und gleichzeitig auch der Komponist der Oper war, die aufgeführt wurde. Hier waren das Bühnenbild und die Bühnentricks weniger ausgefallen, das Orchester weniger zahlreich besetzt, wenn auch »hörenswert«. Aber hier war Vivaldi, und gegen Ende der Vorstellung »spielte er ein bewundernswürdiges Stück«, schreibt Uffenbach, »das mit einer Kadenz schließt, die mich beeindruckte, weil sie so noch nie gespielt worden war und nie wieder gespielt werden wird.« Der Geiger war mit den Fingern der linken Hand bis zum Steg heruntergegangen, so daß der Bogen keinen Platz mehr hatte, »und das über alle vier Saiten, mit einer unglaublichen Geschicklichkeit«.

Abende später war Uffenbach noch einmal gekommen. Es wurde eine Art Potpourri mit Arien des »roten Priesters«

und von anderen Verfassern gegeben, im Part des Nero triumphierte die berühmte Sängerin Fabbri. Aber Vivaldi! Leider hatte er nur ein kurzes Solo gespielt, das aber »bedingungslos, begeisternd«.

In seinen 1787 veröffentlichten Memoiren bezeichnet Goldoni Vivaldi als »exzellenten Geiger und mittelmäßigen Komponisten«. Wie auch immer, Uffenbach jedenfalls war noch einmal ins Sant'Angelo gegangen, weil er hoffte, mit Vivaldi sprechen zu können: der Komponist interessierte ihn genauso wie der Geigenvirtuose, er hätte gern einige der »Concerti grossi« von ihm bekommen, für die er berühmt war. So lud er ihn zu sich nach Hause ein, und der geigende Priester kam, kam mit seiner Violine, und nachdem sie ein wenig geplaudert hatten, spielte er für ihn die »schwierigsten und unnachahmlichsten Phantasien«. Dieses Mal jedoch war Uffenbach etwas weniger begeistert: Die Virtuosität, mit der er spielte, war nach wie vor genial, aber nach seinen Worten fehlten die »angenehmen und singbaren Modi«. Doch drei Tage später kam Vivaldi wieder – mit den »Concerti grossi«: zehn Stück sogar, von denen er erklärte, sie eigens für ihn geschrieben zu haben. Uffenbach kaufte ihm sogleich einige davon ab, und Vivaldi lehrte ihn mit der Geige in der Hand, sie zu spielen.

De Brosses hatte also recht, als er von »der erstaunlichen Raserei, zu komponieren« sprach. Auch wenn es schwerfällt zu glauben, daß der Maestro bei all dem, was er zu tun hatte, zehn Concerti grossi in drei Tagen komponierte ... Und doch hatte er selbst gerade de Brosses erklärt, daß er, um eines zu komponieren, genausoviel Zeit brauche, wie der Kopist zum Abschreiben.

Auf diesem Gebiet stand ihm Carlo Goldoni sicherlich in nichts nach. 1748 war er offizieller Theaterautor des Sant'Angelo geworden, und er sollte es fast fünf Jahre lang bleiben, so lange, wie die Theatertruppe unter Leitung von Medebac dort spielte. Und in eben diesem Theater Sant'Angelo hatte er dem

Publikum sein berühmtes Versprechen gegeben, sechzehn neue Komödien in einer einzigen Saison zu schreiben und zur Aufführung zu bringen (und was für Komödien! *Il teatro comico, La bottega del caffé, Le femmine puntigliose, Pamela, Il cavalier di buon gusto, Il vero amico, La finta malata, La dama prudente, La dama volubile*... man kann sie kaum alle im Gedächtnis behalten).

Von 1742 an verschwand die Oper aus dem Sant'Angelo (aber 1740 war dort noch *La serva padrona* von Pergolesi inszeniert worden). Die kapriziöse Legion der Virtuosen und Virtuosinnen, der Tänzer und Tänzerinnen, der Senesino und die Farinella, die Giulietta und die Ancilla (die Giulietta »Cavamacchie«, die mit dem Grafen Kaunitz ins Bett ging und vergeblich versuchte, auch Ludwig XV. als Liebhaber zu gewinnen, die Ancilla, von der de Brosses sagt, er habe sie »im Kostüm der Venus der Medici« gesehen und sie perfekt gefunden) machten ihren Platz frei für eine andere, etwas weniger skrupellose und gekünstelte Legion von Prosa-Schauspielerinnen und Schauspielern. Zum Beispiel für den Leiter der Schauspieltruppe und Chef-Komödianten Medebac mit seiner Frau Teodora (Rosaura), der jungen und anmutigen, aber auch kränklichen und launenhaften Hauptdarstellerin, dann für den dickbäuchigen und ehrgeizigen Pantalone Darbes und den anderen Pantalone Collalto, den Brighella Marliani und seine Frau, die »äußerst anmutige, sympathische, geistreiche und begabte« Corallina; und an die Stelle des »roten Priesters« trat der gutmütige, friedfertige Goldoni, der mit (vielen) Triumphen und (wenigen) Mißerfolgen auf sein Ideal der Reform des Theaters zusteuerte. Das Publikum geizte nicht mit Beifall; nach den *Pettegolezzi delle donne* drängten die Zuschauer auf die Bühne, der Verfasser wurde im Triumphzug ins Ridotto begleitet, seine Herausforderung, das Leben, das Volk, die Gassen und Plätze auf die Bühne zu bringen, wurde verstanden, er hatte gewonnen. Seine Rivalen sparten nicht mit Kritik; sie war noch verhalten bei Carlo Gozzi, dem genialen Erfinder der Vorläufer surrealistischer Fabeln, aber der Abate Chiari, ehemaliger Professor in einem Jesuiten-Kolleg, machte ihm geradeheraus Vorwürfe, weil er die Regeln des Aristoteles nicht befolgt habe und weil er die Charaktere nicht darstellen könne, wenn er nicht Teophrast und La Bruyère gelesen habe, und er beklagte sich darüber, daß Goldoni in seinen Komödien Leute aus dem Volk auf die Bühne brachte, Gondolieri, Fischer, »den gemeinen Pöbel«.

Dem Abate Chiari war es zu verdanken, daß sich Goldonis glückliche Saison am Theater Sant'Angelo in gewisser Weise mit der Geschichte Casanovas kreuzte.

2.

Was hatte Casanova mit Goldoni und dem N.H. Condulmer, dem Eigentümer des Theaters Sant'Angelo zu tun? Auch wenn er an dem Streit zwischen Goldoni, Chiari und Gozzi über das moderne Theater nicht direkt beteiligt war, so hatte er doch auch bei den Polemiken am Theater mitgewirkt. Und Casanova sah den Grund für seine Verhaftung und den Gefängnisaufenthalt in den Bleikammern eben gerade in seiner Beteiligung an einer besonders bissigen Auseinandersetzung zwischen dem N.H. Marc'Antonio Zorzi und dem Abate Pietro Chiari, der 1753 die Nachfolge Goldonis als »Dichter« des Theaters Sant'Angelo antrat.

Zorzi, ein hoher Beamter, der Verse in venezianischer Sprache verfaßte, hatte auch eine Komödie geschrieben. Das Publikum, so Casanova, »hatte sich erlaubt, sie auszupfeifen«. Zorzi hatte die Schuld an dieser Ablehnung einer Intrige des Abate Chiari zugeschrieben. Von da an hatte er alle Energie darauf verwendet, sämtliche Komödien von Chiari auszupfeifen und den Abate mit beißenden, von Casanova verfaßten Satiren zu verfolgen. Da der N.H. Condulmer, der Hauptaktionär des Theaters Sant'Angelo, es sich nicht mit Zorzi verderben wollte, der eine zu hohe Position innehatte, hegte er eine gewaltige Antipathie gegenüber Casanova. Was nur zu verständlich war, denn das ständige Auspfeifen der Chiara-Komödien brachte die Einnahmen des Theaters in Gefahr. Der N.H. Condulmer wurde gerade im Jahr 1755 zum Dogenberater gewählt; und einer der sechs Dogenberater war von Rechts wegen Mitglied des Obersten Gerichtshofs der Staatsinquisitoren (man nannte ihn »den Roten«, weil die Dogenberater eine scharlachfarbene Toga trugen, während die anderen beiden Inquisitoren, die aus dem Zehnerrat, eine schwarze Toga trugen und deshalb »die Schwarzen« genannt wurden). Wie der Zufall spielt, wurde ausgerechnet er unter den sechs Dogenberatern als »roter« Inquisitor ausgelost.

Condulmers Feindseligkeit hatte laut Casanova jedoch noch einen anderen Grund. Zorzis Gesellschaft, so sagt er, gefiel ihm, weil man bei ihm ausgezeichnet speiste und weil er eine schöne Frau hatte. Und diese – sie war eine Dolfin – hatte ihm gegenüber mit ihren Reizen angeblich nicht gegeizt. Obwohl Condulmer über sechzig war und eine tiefe christliche Frömmigkeit zur Schau stellte, indem er sich jeden Morgen zur Messe in der Basilika von San Marco sehen ließ und vor dem Kruzifix weinte, liebte er neben dem Geld und dem Glücksspiel auch die Frauen: insbesondere jene Maria Teresa Zorzi, der er seit geraumer Zeit hartnäckig den Hof machte.

Doch da betritt einer der Spitzel der Staatsinquisitoren die Bühne, der Goldschmied G.B. Manuzzi, ein wahrer Künstler unter den Spitzeln. In seinen »Befunden« wird die Geschichte mit einer solchen Meisterschaft erzählt, daß sie die Form einer bis zum Ende witzigen Satire annimmt.

In wenigen Worten, Manuzzi (ein Sohn von ihm sollte polnischer Graf werden, weil er die Geliebte des Königs von Polen geheiratet hatte, und auch er sollte Casanovas Wege kreuzen) verfaßte eine Personalakte über unseren Casanova, wie sie präziser und genauer nicht hätte sein können. Kein Casanova-Forscher, und davon gibt es viele, hat ihn darin je übertroffen.

»Giacomo Casanova ist der Sohn von Zanetta, einer Komödiantin, auch die Buranella genannt; da sein Vater, ebenfalls Schauspieler mit Namen Gaetano, gestorben war, blieb der obengenannte Giacomo in zartem Alter zur Erziehung bei der Mutter; seine Wohnung war bei San Samuele, er wurde Priester und legte das Gewand wieder ab. Man sagt, er sei ein Schriftsteller, aber von intrigantem Geist; weiter heißt es, er habe sich beim N.H. Ser Zuanne Bragadin bei Santa Marina eingeführt und dort das Geld nur so verpraßt; er sei durch England gereist und auch in Paris gewesen, wo er sich bei Kavalieren und mit Frauen produziert habe, und daraus unrechtmäßige Vorteile gezogen habe, da es immer seine Angewohnheit gewesen sei, auf Kosten anderer zu leben und sich leichtgläubige Personen warmzuhalten und solche, die das Leben eines Libertin lieben, indem er deren ausschweifende Leidenschaften unterstützte. Er fröne dem Kartenspiel, pflege die Bekanntschaft mit adligen Patriziern, Fremden und jeder Art von Personen...«

Und dann kam der Streit Zorzi-Chiari: »Der genannte Casanova verkehrt im Augenblick in Menegazzos Ausschank in der Merceria, und Filippo, der Prinzipal dieser Lokalität, sagt mir, daß eben derselbe Casanova oft Gespräche mit dem N.H. Ser Marc'Antonio Zorzi, dem N.H. Ser Bernardo Memmo und Antonio Braida führt, und daß er sogar glaubt, daß sie Satiren gegen den Abate Chiari schreiben; daß im Laden des Buchhändlers Bettinelli der N.H. Ser Antonio Condulmer, der Gönner von Medebac, und Chiari verkehren, und daß Seine Exzellenz Condulmer von diesen Treffen in seinem Laden Kenntnis hatte und alles – er hatte übertrieben – sowohl über den N.H. Zorzi als auch die anderen wußte ...«

Die »Befunde« von Manuzzi gingen in jenem November 1754 weiter, präzise, detailliert und unerbittlich. Und sie zeugten – ob gewollt oder ungewollt – von großem Humor.

16. November 1754: »... In dem genannten Laden betreffen die meisten Gespräche Chiaris Komödien; sie sagen, daß Chiaris Parteigänger wie die Catilinas seien, und daß sie sich in drei Klassen unterteilen ließen, nämlich: Pöbel, Müßiggänger und Lebemänner. In jenem Laden wird recht häufig der Name Casanova genannt, denn er machte Vorhersagen über Chiaris Kreationen ...« Doch jeder einzelne »Befund« brachte noch einiges andere zum Vorschein. Die von Casanova gepflegten okkultistischen Praktiken kamen ans Licht, mit denen er Einfaltspinseln Geld abknöpfte, die »verdammten Betrügereien der Rosenkreuzer und der Engel des Lichts«. Manuzzi hatte die Pläne aufgedeckt, die Casanova ausheckte, um den Herzog Grillo zu umgarnen, indem er ihn mit der Behauptung lockte, »das Wunderpulver herstellen zu können, und ihn dann davon überzeugte, daß er nicht sterben werde.« Casanova hatte sich ihm gegenüber damit gebrüstet, »stark im Geiste zu sein, weil er auf dem Gebiet der Religion an nichts glaube«. »Triumphierend trug Casanova eine ausgedehnte Komposition in Versen vor, in venezianischer Sprache, an der er gerade arbeitet, ich weiß nicht, was es in seinem Denken und in seinen Erörterungen über Religion Größeres geben könnte, da Casanova diejenigen, die an Jesus Christus glauben, für recht schwach im Geist hält.« Mehrfach wurde auch die innige Freundschaft zwischen Giacomo und Bernardo Memmo erwähnt, dem Bruder von Andrea ... Am 20. Juli 1755 notierte der Sekretär des Obersten Gerichtshofes: »Manuzzi möge sich bemühen, die Versdichtung zu beschaffen und sie herbeizubringen.« Am 24. Juli erging der Befehl an Missier grande, »G.Cas. zu verhaften«, seine Papiere zu beschlagnahmen und ihn in die Bleikammern zu bringen. Manuzzis ausschlaggebende Geheiminformation war vielleicht die vom 22. Juli, in der er berichtete, daß Casa-

nova ihm einen Freimaurerkittel gezeigt und ihm von seiner Anhängerschaft zum Freimaurertum gesprochen hatte. Zweiundvierzig Jahre danach schrieb der gleiche Casanova an die Gräfin Cecilia Roggendorff, die ihn um Auskünfte über sein Leben gebeten hatte, daß die Staatsinquisitoren ihn »aus guten Gründen« ins Gefängnis gesteckt hatten.

Neunzehn Jahre nach seiner Flucht aus den Bleikammern kehrte Giacomo nach Venedig und ins Theater Sant'Angelo zurück. Condulmer war von der Bühne abgetreten, auch Chiari war nicht mehr da; lange Zeit dagegen hatte Carlo Gozzi am Theater gearbeitet, seine phantasievollen szenischen »Fabeln« dort aufgeführt. Von allen herzlich empfangen, versuchte sich Casanova in einem sonderbaren literarischen Abenteuer. Er kündigte seine Übersetzung der *Ilias* von Homer an, und an der Subskription für die Veröffentlichung beteiligte sich die Crème de la crème der venezianischen Gesellschaft. Doch nachdem drei Bände erschienen waren, geriet das Unternehmen ins Stocken, unter anderem deshalb, weil inzwischen eine *Ilias* erschienen war, die besser war als die seine, eine Übersetzung des Gräzisten Cristoforo Ridolfi, und weil überdies ein anderer Abenteurer, der Casanova überhaupt nicht leiden konnte, der Franzose Ange Goudar, ihn mit einem Verriß lächerlich gemacht hatte. Andere Schwierigkeiten kamen hinzu, er war in Geldnot und um sich in Zukunft gegen die Unbilden des Lebens zu schützen, ließ sich Casanova als einer derjenigen anwerben, die er in seinen *Memoiren* »Spitzel, schmutzige Helfershelfer der Inquisitoren, Verräter« usw. nannte. Mit anderen Worten, er wurde Gewährsmann der Staatsinquisitoren. Die Beziehungen entwickelten sich jedoch nicht zufriedenstellend. Trotz des unterwürfigen Tons seiner Berichte brachte der Oberste Gerichtshof seinen »Hinweisen« nicht allzu große Wertschätzung entgegen. In der Zwischenzeit jedoch hatte der unermüdliche Abenteurer nach verschiedenen literarischen Unternehmungen, darunter zwei Romane, sich in ein neues Unternehmen gestürzt: ein französisches Theater in Venedig.

Selbstsicher wie er war (so hatte ihn auch der Abate Chiari in einem seiner Erfolgsromane *La commediante in fortuna* unter dem Namen Vanesio geschildert: »... ein gut gebauter Mann, von olivfarbener Haut, mit gezierten Manieren, von einer unbeschreiblichen Offenheit ...«) meinte er den Erfolg schon sicher in der Hand zu haben. So hatte er in Florenz eine Theatertruppe mit nicht weniger als sechsundzwanzig Personen angeworben, unter der Leitung von zwei Schauspielern, Duel de Neuville und Nicetty, und einer Schauspielerin namens Clairmonde, die einer der Casanova-Biographen als Hauptfigur in einer Reihe von boccaccesquen Abenteuern identifiziert, welche pflichtschuldigst den Archiven der Pariser Polizei übermittelt wurden.

Am 7. Oktober 1780 debütierte die Truppe im Theater Sant'Angelo mit *Zaire* von Voltaire. Trotz sorgfältiger Werbung kam recht wenig Publikum: die Theatersaison war eben eröffnet, fünf Musik-Theater und ein Prosa-Theater waren in vollem Betrieb, aber die »comédiens« spielten vor leeren Bänken. Casanova gab sich alle erdenkliche Mühe, veröffentlichte auch eine Zeitung in französischer Sprache, »Le Messager de Thalie«, in der alles von ihm selbst verfaßt war; aber ungeachtet seiner nicht zu verleugnenden Genialität unterstrich diese persönliche Veröffentlichung eher noch seinen Mißerfolg, als daß sie ihn Lügen strafte. Und allmählich geriet er in Zorn, wählte den gefährlichen Weg der Polemik gegen die anderen Theaterdirektoren, gegen das Publikum, vor allem gegen das Publikum, dem er eine eher sarkastische als aufrichtige Dankbarkeit zollte. So lobte er die Güte der Venezianer, die gut über die französischen Schauspieler sprachen und im Unterschied zu dem, was sie in den anderen Theatern taten, während seiner Aufführungen ein ehrfürchtiges Schweigen walten ließen (dies war ein Hieb gegen das venezianische Publikum, das notorisch lärmend, unaufmerksam, schlecht erzogen und geschwätzig war). Oder er betonte in der Analyse des Mißerfolgs die Tatsache, daß nur sehr wenige Venezianer französisch verstanden und daß unter diesen wenigen die meisten keine Anhänger von Komödien waren. Als er jedoch enthüllte, daß eine Inszenierung, um zu gefallen, »peuplé« sein sollte, wo doch bei der Aufführung von Corneilles *Cinna* weniger als sechzig Personen im Theater waren, gab er lediglich eine bittere Wahrheit zu. Es sollten nie mehr als hundert oder hundertzwanzig Zuschauer in der »comédie« des Sant'Angelo sein, weit entfernt von den vierhundert, die Casanova sich wünschte, um die Bilanzen in Ordnung zu bringen.

Das glücklose Unternehmen wurde von den Staatsinquisitoren unterbrochen, die auch den »Messager de Thalie« stoppten. Es paßte ihnen nicht, daß ein festangestellter Spitzel, der vom Gerichtshof Gehalt bezog, sich derartigen Schwierigkeiten aussetzte, sich auf derartige Auseinandersetzungen einließ und sich dabei möglicherweise auf den Schutz seiner Position verließ. Es mag interessant sein, darauf hinzuweisen, daß die erfolgreichen Abende mit solidem Inkasso allein diejenigen waren, an denen der *Bourru bienfaisant* des alten Goldoni aufgeführt wurde, außerdem die Vorstellungen mit einem auf italienisch gesungenen musikalischen Intermezzo von Pasquale Anfossi.

3.

Als Lord Byron am 10. November 1816 in Venedig ankam, hatte er in einer riesigen Kutsche, einer Nachahmung der Kutsche Napoleons, Europa durchquert. Zu der Zeit hatte das Theater Sant'Angelo seinen Betrieb längst eingestellt. Die letzte aufsehenerregende Episode, die triumphale Premiere des *Tieste* von Ugo Foscolo, ging auf das Jahr 1797 zurück. Auch die Hauptpersonen der Ereignisse im alten Theater waren alle gestorben, Chiari bereits 1785, Goldoni in Paris 1793, Casanova im fernen Schloß Dux in Böhmen 1798. Am 13. Mai 1797 war auch die Serenissima gestorben, und mit ihr war Venedigs lange Saison als Hauptstadt zu Ende gegangen. Es war, als wären die Lichter eines langen Karnevals alle auf einmal erloschen. Lorenzo da Ponte, Mozarts Librettist, hatte die Stadt, als er 1798 nach Venedig zurückkehrte, fast nicht mehr wiedererkannt.

Aber seitdem waren viele andere Dinge geschehen, es hatte die Jahre der napoleonischen Herrschaft gegeben, die der Stadt zwar einen öffentlichen Park und einen Friedhof bescherten, aber andererseits auch ihren Ruin weitertrieben. Fünf Jahre vor Lord Byrons Ankunft hatte ein General einen dramatischen Bericht über die Lage der Stadt an Napoleon geschickt, über die Vermögensverhältnisse der in Auflösung befindlichen Adelsfamilien, über die ruinierten Kaufleute, über mehr als hundert Handelsschiffe, deren Demontage in Angriff genommen worden war, und eine Unmenge von unbewohnten Häusern und Palästen. Im Jahr nach seiner Ankunft hatte der Erzherzog Rainer, der Vize-König des habsburgischen Lombardo-Venetischen Reichs (Österreich war 1814 zum zweiten Mal gekommen, und zwar endgültig), seinem kaiserlichen Bruder Franz I. einen ganz ähnlichen Rapport zugesandt. Sieben Jahre später erklärte der Patriarch Ladislao Pyrker, daß von ungefähr hundertzwanzigtausend Einwohnern (das war in der Geschichte Venedigs der tiefste Stand vor dem um die Mitte unseres Jahrhunderts einsetzenden Exodus) über vierzigtausend von der öffentlichen Fürsorge lebten.

Diesem desolaten Bild entsprach die Zerstückelung des historischen und künstlerischen Bestandes, der verwüstet und geplündert wurde. Den napoleonischen Gärten in Castello mußten vier alte Kirchen geopfert werden; für den Bau der Freitreppe und des Ballsaals des Königspalastes in den Neuen Prokuratien wurde die von Jacopo Sansovino gebaute Kirche San

Geminiano abgerissen, die auch sein Grabmal beherbergte und der Markus-Basilika genau gegenüber stand. In Venedig, auf Murano und den Inseln der Lagune hatte die Spitzhacke gute Arbeit geleistet. Der Antiquitäten-Markt war gesättigt mit Bildern und Architektur-Teilen, die aus den Kirchen, aus den »Scuole« der Zünfte oder aus religiösen Bruderschaften stammten. Viele Paläste wurden kurzerhand dem Erdboden gleichgemacht, weil man es für unwirtschaftlich hielt, sie zu restaurieren.

Byron hatte an Thomas Moore geschrieben, daß »die grünste Insel in *seiner* Vorstellung« ihn nicht enttäuscht hatte, trotz ihrer »offensichtlichen Dekadenz«. Kurze Zeit später hatte er dieses wüste Venedig in Versen heraufbeschworen, im vierten Gesang von *Childe Harold*:

»Venedig hallt von Tassos Lied nicht mehr,
Still rudert, ohne Sang, der Gondolier;
Die Prachtpaläste bröckeln hin ins Meer,
und selten schallt Musik mehr im Revier.
Die Zeit ist hin! ...«

Wie anregend diese Atmosphäre für ihn wurde, beweisen seine Werke, von *Beppo* bis *Marino Faliero*, von den *Beiden Foscari* bis *Don Juan* und bis zu jenem berühmten vierten Gesang von *Childe Harolds Pilgerfahrt*. Aber noch etwas anderes war da: die Einzigartigkeit des venezianischen Lebens, die vor dem Haus vertäute Gondel, die trotz allem noch »fabelhafte« Musik, die überlebenden Theater (La Fenice war für ihn das schönste Theater, das er je gesehen hatte). Wer nicht im Elend lebte, feierte noch fröhlich Karneval. Und es gab die Salons, die »Konversationskreise«, den Salon der wunderschönen gebildeten Gräfin Albrizzi, geborene Teotochi, oder den von Marina Querini Benzon und den liberalen Salon des Advokaten Giambattista Perucchini, des großen Musikliebhabers und Freundes von Vincenzo Monti, Foscolo und Alessandro Manzoni. Und es gab die Frauen, viele Frauen, viele schöne Frauen, alle bereitwillig, alle voller Bewunderung für diesen schönen, genialen Engländer, der von einer Aura des Skandals, der Schrulligkeit, aber auch der Großzügigkeit und der Größe umgeben war. Für ihn waren die Frauen ein wesentliches Element, eine ständige frenetische Motivation, die Casanova um Längen übertraf. Er selbst zählte sie seinen Freunden Hobhouse und Kinnaird gegenüber auf, ohne mit Einzelheiten zu geizen: da war also die Sängerin Arpalice Tarruscelli, »die anmutigste Bacchantin der Welt«, mit außergewöhnlich festem Fleisch und außergewöhnlich sinnlichem Temperament, da war die Da Mosti, oder Da Mosta, eine Edeldame, oder vielmehr, auch wenn sie kein Geld nahm, eine Prostituierte, die sich, wie es im Jahrhundert zuvor üblich war, einen patrizischen Familiennamen zugelegt hatte und von der Byron sagte, daß sie ihm den einzigen Tripper eingebracht habe, für den er nicht hatte zahlen müssen. Da war eine Spineda, eine Lotti, eine Rizzato, »die Eleonora, die Carlotta, die Giulietta, die Alvisi, die Zambieri, die Eleonora da Bezzi, welche die Geliebte, oder zumindest eine der Geliebten des Königs Joachim von Neapel gewesen war«. Außerdem »die Teresina di Mazzurati, die Glottenheimer und ihre Schwester, die Teresina und ihre Mutter, die Fornaretta, die Santa, die Caligari, die *Portiersfrau* (*Witwe*?), die *Bologneser Statistin*, die *Färberin* und ihre Schwester, *cum multis aliis*.« »Einige von ihnen sind Gräfinnen und andere sind Flickschusterfrauen, einige sind adlig, einige bürgerlich, andere von niederem Rang, einige sind hervorragend, andere mittelmäßig, wieder andere nichts Besonderes, und alle sind Huren.« Kein Wunder, daß Angelo Mengaldo, der ehemalige napoleonische Offizier, der sein Freund geworden war, nach einem Besuch im »casino«, in seiner Wohnung bei Santa Maria Zobenigo, wo sich diese und andere Frauen – anscheinend häufig von den Gondolieri des Dichters aufgelesen – bunt durcheinander herumtrieben, in seinem Tagebuch vermerkte, daß er oft (er schrieb auf französisch) »effrayé de son horrible systhème« (entsetzt über sein gräßliches System) war.

Es ging auch das Gerücht, daß Marina Querini Benzon, »die aus den Nähten geplatzte Matratze«, einmal plötzlich nackt vor George Byron hingetreten sei und eine Hommage von ihm gefordert habe, die sie, da ihm der Ruf kraftvoller Männlichkeit anhaftete, so sehnlich wünschte. Und der habe ihr gegenüber damit nicht geknausert, so wenig attraktiv die »biondina in gondoleta« auch geworden war. Gewiß, für ihn fand sich »das schöne Blut« bestimmt nicht bei den Edeldamen, trotz ihrer großen Sittenfreiheit, und auch nicht bei den Bürgersfrauen, die sich allesamt, wenn sie einmal verheiratet waren, regelmäßig den Luxus eines oder mehrerer Geliebten leisteten (und bei den Ehemännern jeden Standes, so Byron, war die Eifersucht absolut nicht in Mode). Nein, er fand, was er suchte, unter dem *»faziol«*, dem weißen Tuch, das an die Stelle der alten *tonda*, Kennzeichen der Bekleidung der Frauen aus dem Volk, getreten war. Aber diese Feststellung hatte ihn nicht daran gehindert, sich kurz nach seiner Ankunft in die Frau des Tuchhändlers zu verlieben (er nannte ihn den »Kaufmann von Venedig«), in dessen Haus er Unterkunft gefunden hatte: Marianna Segati, die an eine Antilope erinnerte, so graziös war sie, mit großen orientalischen Augen und Augenlidern so dunkel, als wären sie gefärbt, wie es die Frauen in der Türkei tun, mit regelmäßigem Profil, Adlernase, heller und glatter Haut, schöner hoher Stirn. Und zu alledem kam eine überaus sanfte Stimme (sie war eine hervorragende Sängerin) und auf den Lippen die entzückende »naiveté« des venezianischen Dialekts.

Das Haus Segati befand sich in der Frezzeria, wo Mariannas Ehemann einen Laden hatte (er hatte als Ausleger einen Hirschkopf, und die guten Venezianer schmückten das natürlich weiter aus). Das »casino« lag wie gesagt bei Santa Maria Zobenigo, und die Liebe zu Marianna hinderte George nicht daran, es beharrlich aufzusuchen. Aber viele Gründe wie das Bedürfnis nach mehr Freiheit und mehr Raum, auch ein gewisser Gefallen am Luxus, am Prunk, an der Größe drängten ihn zum Canal Grande. So verhandelte er mit dem Grafen Gritti über die Miete seines Palastes, in dem sich heute das gleichnamige Hotel befindet, und nahm schließlich für drei Jahre eine der prächtigsten Wohnungen am Canalazzo zur Miete: ein komplettes Geschoß des ersten der drei Paläste Mocenigo aus dem Zweig mit dem Beinamen »Casa Nuova« bei San Samuele.

Der Palast war das Domizil der letzten Abkömmlinge der Linie der Mocenigo, die ebenso wie die Linie von San Stae vom Dogen Giovanni abstammte und zu der unter anderem der Doge Alvise I. gehört hatte, der im Jahr des Siegs bei Lepanto auf dem Dogenthron saß und drei Jahre später mit außergewöhnlicher Feierlichkeit Heinrich III. von Valois, den König von Frankreich und Polen, empfangen hatte. Der Hausherr Alvise Francesco Mocenigo war sehr jung: er war der Enkel des Prokurators Alvise Sebastiano, aber auch Enkel von Andrea Memmo, denn sein Vater, der ebenfalls Alvise hieß, hatte nach der Annullierung seiner ersten Ehe mit einer Kusine, die eine reiche Erbin, aber bucklig war, Andreas Tochter Lucietta Memmo geheiratet.

Und hierhin zog im September 1818 Byron, den der Verkauf seines Besitzes in Newstead endlich von finanziellen Sorgen befreit hatte, mit vierzehn Hausangestellten, zwei Affen, fünf Katzen, acht Hunden, einer Krähe, einem Sperber, zwei Papageien und einem Fuchs. »Und die ganze Schar lief in den Wohnungen herum, als wäre jeder Herr im Hause«, bemerkte Percy Shelley. Und die Frauen. Es ging in Venedig das Gerücht, daß es im Palazzo Mocenigo zwei separate Eingänge gebe: für die Mädchen aus Castello und die Mädchen aus Cannaregio. Aber hier, unter einem berühmten Gemälde von Sebastiano Ricci auf der Kassettendecke (das Hermann Göring 1944 mitnahm) sollte für eine kurze Saison die außergewöhnlichste Persönlichkeit des Harems herrschen, Margherita Cogni, die »Fornarina« (Bäckersfrau). Über sie ist schon zu viel geschrieben worden, aber man kann sie nicht ignorieren.

Die erste Nachricht von ihrer Anwesenheit findet sich in einem Brief Byrons an seine Stiefschwester Augusta Leigh vom 21. September 1818. »Da ein Unglück selten allein kommt [Claire Clairmont, die Mutter seiner kleiner Tochter Allegra, war eingetroffen], gibt es ein weiteres Problem. Die keusche Ehefrau eines Bäckers ist nach einem Streit mit ihrem tyrannischen Ehemann in mein Haus geflohen (ohne eingeladen worden zu sein, Gott ist mein Zeuge), hält allen Tränen, Reuebezeigungen und Bitten stand ... und schwört, daß sie um nichts auf der Welt auf ihre außereheliche Liebe (mich) verzichten werde.« »... ich versichere dir, daß auch ich sie auf jede erdenkliche Art angefleht habe, zu ihrem Mann zurückzukehren, und habe ihr obendrein jede Art von ewiger Treue versprochen – aber sie beschränkt sich darauf zu toben – und sie ist ein Mädchen von dreiundzwanzig Jahren, sehr groß und schön – mit großen schwarzen Augen und dem schönen Gesicht eines anmutigen Dämons – und einer entsprechenden Figur – und der stolzen Haltung einer Prinzessin – mit gewaltigen Leidenschaften und der einer Italienerin eigenen Fähigkeit, Unheil zu stiften ...«

Die neu Angekommene hatte schnell die Leitung des Hauses übernommen, hatte den treuen Fletcher, Byrons unzertrennlichen Butler, zu Tode erschreckt und sich als eine äußerst effiziente Wirtschafterin gezeigt. Aber das Problem war, daß sie keiner Frau erlaubte, das Haus zu betreten, »es sei denn, sie war alt und greulich«. Sie war nämlich so eifersüchtig, daß Othello ein »Dummerchen« gegen sie schien; nicht ohne Grund nannte man sie »die Mohrin«: weil sie sehr dunkel war, schrieb Byron, aber in Wirklichkeit hatte er jetzt »The

Moor of Venice«, »Die Mohrin von Venedig«, höchstpersönlich unter seinem Dach.

1819 erzählte Byron dem Verleger John Murray, der zwei Zeichnungen gekauft hatte, die Byron und Margherita darstellten, ihre wahre Geschichte. Sie hatten sich im Sommer 1817 kennengelernt. Byron und sein Freund Hobhouse machten einen Ausritt in der Umgebung von Mira, die Brenta entlang, als sie inmitten einer Gruppe von Bauern zwei schöne Mädchen entdeckten. »In jenen Zeiten herrschte großes Elend auf dem Land«, und zu Byrons vielen Schwächen zählte sicherlich nicht der Mangel an Großzügigkeit; er hatte den Armen ausgiebig geholfen. Eins der Mädchen hatte den beiden im venezianischen Dialekt zugerufen: »Ihr, die Ihr andere unterstützt, warum denkt Ihr nicht auch ein bißchen an uns?« »Meine Liebe«, hatte Byron ihr geantwortet (und in dem Brief an Murray ist dieser Satz auf italienisch geschrieben) »du bist zu schön und jung, um meine Hilfe nötig zu haben.« Daraufhin hatte das Mädchen geantwortet: »Wenn Ihr sehen würdet, wo ich lebe und was ich esse, würdet Ihr nicht so reden.« Das Mädchen war Margherita Cogni. Sie hatten sich wiedergesehen, und Byron hatte gesagt, daß er, wenn sie wirklich Hilfe bräuchte, ihr bedingungslos helfen würde, doch falls ihre Notlage nicht so schlimm sein sollte, würde es sich um eine Verführung mit allen entsprechenden Konsequenzen handeln. Margherita hatte ihm geantwortet, daß sie bereit wäre, mit ihm ins Bett zu gehen (»sie war eine verheiratete Frau, und alle verheirateten Damen taten das«), aber ihr Mann, ein Bäcker, war eifersüchtig wie eine Bestie. Am Ende kam dabei heraus, schrieb Byron, daß »sie zwei Jahre lang, in deren Verlauf ich mehr Frauen gehabt habe, als ich zählen könnte, die einzige gewesen ist, die eine gewisse Macht« über ihn aufrechterhalten konnte. »Es ist nicht wichtig«, sagte sie (und zwar in der Öffentlichkeit) »er kann fünfhundert andere haben, aber früher oder später kommt er immer zu mir zurück.«

Byron suchte nach den Gründen für diese Macht: sie war »dunkel, groß, mit typisch venezianischem Gesicht, leuchtenden, schwarzen Augen, und anderen Qualitäten, die zu spezifizieren nicht nötig ist; sie war zweiundzwanzig, hatte nie Kinder bekommen und sich daher nicht die Figur und auch nicht *andere Dinge* ruiniert ... im übrigen war sie eine echte Venezianerin, im Dialekt, in der Denkweise, im Ausdruck ...« Sie war auch noch etwas mehr, ihr Zusammenstoß mit Marianna Segati war wirklich bühnenreif gewesen. Marianna war eifersüchtig und hatte sie bedroht, und sie hatte ihr in schönstem Venezianisch ins Gesicht geschleudert: »Ihr seid nicht seine Ehefrau, und ich bin nicht seine Ehefrau, Ihr seid seine Freundin, und ich bin seine Freundin; Euer Ehemann ist ein Hahnrei, und meiner ebenso. Mit welchem Recht macht Ihr mir Vorwürfe? Ist es meine Schuld, wenn er etwas, was ich habe, dem, was Ihr habt, vorzieht? Wenn Ihr ihn festhalten wollt, bindet ihn mit den Bändern Eures Rocks. Aber glaubt nicht, daß Ihr mich so ansprechen könnt, ohne daß ich Euch antworte, nur weil Ihr reicher seid als ich.«

Als Byron Mira verließ, folgte Margherita ihm, und jedesmal, wenn sie kam, vermied er jede Verabredung, die ihn daran hätte hindern können, sie zu treffen. »Kaum war sie sich darüber klar geworden, daß sie eine Favoritin war, kam sie immer häufiger.« Doch sie ertrug nicht die Anwesenheit anderer weiblicher Gestalten (eine Ausnahme machte sie für die Segati, da diese ihrer Meinung nach seine »reguläre« *Freundin* war), und das führte oft zu »großem Durcheinander, mit ruinierten Umhängen, Schleiern und Hüten«. Bei der *Cavalchina*, dem Maskenball, der regelmäßig im Fenice zum Abschluß des Karnevals stattfand, war sie über eine Dame hergefallen, der Byron den Arm gereicht hatte, und hatte ihr die Maske abgerissen. »Ihr könnt Euch das Höllenspektakel vorstellen, das daraus folgte.«

Dann hatte nach einem Streit mit dem Ehemann die »arme schutzlose Tigerin« im Palazzo Mocenigo Zuflucht gesucht. Nicht einmal die Polizei hatte es geschafft, sie zur Rückkehr nach Hause zu bewegen: oder vielmehr, sie war zurückgekehrt, aber gleich darauf wieder geflohen. So hatte sie sich im Palazzo Mocenigo eingenistet, und sie war äußerst geschickt darin, die Wolken von George's Stirn zu zerstreuen »mit irgendeiner venezianischen Posse ... oder durch den Rückgriff auf andere Überredungsmittel, die sie mit dem Instinkt und der Geschicklichkeit aller Wesen weiblichen Geschlechts benutzte.«

Marina Benzon hatte sie unter ihre Fittiche genommen, und das war ihr zu Kopf gestiegen. »Sie fiel ständig von einem Extrem ins andere, wechselte zwischen rasenden Weinkrämpfen und wilden Lachanfällen; und wenn sie wütend war, war sie der Schrecken aller, die um sie herum waren, Männer oder Frauen oder Kinder«, denn sie hatte die »Kraft einer Amazonin und das Temperament einer Medea«. Der Kontakt mit einer Dame der hohen Gesellschaft hatte in ihr neue Ambitionen ausgelöst: »leider hatte sie sich in den Kopf gesetzt, gefiederte Hüte zur Schau zu tragen«, anstelle der *Faziol*, die ihr so gut standen, und so sehr Byron auch versuchte, sie daran zu hindern (den ersten Hut hatte er ins Feuer geworfen), wurde sie nicht müde, sich solche Hüte zu kaufen, sie machte sich schon lächerlich. Dann hatte sie die Manie der Kleider mit Schleppe entwickelt, sie wollte »la còa«, den Schweif, die Schleppe, und weil das venezianische Wort mit seinem komischen Klang ihn zum Lachen brachte, gab Byron nach, und Margherita zog »diese verdammte Schleppe überall« hinter sich her. Sie war eine Strafe Gottes, »schlug die Frauen des Hauses, fing meine Briefe ab (ich überraschte sie eines Tages, während sie einen Brief abschätzte – sie versuchte, aus der Form zu erraten, ob er von einer Frau kam)«, aber als Hausfrau war sie sehr tüchtig, sie hatte die Ausgaben auf weniger als die Hälfte reduziert und zwang das Personal, seine Pflicht zu tun. Und für Byron empfand sie eine aufrichtige Liebe, »sei es auch auf ihre wilde Art«. Das hatte sie an dem Tag bewiesen, als George in der Gondel auf dem Weg zum Lido von einem Unwetter überrascht wurde: als er nach einem heldenmütigen Kampf mit der wildgewordenen Lagune zurückkehrte, kauerte sie auf den Stufen des Uferkais vor dem Palazzo Mocenigo, die schwarzen Augen unter Tränen funkelnd, die langen schwarzen Haare vom Regen durchnäßt, ihre Kleidung vom Wind zerzaust. »Sie schien Medea zu sein ... oder die Göttin des Sturms, der um sie herum tobte«. Als sie ihn gesund und munter vor sich sah, schrie sie ihn an anstatt ihn willkommen zu heißen: »Ah, du Hund einer Madonna, ist das ein Wetter, um zum Lido zu fahren?« Dann war sie ins Haus gerannt, um die Gondolieri zu malträtieren, weil sie das Unwetter nicht vorhergesehen hatten. »Ihre Freude, mich wiederzusehen – eine mit Zorn gemischte Freude – erinnerte mich an eine Tigerin, die ihre verlorengegangenen Tigerbabys wiedergefunden hatte.«

Nach einigen Monaten war sie »absolut unbezähmbar« geworden. Er mußte sie entfernen, ohne Gewissensbisse, da sie während ihres Dienstes bei Byron »ausreichende Mittel für sich und ihre Mutter angehäuft hatte«.

Sie ging »und drohte mit Rache und Messerstichen«. Byron hatte ihr im Scherz gesagt, »wenn ihr soviel daran liege, im Eßzimmer stünden Messer und Gabel zu ihrer Verfügung«, aber sie machte Ernst. Am nächsten Tag aß der Dichter gerade zu Abend, da »stürmte sie in das Zimmer, nachdem sie als eine Art Prolog eine Glastür zertrümmert hatte, ... und sie ging zum Tisch, riß mir das Messer aus der Hand und verletzte mich leicht am Daumen. Ich weiß nicht, ob sie es gegen mich oder gegen sich selbst verwenden wollte (wahrscheinlich gegen keinen von beiden), weil Fletcher sie bei den Armen packte und sie schnell entwaffnete«.

Es war noch nicht einmal damit zu Ende. Byron rief die Gondolieri, um sie nach Hause zurückbringen zu lassen, sie schien ganz ruhig und ging die Treppen hinab. Aber kurz darauf hörte man einen großen Krach, Byron erhob sich vom Tisch, eilte hinaus, um nachzusehen und traf die Gondolieri, die Margherita wieder herauftrugen, da sie sich in den Canal Grande geworfen hatte. Obwohl es Nacht war, eine dunkle und sehr kalte Nacht, war es ihnen gelungen, sie, abgesehen von dem Wasser, das sie getrunken hatte, ohne Schaden ans Ufer zu ziehen. Byron rief einen Arzt und fragte ihn, wie lange es dauern werde, bis die Frau ihren Erregungszustand überwunden habe. »Ich gebe Euch diese ganze Zeit und auch mehr, aber wenn diese Frau bei Ablaufen der Frist nicht das Haus verläßt, werde ich selbst fortgehen.« »Als sie wiederhergestellt war, schickte ich sie ganz ruhig zu sich nach Hause, und von da an habe ich sie nicht wiedergesehen ...«

In Konstantinopel hatte Byron schwimmend den Bosporus überquert und damit bewiesen, daß der Mythos von Hero und Leander auf einem für einen guten Schwimmer durchaus möglichen Unterfangen basierte. Trotz seiner Leidenschaft für die Ausritte am Lido, damals noch ein einsamer romantischer Strand, (»l'affreux Lido« nannte Alfred de Musset ihn später), wo er aufgrund der Freundlichkeit des österreichischen Gouverneurs, des Grafen Peter von Göess, seine Pferde hatte unterbringen können, die einzigen – einer seiner Lieblingssprüche –, die sich außer den Pferden von San Marco in Venedig befanden, hatte in Venedig doch auch das Wasser eine sportliche Anziehungskraft auf ihn ausgeübt. Das hatte ihn veranlaßt, einen Wettbewerb zu organisieren, bei dem der gesamte Canal Grande schwimmend zu durchqueren war, oder vielmehr, noch etwas mehr: vom Lido bis Santa Chiara, mehr als sieben Kilometer Strecke. Mit ihm wetteiferten der Generalkonsul von England, Hoppner, ein schottischer Reisender namens Scott, den der Dichter mit der venezianischen Verkleinerungsform *Scottin* nannte, und der Advokat Angelo Mengaldo, der spätere Kommandant der Bürgergarde nach der Revolution von 1848, ein Veteran aus den napoleonischen Feldzügen, der sich damit brüstete, auf dem Rückzug aus Rußland die Beresina und die Donau schwimmend durchquert zu haben. Einige Tage vorher hatten die vier als eine Art Antipasto einen Wettbewerb über eine kürzere Strecke absolviert, vom Lido zur Riva degli Schiavoni, und Byron hatte sich in einem Brief an Hobhouse gebrüstet, sie alle geschlagen zu haben: »keiner von ihnen hat die Hälfte der festgesetzten Strecke hinter sich gebracht oder die Giardini erreicht, sondern sie sind zu ihren Gondeln zurückgekehrt; und sie waren bereits wieder angekleidet und wahrscheinlich sogar schon beim Abendessen, bevor ich meine Strecke hinter mich gebracht hatte ...« Dieses Mal jedoch schien es – nach einer Anmerkung aus Mengaldos Tagebuch zu schließen – als habe der Dichter gemogelt, um zu gewinnen. Auf der Höhe von Rialto hatte er Mengaldo angeblich vorgeschlagen, das Wettschwimmen abzubrechen, weil es zu kalt sei, doch als Mengaldo den Vorschlag annahm und in die Gondel des Konsul Hoppner stieg, der sich bereits zu Beginn der Strecke zurückgezogen hatte, war er weitergeschwommen, gefolgt von Scott bis San Felice, dann allein weiter bis Santa Chiara. Byrons Bericht an Hobhouse klingt ganz anders: Mengaldo sei »fix und fertig« gewesen, »in Atemnot« bereits zu Beginn des Canal Grande, Scott sei nur bis Rialto gekommen. Wie auch immer es gewesen war, Byron behauptete, er habe drei und drei Viertel Stunden gebraucht, um die ganze Strecke zurückzulegen, und sei ununterbrochen und ohne Pause geschwommen.

Ein anderes Mal – das erzählt er John Murray in einem Brief vom 18. Mai 1819, als seine lange Liebesbeziehung mit Teresa Guiccioli schon ihren Anfang genommen hatte – war er in die Gondel gestiegen, um zu einer Verabredung mit einem venezianischen Mädchen zu fahren (»sie ist achtzehn, heißt Angelina, den Nachnamen werde ich dir natürlich nicht sagen«), war auf den Stufen des Anlegekais ausgerutscht und in voller Kleidung im Canal Grande gelandet. »Ich bin hinuntergeplumpst wie ein Karpfen und habe mich dann tropfend wie Triton zu meiner Nymphe begeben«. Um Zeit zu sparen, war er zu dem Palast seiner Schönen geschwommen und dann an einem Gitter hochgeklettert. Nach seiner Aussage war es eine sehr romantische Geschichte, im vorausgegangenen Winter hatte Angelinas Vater, »ein grausamer Tyrann mit einem Herzen aus Stein«, eingegriffen, dem Dichter einen Priester und einen Polizeikommissar auf den Hals geschickt und die Tochter »bei Gebet, Wasser und Brot eingeschlossen«. Aber sie liebte ihn immer noch, und sie hatten sich heimlich wieder getroffen. Sie bat ihn, sich von seiner Frau scheiden zu lassen, und als Byron ihr erklärte, daß in England eine Scheidung nur bei bewiesener Untreue der Ehefrau möglich sei, beharrte sie weiter und forderte ihn auf, einen Weg zu finden, um sich von ihr zu befreien. »Du willst doch nicht, daß ich sie vergifte?« fragte der Dichter. »Nun, vielleicht werdet Ihr mir nicht glauben, aber das Mädchen machte ihrem besonderen nationalen Charakter alle Ehre, *sie hat nicht geantwortet*, und ihr Schweigen sagte mehr als tausend Worte.«

Für einen romantischen Menschen wie Byron, den »verfluchten Poeten«, den Protagonisten öffentlicher und privater Skandalgeschichten, der sich geheimnisvoll gebärdete und (so hieß es) nachts mit einer Fackel in der Hand durch den Canal Grande schwamm, war alles ein Anlaß für die Interpretation des italienischen Mythos in der »schwarzen« und romantischen Lesart. Er selbst hatte kräftig dazu beigetragen, diesen Mythos vielleicht nicht zu konstruieren, aber doch ihn zu verstärken. Wenig Bedeutung haben die psychologischen Rechtfertigungen, welche seine Freunde – angefangen bei seinem besten Freund Moore – sofort für die Extravaganzen in seinem Verhalten suchten, vor allem für die frenetische Freizügigkeit, mit der er, wie manche meinten, die untergründigen Anschuldigungen der Homosexualität aufs heftigste bekämpft habe, die von den Parteigängern der Ehefrau vorgebracht wurden, mit der er in einem stolzen Kampf lag. Für die meisten dagegen war es eine Art Rebellion gegen den schlechten Ruf, der ihn in England umgab, gegen die systematische Diffamierung, die Bespitzelung, die ihn verfolgte, die Scheinheiligkeit, die ihn verurteilte; es war ein stolzes »Seht her! Ich bin nicht nur so, wie Ihr glaubt, ich bin viel schlimmer.« Zum Ausgleich besaß er eine grenzenlose Großzügigkeit allen gegenüber, nicht nur gegenüber der Segati, die er mit Juwelen überhäufte, und ihrem Mann, den er vor dem Bankrott rettete. Die Wirklichkeit war, daß Byron, der »unreife Junge mit den bloßliegenden Nerven«, der sich immer unbehaglich fühlte, so sehr, daß er an den Fingernägeln kaute, wie wir von Lord David Cecil wissen, bis auf den Grund seiner Persönlichkeit als ein Held in Verdammnis leben wollte, im Einklang mit seinen Werken und seiner Poetik. Das sollte er bis zu seinem Tod bleiben. Und wie hart er dafür arbeitete! Ob er nun Unfug trieb oder nicht, ob er sich in den sexuellen Performances, derer er sich brüstete, ausgetobt hatte oder nicht, er war fähig, die ganze Nacht wie festgenagelt an seinem Arbeitstisch zu sitzen, sich von einem Teller Reis und einem mit einigen Tropfen Gin aromatisierten Becher Wasser zu ernähren. Mit diesem Rhythmus sollte er produzieren und die Werke schaffen (zum Teil in Venedig, zum Teil anderswo), mit denen er die große »schwarze Legende« von Venedig gestaltete und sie dem Publikum zum Fraß vorwarf.

4.

Wir wissen nicht, ob Lord Byron die Geschichte von Giordano Bruno, dem Mönch und Ketzer, kannte, der im Palazzo Mocenigo »Casa Vecchia« neben den drei Palästen Mocenigo »Casa Nuova« gewohnt hatte und den Giovanni Mocenigo »Casa Vecchia« 1592 beim Heiligen Offizium denunziert hatte. Giordano Bruno war eine Persönlichkeit, die Byron in gewisser Hinsicht ähnelte und die jedenfalls alles hatte, um ihm sehr zu gefallen: einen wachen Geist und ein unbeugsam rebellisches Temperament, das ihm nach Mocenigos Denunziation, nach der Verhaftung und Auslieferung an die römische Inquisition das Ende seines geplagten, friedlosen Lebens auf dem Scheiterhaufen bescherte, auf dem Campo de' Fiori in Rom, am 17. Februar 1600.

Die Ähnlichkeit zwischen dem »Lord Hölle« und dem ungestümen Mönch aus Nola bezieht sich natürlich keineswegs auf die Ereignisse in beider Leben, die unterschiedlicher nicht hätten sein können, sondern auf die tiefe moralische Rebellion, auch wenn sie bei Bruno rein theologisch und philosophisch bedingt war und sicherlich nicht in der zügellosen körperlichen Vitalität ihren Ausdruck fand, in die Byron sich gestürzt hatte. Brunos intellektuelle Rebellion hatte ein ganzes Leben angedauert, ein Leben, das allerdings nicht länger als zweiundfünfzig Jahre währte. Er war kaum in das Kloster eingetreten, da hatte der Lehrer der Novizen schon eine Anzeige gegen ihn aufgesetzt, die ihn beschuldigte, den Marien- und Heiligenkult zu mißachten. Als Lektor der Theologie hatte er sich eine weitere Anzeige als Besitzer und Leser von Texten des Erasmus von Rotterdam eingehandelt, die den Gläubigen seines Ordens verboten waren. Man hatte ihn auch beschuldigt, den Mitbruder in den Tiber geworfen zu haben, der ihn bei der Inquisition angezeigt hatte. Er war Anhänger des Calvinismus gewesen, dann hatte er sich in Paris die Wertschätzung von König Heinrich III. erworben, hatte kurze Zeit in Oxford unterrichtet, war durch Deutschland gezogen, hatte in Wittenberg gelehrt, sich in Prag aufgehalten und war aus Frankfurt ausgewiesen worden. Er war von der römischen Kirche exkommuniziert worden, ebenso von der calvinistischen und 1589 von der lutheranischen. Nach Venedig war er auf Einladung von Giovanni Mocenigo gekommen, der von ihm in Mnemotechnik unterrichtet werden wollte, einer Wissenschaft, über die er sogar eine Abhandlung geschrieben hatte. Er hoffte vielleicht, von der toleranten Serenissima einen Lehrstuhl in Padua zu erhalten.

Abgesehen von diesen Bestrebungen gab ihm das politische Klima in Venedig, das dem in Paris zu Zeiten von König Heinrich sehr verwandt war, ebenso wie der traditionelle Laizismus der Republik die Hoffnung, wenigstens in Ruhe leben zu können, vielleicht ein Buch zu schreiben, das er dem neuen Papst Clemens VIII. Aldobrandini widmen würde, den er für toleranter gegenüber den Philosophen hielt als seine Vorgänger. Leider gehörte Giovanni Mocenigo nicht zu dem Kreis der Morosini oder der Sagredo, er war offensichtlich ein gottesfürchtiger Mensch, mehr noch, er war furchtsam, überaus furchtsam, und die verbalen theologischen Maßlosigkeiten des Mönchs verursachten ihm kalte Schauder. In Gesprächen mit ihm hatte Giordano Bruno – so berichtete Mocenigo in seiner Anzeige – bedenkenlos gesagt, »daß es eine große Blasphemie sei, wenn die Katholiken sagen, daß das Brot sich in Fleisch verwandle«, »daß er ein Feind der Messe ist«, »daß keine Religion ihm gefällt«. Er hatte geäußert, »daß Christus ein Aufrührer« war, und daß er, wenn er »aufrührerische Werke« tat, indem er das Volk zum Aufstand motivierte, leicht hätte voraussehen können, daß er hingerichtet werden würde. Er hatte auch gesagt, daß es in Gott keine Aufteilung in verschiedene Personen gäbe, denn wenn es diese gegeben hätte, wäre es ein Zeichen von Unvollkommenheit gewesen; »daß die Welt ewig ist, und daß es unendliche Welten gebe«; »daß Christus Scheinwunder tat, und daß er ein Magier war, und die Apostel ebenso«; daß Christus gezeigt hatte, daß er ungern starb und daß er alles getan hätte, um es zu vermeiden; daß es keine Strafe für die Sünden gebe; daß die Seelen »von einem Tier ins andere« wanderten. Dann hatte er gesagt, daß die Jungfrau Maria nicht hatte gebären können, daß der katholische Glaube voller Lästerungen gegen die Majestät Gottes sei; daß es keinen Beweis gebe, daß der Glaube vor Gott ein Verdienst bedeute, denn »um gut zu leben«, reiche es, anderen nicht das anzutun, von dem wir nicht wollen, daß man es uns tue. Er hatte sich auch mit den Mönchen angelegt, die »die Welt besudelten«, und denen die Erlaubnis zu predigen und vor allem die Einkünfte abgenommen werden sollten. Und er hatte verschiedene Prahlereien hinzugefügt: daß er sich der Weissagekunst verschreiben wolle, und daß die ganze Welt ihm nachlaufen würde, daß er eine Herausforderung für alle Theologen der Welt sei, daß der Heilige Thomas von Aquin und alle Kirchengelehrten im Vergleich zu ihm nichts wüßten.

Für seine Zeit war er eine – das ist fast noch zu schwach ausgedrückt – explosive Mischung. Mocenigo hatte noch viele andere Dinge, politische, soziale und moralische Auffassungen hinzugefügt; und er hatte nichts erfunden. Michele Ciliberto, der jüngste und angesehenste Biograph Brunos, sagt, daß sich für jede von Mocenigo vorgebrachte Äußerung eine Bestätigung in Brunos Texten finden ließe. Und er unterstreicht auch, daß Bruno sich offensichtlich bei Mocenigo und bei den Zellengenossen in den venezianischen Kerkern des Heiligen Offiziums (bei San Domenico in Castello), die ihn dann ihrerseits denunzieren sollten, mit großer Offenheit geäußert hat, »auch wegen des Vergnügens, das er immer dabei empfand, die Gesprächspartner zu schockieren, sie geradezu zu blenden.«

Deshalb hätte die Persönlichkeit Giordano Brunos, der nach einem langen Disput zwischen dem venezianischen Senat und dem Heiligen Offizium dann schließlich nach Rom geschickt wurde, wo er einen langen Prozeß über sich ergehen lassen mußte, der mit der Verurteilung zum Tode endete, Byron faszinieren müssen. Doch auch wenn das der Fall gewesen wäre, hätte George Byron sich getraut, ein so brennendes Thema anzupacken wie das der vollen und nicht unterdrückbaren Gedankenfreiheit? Hätte er, der so weit entfernt war von jedem philosophischen und theologischen Rüstzeug, sich mit der Feinheit der Dispute des ewigen Rebellen aus Nola durchschlagen können? Da war es schon besser, sich an Venedigs Ruinen zu klammern, wo man auf der Seufzerbrücke weilen und sagen konnte »ein Kerker steht und ein Palast daneben«. Besser war es, von der Stadt Venedig zu träumen, »die ihren Thron sich stolz auf hundert Inseln baute«, die gleich einer Kybele »entschwebt den Wogen / im Diadem der stolzen Türme lacht«, und die großen Persönlichkeiten heraufzubeschwören, die Venedigs Größe in der Vergangenheit unerbittlich zertreten hatten, wie Marino Falier, den alten Dogen, der enthauptet wurde »pro criminibus«, wie man noch auf dem schwarzen Tuch lesen kann, das sein Porträt im Dogenpalast bedeckt, oder Francesco Foscari, den großen Politiker, der in seinen tiefsten familiären Gefühlen getroffen wurde, Opfer einer Fehde der Mächtigen.

Dank Byron wurden diese Persönlichkeiten nicht so in die volkstümliche Bilderwelt aufgenommen, wie sie wirklich gewesen waren, sondern wie der Geschmack und die Leidenschaften der Zeit sie sich wünschten: mit allen Anachronismen, die dann nach und nach in die großen Werke von Malern wie Hayez und Delacroix einfließen sollten, wie auch in die Musik von Donizetti und Verdi, die sich dadurch inspirieren ließen. Und er scherte sich wenig darum, daß die Treppe der Giganten, die der Doge Foscari nach Byrons Aussage herabstieg, als er den Palast verließ, zu jener Zeit noch gar nicht gebaut war (erst recht nicht zur Zeit von Marino Falier, auch wenn Delacroix dort seine Enthauptung stattfinden läßt), oder daß Bartolomeo Colleoni, von dem der Doge Falier in der Tragödie als von einem Vorfahren spricht, in Wirklichkeit erst mehr als hundert Jahre nach seiner Hinrichtung sterben sollte.

Kurz, der Dichter hatte seine eigene ideale Stadt gefunden. Dort, so schrieb er, würde er gern sterben und auf dem Jüdischen Friedhof am Lido begraben werden, mit einer Inschrift wie diejenige, die ihn in Ferrara so beeindruckt hatte: »implora pace«, bitte um Frieden. Und als er fortging, um der geliebten Frau nahe zu sein, und im Grunde zufrieden damit war, eine Gesellschaft zu verlassen, die ihn mit ihren ständigen Klatschereien verbitterte, nahm er eine unauslöschliche Erinnerung mit, die in den Werken, die er ihr weiterhin widmete, in unvergänglicher Weise Gestalt annahm.

XII

1.

»In einer schlaflosen Nacht, wo es mich gegen drei Uhr des Morgens auf den Balkon meiner Wohnung hinaustrieb, hörte ich denn auch zum ersten Male den altberühmten Naturgesang der Gondolieri. Mich dünkte, ungefähr von dem eine kleine Viertelstunde entfernten *Rialto* her, den ersten, wie rauhe Klage klingenden Anruf durch die lautlose Nacht zu vernehmen; aus wiederum weiterer Entfernung ward diesem von anderer Richtung her gleichmäßig geantwortet. In oft längeren Pausen wiederholte sich dieser merkwürdig melancholische Dialog ...«

So schreibt Richard Wagner. Im September 1858 wohnte er im Palazzo Giustinian am Canal Grande, in »weiten, erhabenen Räumen«, wo er es liebte, umherzugehen und wo das Klavier angeblich »einen wunderbaren Klang« hatte. Er komponierte *Tristan und Isolde*. Und der Gesang oder vielmehr der Ruf der Gondolieri auf dem einsamen Canal Grande wurde für ihn zu einer Art Obsession: »... ein dem Tier-Geheul nicht unähnlicher, von tief her anschwellender Klagelaut, und dieser mündete nach einem lang gedehnten ›Oh!‹ in den einfachen musikalischen Ausruf ›Venezia!‹«. Was ihn zur lang gedehnten Klage des Hirtenhorns im dritten Akt des *Tristan* inspirierte.

Die Rufe der Gondolieri, die ihre Bewegungen (»stai!«, »premi!«) an der Ecke von Canal Grande und Rio di Ca' Foscari kundtaten, gelangten sicherlich ebenfalls mit Leichtigkeit zu den Ohren des Maestro, der auf dem Balkon stand und zuhörte: »diese tief melancholischen Melodien, mit tönender, mächtiger Stimme gesungen, von der Ferne über das Wasser hergetragen, in noch weiterer Ferne verhallend.« Es ist noch die Atmosphäre von Byrons Venedig. Und nur wenige Schritte hinter dem Palazzo Giustinian hätte ein weiterer Palast, der damals völlig dem Verfall preisgegeben war, dann restauriert und Sitz des angesehenen Universitätsinstituts für Ökonomie und Handel wurde, um das herum die Universität von Venedig entstand, ihn an die Hauptpersonen einer Tragödie von Byron erinnern können, die wiederum Giuseppe Verdi zu seiner erfolgreichen Oper *Die beiden Foscari* inspirierte.

Francesco Foscari, Doge von Venedig von 1423 bis 1457, wurde am Canal Grande geboren. Aber nicht hier, sondern bei San Simon Piccolo, wo seine Familie, wie wir gesehen haben, seit undenklichen Zeiten einen Palast besaß. Er war fern von Venedig, in Ägypten aufgewachsen, wohin sein Vater aus nie ganz aufgeklärten Gründen ins Exil geschickt worden war. Und während seines Aufenthalts in der Levante hatte er zweifellos etwas gelernt: sich schlau zu verhalten, die Kunst der Intrige und die Geschicklichkeit beim Geschäftemachen. Das hatte ihn schnell an die vorderste Front des politischen Lebens in Venedig gebracht. Mit knapp vierzig war er bereits Prokurator von San Marco, eine Ehre, die man normalerweise erst im vorgerückten Alter erreichte. Manch einer munkelte, er habe die nach dem Dogenamt zweithöchste Würde im Staat deshalb in so jungen Jahren erhalten, weil er kraft seiner Überredungskunst und seiner Geschicklichkeit im Ränkespiel den schon sehr betagten Prokurator Giovanni Barbo überredet hatte, sein Amt niederzulegen.

Mit ihm betrat also eine weitere Persönlichkeit die Bühne des aufsteigenden Venedigs im beginnenden 15. Jahrhundert. Er war ein sehr geschickter Parlamentarier, ein virtuoser Redner, der alle Saiten der Rhetorik anzuschlagen wußte, von substantieller Konkretheit bis zu emotioneller Rührung. Er war zudem ein schöner Mann, mit kräftigen und markanten Zügen, sofern die Statuen nicht lügen: die eine – sie befand sich über der Porta della Carta des Dogenpalastes – zeigt ihn kniend vor dem Markus-Löwen, die andere schmückt sein prachtvolles Grabmal in der Frari-Kirche. Und er war ein geschickter Schmied des eigenen Glücks: er hatte zunächst eine Priuli »dal Banco« aus einem großen Geschlecht von adligen Finanziers geheiratet und ein zweites Mal als Witwer Marina Nani aus einer »novissima« Familie, die aber angesehen und gut betucht war. Einen Teil seines Vermögens investierte er in Handelsgeschäften am Rialto, erwarb von Bernardo Giustinian den Palast in der Kanalbiegung, damals wahrscheinlich ein romanisch-venetisches Gebäude mit Türmen, und ließ ihn »auf deutsche Art«, also im gotischen Stil, umbauen, prächtiger und höher als alle anderen Paläste am Canal Grande. Er war der Führer jener Partei, die im Großen Rat und im Senat die von einem anderen großen Dogen, Michele Steno, begonnene Politik unterstützte: die Expansion auf das Festland und die Bildung eines kontinentalen venezianischen Staates, der großflächig und robust genug wäre, um die Republik vor den Ambitionen und Eroberungen der anderen italienischen Fürsten zu schützen.

Francesco Foscari engagierte sich höchstpersönlich im politischen Kampf. Denn wenn seine Partei auch stark war, so war doch auch die gegnerische Gruppierung nicht gerade schwach, die von kontinentaler Ausdehnung nichts wissen wollte und weiterhin meinte, daß Venedigs Glück jenseits der Meere liegen müsse, daß die Abenteuer auf der Terraferma nur ökonomische Belastungen und eine unmittelbare Verwicklung in jenes Schlangennest bringen werde, das die italienische Politik bereits damals war. Der Führer dieser Partei war der Doge Tommaso Mocenigo, ein sehr erfahrener Mann, der in seiner Jugend Kaufmann in Konstantinopel und in reiferem Alter

Flottenbefehlshaber während des Krieges gegen die Türken war, ein Mann, der die Anwendung der alten Maxime »das Meer pflegen und das Land in Ruhe lassen« absolut nicht als Formel des Verzichts begriff. Seiner Meinung nach sollten das beträchtliche Kapital und die großen menschlichen und diplomatischen Ressourcen der Serenissima eingesetzt werden, um Kolonien und Märkte zu erhalten und die Position der Republik im Mittelmeer zu verteidigen. Beide hatten recht, Foscari und Mocenigo: die Serenissima wäre gestorben, wenn ihr Handel im Mittelmeer von besser gerüsteten Konkurrenten geschlagen und abgewertet worden wäre, aber sie konnte auch nicht zulassen, daß das Hinterland großen Abenteurern wie den Scaligern, den Carraresi und den Visconti, den Herzögen von Mailand, preisgegeben würde.

Der politische Kampf war erbittert und mühsam. Als der Tod Mocenigo auf den Fersen zu sein schien, versammelte er die wichtigsten Männer der Politik um sich und ermahnte sie, daß sie sich davor hüten sollten, als seinen Nachfolger denjenigen zum Dogen zu wählen, den er »unseren jungen Prokurator« nannte, Francesco Foscari. Er lüge und sage wenig fundierte Dinge »und fliegt mehr als die Falken«. Nach Mocenigos Tod wurde jedoch ausgerechnet Focscari gewählt, über dessen Methoden, sich im Konklave Stimmen zu verschaffen, viel gemunkelt wurde: er war der jüngste der einundvierzig Wahlmänner, und es war seine Aufgabe, die Alten zu versorgen und ihnen das Bett zu machen, was er angeblich ausgenutzt hat, um eine geschickte, fein gesponnene Kampagne zu seinen Gunsten zu führen. Unter den geschlagenen Konkurrenten waren erstrangige Persönlichkeiten – der Prokurator Marino Caravello, Leonardo Mocenigo und Pietro Loredan.

Nach dem Dogen Mocenigo stand Pietro Loredan an der Spitze seiner Partei. Er war ein außergewöhnlicher Mann, ein tollkühner Admiral, der die Türken bei Gallipoli in einem blutigen Kampf besiegt, die Genuesen in deren eigenen Gewässern, im Golf von Rapallo geschlagen und in den heimtückischen Strömungen des Po Filippo Maria Visconti getrotzt hatte. Außerdem war er ein erfahrener Parlamentarier mit dem Talent, elegant und kraftvoll zu formulieren. Seine rhetorischen Fähigkeiten setzte er im Senat recht geschickt ein, wenn es darum ging, die Politik des Dogen Foscari anzugreifen. Dieser hatte den Fehler begangen, jemandem anzuvertrauen, daß die Anwesenheit Pietro Loredans ihm sehr unangenehm sei und daß er, solange Loredan lebe, sich nicht wirklich sicher auf dem Dogenthron fühle.

In solch einem gespannten Klima war es kein Wunder, daß beim plötzlichen Tod von Pietro Loredan unterstellt wurde, der Doge habe sein Leben mit Gift verkürzt. Wenn tatsächlich Gift im Spiel gewesen sein sollte, so wäre es auf Filippo Maria Visconti zurückzuführen, der absolut nicht vor solchen Methoden zurückschreckte. Doch die Verleumdung, die den Dogen zu Unrecht traf, bekam kurz danach neue Nahrung durch den plötzlichen Tod von Pietros Bruder Marco Loredan, Ankläger eines Schwiegersohns von Foscari, dem Erpressung angelastet wurde. Die Feindschaft zwischen den Familien Foscari und Loredan war durch Pietros Niederlage im Kampf um das Dogenamt entstanden und mittlerweile ein fester Bestandteil des venezianischen Lebens geworden. Das Scheitern der Heiratsverhandlungen zwischen einer Tochter des Dogen und einem Sohn Pietros hatte sie noch weiter verschärft.

Aber der Stolperstein, der das Familienleben und sogar die politische Karriere des Dogen beeinträchtigen sollte, lag anderswo: im eigenen Haus, und Schuld war wieder einmal ein Sohn. Es handelte sich um den einzigen noch lebenden Sohn unter den Kindern des Dogen: Jacopo Foscari, ein gebildeter und feinsinniger Humanist, der die Codices der Klassiker sammelte und das Altgriechische beherrschte, andererseits aber diese schönen Qualitäten mit einem leichtfertigen, verantwortungslosen Charakter verband, welcher durch die Vorliebe des Dogen für ihn nur noch bestärkt wurde.

Nachdem Francesco Foscari zum Dogen gewählt worden war, hatten sich die Vorhersagen von Tommaso Mocenigo bewahrheitet. Venedig sah sich in einen pausenlosen Krieg verwickelt, zuerst mit Filippo Maria Visconti, dann mit seinem Nachfolger Francesco Sforza. Riesige Summen wurden vom Militärapparat verschlungen und einige Söldner-Feldherren hatten sich maßlos bereichert, treulose und gefährliche Leute, stets bereit, die Seite zu wechseln, wie Niccolò Piccinino und Erasmo da Narni, genannt Gattamelata, der berühmte Graf von Carmagnola, dem die Republik, die sein doppeltes Spiel absolut nicht schätzte, den Prozeß machte. Er wurde zum Tode verurteilt, und damit hatte man den romantischen Schriftstellern eine weitere posthume Gelegenheit geliefert, ihre »schwarze Legende« aufzufrischen. Der Doge Foscari war die Seele des Kampfes. Aber gleichzeitig mußte er sich nicht nur um den Umbau seines Palastes am Canal Grande kümmern, sondern hatte auch die Vervollkommnung und Verschönerung des Dogenpalastes, Sitz der Staatsspitze, vorangetrieben, wo die große Loggia, die über die gesamte Fassade hinweg verläuft, noch heute seinen Namen trägt. Er hatte mit dem der Macht der Serenissima gebührenden Prachtaufwand die Gesandtschaft von Florenz empfangen, die ihrem damaligen Bündnispartner Venedig drei kleine Löwen zum Geschenk machte. Und er nahm die Hochzeit von Jacopo mit Lucrezia, der Tochter des Prokurators von San Marco, Nicolò Contarini, zum Anlaß, um Reichtum, Macht und Glanz zur Schau zu stellen.

Auf einer aus Booten gefertigten Brücke zwischen San Samuele und San Barnaba hatte eine große Reiterparade mit Edelmännern und Damen den Canal Grande überschritten, um die Braut abzuholen. Auf der Piazza San Marco fand ein großer Torneo statt, in dem die Söhne der großen italienischen

Potentaten miteinander wetteiferten, der Marchese von Ferrara, der Marchese von Monferrato und sogar der Sohn von Francesco Sforza.

Nach der Hochzeit blieb es um Jacopo einige Jahre lang still. Der Doge setzte seine komplexe und intensive politische Tätigkeit fort, und zwischendurch führte er immer wieder philosophische und theologische Diskussionen, für die er eine wahre Passion zu haben schien. Doch 1445 kam dem Zehnerrat zu Ohren, daß Jacopo unter Verletzung einer überaus strengen Vorschrift wertvolle Geschenke angenommen und als Gegenleistung bestimmte Angelegenheiten und Personen unrechtmäßig begünstigt hatte. Am 17. Februar 1445 verhafteten die Zehn einen deutschen Kammerherrn in Jacopos Diensten, den Komplizen dieser Machenschaften. Am darauffolgenden Tag ordneten sie seine, Jacopos Verhaftung an. Aber Jacopo war bereits weit weg, er war nach Triest geflohen und hatte eine große Geldsumme mitgenommen.

Das in Abwesenheit in seiner Sache eröffnete Verfahren war kurz. Es gab nicht nur einen, sondern neun Zeugen, die zu den für widerrechtliche Gefälligkeiten entgegengenommenen Geschenken Aussagen machten. Doch obwohl in einer Reihe von Fällen seine Schuld bewiesen war, fiel das Urteil der Zehn relativ milde aus: Relegation in die Stadt Nauplia auf dem Peloponnes, wohin er drei Hausangestellte mit sich nehmen durfte und nur als »privater Bürger« zu leben hatte. Dem Dogen gegenüber hatte sich der Rat respektvoll gezeigt und ihn von der obligatorischen Teilnahme an den Sitzungen entbunden: man meinte, es wäre peinlich für ihn gewesen, zu erfahren, daß sein Sohn die Schamlosigkeit besessen hatte, eine Kiste mit Geschenken ausgerechnet in der Dogenwohnung zu verstecken.

Francesco Foscaris Position wurde nun aber besonders heikel durch die Tatsache, daß Jacopo, nachdem er in Triest vom Urteil der Zehn erfahren hatte, keinerlei Absicht zeigte, in die Heimat zurückzukehren und sich dem Spruch zu unterwerfen, nicht einmal nachdem die Zehn den Dogen offiziell aufgefordert hatten, persönlich einzugreifen, damit sein Sohn nicht solch ein skandalöses Beispiel für die Nichtachtung von den Gesetzen gebe. Wie so oft bei venezianischen Geschehnissen wurde eine Lösung gefunden, die auf dem gesunden Menschenverstand basierte: die Zehn akzeptierten den von Jacopo vorgebrachten Vorwand einer schweren Erkrankung und wandelten die Relegation nach Nauplia um in einen Zwangsaufenthalt in der Mark von Treviso. Nach dem Erhalt einer Bittschrift des Dogen, in der dieser bat, seine Verdienste zu berücksichtigen und die Tatsache zu respektieren, daß in dieser schwierigen politischen Situation das Staatsoberhaupt nicht noch mit schweren familiären Sorgen belastet werden dürfe, zog der Zehnerrat schließlich, obwohl er von weiteren Unkorrektheiten Jacopos wußte (»schamlose und infame Dinge«), einen Schlußstrich unter die ganze Geschichte und erlaubte ihm, in Freiheit nach Venedig zurückzukehren.

Es folgten drei ruhige Jahre. Dann ereignete sich ein neues Drama. Am Abend des 5. November 1450 wurde der Patrizier Almorò Donà auf der Straße tot aufgefunden. Er war ermordet worden. Donà war einer der drei Vorsteher des Zehnerrats gewesen, die Jacopo Foscari verurteilt hatten, zu diesem Zeitpunkt jedoch brachte niemand ihn in Verbindung mit dem Tod des Patriziers. Am 2. Januar 1451 jedoch beschuldigte Antonio Venier, genannt »Bresiola«, Jacopo, den Mord selbst begangen oder dazu angestiftet zu haben. Jacopo wurde sofort verhaftet. Am 26. März waren die Ermittlungen abgeschlossen, und der Zehnerrat sprach ein halbherziges Urteil: da der junge Jacopo nicht einmal unter der damals bei Verhören üblichen Folter gestanden hatte, verurteilten die Zehn ihn, obwohl von seiner Schuld überzeugt, weder zum Tod noch zum Kerker, sondern zur Verbannung nach Canea auf der Insel Kreta.

Kreta war weit weg, doch es war alles andere als ein unangenehmer Aufenthaltsort. Es gab dort eine zahlenmäßig starke und lebendige venezianische Kolonie, eine gebildete Gesellschaft, ein ständiges Kommen und Gehen von Schiffen, Kaufleuten und Pilgern. Aber Jacopo war zu sehr an anderes gewöhnt, er liebte das strahlende Leben in der damals raffiniertesten Metropole Europas. Welch ein verantwortungsloser Kerl er war, bewies er sofort: er schrieb nämlich heimlich an den Großen Sultan der Türken und an Francesco Sforza, mittlerweile Herzog von Mailand, um sie zu bitten, sich für die Aufhebung seiner Verbannung einzusetzen. Sogar unter den Zehn wurden Stimmen laut, die dies für einen Beweis purer Dummheit, wenn nicht Verrücktheit hielten, und deshalb vorschlugen, sich darauf zu beschränken, ihm vom venezianischen Statthalter von Canea einmal gründlich den Kopf waschen zu lassen. Andere jedoch bestanden darauf, daß er nach Venedig zurückbeordert würde, um sich zu entschuldigen; und wieder andere sahen in dieser Entscheidung sogar ein Manöver des Vaters, um ihn in die Heimat zurückzuholen. Doch es kam ganz anders: nachdem der Zehnerrat Jacopos spontan abgelegtes Geständnis angehört hatte, entschied er, ihn nach Canea zurückzuschicken, wo er noch ein Jahr Kerker abbüßen sollte.

Das Urteil war ohne Fehl und Tadel. Es war den Patriziern und Bürgern verboten, ausländische Fürsten zu bitten, in Entscheidungen der verfassungsmäßigen Organe der Republik einzugreifen, erst recht, wenn es sich um Feinde der Republik handelte, auch wenn gerade Waffenstillstand herrschte. Insbesondere war unfaßbar, daß ausgerechnet der Sohn des Staatsoberhauptes sich dieses Mittels bedient hatte. Aber Jacopo war ein Schwächling. Er wollte nicht abreisen, er klammerte sich an seinen Vater, den Dogen, und beschwor ihn, ihn nicht gehen zu lassen: »Vater, ich bitte Euch, sorgt dafür, daß ich nach Hause zurückkehren darf.« Diese Schlüsselszene kommt bei Byron und bei Verdi vor, und sie stammt aus der Chronik von Giorgio Dolfin, der persönlich zugegen gewesen war. Der Doge antwortete ihm: »Iacomo, geh, gehorche dem Willen des

Landes (der Stadt, der Heimat) und versuche nichts anderes mehr.«

Der Chronist Dolfin berichtet, daß der dreiundachtzigjährige Doge, als Jacopo endlich hinausgegangen war, sich auf einen Stuhl fallen ließ und immer wieder stöhnte. »Oh große Barmherzigkeit«. Aber er resignierte nicht, im Gegenteil, er machte sich sofort daran, seinen Sohn nach Venedig zurückzuholen. Und dann traf am 12. März 1457 unerwartet die Nachricht ein, daß der arme Jacopo in Canea gestorben war.

Francesco Foscari war sicherlich nicht so ein Schwächling wie sein Sohn. Er hatte viele Prüfungen überstanden, sogar ein Attentat. Aber die Jahre machten sich auch bei ihm bemerkbar, und die Probleme mit seiner Familie hatten ihm sicherlich nicht gerade genützt. Er war seit vierunddreißig Jahren Doge, eine unwahrscheinlich lange Zeit, aber er schien den Sinn für seine Position verloren zu haben: er schwänzte die Sitzungen der Staatsorgane, zeigte Gleichgültigkeit beim Empfang von Würdenträgern und Politikern, er war kurzum ein verbrauchter und erschöpfter Mann. In einer streng geheimen Sitzung, der eine weitere folgte und zu der eine *Zonta*, fünfundzwanzig zusätzliche bedeutende Patrizier hinzugezogen wurden, diskutierte der Rat der Zehn über die Notwendigkeit, in irgendeiner Weise die Mängel in der Staatsspitze zu beheben. Die drei Vorsteher des Rats, Jacopo Loredan, Girolamo Donà und Girolamo Barbarigo, wurden beauftragt, Francesco Foscari den Beschluß der Zehn mitzuteilen: in Anbetracht des Schadens, der dem Staat aus der Neigung des Dogen zur Abwesenheit entstand, und in Anbetracht seines hohen Verantwortungsgefühls und Patriotismus werde er aufgefordert abzudanken.

Aber so alt und müde er auch war, so war Francesco Foscari doch nicht der Mann, der kampflos aufgab. Er antwortete Jacopo Loredan, dem Sprecher der Zehn, daß für seine Absetzung nach dem Gesetz ein Beschluß des Großen Rats nötig sei und daß er sich auf jeden Fall vorbehalten würde, über seine eigenen Entscheidungen nachzudenken. Aber die Zehn ließen nicht locker. Am 22. Oktober 1457 versammelten sie sich erneut, und nach Erledigung der Zuständigkeitsfrage wurde beschlossen, dem Dogen die sofortige Abdankung zu befehlen, mit der Auflage, innerhalb von acht Tagen den Dogenpalast zu verlassen bei einer Pension von tausendfünfhundert Golddukaten im Jahr. Im Fall einer Weigerung folge die sofortige Konfiszierung all seiner Güter.

Auf solche Härte gab es keine andere Art der Erwiderung als den Gehorsam. Im Dogenpalast fand eine sehr traurige Zeremonie statt: in Anwesenheit der Signoria, der drei Vorsteher des Zehnerrats und der drei Vorsteher der Quarantia wurde dem Dogen der Corno, der Dogenhut, abgenommen, der Siegelring wurde ihm vom Finger gezogen und sofort zerbrochen, und es wurde ihm das Versprechen abgenommen, so schnell wie möglich den Dogenpalast zu verlassen und in seinen Palast am Canal Grande umzuziehen, dessen Umbau noch nicht beendet war. Der Alte erkannte unter den Vorstehern der Quarantia den Sohn eines Freundes, Marin Memmo, und trug ihm Grüße auf. Dann machte er sich im Dogengewand, aber ohne Dogenhut, auf einen Stock gestützt, auf den Weg. Sein Bruder wollte ihn über eine versteckte Treppe hinabsteigen lassen, aber er begehrte auf: »Ich will die Treppe hinabsteigen, die ich ins Dogenamt hinaufgestiegen bin.« Und auf jener Treppe schritt er ganz gemächlich an der Seite seines Bruders hinab bis zum Ufer, an dem ihn die Gondel erwartete.

Eine häßliche Geschichte. Die Dramatiker (und manch ein phantasiebegabter Historiker) haben darin die Weiterentwicklung der Fehde zwischen den Foscari und den Loredan gesehen. Hatte nicht Jacopo Loredan, einer der drei Vorsteher des Zehnerrats zur Zeit des ersten Prozesses gegen Jacopo Foscari, als einziger für die Todesstrafe gestimmt? Und war er nicht 1457 wiederum als Vorsteher einer derjenigen gewesen, welche die Aufforderung an den Dogen zur Abdankung vorgeschlagen hatten? Und war nicht ausgerechnet er es gewesen, der ihm das Abstimmungsergebnis der Zehn überbracht hatte? Jacopo Loredan war immerhin der Sohn des stolzen Admirals Pietro Loredan, den Foscari bei der Dogenwahl geschlagen hatte, der Enkel von Marco, dessen Ermordung, wenn auch sicherlich zu Unrecht, dem Dogen zur Last gelegt wurde. Ein Historiker des letzten Jahrhunderts berichtete zudem, er habe von einem Loredan erfahren, daß im Hause eines Familienangehörigen das Hauptbuch aufbewahrt worden sei, in dem Jacopo beim Tode seines Vaters in die Spalte der Schuldner den Namen des Dogen Foscari eingetragen und am Tag seiner Abdankung in der entsprechenden Saldo-Spalte notiert habe: »Hat bezahlt.«

Es gibt keinen Beweis weder für diese pittoreske Anmerkung noch für besondere Machenschaften der Loredan gegen den Dogen. Sicherlich hatte sich Jacopo Loredan weder für ihn noch für Jacopo Foscari verwendet, was ja durchaus verständlich war. Andererseits gab es eine so starke Anti-Foscari-Partei, daß private Racheakte nicht nötig waren, um sie zu stützen. Die Brutalität, welche die Zehn dem alten Dogen gegenüber an den Tag legten, erregte übrigens in ganz Venedig Mißbilligung, vor allem weil der Große Rat, dem die Wahl des neuen Dogen oblag, überzeugt war, daß die Zehn ihre Kompetenzen überschritten und ihre Macht mißbraucht hatten. Das sollte der Zehnerrat innerhalb kurzer Zeit büßen. Im Verlaufe eines Jahres verabschiedete der Große Rat restriktive Vorschriften, welche die Macht der drei Vorsteher einschränkten und den Zehn die Einmischung in Doge und Dogeneid betreffende Fragen verboten. Jahre später folgte eine weitere Verschärfung. Doch nach und nach erholten sich die Zehn von dieser Niederlage, und seit Beginn des darauffolgenden Jahrhunderts waren sie wieder so mächtig wie vorher. Erst gegen Ende des 16. Jahrhunderts wurde ihrer übergroßen Macht erneut Einhalt geboten, und dieses Mal drastisch.

Am 30. Oktober 1457 wurde Pasquale Malipiero zum Dogen gewählt. Foscari lebte noch und die Legende besagt, daß er in seinem Palast am Canal Grande das ununterbrochene Glockengeläut aller Kirchen Venedigs hörte, das die Wahl seines Nachfolgers bekannt gab. Er starb im Morgengrauen des folgenden Tages. Die Nachricht verbreitete sich schnell und löste ein allgemeines Unbehagen aus, fast Gewissensbisse bei dem Gedanken, daß soviel Härte überflüssig gewesen war, da die Tage des Greises ohnehin bereits gezählt waren. Die Dogaressa wollte zunächst den Leichnam ihres Mannes nicht für das feierliche Staatsbegräbnis hergeben, das für ihn angeordnet worden war. Dann ließ sie sich doch überreden, und nachdem Francesco Foscari im Dogengewand und mit dem Dogenhut auf dem Kopf aufgebahrt worden war, wurde er in einem Zug durch die Straßen Venedigs getragen, angeführt von seinem Nachfolger in der Kleidung eines einfachen Senators, bis zur Kirche Santa Maria dei Frari, wo er noch heute ruht.

2.

Ca' Foscari ruft jedoch nicht nur traurige Erinnerungen wach. Der Palast gilt als einer der bei weitem eindrucksvollsten Paläste am Canal Grande, wenn nicht als der eindrucksvollste überhaupt. Unter anderem wählte ihn König Heinrich III. von Frankreich und Polen als Residenz während seines denkwürdigen Staatsbesuches, über den wir schon mehrfach berichtet haben. Und wir müssen noch einmal darauf zurückkommen, denn dieser Besuch war als eine Art Markstein in die Geschichte Venedigs eingegangen, als ein Gipfel der Prachtentfaltung und auch als Ausdruck des Wunsches, Erstaunen zu erregen, Reichtum und Feste vorzuführen, die zwei Jahre später (der Besuch fand 1574 statt) in der Katastrophe der schrecklichsten Pest des Jahrhunderts enden sollten, bei der unter anderem Tizian den Tod fand.

Für den Empfang des Königs wurden die Wohnungen von Ca' Foscari prächtig mit Wandteppichen und »goldenen Herzen« aus geprägtem, vergoldetem Leder auf rotem Untergrund, mit Gemälden und alten Waffen geschmückt. Und es wurde eine Verbindung hergestellt zu den danebenliegenden Wohnungen des Palazzo Giustinian »dei Vescovi« (der Bischöfe) und zu denen des anderen Palastes der gleichen Familie, der unmittelbar dahinter in Richtung San Marco steht. Mitten auf dem Canal Grande war auf einem Floß während der ganzen Zeit des Aufenthalts des Herrschers eine Glasbläserei jede Nacht in vollem Betrieb, um die Paläste mit den Reflexen des Feuers und der glühenden Glasmassen zu beleuchten.

Gemeinsam mit dem Dogen Alvise Mocenigo zog der König feierlich, von vierzig Gondeln begleitet vom Rand der Lagune her nach Murano, dann von Murano zum Lido ein, und zwar an Bord der Galeere des Admirals im Golf, »die schönste, die jemals das Arsenal verließ«, mit einem Heck, in das vergoldetes Laub und Satyr-Gestalten geschnitzt waren, auf der dreißig Fahnen in den Farben Frankreichs und des Admirals, der ein Soranzo war, wehten und die von dreihundertvierundfünfzig in gelbem und violettem Taft gekleideten Männern gerudert wurde. Dann schritt der König durch einen von Palladio gebauten und mit Gemälden von Paolo Veronese, Jacopo Tintoretto und Antonio Aliense geschmückten Triumphbogen und bestieg den Bucintoro, der ihn und den Dogen zur Ca' Foscari fuhr. Von dort aus betrachtete und bewunderte der König unermüdlich das außergewöhnliche Schauspiel der vielen verschiedenen Boote und der Leute, die sich überall, sogar auf den Dächern der Paläste drängten, um ihn zu sehen.

Doch nicht nur die schwimmende Glasbläserei vor Ca' Foscari war aufsehenerregend. Am ersten Abend wurden in einer Loggia, die auf großen, nebeneinander liegenden Booten ruhte, Konzerte mit erlesenster Musik gegeben (es war die Zeit der Gabrieli, und der König sollte in San Marco ein außergewöhnliches Konzert der beiden bedeutendsten Organisten hören). Und am Ufer des Palastes lag eine schwimmende Grotte mit Neptun und Triton-Gestalten vertäut, die für die Preisverleihung bei der zu diesem Anlaß veranstalteten Regatta bestimmt waren.

Die Regatta: in der gesamten Weltgeschichte gibt es wohl kein schöneres Fest. Das behauptet in Versen Riccardo Selvatico, der gegen Ende des vorigen Jahrhunderts für kurze Zeit Bürgermeister von Venedig und ein absolut nicht mittelmäßiger Dichter war (die »Italietta« [Anm.d.Ü. das kleine, zu Wohlstand gekommene, bürgerliche Italien des 19. Jahrhunderts] konnte auch solche Persönlichkeiten hervorbringen). Selvatico bezog sich auf die Regata Storica, das Ereignis, das sich seit 1841 jedes Jahr am ersten Sonntag im September wiederholt. Vorher handelte es sich dabei um ein besonderes Fest auf dem Canal Grande, mit dem Ereignisse von herausragender Bedeutung gefeiert wurden, insbesondere Besuche von ausländischen Herrschern.

In jener Zeit fanden periodisch wiederkehrend nur Regatten von Galeeren statt, die der Staat anregte, um die jungen Leute zu trainieren (damals ruderten nicht »Zwangs-Ruderer«, Kriegsgefangene oder Häftlinge, wie es dann vom Ende des Jahrhunderts an der Fall war, sondern freie Bürger). Aber im Canal Grande konnten jene langen und schlanken Schiffe, die Kriegs- oder Handelsgaleeren, natürlich kein Wettrennen abhalten. Bis zum Ende des 18. Jahrhunderts wetteiferten dort Boote und Gondeln mit einem und zwei Rudern miteinander. Und wenn die *Machina*, die schwimmende, prachtvoll geschmückte Tribüne für die Beamten oder berühmte Gäste, die den Auftrag hatten, die Preise zu verleihen, auch nicht immer unbedingt vor Ca' Foscari ankerte, wie es seit 1841 bis heute der Fall ist, so war die Strecke jedoch mehr oder weniger festgelegt: von der Spitze von Sant'Antonio, am Ende der heutigen öffentlichen Gärten von Castello, wo die Leine für die Startlinie gespannt wurde, bis zur Brücke della Croce, wo sich der Pfahl befand, um den die Kontrahenten herumfahren mußten, um dann das Ziel und die *Machina* zu erreichen, ob sie nun *in volta de Canal*, in der Kanalkurve, oder anderswo lag.

Integraler Bestandteil der Regatten im Canal Grande war immer der Zug der *Peote* und der *Bissone*, die auf Staatskosten, vor allem aber auf Kosten von Privatpersonen reich geschmückt waren, und unaufgefordert oder im Auftrag des Staates ihre nautische Pracht zum Ruhme der Republik vorführten.

Es war ein außergewöhnliches Spektakel, nicht nur wegen der raffinierten Schnitzereien und der Kleidung, auch wegen der zügellosen Phantasie, mit der die Boote ihre Themen präsentierten. In der Regatta von 1744 standen bei den *Peote, Bissone* und *Malgarotte* sehr witzige Themen im Vordergrund: »Der sterbende Reichtum« (Boot des Prokurator Foscarini), »Rauch und Braten« (Boot des N.H. Lodovico Widmann und des Grafen Leopoldo Tassis), »Es wird nicht immer so gehen« (Boot des N.H. Girolamo Duodo), »Der Lapis Philosophorum« (Boot des N.H. Marin Zorzi).

Die letzte Regatta zu Zeiten der Serenissima fand zu Ehren des Kaisers Leopold II., des Königs von Neapel Ferdinand IV. und des Großherzogs von Toskana, Ferdinand von Habsburg und Lothringen, statt. Das war im Jahre 1791. Als sechzehn Jahre später Napoleon, Kaiser der Franzosen und König von Italien, zum ersten Mal die Stadt zu besuchen geruhte (1797, als er Generalissimus der Italien-Armee war, die Venedig besetzte, hatte er nicht die Zeit gefunden, die Stadt zu sehen), versäumte es die Stadtregierung nicht, ihm ein »so vielgepriesenes Schauspiel« anzubieten. Es war am 2. Dezember, am Jahrestag der Kaiserkrönung, und für den Herrscher war eine Loggia an der Fassade des Balbi-Palastes hergerichtet worden, des Palastes, den man »in volta de Canal« vor dem Rio di Ca' Foscari sieht und der vermutlich von dem Bildhauer und Architekten Alessandro Vittoria im 16. Jahrhundert gebaut wurde (heute ist er Sitz der Regionalregierung des Veneto). Der Palast gehörte damals noch den Balbi, und Hausherr war der fünfundsechzigjährige N.H. Rizzardo Niccolò Balbi, einst Mitglied der Quarantia. Die Zeitung »Quotidiano Veneto« berichtete, daß der Edelmann, ein »wirklicher Herr (auf die alte Art, wie man zu sagen pflegt)«, von Napoleon »in ein langes Gespräch« verwickelt wurde, daß Napoleon geruht hatte, »dem vorgenannten Signor Balbi die vornehmsten Gesten der Güte zu erweisen«, und sogar, da er erfahren hatte, daß dieser krank und zu spät benachrichtigt worden war, »mit jener unaussprechlichen Hilfsbereitschaft, die ihn auszeichnet«, »ihn in seinen eigenen Räumen überraschen wollte«.

Die *Machina*, die sich ebenfalls vor dem Palazzo Balbi befand, war von dem Maler Giuseppe Borsato entworfen und mit Statuen der Bildhauer Giandomenichi und Ferrari geschmückt worden. Es war das übliche Zubehör dabei, vor allem Neptun und die Delphine, es war Platz für zwei Orchester geschaffen worden, und auf dem Attikus des Bauwerks prangte eine Inschrift mit den Worten: »Napoleon dem Größten / Seiner Erlauchtesten Majestät / weiht und feiert das jubelnde Venedig / das der Stadt eigene Schauspiel.« Die Chronik erzählt uns auch, daß der erste Preis der Regatta für Boote mit einem Ruder – dreißig Dukaten – von Marco Toscan gewonnen wurde, gefolgt von Sgualdo Angelini, Checo Marzari und Pasqualin Pano; der Preis für Boote mit zwei Rudern ging an die Mannschaft Giacomo Fabiani und Lorenzo Calderan, während den ersten Preis für die Regatta der Gondeln mit zwei Rudern Momolo Vendeta und Marchiò Tondo gewannen ... Aber Napoleon war zu dem Zeitpunkt schon gegangen, zu Beginn des dritten Wettbewerbs war er mit seinem Gefolge von Fürsten in den Palazzo Reale (Königspalast) zurückgekehrt.

Das Verdienst, die Regatta unter der heute bekannten Bezeichnung Regata Storica wieder ins Leben gerufen zu haben, gebührt Graf Giovanni Correr, dem damaligen Bürgermeister von Venedig (es war damals noch kein gewählter Bügermeister, sondern ein von dem österreichischen Kaiser Ferdinand I. ernannter Podestà). Er machte die Regatta zu einer regelmäßig wiederkehrenden Institution und bereicherte sie mit faszinierenden Elementen, auch wenn die *Bissone* von heute, so schön sie auch sind, recht bescheiden wirken gegenüber den Beschreibungen derjenigen von früher. Die Bevölkerung nahm die Initiative voller Begeisterung auf. Die Zeitungen berichteten von großen Ovationen, die den Podestà Correr am Tag der Regatta von 1843 begleiteten, während er am Bug der städtischen *Dodesona* (Boot mit zwölf Ruderern) den Canal Grande entlang fuhr.

Nur durch die Revolution und die Belagerung von 1848/49, die Jahre der anti-österreichischen Bewegung sowie die Jahre des Ersten und des Zweiten Weltkriegs unterbrochen, drängeln sich seither jedes Jahr die Massen auf beiden Seiten des Canalazzo an Bord der *Sandoli* und *Battelle*, der *Topi* und *Tope*, der *Mascarete* und *Puparini*, all der Gefährte, die von der Flotte der Lagunen-Ruderboote übriggeblieben sind. Und sie belagerten die Traghetti, die Campi, Fondamente und Campielli, pfiffen die Faulenzer aus und beklatschten die Sieger, die sich porträtieren ließen, triefend von Schweiß und Fahnen haltend, die ihnen gewöhnlich – je nach Epoche – von einem kaiserlichen oder königlichen Prinzen überreicht wurden. In der vor Ca' Foscari vertäuten *Machina* nahm der König von Italien Platz, und nach 1945 mehrfach der Präsident der Republik Italien. Der Conte Correr hatte mit der Regatta im wesentlichen die Idee verfolgt, eine Gelegenheit für einen alljährlichen unmittelbaren Kontakt zwischen dem venezianischen Volk und seinen Regierenden und Beamten zu schaffen: ein ungewöhnlicher Gedanke für einen aristokratischen Podestà, und tatsächlich führten die demokratisch vom Volk gewählten Bürgermeister noch lange Zeit die Tradition des Bades in der Menge fort. Erst kürzlich fand diese Tradition ein Ende. Doch der wichtigste Moment bei der Regatta war das Vorbeiziehen der Honoratioren, die in der jüngsten Vergangenheit von Hunderten von Gondeln und den unterschiedlichsten Schiffen begleitet wurden.

Denn die Regata Storica, an der sich seit einigen Jahren und mit großem Erfolg auch wieder die Frauen beteiligen, ist trotz des vielen von den Organisatoren dabei angerichteten Unheils ein wirkliches Volksfest geblieben. Die festlich gestimmte Menge übertönt den obszönen Lärm der schlechten Musik und des überflüssigen, von den Lautsprechern übertragenen Geschwätzes, geht über den für die Touristen veranstalteten Schwindel der unechten Umzüge mit unechten Dogen und unechten Königinnen von Zypern hinweg und läßt den Ärger über das hektische Gedrängel der in der Stadt zusammengekarrten und ausgenommenen Touristen vergessen. Auch wenn viele Venezianer – ebenfalls aufgeregt und hektisch – brüllen, pfeifen und applaudieren und nach Ende des Festes die Stadt wieder verlassen müssen, die mittlerweile nicht mehr ihnen gehört, weil sie weit weg auf dem Festland schlafen. Dort erreicht sie das »entfernte Echo« nicht mehr, das der dichtende Bürgermeister Selvatico noch im fernen, von »tausend funkelnden Laternen von San Marco« reflektierten Licht in der Nacht der Regatta vernahm.

3.

Als Herman Melville, der Autor von *Moby Dick*, 1857 nach Venedig kam, war Ca' Foscari von den österreichischen Militärbehörden beschlagnahmt und in eine Kaserne umgewandelt worden. Der Besuch des Inneren mit den Salons, die noch mit großen Gemälden geschmückt und in Soldatenstuben verwandelt waren, und mit der Feldküche, die im Atrium eingerichtet war, hatte ihn ziemlich betrübt. Doch vom Balkon aus hatte er den Canal Grande bewundert, der sich »wie eine Art Susquehanna schlängelt«, und den Verkehr, der ihn amüsierte, denn dort waren – in Form von Schiffen – alle Verkehrsmittel vorhanden, die man auch auf dem Festland sah, »Omnibusse, private Kutschen, leichte Kaleschen, kleine Kutschen, Karren von Straßenhändlern, Leichenwagen«. Am Tag seiner Ankunft regnete es, und im Schutz des *Felze* seiner Gondel hatte er nichts vom Canal Grande sehen können, den er vom Bahnhof bis zu San Marco durchfahren hatte. Er hatte ihn dann noch zweimal durchquert und sich pflichtschuldigst über die »hohnlachenden Monster« empört, die auf den Sockeln der Paläste aus dem Wasser schauten, die steinernen Gesichter von Mohren oder Haudegen, die Ruskin, den Todfeind des Barocks, so entsetzt hatten.

In seine herbe Verachtung für die Architektur der »Spätrenaissance« schloß Ruskin auch den Palazzo Rezzonico ein: »Der dümmlichste Palast, in der Art von Palazzo Pesaro; die Fundamente, ein Kerker, ohne Mannigfaltigkeit in den Abmessungen, ohne harmonische Anordnung der Steine; die Pfeiler, reine Stapel von Käselaiben; die Einschiebsel des Hauptbalkons, anonyme Steine, doppelt vulgär durch die Gleichmäßigkeit der Intervalle; die Löwen mit der heraushängenden Zunge unten, die gefiederten Helme mit Federbusch im Piano Nobile, und oben die abgeschlagenen Köpfe, alle gleich dumm. Die elliptischen Fenster – Bullaugen von Schiffen – oben, häßlich in der Dekoration wie in der Form. Es ist das einzige Gebäude, das ich in Venedig kenne, das so häßlich ist wie die, die wir heute bauen.«

Auf uns wirkt Ca' Rezzonico völlig anders. Dieser Palast war das letzte Projekt von Baldassarre Longhena, entworfen für den Prokurator Filippo Bon, aus einer alten Familie stammend, die nur selten den Gipfel von Reichtum und Macht erreicht hatte und sich nun daran berauschen zu wollen schien. Der Palast wurde von dem liebenswürdigsten der sympathisch eklektischen Architekten des venezianischen 18. Jahrhunderts, von Giorgio Massari, fertig gebaut. Schon Henry James hatte sich ganz anders als der schroffe Ruskin geäußert: er hatte den Palast einen »majestätischen Tempel des Barocks, bewundernswert in seiner Ordnung« genannt und ihn verglichen mit »einem mythologischen Meerespferd mit breiter Brust, das sich aufbäumt und aus den Fluten erhebt und den gemeißelten Kopf schüttelt, mit aus dem Wasser ragenden Knien, die von der breiten Wasser-Freitreppe dargestellt werden«.

Mehr noch als Longhenas Tod hatte der wirtschaftliche Ruin der Bon die Einstellung der Arbeiten verursacht; die Drucke vom Beginn des 18. Jahrhunderts zeigen uns eine unvollendete Fassade am Canal Grande. Sie sollte auch noch einige Jahre länger unvollendet bleiben. Wie es auch bei anderen Palästen geschah, wurde der Palazzo Rezzonico, ein Symbol des Familien-Vermögens, edle Krönung einer langen Zeit ökonomischer und politischer Erfolge, schließlich für die Bon zum Hauptgrund für Bankrott und Verarmung. Nach dem Tod des Prokurators Bon waren seine Erben nicht nur nicht in der Lage, die Arbeiten für die Fertigstellung des Gebäudes weiterzuführen, sondern es fehlten ihnen auch die Mittel, um die Instandhaltung zu garantieren. Der Palast war also bereits 1746, als die Rezzonico die Möglichkeit eines Kaufs in Betracht zogen, so etwas wie eine edle Ruine. Die Verhandlungen kamen erst 1750 zum Abschluß und besiegelten den Kauf für sechzigtausend Dukaten. Die Rezzonico beauftragten sofort Giorgio Massari mit der Vollendung der Fassade und auch mit der Renovierung der Innenräume, die so umgestaltet werden sollten, daß sie der Bedeutung der Fassade, vor allem aber dem Reichtum und den Ambitionen der Käufer entsprachen.

Die Familie Rezzonico stammte vom Comer See, und ihr Name rührte von einem an diesem See gelegenen Dorf, in dem noch heute stolz ein alter Turm emporragt; in diesem Turm und in dem Dorf übten sie die feudale Rechtsprechung aus. Nicht nur, weil er in den Kriegen gegen die Türken gekämpft hatte, sondern vor allem wegen seiner überaus erfolgreichen wirtschaftlichen Aktivitäten hatte der Familienzweig, der dann nach Venedig kommen sollte, ein Vermögen gemacht. Die Geschäfte dieser Familie gediehen so prächtig, daß Carlo Rezzonico in Genua, wohin er zu Beginn des 17. Jahrhunderts gezogen war, weil man dort Geschäftstüchtigkeit mehr würdigte als anderswo, neben der Verleihung des Titels »Magnifico« (der Prächtige) eine andere, ganz besondere Auszeichnung erhielt: die Erlaubnis, gegenüber Staatsvertretern jeden Ranges, einschließlich des Dogen, mit bedecktem Kopf sitzenzubleiben. Einer seiner Brüder, Aurelio, hatte sich in Venedig niedergelassen. Dort waren die Geschäfte offensichtlich noch besser gelaufen als in Genua, denn am 17. Mai 1687 nahm der Große Rat das Angebot der Rezzonico an, die rituellen hunderttausend Dukaten für die durch den ewigen Krieg gegen die Türken erschöpfte Staatskasse zu zahlen und so Mitglieder des venezianischen Patriziats zu werden.

Die Aufnahme in die herrschende Klasse wurde durch die Hochzeit zwischen Giovanni Rezzonico und der N.D. Vittoria Barbarigo noch besiegelt: aus dieser Verbindung kam 1693 jener Carlo Rezzonico zur Welt, der zunächst Kardinal und Bischof von Padua war und dann am 6. Juli 1758 ganz unerwartet in der Nachfolge des gebildeten und frommen Benedikt XIV. Lambertini auf den Heiligen Stuhl gewählt wurde und den Namen Clemens XIII. annahm.

Der Kauf, die Fertigstellung und die prunkvolle Verschönerung des Palastes kamen also wie gerufen. So wie Giorgio Massari Ca' Rezzonico hergerichtet hatte, war es eine rundum würdige Residenz für eine päpstliche Familie geworden. Massari hatte sogar auf der Rückseite des Palastes einen Ballsaal gebaut, wie ihn keine Familie aus dem alten Adel sich auch nur im Traume vorzustellen wagte; er hatte als Zugang zu dem Saal die grandioseste Freitreppe entworfen, die ein venezianischer Palast nur vorzeigen konnte, großartiger noch als die Treppe von Ca' Sagredo. Und er hatte mit der Innendekoration die renommiertesten verfügbaren Maler beauftragt, Giambattista Crosato, Giacomo Guarana und Giambattista Tiepolo. Eine erste Gelegenheit, das neue Domizil auszuprobieren, bot sich kurz vor der Wahl des Papstes Clemens, als Lodovico Rezzonico Faustina Savorgnan heiratete, deren angesehene Familie ursprünglich aus dem Friaul stammte und im 14. Jahrhundert ins venezianische Patriziat aufgenommen worden war. Dieser Eheschließung war die Hochzeits-Allegorie des Tiepolo gewidmet, die noch heute an der Decke eines Saals zu sehen ist.

Die Wahl des Papstes Rezzonico war, wie man sich leicht vorstellen kann, ein noch schönerer Anlaß, den grandiosen Palast für die Vorführung des von der Familie erworbenen Prestiges zu nutzen; ein Prestige, das durch einen wahren Regen von Ehrungen noch betont wurde: ein Neffe des Papstes wurde Kardinal, ein anderer fürstlicher Berater beim Heiligen Stuhl und Gonfaloniere des Senats und des römischen Volks, ein weiterer, Abbondio, Auftraggeber und Gönner von Piranesi, wurde Senator in Rom, ein vierter wurde apostolischer Pronotar und sollte später von Clemens XIV. zum Kardinal ernannt werden. Und die Serenissima verlieh dem Bruder des Papstes, Aurelio, die Erbritterwürde der *Stola d'Oro*, vererbbar nach dem Erstgeborenenrecht, wie sie nur vier andere Familien besaßen, ein Zweig der Querini, die Contarini »dal Zaffo«, Grafen von Jaffa, ein Zweig der Giustinian und die Morosini von Santo Stefano zu Ehren des Dogen Francesco, des Peloponnesiers, und zum Andenken an seine Eroberungen.

Einem offiziellen Bericht zufolge nahm die Familie in einem Saal, in dem sofort ein großes Porträt des neuen Papstes ausgestellt worden war, am 13. Juli 1758 die offiziellen Gratulationsbesuche des apostolischen Nuntius und des Vertreters des Senats entgegen. An den folgenden Tagen wurde an das Volk Brot und Wein auf einem Bohlenverschlag ausgeteilt, der den Rio di San Barnaba an der gesamten Flanke des Palastes bedeckte, und zu den Klängen der Musik und unter dem Donnern der Böller defilierte der Adel durch die rund um die Uhr taghell erleuchteten Säle: die Patrizier in Toga und Perücke, die Edeldamen »in Umhang und farbigem Untergewand«. Am Abend dann gab es eine große Konversationsgesellschaft mit Spiel, aber ohne Tanz, wo alle »in Maske mit hochgezogenem Gesicht« erschienen, das heißt in Tabarro und Bauta, die aber das Gesicht nicht verdeckte, sondern eben hochgezogen war.

1762 wurde Aurelios Sohn Lodovico zum Prokurator von San Marco gewählt. Wieder gab es große Festivitäten. »Drei Nächte lang war der Palast ununterbrochen mit Fackeln, *Ciocche* (Leuchter aus Murano-Glas) und Kerzen innen und außen beleuchtet«, während man »mit unsäglichem Kostenaufwand weiterhin reichlich Erfrischungen und Konfekt ausgab«.

1764 veranstaltete der Prokurator Lodovico Rezzonico einen festlichen Ball zu Ehren des Herzogs von York, des Bruders des englischen Königs Georg III. Es regnete und stürmte, aber man machte sich nichts daraus. Beim Schein der Fackeln empfing der Prokurator, umgeben von seinen Verwandten, den Herzog an der *Riva* des Palastes und geleitete ihn bis an die Spitze der Ehrentreppe, wo ihn die Prinzessin, seine Frau Faustina Savorgnan, erwartete, die ihn ihrerseits begleitete, bis er in einem »wunderbaren Zimmer« Platz nahm. Im Ballsaal waren die Damen versammelt, »in Festgewändern, ... beladen mit Juwelen und Perlen ... mit kostbaren Stoffen, mit modernem Kopfputz geschmückt«. In den verschiedenen Sälen, alle dekoriert mit Kristallüstern und Silberzeug, machten sich eine

Unmenge Domestiken, Haushofmeister, Stabträger und Kammerherren zu schaffen, während Bombardiere in Uniform und Hellebardiere in vergoldeter *Sargentina* den Ehrendienst leisteten. Es waren auch viele andere Damen da, Patrizierinnen und »Bürgerinnen«, insgesamt ungefähr zweihundert, alle geschmückt mit Brillanten, und sie zeigten sich »der Neugier unzähliger Herren«; nicht einmal die Mädchen im »Heirats- oder Nonnenalter« wurden zu Hause gelassen, auch sie waren da und »hockten mit ihren Müttern in vergitterten Kabinetten«. Der Ballsaal bot einen außergewöhnlichen Anblick, vor allem als »die Tänzer sich feurig erhitzten, junge Adlige ... und berühmte Fremde, die ganz pünktlich zur Stelle waren«, gekleidet »nach französischer Mode (das heißt im *Redingote*, der damals *habit à la française* hieß) mit Stickerei, Besatz und kostbarsten Draperien je nach dem jeweiligen Rang«.

Der Herzog, der »an der Seite und am Knie den prächtigen Hosenbandorden« trug, tanzte zuerst mit der kaiserlichen Botschafterin, der Gräfin von Rosenberg, geborene Kaunitz, dann mit der französischen Botschafterin. Allen Damen wurden »duftende und liebliche Blumen« überreicht, Erfrischungen und Süßspeisen wurden »großzügig« serviert.

1769 geruhte Kaiser Joseph II., der nichts von den vom Savio Andrea Tron im Namen der Republik organisierten Feste wissen wollte, einer »öffentlichen Konversation« und einem Konzert in Ca' Rezzonico beizuwohnen. Eine an einer Seite des Festsaals eingerichtete Bühne nahm das Orchester und hundertsechzehn »Virtuosinnen« auf, Mädchen, die in den vier »frommen Orten« der Mendicanti (Bettler), der Derelitti (Einsamen), der Incurabili (Unheilbaren) und der Pietà (Barmherzigkeit) eine musikalische Erziehung genossen. Der Maestro Ferdinando Bertoni dirigierte eine siebenstimmige Kantate mit dem Titel *La Reggia di Calipso* (Der Palast der Calypso). Das Konzert war nach Aussage der Anwesenden wunderbar, und der Maestro Bertoni erhielt viele Komplimente.

Aber Kaiser Joseph verließ heimlich das Geschehen, ging verstohlen die Treppe hinab zwischen den »in reichste Kleidung gehüllten Dienern der Republik«, stieg in die Gondel und begab sich in sein Gasthaus »Lion Bianco«. Er hatte es sehr eilig, »völlig incognito« in sein Wien zurückzukehren.

Es liegt auf der Hand, daß bei einer derartigen Häufung von Festlichkeiten selbst die von den Rezzonico angesammelten Reichtümer mit der Zeit schwinden mußten, auch die Hilfe des Staates in Fällen wie dem Besuch von Joseph II. nutzte da nicht viel. Beim Untergang der Republik verschonte die finanzielle Katastrophe auch sie nicht. Kurz darauf, 1810, starb mit Abbondio, dem jüngeren Bruder des Prokurators Lodovico, die Familie Rezzonico aus. Abbondio hatte als Universalerben den Mann seiner Schwester Quintilia, Lodovico Widmann, eingesetzt, dessen Nachkommen sich dann Widmann Rezzonico nannten. Ein Teil ging jedoch an die Grafen Pindemonte aus Verona, die ebenfalls den päpstlichen Namen dem ihren anhingen. Von ihnen ging der Palast, nachdem alle Kunstsammlungen versteigert waren, 1837 an einen polnischen Grafen; verschiedene Mieter wechselten dann einander ab: der Herzog von Modena, Francesco d'Este von Österreich, wohnte dort einige Zeit mit seiner Tochter und seinem Schwiegersohn, Don Juan von Bourbon, dem Vater von Don Carlos, Herzog von Madrid und spanischer Thronprätendent; dann kam ein Graf Zichy, ein preußischer Edelmann aus der weitverzweigten Familie derer von Bülow. Einige Räume dienten venezianischen Künstlern als Atelier, wie Pietro Fragiacomo und Domenico Brugnoli, ein exquisiter Kupferstecher, an dessen Arbeitskittel aus einem Jeans-ähnlichen Stoff – Jeans gab es damals noch nicht – der Autor sich sehr gut erinnert. Und eines Tages ließ sich dort nicht als Mieter, sondern als rechtmäßiger Eigentümer ein Engländer nieder, ein Dichter: Robert Browning.

4.

Ein erstes Mal hatte Browning Venedig bereits mit sechsundzwanzig besucht, im Jahre 1838. Er war durch den Haupteingang gekommen, auf dem Wasserweg; aber von jenem Besuch, von dem Eindruck, den er bei ihm hinterlassen hatte, ist in seinen Schriften nicht viel zu lesen. Starken Eindruck hatte dagegen das Städtchen Asolo auf ihn gemacht, wo er sich aufhielt, weil er die Orte besuchen wollte, in denen er das Poem, das er damals gerade schrieb, *Sordello*, spielen ließ. Und Asolo widmete er das erfolgreiche dramatische Poem *Pippa geht vorüber*, das sehr zur Popularität des heiteren Städtchens, einst Caterina Cornaros Lehen, beigetragen hat.

Brownings zweiter Besuch in Venedig im Jahre 1851 – er war über Florenz gekommen – war von Mücken und Appetitlosigkeit überschattet und mußte abgebrochen werden. Zum großen Bedauern von Elizabeth Barrett, der Frau, die der Dichter so sehr liebte, daß er sie einem angebeteten und besitzergreifenden Vater entrissen, sie heimlich geheiratet hatte und mit ihr nach Italien geflohen war, eben nach Florenz, wo das Klima ihrer kränklichen Gesundheit besser zustatten kam als in London.

Elizabeth Barrett war eine zu feinsinnige Dichterin, um den Zauber der Stadt nicht intensiv wahrzunehmen, die für sie »himmlisch«, »unaussprechlich« war, und für die sie, wie sie ihrer Schwester Arabel schrieb, gern »auf Florenz und fünfmal auf Paris« verzichtet hätte. In ihrer Begleitung war neben dem treuen Hündchen Flush, durch dessen Augen Virginia Woolf die Geschichte der beiden verliebten Dichter erzählte, auch der kleine zweijährige Sohn Robert, den die beiden mit offensichtlichen Reminiszenzen an Asolo Penini nannten (im venetischen Dialekt piedini – Füßchen), oder kurz Pen. Und Pen war es, der achtunddreißig Jahre später aus dem Palazzo Rezzonico »Palazzo Browning« machte, wie man es einige Zeit lang auf den Ansichtskarten lesen konnte.

Daß gerade Browning, der in starkem Maße auch die Entwicklung der Dichtkunst des 20. Jahrhunderts mitgeprägt hatte, der Ezra Pound und sogar Borges tief beeinflußt hatte, der venezianischen Atmosphäre gegenüber unsensibel bleiben sollte, war undenkbar. Nach dem Tod der geliebten, überempfindlichen Elizabeth, die 1861 in Florenz starb, würden sich seine Besuche wiederholen, sich vervielfachen. Er wohnte dann im Hotel Universo, das sich im Palazzo Brandolin Rota bei der Accademia am Canal Grande befand, oder in einem anderen Haus ebenfalls am Canal Grande, bei der überaus gastfreundlichen venezianisierten Katharine Bronson, oder im Palazzo Dario, jedenfalls so lange, wie die Arbeiten zur Herrichtung von Ca' Rezzonico als Wohnung dauerten ... Denn Pen, ein eher arbeitsscheuer junger Mann, dem es nicht gelungen war, sein Studium in Oxford zum Abschluß zu bringen, und der sich statt dessen der Malerei und der Bildhauerei verschrieben hatte, allerdings ohne den erhofften Erfolg, hatte eine Amerikanerin, eine reiche Erbin, geheiratet. Und seine Frau Fannie Coddington hatte ihm die nötige Summe zur Verfügung gestellt, um ihm seinen sehnlichsten Wunsch zu erfüllen: einen Palast in Venedig. Zu Anfang, 1885, hatte es langer Verhandlungen bedurft, um von dem Grafen Montecuccoli den ehemals den Contarini dal Zaffo gehörenden Palast neben dem Hotel Universo zu kaufen. Dann, durch einen glücklichen Zufall, war die große Ca' Rezzonico doch sein Eigentum geworden, für eine Summe, die für die Zeit recht beachtlich war, aber alles in allem doch ziemlich günstig: zweihundertfünfzigtausend Lire, natürlich Gold-Lire.

Während man sich um die Einrichtung des Palastes kümmerte, malte Pen im Palazzo Dario das Porträt seines berühmten Vaters. Dieser war ein sehr angesehener und stets willkommener Gast bei der anglo-amerikanischen Kolonie gewesen und verkehrte im Haus von Sir Henry und Lady Layard, wo er mit der deutschen kaiserlichen Kronprinzessin frühstückte, der Tochter der Königin Viktoria, oder im Hause der Curtis, der aufgeklärten und gebildeten Bostoner, die zwei Geschosse im Palazzo Barbaro gekauft hatten ... Sein Leben spielte sich also zum größten Teil am Canal Grande ab, bis er mit Sack und Pack in die unermeßlichen Säle des Palazzo Rezzonico umzog, den Pen mit einem prunkvollen Luxus (»gräßlicher Luxus«, wird Henry James bemerken), mit seinen – mittelmäßigen – Bildern und mit seinen – ebenso mittelmäßigen – Skulpturen hatte dekorieren lassen. Für den alten Dichter, der eben von einem kurzen Aufenthalt in der Heimat und von einer Sommerfrische in Asolo zurückgekehrt war, war die Einrichtung des Palastes eine angenehme Überraschung. Pens Geschicklichkeit als Innenausstatter erfüllte ihn mit erstaunter Bewunderung; und er war ergriffen davon, daß Pen die alte Kapelle restauriert, sie der Mutter geweiht und dort den Gedenkstein angebracht hatte, den Nicolò Tommaseo für Elizabeth verfaßt hatte, und dessen Original in Florenz in die Wand des Hause Guidi eingelassen ist, in dem Elizabeth gestorben war. »Die Heiterkeit und die Bequemlichkeit dieser riesigen Zimmer« beeindruckten ihn, wie auch die Tatsache, daß sie nicht mit Öfen und Kohlepfannen geheizt wurden, wie in den venezianischen Palästen üblich, sondern von einer hochmodernen Heizung sehr behaglich warm gehalten wurden.

Hier in der Ca' Rezzonico verbrachte Robert Browning den Monat November 1889 gemeinsam mit seiner anhänglichen Schwester Sarianna, seinem Sohn Pen und seiner Schwiegertochter Fannie. Er arbeitete an der Durchsicht der Druckfahnen seiner Gedicht-Sammlung mit dem suggestiven Titel *Asolando* und träumte vom Kauf eines Häuschens in Asolo, möglicherweise in der Nähe der uralten Burg, welche die asolanischen Hügel beherrscht. Manchmal unterhielt er sich mit der Schwiegertochter, las ihr Teile aus seinem Poem vor. Fannie erzählt, daß der Alte eines Abends, während er ihr den »Epilog« vorlas, vor der Strophe innehielt, die mit dem Vers beginnt: »Ein Mann, der nie den

Rücken kehrte – sondern immer mit der Brust nach vorn marschierte …« und zu ihr sagte: »Was ich hier geschrieben habe, mag als Eitelkeit meinerseits erscheinen, aber ich glaube, aufrichtig behaupten zu können, daß es wahr ist.«

Die Schwiegertochter erzählt auch, daß Browning während der sechs in Ca' Rezzonico verbrachten Wochen voller Lebenskraft war. Er war sechsundsiebzig, trug aber sein Alter ohne Beschwerlichkeit, bei jedem beliebigen Wetter ging er mit den Freunden Curtis am Lido spazieren. Er war begeistert von dem herrlichen San-Martino-Sommer (sommerliches Wetter am Sankt-Martins-Tag), mit einer fast sommerlichen Sonne und dem Blick auf die fernen schneebedeckten Alpen. Leider folgte den Sonnentagen Nebel, der dichte, undurchdringliche venezianische *Caligo*, und der Dichter, der nicht auf seinen Ausflug zum Lido hatte verzichten wollen, holte sich eine Erkältung. Eine simple, wenn auch starke Erkältung, die jedoch Komplikationen nach sich zog, Bronchial-Asthma und Herzschwäche, und er wollte nichts davon wissen, im Bett zu liegen: er schrieb nach London, um Verabredungen zu treffen, und bestand sogar darauf, abends auszugehen, um im Fenice *Carmen* zu sehen. Nach der Rückkehr von dem Opernabend verschlimmerte sich sein Zustand, ein paar Tage später wollte der ihn behandelnde Doktor Cini sich mit anderen Ärzten beraten. Es kamen der Professor Vigna und der Senator Angelo Minich, eine Koryphäe der venezianischen Medizin. Die Diagnose war eindeutig: Browning liege im Sterben, und man könne nichts mehr tun, um ihn zu retten. Auch er selbst wurde sich dessen bewußt: »Ich sterbe«, sagte er zu Pen. »Ich sterbe. *My dear boy, my dear boy*.« Man hatte ihm das erste Exemplar von *Asolando* gebracht; am 12. Dezember kam ein Telegramm aus London, mit der Nachricht, daß die Rezensionen »sehr positiv« seien, daß die Auflage nach nur einem Tag fast ausverkauft sei. »*How gratifying*«, murmelte der Dichter. Es waren seine letzten Worte, die er bei Bewußtsein sprach.

Robert Browning wurde im *Portego* des Piano Nobile von Ca' Rezzonico aufgebahrt in einem Sarg voller Samt und Palmenzweigen. Danach wurde er auf ein Leichenboot mit einem Engel am Bug geladen, das ihn nach San Michele in Isola brachte, also die Strecke durchmaß, die früher oder später alle Venezianer zurücklegen. Es war ein grauer und bedeckter Tag, aber auf der Höhe von Rialto brach ein Sonnenstrahl durch die Wolken und erleuchtete den Sarg. Die Trauerfeier fand in London statt, und bestattet wurde er in der Westminster Abbey, in der »Dichterecke«. Bald kam auch das Ende von Pens venezianischem Traum. 1906 mußten Palast und Einrichtung verkauft werden: Fannie Coddington hatte die Scheidung eingereicht, und Pen mußte ihr die Mitgift zurückzahlen.

XIII

I.

Ca' Rezzonico beherbergt heute eines der faszinierendsten Museen der Welt, das Museum des venezianischen *Settecento* (18. Jahrhundert). Der Palast, der direkt gegenüber auf der anderen Seite des Canalazzo steht, Palazzo Grassi, ist zeitlich der letzte der Paläste aus dem 18. Jahrhundert. Der Architekt Giorgio Massari, der Bau und Umbau der Ca' Rezzonico zu Ende geführt hatte, hatte auch den Palazzo Grassi gebaut, und zwar für eine reiche Familie aus Chioggia, die erst kurz zuvor ins Patriziat aufgenommen worden war. Bevor der Palast seine heutige Funktion übernahm und Ort für bedeutende Ausstellungen und kulturelle Initiativen wurde, hat er mehr oder weniger das gleiche Schicksal erlebt wie viele andere Paläste am Canal Grande: er wurde gekauft, aus Spekulationsgründen wieder verkauft und dann in ein Hotel mit angeschlossener Badeanstalt umgewandelt. Die »Gazzetta di Venezia« vom 4. August 1842 lobt ausgerechnet die neue Anstalt des Signor D'Antoni bei San Samuele: dort wird Schwimmunterricht erteilt, das Wasser wird »an der reinsten und fließendsten Stelle des Canal Grande entnommen«, und es gibt Aufenthaltsräume und Cafés, alles in pompejanischem Stil. Doch das war nicht das einzige Bad, es gab daneben noch die Badeanstalt des Albergo del Leon Bianco und des Albergo d'Inghilterra, das des Signor Rima und das des Doktor Fumiani. Die untreue Contessa, weibliche Hauptfigur aus der Erzählung *Senso* von Camillo Boito, nach der Luchino Visconti in freier Anlehnung sein filmisches Meisterwerk gedreht hat, lernte ihren niederträchtigen österreichischen Geliebten just im Séparé einer der Badeanlagen am Canal Grande kennen.

Obwohl wir noch nicht hundert sind, erinnern wir uns doch daran, wie man in den venezianischen Kanälen den Kindern das Schwimmen beibrachte, indem man ihnen um die Taille ein Tau band, das Mutter oder Vater auf der *Fondamenta* fest in der Hand hielt.

Die Badeanstalten am Canal Grande verloren dann aus vielen Gründen an Beliebtheit, unter anderem wegen der zunehmenden Verkehrsdichte durch die Einführung der Vaporetti und der Motorboote. Im April 1881 gab das erste Vaporetto, das je den Canal Grande durchfurchte, sein Debüt auf dem berühmten Wasserweg: die in Nantes gebaute *Regina Margherita*, zwanzig Meter lang im Außenmaß. Von Nantes war sie nach Venedig gekommen, indem sie zehn Tage lang durch die Binnenkanäle Frankreichs und an den italienischen Küsten entlanggefahren war, und sie sollte unter der Nummer 1 bis 1937 in Betrieb bleiben, bis sie an eine Verkehrsgesellschaft verkauft wurde, die den Po befuhr.

Auch zu Zeiten der Serenissima gab es Schiffe für den kollektiven Transport, das bekannteste unter ihnen war der berühmte Burchiello, der von de Brosses und Goldoni gepriesen wurde. Im letzten Jahrhundert, genauer 1872, wurde eine Venezianische Gesellschaft für die Lagunenschiffahrt gegründet, die Dampfer betrieb, die im Volksmund *Caponère*, Kapaunenkäfige, hießen. Sie fuhren nach San Giuliano in Mestre, nach Chioggia, Fusina und Jesolo, auf dem Canal Grande verkehrten nur die »Omnibus«, die meistens von Konsortien der Hotelbesitzer betrieben wurden: große Boote mit Sonnensegel im Sommer, mit Felze im Winter, die ihre Abfahrts- und Ankunftszeiten nach denen der wichtigsten Züge richteten.

Es war ein Signor Alessandro Finella, »mit dem starken Temperament eines Piemontesers und mit großem Ideenreichtum«, wie er später definiert wurde, der als erster die Idee hatte, diese im Schneckentempo fahrenden Verkehrsmittel wie auch die Gondeln durch einen Dampfer-Service zu ersetzen, ähnlich den »bâteaux mouches«, die in Paris auf der Seine fuhren. 1879 erhielt Finella die grundsätzliche Zustimmung des Präfekten von Venedig, Graf Sormani Moretti. Und im Namen einer Gesellschaft, die sich in Frankreich als »Compagnie des bâteaux omnibus de Venise« gegründet hatte, erhielt Finella, nachdem er die für den Transport auf einer »Straße 1. Klasse« oder auch Nationalstraße – so hatte die römische Verwaltung den Canal Grande eingestuft – vorgeschriebenen Bedingungen akzeptiert hatte, mit Datum vom 24. April 1881 das Königliche Genehmigungs-Dekret, das die *Regina Margherita* zwischen Santa Chiara und San Marco in Bewegung setzte.

Die Operation war jedoch nicht völlig schmerzlos verlaufen. Manch einer bedauerte, daß der Name der Königin von Italien auf dem Bug eines Schiffes geschrieben stand, das so viele Verwünschungen und Zwischenfälle nach sich zog. Ganz besonders aufgebracht waren natürlich die Gondolieri, aber die Zeitungen veröffentlichten auch Briefe von entsetzten italienischen und ausländischen Bürgern, die durch den Wellengang verursachte Schäden vorhersahen, die »Schande und Frevel« schrien und daran erinnerten, daß man sich in London wegen der durch die Dampferschiffahrt auf der Themse hervorgerufenen Beschädigungen sehr empört habe. Da es sich um eine »Straße 1. Klasse« handelte, hielt die Kommune die römische Bürokratie für zuständig und wusch sich die Hände in Unschuld, die römische Verwaltung ihrerseits schlief – wie üblich – oder scherte sich nicht darum. So traten am 1. November 1881 die Gondolieri in Streik, und sie hielten ihn durch trotz der Drohungen des Bürgermeisters und der Einschaltung von Heer, Marine, Zollbeamten und Feuerwehr, welche die wesentlichen Verbindungen an den Hauptverkehrstagen um Allerheiligen und Allerseelen herum sicherstellten. »Zweitausend Gondoliere-Familien auf einen Schlag ruiniert und die Lagune entzaubert!« lautete die Schlagzeile von »Illustrazione Italiana«. »Venedig ohne Gondeln! Das ist so schrecklich, daß man es sich gar nicht vorstellen kann ...«

Die Gondolieri verlangten, daß die Omnibus-Gesellschaft zumindest auf einige der zwölf für das Vaporetto vorgesehenen Haltestellen verzichtete, sie forderten die Abschaffung des Nachtbetriebs sowie noch einige andere weniger wichtige Dinge. Auf diesem Gebiet kam man schließlich zu einer Einigung. Einen Höhepunkt erreichte die Demonstration, als die Königin Margherita, die sich in Venedig aufhielt, gemeinsam mit dem Prinzen Vittorio Emanuele zur Sommerfrische in die Berge aufbrach. »Kurz vor sechs«, berichtet der Korrespondent der »Illustrazione«, »tauchte die Vierer-Gondel der königlichen Familie im Becken von San Marco auf, und sofort war sie von weiteren vierhundert Gondeln umringt. Es waren die streikenden Gondolieri, die in ihrer treuherzigen Mentalität der verehrten Herrscherin zeigen wollten, daß sich trotz des Streikes ihre Ergebenheit und die Zuneigung in ihren Herzen nicht vermindert habe ... Das königliche Boot wurde von vier Dampfschiffen der Marine eskortiert und dahinter, in einiger Entfernung, folgten die den Streik auslösenden Vaporetti. Als das ungebildete einfache Volk, die plappernden Kinder, die Bräute und Mütter der Bootsleute – eine ganze Legion von Schürzen – den prächtigen Zug sahen, klatschten sie in die Hände und pfiffen gleichzeitig, der Applaus war für Margherita bestimmt und die Pfiffe ... für die Dampfer! Sie riefen überall das gleiche: »Es lebe die Königin, nieder mit der Tram!«

Natürlich siegte auf die Dauer das motorisierte Verkehrsmittel. Der Rest ist unsere Geschichte. Eine traurige Geschichte, denn das Gedränge der motorisierten Verkehrsmittel, das zu bestimmten Tageszeiten den Canal Grande in eine verstopfte Hauptverkehrsader verwandelt, tut den durch die Wellen belasteten Fundamenten der Paläste wie auch der Lebensfähigkeit der Ufer sicher nicht gut. Andererseits ist es sehr schwierig, alternative Lösungen zu entwickeln. Der Transport ist und bleibt eines der am schwersten zu lösenden Probleme Venedigs. Das weiß jeder, der nicht zu Fuß gehen will oder kann und der an einem der wirklich dramatischen Tage in das Gedränge von Schulklassen und endlosen Schlangen wartender Touristen gerät, die den Zugang zu den Anlegebrücken blockieren.

2.

Im Palazzo Moro Lin, dem »Palast mit den zwölf Fenstern«, der fast unmittelbar vor dem Palazzo Grassi am Canal Grande steht, hatte der N.H. Michelangelo Lin gelebt. Er war dort im stolzen Alter von neunundneunzig Jahren gestorben, in denen er niemals auch nur einen Tag lang krank gewesen war. Michelangelo Lin war der letzte seines Geschlechts, ehemals ein Zweig der alten, bereits ausgestorbenen Familie Moro, aus der ein Doge hervorgegangen war. Und der N.H. Michelangelo, »ein großer Jäger, robuster Freizeit-Ruderer und geschickter Ballspieler«, außerdem ein berühmter Regatten-Leiter, vereinte, wenn die Chroniken nicht lügen, in seiner Person die Quintessenz des »Sollazziere« (Freizeitsportler) und des »Cortesan« (weltmännischer, gebildeter Kavalier).

Der Palast war für den Maler Pietro Liberi gebaut worden, den Cavalier Liberi (nachdem ihn Kaiser Leopold I. in Wien zum Ritter und Pfalzgraf gemacht hatte, war er von dort laut Marco Boschini, dem in Versen schreibenden Kunstkritiker, »mit Preisen und mit Ehren / mit Colliers, Juwelen und Schätzen« zurückgekehrt). Liberi hatte ein abenteuerliches Leben hinter sich: er wurde in Padua geboren und war nach der Lehrzeit bei Alessandro Varottari, dem Padovanino, nach Konstantinopel aufgebrochen, doch in Mytilene wurde er von Türken gefangengenommen und zum Sklaven gemacht. Nach acht Monaten war ihm die Flucht gelungen, zuerst nach Malta und dann nach Sizilien. Er hatte Lissabon, Spanien und Südfrankreich besucht und war drei Jahre lang in Rom geblieben, wo er voller Hingabe die Malerei Raffaels und Michelangelos studierte. Und dort war angeblich, mitten in seinem Studium, der Cavalier d'Arpino an ihn herangetreten und hatte ihm ans Herz gelegt, besser die großen Meister der venezianischen Schule zu studieren, »den furchtbaren Tintoretto, den edlen Tizian«.

Nach seiner Rückkehr nach Venedig hatte Liberi großen Erfolg gehabt und enorm viel verdient (»Magnet der Zechinen« nannte ihn wiederum Marco Boschini). Er ergriff die Initiative, um die Maler von der alten handwerklichen Zunft, die sie zusammenfaßte, abzusondern, und rief das Collegio dei Pittori (Kollegium der Maler) ins Leben, eine feierliche Vereinigung, die später mit der Akademie verschmolz. Neben der Liebhaberei, »Juwelen jeder Qualität herzustellen und zu imitieren«, bildete er sich ein, auch als Architekt Talent zu haben. So hatte er sich auch die Urheberschaft des Palastes zugeschrieben, den er aus steuerlichen Gründen an einen Freund verkauft hatte, dort jedoch als Mieter wohnen blieb. Das hatte den Zorn des wahren Schöpfers ausgelöst, eines launigen und jähzornigen Malers und Architekten aus Florenz, Sebastiano Mazzoni, Schüler des Bronzino, der auch die Poesie liebte (aber eine »beißende Poesie«, merkt ein Biograph an: seine Satiren haben ihn vermutlich gezwungen, in Florenz sein Bündelchen zu schnüren und nach Venedig umzusiedeln) und Lehrer von Celesti, Fuminani und Sebastiano Ricci war. Letzterer kümmerte sich, als der Meister mit achtundsechzig Jahren beim Sturz von einer Treppe starb, um dessen Witwe, die ohne einen Pfennig zurückgeblieben war.

In einer seltsam anmutenden Wiederholung war der Palast zu Beginn des 19. Jahrhunderts wiederum Domizil von Malern. Hier hatte als ganz junger Mann Francesco Hayez sein Atelier gehabt, zweifellos der genialste unter den venezianischen Malern des vorigen Jahrhunderts. Und als Schürzenjäger und Genießer, der er war (das bezeugen neben seinen Memoiren seine ungehemmten erotischen Zeichnungen), ist anzunehmen, daß die im 18. Jahrhundert von Molinari und Lazzarini mit Fresken bemalten Säle alles mögliche erlebt haben. Später wohnte dort (und starb dort 1857) Lodovico Lipparini, ein Maler, der seine Berühmtheit neben vielen sehr raffinierten Porträts einer Reihe von Bildern verdankte, die vom hellenischen Epos inspiriert waren, nicht vom klassischen, sondern vom modernen Hellenismus, dem Byron, als er in Messolongi an Fieber starb, die Weihen der Poesie verliehen hatte: der Erhebung und des heldenhaften Freiheitskampfes gegen die Türken. Der Tod von Markos Botsaris, des »neuen Leonidas«, der sich geopfert hatte, als er sich an der Spitze von vierhundert Leuten dem Heer von Mustay Pascha entgegenstellte, hatte Lipparini zu drei Gemälden inspiriert, eins davon im Auftrag von keinem geringeren als dem Fürsten Metternich, ein anderes für den ungarischen Mäzen und Patrioten Kasimir Bátthyány, das dritte für den Triestiner Sammler Michele Sartorio.

3.

»San Samuel / contrada picola, grande bordel ...« (San Samuele / kleiner Bezirk, großes Bordell). Zwischen dem Besitz des späteren Palazzo Grassi und Palazzo Malipiero, vor der kleinen alten Kirche mit dem uralten Glockenturm, auf dem lebendigen und pittoresken *Campo*, der sich zum Canal Grande öffnet, geht ein äußerst eleganter junger Priester spazieren. Er ist nicht älter als fünfzehn, aber von großer Statur, das Gesicht ist gebräunt, sein Benehmen etwas zu zwanglos; sein kirchliches Gewand (er hat soeben die niederen Weihen empfangen) ist äußerst gepflegt, seine Frisur nach der neuesten Mode, und er verbreitet um sich einen penetranten Pomade-Duft. Es ist Giacomo Casanova, Jurastudent an der Universität Padua und Ministrant der Kirche San Samuele, in der Pfarrei, in der er am 5. April 1725 getauft wurde. Genau hier wurde er geboren, in der Calle della Commedia hinter Ca' Malipiero, einen Sprung vom Theater San Samuele entfernt. Und die Liebesgeschichte seiner Eltern hat sich hier abgespielt, in der Nähe des Theaters, das wie die anderen Theater San Giovanni Crisostomo und San Beneto der reichen und mächtigen Familie der Grimani bei Santa Maria Formosa gehörte.

Gaetano Casanova hatte sein Zuhause in Parma verlassen, um der Schauspielerin Giovanna Calderoni zu folgen, die wegen eines Leberflecks in Form einer Erdbeere (fragola) auf der Brust unter dem Beinamen »Fragoletta« bekannt war. Da er mittellos war, blieb ihm nichts anderes übrig, als ebenfalls zur Bühne zu gehen, zunächst als Tänzer, dann als Schauspieler. Aus einer Laune heraus oder vielleicht aus Eifersucht hatte er die Fragoletta verlassen, die dann einen Balletti heiratete (dem sie eine Nachkommenschaft von renommierten Schauspielern und Tänzern schenken sollte), und er hatte ein Engagement bei den Schauspielern des Theaters San Samuele gefunden. Wie sein Sohn erzählt, wohnte gegenüber dem Haus, in dem er Unterkunft genommen hatte, der Schuster Girolamo Farusi mit seiner Frau Marzia und einem sechzehnjährigen Töchterchen, Zanetta, die Giacomo selbst als »beauté parfaite« bezeichnete. Gaetano war sechsundzwanzig und verliebte sich auf den ersten Blick.

Für eine anständige Handwerkerfamilie war ein Schauspieler, ein Komödiant, das Schlimmste, was man sich als Schwiegersohn vorstellen konnte. Trotz der Theaterleidenschaft der Venezianer hatte der Beruf ein schlechtes gesellschaftliches Ansehen. Um die schöne Zanetta haben zu können, die seine Liebe zu erwidern schien, gab es also für Gaetano kein anderes Mittel, als sie zu rauben. Genau das tat er. Die zwei Liebenden hatten sich rechtzeitig die nötigen Dokumente besorgt und fanden einen Weg, ihre Hochzeit vom Patriarchen segnen zu lassen. Am 2. April 1725 schenkten sie Giacomo das Leben.

Zanettas Vater, so erzählt Casanova, starb vor Kummer. Die gute Marzia hatte ihr nur gegen das Versprechen verziehen, daß Zanetta niemals zur Bühne gehen würde. Dessen ungeachtet debütierte Zanetta zwei Jahre später in London, wohin Gaetano ihr vorausgegangen war und wo sie, mittlerweile eine professionelle Schauspielerin mit dem Künstlernamen »Buranella«, einen zweiten Sohn zur Welt brachte, Francesco, der als Schlachtenmaler sehr berühmt werden sollte. Die öffentliche Meinung schrieb – auf welcher Grundlage, ist unbekannt – diese Mutterschaft dem Prinzen von Wales zu, dem späteren König Georg II. Es war der Beginn einer brillanten Karriere, welche die Buranella, nachdem sie einige Jahre im Theater San Samuele aufgetreten und ein paar weitere Kinder geboren hatte, ans kaiserliche Theater von Sankt Petersburg und dann an das Dresdner Hoftheater brachte. Dort starb sie nach einer Reihe von Mißgeschicken 1766, aufgedunsen und verblüht, ohne noch irgendwelche Spuren jener Schönheit zu zeigen, die laut Goldoni ungefähr dreißig Jahre zuvor noch strahlend war. Nachdem Gaetano Casanova schon 1733 gestorben war, blieb Giacomo der Pflege der Großmutter überlassen, der guten Marzia, die er zärtlich liebte.

Der junge Priester Casanova wohnte also bei Marzia Farusi. Der Vater hatte ihn, als er im Sterben lag, den Eigentümern des Theaters San Samuele, den Brüdern Grimani, anempfohlen; und er hatte Zanetta in deren Beisein schwören lassen, daß sie nie einen der Söhne zur Bühne drängen würde. Doch ein anderer kümmerte sich voller Zuneigung um Casanova, schickte ihn zur Erholung nach Padua, damit er von einer gefährlichen Krankheit genese, und gab seinen Studien eine Richtung. Es war ein Patrizier, der seine noch heute weit verbreitete Berühmtheit einer Gedichtsammlung von solch einer Obszönität verdankt, daß Guillaume Apollinaire ihn als »le plus grand poète priapique« aller Zeiten bezeichnete.

Giorgio Baffo, Autor einer großen Zahl von Gedichten, das berühmteste war ein Sonett mit dem Titel *Elogio de la Mona* (Lobrede auf die Möse), war der letzte Abkömmling seiner alteingesessenen Familie. Er hatte die friedliche Karriere der Quarantia gewählt und scheint als Beamter nicht besser und nicht schlechter als die vielen anderen gewesen zu sein, die diesen Weg einschlugen. Mit seiner Frau, Cecilia Sagredo, bewohnte er einen großen melancholischen Palast, der Sansovino zugeschrieben wird, am Campo San Maurizio, wo – was für ein Zufall! – für kurze Zeit auch der ihm absolut entgegengesetzte Dichter Alessandro Manzoni weilte. Nach dem zu urteilen, was der Spitzel Manuzzi den Staatsinquisitoren erzählte, pflegte Baffo das Café Grigioni am Campo Santo Stefano aufzusuchen, wo er den Freunden seine Dichtungen vorlas (an denen nach seiner Aussage auch der Doge Marco Foscarini Vergnügen fand). Diese sollten jedoch niemals zu seinen Lebzeiten, sondern erst nach seinem Tode mit einem bis heute währenden Erfolg veröffentlicht werden. Was seine Anteilnahme an dem kleinen Casanova angeht, so muß gesagt werden, daß es damals zu den üblichen Pflichten der adligen Theaterbesitzer gehörte, sich um die Probleme ihrer Schauspieler zu kümmern und ihnen Hilfe zukommen zu lassen (der Abate Alvise Grimani wurde denn auch der kleinliche und stumpfsinnige Vormund unseres Giacomo). Ebenso üblich war es, daß die Patrizier im allgemeinen diejenigen unterstützten, die nicht den privilegierten Klassen angehörten und deshalb des Schutzes bedurften. Casanova hat sich während seines ganzen abenteuerlichen Lebens dieses Brauchs ausgiebig bedient. Von

Giovanni Rossi wissen wir auch, daß vor dem Fall der Republik so gut wie jeder Venezianer seinen *Sàntolo* (Pate) in der Person eines Adligen hatte.

Aber kehren wir zu unserem jungen Priester zurück, der aus Padua zurückgekommen war, wo er im Hause des guten Doktor Gozzi, der ihn beherbergte, bereits eine Einweisung in die Liebe genossen hatte. Bei San Samuele fand sich ein weiterer *Sàntolo*, eine Persönlichkeit von einer ausgeprägten Individualität, ein alter Herr von sechsundsiebzig Jahren, grausam gequält durch die Gicht, aber überaus lebendig im Geist. Er lebte als Epikureer und empfing jeden Abend in seinem schönen Palast am Canal Grande, der von einem zauberhaften Garten flankiert war, eine brillante Gesellschaft von geistreichen Damen und Edelmännern. »Er war schön, ein Genießer und Feinschmecker; er hatte einen erlesenen Geist, besaß eine tiefe Kenntnis der Welt, die Beredsamkeit der Venezianer und die Klugheit, die einem Senator bleibt, der in den Ruhestand getreten ist, nachdem er vierzig Jahre in den Intrigen der Staatsgeschäfte verbracht hat, der aufgehört hat, schönen Frauen den Hof zu machen, nachdem er zwanzig Geliebte gehabt hatte …«

Als täglicher Tischgenosse an der ausgesuchten Tafel des Senators Malipiero (er war der neue *Sàntolo*, Alvise Gasparo Malipiero, aus der Dogenfamilie, deren Wappen über dem Spitzbogen-Portal des Palastes am Canal Grande thront) war Giacomo häufig Zeuge deprimierender Szenen. Von einem Fenster des Palastes aus konnte der Alte die Fenster des Hauses sehen, in dem der *Capocomico*, der Schauspieltruppenleiter Giuseppe Imer wohnte, der gleiche, der laut Goldoni in die Buranella verliebt war. Und im Hause Imer gab es ein junges siebzehnjähriges Mädchen, Teresa, die Tochter des Schauspielers, die Musik studierte, um sich darauf vorzubereiten, ihrerseits auf die Bühne zu treten. Teresa war anmutig, launisch und kokett, und sie sollte ein sturmbewegtes Leben führen, das, nachdem sie das berühmteste Freudenhaus in London besessen hatte (man hatte sie die »Kaiserin der Freuden« genannt), in einem Schuldgefängnis endete. Im Augenblick jedenfalls tat sie alles, um den sechsundsiebzigjährigen Malipiero zu erregen und zu verführen, und er biß prompt an. So brachte Teresas Mutter, eine Schauspielerin, die sich infolge einer religiösen Krise von der Bühne zurückgezogen hatte, das Mädchen jeden Tag in den Palast. Das Mädchen provozierte auf alle erdenklichen Arten ihren schmachtenden Alten, und wenn er nach ihr griff, machte sie sich geschickt frei und stieß ihn mit den Worten zurück, daß sie keine Sünde begehen wolle, nachdem sie gerade eben in der Messe war. Der Senator raste, aber er ertrug alles und kommentierte sein Elend bitter im Gespräch mit dem jungen Priester.

Und eben diese Teresa Imer sollte der Grund dafür sein, daß Casanova aus dem Hause Malipiero gejagt wurde. Da sie während der Mittagsruhe des Alten allein waren, wurden Giacomo und Teresa vom Verlangen, »die Unterschiede in ihrer Körperbeschaffenheit zu überprüfen«, ergriffen (Casanova selbst erzählt das), doch just im entscheidenden Moment führte ein heftiger Schlag mit dem Stock, dem ein weiterer folgte und dann ein wahrer Hagel von Schlägen, zur Flucht des jungen Mannes. Umhang und Hut wurden ihm nach Hause nachgeschickt, da er nicht mehr die Zeit hatte, sie zusammenzuraffen. Aber wie viele Ereignisse hatte es in der Zwischenzeit gegeben, die alle in den ersten Kapiteln der *Memoiren* bis in die kleinsten Einzelheiten geschildert werden: der Tod der guten Großmutter Marzia, die unerwiderte Liebe zur Nichte des Pfarrers von San Samuele, das an Boccaccio erinnernde Abenteuer mit den beiden anmutigen Töchtern der Signora Orio, das andere undankbare Liebesabenteuer mit jener gefährlichen Kreatur Giulietta »Cavamacchie«, der blutjungen und unverfrorenen Kurtisane, die ihm schallende Ohrfeigen gab; die Streitereien mit dem Pfarrer, der sich über die Frivolität von Giacomos Frisur empörte und ihm im Schlaf die Haare abschnitt, woraufhin sich Casanova von einem Modefriseur eine noch frivolere Frisur anfertigen ließ; und seine beiden absurden Erfahrungen als unwahrscheinlicher Prediger in der Kirche San Samuele. Der erste dieser Auftritte hatte dank seiner unglaublichen Dreistigkeit Erfolg, während er beim zweiten elenden Schiffbruch erlitt, weil der Redner, zu sehr Liebhaber der Tafelfreuden (das sollte er sein ganzes Leben lang bleiben) den Bauch zu voll und das Gehirn zu benebelt hatte, um sich daran zu erinnern, was er hatte sagen wollen.

Casanova verließ den Bezirk von San Samuele kurz nach dem Hinauswurf aus dem Hause Malipiero. Er hatte sein Zuhause bereits mehrfach für kurze Aufenthalte im Friaul verlassen, die von weiteren schnellen weiblichen Eroberungen begleitet waren, doch nach dem Tode der Großmutter forderte der Vormund Grimani das Haus zurück. Und nach einem kurzen Intermezzo in einem anderen, ihm gehörenden Haus bei San Giovanni Crisostomo, wo auch die Ballerina Margherita Grisellini, »die Tintoretta«, wohnte und wo Giacomo für ein Sonett eine goldene Tabakdose von ihrem Liebhaber, dem Fürsten von Waldeck, erhielt, schickte er ihn zur Vervollkommnung seiner Studien in das patriarchalische Seminar von San Cipriano auf Murano, aus dem er einige Zeit darauf mit Schimpf und Schande fortgejagt wurde.

Und das Theater San Samuele, eines der berühmtesten in Venedig, wo Goldoni für den berühmten Harlekin Sacchi den *Diener zweier Herren* geschrieben hatte? Es geriet in Verfall wie alle venezianischen Theater nach dem Ende der Serenissima. Ein gönnerhafter Impresario aus Verona, ein gewisser Camploy, erhielt es bis zur Mitte des letzten Jahrhunderts am Leben, dann wurde es abgerissen, um Platz für eine Grundschule zu schaffen.

4.

Der Capocomico Imer und seine Tochter wohnten im Corte del Duca. So heißt der geräumige Innenhof der Häuser, die dort stehen, wo Bartolomeo Bon für die Corner am Canal Grande, jenseits des Gartens der Malipiero, einen Palast hätte bauen sollen. Sein Entwurf war folgenlos geblieben, und auch Francesco Sforza, der Herzog von Mailand, der 1461 das Grundstück gekauft und Filarete beauftragt hatte, einen neuen Entwurf anzufertigen, hatte nichts auf die Beine gestellt. Später, kurz nach seiner Ankunft in Venedig, hatte Jacopo Sansovino die Pläne für einen Palast von kolossalen Ausmaßen für den steinreichen Prokurator von San Marco, Vettor Grimani, ausgearbeitet, den Enkel des Dogen Antonio. Grimani war ein Mann von beachtlicher Kultur, ein gewiefter Sammler, und er hatte unter anderem die Gemälde-Dekoration der Sansovino-Bibliothek von San Marco geplant, in der Werke von Tizian, Paolo Veronese, Jacopo Tintoretto, Andrea Schiavone und vielen anderen zu der Zeit begehrten Malern Platz gefunden hatten. Auch Sansovinos Entwurf wurde nicht ausgeführt, und heute erinnert nur eine Ecksäule über einem Stück des Bossenwerks im unvollendeten Erdgeschoß sowie die Namen Ca' del Duca und Corte del Duca noch an Francesco Sforza und die nie gebauten Paläste.

Hier war zu Beginn des 17. Jahrhunderts die spanische Botschaft untergebracht. Es waren äußerst harte Zeiten für die Republik, die potentiell durch die Herrschaftsgebiete des Hauses Österreich belagert wurde, das damals auch noch in Spanien regierte; und beide Zweige der Habsburger taten alles, um der Serenissima das Leben schwer zu machen.

Das Jahrhundert hatte eben erst begonnen, als es zum Streit mit Papst Paul V. kam. Es war eine dramatische Geschichte. Papst Paul hatte die Verhaftung von zwei Kirchenmännern, die gewöhnlicher Vergehen angeklagt waren, zum

Anlaß genommen, der Republik zum Trotz die Privilegien der Kirche und die Vorherrschaft des Papstes über alle weltlichen Herrscher zu behaupten. Nicht zuletzt dank der spanischen Diplomatie, die noch Öl auf die Flammen goß, hatte sich der Streit zugespitzt, der Papst hatte in seinem Zorn die Republik mit der schweren kirchlichen Sanktion des Interdikts belegt, und die Republik hatte diese zurückgewiesen, da sie sie für null und nichtig, kurz für unrechtmäßig hielt. Der juristische, kirchliche und politische Kampf, der dann folgte, wurde von zwei sehr starken Persönlichkeiten geführt, von dem Dogen Leonardo Donà dalle Rose und von Fra Paolo Sarpi, dem juristischen Berater der Republik. Ein französischer Schiedsspruch hatte den Streit schließlich beendet und bei den Venezianern Befriedigung darüber hinterlassen, daß sie dem Papst die Stirn geboten hatten, während der Papst gedemütigt und verbittert, die römische Kurie voller Groll und Rachegelüste war.

Die in Wien herrschenden Habsburger hatten der in der Adria betriebenen Piraterie der Slaven von der Velebit-Küste, der berüchtigten Uskoken, neuen Auftrieb gegeben. Dann hatten sie 1615 wegen einer Grenzstreitigkeit im Friaul den sogenannten Krieg von Gradisca angezettelt, in dem ein Feldherr gekämpft hatte, der später große Berühmtheit erlangen sollte: Wallenstein. Und während der Gouverneur des Herzogtums von Mailand, der seit fast einem Jahrhundert Spanier war, gegen die Republik eine Art Nervenkrieg um die Westgrenze führte, versäumte der spanische Vize-König des Königreichs Neapel keine Gelegenheit, um die venezianische Kontrolle der Adria, des »Golfes von Venedig«, zu bedrohen.

Venedig erlebte also ein regelrechtes Klima des kalten Krieges: die ausländischen Diplomaten wurden überwacht, der Zehnerrat hatte ein dichtes Netz von Informanten gesponnen, die in die verschiedenen Botschaften eingeschleust wurden, gegen mutmaßliche Verräter von Staatsgeheimnissen wurde jetzt extrem streng vorgegangen, woraufhin es spektakuläre und betrübliche Fälle sogar in den höheren Etagen der venezianischen Diplomatie gegeben hatte. In diese Atmosphäre von Spannung, Verdächtigungen, Ängsten und Intrigen platzte der Fall der sogenannten »Verschwörung der Spanier« hinein: ein Fall, der Geschichte gemacht hat und der neben verschiedenen Erzählungen und wissenschaftlichen Untersuchungen den englischen Dramatiker Thomas Otway zu der sehr erfolgreichen Tragödie *Venedig ist gerettet* inspirierte, die mancherorts noch heute aufgeführt wird.

1617 wurden zwei Verträge aufgesetzt, der eine in Paris, der andere in Madrid, die den Krieg zwischen Venedig und dem Erzherzog von Österreich sowie zwischen dem von Frankreich unterstützten Herzog von Savoyen und Spanien beenden sollten. Aber nicht alle waren zufrieden. Der Gouverneur von Mailand, Don Pedro de Toledo, Marquis von Villafranca, »ein junger Mann von edler Herkunft und stolzer, leidenschaftlicher Gesinnung«, gab sich alle Mühe, den Frieden zu sabotieren, indem er dem Herzog von Savoyen kränkende Bedingungen stellte. Der Vizekönig von Neapel Don Pedro Girón, Herzog von Osuna, von noch edlerer Herkunft (nach dem Ahnenforscher Béthencourt »le plus beau sang d'Espagne«), war überzeugt, die Größe der spanischen Monarchie würde es erfordern, daß man nicht lange Zeit im Frieden verharren dürfe, und er versuchte auf jede erdenkliche Weise, die Republik zu provozieren. Während der König von Spanien und sein Günstling, der Herzog von Lerna, zögerten und schwankten, schickte Osuna seine Flotte in die Adria, Toledo zog die spanischen Truppen an der venezianischen Grenze zusammen. Der dritte Mann im Bunde war der spanische Botschafter Don Alonso de le Cueva y Benavides, Marquis von Bedmar, der eine fünfte Kolonne in Venedig organisieren sollte, wobei er sich auf die französischen und englischen Söldner stützte, die von der Serenissima angeworben worden waren, um der bedrängenden Situation zu begegnen.

Während bei den Zehn immer beunruhigendere Nachrichten über die Machenschaften des Botschafters einliefen, in dessen Haus in der Ca' del Duca es von Spionen, Abenteurern und auch Patriziern mit Verratsgelüsten wimmelte, enthüllte ein französischer Kapitän in venezianischen Diensten, daß viele seiner Kameraden bereit seien, in Aktion zu treten, die Flotte zu sabotieren und einen Umsturz in Gang zu bringen, sobald der Marquis von Bedmar das Signal gäbe. Am 12. Mai 1618 traten jedoch die Zehn in Aktion. Die französischen Söldner wurden verhaftet, im Schnellverfahren verurteilt und gehängt. Der Botschafter ließ sich im Collegio empfangen und rechtfertigte sich, jedoch in sehr ungeschickter Weise. Und die Zehn brachten entgegen ihrer Gewohnheit die Vorfälle an die Öffentlichkeit.

Das hat im Umkreis der mutmaßlichen »Verschwörung von Bedmar« ein Durcheinander von Vermutungen ausgelöst. Die einen waren der Auffassung, daß Osuna tatsächlich mit Toledo und Bedmar einen Umsturzplan abgesprochen habe, der ein spanisches Eingreifen mit Waffen gerechtfertigt und erleichtert hätte, ohne König Philipp III. zu kompromittieren. Andere glaubten, daß Osuna die Verschwörung aufgebauscht habe, um sich einen Brückenkopf für seine Ambitionen auf die spanische Krone zu schaffen. Wieder andere schließlich dachten, daß die mutmaßliche Verschwörung eine Operation der hohen politischen Polizei gewesen sei, die von den Zehn aufgebauscht werde, um sich einen intriganten und ehrgeizigen Diplomaten vom Halse zu schaffen und gleichzeitig seinen Freund und Gönner Osuna in Schwierigkeiten zu bringen. Sicher ist jedenfalls, daß auf die eine oder andere Weise Venedig tatsächlich vor den spanischen und habsburgischen Ambitionen gerettet wurde, über die der Marchese von Bedmar auf jeden Fall in gutem oder schlechtem Glauben auf dem laufenden war und die ihn als institutionelles Werkzeug benutzten.

Diese Zeit der Spannungen und Verschwörungen hatte schließlich bis zum Ende der Republik eine insbesondere für alle in Venedig akkreditierten Diplomaten eine unangenehme Konsequenz: eine äußerst strenge Isolierung, die sie in drastischer Weise vom gesamten venezianischen Adel fernhielt. Der Verkehr, die Korrespondenz und selbst die einfache Konversation eines Patriziers mit einem Botschafter oder irgendeinem ausländischen diplomatischen Vertreter sollte auch in den letzten Jahren der venezianischen Unabhängigkeit ein schweres Vergehen bleiben. Das bekam der geniale und brillante Andrea Memmo zu spüren, als seine alte und (im Gegenteil zu ihm) in ihrer Liebe ungebrochene Freundin Giustiniana Wynne, mittlerweile Gräfin von Rosenberg und kaiserliche Botschafterin, sich ihm auf einem Fest im Palazzo Manin bei San Salvador näherte und ihm ihre Vermittlung bei einem Problem anbot, das gerade im Senat debattiert wurde. Und damit nicht genug, am darauffolgenden Tag schrieb sie ihm einen Brief zu demselben Thema. Memmo gab den Brief dem Überbringer zurück und beeilte sich sogleich, den Vorfall den Staatsinquisitoren zu melden. Diese nahmen die Sache sehr ernst, beurteilten sie als äußerst schwerwiegend, und lediglich aufgrund Memmos spontanen Geständnisses und des der Frau des Botschafters geschuldeten Respekts begnügten sie sich mit einer gründlichen Kopfwäsche und der Ermahnung, »sich in der Zukunft absolut jeder Kommunikation mit der Ehefrau des genannten Botschafters und auch mit deren Familie zu enthalten, und sich ihr auch bei staatlichen Zeremonien und Festen nicht zu nähern«, wenn er nicht die »strengste Empörung des Tribunals« auf sich ziehen wolle.

XIV

1.

Arme Giustiniana Wynne! In der Absicht, dem Mann, den sie einmal wahnsinnig geliebt hatte und immer noch begehrte, einen Dienst zu erweisen, brachte sie ihn beinahe in ernste Schwierigkeiten und schaffte es schließlich, ihn unnahbar zu machen. Andrea Memmo hatte zwar geheiratet (diese Ehe schlug eine weitere Wunde in Giustinianas Herz) und war neben verschiedenen Abenteuern eine langandauernde Bindung mit Contarina Barbarigo eingegangen, die sich von ihrem unscheinbaren Mann Marin Zorzi getrennt hatte. Doch Giustinianas Herz gab nicht auf, würde nie aufgeben. Nicht einmal jetzt, wo sie als Gemahlin des kaiserlichen Botschafters die Herrin (allerdings nur für kurze Zeit) eines schönen gotischen Palastes am Canal Grande bei San Barnaba geworden war, fast gegenüber der Ca' del Duca. Es war ein Palast der Loredan, der seit einiger Zeit die kaiserlichen Botschafter beherbergte, deshalb ist er noch heute als Palazzo dell'Ambasciatore, oder degli Ambasciatori (Palast der Botschafter) bekannt. Und es ist nicht einmal sicher, daß sie dort wirklich Hausherrin war, denn angeblich hatte erst der Nachfolger ihres Mannes den Palast angemietet.

Giustiniana Wynne hatte in ihrem bewegten Leben unendlich viele Unbesonnenheiten begangen. Die Liebesaffäre mit Andrea Memmo hatte ihr eine Schwangerschaft eingebracht, und in Angst und Schrecken vor einer Mutterschaft, die sie sozial zu zerstören drohte, war sie mit der Familie nach Paris gezogen, wo sie prompt Giacomo Casanova in das Netz ging, das er bereits seit geraumer Zeit um sie herum gesponnen hatte. Er hatte sie unter dem Vorwand, ihr zu einer Abtreibung zu verhelfen, ins Bett gelockt, trotz seiner ausdrücklichen Freundschaft mit Memmo. Wie in einem Abenteuerroman floh die Schöne, nachdem sie nur ganz knapp die Hochzeit mit einem sehr reichen, aber naiven »fermier général« verfehlt und das Liebesverlangen des nicht weniger reichen Bailli Farsetti erweckt hatte (die Flucht wurde sehr geschickt von dem unschätzbaren Casanova organisiert), und suchte in einem Kloster Zuflucht. Dort brachte sie ein Kind zur Welt, das die Äbtissin, die es unter ihre Fittiche genommen hatte, sofort einer Amme, weiß Gott wo, anvertraute. Mit Memmo hatte sie einen intensiven Briefwechsel beibehalten (ihm jedoch ihre Mutterschaft verschwiegen) und mußte dann Paris verlassen, da ihre Abenteuer mittlerweile Tagesgespräch waren. Sie ging nach Brüssel und von Brüssel nach London, wo es ihr nicht gelang, bei Hof eingeführt zu werden; wo man also, um es klar auszudrücken, nichts von ihr wissen wollte.

In London hatte sie eine weitere Gelegenheit zur Hochzeit mit einem gewissen Lord Robinson verpaßt, den sie, so schreibt sie selbst an Andrea Memmo, gerne geheiratet hätte, weil er ihm ähnelte. Aber auch von dort war sie abgereist und nach Italien zurückgekehrt, nach Padua, ganz in die Nähe ihres geliebten Memmo. Der war auch bis über beide Ohren verliebt, aber nicht mehr in sie, sondern in Maria Teresa Dolfin, die Frau von Marc'Antonio Zorzi, der den Abate Chiari so verabscheute. In Padua hatte sie endlich jemanden gefunden, der sie heiratete und ihr einen großen Namen gab, nämlich den Grafen Philipp Orsini und Rosenberg, Botschafter des Kaisers.

Rosenberg war alt, verwitwet und extravagant. Aber er liebte sie. Leider wurde die Ehe in Wien jedoch ungern gesehen: der Premierminister Graf Kaunitz, ein Verwandter der verstorbenen ersten Frau von Rosenberg und dessen Vorgesetzter, hegte starke Zweifel der Braut gegenüber. Er wollte, daß die Hochzeit geheimgehalten würde, und ließ vom Botschafter in London Nachforschungen über Giustiniana anstellen. Ihretwegen wurde ihr Mann schließlich nach Wien zurückbeordert. Doch auch hier weigerte sich der Hof, sie zu empfangen, was Rosenberg sehr verärgerte. Nicht lange danach, im Februar 1765, segnete der alte Botschafter das Zeitliche.

Was tun? In Wien war sie unerwünscht, in Klagenfurt in Kärnten, wo die Rosenbergs ihren Feudalbesitz hatten, fühlte sie sich nicht wohl. So war Giustiniana nach Venedig zurückgekehrt, wo sie die alten Freunde traf und sich neue schuf, und wo sie eine Gönnerin in der Gemahlin des Nachfolgers ihres Mannes im Palazzo Loredan, Giacomo Durazzo, gefunden hatte. Wenn sie sich doch nur mit dem gesellschaftlichen Leben und der schriftstellerischen Arbeit begnügt hätte, in der sie sich mit einem Bericht über den Besuch der Grafen des Nordens versuchte (darüber haben wir schon gesprochen), und mit der Ergebenheit des ehemaligen Jesuiten aus Modena, Benincasa, dem Lebensgefährten ihrer letzten Jahre, dann wäre alles gut gegangen. Aber sie war und blieb leichtsinnig. Die Gräfin Orsini und Rosenberg spielte. Sie hatte immer gespielt; wegen einer großen Summe, die sie auf ihr Ehrenwort verlor, hatte sie einen lästigen Gläubiger im Nacken, und um ihn sich vom Leibe zu schaffen, mußte sie ihm einen kostbaren Ring geben. Jetzt verlor sie weiter, und da sie immer abgebrannt war, trat sie in Kontakt mit gewissen dunklen Gestalten, die behaupteten, mit Hilfe der Alchimie Silber in Gold verwandeln zu können, und ihr das wenige Silberzeug abnahmen, das ihr geblieben war. Bis sie schließlich merkte, daß es so nicht weitergehen konnte, und Venedig wiederum verließ.

Ein alter und treuer Freund, Angelo Querini, Hauptfigur einer denkwürdigen parlamentarischen Debatte im Großen

Rat, hatte sie eine Zeitlang in seiner Villa in Altichiero aufgenommen, während sie auf der Suche nach einem Haus in Padua war. In dieser reichen und gebildeten Universitätsstadt hielt sie dann einen von der intellektuellen Elite Paduas frequentierten Salon. Sie hatte auch Memmo wiedergesehen, der mittlerweile verwitwet, aber nicht mehr zu irgendeiner ernsthaften Bindung bereit war (er hatte die Beziehung zu Contarina Barbarigo nach fünfundzwanzig Jahren abgebrochen und suchte nun in ständiger sexueller Erregung die Gunst der Achtzehnjährigen ...). Sie schrieb weiter, ein Buch mit *Pièces morales et sentimentales*, ein anderes über die dalmatinischen Morlaken, für deren Schicksal Memmo – wieder er – im Senat kämpfte. Im August 1791 starb sie mit nur vierundfünfzig Jahren. Ihr Bruder Riccardo, der anglikanischer Priester und Rektor von Ayot St. Lawrence in Hertfordshire geworden war, ließ einen Gedenkstein für sie anfertigen, Querini ließ eine Büste von ihr meißeln, die er in seinem Garten aufstellte, mit einer langen und reich verzierten Inschrift. Nicht weit von dort, in der Kirche von Altichiero, lag die Cavamacchia begraben, Giulietta Preato, die unverfrorene Kurtisane, die Casanova geohrfeigt hatte und die ihr Leben lang mit Stefano Querini, Angelos Bruder, verbunden war. Wenn das der alte Casanova in seinem böhmischen Exil gewußt hätte, hätte er sicherlich höhnisch gegrinst. Von Giustinianas Tod hingegen erfuhr er durch einen Neffen ihres Gatten. Er machte darüber eine Notiz, die in seinen Papieren in Dux gefunden wurde. Aber von ihr hatte er vielleicht schon zuviel in seinen *Memoiren* gesprochen, auch wenn er ihren Namen hinter absurden Phantasie-Initialen versteckt hatte.

2.

In den zehn Jahren, in denen Giustiniana Wynnes Ehemann Botschafter in Venedig war, hatte ganz besonders er die Isolierung schlecht ertragen, zu der die Gesetze der Republik die ausländischen Diplomaten zwangen. Er war unfreiwilliger Protagonist einer Episode geworden, in die zufällig zwei Personen verwickelt waren, die eine besondere Beziehung zu seiner späteren Frau gehabt hatten, Casanova und Andrea Memmo. Letzterer amüsierte sich trotz der stürmischen Leidenschaft, die ihn damals noch an Giustiniana band, gerade gemeinsam mit dem Freund Giacomo mit der berühmten Tänzerin und Kurtisane Ancilla (welche die Bewunderung des Präsidenten de Brosses erregt hatte), als er vom Fenster aus den kaiserlichen Botschafter aus der Gondel steigen sah. Wie Casanova berichtet, machte sich Memmo fluchtartig davon und stürzte zum Sekretär der Staatsinquisitoren, der ihm erklärte, er habe gut daran getan, die Dinge genau so zu berichten, wie sie dem Obersten Gerichtshof bereits bekannt waren. Was die beiden Freunde sehr erstaunte, denn sie waren überzeugt, daß der Oberste Gerichtshof von den sich überschlagenden Ereignissen absolut noch keine Kenntnis haben konnte, dies aber nicht zugab, um seinen anerkannten Ruf als allwissende Institution nicht zu gefährden.

Neben seinem vielleicht etwas zu intensiven Interesse für das Theater und die Frauen des Theaters hatte Graf Rosenberg eine Leidenschaft für guten Wein. Was man zumindest annehmen kann, da die Staatsinquisitoren ihn 1761 darauf aufmerksam machten, daß er sich fast tausend Fässer Wein in den Palazzo Loredan hatte bringen lassen, eine riesige Menge, selbst wenn man bedenkt, daß er eine große Zahl Domestiken zu verköstigen hatte. Er entschuldigte sich unter Verweis auf seine Unkenntnis der Vorschriften, die, um Schmuggel zu verhindern, den zollfreien Import durch die Diplomaten begrenzten.

Graf Rosenbergs Nachfolger Graf Giacomo Durazzo, aus alter genuesischer Familie, ein prunkliebender Mann, dem manche die Wahl des Palazzo Loredan als Sitz für die kaiserliche Botschaft zuschreiben, hatte dagegen neben der üblichen Leidenschaft für das Theater und die Sängerinnen eine Passion für die Freuden der Tafel. Um diese Passion zu befriedigen, hatte er einen berühmten französischen Meisterkoch engagiert, Monsieur Claude de Vigneron, ein Mann von einem für einen Koch ganz ungewöhnlichen Niveau. So unterhielt er sich – wie die Staatsinquisitoren wußten – beim Abendessen mit dem Cavalier Polo Querini, tauschte mit der N.D. Andriana Barbaro Foscarini verführerische Blicke und folgte ostentativ der N.D. Lucia Barzizza Crotta, der er sogar – wenn auch vergeblich – Liebesbriefchen und Botschaften zukommen zu lassen versuchte.

Monsieur de Vigneron verließ dann den Dienst des Botschafters Durazzo und wechselte zum Prokurator von San Marco, Francesco Lorenzo Morosini. Der Botschafter wird sich mit seiner berühmten Sammlung von Stichen getröstet haben, zu der es auch einen gedruckten Katalog gab, und mit der Gesellschaft seiner Frau Ernestine von Weissenwolff, die im Ruf großer Schönheit und Intelligenz stand.

Diese Botschafterin hatte jedoch ebenfalls ein überaus lebhaftes Temperament, und mehrfach mußten die Staatsinquisitoren ihren Sprecher Abate Cattaneo zu ihrem Gatten schikken, um Beschwerden und Klagen vorzubringen. Eines Tages, nach einem Mittagessen im Palazzo Loredan, hatte der Marchese Finocchietti, Ministerresident des Königs von Neapel, vorgeschlagen, die Gärten der Abtei von San Giorgio Maggiore zu besuchen. Er war überzeugt, daß eine Gesellschaft, an der außer ihm selbst die kaiserliche Botschafterin sowie der französische Botschafter mitsamt Gemahlin teilnahmen, sicherlich wohlwollend Erlaubnis erhalten würde, die der Klausur unterworfenen Bezirke des Klosters zu durchqueren. Die

Mönche waren jedoch nicht dieser Ansicht, und als die fröhliche Gesellschaft ungeachtet ihrer Proteste über den zweiten Kreuzgang hinaus ging, stellte sich ihr ein mit einem Gewehr bewaffneter Benediktiner in den Weg. Die Gräfin Durazzo wurde so wütend, daß sie sich in einer Weise benahm, die »eher einer Bacchantin würdig war als einer vernünftigen Person«. Die Sache hatte die Einleitung offizieller Schritte, Entschuldigungen und all die Scherereien zur Folge, die ein Botschafter für gewöhnlich haßt wie die Pest.

Es war noch Schlimmeres vorgefallen, was der Botschafter jedoch nie erfahren hatte. Die Leute aus dem Bezirk von San Barnaba verfolgten mit einer gewissen Verwunderung die Schritte einer Person in *Baùta*, die in einen schwarzen Überwurf gehüllt durch die Gassen der Umgebung streifte. Ein Gewährsmann der Staatsinquisitoren hatte sich daraufhin auf die Spur des Unbekannten begeben und herausgefunden, daß es sich um eine Person königlichen Blutes handelte, genauer um den Grafen von Nassau, der in Wien vor der Abreise des Paares Durazzo nach Venedig der Gräfin hartnäckig den Hof gemacht hatte. Da die Besuche der geheimnisvollen Person immer am Palast des Botschafters endeten, teilte der Vertrauensmann den Inquisitoren seine Befürchtungen mit: die Gräfin war nervös, der Botschafter begann etwas zu wittern. Bei ihrem »brisanten« Temperament mußte man mit beklagenswerten Exzessen rechnen, und es bestand die Gefahr, daß der Ruf eines so wichtigen Ehepaars ruiniert würde.

Der Oberste Gerichtshof nutzte das Inkognito des Grafen von Nassau aus und griff zu einer Präventivmaßnahme. Sofort wurde ein »fante« (Diener) zu seinem venezianischen luxuriösen Domizil geschickt, das er in dem zwischen Palazzo Moro Lin und Palazzo Grassi stehenden Haus am Canal Grande gemietet hatte. Dieser Diener forderte ihn zur sofortigen Abreise aus Venedig und aus den Staaten der Serenissima auf. Nassau gehorchte schweigend.

Sechs Monate später erfolgte der Epilog. Die Staatsinquisitoren erhielten die Nachricht, daß der Graf von Nassau ohne Maske und Umhang zurückgekehrt sei und der Gräfin Durazzo seine Aufwartung zu machen beabsichtige. Zu dem Zweck habe er sich in ihre Villa von Mira begeben. Dieses Mal konnte der Oberste Gerichtshof nicht anders, als dies zur Kenntnis zu nehmen und sich darein zu fügen.

3.

Der Vertrag von Karlowitz hatte die Eroberungen rechtskräftig bestätigt, die Francesco Morosini den Türken abtrotzte, bevor er 1693 in Griechenland starb. Aber die osmanische Macht war alles andere als erschöpft. Am 8. Dezember 1714 erhielt der venezianische *Bailo* in Konstantinopel, Andrea Memmo, der Großvater unseres Andrea, eine Kriegserklärung und wurde nach dem beklagenswerten Brauch der Türken anschließend verhaftet. Und die osmanische Flotte fuhr auf der Höhe ihrer Kräfte aus den Dardanellen hinaus, besetzte eine venezianische Festung nach der anderen auf den Kykladen und dem Peloponnes und drang schließlich in das Ionische Meer ein. Unmittelbar bedroht war nun Korfu, die Festung, die den Zugang zum »Golf«, zur Adria, nach Venedig kontrollierte; und wie auf den anderen Festungen auch, waren die Verteidigungskräfte auf Korfu völlig unzureichend.

Die venezianische Flotte wurde von Andrea Pisani von Santo Stefano kommandiert. Doch der Senat kam auf die Idee, einen Militär-Experten zur Verteidigung der Insel heranzuziehen. So wurde der Botschafter in Wien, Pietro Grimani, beauftragt, mit einem mutigen und fähigen deutschen General zu verhandeln, mit dem Sachsen Graf Johann Mathias von der Schulenburg. Dieser hatte die Infanterie des Prinzen Eugen von Savoyen in der siegreichen Schlacht bei Malplaquet kommandiert und zuvor an der Spitze der Infanterie August des Starken von Sachsen einem legendären Feldherrn die Stirn geboten, nämlich Karl XII. von Schweden, indem er einen Rückzug in einen Erfolg verwandelte, und zwar mit einer Geschicklichkeit, die ihm das ersehnte Lob von Voltaire einbrachte. Und der Feldmarschall von der Schulenburg hatte einen auf drei Jahre begrenzten Vertrag mit der Serenissima akzeptiert.

Die Wahl erwies sich als überaus glücklich. Für beide Seiten. Der Feldmarschall hatte die Verteidigung von Korfu mit Opferbereitschaft und – was mehr zählte – mit großem Talent geführt, und es war ihm gelungen, die mageren Kräfte, die ihm zur Verfügung standen, bis zum letzten auszunutzen, indem er sie mit Hilfe bestimmter Strategien den überwältigenden osmanischen Streitkräften gegenüber als wesentlich stärker erscheinen ließ. Gleichzeitig schonte er das Leben der Soldaten und verhielt sich ihnen und ihren Familien gegenüber mit weiser Menschlichkeit. Die Belagerung wurde aufgehoben, und die Serenissima belohnte den Feldmarschall mit einer Statue in Korfu, einem diamantenbesetzten Ehrenschwert und einer Leibrente auf Lebenszeit in Höhe von fünftausend Dukaten. Er hatte seinerseits eine aufrichtige Sympathie für die Serenissima gewonnen, die dazu führte, daß er seinen Vertrag als Generalissimus der Republik immer wieder, bis zu seinem Tode über dreißig Jahre später erneuerte. Zu seinem Wohnort hatte er Venedig erwählt, und – wie einige Jahre später eine Nichte schrieb – nicht einmal Demosthenes oder Cicero wäre es gelungen, ihn zum Fortgang zu bewegen.

Schulenburg hatte sich also im Palazzo Loredan niedergelassen, wo er sich mit einem Gefolge von fünfundzwanzig Personen plus vier Gondolieri eingerichtet hatte. Er führte ein sehr großzügiges Leben, auch wenn an seiner Tafel laut Charles de Brosses die falschen Weine serviert wurden (selbst als er fast achtzig war, war es ein Vergnügen, ihm zuzuhören, wenn er von Karl XII. und dem berühmten Rückzug erzählte). Da er kein Diplomat war, konnte er besuchen und empfangen, wen er wollte. Er war stolz auf die enge persönliche Freundschaft mit dem Dogen Carlo Ruzzini, der ihn inkognito, in Maske besuchen kam, wie es Vorschrift war für die privaten Ausgänge des Serenissimo. Und es gab viele Herrscher, die zu ihm herzliche Beziehungen unterhielten, von König August dem Starken, der ihm sein Porträt zum Geschenk machte, bis zum Kurfürsten Karl Albert von Bayern, der ihm eine kostbare Tabakdose schickte. Er war Junggeselle geblieben, weil er, wie er sagte, »sein Brot in Frieden essen wollte«, aber es mögen noch andere Gründe mitgespielt haben: er hatte einst eine Liebesbeziehung mit einer bereits verheirateten Dame aus Dresden, die ihm einen Sohn geschenkt hatte, und dieser Sohn war behindert, häßlich und entstellt und für seinen Vater ein beständiger Grund der Bitterkeit.

In Schulenburgs Gefolge war auch – und das war einmalig – ein griechischer Maler, Nicoletto Doxera. Und unter den Personen, die in seinen Diensten standen, ohne im Hause zu wohnen, waren ein Arzt und zwei Schneiderinnen, aber auch ein weiterer Maler, Gian Antonio Guardi. Denn der Feldmarschall, der riesige Summen für Wohltätigkeitszwecke ausgab, hegte eine tiefe Leidenschaft für die Malerei. Er hatte eine große Gemälde-Sammlung zusammengestellt, deren Umfang und Bedeutung erst jüngere Forschungen ans Licht gebracht haben.

Im großen und ganzen bevorzugte Schulenburg Menschendarstellungen, in erster Linie Porträts und hier wiederum Porträts von ihm selbst: er besaß einige davon, darunter eines, das der offizielle Porträtist Ludwigs XIV., Hyacinthe Rigaud, gemalt hatte. Aber unter denen, die ihn bei den Ankäufen berieten, waren Maler der neuesten Mode, wie Giambattista Piazzetta und der Schlachtenmaler Francesco Simonini, von denen sich zahlreiche Werke in seiner Sammlung befinden. Ebenfalls zahlreich waren Gemälde von Sebastiano Ricci und Giambattista Pittoni vertreten. Und von Antonio Guardi, der dem Feldmarschall lange Jahre verbunden blieb, gab es mindestens hundert Bilder, darunter die *Favorita greca*, heute in der Thyssen-Sammlung. Er besaß auch Veduten von Canaletto, Marieschi, Carlevarijs, die *Caduta degli angeli* von Solimena, Werke von Fetti und Strozzi, vom Cavalier Calabrese, von Luca Giordano und Lorenzo Lotto, und wenn die Listen und Inventarverzeichnisse stimmen, auch von Andrea Mantegna, Tizian, Veronese, Caravaggio, Rubens und sogar ein Giotto zugeschriebenes Tafelbild.

Der Feldmarschall starb fern von – mittlerweile – seinem Venedig, in Verona, wohin ihn trotz seiner siebenundachtzig Jahre die Pflichten als Kommandant an der Spitze des venezianischen Heeres gerufen hatten. Zum Zeitpunkt seines Todes besaß er mindestens 845 Gemälde, von denen ein beträchtlicher Teil bereits in Berlin war, wo sein Lieblingsneffe Adolph Friedrich, der Sohn einer Schwester und eines Cousins von der Schulenburg, sich gerade eine luxuriöse Residenz bauen ließ. Dann fiel Adolph Friedrich, auch er ein Militär, in der Schlacht (sein Onkel kam über diesen Verlust nie hinweg), und zum Universalerben wurde ein anderer Neffe ernannt, mit der Auflage der Unveräußerlichkeit der Sammlungen, die an ein Fideikommiß zweiter Ordnung im Erstgeborenenrecht gebunden waren.

Als der Feldmarschall gestorben war, wurde auch der Rest der Sammlung nach Deutschland geschickt, wobei unterwegs das eine oder andere Gemälde verschwand; andere »Stücke« geringeren Wertes wurden zunächst eingelagert, weil der verfügbare Platz nicht ausreichte, um alles auszustellen, und nahmen dann den gleichen Weg. Nach einiger Zeit wurde, entgegen dem Willen des Verstorbenen, damit begonnen, die Sammlung zu verkaufen; als erste wurden *Adam und Eva* von Albrecht Dürer, ein Porträt und ein mythologisches Gemälde von Paolo Veronese, ein Porträt von Van Dyck und zwei Landschaften von Salvator Rosa veräußert. 1775 brachte das berühmte, erst kurz zuvor gegründete Londoner Versteigerungshaus Christie's 125 Gemälde zum Verkauf: »a Noble and Superb Collection of Pictures« stand auf dem Plakat zur Ankündigung der Versteigerung, und es war die Wahrheit, denn darunter waren Werke von Giotto, Perugino, Raffael, Tizian, Veronese, Giorgione, Giulio Romano, Rembrandt und sogar von Leonardo da Vinci, außerdem Bilder von venezianischen Malern, Zeitgenossen des Sammlers. 1968 befanden sich noch 256 Bilder im Besitz der Familie Schulenburg, von denen etwas mehr als die Hälfte glücklicherweise beim Landesmuseum von Hannover deponiert wurden. Nach dem Tod des Grafen Johann Heinrich von der Schulenburg im Jahre 1975 teilten seine vier Kinder die im Hause verbliebenen Werke untereinander auf, und immer häufiger tauchen die Reste von dem, was einmal die Sammlung eines großen und großzügigen Mäzens war, bei den Auktionen von Sotheby auf und werden so über die ganze Welt verstreut.

4.

Vielleicht hatte der Graf Girolamo Contarini geahnt, daß die von seinen Vorfahren mit Liebe zusammengetragenen Kunstwerke und kostbaren Codices einmal auf dem Antiquitätenmarkt landen würden, als er den Beschluß faßte, seine Bücher und Codices der Bibliothek Marciana und die Bilder den Galerien der Accademia zu hinterlassen. Er war der letzte aus dem Zweig der Contarini, der früher den Beinamen »dai Scrigni« (mit den Truhen) trug – vielleicht aufgrund der großen Menge von Zechinen, über die er verfügte – und später »Piazzola« genannt wurde, weil er in Piazzola an der Brenta eine prächtige, von Palladio gebaute Villa besaß, die größte und bedeutendste im Veneto. Dem Grafen Contarini, Cavalier des hohen österreichischen Ordens vom Goldenen Vlies, kommt also das Verdienst zu, einen beträchtlichen Teil an Kultur und Kunst vor den Klauen der Antiquitätenhändler gerettet und für die Nachwelt bewahrt zu haben. Allein mit Contarinis Nachlaß erhielt die Accademia neben einer Menge von Bildern der Meister des 15. und 16. Jahrhunderts auch einige Werke von Giovanni Bellini, unter anderem die *Madonna mit den Bäumchen*, und sechs Gemälde von Pietro Longhi, das entzückende *Konzert, Die Tanzstunde, Die Toilette, Der Schneider, Der Wahrsager* und den berühmten *Apotheker*.

Am Canal Grande gibt es zwei Paläste Contarini »Piazzola«, sie stehen direkt nebeneinander. Der Palast an der Ecke des Rio San Trovaso ist gotisch, der Nachbarpalast trägt den Beinamen »Korfu« und wurde von Vincenzo Scamozzi, dem bedeutendsten der Palladio-Schüler zu Beginn des 17. Jahrhunderts gebaut.

Lazzaro Mocenigo, der tüchtige Capitano, dessen Taten von Gabriele D'Annunzio in Versen besungen wurden, die trotz aller Rhetorik von Aufrichtigkeit durchdrungen sind, wurde am Canal Grande geboren, in dem Palast, der unmittelbar auf die Contarini-Paläste folgt. Und von hier aus sollte er zu seiner kurzen und ruhmreichen Unternehmung aufbrechen, die sein Leben im Alter von nur dreiunddreißig Jahren jäh beendete.

Wir haben Lazzaro Mocenigo im Juni 1656 nach Venedig zurückkehren sehen, um die Nachricht von dem Sieg zu überbringen, für den der Capitano generale Lorenzo Marcello im Kampf bei den Dardanellen gestorben war und er, Mocenigo, sein rechtes Auge verloren hatte. Und wir haben gesehen, wie er triumphierend in das Becken von San Marco einzog mit einem Schiff von Berber-Piraten im Schlepptau, das er unterwegs gefangengenommen hatte. Das Ereignis hatte den Senat in Euphorie versetzt, Lazzaro Mocenigo wurde mit überwältigender Mehrheit zum Capitano generale da Mar gewählt. Und er selbst hatte dem Herzog von Brunswick, der ihm gratulierte und sich am Vorabend seines Aufbruchs in die Levante mit Ratschlägen zur Mäßigung und Klugheit von ihm verabschiedete, gesagt: »Eure Hoheit werden in Kürze entweder von etwas Großem oder von meinem Tod hören.«

Auf einem Francesco Maffei zugeschriebenen Gemälde, von dem zwei Fassungen bekannt sind – eine befindet sich in Deutschland, die andere im Palazzo Mocenigo bei San Stae –, ist er abgebildet: ein dürrer, magerer Mann, fast wie ausgezehrt von einem inneren Fieber, das sein einziges Auge zum Glänzen bringt, eine dichte braune, auf die Schulter fallende Haartracht, das Gesicht von der Ägäis-Sonne verbrannt, die Hand umklammert den Kommandostab in der Falte des Purpurmantels (»Romana«), der ihn umhüllt. Es ist ein dramatisches Bild, ganz im Stil des 17. Jahrhunderts, über ihm liegt so etwas wie ein düsterer Hauch, eine Vorahnung des Todes. In Wirklichkeit erschöpfte sich die Zeit der Befehlsgewalt Lazzaro Mocenigos in einem einzigen Feldzug im Jahre 1675. Er begann im Februar mit der Gefangennahme einer großen Schiffskarawane, die aus Alexandria in Ägypten kam, und wurde im Frühling fortgesetzt mit der Einnahme von vier und der Zerstörung von drei algerischen Schiffen durch Galeassen, einer der äußerst seltenen Fälle, in denen eine Abteilung Ruderschiffe es geschafft hatte, eine ausschließlich aus Segelschiffen bestehende Einheit zu besiegen (das Unternehmen wurde vom Senat mit der Ernennung Lazzaro Mocenigos zum Prokurator von San Marco honoriert). Und der Feldzug endete im Juli mit der Dardanellen-Schlacht.

Die venezianische Flotte, verstärkt durch ein Kontingent des Malteserordens unter dem Befehl des *Bailli* Gregorio Carafa und durch ein päpstliches Kontingent unter dem Kommando von Giovanni Bichi Ruspoli, hatte sich so aufgestellt, daß sie die Ausfahrt der osmanischen Flotte aus der Meerenge der Dardanellen blockierte. Als ein großer Teil der Ruderflotte sich zur Wasserversorgung an den Strand von Hisarlik (das alte Troja) begeben hatte, versuchte der türkische Admiral Topal das auszunutzen, um ins offene Meer zu gelangen. Sein Manöver begann am 17. Juli 1657; er verfügte über dreißig Galeeren, zehn Galeassen und achtzehn Segelschiffe, plus fünfzigtausend Mann für die Operationen zu Lande. Mit vollen Segeln und Rückenwind überschritten seine Schiffe die Linie der Kastelle Europas und Asiens, gefolgt von acht Galeassen. Die venezianischen Galeassen und Segelschiffe, die zur Bewachung der Meerenge zurückgeblieben waren, eröffneten den Kampf. Zwei türkische Schiffe enterten das Schiff des Naven-Kapitäns Bembo. Im Handgemenge starb der Galeassen-Kommandant Alvise Foscari, aber die Venezianer trugen einen überwältigenden Sieg davon, sie verloren nicht eine einzige Einheit, während vier türkische Einheiten in Brand gesteckt, zwei versenkt, zwei gefangengenommen und zwei andere gezwungen wurden, sich auf die Küste zu werfen.

In der Zwischenzeit hatte Topal versucht, mit den Galeeren herauszukommen. Aber die Galeeren vor Kap Chrysion am Ende der Halbinsel Gallipoli waren nicht, wie er glaubte, diejenigen des Bey des Archipels, sondern Mocenigos Schiffe, die in aller Eile zurückgekehrt waren. Und während fünf der türkischen Galeeren es schafften, in die Meerenge zurückzukehren, postierte Topal sich mit den anderen zur Verteidigung, im Schutze der Küstenartillerie.

»Wie ein Windhund, der das feindliche Wild erblickt hat«, so schreibt ein anonymer Augenzeuge, bewegte sich Mocenigo nun in mondförmiger Aufstellung derart, daß er die Enge der Dardanellen schließen konnte. Aber er hatte Strömung und Wind gegen sich, die erschöpften Ruderer schafften es nicht, die Formation beizubehalten. Sie warfen Anker, die Nacht war inzwischen hereingebrochen. Topal wollte das ausnutzen, um mit seinen Einheiten durch die Enge zurückzukehren, und einige osmanische Einheiten schafften es, indem sie im

Schutze der Dunkelheit unter der Küste navigierten. Aber Mocenigo hatte das Manöver bemerkt, und mit unerhörten Anstrengungen gelang es ihm, dem Feind den Weg abzuschneiden. Bichi folgte ihm unmittelbar. Eine türkische Galeere rammte auf der Flucht den Bug der Galeere des Capitano generale, Mocenigo enterte sie, der Türke setzte Segel in der Hoffnung, das venezianische Admiralsschiff mit sich zu schleppen: was Bichi verhinderte, indem er sich neben Mocenigos Galeere setzte und sie mit dicken Tauen an seiner eigenen festmachte. Am Ende blieb der türkischen Galeere nichts anderes übrig, als sich zu ergeben: sie hatte zweihundertfünfzig Mann verloren, zweihundert wurden gefangengenommen.

An Bord des venezianischen Admiralsschiffes berieten die Flottenkommandanten und die alliierten Befehlshaber miteinander. Sie waren sich einig darüber, daß die Zerstörung der feindlichen Einheiten Priorität haben müsse, die außerhalb der Linie der Kastelle geblieben waren, um die türkische Flotte daran zu hindern, offensive Operationen durchzuführen, und um der venezianischen Flotte die Möglichkeit zu geben, Candia aus dem Belagerungszustand zu befreien. Aber am Morgen des 18. Juli war das Meer sehr bewegt, der Nordwind blies gewaltig. Im Morgengrauen des 19. versuchten fünf türkische Galeeren einen Moment der Ruhe auszunutzen, um die anderen zu erreichen. Mocenigo, Bichi und Carafa fingen sie ab, eine der fünf war gezwungen, sich auf das Riff zu werfen, eine andere wurde von Mocenigo geentert und nach vier Stunden Kampf gefangengesetzt. Nach Einbruch der Nacht wurde der Plan zur Zerstörung der türkischen Flotte wieder aufgenommen, Mocenigo behielt sich selbst das kühnste Manöver vor und segelte an der Spitze einer Formation von zwölf hintereinander aufgereihten Galeeren sehr dicht an der asiatischen Küste entlang. Zwei Einheiten wurden sofort vom Feuer der türkischen Küstenbatterien getroffen, die anderen rückten weiter vor. Aber da traf eine Kanonenkugel mitten in die Pulverkammer der Admiralsgaleere, das Munitionsdepot explodierte und eine Wolke aus schwarzem, nach Schwefel stinkendem Rauch stieg auf, der Rumpf der Galeere brach auseinander, die Rahe des Toppsegels stürzte auf den Capitano generale, der aufrecht am Bug stand, und spaltete ihm den Schädel. Dem Provveditor d'Armata Badoer blieb nichts anderes zu tun, als die Galeere *Trevisana* unter dem Kommando von Guglielmo Avogadro degli Azzoni den Schiffbrüchigen zu Hilfe zu schikken und die Reste des Schiffs zu bergen.

5.

Lazzaro Mocenigos Verdienste haben seinem Bruder Antonio den Titel des Cavalier der Stola d'Oro (Goldene Stola) eingebracht. Sein Sohn Zuanne, geboren 1651, seit 1668 verheiratet mit Daniela Morosini, einer Nichte von Francesco, Lazzaros Nachfolger als Capitano generale und späterer Doge, war der letzte dieser Linie der Mocenigo. Zuanne war nicht – wie sein Onkel – in der Liste der Ruhmestaten der Serenissima vertreten, er hatte seinen Platz in den Sensationsnachrichten gefunden: er war bei Todesstrafe verbannt worden, »weil er im Theater San Salvador zwei Pistolenschüsse auf Ser Nicolò und Ser Sebastian Foscarini abgegeben hatte, die den Tod des Ser Nicolò nach sich zogen«. Der Adelstitel wurde ihm später per Dekret des Großen Rats zurückgegeben. Aber der Palast ging nach seinem Tod und nach dem Tod ihres anderen Bruders, Francesco, der die Witwe des ebenfalls hochverdienten Admirals Giorgio Morosini geheiratet hatte, an die vornehme Familie Gambara aus Brescia über, deren Wappen mit dem heraldischen Krebs (Gambero) heute noch am Portal des Landeingangs auf dem Campiello Gambara in der Nähe der Akademie der Schönen Künste zu sehen ist. Die Akademie präsentiert dem Canal Grande, der hier von der massiven Holzbrücke überspannt wird – dort, wo bis zur Mitte des vorigen Jahrhunderts eine gußeiserne Brücke war –, die umgebaute Fassade der alten Scuola Grande di Santa Maria della Carità, ohne den Löwen allerdings, der eine Zeitlang, wie alte Stiche zeigen, auf dem Giebel spazierte und Minerva auf dem Rücken trug. Und daneben erhebt sich die Flanke der alten Kirche gleichen Namens, die auf vielen Canaletto-Veduten neben ihrem hoch aufragenden Glockenturm zu sehen ist, der am 27. März 1744 zusammenbrach.

Die Kirche wurde unter Napoleon I. völlig ausgeräumt, in der Mitte wurde eine zweite Ebene eingezogen, und das Gebäude wurde von dem damals sehr modischen Architekten Antonio Selva in Ausstellungsräume und Unterrichtsaulen unterteilt. Zu Recht wird behauptet, dies sei ein dummes Verbrechen gewesen. Die Kirche war ursprünglich ein schönes gotisches, um 1441 umgebautes Gebäude; alle Arbeiten in Stein hatte Bartolomeo Bon beaufsichtigt, von dem auch die Porta della Carta des Dogenpalastes stammt. Die Kirche wurde innen wie außen üppig dekoriert. Neben bedeutenden Gemälden, die nur zum Teil in die Galerien der Accademia gelangt sind, enthielt sie das imposante, von Vincenzo Scamozzi entworfene Grabmal des Dogen Nicolò da Ponte, mit der von Alessandro Vittoria gemeißelten Büste des Dogen, und das von Mauro Codussi errichtete Grabmal für die Dogen Marco und Agostino Barbarigo, ein wahres Wunderwerk der Renaissance-Kunst. Von all diesen schönen Dingen sind nur wenige Reste übriggeblieben, unter anderem die Büste des Dogen da Ponte und die Statue des knienden Agostino Barbarigo; Skulpturen, Inschriften und Architekturteile von großem Wert endeten in einem unentwirrbaren Haufen Baumaterial.

Die Scuola Grande, eine der sechs Bruderschaften, die sich mit diesem Titel schmückten (bedeutende Institutionen der Andacht und Fürsorge, in denen das von der Macht ausgeschlossene Bürgertum sein Bedürfnis nach Ansehen verwirklichen konnte, indem es Künstler mit Verschönerungen und mit prunkvollen Bauten und Gemälden beauftragte) ist weniger mißhandelt worden als die Kirche. Das Gemälde *Der Tempelgang Mariens* von Tizian hängt noch dort, wo eine Gruppe von Bruderschaftsmitgliedern es ursprünglich angebracht hat. Auf dem Gemälde ist ein Freund des Malers, der sehr kultivierte Andrea de'Franceschi in reichem Gewand »auf Dogenart« abgebildet.

In einem der Säle der Accademia befand sich die *Assunta* (*Mariä Himmelfahrt*) von Tizian, bevor sie auf den Hauptaltar der Frari-Kirche zurückkehrte. Und hier hatte der Präsident der Accademia, Leopoldo Cicognara, am 16. Februar 1822 geplant, den Leichnam Antonio Canovas auf seinem Weg zur letzten Ruhestätte für kurze Zeit verweilen zu lassen. Kein schlechter Gedanke, denn Canova hatte mit Tizian einiges gemein: die allgemeine Anerkennung, die Sympathie aller, Aufträge von Herrschern, sowie Reichtum und Adelstitel, die sie allein ihrem künstlerischen Erfolg zu verdanken hatten. Und nicht zuletzt die praktische, einfache Mentalität eines echten Handwerkers, die beide daran gehindert hatte, sich all die Ehrungen zu Kopf steigen zu lassen und sich als Genie aufzuspielen, wie viele andere es taten, die weniger bedeutsam waren als sie. In hohem Alter und halbblind malte Tizian unermüdlich weiter. Auch Canova, den Napoleon und Napoleons Feinde mit gleicher Inbrunst bewunderten, war steinreich und aufgrund seiner Verdienste als Künstler zum Marchese ernannt worden. Wie Tizian war auch Canova einfach und herzlich geblieben, und nach seinem Tod zeigte sich, daß er trotz seines Erfolgs immer der handwerklichen Arbeit treu geblieben war, der man einen Teil seiner körperlichen Gebrechen zuschrieb. Denn der übermäßige Gebrauch des gegen den Brustkorb gestützten Bohrers, den er einsetzte, um den Faltenwurf der »Milde« auf dem Denkmal für Papst Clemens XIV. und die Mähne des Löwen für das steinerne Monument von Papst Clemens XIII. zu formen, hatte ihm eine Rippenquetschung und einen Leberriß eingebracht.

So sympathisch und intelligent Cicognaras Plan auch war, er gefiel den obersten Behörden nicht, im vorliegenden Fall dem Patriarchen von Venedig, damals ein ungarischer Prälat, Monsignor Ladislao Pyrker de Felsö-Eör, ein sehr tüchtiger Mann, der sich bei Kaiser Franz I. für die Sanierung Venedigs verwendet hatte. Doch obwohl er Dichter war (er hatte den Ruhm der Habsburger, biblische Begebenheiten und die Freuden des Bergsteigens besungen), war er offensichtlich nicht in der Lage, die Feinsinnigkeit dieses Gedankens zu verstehen. Wahrscheinlich spielte dabei sein Groll gegen Cicognara eine Rolle, der sich dem Versuch des Patriarchen standhaft widersetzt hatte, die Ikonostase aus dem 14. Jahrhundert aus der Markus-Basilika zu entfernen, welche etwa fünfzehn Jahre zuvor Kathedrale geworden war. Der Patriarch »wollte unbedingt« die Ikonostase herausnehmen, doch Cicognara hatte den »offenen Dissens«, den dieser gemeinsam mit der Accademia ausgelöst hatte, als einen Plan bezeichnet, der eines der edelsten Monumente der Christenheit verunstalten würde. Seine Intervention hatte sicherlich viel dazu beigetragen, daß diese absurde Initiative schließlich im Sande verlaufen ist. Leider wurde sie in jüngerer Zeit von dem Patriarchen Roncalli, dem späteren Johannes XXIII., wieder aufgenommen und dabei wurden zum Teil die schönen Plutei aus altem Marmor entfernt.

Jedenfalls hatte Cicognara sich über das Verbot des Patriarchen hinweggesetzt. Und begleitet von Tausenden von Gondeln legte Canovas Totenbahre am Ufer der Accademia an, die Professoren trugen sie auf den Schultern die breite Treppe hinauf und legten sie zu Füßen des Meisterwerks von Tizian ab. In dem überfüllten Saal hielt der tiefbewegte Cicognara eine kurze Ansprache. Der Saal und die *Assunta* waren lediglich durch eine große Wachskerze auf einem

Bronzepfeiler beleuchtet, auf den man zu Zeiten der Serenissima die Urne für die Abstimmungen im Großen Rat zu stellen pflegte.

6.

Das Kloster der Lateranensischen Kanoniker von Santa Maria della Carità, das der Accademia einverleibt und von Selva stark entstellt wurde, erinnert an eines der herausragendsten Ereignisse der Geschichte Venedigs: an den Frieden von 1177 zwischen Papst Alexander III. und dem deutschen Kaiser Friedrich Barbarossa. Zum ersten Mal hatte Venedig eine Rolle als Vermittler auf höchster Ebene gespielt und nach einem langen und heftigen Zwist die beiden wichtigsten Mächte der mittelalterlichen Welt miteinander versöhnt. Das Ereignis hatte eine enorme Resonanz und wurde im Laufe der Zeit mit allerlei Geschichten weiter ausgeschmückt. Nach der Legende war der zur Flucht gezwungene Papst heimlich in der Lagune eingetroffen, und nachdem er die Nacht in einem *Sottoportico* (Anm.d.Ü.: unter Portego im Piano nobile eines Gebäudes durchführende Gasse) in der Nähe der Kirche Sant'Aponal verbracht hatte, war er in strengem Inkognito bei dem Prior des Klosters der Carità vorstellig geworden, der ihn nicht erkannt und ihn nach einer Version als Kaplan, nach einer anderen als Küchenjungen aufgenommen hatte. Nach vielen Monaten sei der Papst vom Dogen Sebastiano Ziani entdeckt worden, der ihn mit allen Ehren in den Dogenpalast begleitet und sofort zwei Gesandte mit Friedensvorschlägen zu Friedrich geschickt habe. Der Schwabe weigerte sich zu verhandeln, verlangte die Auslieferung des Papstes und rüstete – immer noch laut Legende – mit der Hilfe Genuas eine vorzügliche Flotte von fünfundsechzig Galeeren unter dem Kommando seines Sohnes Otto aus. Der Doge übernahm daraufhin seinerseits das Kommando über die venezianische Flotte, die nur dreißig Galeeren zählte, empfing den Segen des Papstes, der ihm einen Stoßdegen mit goldenem Griff überreichte, und am Himmelfahrtstag bot er der kaiserlichen Flotte in den istrischen Gewässern vor Punta Salvore die Stirn. Er besiegte sie und nahm achtundvierzig Galeeren sowie Otto selbst gefangen. Und dieser, nachdem der Doge ihn großzügig seinem Vater zurückgeschickt hatte, überredete Barbarossa, sich in Venedig mit dem Papst zu treffen.

Wie auch immer die Sache verlaufen ist, das Treffen zwischen Papst und Kaiser war ein Erfolg, insbesondere für Venedig, das sich nun als Mittelmeermacht allgemein anerkannt sah. Damals befand sich die Linie einer uralten Familie, der Falier, im Aufschwung, die Venedig innerhalb weniger Jahre zum Schiedsrichter in Schicksalsfragen des Byzantinischen Reichs machen sollte, in dessen Einflußbereich die Stadt entstanden und gewachsen war. Dieser Aufstieg hatte einige hundert Jahre zuvor begonnen, und wichtigen Anteil daran hatten zwei Dogen aus dieser uralten Familie gehabt: Vitale, der sich als erster nicht nur Doge von Venedig, sondern auch Dux von Dalmatien und Kroatien nannte, und Ordelaf (der Name ist der latinisierte Familienname Faledro rückwärts gelesen), der die Araber bei Jaffa und Sidone besiegte, im Auftrag des byzantinischen Kaisers die Normannen bekämpfte, dem ungarischen König Zara und Sebenico wieder abnahm und 1118 in Dalmatien im Kampf starb. Die Familie gehörte zu den zwölf »apostolischen« Familien und rühmte sich, unter ihren Vorfahren einen der mythischen patavinischen Konsuln zu haben, denen die legendäre Gründung Venedigs am 25. März 421 zugeschrieben wird.

Die Eigentümer von Palazzo Falier, der am Canal Grande den Contarini-Palästen gegenüber steht, brüsteten sich ihrerseits, direkt von den Dogen Vitale und Ordelaf abzustammen. Die Linie, welcher der Doge Marino angehörte, der 1355 enthauptet wurde (seine Geschichte hat Byron besungen und Gaetano Donizetti hat daraus eine Oper gemacht) gehe nur auf Vitale zurück. Marin Faliero hatte nicht hier gewohnt, sein Palast steht noch bei Santi Apostoli. Hier stand nur seine Statue mit dem vom Rumpf gebrochenen Kopf, die laut einem alten Führer früher einmal am Ende einer Treppe zu sehen war und heute verschwunden ist.

Mittlerweile ist bewiesen, daß der unglückselige Marino nicht, wie Byron es gerne gesehen hätte, ein Held der Freiheit gegen die patrizische Oligarchie war, sondern daß seine Verschwörung darauf abzielte, sich selbst zum Herrn über Venedig zu machen, und zwar mit der Unterstützung des sogenannten »fetten Volkes«, des aufstrebenden Bürgertums, das seinen Ausschluß aus der Politik nur schwer ertrug.

Wesentlich bescheidenere Ziele setzte sich eine andere Verschwörung, obwohl diese Bezeichnung, welche die Zehn ihr gegeben hatten, eine Übertreibung war. Eine herausragende Rolle hatte darin Francesco Falier gespielt, der Eigentümer des Palastes. Er wurde 1492 zu lebenslänglicher Relegation auf die Insel Zypern verurteilt, weil er gemeinsam mit seinem Kollegen Gabriele Bon, wie er Vorsteher der Quarantie, und mit Unterstützung anderer Patrizier eine außerordentliche Zuwendung zugunsten der verarmten Adligen vorgeschlagen hatte. Nach dem Vorschlag Falier-Bon sollten die verarmten Patrizier über sechzig Jahre eine Subvention von hundert Dukaten im Jahr erhalten, und diejenigen zwischen fünfundzwanzig und sechzig fünfzig Dukaten pro Jahr. Die von den Zehn angestellten Berechnungen ergaben, daß dies eine Belastung für den Staatsschatz von ganzen siebzigtausend Dukaten jährlich bedeutet hätte, eine wahrhaft ruinöse Summe. Den modernen Historikern enthüllte sie jedoch die bestürzende Tatsache, daß von den tausendachthundert Patriziern, die im Großen Rat saßen, sich tausendzweihundertfünfundzwanzig in einer Lage befanden, die sie für eine Subvention qualifiziert hätte.

Es muß gesagt werden, daß Francesco Falier nicht lange im Exil blieb. Er kehrte bald nach Venedig zurück und wurde schließlich Vorsteher des Zehnerrats. Ein Nachkomme gleichen Namens wurde dagegen in den letzten Lebensjahren der Serenissima Provveditore generale in Dalmatien und Albanien, und dann Provveditore generale da Mar, also Oberbefehlshaber der Venetischen Flotte. Sein Vater, der Senator Giovanni, der nach dem Fall der Republik als Neunzigjähriger starb (die Langlebigkeit war ein beneidenswerter Vorzug dieses Zweiges der Falier: ein Bruder des Provveditore starb 1853 mit fünfundneunzig Jahren), konnte dagegen ein Verdienst für sich beanspruchen, für das ihm der Hauptbetroffene auch immer dankbar war: das Verdienst, Antonio Canovas Talent entdeckt und seine Ausbildung initiiert zu haben. Es wird nämlich erzählt, daß Canova, geboren in Possagno am Fuße des Monte Grappa, aus einer alles andere als wohlhabenden Familie stammte und noch fast im Knabenalter eine Anstellung als Küchenjunge in der Villa gefunden hatte, welche die Falier bei Pradazzi di Asolo besaßen. Und eines Tages habe er aus einem Stück Butter einen Löwen modelliert, der – als der Koch es auf den Tisch brachte – die Begeisterung der Tischgenossen ausgelöst und den umsichtigen Senator Falier veranlaßt habe, den Jungen zur Ausbildung nach Venedig zu schicken. Sicher ist, daß Canova 1779 für Giovanni Falier die Gruppe *Dädalus und Ikarus* modellierte, die lange in Asolo aufbewahrt wurde, bevor sie durch den Nachlaß der letzten Erbin der Familie an das Städtische Museum Correr ging. Falier und all seinen Familienangehörigen gegenüber hatte Canova immer eine ergebene Freundschaft bewahrt.

Unter Giovanni Faliers Kindern hatte es auch einen Bischof gegeben, Monsignor Angelo, der viele Jahre lang an der Spitze der Diözese von Ceneda stand. Unter seinen Enkeln sollte ein weiterer Priester sein, Monsignor Onorio, Pönitentiar-Kanoniker von San Marco, ein Mann von Kultur mit mildem und freundlichem Wesen, jedenfalls erzählt es so der amerikanische Romanschriftsteller William Dean Howells. Dieser war gegen Ende des Jahres 1861 von Abraham Lincoln als Konsul der Vereinigten Staaten nach Venedig geschickt worden, und es war ihm nach einigen Widrigkeiten gelungen, im besagten Palazzo Falier eine Unterkunft zu finden, wo der Kanonikus literarische Gespräche mit ihm führte und ihm die *Göttliche Komödie* vorlas und kommentierte. Howells blieb bis 1865 in Venedig, und aus seinen Erlebnissen ist sein 1866 erschienenes *Venetian life* entstanden: ein hinreißendes Buch, das unbegreiflicherweise die italienischen Verleger nie wahrgenommen haben, obwohl es bereits kurz nach Erscheinen ein Bestseller wurde.

Howells Venedig ist wesentlich wirklichkeitsnäher als das vieler anderer italienischer und ausländischer Schriftsteller, die sich bemüht haben, die Stadt erzählerisch zu fassen.

Dem Konsul Howells war es im Gegensatz zu den meisten ausländischen Intellektuellen, die bis heute als exzentrische Grandseigneurs (wie Byron) oder als Touristen, als Elite-Touristen lebten oder leben, fast mühelos gelungen, das Leben eines echten Venezianers zu führen, was ihn selbst und andere immer wieder in amüsiertes Staunen versetzte. Seine Position als Vertreter eines neutralen Staates erlaubte es ihm, mit distanziertem, verständnisvollem und ein wenig ironischem Blick die in der Tat manchmal kindischen, immer aber harmlosen Demonstrationen von Feindseligkeit der Bürgerschaft gegenüber den österreichischen Herren und die Unterteilung in *codini, austriacanti e italianissimi* (Zopfträger = Reaktionäre, österreichfreundliche und italienische Patrioten) zu verfolgen, die vor allem in einer peniblen Auswahl der Cafés auf der Piazza San Marco zum Ausdruck kam.

Venezianisiert wie er war, hatte Howells von einem Gondoliere gelernt, auf venezianische Art, am Heck stehend, zu rudern, und er schätzte insbesondere den Brauch, im Canal

Grande zu baden. Das Bad war überaus erfrischend und erquikkend, wenn die Flut kam und das Wasser erneuerte und sich dort »Familienväter wie viele zahme Flußpferde« an der Spitze ihrer Brut herumwälzten, den Kleinen das Schwimmen beibrachten und sich über die Fortschritte der Größeren freuten. Es gab für ihn nichts Angenehmeres als diese Möglichkeit, »von der Schwelle des Hauses in die lebhafte Strömung zu springen und dort eine halbe Stunde recht formlos inmitten der Nachbarn zu verbringen«. Howells fand großes Vergnügen daran, den Canal Grande zu den verschiedenen Stunden des Tages und der Nacht zu beobachten, diesen Spiegel eines immer anderen und immer faszinierenden Lebens. Der Canal Grande bot damals, was Vielfalt und Lebhaftigkeit des Verkehrs anging, ein ganz anderes Bild als heute. Er sah die Gondeln der Touristen (nur die Touristen, und vorzugsweise englische Touristen, sagt er, fahren tagsüber mit der Gondel auf dem Canal Grande, die Gondeln der Venezianer tauchen erst bei Sonnenuntergang auf) und bei Einbruch der Dämmerung beobachtete er, wie die mit Gemüse und Obst beladenen Boote in Richtung Rialto fuhren: es war die Stunde, in der man den Mond aufgehen sah »und das Meer, das Venedig so sehr liebt, die verschlissenen Stufen aus Marmor, auf denen seine Füße zu stehen schienen, küßte und streichelte«.

Später kamen die großen Boote vom Po mit den eingeholten Segeln, die zusammen mit dem umgelegten Mast aufgestapelt auf dem Verdeck lagen, mit dem Steuermann am Heck und den Ruderern, die mit sehr langen Rudern das Boot vorwärts bewegten. Ganze Familien waren an Bord, mit Müttern und Kindern und dem unvermeidlichen reizbaren, kläffenden gelben Hündchen.

Als Howells in Venedig ankam, war er vierundzwanzig. Er stammte aus einem Dorf in Ohio, hatte als Kind schon begonnen, als Drucker zu arbeiten (die Druckerei war, wie er selbst sagte, seine einzige Schule gewesen), und er verdankte seine Nominierung einer Biographie über Lincoln, die zwei einflußreiche Freunde dem Präsidenten zeigten. Nach seiner Rückkehr nach Amerika wurde er Chefredakteur einer bedeutenden Zeitschrift, der »Atlantic Monthly«, und veröffentlichte etwa vierzig Romane. Aber nur schwerlich werden in seiner Erinnerung die tausend Eindrücke aus einem Venedig erloschen sein, das heute für niemanden mehr existiert. Seine Texte werden bei den in dieser Stadt Geborenen immer eine quälende Sehnsucht nach dem Venedig der Vergangenheit heraufbeschwören.

7.

Maria Carolina von Bourbon, Herzogin von Berry, die wir im Palazzo Vendramin Calergi verlassen haben, hatte nicht nur einen Sohn von dem armen Herzog, der im Vestibül der Opéra erdolcht wurde. Sie hatte auch eine Tochter bekommen, »Mademoiselle« Louise. Und »Mademoiselle« (das war der Titel, den man im Ancien Régime den Schwestern des Königs oder des Thronerben zu geben pflegte) hatte einen anderen Bourbon geheiratet, Karl III., Herzog von Parma, Piacenza und Guastalla, ein hochtrabender Titel für ein relativ kleines Herzogtum, von dessen Heer es hieß, daß die Zahl der Offiziere gleich oder zumindest nur wenig kleiner sei als die Zahl der Soldaten.

Als für Marie Louise von Österreich, erzwungene Ehefrau Napoleons und Mutter des »Aiglon«, eine Apanage gefunden werden mußte, hatte Metternich das Herzogtum von Parma für sie ausgesucht, wo sie alles tat, um in den Armen des Grafen Adam Neippberg ihren Mann zu vergessen (sie hatte ihn letztendlich so sehr vergessen, daß 1847 – wie André Castelot erzählt – ein Besucher des Palazzo della Pilotta mit Entsetzen die Kinder des Verwalters dabei überrascht hatte, wie sie sich einen Spaß daraus machten, an einem Bindfaden ein Stück Gips hinter sich her zu ziehen, das nichts anderes war als die Totenmaske, die Antonmarchi vom Antlitz des Kaisers in Sant'Elena abgenommen und der Witwe andächtig überreicht hatte...). Und Karl Ludwig von Bourbon Parma, der Schwiegervater von »Mademoiselle« Louise, wurde so von einem Tag auf den andern Herzog von Lucca. Dann war er nach Parma zurückgekehrt, aber nur für kurze Zeit: er war eine gutmütige und friedliebende Person und wollte keine Scherereien, im Unterschied zu seinem Sohn Ferdinand Karl, Karl III., der sich Schwierigkeiten aufhalste, wo er nur konnte, indem er gefährliche außereheliche Liebschaften pflegte, und der das gleiche Ende nahm wie Louises Vater: er wurde auf der Straße erdolcht.

Aus dieser Ehe sollten zwei Söhne hervorgehen: der Herzog Roberto, dessen Staaten ihm genommen und 1859 dem Piemont angeschlossen wurden, und der in seiner schönen Villa von Pianore in der Nähe von Viareggio blieb, hauptsächlich damit beschäftigt, Kinder zu zeugen (er hatte zwanzig, darunter Zita, die letzte Kaiserin von Österreich und Königin von Ungarn), und der Prinz Enrico, Graf von Bardi. Um in der Nähe ihrer Mutter und ihres Bruders zu sein, den wir in wenigen Minuten treffen werden, hatte auch Louise Unterkunft am Canal Grande genommen; sie wohnte in dem von Baldassare Longhena für einen Zweig der Giustinian gebauten Palast, der seinem eigenen Namen aufgrund einer Erbschaft Lolin hinzugefügt hatte.

Bei seinen langen Reisen, die ihn auf die Sundainseln, nach Indien, China und Japan führten, hatte der Graf von Bardi über dreitausend Stücke orientalischer Kunst zusammengetragen, unter anderem viele hervorragende Zeugnisse der japanischen Kunst vom 13. bis zum 19. Jahrhundert. Sie bildeten den Grundstein für das venezianische Museum für Orientalische Kunst. Und der Palast wurde nach Louises Tod und Henris Umzug in den Palazzo Vendramin Calergi an die reiche jüdische Bankiers-Familie Levi verkauft; diese hatten sich jedoch von der Bank und den Geschäften losgesagt, um sich ausschließlich der Kunst und Kultur zu widmen. Ugo Levi, der Eigentümer des Palastes, in dem er mit seiner schönen Ehefrau Olga den kultiviertesten musikalischen Salon Venedigs zwischen 1910 und den vierziger Jahren führte, hatte sich der Musik gewidmet. Nicht nur als Zuhörer (bei der geringsten Gelegenheit, sofern es sich – wohlgemerkt – um gute Musik handelte, trat er unfehlbar in Erscheinung), sondern auch als Sammler, als Sammler von Partituren und Noten. Wer ihn kennengelernt hat, wird sich daran erinnern, daß man zu Ugo Levi nicht sagen konnte »ich habe gestern diese oder jene Symphonie gehört«, ohne daß er nach kurzem Nachdenken halblaut und gleichzeitig zufrieden erwidert hätte: »La go« (Die hab' ich). Aus dieser Leidenschaft ist eine überaus umfangreiche musikalische Bibliothek entstanden, die heute im Besitz der Stiftung »Fondazione Ugo e Olga Levi« ist, welche aus dem Palazzo Giustinian Lolin ein Zentrum qualifizierter musikalischer Studien gemacht hat.

Ugo hatte eine beneidenswerte Gabe: er konnte außergewöhnlich gut vom Blatt spielen. Es kam deshalb recht häufig vor, daß große Solisten, Geiger, Cellisten oder auch Sänger nach dem Theater zu ihm nach Hause gingen und sich gerne von ihm begleiten ließen oder ebenso gern ein Stegreif-Konzert für seine Gäste gaben. Seine Frau, eine Triestinerin, war ebenfalls eine begnadete Musikerin. Sie war ebenso schön, wie Ugo häßlich war, elegant und schlank; und sie war entzückend spontan in ihrem Benehmen. Das genügte, um zunächst die Neugier und dann die Bewunderung eines Dichters zu wecken.

Venedig war im Krieg, und wenn die Stadt auch noch nicht so nahe an der Front war, wie es nach dem Rückzug von Karfreit der Fall sein sollte, so war sie doch schon nah genug, um als Stützpunkt für einen Dichter zu dienen, dem der General Cadorna, der Oberbefehlshaber der italienischen Armee, die »unbeschränkte Befugnis, sich entlang der ganzen Kampffront aufzuhalten«, und der Minister der Marine die Genehmigung, an den Seeschlachten teilzunehmen, erteilt hatten. Der Poet hatte sich also in Venedig am Canal Grande niedergelassen, genauer in der »Casetta Rossa« (Rotes Häuschen) des Prinzen von Hohenlohe. Es war Gabriele D'Annunzio.

Der Tatendrang, der D'Annunzio zum Flug über Wien, zum Streich von Buccari und vielen anderen, seinen heroischen Idealen angemessenen Unternehmungen veranlaßt hatte, hinderte ihn nicht daran, eine schöne Frau zu bemerken, sich für sie zu begeistern und sie für sich haben zu wollen. Als er Olga Levi kennengelernt hatte, war er bereits am nächsten Abend in der Gondel unter ihrem Fenster, in Begleitung von Musikern und Sängern, um ihr eine Serenade zu widmen, allerdings vergeblich, da Olga nicht zu Hause war. Also beschloß er, den bürgerlichen Weg zu gehen, ließ sich als Gast im Hause Levi empfangen und wurde ein ständiger Besucher. Ugos ganz erstaunliche musikalische Bildung hatte seine stets unersättliche Neugier erregt; er kam allein oder mit Freunden und bat Ugo, ihn Musik hören zu lassen, klassische oder moderne Musik (die Bibliothek beinhaltete auch die letzten Neuheiten), die Ugo auf dem Klavier wie immer vom Blatt vorspielte. Und Olga, die er, wie es seine Art war, sofort in Vidalita umgetauft hatte, weil sie im Bezirk von San Vidal wohnte, hatte ihre Anziehungskraft auf ihn noch verstärkt, weil sie, anstatt sofort von seiner Berühmtheit als Dichter und Eroberer von Frauen, wie auch als waghalsiger Soldat, Flieger und Seefahrer fasziniert zu sein, ihn unbefangen und mit scherzhafter Vertrautheit als Freund und absolut nicht ehrfurchtsvoll behandelte.

Ob die Vidalita das aus raffinierter Koketterie oder aus spontaner Natürlichkeit tat, darüber schweigen sich die Quellen aus. Wir wissen nur, daß der Dichter sich in sie verliebte. Und daß er sie noch stärker, als er es mit den anderen Frauen, die er liebte, zu tun pflegte, mit liebevollen, scherzhaften, zärtlichen und leidenschaftlichen Kosenamen überhäufte, von »Kleine« oder »liebe Kleine« zu Nidiola, Balkis, Aquileia, Dolceamara, Antilope, Burlina und »Piavola« oder »Piavoletta«, was auf venezianisch Puppe, Püppchen heißt. Am häufigsten benutzte er einen Namen, zu dem ihn das changierende, an einen Halbedelstein erinnernde Gold ihrer Augen inspiriert hatte: Venturina, der Name des Steins.

Aus dieser Liebe ist ein ungewöhnlich frischer und lebendiger Briefwechsel entstanden, voller Bezüge auf den Krieg und auf die waghalsigen Unternehmungen, in die der Dichter sich stürzte, mit den armen Fußsoldaten des Karstes, die in ihren Schützengräben zwischen Steinen und Stoppelfeldern in jenem Ort des Todes festgenagelt waren, im Flugzeug mit der Bomber-Staffel, deren Kommandant er geworden war, oder an Bord der blitzschnellen Torpedoboote von Luigi Rizzo und Costanzo Ciano in der Adria. Stunden voller Gefahr und Spannung, die durch einen Hagel von Tapferkeitsmedaillen, aber auch durch Venturinas heitere Zärtlichkeiten und erholsame musikalische Abende im Palazzo Giustinian Lolin belohnt wurden.

Jahre später, als er bereits im selbstgewählten Exil im nostalgischen, musealen Vittoriale lebte, erhielt der ernüchterte D'Annunzio unerwarteten Besuch von Venturina. Keine Zärtlichkeiten, sie war in Begleitung ihres Vaters. Aber ihm bereitete das Wiedersehen mit seiner »kleinen Muse« (das sind seine Worte) »eine unsagbare Ergriffenheit.«

8.

Am Campiello di San Vidal zu Füßen der Accademia-Brücke, dort, wo jetzt ein Garten voller hochstämmiger Pflanzen angelegt ist, war früher einmal ein *Squero*, eine Bootswerft, die von Canaletto verewigt wurde, vielleicht die einzige, der es gelungen war, die vielen Verfügungen zu überleben, mit denen die Inspektoren und Beamten der Wasserbehörde sich bemühten, die *Squeri* vom Canal Grande zu vertreiben. Was die Wasserbehörde nicht geschafft hatte, gelang nach dem Fall der Republik den neuen Käufern des gotischen Palastes, der einst im Besitz der Familie Cavalli gewesen war. Fürstliche Äxte fielen zweimal erbarmungslos über die Werft her. Die Hütten und Baracken wurden weggefegt, und aus dem Palast, der Domizil des N.H. Alessandro Pepoli gewesen war, eines Theater-Impresario und Amateurschauspielers zu Zeiten Goldonis (ein echtes Original, er konnte nicht einmal warten, bis er zu Hause angekommen war, um die Patrizier-Toga gegen das bunte Gewand des Harlekin zu tauschen: er zog sich schon in der Gondel, im *Felze* um), wurde ein königliches Palais.

Der erste Käufer königlichen Blutes in den dreißiger Jahren des vorigen Jahrhunderts war der Erzherzog Friedrich von Österreich, erstgeborener Sohn des Erzherzogs Karl, den die habsburgische Hagiographie als den »unbesiegbarsten« bezeichnete, weil es ihm einmal bei Aspern gelungen war, den unschlagbaren Napoleon zu schlagen. Da er wie alle erzherzöglichen Söhne und erst recht als Sohn solch eines großen Vaters gezwungen war, eine militärische Karriere einzuschlagen, hatte er sich als Sechzehnjähriger für die damals Kaiserliche und Königliche Venetische Marine entschieden. Unter dem Kommando des Konteradmirals Baron Bandiera nahm er an dem Seefeldzug im Orient teil und erhielt für seine Tapferkeit als Kommandeur der Fregatte Guerriera in den Gewässern von Saìda und St. Johannes von Acri in Syrien den Maria-Theresien-Orden, der damit zum ersten Mal einem Marine-Offizier verliehen wurde.

Darauf hatte sich vieles ereignet, angefangen bei der Aufdeckung umstürzlerischer Pläne der beiden Söhne des Admirals Bandiera, bis zum tragischen Ende der beiden. Und Wien war zur Überzeugung gekommen, daß es nötig war, die k.u.k. Marine weniger venetisch und damit wesentlich österreichischer zu machen. So hatte ein Prozeß begonnen, der von einem anderen Erzherzog zu Ende geführt werden sollte, von Maximilian, dem Vater der Flotte, die in Lissa die italienische Flotte besiegen sollte. Inzwischen war der zum Vize-Admiral aufgestiegene Friedrich von Österreich 1844 mit den Aufgaben des Oberbefehlshabers der Kriegsmarine betraut worden.

Der junge Erzherzog hatte den Rang, das Kommando und den Palast am Canal Grande nur kurz genießen können. Eine Krankheit, die er sich während des Orient-Feldzugs zugezogen hatte, brachte ihn mit eben erst siebenundzwanzig Jahren im Oktober 1847 ins Grab. Und der Palazzo Cavalli ging in den Besitz einer anderen Persönlichkeit von erlauchter Herkunft über, an Henri de Bourbon Artois, Herzog von Bordeaux und (wie er es vorzog, genannt zu werden) Graf von Chambord. Er war ein König ohne Krone, der einzige lebende Erbe der Erstgeborenen-Linie des Hauses Bourbon, der Prätendent auf den Thron des Sonnenkönigs und Ludwigs XV., des Throns, den die Revolution Ludwig XVI. abgenommen und den Ludwig XVIII. nach Napoleons Fall sich zurückgeholt hatte. Karl X., Henris Großvater, hatte ihn durch eigenes Verschulden 1830 wieder verloren.

In Paris herrschte damals Louis Philippe d'Orléans, der Bürgerkönig, der König von Finanz und Industrie. Ihm gegenüber stellte Henri V., wie ihn seine in der ganzen Welt verstreuten Anhänger nannten, das Prinzip der Legitimität dar. Er war ein junger Mann von siebenundzwanzig Jahren, blond, mit blauen Augen und einer Neigung zur Dickleibigkeit, die bereits seine Großonkel Ludwig XVI. und Ludwig XVIII. geplagt hatte. Ludwig XVI. hatte diese Veranlagung mit erschrekkenden Freßorgien ins Unermeßliche gesteigert, und Henri förderte sie mit seiner maßlosen Leidenschaft für *foie gras* und Süßspeisen. Er humpelte infolge eines schlimmen Sturzes vom Pferd (er pflegte zu sagen, daß er ohne die Prinzipien, die er verkörperte, nichts anderes als ein armer Lahmer wäre), aber die einfache und strenge Eleganz seiner Kleidung hielt Schritt mit seiner Eleganz im Benehmen und in der Konversation, die nach Aussage derjenigen, die ihn kennengelernt hatten, immer sehr geistreich und temperamentvoll war.

Henri V. ist und bleibt ein Rätsel für die Historiker. Er besaß eine ausgezeichnete Bildung und einen scharfen Verstand; seine politischen Vorhaben verraten Sensibilität gegenüber den Problemen der arbeitenden Klassen, mit denen Louis Philippe sich zweifellos nicht befaßte, ebensowenig wie Napoleon III. Obwohl das Schicksal ihm ein Leben im Exil beschert hatte, liebte er Frankreich mit einer aufrichtigen, leidenschaftlichen Liebe. Aber er war dafür prädestiniert, unweigerlich alle Gelegenheiten, die das Schicksal und die Umstände ihm boten, zu verpassen. Die letzte sollte sich 1872 ergeben: aus der allgemeinen Wahl war eine parlamentarische Mehrheit für die Legitimisten hervorgegangen, und das in der schwierigen Phase, die Frankreich nach einem verlorenen Krieg, nach dem Fall des Zweiten Kaiserreichs und nach der Tragödie der Pariser Kommune durchmachte. Damit schien Henris triumphale Rückkehr als französischer König unmittelbar bevorzustehen. Doch er weigerte sich hartnäckig, auf die weiße Fahne des Ancien Régimes zu verzichten und die revolutionäre Trikolore, die mittlerweile durch tausend nationale Ereignisse geweihte Trikolore, zu akzeptieren, und begrub damit endgültig jede Möglichkeit der Restauration.

In Venedig führte »König Henri« ein ruhiges, von der Hof-Etikette gelenktes Leben. Der Palast am Canal Grande, um den herum unter seiner Betreuung der Garten entstanden ist, erfuhr einige Veränderungen. Der zentrale *Portego* (Anm.d.Ü.: Hauptsaal im Piano nobile) wurde unterteilt, um so einen zusätzlichen Saal zu gewinnen, aber Henri, seine Familienangehörigen und der Hofstaat lebten im wesentlichen in zwei Räumen, im »Salon des oiseaux« und im Roten Salon. Obwohl er schöne Dinge liebte und über eine gute künstlerische Bildung verfügte, war Henri kein Sammler wie seine Mutter. Von ihm sind nur Familienandenken überliefert, einige von großem Wert, unter anderem das Tafelgeschirr und das Silberzeug, das auf Tellern und *Rechauds* die alte Beschriftung »Bouche du Roi« trägt. Man führte ein recht langweiliges Alltagsleben, das nur durch die Revolution von 1848 brüsk unterbrochen wurde, um dann von 1850 bis 1866 wieder im gewohnten Trott zu verlaufen, bis der Graf Chambord und seine Familie endgültig nach Frohsdorf in Niederösterreich übersiedelten, wo Henri 1883 starb.

Eigentlich waren 1848 die Beziehungen zwischen dem Thronprätendenten und Manin, dem Anführer des aufständischen Venedig, von gegenseitigem Respekt geprägt. In den überhitzten Märztagen, die der Vertreibung der Österreicher vorausgingen, hatten Henri, seine Mutter und seine Frau, die er kurz zuvor zum Altar geführt hatte, es nicht einmal für nötig gehalten, auf den täglichen Spaziergang auf der Piazza San Marco zu verzichten. Da wurde das Bourbonen-Grüppchen versehentlich in einen Tumult verwickelt, die Österreicher hatten das Feuer eröffnet, es hatte Tote und Verletzte gegeben, ja um ein Haar hätte die Herzogin von Berry sogar einen Schuß abbekommen. Daraufhin beschloß man, die Stadt zu verlassen. Daniele Manin, der Führer der provisorischen Regierung, hatte dem Abgesandten von Chambord jedoch sein lebhaftes Bedauern über den Vorfall ausgedrückt, der eine Geste des Mißtrauens zu sein schien: die fürstliche Familie, zu der die Bevölkerung eine große Zuneigung gefaßt habe, habe aber absolut nichts für ihre Sicherheit oder ihre Ruhe zu befürchten, für die er selbst sich verbürge. Daraufhin hatte Henris Abgesandter geantwortet, daß Ihre Hoheiten »die Ordnung und Ruhe« bewundert hätten, mit der die Venezianer ihre Revolution durchgeführt hätten, daß sie Venedig und seine Einwohner aufrichtig liebten, daß sie aber wie jedes Jahr auf ihre Sommergüter umsiedeln wollten.

Wie schon gesagt, war Chambord in der ganzen monarchistischen Welt als »l'enfant du miracle«, Kind des Wunders, bekannt. Als der Mörder des Herzogs von Berry erfuhr, daß die Herzogin Berry schwanger war, hatte er einen Schrei des Entsetzens ausgestoßen: seine niederträchtige Tat war somit vergeblich gewesen. Sechsundzwanzig Jahre später hielt Henri es für angebracht, dafür zu sorgen, daß die Nachkommenschaft von Ludwig XV. und Karl X., die durch seine Geburt wie durch ein Wunder vor dem Aussterben gerettet wurde, nun auch durch ihn weitergeführt werden konnte. Der Graf Chambord sah sich also um, und seine Verwandten ebenfalls; Maria Beatrice, die schöne und lebhafte Tochter des Herzogs von Modena, hatte ihm sehr gefallen. Er hatte sich ihr erklärt, aber die Prinzessin hatte ihm klipp und klar gesagt, daß sie sich in Juan von Bourbon, Infant von Spanien, verliebt habe und daß sie ihn oder keinen heiraten werde. Das war eine demütigende Ohrfeige gewesen. Zur Komplizierung der Lage griffen nun nicht eine, sondern gleich zwei Kaiserinnen ein, die Witwe von Franz I. und die Frau von Ferdinand I. von Österreich: sie schlugen Henris Beratern die Schwester von Maria Beatrice vor, Maria Teresa. Der Prinz war noch zu betroffen von Maria Beatrices Ablehnung: so kaufte er die Katze im Sack und akzeptierte. Manche meinten, in Wirklichkeit wolle er die Schwester heiraten, um so zumindest einen Abglanz von Maria Beatrice zu bekommen, in die er immer noch verliebt war. Wie auch immer, die Wahl sollte sich als Ursache für das Unglück aller erweisen, für Henri, für die Braut und sogar für die monarchistische Sache. Die Prinzessin war groß und hatte eine schöne Figur, lebhafte Augen und strahlende Zähne, aber ihr Gesicht zeigte eine durch die Geburtszange hervorgerufene ausgeprägte Asymmetrie, ihre schwarzen Haare waren kraus und wollig, und zu allem Überfluß war sie schwerhörig und sprach sehr schlecht französisch. Das Schlimmste jedoch erfuhr man zu spät: sie konnte keine Kinder bekommen. Das war das Ende der »branche aînée«, das Ende der Dynastie.

Diese Hintergründe machten das Leben in den Sälen des Palazzo Cavalli nicht gerade fröhlicher. 1850 und 1851 war dort einige Monate die Person zu Besuch, die den beunruhigendsten Einfluß auf Graf Chambord hatte: Marie Thérèse von Frankreich, »Madame Royale«, die hinterbliebene Tochter von Ludwig XVI. und Marie Antoinette. Sie hatte drei schreckliche Jahre in dem dunklen Turm des »Temple« verbracht, während derer sie die letzten Grüße des Vaters auf dem Weg zur Guillotine miterlebte und einen nach dem anderen, das Brüderchen, die Mutter und die Tante Elisabeth verschwinden sah, ohne noch etwas über deren Schicksal zu erfahren. Sie blieb völlig allein auf der Welt zurück. Und als sie das erfuhr, war ihr Schmerz so groß, daß sie auf ein Fenstersims den Satz schrieb, der bei der Demolierung des Turms entdeckt wurde: »Marie Thérèse ist das unglücklichste Geschöpf der Welt«.

Die Königliche Madame, die ihr seelisches Leid und die in der Gefangenschaft erlittenen Entbehrungen, die sie gerade in den Jahren ihrer Entwicklung trafen, nicht nur unglücklich, sondern auch hart gemacht hatten, war Henris Adoptiv-Mutter geworden, nachdem die heimliche Hochzeit und das Vendée-Abenteuer seiner Mutter diese von ihm entfernt hatten. Sie hatte über seine Erziehung mit tiefer und fürsorglicher, aber erdrückender Zuneigung gewacht. Und sie hatte ihm ihre eigenen Vorurteile eingeimpft, die in einem Leben gereift waren, das auch nach den furchtbaren Jahren des »Temple« unglücklich verlief: Exil im Ausland, Flucht aus Frankreich während der Hundert Tage Napoleons und 1830 erneutes Exil, Heirat mit dem Herzog von Angoulême, dem erstgeborenen Sohn Karls X., der ein guter Kerl und tapferer Soldat war, aber körperlich ein Versager und zudem ein unglücklicher, im tiefsten Innern von einer pathologischen Schüchternheit zernagter Mensch. Die Waise des »Temple«, die wie durch ein Wunder die wilde Jagd der tobenden Menge in Versailles und in den Tuilerien sowie die Mißhandlungen und Kränkungen der

Folterknechte der Revolutionären Stadtobrigkeit überlebt hatte, war in der kurzen Zeitspanne Königin gewesen, in der nach dem Tod Karls X. der Herzog von Angoulême Ludwig XIX. war: ein armer provisorischer König im Exil, mit einem Bein im Grab. Dieser Umstand und das enorme Ansehen, das ihr der Nimbus ihres langen Martyriums verlieh, hatten aus ihr eine geachtete und geehrte, aber unglückselige Ratgeberin gemacht. Es hieß, daß die hartnäckige Ablehnung der Trikolore, die Henri um einen Thron brachte, der nur auf ihn wartete, möglicherweise von einem Versprechen herrührte, das die Tante ihm abgerungen hatte, dem Versprechen nämlich, niemals jene Fahne zu akzeptieren, die über dem Massaker des Gardekorps in Versailles und der Schweizergarden in den Tuilerien geflattert hatte, über dem Geleitzug der betrunkenen Megären und wildgewordenen Sansculotten, welche die königliche Familie von Versailles nach Paris geschleppt und ihre Mutter und ihren Vater zum Schafott begleitet hatten, und über den Barrikaden, die die legitime Monarchie im Juli 1830 zu Fall gebracht hatten.

Im »Salon des oiseaux« des Palazzo Cavalli stickte die Waise des »Temple«, unermüdlich wie ihr ganzes Leben hindurch. Häufig leistete ihr die Herzogin Berry Gesellschaft, die mittlerweile Contessa Lucchesi Palli und Duchessa della Grazia geworden war: die Zeit hatte auch die alten Aversionen zum Erliegen gebracht, Maria Carolina war nicht mehr die kühne Amazonin der Vendée, sie war schieläugig geworden und so dick, wie Marie Thérèse mager und dürr war. Lucchesi Palli wurde jetzt als zur Familie gehörig betrachtet, und ebenso auch die Ehemänner der beiden Töchter, die der Herzog Berry während des Exils in England aus einer Ehe bekommen hatte, die Ludwig XVIII. für illegal erklärte, um die Hochzeit mit Maria Carolina zu ermöglichen. Einer von ihnen, der Prinz Faucigny-Lucinge, war der Vermittler zwischen Henri und Manin gewesen.

Henri ertrug die Schwerhörigkeit seiner Frau nur mit Widerwillen und sprach sie schreiend an, oder ganz leise, um sie zu verwirren. Die arme Frau nahm es hin; sie war eigentlich von Natur aus fröhlich und beklagte sich, weil ihr Mann nicht tanzte, wo sie doch von einem schönen Walzer träumte. Aber sie empfand ihre Sterilität wie eine Schuld, und im Gespräch mit ihren Gesellschaftsdamen drückte sie die Hoffnung aus zu sterben, vielleicht ermordet zu werden, damit Henri, für den sie eine grenzenlose Bewunderung hegte, sich eine neue fruchtbare Frau suchen könne. Unter den Höflingen stach der Herzog Lévis hervor, eine weitere schweigsame und unermüdliche Person an Henris Seite: er war das Oberhaupt einer alten Familie, von der es hieß, sie sei mit der Jungfrau Maria verwandt, und man erzählte sich auch, daß ein Lévis, der vor einem Marienbildnis das Haupt entblößte, die Stimme vernommen habe: »Couvrez-vous, mon cher cousin«, »Bedeckt Euer Haupt, mein lieber Cousin«.

1866 zogen Graf und Gräfin Chambord (Marie Thérèse von Frankreich, Madame Royale, war bereits seit geraumer Zeit tot) endgültig in das Schloß Frohsdorf um, wo die Waise vom »Temple« die liebsten Erinnerungsstücke ihrer tragischen Existenz zusammengetragen hatte: das Hemd und Gilet, das Ludwig XVI. auf dem Schafott trug, der Schuh, den Marie Antoinette verlor, als sie die Stufen zur Guillotine hinaufstieg, das Porträt der Königin, gemalt von der Vigée-Lebrun, durchlöchert von einem Bajonett der Hitzköpfe in Versailles, die sie töten wollten. Chambord fügte dem eine schöne Sammlung von Porträts der französischen Könige aus der Hand berühmter Maler hinzu. Und alles sollte beim Tod seiner Frau an ein anderes Gespenst des Canal Grande übergehen, an den Infanten Don Carlos, Herzog von Madrid, spanischer Thronprätendent und Bewohner des Palazzo (vormals) Loredan bei San Vio auf der anderen Seite des Canal Grande: der Palast, in dem in unseren Tagen Vittorio Cini lebte und starb.

9.

Wer sich an den spanischen Bürgerkrieg erinnern kann, wird von den *boínas rojas* gehört haben, den Roten Berets (die *boína* ist das, was wir Baskenmütze nennen). Es waren die Soldaten der traditionalistischen Bewegung, derer Francisco Franco sich bemächtigen und deren Namen und ideologische Tradition er in die Falange übernehmen mußte. Das ist in diesem Fall ein Synonym für einen nostalgischen, anachronistischen und fundamentalistischen Legitimismus. Die »boínas rojas« erklärten sich als »karlistisch«; und es kann gut sein, daß weit weg von Venedig in irgendeinem entlegenen Dorf des modernen Spanien, das mittlerweile nicht nur von Franquismus und Falangismus, sondern von vielen anderen atavistischen Verpakkungen befreit ist, irgendein vergessener, entfernter Nacheiferer überlebt, irgendein Hinterbliebener, der mit grausamen und dramatischen Erinnerungen lebte, die viel weiter zurückreichen als nur bis zum Bürgerkrieg. Sie sind im vergangenen Jahrhundert verankert, das immer aufs neue durch die regelmäßig wiederkehrenden Rebellionen oder vielmehr durch die karlistischen Kriege blutige Erschütterungen brachte.

1833 hatte der spanische König Ferdinand VII. den Tod gefunden. Er war ein schwankender Tyrann gewesen, der den Spaniern eine Verfassung gab, sie dann wieder abschaffte, und angesichts der Rebellion, die darauf folgte, das bewaffnete Eingreifen des Frankreichs der Restauration provozierte. In fortgeschrittenem Alter heiratete er Maria Cristina von Bourbon und den Beiden Sizilien und bekam eine Tochter, Isabella. Diese seine einzige Tochter erklärte er zur Thronerbin, gegen das Salische Gesetz, demzufolge sein Bruder Carlos, Don Carlos, sein Nachfolger hätte sein müssen. Und Don Carlos hatte nach einem feierlichen Protest seinerseits im Namen des legitimistischen Prinzips, des Glaubens und der Tradition den Aufstand erklärt.

Das war der Anlaß für einen furchtbaren Bürgerkrieg. Seit dem verzweifelten Guerilla-Krieg, der den Soldaten Napoleons das Leben unmöglich gemacht hatte, waren wenig mehr als zwanzig Jahre vergangen, und der Ausbruch des Konflikts zwischen Don Carlos und Isabellas Parteigängern hatte in den einfachen Leuten der Berge und Dörfer, bei den Menschen der Biscaya und aus Guipúzcoa, Galizien und Navarra den Geist der erbitterten Verteidigung aller religiösen und monarchistischen Prinzipien der spanischen Tradition wieder wachgerüttelt. Auf der anderen Seite hatte Isabellas Partei das liberale, fortschrittliche und erneuerungswillige Spanien um sich versammelt. Sechs Jahre lang hatten kühne Partisanen-Generäle, Zumalacárregui, Gomez und Cabrera den Armeen von Espartero und O'Donnell die Stirn geboten. Dann war Don Carlos ins Exil gegangen, unter Beibehaltung seines Namens und Titels, als König Karl V. von Spanien.

Die Jahre vergingen, aber Don Carlos' Nachkommen gaben das Spiel nicht verloren. Einen neuen Aufruhr-Versuch hatte es 1860 gegeben, durch den Neffen des Prätendenten, ebenfalls ein Don Carlos, »el conde de Montemolín«. Und in dem Chaos, das auf die Abdankung von Isabella II. folgte, als das spanische Parlament einen italienischen Fürsten auf den Thron rief, Amedeo von Savoyen, Herzog von Aosta, hatte der junge Sohn des Infanten Don Juan und Maria Beatrices von Österreich und Este, Don Carlos, Herzog von Madrid, selbstherrlich die Bühne betreten. 1872 war ein weiterer karlistischer Krieg ausgebrochen, der wiederum ein unruhiges Spanien, das zunächst Republik und unter Isabellas Sohn Alfonso XII. wieder Monarchie geworden war, in Blut ertränkte. Der Krieg dauerte vier Jahre, es hatte unzählige Zusammenstöße bei Partisanenkampf und offener Feldschlacht gegeben, Heldentum auf beiden Seiten und Schrecken jeder Art, genug, um die Erzähler des folgenden, unseres Jahrhunderts zu faszinieren, von dem Spanier Ramón Maria del Valle Inclán bis zu dem Franzosen Pierre Benoît. Dann wurde das karlistische Heer bei Estella endgültig von dem General Primo de Rivera geschlagen, und Don Carlos hatte Spanien verlassen müssen, dieses Mal für immer.

Und nun taucht also Don Carlos, Herzog von Madrid, König Karl VII. für die Unbeugsamen, in Venedig am Canal Grande auf, im Palast bei San Vio, der seinem Onkel Franz V., dem letzten Herzog von Modena, gehört hatte. Er war ein schöner stattlicher Mann mit dichtem blonden Bart und magnetischem Blick. Seine Frau, die Infantin, oder besser Königin Margherita (geborene Bourbon Parma: das Geflecht der Bündnisse war unglaublich dicht), die ihm während des Konflikts zur Seite gestanden und die Verletzten gepflegt, die Hospitäler und Feldlager besucht hatte, war gestorben. Und Don Carlos hatte sich mit Maria Berta von Rohan neu verheiratet. Er hatte auch nicht mehr den zahmen Wolf bei sich, der denen angst machte, die er in Bilbao und Pamplona in den vier Jahren, in denen er im Norden Spaniens Rang und Funktionen eines Herrschers innehatte, zur Audienz empfing. Er lebte abwechselnd im Palazzo Loredan und in Frohsdorf: aufgrund einer Ironie des Schicksals hatte der Sohn von Maria Beatrice, die den Grafen Chambord zurückgewiesen hatte, von der Gräfin Chambord, seiner Tante, die Residenz und die Erinnerungsstücke des letzten Erben des Hauses von Frankreich geerbt.

Es war eine traurige Geschichte mit vielen Verwicklungen, die gegen den Willen des Grafen von Chambord von seiner Witwe angezettelt wurde. Kurz vor seinem Tod hatte Henri den Grafen von Paris, den Neffen von Louis Philippe und Oberhaupt der Linie der Orléans-Bourbonen empfangen. Sie hatten sich in rührender Weise miteinander versöhnt, und Henri hatte klar zum Ausdruck gebracht, daß – da er ohne Nachkommen sterben würde – der legitime Thronprätendent von Frankreich niemand anders sein könne als der Graf von Paris. Die Witwe jedoch wollte nichts davon wissen und hatte ihrerseits klar zu verstehen gegeben, daß die legitime Nachfolge ihrem Neffen Don Carlos zukomme. Die Wahl des durch und durch spanischen Prätendenten an Stelle des durch und durch französischen Grafen von Paris war ein weiterer schwerer Schlag für die legitimistische Sache.

Den Rest erledigte Don Carlos' Sohn, Don Jaime, der vom Vater nur die Liebe zum Vergnügen geerbt hatte und der – bevor auch er ohne Nachkommenschaft starb – hier und dort Stücke aus dem Familienerbe der letzten Bourbonen von Frankreich verkaufte, um seine Schulden bezahlen zu können. Als er als kinderloser Junggeselle starb, nahm seinen Platz als Prätendent sein Onkel Don Alfonso ein, Herzog von San Jaime. Er war bereits sehr alt, aber vielleicht hatten die Karlisten mit seiner Wahl die Erinnerung an das Verhalten seiner Frau ehren wollen, der Infantin Maria de las Nieves, die mit einer weißen *boína* auf dem Kopf an der Spitze der legitimistischen Kavallerie mutig der Gefahr trotzend galoppierte. Dann ging alles zu Ende, auch in Frohsdorf, das von sowjetischen Soldaten verwüstet wurde und später an die Österreichische Bundespost fiel. Palazzo Loredan war bereits seit einiger Zeit aufgegeben und verlassen.

10.

Gegen die tiefe Traurigkeit, die diese Erinnerung an große Geschlechter und Ideen auslöst, die für immer der Vergangenheit angehören, ohne Hoffnung auf Wiederkehr, setzt das Andenken an Vittorio Cini die Kraft des Konkreten, des Enthusiasmus, des Vertrauens in die Zukunft. Das Hauptwerk dieses Mannes ist die Restaurierung des großen Klosterkomplexes von San Giorgio Maggiore und die Gründung der Stiftung »Giorgio Cini«, die voller Energie Forschungsprojekte fördert, Konferenzen und Versammlungen jeder Art ein Podium bietet, unter anderem – bislang zweimal – dem Gipfeltreffen der wichtigsten Industrienationen der Welt, und die in Spezialschulen für die Berufsausbildung junger Leute sorgt. Auslöser für diese Initiativen war allerdings ein tragisches Ereignis: der Tod eines geliebten und untröstlich beweinten Sohns. Aber genau dies ist die Lektion, die wir von Vittorio Cini gelernt haben: man muß fähig sein, ein schmerzhaftes, nicht rückgängig zu machendes Geschehen in etwas Vitales, Dynamisches, Zukunftweisendes zu verwandeln.

XV

1.

Wir haben es bereits bemerkt: jedes Haus am Canal Grande hat so etwas wie ein vorbestimmtes Schicksal (warum Haus und nicht Palast? Es ist vielleicht an der Zeit zu sagen, daß es im alten Venedig ein ungeschriebenes Gesetz gab: »Palazzo« hieß nur der Palast des Dogen, und alle anderen waren Häuser, »case«, Ca' Foscari, Ca' Loredan, Ca' Balbi; das Kürzel Ca' vor den Namen der Eigentümer bedeutet also nichts anderes als *Casa*). Trotz der schillernden Frivolität der Stuckarbeiten der Tessiner Meister Abbondio Stazio und Carpoforo Mazzetti-Tencalla war die Ca' Barbaro dazu bestimmt, in der Kultur, besonders der Bildenden Kunst und Literatur eine Rolle zu spielen. Seit der Mitte des 15. Jahrhunderts, als der Prokurator von San Marco Zaccaria Barbaro den Palast kaufte, ein Politiker und Humanist mit lateinischer und griechischer Bildung, lebten darin Schriftsteller sowie Liebhaber und Förderer der Kunst. Almorò (Ermolao) Barbaro war ein berühmter Philologe, Kommentator von Plinius und Aristoteles-Forscher. Er wurde vom Papst zum Patriarchen von Aquileia ernannt, während er Botschafter Venedigs in Rom war, und er war im römischen Exil gestorben. Denn die Serenissima war entrüstet gewesen, daß er das Patriarchenamt hatte annehmen wollen, widersprach dies doch dem durchaus gerechten Gesetz, daß Botschafter beim Heiligen Stuhl keine Benefizien vom Papst akzeptieren dürfen. Venedig weigerte sich, die Ernennung zu ratifizieren, und verbot ihm die Rückkehr in die Heimat. Dann wohnten darin seine Großneffen, die Brüder Daniele und Marc'Antonio, die Paolo Veronese mit der malerischen Ausgestaltung ihrer Villa beauftragt hatten, die sie sich bei Maser von ihrem Freund und Schützling Andrea Palladio hatten bauen lassen.

Nach einem strahlenden 18. Jahrhundert begann die Geschichte des Niedergangs, wie sie vielleicht nicht allen, aber doch den meisten venezianischen Palästen gemeinsam ist. Die Barbaro waren verarmt, ruiniert und mußten gehen, und von den neuen Eigentümern hatte ihn dann am 3. Dezember 1885 (um 2.30 Uhr, wie die Käufer in ihrem Tagebuch vermerkten) ein gebildetes und kultiviertes Ehepaar aus Boston erworben, Daniel Sargent Curtis und seine Frau Ariana. Es war das Ende einer Phase, die dem Palast ebenso schwere Schäden hätte zufügen können wie der Verkauf des Deckengemäldes von Tiepolo. Unter anderem hatte ein berüchtigter Antiquitätenhändler namens Favenza den Verkauf des gesamten Ballsaals an das Museum von South Kensington beinahe zum Abschluß gebracht, das Geschäft war lediglich deshalb geplatzt, weil man sich der Unmöglichkeit bewußt wurde, die verkaufte Ware zu überführen. In Ca' Barbaro empfingen die Curtis Künstler (sie waren Verwandte von John Sargent, und auch ihr Sohn Ralph war Maler) und Schriftsteller; sie waren die guten venezianischen Freunde von Robert Browning und begleiteten ihn bei seinen Spaziergängen am Lido. John Singer Sargent malte 1899 im Ballsaal von Ca' Barbaro ein Porträt von ihnen, auf dem auch ihr Sohn und die Schwiegertochter vertreten sind. Dieses Gemälde erregte die Bewunderung eines anderen häufigen Gastes im Palast Barbaro, der in dessen Roman *Die Flügel der Taube* vorkommt: Henry James.

Manchmal vermieteten oder verliehen die Curtis den Palast an Freunde, unter anderem an Isabella Stewart Gardner, eine einzigartige Persönlichkeit: Sie war im Besitz eines riesigen Vermögens und hatte, beraten von Bernard Berenson, Bilder der großen Meister gekauft. Sie schreckte aber auch nicht davor zurück (seit den Zeiten Napoleons stand in Venedig alles zum Verkauf, einschließlich der Architekturteile, die den Palästen und Kirchen abgenommen worden waren: ganze Freitreppen, Zimmer mit Stuckdekoration, gotische und Renaissance-Fensterfronten, Brunnenaufsätze, die in der ganzen Welt verstreut sind, außerdem Altäre, Säulen, Tabernakel und Balustraden), gotische Dreipaßfenster, Portale und Säulengänge für ihr Lieblingsprojekt, den venezianischen Palast von Fenway Court in Boston zu erwerben. Ein außergewöhnliches Museum, das die Signora Gardner mit Hartnäckigkeit verwirklichte, obwohl sie in dieser Zeit riesige Summen auf Schecks für ärztlichen Beistand ausstellte, zum Beispiel für die Behandlung der Depression, unter der sie nach dem Verlust eines Kindes litt. Henry James, 1892 Gast der Gardner, faßte eine tiefe Zuneigung zu dieser im Grunde buntschillernden und großzügigen Frau, die bei ihren Aufenthalten in Venedig nie vergaß, für die Fürsorgeeinrichtungen der Stadt freigiebig zu spenden (zum Dank für eine besonders großzügige Gabe schrieb ihr der Patriarch Kardinal Agostini, daß er ihr Foto »mit respektvollem, aber gleichzeitig liebevollem Auge« betrachte). Sie scheint für uns den Mythos des amerikanischen Millionärs zu verkörpern, der blitzartig Entscheidungen trifft und für sinnvolle Dinge immer bereitwillig seine Geldbörse öffnet, eine Rasse, die noch nicht völlig ausgestorben ist, wie die jüngsten Aktionen der amerikanischen Komitees für die Rettung Venedigs beweisen.

Einem anderen Gast beziehungsweise Mieter der Curtis kommt gewissermaßen das Verdienst zu, an vielen der außergewöhnlichen Venedig-Ansichten von Claude Monet »schuld« zu sein. Mary Young Hunter, auch sie steinreich (ihr Mann besaß eine Kohlengrube) und leidenschaftliche Sammlerin, war eine Freundin von Sargent, über den sie die Monets kennengelernt und sie nach Venedig eingeladen hatte. Der Maler traf mit seiner zweiten Frau Alice am Abend des 1. Oktober 1908 im Palazzo Barbaro ein.

Die Einladung war einige Tage zuvor ausgesprochen worden. Monet schwankte, ob er annehmen solle, denn er konnte sich nicht entschließen, Giverny, den Garten und den Seerosen-Teich zu verlassen. Aber bereits am Tag nach der Ankunft schrieb Alice Briefe voller Begeisterung, der Palast sei wunderschön, die Signora Hunter eine bezaubernde Gastgeberin, die Stadt sei wunderbar, und mit den Mücken und Moskitonetzen müsse man halt leben. Als ausgeprägter Morgenmensch sprang Monet um sechs aus dem Bett, und sofort nach dem Frühstück um halb acht fuhr er in der Gondel aus, bis halb zwölf, dann wieder am Nachmittag. Aber er nahm den Pinsel nicht zur Hand, die neuen Leinwände, die er sich hatte schikken lassen, waren noch nicht angekommen. Jede Veränderung von Licht und Farben nahm er mit größter Aufmerksamkeit wahr und »beschränkt sich darauf, all dies zu bewundern und zu sagen, daß es unmöglich sei, es wiederzugeben«. So vergingen die Tage zwischen einem Wunder und dem nächsten, und Alice machte sich Sorgen, fürchtete, daß nach dem ersten Eindruck, bei dem er »ganz Feuer und Flamme« war, die reflektierende Distanz ihn abkühlen könne.

So lebten sie dahin, besichtigten berühmte Gemälde, machten Ausflüge nach Chioggia und erhielten Einladungen in die hohe Gesellschaft im Palazzo Polignac (das war der Renaissance-Palast gegenüber Palazzo Barbaro, der ehemals Contarini dal Zaffo, dann Angaran hieß), wo alle in prunkvoller Toilette erschienen: die Signora Hunter war »wie eine Madonna in Seide, Juwelen und Spitzen gehüllt«, eine junge russische Dame trug ein »wahres Dogaressa-Gewand«. Die Leinwände waren immer noch nicht eingetroffen, die arme Alice lebte zwischen Angst und Enttäuschung. Nach zehn Tagen endlich kamen sie an, und der Maler erwachte. Und wie ernst es ihm war! Um acht Uhr morgens schon war er bei San Giorgio, um das erste Motiv zu erwischen; um zehn auf der Piazza San Marco gegenüber von San Giorgio. Nach dem zweiten Frühstück arbeitete er an der *Riva* des Palazzo Barbaro, mitten am Canal Grande, auch wenn die Vaporetti ihn ziemlich störten. Vier Tage noch, und die freundliche Signora Hunter mußte abreisen, aber jetzt war es Monet, der nicht mehr fort wollte. Er zog um ins Hotel Britannia, das heutige Hotel Europa, ebenfalls am Canal Grande. Dort blieb er über vierzig Tage und arbeitete wie ein Verrückter. Bevor er am 7. Dezember nach Paris zurückkehrte, schrieb er an einen Freund, daß seine Begeisterung für Venedig immer weiter gewachsen sei und daß es ihn sehr traurig mache, dieses »einzigartige« Licht verlassen zu müssen.

Leider sollten auf die Freuden dieses intensiv und mit außergewöhnlich kreativer Leidenschaft gelebten Aufenthalts schmerzliche Momente folgen. Nicht sofort jedoch: der Frühling 1909 brachte den Triumph der *Seerosen*, ein großer Erfolg bei Kritik und Publikum. Aber Alice ... Sie war eben von dem langen und heiteren Aufenthalt in Venedig zurückgekehrt, als sie begann, über Unwohlsein zu klagen. Das Jahr 1910 brachte verheerende Überschwemmungen, die den Garten von Giverny und den Seerosen-Teich zerstörten, und Alice ging es immer schlechter. Die furchtbare Diagnose: Leukämie. Am 19. Mai 1911 starb sie. Die zweite Reise nach Venedig sollte es nicht mehr geben. Und Monet verlor die Lust zu malen.

Erst Anfang 1912 vertraute der Maler seinem Händler Duran-Ruel an, daß er begonnen habe, an den venezianischen Leinwänden weiterzumalen. Arbeit, Zweifel und Unruhe wechselten einander ab; als endlich eine Ausstellung bei der Galerie Bernheim Jeune in Planung war, steckte der Meister mitten in der Krise: seine Venedig-Bilder waren nicht so gelungen, wie er es erträumt hatte. Er wollte nicht einmal die Plazierung der Bilder in der Galerie überwachen.

Die Ausstellung wurde ein voller Erfolg. Auf der Vernissage, so schreibt eine Zeitung, »waren die großen Sammler und Museumsdirektoren Europas und alle Kunstliebhaber« vertreten; »die Museumsdirektoren und großen Sammler werden von Tag zu Tag zahlreicher«, schreibt eine andere: Monets Venedig wurde bejubelt und gepriesen, »Venedig mit seiner unregelmäßigen und unvorhersehbaren Schönheit, mit seiner verrückten Architektur ... mit seinen Marmoren, auf denen alle Töne des Meeres und der Sonne spielen...«, schreibt die Zeitung von Georges Clemenceau. Auch Apollinaire schreibt, er sei glücklich, daß Monet eine Stadt, die das Publikum mitsamt ihrem Himmel immer nur bunt sehe, in ihren dunstigen Aspekten darzustellen vermocht hat, ein neues Venedig, »nicht weniger schön als die Stadt in Regenbogenfarben«, die alle zu kennen glaubten.

In Abhandlungen über ihn lesen wir, für Monet habe ein so mißbrauchtes und abgegriffenes Thema wie Venedig eine Herausforderung dargestellt. Um zu beurteilen, ob er dieser Herausforderung gewachsen war oder nicht, genügt es, sich seine in den Museen und Privatsammlungen der ganzen Welt verstreuten Venedig-Bilder anzusehen. Die Begegnung zwischen einem Maler auf der Jagd nach dem Licht, das sich zu jeder Stunde des Tages und des Abends ändert, und der Stadt, die in jedem Augenblick Licht und Farben wechselt, konnte nur zu einem glücklichen Ende führen.

2.

Unter den Personen, die Henry James während seiner Aufenthalte bei den Freunden Curtis im Palazzo Barbaro beeindruckt hatten, war die Contessa Pisani: »eine sehr bemerkenswerte Frau, eine Dame, die an Caterina Cornaro erinnert und die romantischen Heldinnen von Disraeli und Bulwer in die

Wirklichkeit zu holen scheint«. Teresa Evelina Berengaria van Milligen wurde 1831 in Pera geboren, in dem alten Wohnvorort von Konstantinopel, wo noch heute der Palast des venezianischen Bailo steht. Ihr Vater war ein anglisierter holländischer Arzt – er hatte Lord Byron während seiner letzten Krankheit in Messolongi behandelt – und hatte ein französisches Mädchen geheiratet, das im Harem des türkischen Sultans in Top Kapì aufgewachsen war. Blutjung und – nach den Porträts zu urteilen – wunderschön, war sie nach ihrer Erziehung in Rom zum Vater nach Istanbul zurückgekehrt. Dann kam sie mit der Familie nach Venedig, wo sie, als sie in orientalischer Kleidung im Theater La Fenice auftauchte, große Bewunderung erregte. In Venedig heiratete sie Almorò III. Giovanni Giuseppe Pisani, venetischer Patrizier und Graf des österreichischen Kaiserreichs, der letzte Abkömmling der großen Linie der Pisani von Santo Stefano. Da sie ihm keine Erben geschenkt hatte, war die Familie mit seinem Tod am 17. Juli 1880 ausgestorben.

Aus dem spektakulären Finanzdebakel, in das die Pisani von Santo Stefano zwischen dem Ende des 18. Jahrhunderts und dem Beginn des 19. Jahrhunderts geraten waren, wurde allein der Besitz von Vescovana gerettet, ungefähr sechshundert Hektar Land in der Ebene um Padua, an das die Gläubiger nicht Hand anlegen konnten, weil es sich um einen Feudalbesitz handelte. Und so wohnte die Contessa abwechselnd in Vescovana und im ersten Stock des Palazzo Barbaro. James hatte eine Einladung nach Vescovana angenommen, wo die Edeldame ihm noch bemerkenswerter erschienen war, mitten unter ihren Bauern, deren Lebensumstände und Wohnungsverhältnisse sie hatte verbessern können, und auf den Feldern, um die sie sich persönlich kümmerte. Einige Jahre später, 1897, schrieb James der Signora Curtis einen Brief, in dem er ihr Haus segnete »und alles, was es enthält, nicht zuletzt den Geist oder das, was noch übrigbleibt von der Anwesenheit der edlen Pisani«; und er wünschte der Contessa, die drei

Jahre später sterben sollte, einen Tod ohne Siechtum, »ein schnelles Eintauchen in die Adria«, um es Almorò und »den Dogen« gleichzutun.

So reich und mächtig sie auch waren, die Pisani von Santo Stefano, Eigentümer einer der großartigsten Villen des Veneto, der Villa von Stra, die dann an Napoleon verkauft wurde, um die erwähnte finanzielle Zerrüttung aufzuhalten, war es ihnen doch nie gelungen, mit ihrem imposanten und prächtigen Haus direkte Anlieger am Canal Grande zu werden; man sieht den Palast vom Canal Grande aus in der Ferne emporragen, in der zweiten Reihe. Sie hatten es lediglich geschafft, 1751 dem Marchese Giovanni Poleni den kleinen Palast abzukaufen, der noch heute am Canal Grande steht und ihren Namen trägt. Mit dem Marchese Poleni verließ den Canal Grande eine Persönlichkeit, die im Unterschied zu den meisten bisher dort angetroffenen Personen eine nicht mit sozialem, ökonomischem oder künstlerischem Prestige, sondern mit der Wissenschaft verbundene Gestalt war.

Er wurde 1683 geboren, sein Vater, der wie damals üblich dem König von Frankreich und dem Kaiser als Offizier gedient hatte, wurde deshalb von Leopold I. von Habsburg zum Marchese gemacht. Ganz entgegen dem Zeitgeist, der unnachgiebige Väter wollte, wenn es darum ging, über die Zukunft der Kinder zu entscheiden, hatte Giovannis Vater, als er merkte, daß sein Sohn, für den er ein Jurastudium geplant hatte, eine große Begabung für die Mathematik zeigte, ihn darin unterstützt und beraten. Er ließ ihn auch zu Hause Studien in Architektur und Physik betreiben, indem er ihm die dafür erforderlichen wissenschaftlichen Instrumente besorgte. Das Ergebnis hatte ihn ausgiebig belohnt: mit sechsundzwanzig erhielt Giovanni Poleni bereits einen Ruf an die Universität Padua, um Astronomie zu lehren, dann wechselte er zum Lehrstuhl für Mathematik und 1739 zum Lehrstuhl für Experimentalphysik, der eigens für ihn eingerichtet worden war. Die

Republik, die seine Kenntnisse auf dem Gebiet der Hydraulik schätzte, hatte ihn zum Oberaufseher der staatlichen Wasserbehörde gemacht. Und Papst Benedikt XIV. hatte sich von ihm über den statischen Zustand der Kuppel des Petersdoms beraten lassen. Er war eine europäische Berühmtheit geworden, und auch seine Freunde waren Berühmtheiten wie Morgagni, Conti und Vallisneri. Die Akademie der Wissenschaften von Berlin hatte ihn auf Vorschlag von Leibniz zu ihrem Mitglied ernannt, und die Royal Society von London hatte ihn auf Vorschlag von Newton ebenfalls in ihre Reihen aufgenommen. Mit großer Wahrscheinlichkeit hatte er den Palast am Canal Grande deswegen verkauft, weil seine wissenschaftliche Ausgangsbasis nunmehr endgültig in Padua lag.

Was die Pisani angeht, so hatten zu ihrer ökonomischen Katastrophe vor allem die Summen beigetragen, die sie mit vollen Händen für die höchsten Ämter der Republik ausgegeben hatten. Alvise Pisani, Doge seit 1735, hatte die vielen Botschaften, in denen er zuvor residierte, mit solch einer Pracht ausgestattet, daß es hieß, mit ihm reise die Majestät des venezianischen Senats. Danach hatte er begonnen, ganz spürbar seine finanzielle Substanz anzugreifen: Bei seiner Wahl zum Dogen dauerten die Festlichkeiten drei Tage lang, mit Bällen, Buffets und Konzerten für den Adel. An das Volk wurde pausenlos Brot und Geld verteilt. Die Piazza San Marco war taghell erleuchtet und jeden Abend wurde ein Feuerwerk veranstaltet, immer wieder ein anderes. Brüder, Kinder und Enkel des Dogen hatten im gleichen Stil weitergemacht.

Dann hatte man zu bauen begonnen: Francesco Maria Preti baute die Villa von Stra, die von Tiepolo mit Fresken ausgemalt wurde und in der Gemälde von Tiepolo, Zuccarelli und Zais hingen. Der Palast bei Santo Stefano wurde von Frigimelica zu Ende gebaut und erweitert; hinzu kamen die Einrichtungen, die bei jedem wichtigen Familienereignis prunkvoll erneuert wurden. Schließlich die Aufkäufe von Büchern, Medaillen und Sammlungen jeder Art: die Bibliothek war die reichhaltigste, die in einem patrizischen Palast je existiert hat; die bis dahin noch längst nicht abgeschlossene Münzsammlung wurde um die Mitte des 18. Jahrhunderts in einem Katalog in drei Foliobänden illustriert. Als dann der junge Almorò II., der Sohn Marina Sagredos, den wir in dem Gruppenporträt von Pietro Longhi als kleinen, ungarisch gekleideten Mann gesehen haben, sich leidenschaftlich für die Künste interessierte, begründete die Familie eigens für ihn eine Akademie für Zeichnen und Holzschnitzen, in der auch ausländische, auf der Durchreise befindliche Künstler vertreten waren, und die von Pietro Longhi geleitet wurde.

Der katastrophalste Ausgabenposten waren jedoch die Feste. Als König Gustav III. von Schweden zu Besuch nach Venedig kam, übertraf die Familie sich selbst. Aber auch eine Ernennung zum Prokurator von San Marco reichte schon, um in großem Stil zu feiern. Als im Jahre 1763 Almorò IV. Zan Francesco zum Prokurator gewählt wurde, waren »drei Tage und fast drei Nächte lang die Straßen, die zum Campo Santo Stefano führten, dicht bevölkert«. Viel Brot war verteilt worden, unaufhörlich wurde Wein ausgeschenkt, an den Traghetti gab es Almosen für die Armen; der Palast war prächtig geschmückt und erleuchtet, »die Musiker, die auf mehrere Orchester verteilt waren«, hatten alle mit ihrer Meisterschaft verblüfft. Auch die Dogaressa Pisana Corner Mocenigo war gekommen und saß »auf einem kostbaren *caregone*, einem großen Stuhl«. Der Doge Alvise IV. Mocenigo war in Maske erschienen; in einem privaten Zimmer hatte er Kaffee getrunken »aus einer japanischen mit Gold verzierten Trinkschale, die auf einem Servierbrett, ebenfalls aus massivem Gold« stand.

Doch auch umfangreiche Mitgiften waren im Hause Pisani zusammengekommen, die letzte stammte von der ersten Frau des Schwiegervaters von Evelina van Milligen, eine Mitgift, um die auf höchster Ebene gekämpft worden war. Dazu muß man wissen, daß Pisana Mocenigo, »Pisanetta«, die Tochter des Cavalier Alvise II. Zuanne und der letzten Erbin des reichen und mächtigen Zweigs der Loredan vom Campo Santo Stefano, ihren Cousin Alvise I. geheiratet hatte, der dann später Lucietta Memmo ehelichte. Denn Alvise hatte die Vernunftehe mit der Cousine nicht ertragen (wie es schien, war sie etwas unglücklich gebaut), und so wurde die Ehe annulliert. Die Pisanetta war jedoch ein Leckerbissen, was die Mitgift anging, und ein Enkel des Dogen Renier, Alvise, trat an sie heran. Der Vater der Braut hatte nichts davon wissen wollen und statt dessen eine Ehe mit Almorò III. Francesco Pisani angebahnt. Damit »die Neigungen der Tochter sich wieder belebten«, war sie in die Sommerfrische nach Stra geschickt worden, in die Villa Loredan, direkt gegenüber der Villa Pisani.

Die Pisanetta, die bis dahin hoch und heilig geschworen hatte, auf jeden Fall Alvise Renier heiraten zu wollen, änderte schnell ihre Meinung, ja, sie hatte sich sogar »in der unbeschränkten Nähe zu dem neuen Adonis in höchstem Maße für denselben erhitzt, ... und weinend gab sie ihrem Vater alle Briefe von Renier zurück und erklärte, sie wolle eine Pisani werden«. Unter diesen Briefen befand sich ein Entwurf für einen Heiratsvertrag wie auch für eine Vollmacht, die den Grafen Giuseppe Mangili beauftragte, als Bevollmächtigter der Pisanetta Alvise Renier zu heiraten. »Es klingt recht lächerlich, da daraus die Hochzeit zwischen zwei Männern gefolgt wäre«, schrieb ein Zeuge, »und doch entspricht die Sache den Tatsachen und verrät, daß die Klugheit des Serenissimo im Spiel war«.

Der Serenissimo verlor nun gänzlich die Fassung. Er nahm Papier und Stift und schrieb eine Denkschrift für die Staatsinquisitoren, in der er Alvise Zuanne Mocenigo anklagte, seine Tochter mit Gewalt zu zwingen, Francesco Pisani zu heiraten, während sie sich in freier Entscheidung Alvise Renier gegenüber verpflichtet hatte. Und er forderte, daß das

Mädchen »an einen neutralen Ort gebracht« werde, um frei zu entscheiden. Der Oberste Gerichtshof hatte nach reiflicher Überlegung die Denkschrift als »unzulässiges Ersuchen« Wort für Wort zurückgegeben.

Ganz Venedig hatte in der Geschichte Stellung bezogen. Die öffentliche Meinung stand dem Dogen und seiner Familie ziemlich feindlich gegenüber, es war sogar zu öffentlichen Demonstrationen gekommen. Eines Tages, als die Pisanetta und Francesco Pisani in der Kutsche durch das Zentrum von Dolo fuhren, wurden sie vom »Volk und den Café-Gästen mit Händeklatschen und Viva-Rufen« gegrüßt. Aus der Ehe, die einige Zeit danach geschlossen wurde, ging ein weiterer Almorò I. hervor, dem die Mutter das istrische Lehen von Barbana vererbte. Er starb als kinderloser Junggeselle. Evelina van Milligens Ehemann wurde in Francescos zweiter Ehe mit Giuditta Mangili geboren.

Und die Sammlungen, die Bibliothek, die Einrichtung, all das Schöne, was die Pisani in ihrem Palast zusammengetragen hatten? Sie sind in alle Richtungen verstreut worden; sogar Guaranas Deckengemälde im Ballsaal ist in die Hände eines berüchtigten Pariser Antiquitätenhändlers namens Heilbronner geraten. Der Palast ist heute Sitz des Musik-Konservatoriums, das den Namen Benedetto Marcello trägt. Auf Initiative eines berühmten modernen Komponisten, Gian Francesco Malipiero, der zeitweise Direktor dieser Institution war, wurde der Palazzo von Grund auf restauriert.

3.

»La Venise bariolée«, das farbenfrohe, ein bißchen zu orientalische Venedig, von dem Apollinaire sagte, Monet habe es erfreulicherweise zugunsten eines echteren, in der unmittelbaren Wahrheit seines Lichts erfaßten Venedig ignoriert, ist jedoch genau das Bild, das Gabriele D'Annunzio in seinen venezianischen Schriften, insbesondere in *Das Feuer*, wiedergegeben hat. Darin mischen sich Kultur oder vielmehr venezianisches Denken, Geschichte, Leben und Sitten, in zu großen und hastigen Bissen verzehrt, mit manieriertem Ästhetizismus und anderen Mode-Zutaten, die der »Bilderreiche« mit geschickter Alchimie anzurühren verstand. Und doch, die lange Zeit, die der Dichter während des Ersten Weltkriegs in dem Roten Häuschen am Canal Grande bei San Maurizio verbrachte, Eigentum des Prinzen Hohenlohe, ist vielleicht die aufrichtigste Periode seines ganzen Lebens gewesen, die Zeit der großen und ruhmreichen Kriegsabenteuer, der Flüge, der Schiffahrtsunternehmungen, der Bettlägerigkeit, verursacht durch eine Verletzung, die ihm für immer die Sehkraft eines Auges nehmen sollte. Es waren Momente, in denen sich die Realität über die ewige Fiktion seiner Kunst legte, die nur selten frei war von Gold, Rauschgold und dekadentem Plunder.

Neben Eleonora Duse, der weiblichen Hauptfigur seines venezianischen Romans *Das Feuer*, die sich mehr oder weniger hinter dem durch und durch venezianischen Namen Foscarini versteckt, taucht neben anderen wichtigen und unwichtigen Persönlichkeiten des Venedig von gestern in der Maske des Fürsten Hoditz auch D'Annunzios späterer Hausherr in der Casetta Rossa auf. Federico, oder wie er es liebte, genannt zu werden, Fritz Hohenlohe, war eines der letzten Produkte der raffiniertesten Phase habsburgischer Kultur. Er gehörte zu dem österreichischen Zweig einer alten deutschen Familie, war aber in Venedig geboren; seine Mutter war die letzte der Torriani, die ins Friaul zogen und Eigentümer des Schlosses von Duino am Golf von Triest waren, wo Fritz' Schwester Rainer Maria Rilke beherbergen und inspirieren sollte.

D'Annunzio war völlig venezianisch geworden, so sehr, daß er zwar erlesene Bändchen mit Studien und Untersuchungen über die venezianische Kultur des 18. Jahrhunderts in französischer Sprache veröffentlichte, normalerweise aber in waschechtem venezianischem Dialekt zu sprechen pflegte. Das Rote Häuschen hatte er sich am Canal Grande mitten in einem kleinen Garten von dem gebildeten Architekten Domenico Rupolo bauen lassen, und als er den diplomatischen Dienst verließ, zog Hoditz dort mit seiner Lebensgefährtin, einer Mailänder Schauspielerin ein, von der D'Annunzio in seinen Aufzeichnungen ein lebhaftes Bild hinterlassen hat: »... eine kleine Frau, wie eine Kuh, brünette ›Femme enfant‹ mit großen schwarzen bemalten Augen, einem frischen Mund mit strahlend weißen Zähnen ... geschmeidig, sanft, harmonisch« (und im *Feuer* bezeichnet er sie als »das sanfteste und anmutigste Tier« und berichtet, daß Hoditz sie »hinter dem Deckel eines Cembalos entdeckt habe, während sie einen Trödelladen bei San Samuele durchstöberte«).

In das Haus Hohenlohe hatte ihn das erste Mal die Duse begleitet, die dort immer häufiger zu Gast war, auch am Vorabend ihrer letzten Amerikareise, auf welcher der Tod sie überraschen sollte. Das Rote Häuschen war das Paradies eines aufgeklärten Sammlers, mit Wänden voller alter Spiegel, mit feinstem Porzellan, kostbaren Bildern und Möbeln. In dieser außergewöhnlichen Szenerie weilten weitere ebenso außergewöhnliche Gäste, Dichter wie Rilke und Hugo von Hofmannsthal, und auch fähige Militärs wie Lord Kitchener, der Mann, der Mahdi in der Ebene von Omdurman im Sudan besiegt hatte. Und D'Annunzio war glücklich, in das Haus Hohenlohe, das »Puppenhaus«, zurückzukehren, von dem der Dichter bei seinem ersten Besuch »ein unendliches Nachtrauern, eine Sehnsucht nach den vergangenen Tagen, den Dingen, die verschwanden, mit sich genommen hatte«. Den Mietvertrag mit dem Fürsten hatte Mariano Fortuny ausgehandelt, der als österreichischer Untertan gezwungen war, fortzugehen und sich, nur um in der Nähe Italiens zu bleiben, in Lugano niederließ. Zuvor hatte der Fürst erklärt, er sei glücklich, wenn D'Annunzio seinen treuergebenen Gondoliere Dante Fenzo und seine Köchin Albina in seinen Diensten behalten wolle. Er stellte ihm auch die Gondel zur Verfügung.

Das Venedig, in dem D'Annunzio die Casetta Rossa am Canal Grande zu seinem Stützpunkt bestimmte, war eine Stadt des Krieges mit unter Tonnen von Sandsäcken begrabenen Monumenten und fernen, aber an sicheren Orten versteckten Kunstwerken. Die österreichische Luftwaffe schlug zu, und zwar heftig; sie schlug noch stärker zu, als die Front von Caporetto durchbrochen wurde und die österreichisch-ungarische Armee an der Linie des Piave Stellung bezog, nur wenige Kilometer entfernt. Die Bevölkerung wurde zum großen Teil evakuiert, es blieb fast ausschließlich das Militär zurück. Die österreichischen Bomber hatten es besonders erbittert auf das Rote Häuschen abgesehen. Der Journalist Ugo Ojetti berichtet, wie er selbst und D'Annunzio, während die Bomben ganz in der Nähe einschlugen und sie in der von den Schlägen erschütterten Casetta zu Abend speisten, die schönen Fensterfronten zu Bruch gehen sahen und wie aus einem Munde sagten: »Armer Fritz, wenn er hier wäre...«.

Wie schon erwähnt, verließ D'Annunzio Venedig wegen der militärischen Missionen, die in stürmischem Rhythmus aufeinander folgten. Er forderte mit Begeisterung den Tod heraus, sei es daß er an einer Torpedo-Aktion teilnahm oder daß er immer häufiger Einsätze über Triest, Görtz und Trient flog. Wie durch ein Wunder wurde er gerettet, als auf der Insel Morosini im Isonzo ganz in seiner Nähe ein Artilleriegeschoß explodierte und er bei einer Notwasserlandung bei Grado mit der rechten Schläfe und Augenbraue gegen das Maschinengewehr des Flugzeugs fiel. Er maß der Sache nicht viel Gewicht bei, aber am 22. Februar 1916 bemerkte er, daß er nicht mehr sehen konnte. Die Nachricht breitete sich aus, halb Venedig stürzte in die Casetta Rossa, der Ministerpräsident, der Herzog von Aosta und der General Cadorna telegrafierten. Das gesamte offizielle Italien war besorgt über den Unfall seines berühmtesten Dichters. Das ist verständlich, auch wenn man unweigerlich an die Tausende von jungen Leuten denken muß, die der Tod tagtäglich zwischen Isonzo und Trient gnadenlos niedermähte.

In der Casetta am Canal Grande umhegten und versorgten ihn die Tochter Renata (die »Sirenetta«), die Köchin Albina und das französische Hausmädchen Aelis aus Arcachon. Die Waffenkameraden besuchten ihn, diejenigen, die überleben wie auch die, die später fallen sollten. D'Annunzio war ein schwieriger Kranker, der häufig die verordnete Ruhe und Bewegungslosigkeit durchbrach und eine Verschlechterung seines Zustands provozierte. Aber er verzichtete nicht aufs Schreiben, und »Zeile für Zeile, auf über zehntausend Papierstreifen« schuf er in der Finsternis, ohne zu sehen, was er schrieb, das *Notturno*, und dann im Mai 1916 die »Licenza«, die Schlußstrophe von *Leda ohne Schwan*. Doch mittlerweile hatte sich der Verlust des Auges bestätigt, und man ließ ihn mit einer Binde hinaus und durch Venedig gehen, durch das »verdunkelte Kriegs-Venedig, das Venedig der gerüsteten Altanen, das nicht mehr durch geruderte Lieder, sondern durch den Ruf nach Rache wachgehalten wird«.

Es war die Musik, die D'Annunzio mit der letzten Liebe seines Lebens zusammenführte, mit Luisa Bàccara. Er traf sie 1918, eine blutjunge Pianistin von außergewöhnlichem Talent, die gerade eben ihr Diplom am Konservatorium Benedetto Marcello absolviert hatte. Für sie organisierte er musikalische Empfänge in der Casetta Rossa, es folgte ein Konzert in der Gondel, das sie an Bord eines großen, durch den Canal Grande fahrenden Bootes gab. Aber der Rhythmus der Militär-Unternehmungen ließ ihn nicht los, war seit einiger Zeit wieder bedrängender geworden: die Torpedoboote, mit denen er zum anderen Ufer bis zum Hafen von Buccari fuhr und die gesamte österreichisch-ungarische Marine herausforderte, der

Flug über die feindliche Hauptstadt Wien, nicht um Bomben, sondern um spöttische Flugblätter abzuwerfen.

Und die Frauen? Unter denen, die auch nach Caporetto geblieben waren, bewunderte er am meisten, aber mit Respekt und Ergebenheit, die Contessa Morosini, die im Palazzo Da Mula wohnte, beinahe gegenüber der Casetta Rossa: »Die zum Leben erweckte ›Schönheit‹«, wie der Dichter sie nannte, der einer Tabakdose wundertätige Kräfte zuschrieb, die ihren Namen, Annina, eingraviert im Metall trug, und die die Contessa ihm genau am Abend vor einer Luftexpedition geschenkt hatte. Wenig oder nichts erzählen die Biographien von einer anderen Frau, auch sie mit patrizischem Nachnamen, so brünett und opulent wie die Morosini schlank und elegant war, und die für ihn Byrons Heldentat wiederholte und nachts den Canal Grande durchschwamm, um zu ihm zu gelangen.

4.

Am 16. August 1532 brannte Palazzo Malombra bei San Maurizio ab, der Palast, den Giorgio Corner, der Bruder der Königin von Zypern, für zwanzigtausend Dukaten gekauft hatte und in den er noch weitere zehntausend für Restaurierung und Verschönerung investiert hatte. »Man könnte es den Brand von Troja nennen, nur noch größer«, vermerkt der Tagebuchschreiber Sanudo, »da nichts stehen blieb, *solum* das Ufer mit den Säulen; der ganze Rest verbrannte und war ruiniert.« Da kehren also die Corner auf die Bühne zurück: der große gotische Palast stand dort, wo der Palazzo Corner »de la ca' granda« entstehen sollte.

Die Katastrophe war durch eine folgenschwere Unvorsichtigkeit ausgelöst worden. Eine große Ladung Zucker war aus Zypern angekommen, wo die Corner die berühmte Große Kommende unterhielten. Der Zucker war feucht und zum Trocknen auf dem Dachboden ausgebreitet worden, wo er tagsüber von der Sonne und nachts durch die Glut der Kohlebecken erhitzt wurde. »Und Gott oder der Teufel wollten«, daß Ser Giovanni Corner, der erstgeborene Sohn von Giorgio und Familienoberhaupt, an der Gicht litt (das war ein Familienleiden, das ihn in besonders schlimmer Form getroffen hatte) und eine Kur machte, derzufolge man immer »im Warmen sein« mußte. Auch mitten im August glühte in seinem Zimmer Kohle, und ein Teil der Glut war auf den Dachboden gebracht worden. Durch die Hitze fingen die trockenen Balken des Dachbodens Feuer, das Zuckerrohr begann zu brennen »und schlug hohe Flammen«, ohne daß es jemand bemerkte. Einige sahen das Feuer und klopften mit Getöse an die Tür, aber die Corner »hörten es entweder nicht oder wollten nicht aufmachen«. Im Canal Grande wurde geschrieen: Feuer in Ca' Corner. Aber sie waren immer noch wie verschollen, der oberste Stock des Hauses brannte, und niemand tat etwas.

Dann breitete sich das Feuer plötzlich auf das Gebälk der unteren Stockwerke aus. Viele Gegenstände, die der Königin von Zypern, Giovannis Tante, gehört hatten, wurden von einigen Mutigen geborgen, aber neben dem Zucker und vierhundert Scheffeln Getreide verbrannten siebzig Betten, die Gemälde des *Portego* und die Kapelle; ein römischer Marmorkopf, »der soviel wert war wie ein ganzes Reich«, zerbrach und wurde vom Feuer zerstört. Das Feuer breitete sich weiter aus, verbrannte das ganze Haus, auch die Zwischengeschosse, das Goldene Mezzanin des Kardinals Francesco Corner, Bruder von Giovanni und Bischof von Brescia, und das andere Mezzanin, wo der »hochverehrte« Messer Giorgio gewohnt hatte und nun sein Sohn Giacomo, »und unten, wo sie das Silberzeug und die Truhen an einem ganz geheimen und sicheren Ort aufbewahrten, und nur weil sie dort waren, wurden sie gerettet ...«

Nachdem Marino Sanudo das dramatische Ereignis geschildert hat, ergeht er sich in Informationen über die Familie.

»Diese Corner waren steinreich«: sie haben zehntausend Dukaten Rendite und weitere zehntausend aus zwei Abteien, Carrara und San Zeno in Verona, und aus der Kommende in Zypern, sie besitzen auch den Palast in San Polo, der Gattamelata gehört hatte und in dem sie vor dem Kauf des Palastes am Canal Grande wohnten, und den Palast bei San Cassiano, wo die Königin von Zypern gewohnt hatte.

Daß die Corner, diese »Corneri« aus der Linie von Giorgio, und Caterina an der Spitze Venedigs standen, was den Reichtum anging, das wußten wir bereits. Aber aus Giovannis Testament und aus den Informationen, die aus anderen Quellen auftauchen, nimmt ihr Besitz konkrete Gestalt an. Wir erhalten so Aufschluß darüber, worin im üppigen 16. Jahrhundert die Substanz eines großen patrizischen Geschlechts bestand. Dazu gehörten vor allem die Paläste, drei Paläste, plus ein vierter am Canal Grande bei Sant'Angelo, der als Corner Spinelli bekannt ist. Dann die Villen, die Güter, »Gärten und Örtlichkeiten« in Altivole (der legendäre Barco der Königin Caterina), in Asolo, in Piombino Dese, in Cappella di Martellago, in Poisolo di Castelfranco, wo eine weitere Villa entstehen sollte, gebaut von Vincenzo Scamozzi, in Carpenedo di Cavasagra. Im 18. Jahrhundert sollte dort eine weitere Villa errichtet werden, in Abano besaß Giovanni die berühmten Thermalbäder, in Treviso und Murano zusätzlich je eine Villa. Die Corner besaßen Schiffe, die nach Alexandria, Flandern und Zypern fuhren, und weitere Schiffe waren damals im Bau befindlich. Und die Waren: Baumwolle, Stoffe, Holz, Wein, Mais, Getreide, Zucker, Gewürze. Im venezianischen Münzamt hatten sie zu vierzehn Prozent Zins Kapitalien angelegt und weitere beim Monte dei Medici in Rom, bei den Banken Priuli und Pisani und bei einer neuen Bank, bei der ganze fünfzehntausend Dukaten lagen; daneben hatten sie zwanzigtausend Dukaten in Form von Staatsobligationen und dreißigtausend in Form von Kreditbriefen bei der Real Camera von Zypern.

Gemeinsam mit seinem Schwager Ser Zan Antonio Malipiero hatte Giovanni landwirtschaftliche Güter gepachtet und betrieb Textilverarbeitung in Vidor, in der Mark von Treviso und in den von den Abteien der Brüder, der Kardinäle Marco und Francesco, abhängigen Dörfern. Mit seinem Bruder Giacomo hatte er eine Gesellschaft für Transport und Handel mit riesigen Partien »Rohgetreide aus der Türkei« ins Leben gerufen; mit seinem Schwiegersohn Giovanni Cappello hatte er eine Handelsgesellschaft für Tuch, Salz, Baumwolle und Währungen in der Levante gegründet, mit dem Bruder Giacomo und dem Schwager Giacomo Contarini hatte er sich für den Aufkauf eines Warenbestandes von Baumwolle für die Spinnereien zusammengeschlossen. In den Bilanzen tauchten sogar Beteiligungen an Wetten auf: achthundert Dukaten um den Ausgang der Schlacht bei Pavia, nicht genau genannte Summen um das Ergebnis eines Papst-Konklaves. Nach den Aufteilungen sollte die Hauptlinie von Giovanni den Palast von San Polo bewohnen, der ohne Rücksicht auf die Kosten von Michele Sanmichele umgebaut wurde, einem Architekten und persönlichen Freund von Giovanni. Giacomo Corner wurde Prokurator von San Marco, aber er sollte den Wiederaufbau der »ca' granda« bei San Maurizio nicht erleben, die 1555 noch eine Ruine war. Sein Sohn Giorgio, genannt Zorzetto, Giorgetto, ließ den Palast von Sansovino wieder aufbauen, und seine Nachkommen sollten ihn bis nach dem Fall der Republik bewohnen.

1797 wurde Nicolò Corner »de la ca' granda« der erste Präsident der Provisorischen Stadtregierung, die von den französischen Bajonetten als demokratisches Regime eingesetzt war. Eben deshalb wurde sie – auch wenn viele ihrer Mitglieder anständige Leute mit guten Absichten waren – mit Mißtrauen betrachtet. Aufgrund der politischen Pläne Bonapartes war sie schließlich auch zu einem bitteren Scheitern verurteilt. Nicolò Corner war der Sohn einer Foscarini und Ehemann einer Pisani von Santo Stefano und gehörte zu der Schicht der hohen Senatoren-Aristokratie, die fortschrittliche Ideen vertrat und der *Massoneria* (Freimaurertum) Anhänger lieferte. In gutem Glauben? Oder aufgrund eines Plans à la Gattopardo, nach dem die Beerdigung der altehrwürdigen Serenissima die Privilegien und die Macht der herrschenden Rasse retten konnte? Es hat sich noch kein Historiker gefunden, der diese und andere Unklarheiten geklärt hätte.

Aber was Nicoletto Corner anging, »ein echter Freimaurer«, wie der Gelehrte Emanuel Cicogna schreibt, so scheint sein guter Wille durch die Umstände seines Todes bewiesen zu sein, der vermutlich in dem berühmten Chirurgen Davide Zuliani, einem Logenbruder, vor lauter Schreck eine chronische Nervenkrankheit ausgelöst hat, als dieser ihm in der letzten Stunde tröstend zur Seite stand und die Priester fernhielt. Nicoletto hatte bereits seit über vier Stunden kein Lebenszeichen mehr von sich gegeben, als er dann »plötzlich hochschnellt und sich im Bett aufsetzt, Zuliani heftig umarmt ... und ruft: ›Davide, hast du den Mut? Gehen wir gemeinsam zur Hölle!‹ Und mit diesen Worten starb er.«

5.

Die Corner »de la ca' granda« sind einige Jahre nach dem Verkauf ihres Palastes an den Staat ausgestorben. Unter österreichischer Herrschaft wurde der Palast Sitz der K.u.k. Provinzial-Delegation, das entspricht der Präfektur, die sich noch heute dort befindet. Im Palazzo Barbarigo, der unmittelbar hinter dem Rio di San Maurizio und dem gotischen Palast folgt, der ehemals den Patriziern Minotto gehörte, beschloß 1801 Piero Barbarigo sein Leben, dessen Porträt in einem der Säle des Museums des venezianischen Settecento in der Ca' Rezzonico regelrecht ins Auge sticht, vor allem wegen des großartigen Rahmens, den der König der venezianischen Schnitzer jenes Jahrhunderts, Antonio Corradini, gefertigt hatte.

Er war ein weiterer jener alten Herren, die wie der Cavalier Donà in seinem Palast an der Riva de Biasio ihre eigene Vergangenheit überlebten, in einer Zeit, die sie nicht einmal mehr zu verstehen versuchten. Er hatte zur Zeit der Republik in vorderster Linie gestanden, war mehrfach Mitglied des Zehnerrats und Staatsinquisitor gewesen, und er genoß einen soliden Ruf als Reaktionär. Aber er selbst war doch nicht so bedeutend, daß man bei seinem Domizil länger verweilen sollte; bedeutender war eher seine Nichte Contarini, die berühmte Contarini, die wir bereits mehrfach getroffen haben, eine Persönlichkeit ersten Ranges in der weiblichen Welt ihrer Zeit. Joseph II. von Habsburg hatte sie bewundert und in lange Gespräche verwickelt, und sie war jahrelang die große Liebe von Andrea Memmo. Auch sie hatte in aller Stille die Gesellschaft überlebt, in der ihre Eleganz und Intelligenz ihr Glanz verliehen. Nach ihrem Tod im Jahre 1804 ging die gesamte Hinterlassenschaft Barbarigo von Santa Maria Zobenigo an den nächsten Verwandten, an Marcantonio Michiel über. Es war ein großes Erbe, das die Villa von Valsanzibio in den Euganischen Hügeln mit seinem wunderbaren Garten und eine amüsante Bilder-Folge von Pietro Longhi umfaßte, den Zyklus *Jagd im Tal.* Auch das Familienarchiv ging ins Haus Michiel, mit vielen Briefen von einer Persönlichkeit, die der Familie mehr als alle anderen Glanz verliehen hatte: Gregorio Barbarigo, Bischof von Padua, Kardinal der Heiligen Römischen Kirche, von Clemens XIII. 1761 für selig erklärt (er war erst seit vierundsechzig Jahren tot, eine äußerst kurze Zeit für eine Seligsprechung) und von Johannes XXIII. am 26. Mai 1960 heiliggesprochen. Er war derjenige, der in der Geschichte der Promotion von Elena Corner Piscopia eine wichtige Rolle spielte.

Um der obligatorischen Ämter-Laufbahn der Serenissima Genüge zu tun, war Gregorio von Zan Francesco Barbarigo, Nachkomme in direkter Linie des Dogen Marco, als Achtzehnjähriger in die von einem der großen Meister der venezianischen Diplomatie, von Alvise Contarini geführten Botschaft eingetreten. Dieser hatte in Münster an den zermürbenden Verhandlungen teilgenommen, die schließlich zum Westfälischen Frieden führen sollten. In Münster ließ die Vorsehung in Gestalt des Monsignore Fabio Chigi, des späteren Papstes Alexander VII., der ihm das Gebetbuch des Heiligen Franz von Sales in die Hände legte, ihn die ersten Anzeichen einer religiösen Berufung spüren. Er wurde sodann Savio agli Ordini, eine Behörde, in der die jungen Mitglieder der Senats-Aristokratie ihre ersten Versuche im politischen Leben unternahmen, und legte das Jura-Examen in Padua ab. Doch 1655 folgte er im Alter von dreißig Jahren mit der Priesterweihe bereits seiner eigentlichen Berufung. Und von Rom aus – Papst Alexander VII. hatte seinen Schützling in die Kurie geholt – schrieb er seinem Vater, mit dem ihn eine sehr enge Beziehung verband, daß er dabei sei, das Leben der Welt kennenzulernen, er werde jedoch »dafür sorgen, daß er nicht zum Gauner« werde. Solch eine Absichtserklärung reicht in der Landschaft der politischen, kirchlichen und weltlichen Geschichte unseres Landes schon aus, um eine außergewöhnliche Persönlichkeit zu offenbaren.

Ein Barbarigo ist und bleibt jedoch immer ein Barbarigo, und der Senat, dem die Ernennung der Bischöfe des venetischen Staates oblag, bestimmte ihn nahezu sofort zum Bischof von Bergamo. Dort widmete er sich in der Nachfolge von San Carlo Borromeo, dem geistigen Vorbild der Bischöfe der Gegenreformation, der Reform des Klerus und der religiösen Unterweisung des Volkes. Fünf Jahre später wurde er Kardinal, und 1664 wurde er in die wesentlich bedeutendere Diözese von Padua versetzt. Hier setzte er seine Begabung als unermüdlicher Organisator fruchtbringend ein, indem er aus dem Bistumsseminar ein modernes Erziehungs- und Ausbildungszentrum, einen Bezugspunkt für die italienische katholische Kultur machte. Er reformierte die Studienpläne, führte den Griechisch- und Hebräischunterricht ein, für die Lektüre und Exegese der Heiligen Schrift unerläßlich, aber auch Türkisch, Arabisch, Persisch und Syrisch wurden zwar fakultative, aber empfohlene Fächer. In seinen Augen mußte die venezianische Mission als Bindeglied zwischen Morgenland und Abendland weiterhin von einem Klerus erfüllt werden, der die Ausbildung besaß, um die moslemische Welt zu verstehen, die damals selbst die herrschende Klasse sehr schlecht kannte, und die von einer fanatischen Publizistik diffamiert wurde. Er führte wissenschaftliche Fächer in das Seminar ein und gründete ein astronomisches Observatorium, vergrößerte die Bibliothek und richtete eine Druckerei ein, die sehr berühmt werden sollte. Und er entwickelte sich als Vorreiter der damals noch unbekannten Ökumenischen Bewegung: kurzum, er war seiner Zeit um drei Jahrhunderte voraus.

6.

Der große Doge Andrea Gritti hat nie in dem gotischen Palast gewohnt, in dem sich heute das berühmte Hotel am Canal Grande befindet, das seinen Namen trägt. Seine Familie ist hier erst später aufgetaucht, als 1814 der N.H. Camillo Gritti von Santa Maria Formosa den Palast kaufte. Mindestens dreihundertfünfzig Jahre lang war es ein Palast Pisani gewesen, und der Familienzweig, der ihn als erstes bewohnt hatte, war die reiche Linie gewesen, zu der die Kardinäle Francesco und Alvise gehört hatten, der Sohn und der Neffe von Alvise Pisani »dal Banco«, einem der wichtigsten Geschäftsmänner Venedigs im frühen 16. Jahrhundert. Der letzte Abkömmling Alvises hatte den Palast und das Vermögen einem anderen Pisani, Vincenzo, vermacht, und die letzte Erbin dieser »dei Vincenzi« genannten Linie, Giustiniana Pisani, hatte in der wirtschaftlichen Krise, die auch den Palast nicht verschonte, 1775 ihren Cousin Alvise von Santo Stefano geheiratet.

Mit dem Großvater von Camillo Gritti, Zan Antonio mit dem Beinamen »Sgombro« (Makrele), treten – wenn auch nur flüchtig – die Namen Casanova, Giorgio Baffo und Goldoni wieder in Erscheinung. »Sgombro« war eine widerwärtige Person. Casanova erzählt, daß er in aller Öffentlichkeit eine homosexuelle Beziehung mit dem Mailänder Abenteurer Antonio Croce, einem allseits bekannten Betrüger, begonnen und einen solchen Skandal ausgelöst habe, daß Croce stehenden Fußes aus Venedig ausgewiesen wurde. Wiederum laut Casanova hat »der infame Sgombro« dann auch zwei seiner halbwüchsigen Söhne mißbraucht. Nach der Aufdeckung dieses Skandals wurde er von den Staatsinquisitoren in die Festung von Cattaro geschickt, wo er an Malaria starb. Wesentlich besser war Camillos Großmutter Cornelia Barbaro Gritti, eine arkadische Dichterin mit dem Namen Aurisbe Tarsense, die überaus lebhaft, geistreich und anscheinend wunderschön war. »Zu den Musen und zur Galanterie« hatte sie der Dichter Carlo Innocenzo Frugoni geleitet, der sie bis ins hohe Alter liebte und in Versen besang. Ihr Gefühlsleben war sehr intensiv, und auch Giorgio Baffo war lange in sie verliebt gewesen. Sie war eine gute Freundin von Goldoni, der ihr seine Komödie *Il Cavalier Giocondo* gewidmet hatte, und sie hielt einen Salon, in dem die bekanntesten Literaten ihrer Zeit verkehrten.

Wenn man bedenkt, daß Cornelia Grittis Bruder, Angelo Maria Barbaro, auch Dichter war, ist es verständlich, daß ein Talent für Poesie sich auf ihre Kinder übertrug, auf Camillo Bernardino, den Vater des Mannes, der den Pisani-Palast gekauft hatte. Er war der Geliebte der intelligenten Publizistin und Literatin Elisabetta Caminer und ein Freund von Giuseppe Parini, der ihm eine Ode widmete. Dieser hatte die Schriften Voltaires und Montesquieus übersetzt, war aber vor allem mit seinen wunderbar frischen und heiteren Gedichten im venezianischen Dialekt bekannt geworden.

Diese Familie von Poeten war zwar erst spät an die Ufer des Canal Grande gekommen, bestätigte aber im nachhinein eine literarische Vorbestimmung auch für den Palazzo Pisani bei Santa Maria Zobenigo. Dieser war bereits seit einiger Zeit im Besitz der Baronin Susanna Wetzlar, als dort Anfang Mai 1851 John Ruskin und seine junge schottische Frau Effie Gray eintrafen.

Es war das zweite Mal, daß das Ehepaar nach Venedig kam. Den ersten Aufenthalt von November 1849 bis Februar 1851 hatten sie im Hotel Danieli verbracht, aber dieses Mal hatten sie vor, länger zu bleiben, weil John mitten in der Arbeit für sein noch heute berühmtes Werk *Steine von Venedig* steckte und Platz und Ruhe brauchte. Die Unterkunft in dem Hause, das die Ruskin Casa Wetzlar nannten, hatte ihnen ein lieber Freund Ruskins vermittelt, der englische Gelehrte Rawdon Brown. Der Anblick der Baronin, »a very curious old lady«, in ihrem reich möblierten und nach Essenzen duftenden Zimmer, hatte Effie beeindruckt und amüsiert: sie trug ein wollenes Barrett auf dem Kopf, und in den Haaren steckten nach deutschem Brauch goldene Nadeln. Über ihren Morgenmantel hatte sie einen seidenen Umhang geschlungen, und ihre kleinen grazilen Hände waren über und über mit prunkvollen Ringen geschmückt. Zwei Windhunde lagen zu ihren Füßen.

Die Baronin Wetzlar, die seit zwanzig Jahren in Venedig lebte und nicht einmal während der Belagerung fortgegangen war, gab Bälle, die vom multinationalen Adel des österreichischen Reichs und dem in Venedig weilenden internationalen Adel besucht wurden. Effie hatte dort Maria Taglioni getroffen, die »Göttliche«: sie trug ein weißes Damast-Kleid mit Rosen-Bouquets an den Seiten und in den Haaren, die von Diamant- und Türkis-Spangen gehalten wurden. Effie ging gern auf Bälle; sie war gesund, vital, spontan und brauchte Abwechslung. So sehr sie John liebte und bewunderte, war die Ehe von Anfang an gescheitert, denn bereits in der Hochzeitsnacht hatte der Bräutigam ihr in aller Offenheit gesagt, daß er nicht die geringste Absicht hatte, »sie wirklich zu seiner Frau zu machen«, aus verschiedenen Gründen: Abneigung gegen Kinder, religiöse Skrupel und der Wunsch, ihre Schönheit zu erhalten. Aber in Wirklichkeit (die Wahrheit kam ein Jahr später ans Licht) war es, weil »er sich die Frauen ganz anders vorstellte, als was er gesehen hatte«, und weil er die Gestalt seiner Frau als abstoßend empfand.

Trotz seiner Studien zur antiken und modernen Kunst hatte Ruskin über die Idealisierungen seiner Lieblingsmaler hinaus keinerlei Kenntnis des weiblichen Körpers; einer wie Tintoretto hätte ihn allerdings mit dem handfesten Realismus seiner Akte unterweisen können. Kurz und gut, die Ehe erlitt drei Jahre nach der Ankunft des Paares in Venedig endgültig Schiffbruch, und Effie heiratete fast sofort den Präraffaelitischen Maler John Millais, dem sie die schöne Schar von acht Kindern schenken sollte.

In der Zwischenzeit jedoch hatte die Signora Ruskin (sie war dreiundzwanzig) mit fröhlicher Begeisterung Venedig entdeckt und genossen. Sie hatte sogar gelernt, im Stehen auf venezianische Art zu rudern, was Johns Vater sehr empörte, dessen Macht selbst aus der Ferne erdrückend wirkte. Effie hatte unschuldige Flirts mit kleinen österreichischen Offizieren mit und ohne Titel. Sie hatte andächtig gotische Kirchen und Paläste besichtigt, Gemälde und Skulpturen bewundert, hatte in vorderster Linie vielen städtischen Ereignissen beigewohnt, unter anderem der jeweiligen Ankunft und Abreise des blutjungen und (nach ihren Worten) faszinierenden Kaisers Franz Joseph und dem Besuch des Großherzogs Konstantin von Rußland, der in Begleitung der Großherzogin und anderer Großherzöge in der Gondel unter ihrem Fenster vorbeigefahren war, eskortiert von den Schaluppen eines russischen Schiffs, das im Becken von San Marco vor Anker lag, alle weiß gestrichen, mit weißgekleideten Matrosen und den weiß-rot-blauen russischen Fahnen, die in der Brise des Canal Grande flatterten. Sie hatte viel, sehr viel getanzt, auch wenn John sich auf den Bällen absolut nicht amüsierte, die Oper verabscheute und dabei einschlief, obwohl er sich bemühte, wenigstens in den Pausen, wenn die Operngläser auf ihn gerichtet waren, wachzubleiben. Effie hatte sich auch an ein Ereignis gewöhnt, das bereits damals Venedig in negativer Weise von jeder anderen Stadt Italiens oder Europas unterschied: das Hochwasser. Am 2. November 1851 stand das Wasser des Canal Grande »einen Fuß hoch im Atrium, und es war unmöglich, in die Küche zu gehen, so riefen wir eine Gondel, und Beppe (einer der Gondolieri) brachte uns darin aus dem Haus. Wir sind bis auf die Piazza gerudert, und als wir bei den Prokuratien angekommen waren, sind wir um die Piazza herumgelaufen. Sie lag völlig unter Wasser, und San Marco spiegelt sich darin wie in einem See, eine Menge Kinder liefen herum und spritzten sich gegenseitig naß, und Gondolieri trugen Leute, die doppelt so schwer waren wie sie selbst und wurden mit einem Centesimo bezahlt...«

John ärgerte sich, wenn anläßlich der Paraden zu Ehren des Kaisers die Artillerie Salven abschoß, welche die empfindlichen Strukturen der Basilika gefährdeten. Den ganzen Tag lief er herum, um zu zeichnen und zu studieren. Er war genial, aber ein Hypochonder und Misanthrop. Pausenlos erhielt er Briefe von seinen Eltern, die sich Sorgen um ihn machten und ihm sogar eine Diät verordneten (aber auch er schilderte ihnen seitenlang seine mehr oder weniger eingebildeten Symptome). So war er absolut nicht die ideale Gesellschaft für ein junges Mädchen, auch wenn er alles tat, um sie nicht zu unterdrücken und sie tun ließ, was sie wollte, und die Bewunderung, die ihn bereits umgab, mit ihr teilen mußte. Da er sich möglichst wenig sehen ließ, wurde er in Venedig immer mehr als ein Mythos betrachtet.

Der für Ruskins Werk fruchtbare Aufenthalt in Venedig hatte ein unerquickliches Finale, als das Paar beim Auslaufen des Mietvertrages und kurz vor seiner Abreise in ein Hotel an der Piazza San Marco umzog. Bei den Ruskins verkehrte ein Engländer, der sich beim österreichischen Heer als Offizier hatte anwerben lassen, ein gewisser Foster, der Effie wohlerzogen den Hof machte und sich höflich mit John unterhielt. Als Effie die Koffer packte, bemerkte sie, daß all ihre Juwelen fehlten, in einem Wert von ungefähr hundertzwanzig Sterling, was damals nicht sehr viel war, aber auch nicht gerade wenig. Und nach Prüfung aller Umstände hatten die Ruskins sich in den Kopf gesetzt, daß eben dieser Hauptmann Foster sie gestohlen hatte.

Daraus entwickelte sich eine sehr unerfreuliche Geschichte. Auf dem Rückweg hatte ein anderer österreichischer Offizier, der Graf Thun, ein Freund Fosters, John einen Boten nach Verona geschickt, um ihn zu fragen, mit welcher Waffe er sich mit Foster duellieren wolle. John, ein echter Engländer, hatte geantwortet, »daß er von keinem menschlichen Wesen das Leben begehre und ebensowenig die Absicht habe, das eigene aufs Spiel zu setzen.« Woraufhin ihm der Offizier erklärte, daß er ihn in diesem Fall für »alles andere als einen Ehrenmann« halte. Als die Ruskins, mittlerweile wieder in London, alles schon für vergessen hielten, kamen die Zeitungen der Geschichte auf die Spur und berichteten sie auf ihre Weise. Da sah John sich gezwungen, an die »Times« zu schreiben, um den Ruf seiner Frau zu verteidigen. Man muß zugeben, daß Ruskin auch im Privaten nie an ihr gezweifelt hat.

In dem häßlichen Haus aus roten Ziegelsteinen, das Johns Vater in London gekauft hatte, führte Effie ein trostloses Leben und trauerte Tag für Tag Venedig nach. John vertiefte sich völlig in die Abfassung seines Buches und war für sie eine sich ständig verflüchtigende Präsenz, seine Eltern dagegen eine um so drückendere Nähe. Und eines Tages wurde sie von John Millais gebeten, für ein Porträt Modell zu sitzen.

7.

Aus Effies Sicht könnte man Ruskin für eine unangenehme, engstirnige und ungesellige Person halten. Und doch hatte er in seiner Beziehung zu Venedig viele große Ideen und tiefe Gefühle entwickelt, die schließlich in einem hervorragenden Werk wie *The stones of Venice* mündeten (in anderen Schriften hatte er einen der einfühlsamsten Interpreten Venedigs, den Maler Joseph M.W. Turner, seinen Verdiensten entsprechend gewürdigt). Seine Liebe zu Venedig war groß, leidenschaftlich und voll kreativer Kraft, und seine Schriften über die Stadt hatten eine nachhaltige Wirkung auf die gesamte internationale Kultur, mit einer in vielen Aspekten noch heute gültigen Sichtweise, auch wenn manches Urteil aufgrund der Leidenschaft und Euphorie, mit der es gefällt wurde, mittlerweile überholt ist.

Als Ruskin im November 1849 mit Effie nach Venedig zurückkehrte, war es bereits sein vierter Besuch. Ein erstes Mal war er als Sechzehnjähriger mit den Eltern nach Venedig gekommen und fünf Jahre später war er ein zweites Mal, wieder mit ihnen, im Hotel Danieli abgestiegen. Der Vater hatte hart gearbeitet, um sich aus mehr als bescheidenen Verhältnissen zu befreien. Er hatte seine Hoffnungen in seinen einzigen Sohn gesetzt und ihn unter großen Opfern zum Studium nach Oxford geschickt. Aber eine nicht erwiderte Liebe hatte den ohnehin psychisch labilen John in eine Depression gestürzt, die ihn zum Abbruch des Studiums veranlaßte. Venedig hatte ihn besänftigt und geheilt. Nach dem Examen – er war durch den ersten Band seiner Schrift *Moderne Maler* bereits bekannt – kehrte er zweimal allein nach Venedig zurück, um die in seinem Buch zum Ausdruck gebrachten Auffassungen im Hinblick auf einen zweiten Band zu überarbeiten sowie um ein neues Buch vorzubereiten, *The seven Lamps of Architecture*. Auf der anderen Seite hatten ihn die modernen Elemente der Stadt, die seiner Meinung nach frevelhaften und verunstaltenden Eingriffe wie die Eisenbahnbrücke über die Lagune und die Gasbeleuchtung der Straßen, sehr gestört. Inbesondere die Beleuchtung des Canal Grande hatte ihn verärgert; vom Bogen der Rialto-Brücke bis Ca' Foscari war alles voller Lampen, »auf beiden Seiten, neue und imposante Laternen nach der letzten Mode von Birmingham ... Man stelle sich den neuen Stil der Serenaden vor ... beim Lichte von Gaslaternen«.

Der erste gemeinsame Besuch mit Effie hatte dazu gedient, den ersten Band von *Steine in Venedig* vorzubereiten. Im Palazzo Pisani Gritti, im Haus Wetzlar, arbeitete er voller Eifer an der Fortsetzung des Werks. »Ich stehe um halb sieben auf: Um sieben bin ich angekleidet – ich esse ein wenig Brot und lese bis neun – dann frühstücke ich... – ein wenig Marmelade mit einem silbernen Teelöffel in der Form eines Blattes auf einer farbigen Kachel an der Ecke des Tisches – sehr frische, in Eis gelagerte Butter – Trauben und Feigen, die ich nie anrühre, auf der einen Seite – Pfirsiche auf der anderen, auch sie hauptsächlich zur Garnierung (ich nehme sie nie), ein kleines warmes Gericht, das der Koch uns jeden Morgen zubereitet, eine geröstete Gartengrasmücke – oder eine kleine erlesene Speise – für Effie Kaffee und Weißbrot. Dann lese ich Pope und beschäftige mich anderweitig bis zehn, wenn die Gebete gelesen werden: Effie liest für mich, und ich zeichne bis elf: dann schreibe ich bis eins, bis wir zu Mittag essen: danach gehe ich hinaus, mache Skizzen oder Notizen bis drei – dann rudere ich anderthalb Stunden – kehre nach Haus zurück und kleide mich um für das Essen um fünf, bis sieben vertreibe ich mir die Zeit – manchmal fahre ich im Boot aus ohne ein bestimmtes Ziel: Tee um sieben – ich schreibe oder zeichne bis neun – und ich bereite mich vor, ins Bett zu gehen.«

Aufzeichnungen voller Pedanterie, von der jedoch im Buch absolut nichts zu spüren ist. Es sollte vor allem die Bedeutung der gotischen Architektur unter Beweis stellen und zur weltweiten Wiederbelebung des gotischen Stils führen. Auch die byzantinische Kunst, die bis dahin als ungeschliffen und primitiv galt, wurde dank Ruskins Werk plötzlich in neuem Licht gesehen. Die Beziehung von Ursache und Wirkung, die er zwischen der Irreligiosität der Renaissance und der von ihm wahrgenommenen Dekadenz der Kunst herstellte, welche parallel zur Dekadenz der Republik Venedig verlief, mag uns heute als eine Absurdität erscheinen, aber es war der Beginn der Erforschung der Kunst als Ausdruck und Spiegel der Gesellschaft. Auf ihn ist auch das große moralische Vorurteil zurückzuführen, das den letzten Jahrhunderten der Serenissima gegenüber bestand. Doch all diese Ideen waren nur das Abbild der großen Liebe, von der wir zuvor sprachen.

Viele Jahre lang kehrte der Schriftsteller nicht an die Ufer des Canal Grande zurück. Sein Vater war gestorben und hatte ihm ein großes Vermögen hinterlassen, und er, John, war einem weiteren emotionalen Sturm ausgesetzt: er hatte sich in ein junges Mädchen verliebt, in Rose La Touche, und hatte sie gebeten, ihn zu heiraten. Es war ein Wahnsinn: Rose, die neun war, als John sie kennenlernte, war jetzt siebzehn, und er war siebenundvierzig, als er ihr den Heiratsantrag machte. Der Altersunterschied und die Annullierung von Johns Ehe aufgrund »erklärter Impotenz« hatte die Feindseligkeit von Roses Eltern hervorgerufen, und Rose war ein kränkliches und überspanntes Mädchen, das zu Krisen religiöser Manie neigte: sie starb denn auch im Wahnsinn. Er war Professor an der Universität Oxford und berühmt geworden, war noch zwei Mal nach Venedig zurückgekehrt. Nach Roses Tod logierte er wieder im Grand Hotel des Palazzo Manolesso Ferro, der kurz vor Casa Wetzlar ebenfalls am Canal Grande lag. Die Neuerungen, die er sah, stießen ihn noch mehr ab: »die Orte, die wir geliebt hatten, jetzt als Bahnhof und Schutthaufen wiederzufinden – mir fehlen die Worte, um diesen Schmerz zu beschreiben«. Er war wie besessen von Carpaccios *Traum der Heiligen Ursula* und identifizierte seine Rose mit dem toten heiligen Mädchen, der Jungfrau und Märtyrerin.

Der Wahnsinn war ihm auf den Fersen, aber er schrieb und schrieb, unter anderem einen Führer durch die Ausstellungsräume der Accademia und *St. Marks Rest*. Er hatte auch den geliebten Canal Grande verlassen und war an die Zattere am Canale della Giudecca gezogen, wo er im Freien Holz hakken konnte, um in Form zu bleiben. Und dort, an den Zattere in der Pension Calcina nahe der Kirche der Gesuati tritt er in mein eigenes Leben, über meinen Großvater väterlicherseits, Alvise Piero Zorzi.

Alvise Piero Zorzi war ein Idealist. Er war Maler mit etwas Begabung und hatte, um die sakrale Kunst wiederzubeleben, sogar geplant, Kapuzinermönch zu werden. Nachdem er davon wieder abgekommen war, nahm er in Zeitschriften und Zeitungen mit leidenschaftlicher Feder die Plünderungen der venezianischen Architektur aufs Korn, die vandalischen Abrisse, die ebenso vandalischen Restaurierungen. Es war ihm gelungen, den Abriß der außergewöhnlichen Barockfassade von San Moisè zu verhindern, die Théophile Gautier so gefiel, aber seine Polemik gegen die Zerstörung des Renaissance-Kreuzgangs von San Francesco di Paola in Castello sollte ihn den Verlust seines Postens als Sekretär des Städtischen Museo Correr kosten. In der Zwischenzeit hatte er ein Buch gegen die Kriterien geschrieben, nach denen ein Säulenheiliger der offiziellen Architektur, Giovanni Battista Meduna, der Vandale der Ca' d'Oro, die Restaurierung der Markus-Basilika in Angriff nahm. Die heftigen persönlichen Angriffe gegen Meduna und seinesgleichen hatten seine Freunde entmutigt, das Buch zu veröffentlichen, er aber wollte nichts davon wissen, den Text abzuändern.

Es war der Maler Raffaele Carloforti, der den Autor, nachdem er eine Lesung des Buches gehört hatte, mit Ruskin zusammenbrachte. Es war spät abends. Ruskin war von einer Unmenge von brennenden Kerzen auf silbernen Leuchtern umgeben und saß an einem Schreibtisch voller Bücher.

»Also, man ist dabei, San Marco zu ermorden?« fragte er. »Ja, leider.« »Ihr seid mutig, Ihr habt Euch eine schwierige Aufgabe gestellt. Ich sehe, daß Ihr ein Manuskript dabei habt, ich hatte Carloforti gebeten, Euch zu sagen, Ihr möchtet es mitbringen. Würdet Ihr mir einige der wichtigsten Stellen vorlesen?« Zorzi las und las, kommentierte hier und da, was er las. Plötzlich unterbrach Ruskin ihn und sprang auf. Zorzi tat das gleiche, und fand sich in seinen Armen wieder. »Dreißig Jahre lang«, sagte Ruskin, »habe ich einen venezianischen Patrizier gesucht, einen Künstler, der über Venedig und San Marco so dächte und schriebe, wie Ihr es getan habt, junger Freund; ich bin glücklich, Euch gefunden zu haben.« Es sei absolut nicht richtig, die Angriffe abzuschwächen, sagte er, »Euer furchtbares Buch muß erscheinen so wie es ist ... Erlaubt mir, Euch die für die Veröffentlichung nötigen Mittel anzubieten, ich werde sofort einen Verleger finden.« Und er erbot sich auch, den Band mit einem Schreiben zu begleiten, in dem er die Argumente Zorzis leidenschaftlich unterstützen würde, die seiner Meinung nach die gesamte zivilisierte Welt angingen. »Ich bin auf Eurer Seite«, rief er im Moment des Abschieds aus, »ich bin auf Eurer Seite! Im Grunde genommen bin auch ich ein Venezianer.«

Das Buch erschien im Juni 1877, in elegantem, feuerrotem Einband; Ruskins Geleitwort erregte enormes Aufsehen, noch heute wird es als Grundlage der modernen Kriterien für die Restaurierung von Denkmälern und Kunstwerken angesehen. Die Restaurierungsarbeiten an San Marco wurden unterbrochen, anderen Personen übergeben. Das Ergebnis unterscheidet sich völlig von den Plänen der diversen Medunas.

Ruskin wollte der Mutter meines Großvaters vorgestellt werden, die eine Morosini war, und er stürzte sich voller Freude auf die Pergamente des Familienarchivs, bewunderte und zeichnete das schöne romanische Bogenfries von Corte Botera in Castello, wo mein Großvater wohnte. Er nahm bei ihm Unterricht in Venezianisch und führte endlose Gespräche mit ihm. Und Diskussionen: sie besuchten gemeinsam die Galerien der Accademia und stritten über Tizians *Assunta*, »diese verdammte Assunta«, die nach Ruskin aussah wie eine Wäscherin. Er ließ von der gesamten venetischen Schule lediglich Carpaccio und Tintoretto gelten. Auf die Dauer fand er, Zorzi habe »keine Geduld«, und so zog er es vor, mit dessen junger polnischer Verlobter über Malerei zu sprechen, Eugénie Szczepanowska, die sein berühmtes Vorwort ins Italienische übersetzt hatte und ihm voller Bewunderung zuhörte. Und die meine Großmutter werden sollte.

Das war der letzte Besuch Ruskins in Venedig. Alvise Piero Zorzi, der ihm einige Zeit später schrieb und seine Absicht zum Ausdruck brachte, nach England zu kommen, um ihn zu besuchen, erhielt als Antwort einen verzweifelten Brief. »Lieber Graf Zorzi, ich bin sehr beunruhigt zu hören, daß Ihr gedenkt, mich in England zu besuchen. Wenn Ihr es tun solltet, werdet Ihr mich NICHT sehen ... Ich habe *Euch* nicht ›verlassen‹, mein Gehirn hat *mich* verlassen. Hat Euch niemand gesagt, oder habt Ihr es nicht geglaubt, daß ich zwei Monate lang tobsüchtig war? ...« Es war die Wahrheit, die grausame Wahrheit. Die Wahnsinnsanfälle häuften sich, die Halluzinationen traten auch bei seinen gut besuchten Vorträgen auf. Und doch war es ein Wahnsinn bei klarem Verstand, der apokalyptische Visionen, verursacht durch den Verlust der Gottesfurcht einer verdammten Welt, mit einer prophetischen Wahrnehmung der tragischen Folgen des Materialismus, des Egoismus und der moralischen Blindheit mischte. »Die Sonne ist verblaßt, – das Gras vertrocknet, – der Mensch erblindet …« Ob Wahnsinniger oder Visionär, der Autor von *Steine in Venedig* erkannte in der Welt die Keime der Selbstzerstörung, das große Problem, mit dem der Mensch von heute ringt, ohne es lösen zu können.

8.

Nicht im Grand Hotel, sondern im ›Danieli‹ wohnte Marcel Proust, als er in Begleitung seiner Mutter zum ersten Mal nach Venedig kam. Beim zweiten seiner so sehr erträumten und ersehnten Venedig-Aufenthalte kam er allein und logierte im ›Europa‹. Das ›Europa‹ befand sich damals und noch viele Jahre danach an anderer Stelle als heute (dort stand damals auch ein Hotel, ›das Britannia‹: das Hotel, in dem Monet sich niederließ, als er Palazzo Barbarigo verlassen mußte). Damals war das ›Europa‹ im Palazzo Giustinian am Canal Grande im Bezirk von San Moisè; es war ein schöner gotischer Palast, in dem der Dichter Leonardo Giustinian gelebt hatte, der sich von seinen Aufgaben als Prokurator von San Marco, Vorsteher der Zehn und in seiner Funktion als Bruder des Heiligen Lorenzo nicht daran hindern ließ, Liebesgedichte voll erfrischender Sinnlichkeit zu schreiben. Alle französischen Schriftsteller, die nicht im ›Danieli‹ abgestiegen waren, hatten im ›Europa‹ gewohnt. Im ›Danieli‹ stiegen traditionell die Engländer ab, unter anderem Percy Shelley. Aber auch George Sand und Alfred de Musset hatten dort Stunden der Leidenschaft verbracht, bevor Mussets Krankheit dem rüstigen und vor Gesundheit und Liedern strotzenden Doktor Pietro Pagello die Gelegenheit gab, seine Dame zu trösten.

In der langen Reihe von Hotels, die sich mit wenigen Unterbrechungen von Santa Maria Zobenigo bis zur Calle Valaresso erstreckte und die heute von der Regionalregierung des Veneto unterbrochen wird, die in den Palästen Manolesso Ferro und Flangini Fini sitzt, war das Hotel Europa (oder vielmehr: ›de l'Europe‹, Französisch war damals die internationale Sprache, wie es heute das Englische ist) stolz auf seine berühmten literarischen Erinnerungen. Angefangen bei Châteaubriand und Stendhal, der bereits drei Mal nach Venedig gekommen war und nach seiner Ernennung zum französischen Konsul in Triest seinen Amtssitz im Winter 1830/31 mindestens dreimal heimlich verließ, um Venedig zu besuchen. Das löste die lebhafteste Beunruhigung bei den k.u.k. Behörden aus, die der Herr Generaldirektor der lombardischen Polizei in Aufregung versetzte, indem er Stendhal als ein »ziemlich gefährliches Subjekt und Verfasser von verschiedenen sehr verderblichen Werken« bezeichnete.

Der kecke Signor Henri Beyle, fett und feist, etwas vulgär und selbstzufrieden, nicht sehr *soigné* trotz seines Dandy-Verhaltens, »schlüpfrig und unbedacht im Benehmen und im Sprechen, geistreicher Liebhaber von Paradoxen, der mit der Unanständigkeit oder mit der Unangemessenheit seiner Reden die Salons entsetzte, die er doch gleichzeitig mit seiner Vitalität bezauberte, der sich großen Damen näherte, aber zu häufig auch Verhaltensweisen eines Handlungsreisenden an den Tag legte«, kurzum das Gegenteil des Diplomaten, wie man ihn zu Zeiten Talleyrands kannte, war mit Sicherheit wenig beunruhigt durch die Überwachung, die der Polizeichef von Venedig, der Ratsherr von Amberg, ihm gegenüber angeordnet hatte. Es ist im übrigen nicht bekannt, daß er etwas Kühneres tat als den berühmten Sänger Velluti anzuhören, der vom »göttlichen« Giambattista Perucchini begleitet wurde, dem liebenswürdigen und intelligenten Amateur-Musiker, einem Freund Byrons. Oder Briefe in den ruhigen Kaffeehäusern an der Piazza San

Marco zu schreiben. Oder auch im Fenice *Le cantatrici villane* von Fioravanti oder den *Othello* von Rossini zu hören, über den er eine Biographie geschrieben hatte. Seine Lieblingsbeschäftigung war jedoch etwas anderes: die endlosen nächtlichen Spaziergänge, denen ein Abendessen in einem Café an der Piazza San Marco folgte, das heute nicht mehr existiert, mit einem Freund, den er bei einem seiner vorhergehenden Besuche 1813 oder 1815 kennengelernt hatte, dem Dichter Pietro Buratti.

Auch wenn er nicht im ›Europa‹ logierte, sondern im Hotel Regina d'Inghilterra in der Frezzeria, wo er nicht einmal ein Federmesser fand, um seine Feder zu spitzen, war sein Besuch im Jahr von Waterloo der interessanteste von allen gewesen. Der Schriftsteller war von Padua aus gekommen, wohin er seine Mailänder Geliebte Angela Pietragrua begleitet hatte, die sich nicht entscheiden konnte, ob sie nach Padua oder nach Venedig ziehen sollte. Und nach einem Bad mitten im Canale della Giudecca hatte er Angela ein Billet geschickt, »um ihr das Ausmaß ihres Fehlers vor Augen zu führen, wenn sie dieses traurige Loch von Padua Venedig vorziehen würde«. Die Gründe für seine Präferenz waren recht irdischer Natur, vor allem war es die Leichtigkeit, sich den Frauen zu nähern, dann die Vorteile bei den Lebenshaltungskosten, die er peinlich genau berechnet hatte mit dem Ergebnis, daß ihm in Venedig dreitausend Franken im Jahr reichen würden, um großzügig zu leben, und es würden ihm noch fünftausend übrigbleiben für »besondere« Vergnügungen.

Damals, 1815, hatte er den steinreichen Bankier Maruzzi, den Finanzier von Katharina II. von Rußland, und die Contessa Caterina Querini Polcasto kennengelernt, die ihn bei jeder Rückkehr nach Venedig gemeinsam mit dem Freund Buratti zum Essen einlud. Und im Palazzo bei San Beneto am Canal Grande, im Salon von Marina Querini Benzon, wurde er freudig empfangen, der »biondina in gondoleta«, die inzwischen ein »stramazzo despontà«, eine aus den Nähten geplatzte Matratze geworden war. »Eines der amüsantesten Häuser Venedigs«, schrieb er und fügte hinzu, daß die brillantesten Salons von Paris »geistlos und fade waren im Vergleich zu dem Salon der Signora Benzoni«.

Wie es schien (und Stendhal selbst bestätigt die These), wurde er dort nur deshalb so gut aufgenommen, weil Marina Benzon sehr wohl wußte, daß Monsieur Beyle niemand anderes als Stendhal, der Schriftsteller war. Da Monsieur Beyle das Geheimnis seiner doppelten Identität sehr streng wahrte, mußte es eine Indiskretion gegeben haben, und da es kaum jemand Indiskreteres als Buratti gab, konnte nur er sie begangen haben.

Wie anders war die depressive, ja sogar griesgrämige Atmosphäre beim Besuch Châteaubriands in dem gleichen Salon Benzon, in dem Stendhal sich so amüsiert hatte. Nachdem er erklärt hatte, daß das gesellschaftliche Leben für ihn eine Qual bedeute, konnte René »nicht umhin«, einen Abend bei der Contessa Benzon zu verbringen. Er stieg aus der Gondel »wie ein Toter, der nach San Cristoforo gebracht wurde« (das war eine der beiden kleinen Inseln, die zusammengelegt den Friedhof von Venedig bilden, der heute nach der größeren Insel San Michele benannt ist). Nachdem er den Kaffee getrunken hatte, gab sich Marina Benzon alle Mühe, um eine Dame zu seiner Unterhaltung zu finden; er blieb allein auf einer Ottomane sitzen, »fasziniert und bebend unter den Blicken einer schwarzen Dame mit den Augen einer im Halbschlaf verharrenden Schlange«.

Ein anderer Romanschriftsteller, eine Frau, die ähnlich wie die Sand ihren bürgerlichen Namen Mary Ann Evans hinter dem männlichen Pseudonym George Eliot versteckt hatte, wohnte fünfzig Jahre nach Stendhal im Hôtel de l'Europe. Sie war auf der Hochzeitsreise mit ihrem zweiten Mann, J.W. Cross, einem Freund des verstorbenen Gatten G.H. Lewes, mit dem sie Jahre zuvor schon einmal gekommen war. Es war Sommer, heiß, die Glocken der Kirchen machten zuviel Lärm, und auch wenn das Licht immer wunderbar war und aus der Stadt »ein Paradies machte, das wesentlich erstrebenswerter war als das von Tintoretto gemalte«, war der Anblick des venezianischen Pöbels ziemlich deprimierend, und die rauhen und falsch gesungenen Lieder, die zu den Fenstern hereindrangen, ließen sie erschaudern. Auch wenn die Braut nicht an ihre eigene Häßlichkeit dachte (»sie war herrlich häßlich, entzückend gräßlich«, schrieb Henry James über sie), quälte sie der Gedanke, daß der Bräutigam zwanzig Jahre jünger war als sie.

Der Bräutigam jedenfalls wählte einen schönen Junitag, um sich kopfüber aus dem Fenster in den Canal Grande zu stürzen. Er wurde jedoch von den Gondolieri herausgefischt, mit Chloral behandelt und lebte dann schließlich bis zum ansehnlichen Alter von vierundachtzig Jahren. Er erklärte die verrückte Tat mit einer plötzlichen geistigen Verwirrung. Über den wahren Grund können bis heute nur Vermutungen angestellt werden.

Und was war in den zehn Tagen geschehen, die Proust allein in demselben Hotel verbrachte, wenige Monate nach der ersten Venedig-Reise mit seiner Mutter, die ihm im Zug Ruskin vorgelesen hatte, indem sie direkt aus dem Englischen übersetzte? Weshalb ein »sehr geheimnisvoller« Aufenthalt, wie sein Biograph Painter ihn bezeichnet hat? Paul Morand hat darauf hingewiesen, daß im Sachregister der *Recherche* Venedig mit unglaublicher Häufigkeit wiederkehrt. Aber dies so häufig beschworene Venedig verwechselt und vermischt das reale Venedig mit dem, was die fiebernde Phantasie des Romanciers ihm vorspiegelte, überlagert sich mit anderen Kultstätten des Werkes, mit Combray und Meséglise, in der unermüdlichen traumartigen Alchimie, die seinem Schreiben eigen ist.

Aber »die rosafarbenen und weißlichen Formen der schlummernden Paläste« am Canal Grande, die Hippolyte Taine in der Frische und Stille der Morgendämmerung auf dem Wasser schaukeln sah, während die Gondel ihn mit einer kaum merklichen Bewegung transportierte, beschworen in Marcel Proust Bilder von feinstem poetischen Snobismus herauf. »Während die Gondel, die uns heimwärts trug, den Canal Grande hinauffuhr, sahen wir, wie die aufgereihten Paläste, zwischen denen wir dahinglitten, Licht und Stunde auf ihren rosigen Fronten widerspiegelten und sich durch sie weniger wie sonst private Behausungen oder berühmte Bauwerke verwandelten, als vielmehr nach Art einer Kette von Marmorklippen, zu deren Füßen man am Abend auf einem Kanal spazierenfährt, um den Sonnenuntergang zu bewundern ... Zu gleicher Zeit ... stießen wir, wie wir es in Paris ... im Bois, auf jeder beliebigen breiten, gerade in Mode gekommenen Avenue getan hätten, im sterbenden Licht des Abends auf die elegantesten Frauen – fast alles Ausländerinnen – die weich in die Kissen ihrer schwimmenden Equipagen zurückgelehnt, sich in einer Art von Korso vorwärts bewegten und an einem Palazzo haltmachten, in dem sie in der Absicht, ihre dort wohnende Freundin zu besuchen, anfragen ließen, ob sie anwesend sei; während sie auf Antwort warteten, zogen sie für alle Fälle ihre Visitenkarte hervor, um sie abzugeben, wie sie es an der Tür des Guermantesschen Palais getan hätten, sahen in ihrem Führer nach, in welcher Epoche und in welchem Stil der Palast erbaut war, nicht ohne wie auf dem Kamm einer blauen Woge von der Brandung des funkelnd sprühenden und sich bäumenden Wassers, das gegen die Einengung zwischen der tanzenden Gondel und dem hallenden Marmor aufzubegehren schien, hin und her geschoben zu werden. Daher waren sogar solche Fahrten, die einzig den Zweck des Besuchemachens oder Kartenabwerfens hatten, dreideutig und zugleich einmalig in Venedig, wo das einfache, gesellschaftlich bedingte Kommen und

Gehen die Form und den Zauber eines Museumsbesuches und einer Seefahrt erhält.«

Der Palazzo Giustinian ist seit geraumer Zeit schon kein Hotel mehr, im ersten Stock beherbergt er städtische Behörden, in den anderen Etagen Büros der Biennale von Venedig. Um eines jener Büros zu behalten, mit zwei großen Fenstern, die sich auf Santa Maria della Salute, auf die Dogana da Mar, auf das Becken von San Marco mit San Giorgio Maggiore im Hintergrund öffneten, hat mein Vater auf vieles verzichtet, was er durch sein Talent und seine Fähigkeiten hätte erreichen können. Man muß für alles bezahlen, auch für ein Fenster über dem Canal Grande an der schönsten Stelle. Bei jedem Blick auf jenes Fenster sehe ich sein ernüchtertes Lächeln wieder vor mir, das Lächeln eines Hinterbliebenen (des letzten? eines der letzten?) eines untergegangenen Europas, eines Europas, dem keine Europäische Gemeinschaft je die hohe Kultur wiedergeben könnte, die zwei Kriege und zu viele bestialische Massen-Ideologien massakriert haben. Hier und vorher in einem kleinen Büro in der Calle Caotorta bei Sant'Angelo, wo die Redaktion der »Gazzetta di Venezia« saß, der von Gaspare Gozzi hundertfünfzig Jahre zuvor gegründeten, ältesten Zeitung Italiens, empfing Papa fünfunddreißig Jahre lang Schriftsteller, Künstler, Leute von Theater und Film aus der ganzen Welt, sei es, weil sie etwas über Venedig und die venezianische Kultur wissen wollten, die er zutiefst kannte, sei es, weil sie einfach durch ihn diese Stadt besser kennenlernen wollten, für die er eines der Symbole, einer der Bezugspunkte geworden war. Er starb, während er die Ausgabe der *Mémoires* von Casanova für die »Pléiade« besorgte, und darauf wartete, die Herausgabe des noch unveröffentlichten Original-Manuskripts betreuen zu können, das im Tresor bei dem Verleger Brockhaus lag, der ihn schätzte und ihn gern hatte.

XVI

I.

Die Casa Biondetti, die am Canal Grande auf die graue Fassade des Palazzo Da Mula mit dem Anhängsel des Palazzetto Zantani folgt, war lange Jahre das Domizil von Rosalba Carriera, der Malerin, die König Friedrich IV. bei seinem Besuch in Venedig gebeten hatte, Miniatur-Porträts der schönsten Frauen von Venedig zu malen, damit er eine Erinnerung an sie mit nach Hause nehmen könne. Es waren zwölf, aber nur von acht wissen wir den Namen: eine Corner, eine Zenobio, eine Barbarigo, eine Foscari und Marietta Correr, Maria Labia, Isabetta Pisani und Lucrezia Basadonna Mocenigo. Das Porträt, das Rosalba Carriera von dieser letzteren gemalt hat, befindet sich heute in der Dresdner Staatsgalerie, wo der Katalog sie zumindest vor einigen Jahren unter dem Phantasie-Namen »Prinzessin Mocenigo von Carrara« präsentierte. Die lebhaften Augen funkeln stärker als die kostbaren Perlen des Schmucks, dessetwegen sie zu Lebzeiten als »die Mocenigo mit den Perlen« bekannt war. Und daß sie sich ihrer Schönheit bewußt und entschlossen war, ihre Überlegenheit zu behaupten, bezeugt der Vorfall vom Januar 1698 im Kloster von San Lorenzo, dem die Königin von Polen und Kurfürstin von Sachsen einen Besuch abstattete. Die Mocenigo mischte sich unter die Damen, die sich drängten, um die Königin zu sehen, als »Privatperson« gekleidet und mit dem vor das Gesicht gezogenen *Zendà*. Als die

Königin nah an ihr vorbeikam, hob sie das *Zendà*, die Königin erkannte sie sofort und erklärte, daß »sie nie eine schönere Frau gesehen habe als sie.«

Die Contessa Annina Morosini, die Gabriele D'Annunzio die Tabakdose mit ihrem eingravierten Namen geschenkt hatte und die im Palazzo Da Mula wohnte, war die Perlen-Mocenigo der ersten Hälfte des 20. Jahrhunderts. Sie war wirklich wunderschön, mit tizianroten Haaren, grünen Augen, einer phantastisch eleganten Figur, und wie die Mocenigo ließ sie es nicht zu, daß irgendeine sie an Schönheit übertraf. Der große Nachname, den sie durch ihre Heirat mit dem Grafen Michele Morosini erworben hatte (dieser zog nach kurzer Zeit das angenehme Leben in Paris der Gesellschaft seiner mondänen Frau vor: »Sie ist eine Plage!« sagte er mit gutmütigem Lächeln, wenn man ihn nach ihr fragte), hatte ihr eine Position verschafft, die im venezianischen und internationalen gesellschaftlichen Leben nur schwer zu übertreffen war. Ihr Ansehen nahm noch dadurch dazu, daß Wilhelm II., deutscher Kaiser und König von Preußen, ihr hartnäckig den Hof machte und ihretwegen die Kreuzfahrten auf der hohen Adria an Bord seiner Yacht *Hohenzollern* vervielfachte. Er besuchte sie mit großem Pomp in der von zwölf Matrosen geruderten kaiserlichen Schaluppe, am Bug stand der Kaiser selbst mit dem Reichskanzler, dem eleganten und brillanten Fürst Bernhard von Bülow. Im Schlepptau des Kaisers stürzten sich die Herrscher der ganzen Welt, kaum waren sie in Venedig angekommen, in den Palazzo Da Mula, der dann eine Art Tempel für die internationale Snob-Society wurde; junge und weniger junge Damen und Herren wären zu jeder Niedertracht bereit gewesen, nur um die Schwelle dieses Palastes überschreiten zu dürfen.

Doch nicht alle liebten sie, die Contessa, natürlich war sie ganz verhaßt bei den Abgewiesenen, den Nicht-Zugelassenen (zu dem Thema sollte man Prousts *Auf der Suche nach der verlorenen Zeit* lesen). Der italienische Hof hatte sie lange auf die so ersehnte Ernennung zur Hofdame Ihrer Majestät der Königin warten lassen. Es hieß, Mussolini persönlich habe sich eingesetzt, um die Königin zu überreden. Aber trotz mancher Lächerlichkeit ihrer Verehrer und der Mißgunst ihrer Verleumder war es der Contessa doch recht wirksam gelungen, ein gewisses Bild von Venedig aufrechtzuerhalten, das mit ihrem Tod in den Jahren der Stille und der Vergessenheit nach dem Zweiten Weltkrieg endgültig verschwinden sollte. Sie war der Bezugspunkt der sogenannten High Society gewesen, die damals noch homogen war, wenn auch nicht mehr in Form einer großen Familie wie zu Zeiten Casanovas und wie wesentlich später, als Marcel Proust und Pierre Benoît von »Königsmark« ihre sorgfältigen, leidenschaftlichen und grausamen Analysen angestellt haben.

Wie es allen Prominenten passiert, so kursierten auch über sie eine Fülle von Anekdoten. Berühmt waren ihre immer mit lauter Stimme geäußerten Bemerkungen: »Ich lese gerade ein Buch über den Prozeß von Marie Antoinette: wenn Sie es auch gelesen haben, sagen Sie mir nicht, wie es ausgeht!« Oder wenn sie über die Heldentaten des großen Francesco Morosini sprach, dessen Wappen sie als Vertreterin des Zweiges, der seinem seit langer Zeit ausgestorbenen Zweig am nächsten stand, übernommen hatte und dem der Beschuß des Parthenon vorgeworfen wird, der von den Türken in ein Pulvermagazin verwandelt worden war: »Es heißt, der Peloponnesier habe Parthenope (Neapel) beschossen, aber das stimmt nicht.« Es ist absolut nicht sicher, daß diese Schnitzer Ergebnis einer schwindelerregenden Ignoranz waren, einige behaupten, daß sie gewissermaßen gewollt waren, mit einem feinen Sinn für den Wert des Bildes, mit dem sie den *Ancien-Régime*-Charakter ihrer Persönlichkeit vervollständigen wollte. Sie war im Alter, als wir sie kennenlernten, auch im Äußeren reinstes *Ancien Régime*, mit feuerrot gefärbten Haaren, großen breitkrempigen Hüten, engen hochgeschlossenen Kostümen (als Achtzigjährige hatte sie noch eine außergewöhnlich schlanke Figur), mit hohen Absätzen und jener schrillen, immer intonierten Stimme, wie man sie Talleyrand nachsagte.

Was ist von jener Zeit, von jener Welt geblieben? Nichts außer einigen immer mehr verblassenden Erinnerungen. Die Zeit der Bälle und Festessen in den Palästen ist vorbei, es ist die Zeit der Cocktails und Arbeitsessen auf Firmenkosten. Oder der millionenschweren Festlichkeiten, deren Geschmacklosigkeit im Vergleich zu früheren Festen erbarmungslos zutage tritt. Im Vergleich zu ihr, der »letzten Dogaressa«, wirken viele Persönlichkeiten, die heute im Rampenlicht stehen, grobschlächtig. Kein Friedrich IV. würde sich auch nur im Traum einfallen lassen, sich von ihnen Porträts für seine privaten Kontemplationen zu erbitten.

2.

Im Haus Biondetti hat Rosalba Carriera gearbeitet, gelebt und gelitten. Sie war eine Frau mit außerordentlichem Erfolg. 1675 wurde sie geboren, hatte bei Giuseppe Diamantini und Antonio Balestra Malerei studiert und war mit neunundzwanzig schon als eine gute Miniaturen-Malerin bekannt. Wie wir bereits erwähnten, hatte Christian Cole, der Sekretär des Grafen von Manchester, Botschafter des englischen Königs in der Republik, und nach der Abreise des Grafen britannischer Resident in Venedig, sie zur Pastellmalerei gedrängt, mit der sie dann auch berühmt werden sollte. Diese Entscheidung hatte ihr sofort einen wahren Sturm an Aufträgen eingebracht: und was für Aufträge! Der Herzog von Mecklenburg, der König von Dänemark, der Kurfürst von Sachsen, der Kurfürst der Pfalz. Darauf ging sie gemeinsam mit ihrer Mutter, den Schwestern und dem Schwager Gian Antonio Pellegrini, der auch ein sehr guter Maler war, nach Paris, wo sie den französischen Malern Hyacinthe Rigaud, den Coypel und dem großen Watteau begegnete. Die berühmten Kollegen, von denen ihr einer ein Bild mit einer überschwenglichen Widmung schenkte: »Für Antonio Correggio, heute genannt Rosa Alba«, empfingen sie mit allen Ehren, die Académie du Louvre nahm sie als Mitglied auf. Auch die gute Gesellschaft war begeistert, vor dem Haus ihres Mäzens Pierre Crozat, der die gesamte Familie bei sich aufgenommen hatte, hielten die Kutschen zu Dutzenden, Rosalbas Atelier wurde ein gesellschaftlicher Treffpunkt.

Ihr Ruhm war mittlerweile gefestigt, und sie reiste nach Modena an den Hof der Este-Familie und nach Wien, wo der Antiquitätenhändler Bertoli sie Kaiser Karl VI. vorstellte. Der Kaiser, selbst sehr häßlich, sagte zu ihm, nachdem er sie kennengelernt hatte: »Mein guter Bertoli, die Malerin mag ja tüchtig sein, aber sie ist sehr häßlich!« In Venedig, in dem Häuschen bei San Vio am Canal Grande, stand die gehobenste und vermögendste Kundschaft Schlange, um sich von ihr empfangen und porträtieren zu lassen. Da kam verführerisch und sentimental im Schutz ihres Dreispitzes, perlenbehängt wie die Mocenigo, Caterina Barbarigo Sagredo, aus Mailand kam die Contessa Lucini, geborene Archinto, aus Schweden kam Graf Bielke und aus Paris der draufgängerische Herzogssohn Philip of Wharton. Und wenn man Rosalba nach dem Geheimnis ihrer Malerei fragte, nach ihrer »finesse de touche«, wie 1762 ein Kritiker schrieb, nach ihrer »überraschenden Leichtigkeit«, der »besonderen Grazie« der Farbübergänge und Fülle der Nuancen im Inkarnat, die »so bewunderungswürdig sind, daß sie Gefühle auszudrücken vermögen«, gab sie zur Antwort: »Die Pinsel und die Farben, die Sie sehen werden, braucht es dafür ...« Sie arbeitete nach einem festen Tarif, für eine Miniatur verlangte sie fünfzig Zechinen, für ein Pastell zwanzig, es sei denn der Auftraggeber wollte, daß seine Hände zu sehen sind, in diesem Fall waren es wegen der größeren Schwierigkeit dreißig Zechinen.

Trotz ihrer Triumphe und Einnahmen führte sie ein einfaches Leben zusammen mit ihrer jüngeren Schwester Zuanina, die sie Neneta nannte und die ebenfalls Malerin war; in den letzten Jahren arbeiteten mit ihr Felicita und Anzoletta Sartori und Margherita Tersi. Denn ihre Sehkraft hatte stark nachgelassen und verlosch schließlich ganz; sie war blind, als Neneta vorzeitig starb, und im Dunkel der Blindheit trösteten sie auch nicht die Besuche des Freundes Gasparo Gozzi und seiner Frau, der literarisch gebildeten und immer unschlüssigen Luisa Bergalli. In den letzten Monaten ihres Lebens schließlich verfiel sie in Wahnsinn.

3.

Als Henry James 1894 nach Venedig zurückkehrte, stieg er nicht bei den Freunden Curtis im Palazzo Barbaro ab, sondern wohnte im Haus Biondetti. Wußte er, daß dort Rosalba gelebt hatte und gestorben war? Die Gründe für seinen Besuch waren dieses Mal weit entfernt von den erfreulichen Beschwörungen der Vergangenheit. Im Haus Biondetti hatte eine Zeitlang eine amerikanische Freundin gewohnt, Constance Fenimore Woolson, auch sie Schriftstellerin und Großnichte des Romanciers James Fenimore Cooper: dieser hatte einen Mantel-und-Degen-Roman – oder vielmehr Gift-und-Dolch-Roman – mit dem suggestiven Titel *Der Bravo von Venedig* geschrieben, für den er im schwärzesten Schund der schwarzen Legende Venedigs aus dem vollen geschöpft hatte. Der Roman wurde ein riesiger Erfolg und hatte die Empörung aller Freunde der Geschichte der Serenissima ausgelöst. Die arme Constance war dem Beispiel des Mannes von George Eliot gefolgt: in einem plötzlichen Anfall hatte sie sich aus dem Fenster des nicht weit entfernten Hauses Semitecolo gestürzt, aber im Unterschied zu Signor Cross war sie nicht in den

Canal Grande gefallen, sondern auf den Steinquadern des Pflasters aufgeprallt. Und James hatte sich angeboten, der Schwester und der Nichte von Miss Woolson bei der Durchsicht der von ihr zurückgelassenen Dinge zu helfen.

Diese schmerzliche Beschäftigung hinderte ihn aber nicht daran, jeden Tag am Spätnachmittag an seinem neuen Roman *The Coxon Fund* zu arbeiten. Er arbeitete im Haus Biondetti auch nach der Abreise der Verwandten der verstorbenen Freundin weiter. Vom Fenster aus sah er die Vaporetti vorbeifahren, vollgestopft mit Touristen aus allen Ländern, die dabei waren, »diese liebe, geduldige Stadt zu entitalienisieren«. »Das liebe alte Venedig«, schrieb er einige Jahre später, »hat den Teint, die Figur, den Ruf und die Selbstachtung verloren, aber nicht das kleinste Körnchen seiner Vornehmheit.«

Er konnte auch sehr gut den kleinen Palast Alvisi, heute Gaggia, sehen, wenige Schritte vom Hotel Regina entfernt auf der anderen Seite des Canal Grande. Dort wohnte seit 1876 die gute Signora Bronson, Katherine de Kay, Witwe von Arthur Bronson, eine gute Freundin von Robert Browning, der bei seinen Aufenthalten in Asolo täglich ihre Villa »La Mura« besuchte (und dort spielte er auf einem alten Spinett, das auch ich mich noch erinnere, viele Jahre später in einem anderen Haus in Asolo gesehen zu haben).

Mrs. Bronson war ein typisches Exemplar von »Ausgebürgerten«, sie gehörte derselben Spezies an wie Rawdon Brown und Fritz Hohenlohe. Sie war so sehr venezianisiert, daß sie wie Hohenlohe in waschechtem Venezianisch sprechen und vor allem schreiben konnte: Komödien und Komödchen, *Un inglese a Venezia la vigilia de San Martin*, *Una giossa de mile val più che un baril de fiel*, *Son paron mi*, die sie in ihrem Haus, in der Villa der russischen Prinzessin Dolgoruoky, heute Rocca, an den Zattere, oder in Asolo im Teatro Sociale zur Aufführung brachte. Dessen eleganter Saal mit Logen, die Rekonstruktion eines Rokoko-Theaters aus dem 19. Jahrhundert, befindet sich heute im Ringling Museum in Sarasota, Florida. Sie hatte eine Schule für mittellose Kinder ins Leben gerufen, die sie aus eigener Tasche finanzierte. Und in ihrem Haus war neben den Brownings, Don Carlos von Bourbon und Isabella Stewart Gardner seit 1881 auch Henry James Stammgast, als er zum zweiten Mal nach Venedig kam (er logierte an der Riva degli Schiavoni, wo die Zimmer nicht sehr sauber waren, aber der Blick war, wie er selbst auf Italienisch schrieb, »una bellezza«, eine Schönheit, und er fügte hinzu: »Man möchte sie umarmen, sie streicheln, sie besitzen«, diese Stadt, in die er nie mehr zurückkehren sollte).

Vielleicht konnte James von den Seitenfenstern des Hauses Biondetti aus auf den Garten blicken, der die Rückseite des weiß leuchtenden Stumpfes von Palazzo Venier »dai leoni« umgab, ein ewig unvollendetes Denkmal der unerfüllten Ambitionen einer sozialen Klasse und einer Familie. Die Venier von San Vio besaßen bereits einen Palast am Canal Grande, der wegen eines Türmchens, das man sehr gut auf vielen Veduten Canalettos sehen kann, »dalla torresella« genannt wird. Sie wollten aber noch mehr, einen Palast, der es in aller Würde mit dem gegenüberliegenden großen Bauwerk, Sansovinos Ca' Corner, aufnehmen konnte. Der Entwurf des Architekten Lorenzo Boschetti lag bereits vor, und sie hatten sogar den alten Palast schon abreißen lassen. Aber das stolze Gebäude ist nicht über das massive Erdgeschoß hinaus gekommen; dort hat dreißig Jahre lang Peggy Guggenheim gewohnt, inmitten der Bilder und Skulpturen ihrer außergewöhnlichen Sammlung zeitgenössischer Kunst, vor allem abstrakter und surrealistischer Kunst, oder – wie man sagte, bevor der Begriff vulgarisiert und ins Lächerliche gezogen wurde – Kunst der Avantgarde. Ich erinnere mich sehr gut an Peggy, an ihre unwahrscheinliche, schwammige Nase, ihren New Yorker Akzent, ihre Hündchen, ihre Gondel »de casada«, eine der letzten. Ich war Gast an ihrer Tafel, in den Sälen des Palastes, den das Volk, als er noch existierte, »Maifinìo«, mai finito (nie beendet) nannte, mit ihren Ehemännern Max Ernst und Laurence Vail, und mit ihrer Tochter Pegeen Vail, die ein vielversprechendes, nicht alltägliches Maler-Talent war, aber dann Selbstmord beging; mit den Kritikern und amerikanischen Mäzenen unverständlicher Sprache und mit den venezianischen Freunden, dem Maler Bepi Santomaso, der sein Atelier nicht weit entfernt am Canal Grande in der Nähe des Traghetto von San Gregorio hatte, dem Architekten Carlo Scarpa und anderen, für die die Kunst der Sammlung Guggenheim noch etwas Bahnbrechendes war in der Kunstlandschaft einer Stadt, die törichterweise den Entwurf von Frank Lloyd Wright für den kleinen Palast Masieri an der Einmündung des Rio di Ca' Foscari, »in volta de Canal«, abgelehnt hatte. Und die es mit Hilfe von Pedanterien und Vertragsbrüchen durch Politiker und Bürokraten geschafft hat, daß die Sammlung anstatt Eigentum der Stadt Venedig zu werden, unter die Fittiche der Solomon R. Guggenheim Stiftung kam.

Die künstlerische und avantgardistische Bestimmung dieses Palastes geht sicherlich nicht auf die Ruhmestaten der Venier mit ihren drei Dogen zurück, unter ihnen Sebastiano, der Sieger von Lepanto, ein unmöglicher, schwieriger Charakter, rechtschaffen bis zur unnachgiebigsten Gewissenhaftigkeit und unversöhnlich im Bestreben, den neuen aufsteigenden Supermächten gegenüber das Ansehen und die Würde der Serenissima zu bewahren. Zweifellos war das ungewohnte Aussehen des Palastes daran Schuld, das vor der Restaurierung noch suggestiver war, als die Glyzinien und der amerikanische Wein über die Fassade herunterrankten, die dann grundlos und barbarisch vom Eifer der Architekten gestutzt wurden. Viele Jahre bevor Peggy Guggenheim dort als Hausherrin einzog, hatte die Marchesa Casati den Palast bewohnt, eine Persönlichkeit, die schon bald zur Legende wurde, doch dann zusammen mit vielen anderen Dingen und Personen der Vergangenheit in Vergessenheit geriet.

Im *Notturno*, das – wir erinnern uns – in der Casetta Rossa in einem Kriegs-Venedig und von seiner vorübergehenden Blindheit überschattet geschrieben wurde, beschwört D'Annunzio den Palazzo Venier dai leoni und die Marchesa Casati herauf, die er in seiner bekannten Vorliebe für Beinamen mit Anspielungen Corè getauft hatte – nach dem altgriechischen ›Kore‹, Mädchen, als Hommage an ihre herben und mädchenhaften Formen. Er schildert die extravaganten Abendveranstaltungen, die sie im Einklang mit der ihr eigenen Wunderlichkeit und der Einzigartigkeit des Palastes »Maifinìo« gab. »Jenseits des Canale schweigen verlassen die Paläste der schönen und berühmten Damen. Alle Fenster des Palazzo Da Mula sind verschlossen, das gestutzte Haus von Corè sieht mehr denn je aus wie eine verzauberte Ruine. Die Zypressen überragen die großen Bossenquader, über die Teppiche aus Weinreben herabhängen. Über jene Treppe, die jetzt ein Schatten aus Samt ist, kam in einer sommerlichen Vollmondnacht, die weit zurückzuliegen scheint, der maskierte Zug heraus, angeführt von dem weißen Harlekin, der einen blauen Papagei auf der Schulter trug und an der Leine einen jener kleinen Panther hielt, die auf dem Kithäron in der nächtlichen Orgie an den Brüsten der Mänaden saugten ... Ein diffuser Lärm dringt vom Becken von San Marco her. Ist es der Maskenzug, der mit Umhängen, Dreispitzen und Larven zurückkehrt? Tauchen oben auf der Treppe die Diener in Perücke mit den vergoldeten Laternen auf?«

D'Annunzio, der in den Jahren unmittelbar vor dem Ersten Weltkrieg in Arcachon lebte, hatte nie an Corès Festen teilgenommen. Und doch beschreibt er sie wahrheitsgetreu, die weißen Harlekine, die blauen Papageien, die Dreispitze und *Baùte* (es fehlte der Mohr, den die Casati vielleicht als Hommage an Misia Sert, die die Mode der venezianischen »Mohren« eingeführt hatte, golden bemalt hatte) und auch sie, die Casati, die sich mit dem kleinen Leoparden an der Leine sogar im Café Florian auf der Piazza San Marco zur Stunde des Aperitifs sehen ließ. Solche Bilder sollten in den zwanziger Jahren das Vermögen eines Brunelleschi ausmachen. Doch im Hause Casati, wo sich der »verfluchte« und snobistische Schriftsteller Jean Lorrain und die Dichterin Anne de Noailles trafen, sowie Ida Rubinstein, die ephebische Tänzerin, die in Paris in *Martyre de Saint Sébastien* aufgetreten war, zu dem D'Annunzio durch Mantegnas *Heiligem Sebastian* inspiriert wurde, sollten Bakst und Benois erfolgreich sein. Und zur Glanzzeit des Russischen Balletts sollten dort Richard Strauss, Igor Strawinsky und die großen Tänzer Furore machen, von Njinsky bis Serge Lifar, Boris Kochno und Leonide Massine. Doch über ihnen allen schwebte als donnernder, einziger und beschützender Gott der Mann, neben dem Strawinsky viele Jahre später den ewigen Frieden auf San Michele finden sollte: Serge de Diaghilev.

4.

Dieser außergewöhnliche Mann, der in einer Atmosphäre von ständigem Risiko und ununterbrochenem Abenteuer lebte, immer in der Schwebe zwischen spektakulären Erfolgen und phantastischen Katastrophen, ein unerschöpflicher Entdecker von Talenten und Begründer von Moden, die über die Bühne hinausgingen und in das Alltagsleben eindrangen, Weltbürger und doch aus tiefster Seele Russe, ist in Venedig gestorben. Sein Begräbnis sollte die letzte choreographische Inszenierung des Lebens eines großartigen Theatermenschen sein: das prunkvolle Leichenboot mit dem versilberten Markus-Löwen am Bug, die Flügel zum Zeichen der Trauer gefaltet, ein schwarzgekleideter Zeremonienmeister am Heck mit einer Art Merkurstab in der Hand (diesen düsteren Trauer-Prunk gab es nicht nur für ihn, es war sozusagen ein Serienprodukt; ich beschreibe ihn hier, weil ich das Boot mit eigenen Augen und auf den Fotos gesehen habe, die bis vor einigen Jahren in einer Vitrine am Campo Santi Apostoli ausgestellt waren), fuhr am 19. August 1929 den Canal Grande entlang, bevor es den Lagunenarm zwischen den Fondamente Nuove und San Michele überquerte. Dort sollte Lifars Sprung ins offene Grab einem Leben das letzte Siegel aufdrücken, das permanent zwischen Vornehmheit und Schäbigkeit, zwischen Achtbarkeit und Skandal schwankte. Das Leben eines genialen Homosexuellen, mit allem, was dazugehörte: Großzügigkeit und Perfidie, Empfindlichkeit und Standhaftigkeit, einschließlich der unerschütterlichen Ergebenheit der Damen, die ihm zur Hilfe eilten, als der großartige Improvisator, der bei der Generalprobe das Finale von *Petruschka* in nur zehn Minuten inszeniert hatte, den Vorhang nicht hochziehen lassen konnte, weil er noch nicht einmal das Geld für den Techniker hatte.

Paul Morand hat in seinen *Venises* die Invasion der Homosexuellen in Venedig beschrieben, »beringt und gurrend wie die Tauben von San Marco«: die Päderasten, wie man sie früher nannte – aber wir in Venedig nannten sie *Settembrini*, weil sie normalerweise scharenweise im September auftauchten, dem schönsten und sanftesten Monat, in dem bis vor einigen Jahren die Touristenmassen sich endlich lichteten. Zu Morands Zeiten erkannte man sie am Tuch, das sie im Ärmel trugen und nicht in der Tasche. Wir Jungens hatten andere und wesentlich weniger sichere Kriterien, unter anderem vor dem Krieg das gelbe oder türkisfarbene Trikot und die Goldkette am Hals, die ja heute eine Art Markenzeichen für Männlichkeit geworden ist.

Eine tragische Leidenschaft vielleicht, auf jeden Fall der finstere Epilog eines homosexuellen Lebens, auf den einige Jahre später die Mißgeschicke eines mit Geld und Drogen vollgestopften Schallplattenproduzenten folgten, hat dem elegantesten der venezianischen Renaissance-Paläste, dem Palazzo

Dario, der die mit farbigen Marmorscheiben geschmückte Fassade leicht gegen den Canal Grande neigt, einen düsteren, gänzlich unverdienten Ruf verschafft. Wenn das die liebenswürdige Clique von venezianisierten französischen Literaten wüßte, die als Gäste einer Gräfin de La Baume einstmals darin verkehrten, angeführt von dem Dichter Henri de Régnier, der von dem Palast ganz besonders begeistert war! Wenn das der Gründer Giovanni Dario wüßte, der als einziger unter den vielen Erbauern und Eigentümern von historischen Palästen am Canal Grande in den Marmor der Fassade seines Palastes deutlich und gut sichtbar seinen Namen und Nachnamen einmeißeln ließ, und zwar in Form einer Widmung, die stark nach Selbstdarstellung aussieht: GENIO VRBIS JOANNES DARIO, Giovanni Dario dem Genius der Stadt.

Vielleicht hat sich Giovanni Dario deshalb in so deutlicher Weise verewigen wollen, weil er einer der wenigen Palast-Eigentümer am Canal Grande war, die nicht zur übermächtigen, allgegenwärtigen Aristokratie gehörten. Er war kein Patrizier, er war ein »Ursprungs-Bürger«, ein Mitglied der geachteten und geehrten, aber untergeordneten Gruppe der Senats-Sekretäre. Die aber durchaus beauftragt werden konnten, und so war es ihm geschehen, die stolze Serenissima bei wichtigen Missionen im Ausland zu vertreten. Im konkreten Fall hatte er die überaus schwierige und gefährliche Aufgabe erhalten, den Frieden mit dem Sultan der Osmanischen Türken, dem furchtbaren Mehmet II., dem Eroberer von Konstantinopel, auszuhandeln, der Venedig seine reichste Kolonie Negroponte weggenommen hatte.

Sechzehn Jahre lang hatte die Republik mit den Türken im Krieg gelegen, ohne daß christliche Fürsten und Staaten etwas unternommen hätten, um ihr zu helfen. Der Krieg mußte beendet werden, auch um den Preis schwerer Opfer. Vielleicht ließ gerade die Notwendigkeit, Opfer, auch große territoriale Opfer zu bringen, es ratsam erscheinen, dem Sultan keinen Patrizier, sondern einen Sekretär zu schicken. So würde nach der Bekanntgabe der Vertragsbedingungen die unvermeidliche Unzufriedenheit der öffentlichen Meinung nicht ein Mitglied der herrschenden Klasse treffen. Außerdem verstand sich ein Sekretär, ein in Erfahrungen gealterter *grand commis* möglicherweise besser auf das Verhandeln als ein Patrizier, der sich durch das Prinzip der Ämterrotation notgedrungen auf keinem Sektor wirklich gründlich spezialisieren konnte.

So hatte Giovanni Dario den Frieden erreicht, und wie zu erwarten, tönte das Gekläff der christlichen Fürsten und Staaten, die nichts getan hatten, um Venedig zu helfen, noch lange gegen ein Ergebnis, das Venedig mit der Abtretung von Negroponte, Argolis, der Sporaden und der Insel Lemnos bezahlte. Hinzu kam die Entrichtung eines Tributs von zehntausend Golddukaten jährlich an den Sultan gegen die Zusicherung, im Schwarzen Meer frei Handel treiben zu können.

Zum Beweis seiner Zufriedenheit hatte Mehmet Giovanni Dario drei golddurchwirkte Gewänder geschenkt. Die Republik gab ihm zum Dank einen Besitz in Noventa Padovana. Das hatte er verdient, denn er schien auch die intelligente Idee gehabt zu haben, den venezianischen Maler Gentile Bellini nach Istanbul zu schicken. Oder vielmehr, ihn von Mehmet einladen zu lassen, der sich bekanntlich wider das Korangebot von ihm porträtieren ließ (eine Version des Porträts ist mit dem Erbe von Sir Henry Layard an die National Gallery in London übergegangen). Nach einer Legende, die in Anbetracht der Zeiten und der Person vielleicht sogar wahr ist, wollte Mehmet Gentile davon überzeugen, daß der enthauptete Kopf des Heiligen Johannes des Täufers in einer bestimmten Weise gemalt werden müsse, enthauptete zu dem Zweck vor seinen Augen einen Sklaven und zeigte ihm, wie die Röhren des Halses aussehen. Die Republik drückte ihre Zufriedenheit auch dadurch aus, daß sie 1484 den mittlerweile siebzigjährigen Giovanni Dario noch einmal nach Istanbul schickte, um mit Mehmets Sohn Bayezid II. zu verhandeln. Auch dieses Mal war der Senat zufrieden und ernannte ihn zur Belohnung zum Sekretär des damals allmächtigen Zehnerrats. Ein sehr begehrter Posten: Er eröffnete den Zugang zu den eifersüchtig gehüteten Geheimnissen der hohen Diplomatie und der hohen Politik. Außerdem sorgte der Senat für die Mitgift seiner unehelichen Tochter Marietta. Und durch sie und ihren Mann Ser Vincenzo Barbaro (ein jähzorniger Mann, der zehn Jahre später wegen Beleidigung eines Schreibers der Behörde der *Cinque alla Pase* für zehn Jahre aus dem Großen Rat ausgeschlossen wurde) ging der Palast an einen Zweig der Familie Barbaro und blieb bis zum Beginn des vorigen Jahrhunderts in deren Besitz.

Um ihn vor einem dramatischen Verfall, Schicksal vieler Paläste am Canal Grande, und vielleicht vor dem Abriß zu retten (er war wenig mehr als eine Ruine), griff 1838 ein Freund Ruskins ein, derselbe, der ihm die Unterkunft im Haus Wetzlar verschafft hatte: Rawdon Lubbock Brown.

Der damals zweiunddreißigjährige Brown (er wurde 1806 in London geboren) hatte vierhundertachtzig Sterling dafür bezahlt. Er war, und das bezeugt Effie Ruskin, die mit ihm befreundet blieb auch nach der Trennung von John, mit dem ihn bis zum Tod eine enge Beziehung verband, ein vollendeter Ehrenmann, war aber nach Aussage von John Millais sehr nervös. Im Alter von sechsundzwanzig wollte er Venedig sehen: es hatte ihm so sehr gefallen, daß er nie wieder fortging. Da er ein tüchtiger Paläograph war, hatte er sich der wissenschaftlichen Forschung und gelehrten Arbeiten gewidmet. 1854 veröffentlichte er die Depeschen von Sebastiano Giustinian, Botschafter bei König Heinrich VIII. (Effie Ruskin korrigierte die Druckfahnen). 1862 übergab ihm dann Lord Palmerston den Auftrag, alle Dokumente des Staatsarchivs von Venedig, die die englische Geschichte betreffen, zu registrieren und zu transkribieren, eine Arbeit, die ihn sein ganzes Leben beschäftigen sollte, ohne ihn jedoch daran zu hindern, wichtige Untersuchungen über Marino Sanudo, den großen Chronisten des 16. Jahrhunderts, zu veröffentlichen.

Brown hatte den Palast nicht von den Barbaro gekauft, sondern von einer rätselhaften Person, dem Marchese Abdoll, der mit armenischen Diamanten handelte. Nachdem er ihn restauriert hatte, verkaufte er ihn (blieb aber am Canal Grande wohnen, zunächst im Palazzo Busenello, dann im Palazzo Grimani Della Vida, wo er starb) an den Grafen Sigismund Zichy, den Bruder der Fürstin Metternich. Von den Zichy ging er an einen alten österreichischen General, an den aus Irland stammenden Feldmarschall Graf Laval Nugent, der dort mit über neunzig Jahren starb. Ich weiß nicht, auf welchem Wege in jüngeren Zeiten der Palast an die Gräfin La Baume übergegangen ist, und von ihr an den Marchese Montcalm, ein Nachfahre eines der Helden des amerikanischen Unabhängigkeitskrieges. Heute ist er nach einer langen Reihe von Eigentumswechseln im Besitz des dynamischen italienischen Finanziers Gardini.

5.

Das Kaleidoskop geht weiter. Auch der andere Palazzo Barbaro, der seine Fassade mit den zierlichen Spitzbogenfenstern neben Palazzo Dario präsentiert, ist in fremde Hände gegangen. In liebevolle Hände, die ihn restauriert und geschützt haben. Die Duse hat hier gewohnt, in der obersten Etage, als Gast eines gebildeten russischen Edelmannes, Alexander Wolkoff Mouronzov, der den Palast gekauft hatte und dort mit seiner Tochter lebte. Er hatte ihn mit Gemälden, Skulpturen und Kunstbüchern gefüllt. Weiter in Richtung Salute-Kirche bei San Gregorio, neben dem Traghetto, wohnte und arbeitete Mariano Fortuny, der geniale und vielseitige spanische Maler, der in dem großen und dunklen Palazzo Pesaro degli Orfei bei San

Beneto, heute ein Museum, seine Experimente auf dem Gebiet des Bühnenbilds, der Bühnentechnik und der Dekorationskünste durchführte. Üppig, jovial und großzügig hatte Don Mariano mit seinen Kreationen zwei völlig unterschiedliche Persönlichkeiten fasziniert, Gabriele D'Annunzio und Marcel Proust. Wer die *Recherche* gelesen hat, wird sich sicherlich an gewisse, mit Arabesken verzierte Stoffe von Fortuny erinnern (dem es gelungen war, die kostbaren venezianischen, mit Gold und Silber durchwirkten Renaissance-Stoffe nachzumachen, für die große Maler den Tuchmachern vom Rialto ihre Entwürfe gaben; aber er entwarf auch eine Vielzahl neuer Farben und Muster). Albertine kleidete sich damit, die unentschlossene und entflohene Geliebte, die Duchesse de Guermantes zog sie an, und auch reale Personen wie die Duse, Réjane, Sarah Bernhardt und die Tänzerin Isadora Duncan, für die Fortuny auch die Kleidung des klassischen Griechenlands wiederaufleben ließ. Und Fortuny war, wie Peter Collier erzählte, unbewußt dem Schriftsteller gefolgt, indem er 1919 in Paris ein Atelier am Boulevard Haussmann eröffnete, wo Proust zwölf Jahre lang gelebt hatte. Vor allem aber hatte er die Schwester eines guten Freundes von Marcel, des Musikers Reynaldo Hahn, geheiratet.

Mehr noch als die Stoffe zogen D'Annunzio Don Marianos bühnenbildnerische Einfälle an: die »Kuppel«, eine ganz einfache Erfindung, die es ermöglichte, auf der Bühne den Himmel darzustellen und Wolken darauf zu projezieren und wenn nötig Visionen und Erscheinungen, ist noch heute eine der gebräuchlichsten Techniken der Theater und Opernhäuser der ganzen Welt. Fortuny hatte das Bühnenbild für den fünften Akt der französischen Version von *Città morta*, gespielt von Sarah Bernhardt, entworfen, und wie Gino Damerini berichtet, hatten D'Annunzio und die Duse bei Bühnenbild, Ausstattung und Kostüme, einschließlich der Stoffe, zu *Francesca da Rimini* nur ihn als Künstler im Auge. Die drei trafen sich des öfteren in Venedig, Ferrara, Ravenna und Rimini, D'Annunzio überschüttete ihn mit Briefen voller kleinster Details über die Tragödie, an der er noch schrieb, über die Bühnenbilder, die Requisiten, über alles. Die Zusammenarbeit brachte nicht das erhoffte Ergebnis, weil D'Annunzio und die Duse zu Unrecht der Auffassung waren, daß Fortuny die ganze Last der Inszenierung, einschließlich des Baus der Bühnenbilder, der Anfertigung der Kostüme und der Beleuchtung auf sich nehmen müsse, und alles auf seine Kosten. Es gab dramatische Momente, die Premiere der Tragödie schien bedroht; im letzten Moment wurde ein anderer Bühnenbildner gefunden, und die *Francesca* wurde dann doch noch aufgeführt.

Aber an diesem Vorfall sollte die Freundschaft nicht zerbrechen. Jahre später wohnte D'Annunzio in Paris der Vorführung einer der vielen bühnentechnischen Erfindungen Don Marianos bei und war so begeistert, daß er sich zum Promoter des Baus eines auf Fortunys Ideen basierenden Theaters machte. Er schaltete große Tiere der Pariser Finanz ein, sogar den Baron von Rothschild, und setzte eine Plenarversammlung der Finanziers im Hotel Meurice an, in dem er logierte. Doch als Fortuny ihn suchte, um ihm zu sagen, daß alle eingetroffen seien, fand er ihn nicht, er traf nur eine wunderschöne und sehr erregte Frau an, die ihn heftig weinend umschlang. Sie war, wie der Dichter in seinem *Libro segreto* sagen wird, eine »verrückte Freundin mit dem schwärzesten slawischen Wahnsinn«, und um ihr zu entkommen, war er, ohne jemandem etwas zu sagen, in Begleitung einer anderen Frau nach Arcachon abgereist.

Weiter vorn am Canal Grande ruft die anmutige Abtei San Gregorio ihrerseits Erinnerungen an internationale gesellschaftliche Ereignisse der jüngsten Zeit wach, die ihr im abergläubischen venezianischen Mikrokosmos einen beharrlich negativen Ruf einbrachten, der heute glücklicherweise vergessen ist. Diesen Ruf hatte sie dem tragischen Ende von Alexis

Mdivani zu verdanken, des Ehemannes der amerikanischen Millionärin Barbara Hutton, die das Gebäude gekauft hatte: er war ein armer, schöner und mittelloser georgischer Fürst, nur einer der vielen Ehemänner seiner Frau, darunter vor ihm der berühmte Tennis-Star von Cramm, und nach ihm der dänische Graf Haugwitz Rewentlow und der Playboy Porfirio Rubirosa.

Die Abtei wurde verkleinert, einer ihrer Kreuzgänge wurde geschlossen, und gegen Ende des vorigen Jahrhunderts wurde sie einem neugotischen Palast einverleibt. Zu Napoleons Zeiten war sie gemeinsam mit der schönen gotischen Kirche, die neben ihr steht, säkularisiert worden. Diese blickt nicht auf den Canal Grande, sondern auf einen malerischen Campiello (nur die Apsiden stehen an dem Kanal, der den Canal Grande mit dem Canale della Giudecca verbindet). Heute ist die Abtei San Gregorio das Labor der Sopraintendenza ai Beni Artistici e Storici (Denkmalamt) für die Restaurierung von Gemälden und ihr Ursprung ist mit einer anderen sehr alten Abtei, Sant'Ilario, verknüpft, die sich im unmittelbaren Hinterland in Richtung Padua befand und die Begräbnisstätte der ältesten Dogen war. Ein Priorat der Benediktiner-Mönche von Sant'Ilario wurde 1160 hier eingerichtet, aber die Kirche selbst war noch älter. Bei Giovanni Diacono, dem Chronisten der ersten Jahrhunderte der Serenissima, ist sie erwähnt. Er berichtet, daß im Jahre 821 hier in der Nähe mit Blick auf den Canal Grande Giovanni Tornarico und Bono Bradanisso gehängt wurden, die Anführer einer Verschwörung gegen die Dogen Agnello und Giovanni Partecipazio. Es war die beschwerlichste Zeit im Leben Venedigs, nur zwanzig Jahre waren vergangen, seit der Dux Agnello das Machtzentrum dorthin verlagert hatte, wo die Inselstadt im Entstehen begriffen war. Diese Entscheidung war in der Folge des Angriffs durch Karl den Großen, den König der Franken, gereift, der zehn Jahre zuvor vom Papst in Rom zum Kaiser des von ihm selbst wiedergegründeten Heiligen Römischen Reichs gekrönt worden war. Der Angriff hatte die Franken bis zur Hauptstadt des venezianischen Dukats, nach Malamocca, gebracht. Laut venezianischer Überlieferung wurden die Franken unter dem Kommando von König Pippin, Sohn Karls des Großen, von den Venezianern endgültig besiegt, in einem regelrechten Gemetzel, das dem tiefen Lagunen-Kanal, der von Malamocco nach Venedig führt, den Namen, Canal Orfano (Waisen-Kanal), gegeben habe.

Die fränkische Überlieferung schildert die Dinge anders. Wie auch immer es war, unter dem Schutz der byzantinischen Flotte wurde zwischen Karl und dem byzantinischen Kaiser Nikephoros der Frieden ausgehandelt, Venedig würde endgültig im byzantinischen Machtbereich bleiben und deshalb nicht vom Feudalsystem des Festlandes aufgesogen werden, sondern wandte sich immer stärker dem Meer zu, blickte gen Osten, in eine Zukunft des Seehandels, der die Stadt unabhängig von jedem Schutz und ihrerseits zur Herrin über ihr Meer machen würde. Fast achtzig Jahre nach der Verschwörung von Tornarico und Bradanisso wurde Venedig von den Ungarn angegriffen, die auf ihren wilden Streifzügen in einem großen Teil Italiens furchtbare Verwüstungen angerichtet hatten. Auch sie rückten auf dem schmalen Gürtel der Lidi (Nehrungen) vor, die die Lagune begrenzen, die damals der heutigen bereits sehr ähnlich war. Sie bauten sich kleine Schiffe aus Fellen, auf denen sie hofften, in die Lagune eindringen zu können. Aber bei Albiola, in der Nähe von San Piero in Volta, trafen sie auf den Dogen Pietro, den Sohn von Domenico Tribuno, an der Spitze der venezianischen Schiffe. Die Räuber waren gezwungen, den Rückzug anzutreten, aber der Doge zog aus dem Vorkommnis die richtigen Konsequenzen. Vom Castello di Olivolo, wo die Kathedrale San Pietro steht, bis zu Santa Maria Zobenigo wurde eine Mauer errichtet, Venedig wurde eine gegen jeden möglichen Angreifer gerüstete Stadt. Und genau hier, bei San Gregorio, wurde ein Turm gebaut, von dem aus eine dicke Eisenkette zum anderen Ufer gespannt war, die dort an einem weiteren Turm befestigt ist, um den Zugang zum Canal Grande zu blockieren. Einem Zweig der Familie Zorzi war die Wache des zweiten Turms anvertraut worden, der wahrscheinlich dort stand, wo sich heute der kleine Gaggia-Palast befindet, der ehemals Mrs. Bronson gehörte. Aus den Akten geht hervor, daß er 1460 abgerissen wurde, um für ein Haus von Messer Francesco Giustinian Platz zu machen.

Hier also endete der Canal Grande, der Fluß, Hafen, Straße und Bühne zugleich war. Nach der letzten feindlichen Bedrohung, die bis an den Rand der Lagune vorgedrungen war, als 1379 die Genuesen in Chioggia Stellung bezogen hatten und eine beispiellose Mobilisierung sämtlicher städtischer Kräfte sie für immer verjagte, hatte die Kette keine Existenzberechtigung mehr. Aber schon damals hatte die Bühnen-Straße eine Verlängerung erfahren und sich mit dem Schwerpunkt des venezianischen Lebens verbunden, mit dem Gebiet von San Marco und der davor liegenden Wasserfläche. Dort öffnete sich Venedig mittlerweile ohne jede Furcht vor einem Feind, der vom Meer her kommen könnte, das die unangefochtene Quelle seines Reichtums und Erfolgs geworden war.

6.

Nahezu gegenüber der Abbazia di San Gregorio steht der Palazetto Contarini Fasan, der traditionell als das Haus der Desdemona angesehen wird (der Romanschriftsteller Lion Feuchtwanger, der Autor von *Jud Süß*, hat sich dadurch für eine umfassende Abhandlung über die Beziehung zwischen Geschichte und Fiktion inspirieren lassen). Ebenso traditionell wurde Othellos Haus im Palazzo Guoro bei den Carmini lokalisiert, das vor weniger als einem Jahrhundert abgerissen wurde, wo man aber noch eine aus dem 15. Jahrhundert stammende und in das neue Gebäude eingefügte Skulptur eines Schildknappen sehen kann. Es war Rawdon Brown, der die Theorie entwickelt hat, nach der Shakespeares (und Verdis) Mohr von Venedig ein Mitglied der Patrizierfamilie Moro gewesen sei, und zwar könne es sich um Cristoforo, den Sohn von Lorenzo Moro gehandelt haben, der 1505 zum venezianischen Statthalter in Zypern ernannt wurde. Als er drei Jahre später Kapitän der vierzehn Galeeren in Candia wurde und nach Venedig fuhr, um über seine Mission in Zypern Bericht zu erstatten, starb seine Frau auf der Reise. Viele Jahre später heiratete der Witwer wieder und zwar die Tochter von Ser Donato da Lezze, von der man lediglich weiß, daß sie den Beinamen »weißer Dämon« trug. Aus diesem Beinamen habe dann Giraldi Cintio, Shakespeares Quelle, die sanfte und weiße Desdemona gemacht. Aber nichts ist riskanter, als die Phantasie-Geschöpfe der Dichter mit aller Gewalt in die geschichtliche Realität einführen zu wollen.

Die kleine Abtei, die Ruskin so sehr gefiel, ist noch kleiner geworden durch die sie weit überragende, große barocke Baumasse von Santa Maria della Salute. Das Meisterwerk von Baldassare Longhena, das durch Senatsbeschluß als Dank für das Ende der Pest von 1603 errichtet wurde, ist seitdem eines der charakteristischsten Elemente der venezianischen Stadtansicht. Von dort aus erstrecken sich hinter dem alten Kloster der Somaschi, heute Patriarchalisches Seminar, niedrig und wie hingekauert die alten Lagerhäuser der Dogana da Mar (Seezoll). Und hier an der Punta della Dogana, vor der bis vor einem halben Jahrhundert die schlanken Kriegsschiffe ankerten, endet die lange Landzunge des Sestiere Dorsoduro. Zu Füßen der Fortuna von Bernardo Falcone, aufrecht und mit einem Fuß auf der goldenen Kugel, die von zwei bronzenen Atlanten getragen wird, hielten früher einmal vor einer der schönsten und berühmtesten Ansichten der Welt die aus Ost und

West kommenden Schiffe. In jüngeren Zeiten war hier der Ankerplatz für die kleinen Motorschiffe der Küstenschiffahrt, die die Passagiere nach Istrien oder Dalmatien bis nach Dubrovnik brachten. Dahinter, am Ende der Fondamenta delle Zattere, machen im Canale della Giudecca nach wie vor Yachten und Vergnügungsschiffe fest. Weiter hinten, vor den Salzspeichern (Magazzini al Sal) der Serenissima, die wegen des Namens der Fondamenta an dieser Stelle fälschlicherweise Saloni genannt werden (es handelte sich dabei jedoch, wie der Gelehrte Tassini bewiesen hat, um den Namen einer Familie), legten die Transportschiffe aus Istrien an, die berühmten Trabaccoli mit dem gebogenen Bug, der zwei gemalte Augen im Relief trug. Zu meiner Zeit fuhren sie noch mit Segeln, und die Lateiner-Segel waren so bunt wie die der Fischerboote, der *Bragozzi* aus Chioggia. Auf den sich unter dem Gewicht biegenden Landungsstegen gingen pausenlos die Schauerleute hin und her, Kopf und Schultern mit offenen Säcken in der Art von Kapuzen geschützt, die Schultern gekrümmt unter den riesigen Salzballen, die aus Rovigno, Istrien, Umgao Parenzo und Capodistria kamen, uralten Ländereien von San Marco, die wesentlich näher an Venedig als an Triest lagen. Manchmal hatten sie Tabak geladen, dessen Duft in den warmen Nächten des Spätfrühlings sehr intensiv war, in der Stille, die nur vom dumpfen Schlagen und Platschen unterbrochen war, welche die Tintenfischfänger am eigens durch bewegliche Lampen beleuchteten Ufer auslösten.

Auch all dies gehört der Vergangenheit an, und wer weiß, was aus dem Fest der Madonna della Salute wird, da mehr als die Hälfte der Bevölkerung nach Mestre, Marghera, Chirignago, Spinea, kurzum aufs Festland gezogen ist. Was wird aus der Menge, die sich auf der Votivbrücke drängt, welche alljährlich am 21. November den Canal Grande überspannt und die um die Kerzenverkaufsstände herum steht (Cinque schei la candeleta / per la Madona benedeta! Fünf Pfennig eine Kerze für die gesegnete Madonna! so klingen mir noch die frechen Stimmen der Verkäufer in den Ohren) und um die Stände, die »bondieuseries« verkauften, wie die Franzosen sagen, das heißt Rosenkränze, Votivherzen, kleine Statuen, Bildchen und Gebetsbücher?

Wird sich das Fest der Madonna della Salute vor dem Apparat retten können, der touristische Vergnügungen organisiert, und der schon die anderen venezianischen Feste massakriert und in anonyme Massenveranstaltungen verwandelt hat? Vielleicht, denn es fällt in eine für den Tourismus wenig günstige Jahreszeit, auf für gewöhnlich eiskalte Tage. Unter der Kuppel der Basilika, die von seltsamen Ohrmuscheln aus istrischem Stein getragen wird, sind an normalen Tagen die Anhänger Tizians zahlreicher versammelt als die Ergebenen der Madonna. Aber wird die Madonna, die traditionell nachgiebig mit den Sünden der Venezianer umgeht, das Vertrauen vergessen, das eine laizistische Republik und eine vergnügungssüchtige Bevölkerung in der Stunde des Leidens in sie setzte? Wird sie die Stadt gegen Ambitionen und Gewinnsucht, gegen Ignoranz und Arroganz verteidigen, die heute Hand in Hand mit Nachlässigkeit und Desinteresse ihre Existenz wie die Pest von 1630 bedrohen?

XVII

1.

Wenn die Salute-Basilika das wichtigste Denkmal der Frömmigkeit und des religiösen Glaubens der Venezianer darstellt, so ist das 1638 in einem Palast des N.H. Marco Dandolo in der Calle Valaresso eröffnete »Ridotto grande« (Spielkasino), sehr schnell ohne weitere Adjektive als »das Ridotto« bezeichnet, der Tempel der ganz und gar heidnischen Göttin Fortuna gewesen, die jenseits des Canal Grande auf der Punta della Dogana da Mar tänzelt.

Früher einmal reichte das Ridotto mit dem anliegenden Garten, dessen Fläche der Palazzo Erizzo, heute Hotel Monaco, einnimmt, bis zum Canal Grande. Aber das Leben des Kasinos, das damals so berühmt war wie heute das Kasino von Monte Carlo, spielte sich lediglich im Inneren ab, in den Sälen, die 1768 der Architekt Bernardino Maccaruzzi unter Verwendung von Mitteln renovierte, die aus der Säkularisierung einiger Klöster stammten (was einen großen Skandal auslösen sollte). Die Republik hatte sich offiziell zum Garanten für das Ridotto gemacht, als sie anordnete, daß das Amt des »Tagliatore«, des Bankhalters bei den verschiedenen Glücksspielen – es waren nur Kartenspiele – ausschließlich Patriziern vorbehalten sein sollte. Diese mußten ihre Aufgabe nicht nur mit unverhülltem Gesicht wahrnehmen, im Gegensatz zu den Spielern, für die das Tragen der Maske obligatorisch war, sondern sogar im offiziellen Gewand, in Toga, Stola und Lockenperücke erscheinen.

Ein Dekret des Zehnerrats legte die Regeln des Spielkasinos fest. Es war den Adligen, die »schnitten«, verboten, Spieltische zu reservieren, die Plätze standen denjenigen zur Verfügung, die als erste kamen. Es war verboten, Essen zu servieren; es war verboten, anderswo zu spielen als im Spielsaal, und das Verbot betraf auch die Gondolieri, die im Atrium oder in den Höfen warteten. Das am meisten ausgeübte Spiel war »Faraone«, das Lieblingsspiel auch von Giacomo Casanova, dem unverbesserlichen Spieler, wie jeder nur zu gut weiß, der seine *Memoiren* gelesen hat; aber im Ridotto wurde auch Bassetta gespielt, das die feine Gesellschaft Venedigs anscheinend vorzog. Diese Gesellschaft spielte ebenso wie das einfache Volk in den »casini« (selbst während der Sommerfrische, wie Goldoni uns lehrt) alle erdenklichen Spiele: Zecchinetta, Bestia, Cresiman, Biribisso, Panfil, und auch andere, weniger als Glücksspiele anzusehende Spiele, die bis heute überlebt haben, wie Tressette, Picchetto, Coteccio und Sette e mezzo.

Unter den bankhaltenden Adligen gab es hochrangige Persönlichkeiten wie den N.H. Gregorio Barbarigo, Großneffe des Heiligen und Vater von Contarina, an den die Herzogin von Modena während des Karnevals 1743 im Spiel tausend Zechinen verlor. Auch hochgestellte Spieler fehlten nicht: 1708 hatte König Friedrich von Dänemark viel gewonnen, doch als großer Herr hatte er so getan, als stolpere er, um den Tisch mit den Karten und Einsätzen umzustoßen, die so an die Bank zurückgingen. Er reagierte vielleicht so, um es dem N.H. Querini gleichzutun, der auf einem Fest im Palazzo Foscarini bei den Carmini eine ebenbürtige Tat vollbracht hatte: während seine Frau mit dem Herrscher tanzte, riß ein prachtvoller Perlengürtel entzwei, und die Perlen fielen zu Boden. Die Querini tat so, als habe sie nichts bemerkt, und als der König sich verwirrt bückte, um die Perlen aufzulesen, kam der Ehemann lächelnd auf ihn zu, trat auf die Perlen, stieß sie mit den Füßen beiseite und bat seine Frau, weiter zu tanzen.

Auch bedeutende Persönlichkeiten der Politik kamen ins Ridotto. Silvestro Valier, der 1694 zum Dogen gewählt werden sollte und bereits den Ruf eines großen Mannes genoß, kam häufig mit seiner Frau Elisabetta Querini, welche die letzte gekrönte Dogaressa werden sollte. Er spielte sehr hoch, und einmal, als er sah, daß seine Frau kleine Summen setzte, sagte er zu ihr: »Signora Betta, ich will nicht, daß wir so klein spielen, sondern daß wir recht viel gewinnen.« Und bei jedem Einsatz von ihr warf er Hände voller Dukaten dazu und lachte, wenn die Bank sie ihr abnahm. Molmenti erzählt von einem Patrizier Mocenigo, der seinen halbwüchsigen Sohn mitbrachte und ihn seinen patrizischen Kollegen, die die Bank hielten, mit den Worten vorstellte, er wolle dem Jungen die Ehre verschaffen, sie kennenzulernen, »indem er drei oder vier Silbermünzen verlor«.

Ein Gemälde des amüsanten Chronisten-Malers Gabriel Bella zeigt uns Maccaruzzis Saal an einem Spielabend in vollem Gange. Zahlreiche Kerzen brennen in den Lüstern, und jeweils eine brennt in einem silbernen Kerzenhalter auf jedem der Tische, um die herum perückentragende Patrizier sitzen, jeder mit einem Haufen Gold- oder Silbermünzen vor sich. Es laufen *Baùte* und andere Masken herum, und einige setzen im Stehen, weil keine Stühle mehr zu finden sind. In einer Nische serviert der Cafetier – ohne Maske wie die bankhaltenden Adligen – den Kaffee. Die Regeln verlangten, daß während des Spiels absolute Stille im Saal herrschte.

Der Saal beherbergte die Spielhölle nur noch für kurze Zeit. Am 27. November 1774 schloß der Große Rat das Ridotto. Zur großen Freude der Moralisten, die in Prosa und in Versen den Mut der fünf »Korrektoren« in den Himmel hoben, die die Schließung vorgeschlagen hatten. Andere aber reagierten weniger begeistert: Goldoni sprach in seinen Memoiren von »jenem berühmten Ridotto, das die einen bereicherte und die anderen ruinierte; das aber die Spieler aus den vier

Ecken der Welt herbeirief und das Geld zirkulieren ließ«. Am wenigsten zufrieden waren die verarmten Adligen, die *Barnabotti* genannt wurden, seit den mittellosen Patriziern einige Häuser zu symbolischen Preisen im Bezirk San Barnaba zur Verfügung gestellt wurden. Für sie fiel die Möglichkeit, im Ridotto die Bank zu halten (und das bestätigt der Abenteurer Ange Goudar, ein eingeschworener Feind Casanovas), mit der Möglichkeit zusammen, jeden Vormittag beim Lebensmittelhändler vorbeizugehen, sich ein wenig Innereien, Brot, Obst und Wein zu kaufen und als »große Herren« zu leben. Aber auch ohne sie spielte Venedig im privaten Bereich leidenschaftlich weiter, bis viele Jahre nach dem Fall der Serenissima.

2.

Am kanalseitigen Anfang der Calle Valaresso, von wo aus bis vor wenigen Jahren das Traghetto über den Canal Grande zur Punta della Dogana fuhr, ruft Harry's Bar die noch sehr lebendige Erinnerung an Giuseppe Cipriani wach, an seine vielen und erfolgreichen Kreationen, Restaurants, Hotels, Speisen und Getränke, an seine sympathischen Umgangsformen, mit denen er sich einen großen Teil seiner Kunden zu Freunden machte, darunter wirkliche Könige und Finanz-Könige, berühmte Schriftsteller und schöne Frauen, Leute, die man auf den Titelseiten der Zeitschriften sah, venezianische und ausländische Stammgäste. Alle, unterschiedslos, waren gegeneinander gepreßt wie Sardinen und glücklich, sich in dem Lokal drängen zu können, das in Venedig am meisten *in* war (auch wenn es dieses Wort damals noch nicht gab).

Die Malerei war eine weitere Leidenschaft der Venezianer, die sich jahrhundertelang als Maler und Sammler, Importeure und »Verwerter« von Talenten hervorgetan hatten, die vom Festland und aus den Ländern jenseits des Meeres kamen (der Kreter Domenico Theotokòpoulos lehrte, auch wenn er als El Greco berühmt werden sollte, in Toledo). Sie exportierten aber auch Künstler, und zwar in großem Stil, insbesondere im 18. Jahrhundert, als durch die Blüte der venezianischen Schule bedingt, berühmte Maler in ganz Europa herumreisten oder – wenn sie nicht fortgehen wollten oder konnten – zumindest ihre Werke auf die Reise schickten. Auch Musiker und Sänger gingen häufig »auf Tournee« ins Ausland. Die Malerei, so hatten wir gesagt, hat hier gleich nebenan in den Räumen des Fonteghetto della Farina (Mehlspeicher) aus dem 15. Jahrhundert ihren bescheidenen Tempel, der im 18. Jahrhundert eingerichtet wurde. Denn gerade um die Mitte des Jahrhunderts, am 24. September 1750, stellte der Senat den illustren Reformatoren des Studio di Padova, der Behörde mit den Funktionen eines Ministers für das Schulwesen, einen Raum des Fonteghetto zur Verfügung, in dem »die jungen Leute sich zum Zeichnen versammeln konnten«; mit dem für die Bürokratie aller Zeiten und aller Länder typischen Vorbehalt, daß der Raum der Mehl-Behörde zurückgegeben werden müsse, »falls sich plötzlich Bedarf einstellen sollte«.

So entstand also unter der glücklichen Amtszeit des Serenissimo Pietro Grimani die Akademie der Schönen Künste, die formal bereits sechsundzwanzig Jahre vorher mit dem expliziten Programm genehmigt worden war, ausländische Studenten, die auf der Durchreise durch Venedig waren, »um nach Florenz, Bologna (das war die Heimat der Idole jener Zeit: die Carracci und Reni) und Rom zu gehen, an diese Institution zu binden«.

In den großen Epochen der venezianischen Malerei, in der Zeit Bellinis, Tizians, Tintorettos und Paolo Veroneses gab es keine Akademien. Der Maler hatte wie jeder andere Handwerker seine Werkstatt, wo die Lehrlinge das Metier erlernten und dem Meister bei der Arbeit halfen – zur Verzweiflung künftiger Kunsthistoriker. Tizian hatte seine Werkstatt bei den Biri von San Cancian, Veronese bei San Samuele, Tintoretto in Cannaregio, in der Nähe von Madonna dell'Orto. Auch sie hatten in Werkstätten gelernt, Tizian in Bellinis Werkstatt, und keiner von ihnen schämte sich, Mitglied in der Scuola oder Arte (Zunft) zu sein, in der auch Vergolder, Stoffmaler, Miniaturmaler und Maler von Truhen, Kisten und Tresoren waren, außerdem die *Cartoleri*, die Spielkarten malten, die *Targeri*, die Schilder und Wappen schmückten, die Dekorateure des »goldenen Leder«, die Sticker und Maskenhersteller. Meister und Lehrlinge führten im allgemeinen ein Gemeinschaftsleben, die jungen Leute halfen auch bei Alltagsdingen mit, bei Bedarf fungierten sie als Diener, wie die Schüler von Leandro Bassano, die ihn begleiteten und ihm den Stoßdegen und das Terminbuch trugen.

Dann hatte der Cavalier Pietro Liberi das *Collegio dei Pittori*, das Kollegium der Maler gegründet, die damit aus der alten Korporation austraten, um eine neue und pompösere zu gründen. Was jedoch nicht bedeutete, daß die Maler sich nun keine Lehrlinge mehr hielten, ganz im Gegenteil, diese Praxis wurde noch eine Zeitlang beibehalten, so daß die Accademia – wie wir gesehen haben – eigens für die durchreisenden Künstler und Aspiranten gedacht war. Der erste Direktor der neuen Schule war eine höchst achtbare Persönlichkeit, Giambattista Piazzetta, der viele Lehrlinge in seiner Werkstatt beschäftigt hatte und der seiner Stadt so hartnäckig treu blieb, daß er auf viele verlockende Angebote aus dem Ausland verzichtete. Der für die Accademia bestimmte Raum lag im ersten Stock, im Erdgeschoß gingen die Mehlhändler weiterhin ihren Tätigkeiten nach und sollten das auch noch tun, als es den Reformatoren gelang, einen weiteren Raum zur Benutzung für die Schüler von Piazzetta, des Malers Francesco Zanchi und des Bildhauers Gian Maria Morlaiter zu erhalten. Sie schafften es jedoch nicht, die notwendigen Mittel aufzutreiben, darum mußten die Meister sich selbst kümmern. Auch nach Piazzettas Tod mußten die Reformatoren die Meister bitten, sich aus eigener Tasche zu versorgen, während sie dabei waren, die zukünftigen Regelungen auszuarbeiten. Diese wurden 1756 verabschiedet mit der Ernennung von Giambattista Tiepolo zum Präsidenten und von Morlaiter und Giambattista Pittoni als Berater. Diese hatten den Auftrag, mit der Hilfe von Gasparo Diziani, Francesco Fontebasso, Francesco Zanchi und Bartolomeo Nazzari sechsunddreißig Akademiker, Maler und Bildhauer zu bestimmen, unter denen jedes Jahr die Lehrer ausgewählt würden. Neben den drei Mitgliedern des Beirats und den vier Assistenten tauchten unter den ersten Akademikern Giandomenico Tiepolo, Pietro Longhi, Domenico Maggiotto, Giuseppe Angeli, Giambattista Crosato, Michelangelo Morlaiter, Giacomo Guarana, Giacomo Marieschi, Gaetano Zompini, Fabio Canal, Antonio Guardi, Antonio Visentini und der »Quadraturmaler« Girolamo Mengozzi Colonna auf, der unzertrennliche Gefährte der Tiepolo bei den Freskenmalereien. Es waren auch sieben Bildhauer dabei, obwohl es für sie ein eigenes »collegio« gab. Die Meister sollten hundertsechzig Lire Erstattung für die Transportkosten erhalten, sonst nichts.

So hatte die Accademia ihr Leben begonnen. Zu den Kursen für Maler und Bildhauer waren auch Lehrgänge für Architektur hinzugekommen. 1770 wurden die ersten Jahres-Prämien eingerichtet, »zwei Goldmedaillen, die erste von ungefähr zwei Unzen, und von etwa einer Unze die zweite«, im Jahr darauf folgte die Festanstellung der ehrenamtlichen Akademiker. Aber für die Unterbrechung des friedlichen Alltagsallerleis der Studien sorgten die Studenten. Im Februar 1775 verließen sie – aufgewiegelt von einem Studenten aus Padua, einem gewissen Mingardi – massenweise den Unterricht, weil – so sagten sie – die für das Aktzeichnen nach der Natur zur Verfügung stehende Zeit zu kurz sei (der Präsident Francesco Zuccarelli, Tiepolos Nachfolger, aber war der Meinung, daß, wenn die Zeichenstunden zusammengelegt würden, die Studenten mehr Zeit hätten, Unfug zu treiben). Die Demonstranten bedrohten ihre studierwilligen Kommilitonen, die Accademia wurde von den Ordnungskräften besetzt, und Mingardi wurde gemeinsam mit einem weiteren Rädelsführer ausgeschlossen. Aber nach einem Bittgesuch an die Reformatoren wurden die Schüler trotz Zuccarellis Protesten zufriedengestellt.

Andere Schwierigkeiten schuf das Zusammenleben mit dem streitsüchtigen Collegio dei Pittori, das in das Fonteghetto umgezogen war und von Pietro Edwards geleitet wurde, dem Direktor der Pubbliche Pitture (gewissermaßen das Denkmalamt) der Republik. Edwards brüstete sich damit, dem Präsidenten der Accademia zum Trotz die Forderungen der Studenten durchgesetzt zu haben. Zu Zeiten des Napoleonischen Königreichs Italien war er der Experte der Krone, der mit der Auswahl der zu schützenden Kunstwerke aus der Masse von Tausenden und Abertausenden Stücken, die aus den säkularisierten Kirchen und Scuole stammten, beauftragt war. Er erfüllte diese Aufgabe mit großem Eifer, in einem Klima, in dem alle plünderten, angefangen beim Vize-König Eugène de Beauharnais, der die für die Galerien bestimmten Bilder für sich selbst nahm oder sie Freunden schenkte. Doch neben seiner Abneigung gegen Wappen, die ihn veranlaßte, Bilder mit Wappen zu verstümmeln, und der Unart, Köpfe aus den Werken auszuschneiden, brachten ihn die Ressentiments gegen die Akademiker dazu, kostbare Werke »moderner Künstler ohne Wert« als erhaltungs- oder restaurierungsunwürdig einzuschätzen und wegzuwerfen, unter anderem Bilder von Francesco Guardi.

Nach dem Fall der Republik konnte die mittellose und verschuldete Accademia dennoch überleben; unter ihren Schülern war auch Francesco Hayez, der ein kurz zuvor eingerichtetes Stipendium gewann, mit dem er nach Rom und zu Canova geschickt wurde. Dann kam Napoleon, die Accademia mußte mit den anderen Institutionen des Reichs vereinheitlicht werden, verließ das Fonteghetto und bezog einen neuen Sitz, ebenfalls am Canal Grande: Santa Maria della Carità. Am 5. November 1807 beendete die Veneta Accademia ihre Existenz, es entstand die Accademia Reale di Belle Arti (Königliche Akademie der Schönen Künste), und der zweite Präsident, Leopoldo Cicognara sollte einiges damit zu tun haben, dem Prinzen Eugène, der zentralen Galerie von Brera, der Raffgier des Staates und der Spekulanten die Kunstwerke wieder zu entreißen, die dann der ganze Stolz der neuentstehenden Gallerie dell'Accademia werden sollten.

3.

Vom vergangenen Prunk – wenn es ihn je gegeben hat – der Giardinetti Reali mit der davor liegenden Fondamenta, der orientalischen Budenstadt, die von Ständen, Hökern und schwitzenden Ausflüglern wimmelte, ist nur das Kaffeehaus oder Coffee House, oder wie auch immer, geblieben, der kleine, zwischen 1815 und 1817 von Lorenzo Santi gebaute Pavillon, in dem die Bewohner der angrenzenden Neuen Prokuratien verkehrten, die 1807 Palazzo Reale (Königspalast) wurden. Die Wahl der Prokuratien hat zwar den Dogenpalast, den man zunächst im Sinn hatte, vor den unvorstellbarsten Verunstaltungen bewahrt, hat aber (wie schon gesagt) zum Abriß der Kirche San Geminiano geführt, die Sansovino direkt gegenüber der Basilica San Marco gebaut hatte. Und um dem Palast auch auf der Rückseite Luft zu geben, wurden die alten Magazzini al Formento (Getreidespeicher) zerstört, die dem Becken von San Marco eine strenge Ziegelstein-Fassade zeigten, auf der Fondamenta, die damals Terranova (Neuland) hieß. Dort gab es seit altersher eine Beccaria (Fleischmarkt) und eine Pescaria (Fischmarkt). Hier hatte Lorenzo da Ponte, als er 1798 in ein so tristes und deprimierendes Venedig zurückkam, daß er es kaum wiedererkannte, in dem zerlumpten Bettler, der ihm anbot, für ein paar Münzen den Fisch nach Hause zu tragen, einen Patrizier erkannt, den Bruder eines schönen und kapriziösen Mädchens, das ihn einmal vor Liebe und Eifersucht zur Raserei gebracht hatte.

Im Palazzo Reale hatte in der kurzen Ära des Italischen Reichs vorübergehend Eugène de Beauharnais gewohnt, dem die Venezianer jenen unglückseligen Titel Fürst von Venedig nicht verziehen, den ihm sein kaiserlicher Stiefvater verliehen hatte: eine Ohrfeige für eine Stadt, die niemals Fürsten hatte, sondern nur Dogen, die sie selbst wählte. Auch Franz I. und Ferdinand I. von Österreich hielten sich bei ihren mehr oder weniger offiziellen Besuchen im Palazzo Reale auf, und der lombardo-venetische Vizekönig, Erzherzog Rainer, verbrachte regelmäßig den Sommer dort, denn er begeisterte sich so sehr für das Baden in der Lagune, daß im Augenblick der Tumulte von 1848 seine größte Sorge eben die war, daß er darauf verzichten müßte.

Nach Achtundvierzig, nach der Vertreibung der Österreicher, dem Widerstand und der Kapitulation hatte sich im Palazzo Reale ein Militärgouverneur eingerichtet, der General der Kavallerie Gorzkowski. Aus Verona kam hin und wieder der Oberbefehlshaber, der Feldmarschall Radetzky, aber weder er noch der polnische General mit dem unaussprechlichen Namen waren die Typen, die den Garten zum Spazierengehen nutzten. Später folgte dann der denkwürdige Besuch des jungen Kaisers Franz Joseph und seiner schönen Kaiserin Elisabeth (beide wurden als romantisches Paar in der Gondel von den Festbilderproduzenten porträtiert, die bei dieser Gelegenheit um die Wette zu malen schienen); Radetzky war in Pension geschickt worden, und als Gouverneur von Lombardo-Venetien kam der Bruder des Kaisers, Ferdinand Maximilian, mit seiner Frau Charlotte von Sachsen-Coburg, der Tochter des belgischen Königs Leopold I.

Der Palazzo Reale und die Giardinetti waren nur Zeugen einiger Randmomente der irdischen Geschichte der beiden Brüder, einer Geschichte mit allem anderen als einem heiteren Ausgang: Maximilian endete fern der Heimat vor einem Exekutionskommando, nachdem er sich in ein selbstmörderisches Abenteuer hatte hineinziehen lassen; Franz Joseph, der Kaiser, Franzi für seinen Bruder, wurde von so vielen politischen, familiären und persönlichen Katastrophen heimgesucht, wie sie nur wenige Monarchen erlebt haben. Beide waren sie als Kinder in Venedig gewesen, Maximilian, Maxi, dem es leicht von der Feder ging, hatte einen Bericht über die Reise geschrieben, den Franzi, der eine frühreife und lebhafte malerische Begabung hatte, mit seinen Zeichnungen illustriert hatte. Nachdem Maximilian die Reorganisation der österreichischen Kriegsmarine beaufsichtigt hatte, kehrte er nach Venedig mit der Aufgabe zurück, die italienischen Untertanen der Dynastie wiederzugewinnen. Er hatte sehr engagiert gearbeitet, seinen ganzen persönlichen Charme und den seiner Frau eingesetzt bei seinen Bemühungen, die Sympathien zurückzuerobern, Beschuß und Belagerung vergessen zu machen. Aber der Erzherzog, dem man fortschrittliche Ideen nachsagte, war sehr schnell in Konflikt mit den Wiener Ministern geraten, Franzi hatte sie unterstützt, und er hatte seinen Abschied eingereicht und sich auf sein geliebtes Kastell Miramar in Triest zurückgezogen. Er sollte 1862 noch einmal gemeinsam mit seinem Bruder nach Venedig kommen, und die beiden gingen angeblich lange in den Giardinetti spazieren, um über den tödlichen Plan zu diskutieren, zu dem ihn seine Frustration und Charlottes Ambitionen drängten: die Annahme der Kaiserkrone von Mexiko, die Napoleon III. ihm anbot, das mexikanische Unternehmen, das ihn das Leben kostete und Charlotte in einen langen, verzweifelten Wahnsinn stürzte.

Und Franzi, Franz Joseph? Er war mit eben achtzehn Jahren Kaiser geworden, war zum erstenmal nach Venedig gekommen, als er einundzwanzig war. Damals hatte Effie Ruskin ihn gesehen, wie er in Begleitung eines prächtigen Gefolges aus der Markus-Basilika herauskam und auf einem Purpur-Kissen kniend den Segen des Patriarchen empfing. Dann marschierten die Truppen vor ihm auf, und wie Effie berichtet, war »Radetzky die ganze Zeit an seiner Seite, ebenso seine großartigen ›Jäger‹ in ihren scharlachroten Uniformen und den über die Schultern geworfenen weißen pelzverbrämten und goldbestickten Kasacken«. John beschrieb den Kaiser in einem Brief an seinen Vater als »einen hübschen Jüngling mit einem recht feingeschnittenen, häßlichen, aber nicht abstoßenden Gesicht« und fügte hinzu: »Er und Radetzky gingen nebeneinander spazieren und sahen aus wie ein großer weißer Pavian und ein kleines dunkles Äffchen.« Dann reiste der Kaiser ab, »durch den Canal Grande, der über und über mit Teppichen und Gobelins verhangen war und aussah wie eine Straße, zu deren beiden Seiten sich Trödlerläden aneinanderreihten; dazu noch eine Fülle von Gondeln, ein großes Wassergespritze und tausend Verwünschungen – und schließlich«, so schloß Ruskin, »sind alle hochzufrieden nach Haus gegangen, um zu essen«.

Zwei Jahre später endete ein neuer Besuch Franz Josephs in Venedig mit einer Tragödie. Er wollte mit einer Eskorte von fünf Kriegsschiffen nach Triest fahren, doch der alte dänische Admiral Dahlerup, der damals die Flotte befehligte, hatte sich geweigert, die Verantwortung für die Einschiffung seines Kaisers zu übernehmen. Der Kaiser hatte ihn daraufhin gefragt, ob das Geschwader in See stechen würde, wenn er an Land bliebe. Und Dahlerup hatte die Torheit besessen, mit ja zu antworten. »Daraufhin«, so berichtet der österreichische Historiker H. Benedikt, »blieb dem Kaiser logischerweise nichts anderes übrig, als trotz des starken Seegangs an Bord zu gehen.« Statt auf dem Schiff *Marianna*, das alt und in schlechtem Zustand war, wurde Franz Joseph auf der Brigg *Volta* eingeschifft. Die Schiffe gerieten sechsundzwanzig Stunden lang in die Gewalt eines entsetzlichen Sturms, die *Volta* legte nicht in Triest, sondern in Rovigno an. Die *Marianna* war gesunken, mitsamt allen neunzig Besatzungsmitgliedern. Böse Zungen warfen dem Kaiser vor, er habe das Leben der Mannschaften aufs Spiel gesetzt, »um einen Sturm zu erleben«. Er – wie üblich – sagte nichts. Er ließ sich einen Stich mit einer Abbildung der *Marianna* geben und trug ihn fortan immer bei sich, auch auf seinen Reisen, er hängte ihn an das Kopfende seines Bettes als Mahnung, nie wieder übereilte Entscheidungen zu treffen.

Und doch, kurze Zeit später, traf er eine solche Entscheidung, die er sein ganzes Leben lang bereuen sollte: die Kurzschlußhandlung, an Stelle der ruhigen Prinzessinnen, die ihm vorgeschlagen wurden, die schönste, romantischste und verrückteste seiner Wittelbach-Cousinen zu heiraten. Sie war zu jung (sie war fast noch ein Kind), auf unorthodoxe Weise erzogen und vor allem psychisch labil, also völlig ungeeignet für die Aufgaben einer Kaiserin. So wurde die wunderschöne Elisabeth fast sofort zu einer Belastung: sogar mitten im Feldzug von 1859, zwischen Niederlagen und Rückzug, sollte der arme Mann von den hysterischen Briefen seiner Frau überschüttet werden, auf die zu antworten er immer Zeit fand und die er (er, ausgerechnet er, der die Verkörperung der Idee der Majestät zu sein schien) mit ›Dein Manneken‹ unterschrieb.

Auf Franz Josephs sentimentalen Charakter (wie seine von Eugen Corti analysierten Briefe bewiesen, war er aber eher sensibel als sentimental und schützte sich gegen die inneren Wunden mit einer immer kälteren und distanzierteren Fassade) übte Venedig eine intensive Anziehungskraft aus. Für Elisabeth war diese Anziehungskraft noch stärker und wurde durch Briefe und romantische Erinnerungen genährt. Vier

Jahre nach dem feierlichen Staatsbesuch von 1856/57, bei dem sie sich von der Atmosphäre der festlich ausstaffierten Stadt so sehr einnehmen ließ, daß sie gern die repräsentativen Pflichten erfüllte, die sie normalerweise wie die Pest floh, war sie zurückgekehrt, »schön und in ausreichend gutem Gesundheitszustand« nach dem Verlust der erstgeborenen Tochter und einer schweren Krankheit. Sie hatte sich sofort im Palazzo Reale verkrochen, aber dem k.u.k. Statthalter für die Provinzen Venetiens, der die Giardinetti verriegelt und den Wirt des Coffee House entlassen hatte, befahl sie, die Gärten wieder für die Öffentlichkeit zugänglich zu machen, die den Park seit geraumer Zeit aufsuchte. Und noch am Abend ihrer Ankunft, wie der alte Gelehrte Cicogna schreibt, »servierte der Cafetier wieder Kaffee«.

Sie war am 26. Oktober 1861 angekommen. Am 2. Dezember kam ihr Mann sie besuchen und kehrte zwanzig Tage später zurück, um Weihnachten in der Familie zu verbringen. Elisabeth kehrte nicht vor Ende Mai zurück, und ihr Mann pendelte zwischen Wien und Venedig hin und her. Die arme Kaiserin, deren Stimmung immer zwischen deprimiert und himmelhochjauchzend hin- und herschwankte – das sollte bis an ihr tragisches Ende so bleiben – hatte in Venedig einen ruhigen Hafen ohne Zeremonien und Festlichkeiten gefunden (nach 1859 lautete ein ungeschriebenes Gesetz der Bevölkerung: Enthaltung jeglicher Beziehungen mit den Österreichern, aber auch jeglicher Kundgebungen von Festen und von Fröhlichkeit; beim einzigen Mal, als Elisabeth ins Theater Goldoni ging, waren nur Österreicher dort, Offiziere und Spitzel, und nur eine einzige venezianische Familie). Und auch die Opposition akzeptierte die Kaiserin stillschweigend. Ein geheimer Aufruf des venetischen Revolutionskomitees hatte nämlich rigoros »servile Ehrungen wie auch feige Beleidigungen« verboten.

4.

Und hier zwischen Zecca (Münzamt), Bibliothek Marciana, Piazzetta mit den beiden Säulen mit Marco und Todaro, Dogenpalast und Mole mündet der Canal Grande endgültig in das San-Marco-Becken. Er fließt weiter, vermischt sich nun mit dem Wasser der Lagune, fließt vor dem Palazzo delle Prigioni, vorbei am Danieli mit dem gräßlichen Anbau des sogenannten Danielino, bis zum Denkmal von Vittorio Emanuele II. und der Pietà-Kirche mit der Fassade aus dem 18. Jahrhundert, wo Vivaldi Lehrer und Kapellmeister war. Er strömt weiter an der Riva degli Schiavoni entlang, wo als Gast der Serenissima Francesco Petrarca wohnte, kreuzt den Kanal, durch den die gut gerüsteten Galeassen und Hunderte von Galeeren der Republik das Arsenale verließen: und genau am Kreuzungspunkt vervollständigten sie ihre in einem Fließbandsystem gefertigte Ausrüstung – ihrer Zeit um 300 Jahre voraus – und luden den Zwieback, der in den Bäckereien an der Riva hergestellt wurde. Große Schiffe legen heute an der sich anschließenden Riva an, der die sieben Unschuldigen den Namen gegeben haben, die in den dunklen Jahren, die Venedig wie ganz Italien von 1943 bis 1945 durchmachte, von einem erbarmungslosen Besatzer getötet wurden: die Riva dei Sette Martiri (Ufer der sieben Märtyrer). Dort öffnen sich die großen Bögen der *Squeri da nave* (Schiffswerften), hinter denen die Reihenhäuser der *Marinarezza* stehen, die Häuser, die die Republik kostenlos ihren Matrosen und den privilegierten Belegschaften des Magnifico Veneto Arsenale zur Verfügung stellten. Ab hier und hinter der großen grünen Masse der Giardini di Castello lassen wir dem Kanal den Namen, den ihm gewisse alte Dokumente gaben: Canal va al Porto (Kanal, der zum Hafen geht). Von San Marco an ist er ein Lagunen-Kanal wie viele andere geworden, auch wenn er jedes Jahr vom Zug des Dogen am Himmelfahrtstag durchfahren wurde, an dem Venedig sich mit dem

Meer vermählte, »zum Zeichen wahrer und beständiger Herrschaft«.

Der Canal Grande endet für uns jedoch hier vorn, an der Mole, an der sich alle Machtinstrumente der vergangenen Größe Venedigs aufreihen, alle Lorbeeren des Ruhms. Das Geld: hier in der Zecca wurden bis zum Ende der Serenissima die Golddukaten geprägt, die Münzen mit der bis auf den Namen des herrschenden Dogen immer gleichen Prägung, mit immer gleichem Gewicht und gleicher Feinheit des Goldes, vom Tage seiner Einrichtung am 31. Oktober 1284 an. Nicht *eine* Münze, sondern *die* Münze, die in allen Breiten, zu jeder Zeit, für jede Ware Gültigkeit besaß. Hier lagerten bis 1797 die großen und kleinen Familien der Stadt und des Dogado ihre großen oder kleinen Kapitalien, zu bescheidenem Zinssatz, zwei, vier Prozent, wenn das Depot nicht festgelegt war, sondern unter dem Schutz des Staates stand, der aus den geringeren Zinsen Gewinn zog. In den riesigen Geldtruhen, die man noch heute in den Lagern der Bibliothek Marciana sehen kann, die heute Sansovinos massives Gebäude mit belegt, flossen die Steuereinnahmen zusammen: von der Steuer für die Arbeit der Handwerker und Arbeiter, die sogenannte *insensibile* (unmerkliche) Steuer, bis zu den harten Steuern, die die herrschende Klasse sich selbst aufzuerlegen wußte, als »es nicht mehr um Ruhm und Würde, sondern um Rettung und Freiheit« Venedigs ging.

Die Schiffe: entlang der Riva di Terranova und auf der anderen Seite des Canal Grande bei der Punta della Dogana hielten die Handelsschiffe und Galeeren, seit das Hafenbecken, das früher einmal zwischen der Bibliothek und dem Dogenpalast bis zur Markus-Basilika vordrang, zugeschüttet und zur Piazzetta geworden war. Und die großen Kähne aus Albanien und Dalmatien halten weiterhin entlang der Riva, die ihretwegen noch heute Riva degli Schiavoni (Ufer der Slawonier) heißt. Vor dem Dogenpalast lag noch bis zum Ende der Republik die *Fusta*, eine große Galeere, die die Funktion einer Polizeistation wahrnahm und ein Symbol für das war, was Venedig Glück und Reichtum gebracht hat: die schlanke, blitzschnelle Galeere mit rotgestrichenen Rudern, Angriffs- und Verteidigungsinstrument, schnelles Transportmittel für die wertvollsten und teuersten Waren, das in der Lage war, zwischen die Paläste des Canal Grande bis zu dem Fondaco vorzudringen, in dem Gewürze, Wolle und Edelmetalle aus Ost und West auszuladen waren. Und träge schaukelten in der Windstille die großen Rundschiffe, die durch das Mittelmeer zum Atlantik kreuzten, beladen mit Wein, Baumwolle und Salz.

Die Gerechtigkeit: immer wachsam, erbarmungslos, unbestechlich, streng auch mit den Großen, die sie unversöhnlich zwischen die beiden Säulen von Marco und Todaro schleppt, während vom Campanile die Schläge der Glocke des Malefizio dröhnen: ohne Rücksicht auf Klientelen und Schutzsysteme, aber auch wider einen Gesetzes-Formalismus, den die Gesetzgeber verabscheuen wie das Latein, das die Gesetze für diejenigen, die sie beachten müssen, unverständlich macht. Jenseits des Ponte della Paglia wacht und mahnt der strenge Palazzo delle Prigioni. Wenige Schritte entfernt bildet der elegante Portikus der Bibliothek Marciana ein Gegengewicht. Die Bibliothek war vermutlich Petrarcas Idee, Jahrhunderte später wurde sie gebaut und durch gönnerhafte Gaben von Codices und Büchern bereichert sowie im Innern durch die berühmtesten Künstler ausgestaltet. Im Hintergrund beschwört die mit ihren Mosaiken funkelnde Basilika die immer lebendige Religiosität: eine tiefe, aufrichtige, unangefochtene, aber rigoros laizistische Religiosität, die aus den Gebeinen des Evangelisten und seiner Kirche ein ausschließliches Gut der Venezianer jeder Schicht und jeden Einkommens machte, frei von jeder Klerikalisierung und jedem Ränkespiel der Kurie.

Und als höchstes Monument der Größe Venedigs versammelt der Dogenpalast das Beste, was die Großen der venetischen Kunst haben hervorbringen können, sowie die Erinnerungen an zwölf Jahrhunderte politischer Weisheit. Ein Mythos? Sicherlich. Aber Mythen entstehen nicht aus bloßer Phantasie, und die so lange währende Existenz eines freien und unabhängigen Venedig, das nur den eigenen Gesetzen gehorchte, immun gegen fremde Einflüsse und Mächte, die Italien beherrschten, ist zweifellos das Werk eines politischen Systems gewesen, das sich im Laufe der Jahrhunderte entwickelt und ein Gleichgewicht erlangt hat, mit dem es jede Krise überstand.

Hier zwischen Piazza und Piazzetta hat Venedig seine großen Tage erlebt. Am Ende des Hafenbeckens, das heute die Piazzetta ist, legte das Schiff an, das die Gebeine des Heiligen Markus brachte, die im ägyptischen Alexandria von venezianischen Kaufleuten geraubt worden waren. An der Mole, die Sebastiano Ziani eben erst geschaffen hatte, stiegen Papst Alexander III. und Friedrich Barbarossa aus, um sich miteinander zu versöhnen. Auf der Mole hatte der Doge Andrea Contarini das Volk ermutigt, als Genua bei Chioggia in Stellung lag, und von dort aus sahen die Venezianer, wie die Galeeren von Carlo Zeno aus dem Nichts auftauchten, die den Krieg und das Schicksal der Serenissima entscheiden sollten. Hier legten die »capi da Mar« mit der Beute der dem Feind abgenommenen Schiffe an, die Könige, die Fürsten und die Botschafter, als – wie Byron sagt – die Herrscher, die Venedig zu Tisch lud, das als einen Zuwachs an Würde empfanden. Außerdem die Dogaressen mit ihrem Gefolge von Damen, Edelfräulein, kleinen Mohren, Zwergen und Schildknappen, und die Arti mit den festlichen Insignien ihres Gewerbes. Hier auf der Piazzetta nahm ein furchtbar fröhliches Volk ausgelassen am Fest der Enthauptung des Stiers teil, das am Giovedì Grasso, am Karnevalsdonnerstag als Symbol der Niederlage eines Unterdrükkers, des Patriarchen von Aquileia, der Grado angegriffen hatte, gefeiert wurde, mit Feuerwerk, waghalsiger Akrobatik und anderen Kanevalsspäßen, die Francesco Guardi auf seinen Bildern festgehalten hat. Und hier sind – als das Fest zu Ende war – die Soldaten der Revolution und die der Habsburger gelandet, Napoleon und die Bronze-Quadriga, die er nach Paris hatte bringen lassen und die Österreich nach Venedig zurückholte; nach der Belagerung und dem verzweifelten Widerstand von 1848/49 ging hier der Sieger Radetzky an Land und weniger als zwanzig Jahre später Vittorio Emanuele II., der erste König des mittlerweile vereinten Italien. Und am 28. April 1945 schließlich tauchten in einem vom Wind und vom Donnern der Gewehrschüsse aufgewühlten Canal Grande unter dem Flattern von Tausenden von italienischen Fahnen die ersten alliierten Soldaten in der Stunde der Befreiung auf.

Glückliche Stunden, traurige Stunden. Und auch die Stunden des täglichen Lebens. Die beiden Kerzen (sind sie wohl noch da?), die ein alter Küster jeden Abend beim Angelus-Läuten links und rechts neben einem Bildchen an der Seitenfassade der Basilika aufstellte, vielleicht das Votivbild eines Matrosen, den in unvorstellbarer zeitlicher Entfernung dieses ferne Licht vor einem Schiffbruch gerettet hatte, das Schlagen der Mohren auf dem Uhrenturm, bei Nebel gedämpft und fern klingend, und das majestätische Doppelgeläute vom Campanile, der – wie unsere Alten sagten – als er zusammenbrach, wie ein »galantuomo« fiel, ohne auch nur ein einziges Opfer zu fordern. Das tat nicht einmal das wildgewordene Wasser, das sich am 4. November 1966 der Piazza und der Piazzetta bemächtigte und schlammig durch einen Canal Grande strudelte, der das Grauen der verheerenden Verwüstungen aus der legendären Zeit der Ursprünge heraufbeschwor.

Das Grauen droht noch immer, nichts ist getan worden, um zu verhindern, daß es wiederkehrt. Viele andere Wolken verdichten sich über der Gegenwart und der Zukunft dieser außerhalb der Zeit stehenden Stadt. Aus seinem Häuschen an der Fondamenta Soranzo hinter dem Palazzo Dario, an dem Kanal, der den Canal Grande mit dem Canale della Giudecca verbindet, tritt in kleinen Schritten, das Gesicht vom weißen Bart umrahmt, die Lippen zusammengekniffen im unnachgiebigen Schweigen seiner letzten Jahre, der Dichter Ezra Pound. »O Gott dieser Nacht, welch großes Leid überkommt uns …« Die Beschwörung seiner *Nacht-Litanei* trifft sich mit dem Schrei, der auf den ältesten venezianischen Münzen eingraviert ist, als Venedig unter der Bedrohung durch Menschen und Elemente sich an sein bißchen schlammige Erde klammerte, ein Schrei, der sich im Schwanken des Schilfrohrs, im Herumstreifen unserer Vorfahren zwischen den Wassern und den Sandbänken der eben erst entstandenen Lagunen zu erheben scheint: »Christe salva Venecias« (Christus, rette Venedig). Auf der Rückseite dieser einfachen verrosteten Münzen steht als Antwort ein weiterer Schrei: »Sanctus Marcus Venetus.« Der Heilige Markus ist Venezianer, der Evangelist ist einer von uns, er wird uns nicht verlassen.

Danksagungen

Ohne meine Frau Mimi Zorzi wäre dieses Buch, das von ihr inspiriert wurde, nie geschrieben worden. Der Leser mag urteilen, ob er ihr dankbar sein soll; ich möchte ihr von ganzem Herzen für die wachsame Aufmerksamkeit und die liebevolle Fürsorge danken, mit der sie meine Arbeit von Anfang bis Ende begleitet hat, wie auch für die Kritik und die Diskussionen, die für mich überaus kostbar waren. Ihr widme ich dieses Buch.

Wie immer war mir die großzügige Hilfe meines Bruders Marino, Direktor der Biblioteca Nazionale Marciana, unerläßlich. Ein liebevoller Gedanke voller Dankbarkeit und Trauer geht an das Andenken des Freundes Massimiliano Pavan von der Universität Rom »La Sapienza«, der mich mit seiner großen Kompetenz und seinem heiteren Optimismus sehr ermutigt und unterstützt hat.

LITERATURVERZEICHNIS

Konsultierte und zitierte Werke

a) Handschriftliche Quellen

Arbori e Croniche delli Cittadini Veneti ... Venedig, Nationalbibliothek Marciana, Ms. It. Cl. VII, Cod. 90 (8029)

Barbaro, Marco: *Arbori dei patrizi veneti.* Venedig, Bibliothek des Städtischen Museums Correr, Mss. Cicogna, 572 Misc. Codici di Storia Veneta, 37

Capellari Vivaro, G. A.: *Il Campidoglio Veneto.* Venedig, Nationalbibliothek Marciana, Ms. lt. Cl. VII, cod. 15-18 (8304-8307)

Capellari Vivaro, G. A.: *Le macchie nelle stelle, o nero La Nobiltà Ecclissata in alcuni personaggi delle Famiglie Patrizie di Veneezia. Osservazioni di G. A. C. V. V.*, Venedig, Nationalbibliothek Marciana, Ms. lt. Cl. VII, 1828 (1621)

Casi infelici, fini e Morte di Nobili Veneti. Venedig, Nationalbibl. Marciana, Ms. lt. Cl. VII, 183 (8161)

Casi memorabili Veneziani. Venedig, Nationalbibl. Marciana, Ms. lt. Cl. VII, 481 (7786)

Delli Gentiluomini di secondo ordine in Vineta. Venedig, Nationalbibliothek Marciana, Ms. lt. Cl. VII, 27 (7761), cod. 97ff

Rossi, Giovanni: *Storia de' Costumi e delle Leggi de' Veneziani.* Venedig, Nationalbibl. Marciana, Ms. lt. Cl. VII, 1386-1512 (9277-9403)

Venezia, Archivio di Stato di: *Consiglio dei Dieci – Criminali,* Reg. 148: Rapimento di Giustiniana Gussoni da parte del conte Francesco Tassis.

b) Gedruckte Werke

Anicetti, L.: *Scrittori inglesi e americani a Venezia.* Treviso 1968

Antonioni, T.: *Vita segreta di Gabriele D'Annunzio.* Mailand 1938

Aretino, P.: *Lettere – il primo e il secondo libro. Hrsg.* von F. Flora u. A. Del Vita. Mailand 1960

Baroni, E. M.: *Lo scialle veneziano.* Venedig ohne Datum
Bassi, E.: *L'accademia di Belle Arti di Venezia nel suo bicenario, 1750-1950.* Venedig 1950
Bassi, E.: *La R. Accademia di Belle Arti di Venezia.* Florenz 1941
Bellingeri, G.: *Venezia e i Veneziani nelle letteratura ottomana, in AA. VV. Venezia e i Turchi.* Mailand 1985
Benedikt, H.: *L'Austria e il Lombardo Veneto,* in *La Civiltà Veneziana nee'età romantica,* hrsg. von V. Branca. Venedig-Florenz 1961
Berengo, M.: *La società veneta nel Settecento.* Florenz 1950
Binion, A.: *La galleria scomparsa del Maresciallo von der Schulenburg.* Mailand-Venedig 1990
Boito, C.: *»Senso« e altre storielle vane, hrsg. von* P. Nardi, Florenz 1961
Boschini, M.: *Carta del Navegar Pitoresco.* Venedig 1660
Boschini, M.: *Le ricche minere della Pittura Veneziana.* Venedig 1676
Brunelli, B.: *Un'amica del Casanova.* Palermo 1924
Brunello, F.: *Arti e mestieri a Venezia nel Medioevo e nel Rinascimento.* Vicenza 1980
Byron, G.: *La vita attraverso le lettere,* hrsg. von M. D'Amico. Turin 1989
Byron, G.: *Lettere dall' Italia,* hrsg. von C. Beguin. Übers. v. D. Fink. Mailand 1983
Cacciapaglia, G.: *Scrittori di lingua tedesca e Venzia.* Venedig 1985
Calabi, D. u. P. Moracchiello: *Rialto. Le fabbricche e il ponte.* Turin 1987
Campolieti, G.: *Caterina Cornaro. Mailand* 1987
Casanova, G.: *Mémoires.* Bd. I., 1725-56, hrsg. von R. Abirached u. E. Zorzi, Paris 1958
Castelot, A.: *Charles X. La fin d'un monde.* Paris 1988
Castelot, A.: *La Duchesse de Berry.* Paris 1955
Castelot, A.: *Madame Royale.* Paris 1950
Chiappe, J. F.: *Le comte de Chambord … et son mystère. Paris* 1990
Cicogna, E. A.: *Delle inscrizioni veneziane.* Venedig 1824-53
Cilibertzo, M.: *Giordano Bruno.* Rom-Bari 1990
Civici Musei veneziani d'Arte e di Storia: *Una Città e il suo Museo.* Venedig 1988
Clegg, R.: *Ruskin and Venice.* London 1981
Coryat, T.: *Crudezze – Viaggio in Francia e in Italia 1608,* hrsg. von F. Marenco u. A. Meo. Mailand 1975

Comisso, G. (Hrsg.): *Agentii segreti veneziani nel Settecento.* Mailand 1941
Corti, E. und H. Sokol: *Kaiser Franz Josef.* Graz-Wien-Köln 1960
Cozzi, G.: *Il Doge Nicolò Contarini.* Venedig-Rom 1958
Damerini, G.: *Casanova a Venezia dopo il primo esilio.* Turin 1957
Damerini, G.: *D'Annunzio e Venezia.* Mailand 1943
Damerini, G.: *Gli ultimi anni del Leone.* Padua 1988
Damerini, G.: *I pittori veneziani del '700.* Bologna 1928
Damerini, G.: *La vita avventurosa di Caterina Dolfin Tron.* Mailand 1929
Damerini, G.: *Settecento veneziano.* Mailand 1939
Da Mosto, A.: *I Bravi di Venezia.* Venedig 1950
Da Mosto, A.: *I Dogi di Venezia.* Mailand 1962
Dandolo, A.: *Cornaca,* hrsg. von Ester Pastorello, in *Rerum Italicarum Scriptores,* Bd. XII, Teil I, Bologna 1939-40
Dandolo, G.: *La caduta della Repubblica di Venezia e i suoi ultimi cinquant'anni.* Venedig 1855
D'Annunzio, G.: *Il fuoco.* Mailand 1900
D'Annunzio, G.: *La Leda senza cigno.* Mailand 1916
D'Annunzio, G.: *Notturno.* Mailand 1921
De Brosses, Ch.: *Lettres d'Italie.* Dijon 1927
Della Corte, A.: *Musica,* in *La Civiltà Veneziana del Settecento,* hrsg. von V. Branca. Venedig-Florenz 1960
De Regnier, H.: *L'Altana ou la vie vénitienne.* Paris 1928
De Santi, A.: *Elena Lucrezia Cornaro Piscopia.* Rom 1899
Dolcetti, G.: *Le bische e il giuoco d'azzardo a Venezia.* Venedig 1900
Dollot, R.: *Les journées adriatiques de Stendhal.* Paris 1929
Dorigo, W.: *Venezia Origini.* Mailand 1983
Fontana, G. J.: *Cento palazzi di Venezia,* 2. Aufl., hrsg. von F. T. Roffarè, Venedig 1934
Foscari, L.: *Affreschi esterni a Venezia.* Mailand 1936
Frechot, C.: *La Nobiltà Veneta.* Venedig 1707
Gallicciolli, G. B.: *Memorie Venete antiche profane ed ecclesiastiche.* Venedig 1795
Gallo, R.: *I Pisani e i palazzi di S. Stefano e Stra.* Venedig 1945
Garzoni, T.: *La Piazza Universale di tutte le professioni del mondo.* Venedig 1586
Goldoni, C.: *Mémoires,* Paris 1787, in *Tutte le opere di Carlo Goldoni,* hersg. von G. Ortolani, Bd. I., Mailand 1935

Gozzi, G.: *Memorie inutili.* Venedig 1799
Guggenheim, P.: *Una vita per l'arte.* Mailand 1982
Gullino, G.: *I Pisani dal Banco e Moretta.* Rom 1984
Haslip, J.: *The Crown of Mexico.* New York 1971
Hewison, R.: *Ruskin a Venezia – Ruskin in Venice.* Venedig 1978-83
Hibbert, C.: *Venice – The Biography of a city.* London 1990
De Hohenlohe-Waldembourg, F.: *Sous le manteau vénitien.* Paris 1911
Howells, W. D.: *Venetian Life.* Leipzig 1883
Hunt, D. u. I. Hunt: *Caterina Cornaro.* London 1989
Ivancich Biaggini, G.: *Ricordo personale di Hemingway,* in S. Perosa (Hrsg.), *Hemingway e Venezia.* Florenz 1988
James, H.: *Lettere da Palazzo Barbaro,* hrsg. von R. Mamoli Zorzi. Mailand 1989
Lane, F. C.: *Storia di Venezia.* Turin 1978
Lanfranchi, L. u. G. G. Zille: *Il territorio del ducato veneziano dall 'VIII al XII secolo,* in AA. VV., *Storia di Venezia,* Bd. II, Venedig 1958
Lecomte, J.: *Venezia, ossia colpo d'occhio ...* Venedig 1846
Liberali, G.: *Le dinastie ecclesiastiche nei Cornaro della Ca' Granda.* Treviso 1971
Livingston, A.: *La vita veneziana nelle opere di Gian Francesco Busenello.* Venedig 1913
Locatelli, T.: *L'Appendice della Gazzetta di Venezia – Prose scelte.* Venedig 1877
Lorenzetti, G.: *Ca' Rezzonico.* Venedig 1936
Lorenzetti, G.: *Venezia e il suo estuario.* Rom 1926
Lutyens, M.: *Effie in Venice.* London 1965t
Luzzatto, G.: *Storia economica di Venezia.* Venedig 1961
Maffioli, G.: *La cucina veneziana.* Padua 1982
Malamani, V.: *Isabella Teotochi Albrizzi – La sua vita, il suo tempo.* Turin 1883
Malamani, V.: *Memorie del conte Leopoldo Cicognara.* Mailand 1888
Mamoli Zorzi, R.: *Robert Browning a Venezia.* Venedig 1989
Mamoli Zorzi, R.: *Un diario veneziano,* in S. Perosa (Hrsg.), *Henry James e Venezia.* Florenz 1987
Mangini, N.: *I teatri di Venezia.* Mailand 1974
Marcello, B.: *Il teatro alla moda.* Venedig 1733
Mariacher, G.:*Il palazzo Vendramin Calergi a Venezia.* Venedig 1965
Marinelli, S., G. Mazzariol, F. Mazzocca (Hrsg.): *Il Veneto e l'Austria.* Mailand 1989

Marzemin, G.: *Le abbazie veneziane dei SS. Ilario e Benedetto e die S. Gregorio.* In »Nuovo Arch. Veneto«, N. S., a XII (1912), Bd. XXIII, Teil I u. II
Massironi, M. u. G. Distefano: *L'ultimo dei Dogi.* Venedig 1986
Molmenti, P.: *Storia di Venezia nella vita privata.* Bergamo 1927
Monticolo, G.: *I capitolari delle Arti veneziane,* Bd. II, Teil I, Rom 1905
Morand, P.: *Venise.* Paris 1971
Musolino, G., A. Niero, S. Tramontin: *Santi e Beati veneziani.* Venedig 1963
Nani Mocenigo, M.: *Storia della marina veneziana da Lepanto alla caduta della Repubblica.* Rom 1935
Niero, A.: *I patriarchi di Venezia.* Venedig 1961
Notize storiche delle chiese e monasteri di Venezia tratte dalle Chiese Veneziane e Torcellane illustrate da Flaminio CORNER Senator Veneziano. Padua 1758
Pallucchini, R.: *La pittura veneziana del Seicento.* Venedig 1981
Pallucchini, R.: *La pittura veneziana del Settecento.* Venedig-Rom 1960
Paloscia, F. (Hrsg.): *Venezia dei grandi viaggiatori.* Rom 1989
Paoletti, P.: *La Ca' d'Oro.* In »*Venezia, studi d'arte e di stria,* hrsg. von der Direktion des Städt. Museums Correr. Venedig 1920
Pastro, L.: *Ricordi di prigione.* Mailand 1925
Pavanmello G. u. G. Romanelli: *Venezia dell'Ottocento – Immagini e mito.* Mailand 1983
Pignatti, T.: *Veronese.* Venedig 1976
Pignatti, T., F. Pedrocco, E. Martinelli: *Palazzo Labia a Venezia.* Turin 1982
Piguet, P.: *Monet et Venise.* Paris 1986
Pilot, A.: *Feste e spettacoli per l'arrivo dei Conti del Nord.* Venedig 1914
Pilot, A.: *Napoleone e Venezia nel 1807.* Venedig 1914
Pivano, F.: *Persona e personalità di Hemingway.* Florenz 1988
Protogiornale ad uso della Serenissima Dominante. Venedig 1759-97
Proust, M.: *A la recherche du temps perdu – Albertine disparue.* Paris 1921-24
Renier Michiel, G.: *Origine delle feste Veneziane.* Venedig 1817-27
Ridolfi, G.: *Le Meraviglie dell' Arte.* Venedig 1648
Romanelli, G. u. F. Pedrocco: *Ca' Rezzonico.* Mailand 1986
Romanin, S.: *Storia documentata di Venezia.* Venedig 1853-60

Romano, S.: *Giuseppe Volpi.* Mailand 1979
Ruskin, J.: *The Stones of Venice.* London 1851-53
Ruskin, J.: *St. Mark's Rest.* London 1877-84
Sansovino, F.: *Venetia Citta' nobilissima & singolare.* Venedig 1581
Sanudo d. Jüng., M.: *De origine, situ e magistratibus urbis Venetae ovvero la Città di Venetia (1494-1530),* hrsg. von A. Caracciolo Aricò
Sanudo, M.: *Diarii,* hrsg. von R. Fulin, F. Stafani, N. Barozzi, G. Berchet, M. Allegri. Venedig 1879-1903
Scarabello, G.: *Le »Signore« della Repubblica,* in AA. VV., *Le cortigiane di Venezia dal Trecento al Settecento.* Mailand 1990
Scarabello, G. u. P. Moracchiello: *Guida alla Civiltà di Venezia.* Mailand 1987
Scandaletti, P.: *Galileo privato.* Mailand 1989
Secchi, S.: *Antonio Foscarini.* Florenz 1969
Siebenhüner, H.: *Der Palazzo Barbarigo della Terrazza und seine Tizian-Sammlung.* München-Berlin 1981
Simonsfeld, H.: *Andreas Dandolo und seine Geschichtswerke.* München 1876
Simonsfeld, H.: *Catterina Corner,* in *»Archvio Veneto«,* Bd. XIV (1881), S. 40ff
Sturdza, M. D.: *Dictionnaire historique et généalogique des grandes familles de Grèce, d'Albanie et de Constantinople.* Paris 1973
Symons, A. J. A.: *Alla ricerca di Baron Corvo.* Mailand 1969
Tabacco, G.: *Andrea Tron e la crisi dell' aristocrazia senatoria a Venezia.* Udine 1980
Tamassia Mazzarotto, B.: *Le feste veneziane.* Florenz 1961
Tassini, G.: *Alcuni palazzi di Venezia ...* Venedig 1879
Tassini, G.: *Condanne capitali.* Venedig 1893
Tassini, G.: *Curiosità veneziane,* 6. Aufl., hrsg. von E. Zorzi, Venedig 1933
Tassini, G.: *Quattro palazzi di Venezia,* in *»Archivio Veneto«,* a. III (1873), Bd. V, Teil II, S. 326-331
Temanza, T.: *Zibaldon di memorie,* hrsg. von N. Ivanoff, Venedig-Rom 1963
Temple Leader, G. (u. a.): *Libro dei Nobili Veneti.* Florenz 1884
Tentori, C.: *Saggio sulla storia civile, politica, ecclesiastica e sulla corografia e topografia degli Stati della Repubblica di Venezia.* Venedig 1785-90
Torcellan, G.: *Una figura della Venezia settecentesca – Andrea Memmo.* Venedig-Rom 1979

Valcanover, F.: *La Ca' D'Oro – La Galleria Giorgio Franchetti.* Mailand 1986
Venetia Città nobilissima & singolare (...) con le aggiunte di D. Giustiniano Martinioni. Venedig 1673
Venetia Città nobilissima & singolare descritta già in XIII Libri da M. Francesco Sansovino Et Hora con molta diligentia correttta (...) dal M. R. D. Giovanni Stringa. Venedig 1604
Venturi, F.: *Settecento riformatore – V. L'Italia dei lumi. 2 La Repubblica di Venezia (1761-1797).* Turin 1990
Vivian, F.: *Il Console Smith mercante e collezionista.* Vicenza 1971
VV., AA., *La Gondola.* Venedig 1956
Wortley-Montagu, M.: *The Letters and works.* Paris 1837
Zorzi, A.: *Andar per barca a Venezia e nel mondo,* in AA. VV., *Percorso Venezia.* Venedig 1984
Zorzi, A.: *La Repubblica del Leone-Storia di Venezia.* Mailand 1979 (dtsch.: Venedig. Die Geschichte der Löwenrepublik. Hildesheim 1992)
Zorzi, A.: *La vita quotidianna a Venezia nel secolo di Tiziano.* Mailand 1990
Zorzi, A.: *Venezia austriaca.* Rom-Bari 1985 (dtsch.: Österreichs Venedig. Düsseldorf 1990)
Zorzi, A.: *Venezia scomparsa.* Mailand 1984
Zorzi, A. P.: *Osservazioni intorno ai ristauri interni ed esterni della Basilica di San Marco.* Venedig 1877
Zorzi, A. P.: *Ruskin in Venice,* in »*Cornhill Magazine*«, August u. Sept. 1906
Zorzi, M.: *La libreria di San Marco.* Mailand 1987

QUELLENNACHWEISE

Den Lebenslauf von Renier Zen entnahmen wir der Arbeit von Gaetano Cozzi über den Dogen Nicolò Contarini (1958).

Aufschluß über das Leben der Brüder Grimani Calergi und Leonardo Pesaros gibt das Werk von Andrea Da Mosto (1950).

Die Lebensgeschichte von Caterina Dolfin Tron ist näher ausgeführt in dem Werk von Gino Damerini (1929, 1939), der auch eine Forschungsarbeit über Casanovas Leben in Venedig nach dem ersten Exil geschrieben hat (1957). Ebenfalls von Damerini stammt eine bemerkenswerte Studie über *D'Annunzio e Venezia* (1943).

Bei Frances Vivian (1971) und Alice Binion (1990) ist Interessantes nachzulesen über das Leben und die Sammlungen des Konsuls Smith und des Marschalls von der Schulenburg.

Dem Prozeß der Zehn über die Entführung Giustiniana Gussonis ging Dr. Viola Venturini für uns nach, der ich an dieser Stelle danke, wie auch Dr. Mario Scofferi, der mir freundlicherweise eine Kopie des Testaments von Giovanni Barbarigo zukommen ließ.

Bezüglich der Geschichte des Hauses Pisani »Moretta« folgten wir Schritt für Schritt der minuziösen Schilderung Gullinos (1984), aus der auch alle Textzitate stammen.

Andrea Della Corte (1960) hat das Treffen von Offenbach und Vivaldi anschaulich beschrieben.

Manuzzis Berichte über Casanova sind von Giovanni Comisso 1941 veröffentlicht worden.

Die Texte von Effie Ruskin habe ich dem wertvollen Band *Effie in Venice* (John Murray, London 1965) entnommen, der von Mary Lutyens herausgegeben worden ist.

Die Zitate von Browning, Ruskin, Henry James stammen aus dem Werk Christopher Hibberts (1989), sowie aus meinem Werk *Venezia austriaca* (1985; dtsch.: *Österreichs Venedig,* 1990) und dem von Robert Hewison (1978-83).

Das Porträt von Henri Beyle Stendhal stammt von Roland Dollot (1929).

Allen in der Bibliographie genannten Autoren bin ich zu Dank verpflichtet, zwar in unterschiedlichem Maße, aber ihnen allen gilt meine aufrichtige Anerkennung,

PERSONENREGISTER

ORTS- UND SACHREGISTER

Alvise Zorzi

Marco Polo
Biographie, 432 Seiten, gebunden

In dieser Biographie begleitet der Autor Marco Polo, der im Alter von siebzehn Jahren mit seinem Vater und seinem Onkel von der Levante aus die weite und gefährliche Reise entlang der legendären Seidenstraße bis ans Ende der Welt antritt.

Zorzi entwirft ein farbiges Szenarium, das sich trotz wissenschaftlicher Akribie wie ein Abenteuerroman liest: Begebenheiten, Bilder, Gestalten und Geschichten spiegeln sich im bunten Spektrum der Kulturen, Religionen, Landschaften, Tragödien und Lustbarkeiten Asiens wider.

Österreichs Venedig
Das letzte Kapitel der Fremdherrschaft 1798 bis 1866
384 Seiten, gebunden

Venedig, einst prunkvolle Republik, gerät im 19. Jahrhundert unter österreichische Herrschaft, aus der es sich nur befreien kann, um die Selbständigkeit endgültig an den neugegründeten italienischen Staat zu verlieren.

Der international profilierte Venedig-Experte Alvise Zorzi schildert den mühevollen und widersprüchlichen Verlauf von Venedigs Geschichte in allen Facetten und immer mit dem Blick auf die Einmaligkeit seiner Stadt und ihrer Bewohner, die in keiner Staatsform gänzlich aufgehen.